Profecía

por

E. G. White

"Después vi otra bestia que subía de la tierra; y tenía dos cuernos semejantes a los de un cordero, pero hablaba como un dragón. . . . También hace grandes señales, de tal manera que aún hace descender fuego del cielo a la tierra en presencia de los hombres. . . . Y hace que a todos, pequeños y grandes, ricos y pobres, libres y esclavos, se les ponga una marca."

Apocalipsis 13:11, 13, 16

IBE, INC. • Box 352 • Jemison, AL, E.U.A. 35085

América en la Profecía publicado originalmente en 1888 con el título *The Great Controversy* por E. G. White, se ha publicado en otra edición con el título *El Conflicto de los Siglos*.

Créditos por la Cubierta:
Cubierta por Lorenzo Ghiglieri. Cubierta diseñada por Charles Wheeling.

Jemison, AL 35085-0352

ISBN: **0-916547-15-9**
vs. 4.0

Printed in U.S.A.

Índice

PREFACIO

ANTES que el pecado entrara en el mundo, Adán disfrutaba de libre trato con su Creador; pero desde que el hombre se separó de Dios por causa del pecado, aquel gran privilegio le ha sido negado a la raza humana. No obstante, el plan de redención abrió el camino para que los habitantes de la tierra volvieran a relacionarse con el cielo. Dios se comunicó con los hombres mediante Su Espíritu y, mediante las revelaciones hechas a Sus siervos escogidos, la luz divina se esparció por el mundo. "Los santos hombres de Dios hablaron siendo inspirados por el Espíritu Santo." 2 Pedro 1:21 *

Durante los veinticinco primeros siglos de la historia humana no hubo revelación escrita. Los que eran enseñados por Dios transmitían sus conocimientos a otros, y estos conocimientos eran así legados de padres a hijos a través de varias generaciones. La redacción de la palabra escrita empezó en tiempo de Moisés. Los conocimientos inspirados fueron entonces compilados en un libro inspirado. Esa labor continuó durante el largo período de 1,600 años, desde Moisés, el historiador de la creación y el legislador, hasta Juan, el narrador de las verdades más sublimes del evangelio.

La Biblia nos muestra a Dios como Autor de ella; y sin embargo fue escrita por manos humanas, y la gran variedad de estilo de sus diferentes libros muestra la individualidad de cada uno de sus escritores. Las verdades reveladas son todas "inspiradas por Dios" (2 Timoteo 3:16); y con todo están expresadas en palabras humanas.

Y es que el Ser supremo e infinito iluminó con Su Espíritu la inteligencia y el corazón de Sus siervos. Les

---

* En esta edición, los pasajes bíblicos se transcriben por regla general de la Antigua Versión Reina Valera, Revisión de 1977, pero donde, por motivos de mayor claridad, se considere conveniente usar otra versión, el hecho se indicará en la referencia.

daba sueños y visiones y les mostraba símbolos y figuras; y aquellos a quienes la verdad fuera así revelada, recubrían el pensamiento divino con palabras humanas.

Los diez mandamientos fueron comunicados por el mismo Dios y escritos con Su propia mano. Su redacción es divina y no humana. Pero la Biblia, con sus verdades de origen divino expresadas en el idioma de los hombres, es una fusión de lo divino y lo humano. Esta unión existía en la naturaleza de Cristo, quien era Hijo de Dios e Hijo del hombre. Se puede pues decir de la Biblia, lo que fue dicho de Cristo: "Y el Verbo se hizo carne, y habitó entre nosotros." Juan 1:14.

Escritos en épocas diferentes y por hombres que diferían notablemente en posición social y económica y en facultades intelectuales y espirituales, los libros de la Biblia presentan contrastes en su estilo, como también una gran variedad en la naturaleza de los asuntos que desarrollan. Sus diversos escritores se valen de expresiones diferentes; a menudo la misma verdad está presentada por uno de ellos de modo más patente que por otro. Ahora bien, como varios de sus autores nos presentan el mismo asunto desde puntos de vista y aspectos diferentes, puede parecer al lector superficial, descuidado y desprevenido, que hay diferencias o contradicciones, allí donde el lector atento y respetuoso capta, con mayor penetración, la armonía fundamental.

Presentada por diferentes personalidades, la verdad aparece en sus variados aspectos. Un escritor percibe con más fuerza cierta parte del asunto; entiende los puntos que armonizan con su experiencia o con sus facultades de percepción y apreciación; otro nota más bien otro aspecto del mismo asunto; y cada cual, bajo la dirección del Espíritu Santo, presenta lo que ha quedado inculcado con más fuerza en su propia mente. De aquí que encontremos en cada cual una manera diferente de la verdad, pero perfecta armonía entre todos ellos. Y las verdades así reveladas se unen en perfecto conjunto, adecuado para llenar las necesidades de los hombres en todas las circunstancias de la vida.

Dios se ha dignado comunicar la verdad al mundo a través de instrumentos humanos, y Él mismo, por Su Santo Espíritu, preparó a los hombres y los hizo capaces de realizar esta obra. Guió la inteligencia de ellos en la elección de lo que debían decir y escribir. El tesoro fue confiado a vasos de barro, pero no por eso deja de ser del cielo. Aunque llevado a todo viento en el vehículo imperfecto del idioma humano, no por eso deja de ser el testimonio de Dios; y el hijo de Dios, obediente y creyente, contempla en ello la gloria de un poder divino, lleno de gracia y de verdad.

En Su Palabra, Dios comunicó a los hombres el conocimiento necesario para la salvación. Debemos de aceptar las Sagradas Escrituras como dotadas de autoridad absoluta y como revelación infalible de Su voluntad. Constituyen la regla del carácter; nos muestran doctrinas, y son la piedra de toque de la experiencia religiosa. "Toda Escritura es inspirada por Dios, y útil para enseñar, para redargüir, para corregir, para instruir en justicia, a fin de que el hombre de Dios sea enteramente apto, bien pertrechado para toda buena obra." 2 Timoteo 3:16, 17.

Sin embargo el haber revelado Dios Su voluntad a los hombres por Su Palabra, no anuló la necesidad que tienen ellos de la continua presencia y dirección del Espíritu Santo. Por el contrario, el Salvador prometió que el Espíritu facilitaría a Sus siervos la inteligencia de la Palabra; que daría luz y aplicación a sus enseñanzas. Y como el Espíritu de Dios fue quien inspiró la Biblia, resulta imposible que las enseñanzas del Espíritu estén jamás en pugna con las de la Palabra.

El Espíritu no fue dado – ni puede jamás ser otorgado – para invalidar la Biblia; pues las Escrituras declaran explícitamente que la Palabra de Dios es la regla por la cual toda enseñanza y toda manifestación religiosa debe ser probada. El apóstol Juan dice: "No creáis a todo espíritu, sino probad si los espíritus proceden de Dios; porque muchos falsos profetas han salido al mundo." 1 Juan 4:1. E Isaías declara: "¡A la ley y al testimonio! Si no dijeren conforme a esto, es porque no les ha amanecido." Isaías 8:20.

Muchas acusaciones se han levantado contra la obra del Espíritu Santo por los errores de una clase de personas que, pretendiendo ser iluminadas por éste, aseguran no tener más necesidad de ser guiadas por la Palabra de Dios. En realidad están dominadas por impresiones que consideran como voz de

Dios en el alma. Pero el espíritu que las guia no es el Espíritu de Dios. El principio que induce a abandonarse a impresiones y a descuidar las Santas Escrituras, sólo puede conducir a la confusión, al engaño y a la ruina. Sólo sirve para fomentar los designios del maligno. Y como el ministerio del Espíritu Santo es de importancia vital para la iglesia de Cristo, una de las artimañas de Satanás consiste precisamente en arrojar oprobio sobre la obra del Espíritu por medio de los errores de los extremistas y fanáticos, y en hacer que el pueblo de Dios tenga a menos esta fuente de fuerza que nuestro Señor nos ha asegurado.

Según la Palabra de Dios, el Espíritu Santo debía continuar Su obra por todo el período de la dispensación Cristiana. Durante las épocas en que las Escrituras tanto del Antiguo como del Nuevo Testamento eran entregadas para que circularan, el Espíritu Santo no dejó de comunicar luz a individualidades aisladas, además de las revelaciones que debían ser incorporadas en el Sagrado Canon. La Biblia misma muestra cómo, por intermedio del Espíritu Santo, ciertos hombres recibieron advertencias, censuras, consejos e instrucción que no se referían en nada a lo dado en las Escrituras. También habla de profetas que vivieron en diferentes épocas, pero sin hacer mención alguna de sus declaraciones. Asimismo, una vez cerrado el canon de las Escrituras, el Espíritu Santo debía llevar adelante Su obra de esclarecimiento, de advertencia y consuelo en bien de los hijos de Dios.

Jesús prometió a Sus discípulos "el Consolador, el Espíritu Santo, a quien el Padre enviará en Mi nombre, Él os enseñará todas las cosas, y os recordará todo lo que Yo os he dicho." "Cuando venga el Espíritu de verdad, Él os guiará a toda la verdad . . . y os hará saber las cosas que habrán de venir." Juan 14:26; 16:13. Las Sagradas Escrituras enseñan claramente que estas promesas, lejos de limitarse a los días de los apóstoles, se extienden a la iglesia de Cristo en todas las edades. El Salvador asegura a los discípulos: "Estoy con vosotros todos los días, hasta el fin del mundo." Mateo 28:20. Pablo declara que los dones y manifestaciones del Espíritu fueron dados a la iglesia "a fin de equipar completamente a los santos para la obra del ministerio, para la edificación del cuerpo de Cristo, hasta que todos lleguemos a la unidad de la fe y del pleno conocimiento del Hijo de Dios, a la condición de un hombre maduro, a la medida de la edad de la plenitud de Cristo." Efesios 4:12, 13.

En favor de los creyentes de Efeso, el apóstol rogó así: "Que el Dios de nuestro Señor Jesucristo, el Padre de gloria, os dé espíritu de sabiduría y de revelación en el conocimiento pleno de Él, alumbrando los ojos de vuestro entendimiento, para que sepáis cuál es la esperanza a que Él os ha llamado . . . y cuál la supereminente grandeza de Su poder para con nosotros los que creemos." Efesios 1:17-19. La bendición que Pablo pedía para la iglesia de Efeso era que el ministerio divino iluminara el entendimiento y revelara a la mente las cosas profundas de la santa Palabra de Dios.

Después de la gloriosa manifestación del Espíritu Santo, el día de Pentecostés, Pedro exhortó al pueblo al arrepentimiento y a que se bautizara en el nombre de Cristo, para la remisión de sus pecados; y dijo: "Recibiréis el don del Espíritu Santo. Porque para vosotros es la promesa, y para vuestros hijos, y para todos los que están lejos; para cuantos el Señor nuestro Dios llame." Hechos 2:38, 39.

El Señor anunció por boca del profeta Joel que una manifestación especial de Su Espíritu se realizaría en el tiempo inmediatamente antes a las escenas del gran día de Dios. Joel 2:28. Parte de esta profecía se cumplió parcialmente con el derramamiento del Espíritu Santo el día de Pentecostés; pero alcanzará su cumplimiento completo en las manifestaciones de la gracia divina que han de acompañar la obra final del evangelio.

El gran conflicto entre el bien y el mal aumentará en intensidad hasta la consumación de los tiempos. En todas las edades la ira de Satanás se ha manifestado contra la iglesia de Cristo; y Dios ha derramado Su gracia y Su Espíritu sobre Su pueblo para fortalecerlos contra el poder del maligno. Cuando los apóstoles de Cristo estaban por llevar el evangelio por el mundo entero y consignarlo por escrito para provecho de todos los siglos venideros, fueron dotados especialmente con la luz del Espíritu. Pero a medida que la iglesia se va acercando a su liberación final, Satanás obrará con mayor poder. Descenderá "con gran furor, sabiendo que tiene poco tiempo." Apocalipsis 12:12. Obrará "con todo poder y señales y prodigios mentirosos." 2 Tesalonicenses 2:9. Por espacio de seis mil años esa inteligencia maestra, después de haber sido la más alta entre los ángeles de Dios, no ha servido más que para el engaño y la ruina. Y en el conflicto final se emplearán contra el pueblo de Dios todos los recursos de la habilidad y sutileza satánicas, y toda la crueldad desarrollada en esas luchas seculares. Durante este tiempo de peligro los discípulos de Cristo tienen que dar al mundo la advertencia del segundo advenimiento del Señor; y un pueblo ha de ser preparado "sin mancha e irreprensible" para comparecer ante Él a Su venida. 2 Pedro 3:14. Entonces el derramamiento especial de la gracia y el poder divino no será menos necesario a la iglesia que en los días de los apóstoles.

Mediante la iluminación del Espíritu Santo, las escenas de la gran lucha secular entre el bien y el mal fueron reveladas a quien escribe estas páginas. En diferentes ocasiones se me permitió contemplar las peripecias de la gran lucha secular entre Cristo, Príncipe de la vida, Autor de nuestra salvación, y Satanás, príncipe del mal, autor del pecado y primer transgresor de la santa ley de Dios. La enemistad de Satanás contra Cristo se ensañó en los discípulos del Salvador. A través de la historia se puede notar el mismo odio a los principios de la ley de Dios, la misma política de engaño, mediante la cual se hace aparecer el error como si fuese la verdad, se hace que las leyes humanas substituyan las leyes de Dios, y se induce a los hombres a adorar las cosas creadas antes que al Creador. Los esfuerzos de Satanás para desfigurar el carácter de Dios, para dar a los hombres un concepto falso del Creador y hacer que le contemplen con temor y odio más bien que con amor; sus esfuerzos para suprimir la ley de Dios, y hacer creer al pueblo que no está sujeto a las exigencias de ella; sus persecuciones dirigidas contra los que abiertamente resisten sus engaños, han seguido con rigor implacable. Se pueden apreciar en la historia de los patriarcas, de los profetas y apóstoles, de los mártires y reformadores.

En el gran conflicto final, Satanás utilizará la misma táctica, mostrará el mismo espíritu y trabajará con el mismo fin que en todas las edades pasadas. Lo que ha sido, volverá a ser, con la circunstancia agravante de que la lucha venidera será señalada por una intensidad terrible, cual el mundo no la vió jamás. Los engaños de Satanás serán más sutiles, sus ataques más resueltos. Si posible le fuera, engañaría a los escogidos mismos. Marcos 13:22.

Al revelarme el Espíritu de Dios las grandes verdades de Su Palabra, y las escenas del pasado y de lo por venir, se me mandó que diese a conocer a otros lo que se me había mostrado, y que hiciese un bosquejo de la historia de la lucha en las edades pasadas, y especialmente que la presentase de tal modo que derramase luz sobre la lucha futura que se va acercando con tanta rapidez. Con este fin, he tratado de escoger y reunir acontecimientos de la historia de la iglesia en forma que quedara bosquejado el desarrollo de las grandes verdades comprobantes que en diversas épocas han sido dadas al mundo, han excitado la ira de Satanás y la enemistad de la iglesia amiga del mundo, y han sido sostenidas por el testimonio de aquellos que "no amaron sus vidas, exponiéndolas hasta la muerte."

Estos registros nos muestran un anticipo del conflicto que nos espera. Considerándolos a la luz de la Palabra de Dios, y por la iluminación de Su Espíritu, podemos ver abiertamente las estratagemas del maligno y los peligros que deberán evitar los que quieran ser hallados "sin mancha" ante el Señor a Su venida.

Los grandes sucesos que marcaron los pasos de reforma que se dieron en siglos pasados, son hechos históricos muy conocidos y universalmente aceptados, que nadie puede negar. Esa historia la he presentado brevemente, de acuerdo con el fin y objeto de este libro y con la concisión que necesariamente debe observarse, condensando los hechos en forma compatible con una clara inteligencia de las enseñanzas consiguientes. En algunos casos cuando he encontrado que un historiador había reunido los hechos y presentado en forma breve un claro conjunto del asunto, o agrupado los detalles en forma conveniente, he reproducido sus palabras, no tanto para citar a esos escritores como autoridades, sino porque sus palabras resumían adecuadamente el asunto. Y al mencionar los casos y puntos de vista de quienes siguen adelante con la obra de reforma en nuestro tiempo, me he valido en forma similar de las obras que han publicado.

El objeto de este libro no consiste tanto en presentar nuevas verdades relativas a las luchas de pasadas edades como en hacer resaltar hechos y principios que tienen relación con sucesos futuros. Sin embargo, cuando se considera estos hechos y principios como formando parte de la lucha empeñada entre las potencias de la luz y las de las tinieblas, todos esos relatos del pasado cobran nuevo significado; y se desprende de ellos una luz cuyos rayos iluminan el porvenir, alumbrando el sendero de los que, como los reformadores de los siglos pasados, serán llamados, aun a costa de sacrificar todo lo que poseen, a testificar "de la Palabra de Dios y del testimonio de Jesucristo."

Desarrollar las escenas de la gran lucha entre la verdad y el error; descubrir las artimañas de Satanás y los medios de resistirle con éxito; presentar una solución satisfactoria del gran problema del mal, derramando luz sobre el origen y el fin del pecado en forma tal que la justicia y benevolencia de Dios en Sus relaciones con Sus criaturas queden completamente manifiestas; y hacer patente el carácter sagrado e inmutable de Su ley: tal es el objeto de esta obra. Que por su influencia muchos puedan ser libertados del poder de las tinieblas y sean hechos "aptos para participar de la suerte de los santos en luz," para la gloria de Aquél que nos amó y se entrego a Sí mismo por nosotros, tal es mi ferviente oración.

E.G.W.

CAPÍTULO 1

DESTRUCCIÓN DE JERUSALÉN

"¡SI TAMBIÉN TÚ CONOCIESES, y de cierto en este tu día, lo que es para tu paz! Mas ahora está oculto a tus ojos. Porque vendrán días sobre ti, cuando tus enemigos te rodearán con vallado, y te sitiarán, y por todas partes te estrecharán, y te derribarán a tierra, y a tus hijos dentro de ti, y no dejarán en ti piedra sobre piedra, por cuanto no conociste el tiempo de tu visitación." Lucas 19:42-44.

Desde lo alto del monte de los Olivos miraba Jesús a Jerusalén, que ofrecía a Sus ojos un cuadro de belleza y de paz. Era tiempo de Pascua, y de todas las regiones del mundo los hijos de Jacob se habían reunido para celebrar la gran fiesta nacional. De entre viñedos y jardines como de entre las verdes laderas donde se veían esparcidas las tiendas de los peregrinos, se elevaban las colinas con sus terrazas, los airosos palacios y los arrogantes baluartes de la capital Israelita. La hija de Sión parecía decir en su orgullo: "¡Estoy sentada reina, y ... nunca veré el duelo!" porque siendo amada, como lo era, creía estar segura de merecer aún los favores del cielo como en los tiempos antiguos cuando el poeta rey cantaba: "Hermoso por su situación, el gozo de toda la tierra, es el monte de Sión ... la ciudad del gran Rey." Salmos 48:2. Resaltaban a la vista las construcciones grandiosas del templo, cuyos muros de mármol blanco como la nieve estaban entonces iluminados por los últimos rayos del sol poniente que al hundirse en el ocaso hacía resplandecer el oro de puertas, torres y pináculos. Y así resaltaba la gran ciudad, "perfección de hermosura," orgullo de la nación Judaica. ¡Que hijo de Israel podía permanecer ante semejante espectáculo sin sentirse conmovido de gozo y admiración! Pero eran muy ajenos a todo esto los pensamientos que embargaban la mente de Jesús. "Y cuando llegó cerca, al ver la ciudad, lloró sobre ella." Lucas 19:41. En medio del regocijo que provocara Su entrada triunfal, mientras el gentío agitaba palmas, y alegres hosannas resonaban en los montes, y mil voces le proclamaban Rey, el Redentor del mundo se sintió abrumado por súbita y misteriosa tristeza. Él, el Hijo de Dios, el Prometido de Israel, que había vencido a la muerte arrebatándole sus cautivos, lloraba, no preso de común abatimiento, sino dominado por fuerte e irreprimible agonía.

No lloraba por Sí mismo, por más que supiera adónde iba. Getsemaní, lugar de Su próxima y terrible agonía, se extendía ante Su vista. La puerta de las ovejas se veía también; por ella habían entrado durante siglos y siglos las victimas para el sacrificio, y pronto iba a abrirse para Él, cuando "como un cordero" fuera "llevado al matadero." Isaías 53:7. Poco más allá se destacaba el Calvario, lugar de la crucifixión. Sobre el camino que pronto le tocaría recorrer, iban a caer densas y horrorosas tinieblas mientras Él entregaba Su alma en expiación por el pecado. No era, sin embargo, la contemplación de aquellas escenas lo que arrojaba sombras sobre el Señor en aquella hora de gran regocijo, ni tampoco el presentimiento de Su angustia sobrehumana lo que nublaba Su alma generosa. Lloraba por el fatal destino de los millares de Jerusalén, por la ceguedad y por la dureza de corazón de aquellos a quienes Él vino a bendecir y salvar.

La historia de más de mil años durante los cuales Dios había extendido Su favor especial y Sus tiernos cuidados en beneficio de Su pueblo escogido, pasaban ante los ojos de Jesús. Allí estaba el monte Moriah, donde el hijo de la promesa, cual mansa víctima que se entrega sin resistencia, fue atado sobre el altar como emblema del sacrificio del Hijo de Dios. Allí fue donde se le habían confirmado al padre de los creyentes el pacto de bendición y la gloriosa promesa de un Mesías. Génesis 22:9; 16-18. Allí era donde las llamas del sacrificio, al ascender al cielo desde la era de Ornán, habían desviado la espada del ángel exterminador, símbolo adecuado del sacrificio de Cristo y de Su mediación por los culpables. 1 Crónicas 21. Jerusalén había sido honrada por

Dios sobre toda la tierra. El Señor había "elegido a Sión; la quiso por habitación para Sí." Salmo 132:13. Allí habían proclamado los santos profetas durante siglos y siglos sus mensajes de amonestación. Allí habían mecido los sacerdotes sus incensarios y había subido hacia Dios el humo del incienso, mezclado con las oraciones de los adoradores. Allí había sido ofrecida día tras día la sangre de los corderos sacrificados, que anunciaban al Cordero de Dios que había de venir al mundo. Allí había manifestado Jehová Su presencia en la nube de gloria, sobre el propiciatorio. Allí se había asentado la base de la escalera mística que unía el cielo con la tierra, que Jacob viera en sueños y por la cual los ángeles subían y bajaban, mostrando así al mundo el camino que conduce al lugar santísimo. Génesis 28:12; Juan 1:51. De haberse mantenido Israel como nación fiel al Cielo, Jerusalén habría sido para siempre la elegida de Dios. Jeremías 17:21-25. Pero la historia de aquel pueblo tan favorecido era un relato de sus apostasías y sus rebeliones. Había resistido la gracia del Cielo, abusando de sus privilegios y menospreciando sus oportunidades.

A pesar de que los hijos de Israel "hacían escarnio de los mensajeros de Dios, y menospreciaban Sus palabras, burlándose de Sus profetas," el Señor había seguido manifestándoseles como "Jehová, fuerte, misericordioso, y piadoso; tardo para la ira, y grande en misericordia y verdad." 2 Crónicas 36:16; Éxodo 34:6. Y por más que le rechazaran una y otra vez, de continuo había seguido insistiendo con bondad inalterable. Más grande que la amorosa compasión del padre por su hijo era el afanoso cuidado con que Dios velaba por Su pueblo enviándole "constantemente palabra a ellos por medio de Sus mensajeros, porque Él tenía misericordia de Su pueblo y del lugar de Su morada." 2 Crónicas 36:15. Y al fin, habiendo fracasado las amonestaciones, las reprensiones y los ruegos, les envió el mejor don del cielo; más aún, derramó todo el cielo en ese solo Don.

El Hijo de Dios fue enviado para exhortar a la ciudad rebelde. Era Cristo que había sacado a Israel como "una vid de Egipto." Salmo 80:8. Con Su propio brazo, había arrojado a los gentiles de delante de ella: la había plantado "en una ladera fértil:" la había cercado cuidadosamente y había enviado a Sus siervos para que la cultivasen. "¿Qué más se podía haber hecho a mi viña – exclamó, – que yo no lo haya hecho en ella?" A pesar de estos cuidados, y por más que, habiendo esperado "que diese uvas" valiosas, las había dado "silvestres", el Señor compasivo, movido por Su deseo de obtener fruto, vino en persona a Su viña para librarla, si fuera posible, de la destrucción. Isaías 5:1-4. La labró con esmero, la podó y la cuidó. Fue incansable en Sus esfuerzos para salvar aquella viña que Él mismo había plantado.

Durante tres años, el Señor de la luz y de la gloria estuvo yendo y viniendo entre Su pueblo. "Pasó haciendo el bien y sanando a todos los oprimidos por el diablo," curando a los de corazón quebrantado, poniendo en libertad a los cautivos, dando vista a los ciegos, haciendo andar a los cojos y oír a los sordos, limpiando a los leprosos, resucitando muertos y predicando el evangelio a los pobres. Hechos 10:38; Lucas 4:18; Mateo 11:5. El llamamiento de gracia fue dirigido a todas las clases sociales por igual: "Venid a Mí todos los que estáis fatigados y cargados, y Yo os haré descansar." Mateo 11:28.

Prosiguió con firmeza Su misión de paz y misericordia, a pesar de recibir por recompensa el mal por el bien y el odio a cambio de Su amor. Salmos 109:5. Jamás fue rechazado ninguno de los que se acercaron a Él en busca de Su gracia. Errante y sin hogar, sufriendo cada día deshonra y penurias, sólo vivió para ayudar a los pobres, aliviar a los agobiados y persuadirlos a todos a que aceptasen el don de vida. La emanación de la misericordia divina era rechazada por aquellos corazones endurecidos y reacios pero volvía sobre ellos con más vigor, impulsado por la augusta compasión y por la fuerza del amor que sobrepuja a todo entendimiento. Pero Israel se alejó de Él, apartándose así de su mejor Amigo y de su único Auxiliador. Su amor fue despreciado, rechazados Sus dulces consejos y ridiculizadas Sus cariñosas amonestaciones.

La hora de esperanza y de perdón transcurrió rápidamente. La copa de la ira de Dios, por tanto tiempo contenida, estaba casi llena. La nube que había ido formándose a través de los tiempos de apostasía y rebelión, veíase ya negra, llena de maldiciones, a punto de estallar sobre un pueblo culpable: y el único que podía librarle de su suerte fatal inminente había sido menospreciado, escarnecido y rechazado, y en breve lo iban a crucificar. Cuando Cristo estuviera clavado en la cruz del Calvario, ya habría transcurrido para Israel su día como nación favorecida y saciada de las bendiciones de Dios. La pérdida de una sola alma se considera como una calamidad infinitamente más grande que la de todas las ganancias y todos los tesoros de un mundo; pero mientras Jesús fijaba Su mirada en Jerusalén, veía la ruina de toda una ciudad, de todo un pueblo; de aquella ciudad y de aquel pueblo que habían sido elegidos de Dios, Su especial tesoro.

Los profetas habían llorado la apostasía de Israel y lamentado las horribles desolaciones con que fueron castigadas sus culpas. Jeremías deseaba que sus ojos se volvieran manantiales de lágrimas para llorar día y noche por los muertos de la hija de su pueblo y por el rebaño del Señor que fue llevado cautivo. Jeremías 9:1; 13:17. ¡Cuál no sería entonces la angustia de Aquél cuya mirada profética abarcaba, no unos pocos años, sino muchos siglos! Veía al ángel exterminador mover en forma amenazante su espada sobre la cuidad que por tanto tiempo fuera morada de Jehová. Desde la cumbre del monte de los Olivos, en el lugar mismo que más tarde iba a ser ocupado por Tito y sus soldados, miró a través del valle los atrios y pórticos sagrados, y con los ojos nublados por las lágrimas, vió en horroroso anticipo los muros de la ciudad circundados por tropas extranjeras; oyó el estrépito de las legiones que marchaban en son de guerra, y los tristes lamentos de las madres y de los niños que lloraban por pan en la ciudad sitiada. Vió el templo santo y hermoso, los palacios y las torres consumidas por las llamas, dejando en su lugar tan sólo un montón de humeantes ruinas.

Atravesando los siglos con la mirada, vió al pueblo del pacto disperso en toda la tierra, "como náufragos en una playa desierta." En la retribución temporal que estaba por caer sobre Sus hijos, el Señor vió el primer trago de la copa de la ira que en el juicio final aquel mismo pueblo deberá consumir hasta las heces. La compasión divina y el sublime amor de Cristo hallaron Su expresión en estas tristes palabras: "¡Jerusalén, Jerusalén, que matas a los profetas, y apedreas a los que te son enviados! ¡Cuántas veces quise juntar a tus hijos, como la gallina junta sus polluelos debajo de las alas, y no quisiste!" Mateo 23:37. ¡Oh! ¡si tú, nación favorecida entre todas, hubieras conocido el tiempo de tu visitación y lo que atañe a tu paz! Yo detuve al ángel de justicia y Te llamé al arrepentimiento, pero en vano. No rechazaste tan sólo a los siervos ni despreciaste tan sólo a los enviados y profetas, sino al Santo de Israel, tu Redentor. Si eres destruída, tú sola tienes la culpa. "No queréis venir a Mí, para que tengáis vida." Juan 5:40.

Cristo vió en Jerusalén un símbolo del mundo endurecido en la incredulidad y rebelión que corría presuroso a recibir el pago de la justicia de Dios. Los lamentos de una raza caída oprimían el alma del Señor, y le hicieron exclamar esas expresiones de dolor. Vió además las profundas huellas del pecado marcadas por la miseria humana con lágrimas y sangre; Su tierno corazón se conmovió de compasión infinita por las víctimas de los padecimientos y aflicciones de la tierra; deseó salvarlos a todos. Pero ni aun Su mano podía desviar la corriente del dolor humano que del pecado procede; pocos buscarían la única fuente de salud. Él estaba dispuesto a derramar Su misma alma hasta la muerte, y poner así la salvación al alcance de todos; pero muy pocos iban a acudir a Él para tener vida eterna.

¡Mirad al Rey del cielo derramando copioso llanto! ¡Ved al Hijo del Dios infinito perturbado en espíritu y doblado bajo el peso del dolor! Los cielos se llenaron de asombro al contemplar semejante escena que pone tan de manifiesto la culpabilidad enorme del pecado, y que nos enseña lo que le cuesta, aun al poder infinito, salvar al pecador de las consecuencias que le acarrea la transgresión de la ley de Dios. Dirigiendo Jesús Su mirada hasta la última generación vió al mundo envuelto en un engaño semejante al que causó la destrucción de Jerusalén. El gran pecado de los Judíos consistió en que rechazaron a Cristo; el gran pecado del mundo Cristiano iba a consistir en que rechazaría la ley de Dios, que es el fundamento de Su gobierno en el cielo y en la tierra. Los preceptos del Señor iban a ser menospreciados y anulados. Millones de almas sujetas al pecado, esclavas de

Satanás, condenadas a sufrir la segunda muerte, se negarían a escuchar las palabras verdaderas en el día de su visitación. ¡Terrible ceguedad, sorprendente infatuación!

Dos días antes de la Pascua, cuando Cristo se había despedido ya del templo por última vez, después de haber denunciado públicamente la hipocresía de los príncipes de Israel, volvió al monte de los Olivos, seguido por Sus discípulos y se sentó entre ellos en una ladera cubierta por un suave césped, dominando con la vista la ciudad. Una vez más contempló sus muros, torres y palacios. Una vez más miró el templo que en su magnífico esplendor parecía una diadema de hermosura que coronara al sagrado monte.

Mil años antes el salmista había magnificado la bondad de Dios hacia Israel porque había escogido aquel templo como Su morada. "En Salem está Su tabernáculo, y Su habitación en Sión." Salmos 76:2. "Escogió la tribu de Judá, el monte de Sión, al cual amó. Edificó Su santuario como un lugar excelso." Salmos 78:68, 69. El primer templo había sido erigido durante la época de mayor prosperidad en la historia de Israel. Grandes almacenes fueron construidos para contener los tesoros que con dicho propósito acumulara el rey David, y los planos para la edificación del templo fueron hechos por inspiración divina. I Crónicas 28:12, 19. Salomón, el más sabio de los monarcas de Israel, completó la obra. Este templo resultó ser el edificio más grandioso que este mundo haya visto. No obstante, refiriéndose al segundo templo, el Señor declaró por boca del profeta Hageo: "La gloria postrera de esta casa será mayor que la primera." "Y haré temblar a todas las naciones, y vendrá el Deseado de todas las naciones; y llenaré de gloria esta casa, ha dicho Jehová de los ejércitos." Hageo 2:9, 7.

Después de su destrucción por Nabucodonosor, el templo fue reconstruído unos cinco siglos antes del nacimiento de Cristo por un pueblo que tras largo cautiverio había vuelto a su país destrozado y casi desierto. Había entonces en Israel algunos hombres muy ancianos que habían visto la gloria del templo de Salomón y que lloraban al ver el templo nuevo que parecía tan inferior al anterior. El sentimiento que dominaba entre el pueblo nos es claramente descrito por el profeta cuando dice: "¿Quién ha quedado entre vosotros que haya visto esta casa en su gloria primera? ¿Y cómo la veis ahora? ¿No es ella como nada delante de vuestros ojos?" Hageo 2:3; Esdras 3:12. Entonces fue dada la promesa de que la gloria del segundo templo sería mayor que la del primero.

Pero el segundo templo no igualó al primero en magnificencia ni fue santificado por las señales visibles de la presencia divina con que lo fuera el templo de Salomón, ni hubo tampoco manifestaciones de poder sobrenatural que dieran realce a su dedicación. Ninguna nube de gloria cubrió al santuario que acababa de ser erigido; no hubo fuego que descendiera del cielo para consumir el sacrificio sobre el altar. La presencia divina no se encontraba ya entre los querubines en el lugar santísimo; ya no estaban allí el arca del testimonio, ni el propiciatorio, ni las tablas de la ley. Ninguna voz del cielo se dejaba oír para revelar la voluntad del Señor al sacerdote que preguntaba por ella.

Durante varios siglos los Judíos se habían esforzado para probar cómo y dónde se había cumplido la promesa que Dios había dado por Hageo. Pero la incredulidad y el orgullo habían cegado su mente de tal modo que no entendían el verdadero significado de las palabras del profeta. Al segundo templo no le fue concedido el honor de ser cubierto con la nube de la gloria de Jehová, pero sí fue honrado con la presencia de Uno en quien habitaba corporalmente la plenitud de la Divinidad, de Uno que era Dios mismo manifestado en carne. Cuando el Nazareno enseñó y realizó curaciones en los pórticos sagrados se cumplió la profecía gloriosa: Él era el "Deseado de todas las naciones" que entraba en Su templo. Por la presencia de Cristo, y sólo por ella, la gloria del segundo templo superó la del primero; pero Israel tuvo en poco al anunciado Don del cielo; y con el humilde Maestro que salió aquel día por la puerta de oro, la gloria había abandonado el templo para siempre. Así se cumplieron las palabras del Señor, que dijo: "He aquí vuestra casa os es dejada desierta." Mateo 23:38.

Al oír las predicciones de Cristo respecto de la destrucción del templo, los discípulos se habían llenado de asombro y hasta de temor, y deseaban entender de un modo más completo el significado de Sus palabras. Durante más de cuarenta años se habían derramado riquezas, trabajo y arte arquitectónico para engrandecer los esplendores y la grandeza de aquel templo. Herodes el Grande y hasta el mismo emperador del mundo contribuyeron con los tesoros de los Judíos y con las riquezas romanas a enaltecer la magnificencia del hermoso edificio. Con este objeto se habían importado de Roma enormes bloques de preciado mármol, de tamaño casi fabuloso, a los cuales los discípulos llamaron la atención del Maestro, diciéndole: "Mira qué piedras tan enormes y qué construcciones tan magníficas." Marcos 13:1.

Jesús les contestó con estas solemnes y sorprendentes palabras: "De cierto os digo, que no quedará aquí piedra sobre piedra, que no sea derribada." Mateo 14:2.

Los discípulos creyeron que la destrucción de Jerusalén coincidiría con los sucesos de la venida personal de Cristo revestido de gloria temporal para ocupar el trono de un imperio universal, para castigar a los Judíos impenitentes y libertar a la nación del yugo Romano. Cristo les había informado que volvería, y por eso al oírle predecir los juicios que amenazaban a Jerusalén, se figuraron que ambas cosas sucederían al mismo tiempo y, al reunirse en derredor del Señor en el monte de los Olivos, le preguntaron: "¿Cuándo sucederán estas cosas, y cuál será la señal de Tu venida, y del final de esta época?" Mateo 24:3.

El futuro les era misericordiosamente velado a los discípulos. De haber visto con toda claridad esos dos terribles acontecimientos futuros: los sufrimientos del Redentor y Su muerte, y la destrucción del templo y de la ciudad, los discípulos hubieran sido abrumados por el dolor y el miedo. Cristo les dió un bosquejo de los sucesos culminantes que habrían de desarrollarse antes del final de los tiempos. Sus palabras no fueron entendidas plenamente entonces, pero su significado iba a aclararse a medida que Su pueblo necesitase la instrucción contenida en esas palabras. La profecía del Señor contenía un doble significado: no solo que anunciaba la ruina de Jerusalén pero también los horrores del gran día final.

Jesús declaró a los discípulos los castigos que iban a

caer sobre el apóstata Israel y especialmente los que debería sufrir por haber rechazado y crucificado al Mesías. Iban a producirse señales inequívocas, precursoras del espantoso desenlace. La hora desafortunada llegaría pronto y repentinamente. Y el Salvador advirtió a Sus discípulos: "Por tanto, cuando veáis en el lugar santo la abominación de la desolación, anunciada por medio del profeta Daniel, (el que lea, entienda), entonces los que estén en Judea, huyan a los montes." Mateo 24:15, 16; Lucas 21:20. Tan pronto como los estandartes del ejército Romano idólatra fuesen clavados en el suelo sagrado, que se extendía varios estadios más allá de los muros, los creyentes en Cristo debían huir a un lugar seguro. Al ver la señal preventiva, todos los que quisieran escapar debían hacerlo sin tardar. Tanto en la tierra de Judea como en la propia ciudad de Jerusalén el aviso de la huida debía ser aprovechado en el acto. Todo el que se hallase en aquel instante en el tejado de su casa no debía entrar en ella ni para tomar consigo los más valiosos tesoros; los que trabajaran en el campo y en los viñedos no debían perder tiempo en volver por las túnicas que se hubiesen quitado para soportar mejor el calor y la faena del día. Todos debían marcharse sin tardar si no querían verse envueltos en la ruina general.

Durante el reinado de Herodes, la ciudad de Jerusalén no sólo había sido notablemente embellecida, sino también fortalecida. Se construyeron torres, muros y fortalezas que, unidos a la ventajosa situación topográfica del lugar, la hacían aparentemente inexpugnable. Si en aquellos días alguien hubiese predicho públicamente la destrucción de la ciudad, sin duda habría sido considerado como lo fue Noé en su tiempo: como alarmista insensato. Pero Cristo había dicho: "El cielo y la tierra pasarán, pero Mis palabras no pasarán." Mateo 24:35. La ira del Señor se había declarado contra Jerusalén a causa de sus pecados, y su obstinada incredulidad hizo inevitable su condenación.

El Señor había dicho por el profeta Miqueas: "Oíd ahora esto, jefes de la casa de Jacob, y capitanes de la casa de Israel, que abomináis la justicia, y pervertís todo el derecho; que edificáis a Sión con sangre, y a Jerusalén con iniquidad. Sus jefes juzgan por soborno, y sus sacerdotes enseñan por precio, y sus profetas adivinan por dinero; y se apoyan en Jehová, diciendo: ¿No está Jehová entre nosotros? No vendrá mal sobre nosotros." Miqueas 3:9-11.

Estas palabras dan una idea exacta de cuán corruptos eran los moradores de Jerusalén y de cuán justos se consideraban. A la vez que se decían escrupulosos observadores de la ley de Dios, quebrantaban todos sus preceptos. La pureza de Cristo y Su santidad hacían resaltar la iniquidad de ellos; por eso le aborrecían y le señalaban como el causante de todas las desgracias que les habían sobrevenido como consecuencia de su maldad. Aunque sabían muy bien que Cristo no tenía pecado, declararon que Su muerte era necesaria para la seguridad de la nación. Los líderes Judíos decían: "Si le dejamos así, todos creerán en Él; y vendrán los Romanos y destruirán nuestro lugar santo y nuestra nación." Juan 11:48. Ellos pensaban que si sacrificaban a Cristo, podrían ser otra vez un pueblo fuerte y unido. Así discurrían, y estuvieron de acuerdo con el sumo sacerdote en que era mejor que uno muriera y no que la nación entera se perdiese.

Así era cómo los líderes Judíos habían edificado "a Sión con sangre, y a Jerusalén con iniquidad," y a medida que sentenciaban a muerte a su Salvador porque les echara en cara sus iniquidades, se atribuían tanta justicia que se consideraban el pueblo escogido de Dios y esperaban que el Señor viniese a librarlos de sus enemigos. "Por eso, había añadido el profeta, por culpa vuestra Sión será arada como un campo, y Jerusalén vendrá a ser montones de ruinas, y el monte del templo como oteros de bosque." Miqueas 3:12.

Dios demoró Sus juicios sobre la ciudad y la nación hasta cosa de cuarenta años después que Cristo hubo anunciado el castigo de Jerusalén. Admirable fue la paciencia que tuvo Dios con los que rechazaran Su evangelio y asesinaran a Su Hijo. La parábola de la higuera estéril representa el trato bondadoso de Dios con la nación Judía. Ya había sido dada la orden: "Córtala; ¿para qué inutiliza también la tierra?" Lucas 13:7. Pero la divina misericordia la preservó por algún tiempo. Había todavía muchos Judíos que ignoraban lo que habían sido el carácter y la obra de Cristo. Y los hijos no habían tenido las oportunidades ni visto la luz que sus padres habían rechazado. Por medio de la predicación de los apóstoles y de sus compañeros, Dios iba a hacer brillar la luz sobre ellos para que pudiesen ver cómo se habían cumplido las profecías, no únicamente las que se referían al nacimiento y vida del Salvador sino también las que anunciaban Su muerte y Su gloriosa resurrección. Los hijos no fueron condenados por los pecados de sus padres; pero cuando, después de conocer la luz que fuera dada a sus padres, rechazaron la luz adicional que a ellos mismos les fuera concedida, entonces se hicieron cómplices de las culpas de los padres y colmaron la medida de su iniquidad.

La generosidad de Dios hacia Jerusalén no hizo sino confirmar a los Judíos en su terca impenitencia. Por el odio y la crueldad que manifestaron hacia los discípulos de Jesús, rechazaron el último ofrecimiento de misericordia. Dios les retiró entonces Su protección y dió rienda suelta a Satanás y a sus ángeles, y la nación cayó bajo el dominio del caudillo que ella misma se había elegido. Sus hijos despreciaron la gracia de Cristo, que los habría capacitado para dominar sus malos impulsos, y éstos los vencieron. Satanás despertó las más fieras y degradadas pasiones de sus almas. Los hombres ya no razonaban, estaban completamente dominados por sus impulsos y su ira ciega. En su crueldad se volvieron satánicos. Tanto en la familia como en la nación, en las clases bajas como en las clases superiores del pueblo, no se encontraba más que la sospecha, la envidia, el odio, el altercado, la rebelión y el asesinato. No había seguridad en ninguna parte. Los amigos y parientes se traicionaban unos a otros. Los padres mataban a los hijos y éstos a sus padres. Los que gobernaban al pueblo no tenían poder para gobernarse a sí mismos: las pasiones más desordenadas los convertían en tiranos. Los Judíos habían aceptado falsos testimonios para condenar al Hijo inocente de Dios; y ahora las acusaciones más falsas hacían inseguras sus propias vidas. Con sus hechos habían expresado desde hacía tiempo sus deseos: "¡Cesad de confrontarnos con el Santo de Israel!" Isaías 30:11. Y ya estos deseos se habían cumplido. El temor de Dios no les preocupaba más; Satanás se encontraba ahora al frente de la nación y las más altas autoridades civiles y religiosas estaban bajo su dominio.

Los jefes de los bandos opuestos hacían a veces causa

común para despojar y torturar a sus desgraciadas víctimas, y otras veces esas mismas facciones peleaban unas con otras y se daban muerte sin misericordia; ni la santidad del templo podía refrenar su ferocidad. Los fieles eran derribados al pie de los altares, y el santuario era deshonrado por los cadáveres de aquellas carnicerías. No obstante, en su ignorante y abominable presunción, los instigadores de la obra infernal declaraban públicamente que no temían que Jerusalén fuese destruída, pues era la ciudad de Dios; y, con el propósito de aumentar su satánico poder, sobornaban a falsos profetas para que proclamaran que el pueblo debía esperar la salvación de Dios, aunque ya el templo estaba sitiado por las legiones Romanas. Hasta el fin las multitudes creyeron firmemente que el Todopoderoso intervendría para derrotar a sus adversarios. Pero Israel había despreciado la protección de Dios, y no había ya defensa alguna para él. ¡Desdichada Jerusalén! ¡Mientras la desgarraban las luchas internas, y la sangre de sus hijos derramada por sus propias manos teñía sus calles de rojo, los ejércitos enemigos echaban a tierra sus fortalezas y mataban a sus guerreros!

Todas las predicciones de Cristo acerca de la destrucción de Jerusalén se cumplieron al pie de la letra; los Judíos realizaron la verdad de aquellas palabras de advertencia del Señor: "Con la medida con que medís, os será medido." Mateo 7:2.

Aparecieron muchas señales y maravillas como síntomas precursores del desastre y de la condenación. A la media noche una luz extraña brillaba sobre el templo y el altar. En las nubes, a la puesta del sol, se veían como carros y hombres de guerra que se reunían para la batalla. Los sacerdotes que ministraban de noche en el santuario eran aterrorizados por ruidos misteriosos; temblaba la tierra y se oían voces que gritaban: "¡Salgamos de aquí!" La gran puerta del oriente, que por su enorme peso era difícil de cerrar entre veinte hombres y que estaba asegurada con formidables barras de hierro afirmadas en el duro pavimento de piedras de gran tamaño, se abrió a la media noche de una manera misteriosa. –Milman, *The History of the Jews,* libro 13.

Durante siete años un hombre recorrió incesantemente las calles de Jerusalén anunciando las calamidades que iban a caer sobre la ciudad. Día y noche entonaba la frenética endecha: "¡Voz del oriente! ¡voz del occidente! ¡voz de los cuatro vientos! ¡Una voz contra Jerusalén y contra el templo! ¡Una voz contra los novios y las novias! ¡Una voz contra todo el pueblo!" *–Ibid.* Este extraño personaje fue encarcelado y azotado sin que exhalase una queja. A los insultos que le dirigían y a las burlas que le hacían, no contestaba sino con estas palabras: "¡Ay de Jerusalén! ¡Ay, ay de sus moradores!" y sus tristes predicciones no dejaron de oírse sino cuando encontró la muerte en el sitio que él había predicho.

Durante la destrucción de Jerusalén no pereció ni un solo Cristiano. Cristo había prevenido a Sus discípulos, y todos los que creyeron Sus palabras esperaron atentamente las señales prometidas. "Cuando veáis a Jerusalén rodeada de ejércitos," había dicho Jesús, "sabed entonces que su desolación ha llegado. Entonces los que estén en Judea, huyan a los montes; y los que en medio de ella, váyanse." Lucas 21:20, 21. Después que los soldados Romanos, al mando del general Cestio Galo, hubieron rodeado la ciudad, abandonaron de pronto el sitio de una manera imprevista y eso cuando todo parecía favorecer un asalto inmediato. Perdida ya la esperanza de poder resistir el ataque, los sitiados estaban a punto de rendirse, cuando el general Romano retiró sus fuerzas sin motivo aparente para ello. Mas la previsora misericordia de Dios había dispuesto los acontecimientos para bien de los suyos. Ya estaba dada la señal a los Cristianos que aguardaban el cumplimiento de las palabras de Jesús, y en aquel momento se les ofrecía una oportunidad que debían aprovechar para huir, conforme a las indicaciones dadas por el Maestro. Los sucesos se desarrollaron de modo tal que ni los Judíos ni los Romanos hubieran podido evitar la huida de los creyentes. Habiéndose retirado Cestio, los Judíos hicieron una salida para perseguirle y entre tanto que ambas fuerzas estaban así empeñadas, los Cristianos pudieron salir de la ciudad, aprovechando la circunstancia de estar los alrededores totalmente despejados de enemigos que hubieran podido cerrarles el paso. En la época del sitio, los Judíos habían acudido numerosos a Jerusalén para celebrar la Fiesta de los Tabernáculos y así fue como los Cristianos esparcidos por todo el país pudieron escapar sin dificultad. Inmediatamente se encaminaron hacia un lugar seguro, la ciudad de Pella, en tierra de Perea, en el otro lado del Jordán.

Las fuerzas Judaicas perseguían de cerca a Cestio y a su ejército y cayeron sobre la retaguardia con tal furia que amenazaban destruirla totalmente. Sólo a duras penas pudieron las fuerzas Romanas cumplir su retirada. Los Judíos no sufrieron muchas pérdidas, y con los despojos que obtuvieron volvieron en triunfo a Jerusalén. Pero este éxito aparente no les acarreó sino perjuicios, pues despertó en ellos un espíritu de necia resistencia contra los Romanos, que no tardó en traer males incalculables a la infeliz ciudad.

Fueron espantosas las calamidades que sufrió Jerusalén cuando el sitio se reanudó bajo las órdenes de Tito. La ciudad fue sitiada en el momento de la Pascua, cuando millones de Judíos se hallaban reunidos dentro de sus muros. Los depósitos de provisiones que, de haber sido conservados, hubieran podido abastecer a toda la población por varios años, habían sido destruídos a consecuencia de la rivalidad y de las represalias de las facciones en lucha, y pronto los vecinos de Jerusalén empezaron a morir bajo los horrores del hambre. Una medida de trigo se vendía por un talento. Tan grave era el hambre, que los hombres roían el cuero de sus cintos, sus sandalias y las cubiertas de sus escudos. Muchos salían durante la noche para recoger las plantas silvestres que crecían fuera de los muros, a pesar de que muchos de ellos eran aprendidos y matados por crueles torturas. A menudo los que lograban escapar eran despojados de aquello que habían conseguido aun con riesgo de la vida. Los que estaban en el poder imponían los castigos más perversos para obligar a los necesitados a entregar los últimos restos de provisiones que guardaban escondidos; y dichas atrocidades eran perpetradas muchas veces por gente bien alimentada que sólo deseaba almacenar provisiones para más tarde.

Millares murieron a consecuencia del hambre y la pestilencia. Los afectos naturales parecían haber desaparecido: los esposos se arrebataban unos a otros los alimentos; los hijos quitaban a sus ancianos padres la comida que se llevaban a la boca, y la pregunta del profeta: "¿Se olvidará la mujer de su niño de pecho?" recibió respuesta en el interior de los muros de la desdichada ciudad, tal como la diera la Santa Escritura: "¡Las manos de mujeres tiernas cocieron a sus hijos; ¡sus propios hijos les sirven de comida en el día del quebrantamiento de la hija de Mi pueblo!" Isaías 49:15; Lamentaciones 4:10.

Una vez más se cumplía la profecía pronunciada catorce siglos antes, que decía: "La tierna y la delicada entre vosotros, que no osaría sentar sobre la tierra la planta de su pie, de pura delicadeza y ternura, mirará con malos ojos al esposo de su corazón, e incluso a su hijo y a su hija, y aun al bebé que corretea entre sus pies, y a sus hijos que haya dado a luz; pues los comerá ocultamente, por la carencia de todo, en el asedio y en el apuro con que tu enemigo te oprimirá en tus ciudades." Deuteronomio 28:56, 57.

Los jefes Romanos procuraron aterrorizar a los Judíos para que se rindiesen. Los que resistían eran apresados, los azotaban, atormentaban y los crucificaban frente a los muros de la ciudad. Centenares de ellos eran así ejecutados cada día, y el horrendo proceder continuó hasta que a lo largo del valle de Josafat y en el Calvario se erigieron tantas cruces que apenas dejaban espacio para pasar entre ellas. Así fue castigada aquella temeraria maldición que lanzara el pueblo en el tribunal de Pilato, al exclamar: "¡Su sangre sea sobre nosotros, y sobre nuestros hijos!" Mateo 27:25.

De buen grado hubiera Tito hecho cesar estas terribles escenas y ahorrado a Jerusalén la plena medida de su condenación. Le horrorizaba ver los montones de cadáveres en los valles. Como obsesionado, miraba desde lo alto del monte de los Olivos al magnífico templo y dió la orden de que no se tocara una sola de sus piedras. Antes de hacer el intento de apoderarse de esa fortaleza, dirigió una fervorosa llamada a los jefes Judíos para que no le obligasen a profanar con sangre el lugar sagrado. Si querían salir a pelear en cualquier otro sitio, ningún Romano violaría la santidad del templo. Josefo mismo, en un elocuente discurso, les rogó que se entregasen, para salvarse a sí mismos, a su ciudad y su lugar de culto. Pero respondieron a sus palabras con maldiciones, y arrojaron dardos a su último mediador humano mientras alegaba con ellos. Los Judíos habían rechazado las súplicas del Hijo de Dios, y ahora cualquier otra instancia o amonestación no podía obtener otro resultado que inducirlos a resistir hasta el fin. Vanos fueron los esfuerzos de Tito para salvar el templo. Uno mayor que él había declarado que no quedaría piedra sobre piedra que no fuese derribada.

La ciega obstinación de los jefes Judíos y los espantosos crímenes perpetrados en el interior de la ciudad sitiada excitaron el horror y la indignación de los Romanos, y finalmente Tito dispuso tomar el templo por asalto. Resolvió, sin embargo, que si era posible evitaría su destrucción. Pero sus órdenes no fueron obedecidas. Durante la noche, cuando se había retirado a su tienda para descansar, los Judíos hicieron una salida desde el templo y atacaron a los soldados que estaban afuera. Durante la lucha, un soldado Romano arrojó al pórtico por una abertura un leño encendido, e inmediatamente ardieron los aposentos enmaderados de cedro que rodeaban el edificio santo. Tito acudió apresuradamente, seguido por sus generales y legionarios, y ordenó a los soldados que apagasen las llamas. Sus palabras no fueron escuchadas. Furiosos, los soldados arrojaban teas encendidas en las cámaras contiguas al templo y con sus espadas degollaron a gran número de los que habían buscado refugio allí. La sangre corría como agua por las gradas del templo. Miles y miles de Judíos perecieron. Y sobre el ruido de la batalla, se oían voces que gritaban: "¡Ichabod!" – la gloria se alejó.

"Tito vió que era imposible contener el furor de los soldados enardecidos por la lucha; y con sus oficiales se puso a contemplar el interior del sagrado edificio. Su esplendor los dejó maravillados, y como notase que el fuego no había llegado aún al lugar santo, hizo el postrer esfuerzo para salvarlo saliendo precipitadamente y exhortando con energía a los soldados para que se empeñasen en contener la propagación del incendio. El centurión Liberalis hizo cuanto pudo con su insignia de mando para conseguir la obediencia de los soldados, pero ni siquiera el respeto al emperador bastaba ya para apaciguar la furia de la soldadesca contra los Judíos y la ansia insaciable de saqueo. Todo lo que los soldados veían en torno suyo estaba revestido de oro y resplandecía a la luz siniestra de las llamas, lo cual les inducía a suponer que habría en el santuario tesoros de incalculable valor. Un soldado Romano, sin ser visto, arrojó una tea encendida entre los goznes de la puerta y en breves instantes todo el edificio era presa de las llamas. Los oficiales se vieron obligados a retroceder ante el fuego y el humo que los cegaba, y el noble edificio quedó entregado a su fatal destino.

"Aquel espectáculo llenaba de espanto a los Romanos; ¿qué sería para los Judíos? Toda la cumbre del monte que dominaba la ciudad despedía fulgores como el cráter de un volcán en plena actividad. Los edificios iban cayendo a tierra uno tras otro, en medio de un estrépito tremendo y desaparecían en el abismo ardiente. Las techumbres de cedro eran como sábanas de fuego, los dorados capiteles de las columnas relucían como espigas de luz rojiza y los torreones inflamados despedían espesas columnas de humo y lenguas de fuego. Las colinas vecinas estaban iluminadas y dejaban ver grupos de gentes que se agolpaban por todas partes siguiendo con la vista, en medio de horrible inquietud, el avance de la obra destructora; los muros y las alturas de la ciudad estaban llenos de curiosos que ansiosos contemplaban la escena, algunos con rostros pálidos por hallarse presa de la más atroz desesperación, otros encendidos por la ira al ver su impotencia para vengarse. El tumulto de las legiones Romanas que desbandadas corrían de acá para allá, y los agudos lamentos de los infelices Judíos que morían entre las llamas, se mezclaban con el chisporroteo del incendio y con el estrépito de los derrumbes. En los montes repercutían los gritos de espanto y los ayes de la gente que se hallaba en las alturas; a lo largo de los muros se oían gritos y gemidos y aun los que morían de hambre hacían un supremo esfuerzo para lanzar un lamento de angustia y desesperación.

"Dentro de los muros la carnicería era aún más horrorosa que el cuadro que se contemplaba desde afuera; hombres y mujeres, jóvenes y viejos, soldados y sacerdotes, los que peleaban y los que pedían misericordia, todos eran degollados en desordenada matanza. Superó el número de los asesinados al de los asesinos. Para seguir matando, los legionarios tenían que pisar sobre montones de cadáveres." –Milman, *The History of the Jews,* libro 16.

Destruído el templo, no tardó la ciudad entera en caer en poder de los Romanos. Los líderes Judíos abandonaron las torres que consideraban inexpugnables y Tito las encontró vacías. Las miró asombrado y declaró que Dios mismo las había entregado en sus manos, pues ninguna máquina de guerra, por poderosa que fuera, hubiera logrado hacerle dueño de tan formidables baluartes. La ciudad y el templo fueron arrasados hasta sus cimientos. El solar sobre el cual se irguiera el santuario fue arado "como campo." Jeremías 26:18. En el sitio y en la matanza que le siguió perecieron más de un millón de Judíos; los que sobrevivieron fueron llevados cautivos, vendidos como esclavos, conducidos a Roma para enaltecer el triunfo del conquistador, arrojados a las fieras del circo o desterrados y esparcidos por toda la tierra.

Los Judíos habían forjado sus propias cadenas; habían colmado la copa de la venganza. En la destrucción total de que fueron víctimas como nación y en todas las aflicciones que les persiguieron en la dispersión, no hacían sino cosechar lo que habían sembrado con sus propias manos. Dice el profeta: "Tu destrucción, oh Israel, es obra de tu rebelión contra Mí . . . porque es tu pecado el que te ha hecho tropezar." Oseas 13:9; 14:1. Los padecimientos de los Judíos son muchas veces representados como castigo que cayó sobre ellos por decreto del Altísimo. Así es como el gran engañador procura ocultar su propia obra. Por la tenacidad con que rechazaron el amor y la misericordia de Dios, los Judíos le hicieron retirar Su protección, y Satanás pudo gobernarlos como quiso. Las horrorosas crueldades perpetradas durante la destrucción de Jerusalén demuestran el poder con que se ensaña Satanás sobre aquellos que ceden a su influencia.

No sabemos cuánto debemos a Cristo por la paz y la protección de que disfrutamos. Lo que impide que el hombre caiga completamente bajo el dominio de Satanás es el poder restrictivo de Dios. Los desobedientes e ingratos deberían hallar un poderoso motivo de agradecimiento a Dios en el hecho de que Su misericordia y clemencia hayan limitado el poder maléfico del diablo. Pero cuando el hombre traspasa los límites de la paciencia divina, ya no cuenta con aquella protección que le libraba del mal. Dios no asume nunca para con el pecador la actitud de un verdugo que ejecuta la sentencia contra la transgresión; sino que abandona a su propia suerte a los que rechazan Su misericordia, para que recojan los frutos de lo que sembraron sus propias manos. Todo rayo de luz que se desprecia, toda admonición que se desoye y rechaza, toda pasión malsana que se abriga, toda transgresión de la ley de Dios, son semillas que darán infaliblemente su cosecha. Cuando se le resiste firmemente, el Espíritu de Dios concluye por apartarse del pecador, y éste queda sin fuerza para dominar las malas pasiones de su alma y sin protección alguna contra la malicia y traición de Satanás. La destrucción de Jerusalén es una advertencia terrible y solemne para todos aquellos que menosprecian los dones de la gracia divina y que resisten a las instancias de la misericordia divina. Nunca se dió un testimonio más decisivo de cuánto aborrece Dios el pecado y de lo inevitable que es el castigo que sobre sí atraen los culpables.

La profecía del Salvador referente al juicio que iba a caer sobre Jerusalén va a tener otro cumplimiento, y la terrible desolación del primero no fue más que un pálido reflejo de lo que será el segundo. En lo que sucedió a la ciudad escogida, podemos ver anunciada la condenación de un mundo que ha rechazado la misericordia de Dios y pisoteado Su ley. Tristes son los anales de la miseria humana que ha conocido la tierra a través de siglos de crímenes. Al contemplarlos, el corazón desfallece y la mente se abruma de estupor; horrendas han sido las consecuencias de haber rechazado la autoridad del Cielo; pero una escena aun más sombría nos anuncian las revelaciones de lo porvenir. La historia de lo pasado, la interminable serie de alborotos, conflictos y contiendas, "toda bota que calza el guerrero en la batalla, y todo manto revolcado en sangre" (Isaías 9:5) – ¿qué son y qué valen en comparación con los horrores de aquel día, cuando el Espíritu de Dios se aparte del todo de los inicuos y los deje abandonados a sus fieras pasiones y a merced de la saña satánica? Entonces el mundo verá, como nunca lo vio, los resultados del gobierno de Satanás.

Pero en aquel día, así como sucedió en tiempo de la destrucción de Jerusalén, el pueblo de Dios será librado, porque serán salvos todos aquellos cuyos nombres estén "registrados entre los vivientes." Isaías 4:3. Nuestro Señor Jesucristo anunció que vendrá la segunda vez para llevarse a los Suyos: "Entonces aparecerá la señal del Hijo del hombre en el cielo; y entonces harán duelo todas las tribus de la tierra, y verán al Hijo del Hombre viniendo sobre las nubes del cielo, con poder y gran gloria. Y enviará Sus ángeles con gran voz de trompeta, y reunirán a Sus escogidos, de los cuatro vientos, desde un extremo del cielo hasta el otro." Mateo 24:30, 31. Entonces los que no obedezcan al evangelio serán muertos con el aliento de Su boca y destruídos con el resplandor de Su venida. 2 Tesalonicenses 2:8. Los malvados se destruirán a sí mismos, y perecerán víctimas de su iniquidad, así como le sucedió antiguamente a Israel. Debido a su vida pecaminosa los hombres se han apartado tanto del Señor y tanto ha degenerado su naturaleza con el mal, que la manifestación de la gloria del Señor es para ellos un fuego consumidor.

Deben guardarse los hombres de no menospreciar el aviso de Cristo respecto a Su segunda venida; porque como anunció a los discípulos la destrucción de Jerusalén y les dió una señal para cuando se acercara la ruina, así también avisó al mundo del día de la destrucción final y nos dió señales de la proximidad de ésta para que todos los que quieran puedan huir de la ira que vendrá. Dijo Jesús: "Y habrá señales en el sol, en la luna y en las estrellas, y sobre la tierra angustia de las gentes." Lucas 21:25; Mateo 24:29; Marcos 13:24-26; Apocalipsis 6:12-17. "Cuando veáis todas estas cosas, conoced que Él está cerca, a las puertas." Mateo 24:33. "Por tanto, velad," es la amonestación del Señor. Marcos 13:35. Los que le presten atención no serán dejados en tinieblas ni sorprendidos por aquel día. Pero aquellos que no quieran velar serán sorprendidos, porque "el día del Señor vendrá del mismo modo que un ladrón en la noche." 1 Tesalonicenses 5:1-5.

El mundo no está hoy más dispuesto a creer el mensaje dado para este tiempo de lo que estaba en los días de los Judíos para recibir el aviso del Salvador respecto a la ruina de Jerusalén. Cuando quiera que sea, el día de Dios caerá repentinamente sobre los impíos desprevenidos. El día menos pensado, en medio del curso rutinario de la vida, absortos los hombres en los placeres de la vida, en la caza al dinero, en los negocios, cuando los guías religiosos ensalcen el progreso y la ilustración del mundo, y los moradores de la tierra se dejen arrullar por una falsa seguridad – entonces, como ladrón que a media noche entra en una morada sin custodia, así caerá la inesperada destrucción sobre los desprevenidos "y no escaparán." Versículo 3.

CAPÍTULO 2

FUEGOS DE PERSECUCIÓN

CUANDO JESÚS REVELÓ a Sus discípulos la suerte de Jerusalén y los acontecimientos de la segunda venida, predijo también lo que habría de experimentar Su pueblo desde el momento en que Él sería quitado de en medio de ellos, hasta el de Su segunda venida en poder y gloria para libertarlos. Desde el monte de los Olivos vió el Salvador las tempestades que iban a azotar a la iglesia apostólica y, penetrando aún más en lo porvenir, Su ojo vislumbró las fieras y desoladoras tormentas que se desatarían sobre Sus discípulos en los tiempos de obscuridad y de persecución que habían de venir. En unas cuantas declaraciones breves, de terrible significado, predijo la medida de aflicción que los gobernantes del mundo impondrían a la iglesia de Dios. Mateo 24:9, 21, 22. Los discípulos de Cristo habrían de recorrer la misma senda de humillación, burla y sufrimientos que a Él le tocaba pisar. La enemistad que contra el Redentor se despertara, iba a manifestarse contra todos los que creyesen en Su nombre.

La historia de la iglesia primitiva testifica que se cumplieron las palabras del Salvador. Los poderes de la tierra y del infierno se unieron para atacar a Cristo en la persona de Sus discípulos. El paganismo previó que si el evangelio triunfaba, sus templos y sus altares serían derribados, y reunió sus fuerzas para destruir al Cristianismo. Se encendió el fuego de la persecución. Los Cristianos fueron despojados de sus posesiones y expulsados de sus hogares. Todos ellos sufrieron "gran combate de padecimientos." "Experimentaron vituperios y azotes; y a más de esto prisiones y cárceles." Hebreos 10:32; 11:36. Muchos sellaron su testimonio con su sangre. Nobles y esclavos, sabios e ignorantes, ricos y pobres, todos eran muertos sin misericordia.

Estas persecuciones que empezaron bajo el imperio de Nerón, cerca del tiempo del martirio de Pablo, continuaron con mayor o menor furia por varios siglos. Los Cristianos eran acusados calumniosamente de los más espantosos crímenes y eran señalados como la causa de las mayores calamidades: hambres, pestes y terremotos. Como eran objeto de los odios y sospechas del pueblo, no faltaban los delatores que por vil interés estaban listos para vender a los inocentes. Se los condenaba como rebeldes contra el imperio, enemigos de la religión y azotes de la sociedad. Muchos eran arrojados a las fieras o quemados vivos en los anfiteatros. Algunos eran crucificados; a otros los cubrían con pieles de animales salvajes y los echaban a la arena para ser despedazados por los perros. Estos tormentos constituían a menudo la principal diversión en las fiestas populares. Grandes muchedumbres solían reunirse para gozar de semejantes espectáculos y saludaban la agonía de los moribundos con risotadas y aplausos.

Por donde quiera que fuesen los discípulos de Cristo en busca de refugio, se les perseguía como a animales de rapiña. Se vieron pues obligados a buscar escondite en lugares desolados y solitarios. Anduvieron "menesterosos, atribulados, maltratados; de los cuales el mundo no era digno; errando por los desiertos, por los montes, por las cuevas y por las cavernas de la tierra." Hebreos 11:37, 38. Las catacumbas ofrecieron refugio a millares de Cristianos. Debajo de los cerros, en las afueras de la ciudad de Roma, se habían cavado a través de tierra y piedra largas galerías subterráneas, cuya obscura e intrincada red se extendía leguas más allá de los muros de la ciudad. En estos retiros los discípulos de Cristo sepultaban a sus muertos y hallaban hogar cuando se sospechaba de ellos y se los proscribía. Cuando el Dispensador de la vida despierte a los que pelearon la buena batalla, muchos mártires de la fe de Cristo se levantarán de entre aquellas cavernas tenebrosas.

En las persecuciones más sangrientas, estos testigos de Jesús conservaron su fe sin mancha. A pesar de verse privados de toda comodidad y aun de la luz del sol mientras moraban en el obscuro pero apacible seno de la tierra, no profirieron quejas. Con palabras de fe, esperanza y paciencia, se animaban unos a otros para soportar la privación y la desgracia. La pérdida de todas las bendiciones temporales no pudo obligarlos a renunciar a su fe en Cristo. La persecución y las pruebas no eran sino peldaños que los acercaban más al descanso y a la recompensa.

Como los siervos de Dios en los tiempos antiguos, muchos "fueron torturados, no aceptando el rescate, a fin de obtener una mejor resurrección." Hebreos 11:35. Recordaban que su Maestro había dicho que cuando fuesen perseguidos por causa de Cristo debían regocijarse mucho, pues grande sería su recompensa en los cielos; porque así fueron perseguidos los profetas antes que ellos. Se alegraban de que se los hallara dignos de sufrir por la verdad, y entonaban cánticos de triunfo en medio de las crepitantes hogueras. Mirando hacia arriba por la fe, veían a Cristo y a los ángeles que desde los muros que rodean la ciudad celestial los observaban con el mayor interés y aprobaban su entereza. Descendía del trono de Dios hasta ellos una voz que decía: "Sé fiel hasta la muerte, y Yo te daré la corona de la vida." Apocalipsis 2:10.

Vanos eran los esfuerzos de Satanás para destruir la iglesia de Cristo por medio de la violencia. La gran lucha en que los discípulos de Jesús entregaban la vida, no cesaba cuando estos fieles portaestandartes caían en su puesto. Triunfaban por su derrota. Aunque los siervos de Dios eran sacrificados, su obra seguía siempre adelante. El evangelio se extendió más y más, y el número de sus adherentes iba en aumento. Alcanzó hasta las regiones inaccesibles para las águilas de Roma. Dijo un Cristiano, reconviniendo a los jefes paganos que atizaban la persecución: "Atormentadnos, condenadnos, desmenuzadnos, que vuestra maldad es la prueba de nuestra inocencia. . . . De nada os vale . . . vuestra crueldad." No era más que una instigación más poderosa para traer a otros a su fe. "Más somos cuanto derramáis más sangre; la sangre de los Cristianos es semilla." –Tertuliano, *Apología,* párr. 50.

Miles de Cristianos eran encarcelados y muertos, pero otros tomaban su lugar. Y los que sufrían el martirio por su fe quedaban asegurados para Cristo y tenidos por Él como conquistadores. Habían luchado la buena batalla y recibirían la corona de gloria cuando Cristo viniese. Los padecimientos unían a los Cristianos unos con otros y con su Redentor. El ejemplo que daban en vida y su testimonio al morir eran una constante atestación de la verdad; y donde menos se esperaba, los súbditos de Satanás abandonaban su servicio y se alistaban bajo el estandarte de Cristo.

En vista de esto Satanás se propuso oponerse con más éxito al gobierno de Dios implantando su bandera en la iglesia Cristiana. Si podía engañar a los discípulos de Cristo y llevarlos a ofender a Dios, decaerían su resistencia, su estabilidad y su fuerza y ellos mismos vendrían a ser presa fácil.

El gran adversario se esforzó por obtener con astucia lo que no consiguiera por la violencia. Cesó la persecución y la reemplazaron las peligrosas seducciones de la prosperidad temporal y del honor mundano. Los idólatras fueron inducidos a aceptar parte de la fe Cristiana, al par que rechazaban otras verdades esenciales. Profesaban aceptar a Jesús como Hijo de Dios y creer en Su muerte y en Su resurrección, pero no eran convencidos de pecado ni sentían necesidad de arrepentirse o de cambiar su corazón. Hicieron algunas concesiones y propusieron que los Cristianos hicieran las suyas para que todos pudiesen unirse en el terreno común de la fe en Cristo.

La iglesia se vió entonces en terrible peligro, y en comparación con él, la cárcel, las torturas, el fuego y la espada, eran bendiciones. Algunos Cristianos permanecieron firmes, declarando que no podían transigir. Otros se declararon dispuestos a ceder o a modificar en algunos puntos su confesión de fe y a unirse con los que habían aceptado parte del Cristianismo, insistiendo en que ello podría llevarlos a una conversión completa. Fue un tiempo de profundo pesar para los verdaderos discípulos de Cristo. Bajo el manto de un Cristianismo falso, Satanás se introducía en la iglesia para pervertir la fe de los creyentes y apartarlos de la Palabra de verdad.

La mayoría de los Cristianos consintieron al fin en bajar su bandera, y se realizó la unión del Cristianismo con el paganismo. Los adoradores de los ídolos profesaban haberse convertido y unido con la iglesia, aunque seguían aferrándose a su idolatría, y sólo habían cambiado los objetos de su culto por imágenes de Jesús y hasta de María y de los santos. La levadura de la idolatría, infiltrada de ese modo en la iglesia, prosiguió su funesta obra. Doctrinas falsas, ritos supersticiosos y ceremonias idolátricas se incorporaron en la fe y en el culto Cristiano. Al unirse los discípulos de Cristo con los idólatras, la religión Cristiana se corrompió y la iglesia perdió su pureza y su fuerza. A pesar de todo esto, hubo creyentes que no se dejaron extraviar por esos engaños y adorando sólo a Dios, se mantuvieron fieles al Autor de la verdad.

Entre los que profesan el Cristianismo ha habido siempre dos clases de personas: la de los que estudian la vida del Salvador y se afanan por corregir sus defectos y asemejarse al que es nuestro Modelo; y la de aquellos que rehuyen las verdades sencillas y prácticas que ponen de manifiesto sus errores. Aun en sus mejores tiempos la iglesia no contó exclusivamente con fieles verdaderos, puros y sinceros. Nuestro Salvador enseñó que no se debe recibir en la iglesia a los que pecan voluntariamente; no obstante, unió consigo mismo a hombres de carácter defectuoso y les concedió el beneficio de Sus enseñanzas y de Su ejemplo, para que tuviesen oportunidad de ver sus faltas y corregirlas. Entre los doce apóstoles hubo un traidor. Judas fue aceptado no a causa de los defectos de su carácter, sino a pesar de ellos. Estuvo unido con los discípulos para que, por la instrucción y el ejemplo de Cristo, aprendiese lo que constituye el carácter Cristiano y así pudiese ver sus errores, arrepentirse y, con la ayuda de la gracia divina, purificar su alma obedeciendo "a la verdad." Pero Judas no anduvo en aquella luz que tan misericordiosamente le iluminó; más bien, se abandonó al pecado y atrajo las tentaciones de Satanás. Los malos rasgos de su carácter llegaron a predominar; entregó su mente al dominio de las potestades tenebrosas; se airó cuando sus faltas fueron reprendidas, y fue inducido a cometer el espantoso crimen de vender a su Maestro. Así también obran todos los que acarician el mal mientras hacen profesión de piedad y aborrecen a quienes les perturban la paz condenando su vida de pecado. Como Judas, en cuanto se les presente la oportunidad, traicionarán a los que para su bien les han amonestado.

Los apóstoles se opusieron a los miembros de la iglesia que, mientras profesaban tener piedad, daban secretamente cabida a la iniquidad. Ananías y Safira fueron engañadores que pretendían hacer un sacrificio completo delante de Dios, cuando en realidad guardaban para sí con avaricia parte de la ofrenda. El Espíritu de verdad reveló a los apóstoles el carácter verdadero de aquellos mentirosos, y el juicio de Dios libró a la iglesia de aquella inmunda mancha que empañaba su pureza. Esta señal evidente del discernimiento del Espíritu de Cristo en los asuntos de la iglesia, llenó de terror a los hipócritas y a los obreros de maldad. No podían éstos seguir unidos a los que, en hábitos y en disposición, eran fieles representantes de Cristo; y cuando las pruebas y la persecución vinieron sobre éstos, sólo los que estaban dispuestos a abandonarlo todo por amor a la verdad, quisieron ser discípulos de Cristo. Así pues, mientras continuó la persecución la iglesia permaneció relativamente pura; pero al cesar aquélla se unieron a ésta personas menos sinceras y consagradas, y quedó preparado el terreno para la penetración de Satanás.

Pero no hay unión entre el Príncipe de luz y el príncipe de las tinieblas, ni puede haberla entre los adherentes del uno y los del otro. Cuando los Cristianos consintieron en unirse con los paganos que sólo se habían convertido a medias, entraron por un camino que les apartó más y más de la verdad. Satanás se alegró mucho de haber logrado engañar a tantos discípulos de Cristo; luego ejerció aun más su poder sobre ellos y los indujo a perseguir a los que permanecían fieles a Dios. Los que habían sido una vez defensores de la fe Cristiana eran los que mejor sabían cómo combatirla, y estos Cristianos apóstatas, junto con sus compañeros semipaganos, dirigieron sus ataques contra los puntos más esenciales de las doctrinas de Cristo.

Los que deseaban ser fieles y firmes, sostuvieron una lucha desesperada , contra los engaños y las abominaciones que, envueltos en las vestiduras sacerdotales, se introducían en la iglesia. La Biblia no fue aceptada como regla de fe. A la doctrina de la libertad religiosa se la llamó herejía, y sus defensores fueron aborrecidos y proscritos.

Tras largo y tenaz conflicto, los pocos que permanecían fieles resolvieron romper toda unión con la iglesia apóstata si ésta rehusaba aún desechar las mentiras y la idolatría. Y es que vieron que dicho rompimiento era de todo punto necesario si querían obedecer la Palabra de Dios. No se atrevían a tolerar errores fatales para sus propias almas y dar así un ejemplo que ponía en peligro la fe de sus hijos y la de los hijos de sus hijos. Para asegurar la paz y la unidad estaban dispuestos a cualquier concesión que no se opusiera a su fidelidad a Dios, pero les parecía que sacrificar un principio por amor a la paz era pagar un precio demasiado alto. Si no se podía asegurar la unidad sin comprometer la verdad y la justicia, mejor sería que siguiesen las diferencias y aun la guerra.

Bueno sería para la iglesia y para el mundo que los principios que aquellas almas vigorosas sostuvieron revivieran hoy en los corazones de los profesos hijos de Dios. Hoy vemos una alarmante indiferencia respecto a las doctrinas que son como las columnas de la fe Cristiana. La opinión de que, al fin y al cabo, dichas doctrinas no son de vital importancia esta ganando más y más terreno. Semejante degeneración del pensamiento fortalece las manos de los agentes de Satanás, de modo que las falsas teorías y los terribles engaños que en otros tiempos eran rebatidos por los fieles que exponían la vida para resistirlos, encuentran ahora aceptación por parte de miles y miles que declaran ser discípulos de Cristo.

No hay duda de que los Cristianos primitivos fueron un pueblo peculiar. Su conducta intachable y su fe inquebrantable constituían un reproche continuo que perturbaba la paz del pecador. Aunque pocos en número, sin posición ni títulos honoríficos, escasos de bienes, aterrorizaban a los obradores de maldad dondequiera que fueran conocidos su carácter y sus doctrinas. Por eso los odiaban los impíos, como Abel fue aborrecido por el impío Caín. Por la misma razón que tuvo Caín para matar a Abel, los que procuraban librarse de la influencia refrenadora del Espíritu Santo daban muerte a los hijos de Dios. Por ese mismo motivo los Judíos habían rechazado y crucificado al

Salvador, es decir, porque la pureza y la santidad del carácter de éste constituían una reprensión constante para su egoísmo y corrupción. Desde el tiempo de Cristo hasta hoy, Sus verdaderos discípulos han despertado el odio y la oposición de los que siguen con placer los senderos del mal.

¿Cómo pues, puede llamarse el evangelio un mensaje de paz? Cuando Isaías predijo el nacimiento del Mesías, le confirió el título de "Principe de Paz." Cuando los ángeles anunciaron a los pastores que Cristo había nacido, cantaron sobre los valles de Belén: "¡Gloria a Dios en lo más alto; y sobre la tierra paz; buena voluntad para con los hombres." Lucas 2:14. Hay una contradicción aparente entre estas declaraciones proféticas y las palabras de Cristo: "No He venido para traer paz, sino espada." Mateo 10:34. Pero si se las entiende correctamente, se nota una armonía perfecta entre ellas. El evangelio es un mensaje de paz. El Cristianismo es un sistema que, de ser recibido y practicado, derramaría paz, armonía y felicidad por toda la tierra. La religión de Cristo unirá en estrecha fraternidad a todos los que acepten sus enseñanzas. La misión de Jesús consistió en reconciliar a los hombres con Dios, y así a unos con otros; pero el mundo en su mayoría se halla bajo el dominio de Satanás, el enemigo más cruel y sangriento de Cristo. El evangelio presenta a los hombres principios de vida que contrastan por completo con sus hábitos y deseos, y por esto se rebelan contra él. Aborrecen la pureza que pone de manifiesto y condena sus pecados, y persiguen y dan muerte a quienes los llevan a reconocer sus sagrados y justos requerimientos. Por esto, es decir, por los odios y disensiones que despiertan las verdades que trae consigo, el evangelio se llama una espada.

La providencia misteriosa que permite que los justos sufran persecución por parte de los malvados, ha sido causa de gran perplejidad para muchos que son débiles en la fe. Hasta los hay que se sienten tentados a abandonar su confianza en Dios porque Él permite que los hombres más viles prosperen, mientras que los mejores y los más puros sean afligidos y atormentados por el cruel poderío de aquellos. ¿Cómo es posible, dicen ellos, que Uno que es todo justicia y misericordia y cuyo poder es infinito tolere tanta injusticia y opresión? Es una cuestión que no nos incumbe. Dios nos ha dado suficientes evidencias de Su amor, y no debemos dudar de Su bondad porque no entendamos los actos de Su providencia. Previendo las dudas que asaltarían a Sus discípulos en días de pruebas y obscuridad, el Salvador les dijo: "Acordaos de la palabra que yo os he dicho: El siervo no es mayor que su señor. Si a Mí me han perseguido, también a vosotros os perseguirán." Juan 15:20. Jesús sufrió por nosotros más de lo que cualquiera de Sus discípulos pueda sufrir al ser víctima de la crueldad de los malvados. Los que son llamados a sufrir la tortura y el martirio, no hacen más que seguir las huellas del amado Hijo de Dios.

"El Señor no retarda Su promesa." 2 Pedro 3:9. Él no se olvida de Sus hijos ni los abandona, pero permite que los malvados pongan de manifiesto su verdadero carácter para que ninguno de los que quieran hacer la voluntad de Dios sea engañado con respecto a ellos. Además, los fieles pasan por el horno de la aflicción para ser purificados y para que por su ejemplo otros queden convencidos de que la fe y la santidad son realidades, y finalmente para que su conducta intachable condene a los impíos y a los incrédulos.

Dios permite que los malvados prosperen y manifiesten su enemistad contra Él, para que cuando hayan llenado la medida de su iniquidad, todos puedan ver la justicia y la misericordia de Dios en la completa destrucción de aquellos. Pronto llegará el día de la venganza del Señor, cuando todos los que hayan violado Su ley y oprimido a Su pueblo recibirán la justa recompensa de sus actos; cuando todo acto de crueldad o de injusticia contra los fieles de Dios será castigado como si hubiera sido hecho contra Cristo mismo.

Otro asunto hay de más importancia aún, que debería llamar la atención de las iglesias en el día de hoy. El apóstol Pablo declara que "todos los que quieren vivir piadosamente en Cristo Jesús, padecerán persecución." 2 Timoteo 3:12. ¿Por qué, entonces, parece adormecida la persecución en nuestros días? La única razón es que la iglesia se ha conformado a las reglas del mundo y por lo tanto no despierta oposición. La religión que se profesa hoy no tiene el carácter puro y santo que caracterizaba la fe Cristiana en los días de Cristo y Sus apóstoles. Si el Cristianismo es aparentemente tan popular en el mundo, ello se debe tan sólo al espíritu de transigencia con el pecado, a que las grandes verdades de la Palabra de Dios son miradas con indiferencia, y a la poca piedad vital que hay en la iglesia. Revivan la fe y el poder de la iglesia primitiva, y el espíritu de persecución revivirá también, y los fuegos de la persecución volverán a encenderse.

CAPÍTULO 3

EL RECHAZO DE LA VERDAD

EL APÓSTOL PABLO, en su segunda carta a los Tesalonicenses, predijo la gran apostasía que había de resultar en el establecimiento del poder papal. Él declaró, que el día de Cristo "no vendrá sin que antes venga la apostasía, y sea revelado el hombre de pecado, el hijo de perdición, el cual se opone y se exalta sobre todo lo que se llama Dios o es objeto de culto; tanto que se sienta en el santuario de Dios como Dios, haciéndose pasar por Dios." 2 Tesalonicenses 2:3, 4. Y seguidamente el apóstol advierte a sus hermanos que "ya está en acción el misterio de la iniquidad." 2 Tesalonicenses 2:7. Ya en aquella época veía él que se introducían en la iglesia errores que prepararían el camino para el desarrollo del papado.

Poco a poco, primero disimuladamente y a hurtadillas, y después con más libertad, conforme iba cobrando fuerza y dominio sobre los espíritus de los hombres, "el misterio de iniquidad" hizo progresar su obra engañosa y blasfema. De un modo casi imperceptible las costumbres del paganismo penetraron en la iglesia Cristiana. El espíritu de conformidad y de transacción fue restringido por algún tiempo por las terribles persecuciones que sufriera la iglesia bajo el régimen del paganismo. Mas habiendo cesado la persecución y habiendo penetrado el Cristianismo en las cortes y palacios, la iglesia dejó a un lado la humilde sencillez de Cristo y de Sus apóstoles por la pompa y el orgullo de los sacerdotes y gobernantes paganos; y substituyó los requerimientos de Dios por las teorías y tradiciones de los hombres. La conversión nominal de Constantino, a principios del cuarto siglo, causó gran regocijo; y el mundo, disfrazado con capa de rectitud, se introdujo en la iglesia. Desde entonces la obra de corrupción progresó rápidamente. El paganismo que parecía haber sido derrotado, vino a ser el vencedor. Su espíritu dominó a la iglesia. Sus doctrinas, ceremonias y supersticiones se incorporaron a la fe y al culto de los que profesaban ser discípulos de Cristo.

Esta compenetración entre el paganismo y el Cristianismo dió por resultado el desarrollo del "hombre de pecado" predicho en la profecía como oponiéndose a Dios y engrandeciéndose a sí mismo sobre Dios. Ese gigantesco sistema de falsa religión es obra maestra del poder de Satanás, un monumento de sus esfuerzos para sentarse él en el trono y reinar sobre la tierra según su voluntad.

Satanás se había esforzado una vez por hacer transigir a Cristo. Vino adonde estaba el Hijo de Dios en el desierto para tentarle, y enseñándole todos los reinos del mundo y su gloria, ofreció entregárselo todo con tal que reconociera la preeminencia del príncipe de las tinieblas. Cristo reprendió al presuntuoso tentador y le obligó a marcharse. Pero al presentarle las mismas tentaciones a los hombres, Satanás obtiene más éxito. A fin de asegurarse honores y ganancias mundanas, la iglesia fue persuadida a buscar el favor y el apoyo de los grandes de la tierra, y habiendo rechazado de esa manera a Cristo, tuvo que someterse al representante de Satanás, el obispo de Roma.

Una de las principales doctrinas del Romanismo enseña que el papa es cabeza visible de la iglesia universal de Cristo, y que fue investido de suprema autoridad sobre los obispos y los pastores de todas las partes del mundo. Más aun, al papa se le han dado los títulos propios de la Deidad. Se le ha otorgado el título "Señor Dios el Papa," y se le ha declarado infalible. Exige que todos los hombres le rindan homenaje. La misma pretensión que sostuvo Satanás cuando tentó a Cristo en el desierto, la sostiene aún por medio de la iglesia de Roma, y muchos son los que están dispuestos a rendirle homenaje.

Pero aquellos que temen y reverencian a Dios, resisten esa pretensión, que es un desafío al Cielo, como resistió Cristo las instancias del astuto enemigo: "¡Al Señor tu Dios adorarás, y solo a Él servirás!" Lucas 4:8. Dios no ha hecho mención alguna en Su Palabra a que Él haya elegido a un hombre para que sea la cabeza de la iglesia. La doctrina de la supremacía papal se opone abiertamente a las enseñanzas de las Santas Escrituras. Sólo por usurpación puede el papa ejercer autoridad sobre la iglesia de Cristo.

Los Romanistas se han empeñado en acusar a los Protestantes de herejía y de haberse separado caprichosamente de la verdadera iglesia. Pero estos cargos recaen más bien sobre ellos mismos. Ellos son los que bajaron la bandera de Cristo y se apartaron de "la fe que ha sido transmitida a los santos una vez por todas." Judas 3.

Bien sabía Satanás que las Sagradas Escrituras capacitarían a los hombres para discernir sus engaños y oponerse a su poder. Por medio de la Palabra fue como el mismo Salvador del mundo resistió los ataques del tentador. A cada asalto suyo, Cristo presentaba el escudo de la verdad eterna diciendo: "Escrito está." A cada sugestión del adversario oponía Él la sabiduría y el poder de la Palabra. Para mantener su poder sobre los hombres y establecer la autoridad del usurpador papal, Satanás necesita que ellos ignoren las Santas Escrituras. La Biblia ensalza a Dios y coloca a los hombres, seres finitos, en su verdadero sitio; por consiguiente hay que esconder y suprimir sus verdades sagradas. Esta lógica fue adoptada por la Iglesia Romana. Por cientos de años fue prohibida la circulación de la Biblia. No se permitía a la gente que la leyese ni que la tuviese en sus casas, y sacerdotes y prelados sin principios interpretaban las enseñanzas de ella para sostener sus pretensiones. De este modo el papa vino a ser reconocido casi universalmente como vicegerente de Dios en la tierra, dotado de autoridad sobre la iglesia y el estado.

Una vez suprimido lo que descubría el error, Satanás hizo lo que quiso. La profecía había declarado que el papado pensaría "cambiar los tiempos y la ley." Daniel 7:25. No tardó en iniciar esta obra. Para dar a los convertidos del paganismo algo que equivaliera al culto de los ídolos y para animarles a que aceptaran nominalmente el Cristianismo, se introdujo poco a poco en el culto Cristiano la adoración de imágenes y de reliquias. Este sistema de idolatría fue definitivamente sancionado por decreto de un concilio general. Para finalizar su obra sacrílega, Roma se atrevió a borrar de la ley de Dios el segundo mandamiento, que prohibe la adoración de las imágenes y a dividir en dos el último mandamiento y así conservar el número de éstos.

El espíritu de concesión al paganismo aumentó aún más el desprecio de la autoridad del Cielo. Obrando por medio de directores de la iglesia que no se habían convertido, Satanás atentó también contra el cuarto mandamiento y trató de echar a un lado el antiguo Sábado, el día que Dios había bendecido y santificado (Génesis 2:2, 3), para colocar en su lugar el día festivo observado por los paganos como "el venerable día del sol." Al principio, este intento no se hizo abiertamente. En los primeros siglos el verdadero día de reposo, el Sábado, había sido guardado por todos los Cristianos, los cuales siendo celosos de la honra de Dios y creyendo que Su ley es inmutable, respetaban escrupulosamente la santidad de sus preceptos. Pero Satanás procedió con gran sutileza por medio de sus agentes para llegar al fin que se proponía. Para llamar la atención de las gentes hacia el Domingo, fue declarado día de fiesta en honor de la resurrección de Cristo. Se celebraban servicios religiosos en ese día; aunque se le consideraba como día de recreo, y seguía guardándose piadosamente el Sábado.

Con el propósito de preparar el terreno para la realización de sus fines, Satanás indujo a los Judíos, antes del advenimiento de Cristo, a que recargasen el Sábado con las más rigurosas exigencias, de modo que su observancia fuese una pesada carga. Aprovechándose de la falsa luz bajo la cual lo había hecho considerar, lo hizo despreciar como institución Judaica. Mientras que los Cristianos seguían observando generalmente el Domingo como día de fiesta alegre, el diablo los indujo a hacer del Sábado un día de ayuno, de tristeza y de abatimiento para hacer patente su odio al Judaísmo.

A principios del siglo IV el emperador Constantino expidió un decreto que hacía del Domingo un día de fiesta pública en todo el Imperio Romano. El día del sol fue reverenciado por sus súbditos paganos y honrado por los Cristianos; pues era política del emperador reconciliar los intereses del paganismo y del Cristianismo que se hallaban en desacuerdo. Los obispos de la iglesia, inspirados por su ambición y su ansiedad por dominar, le hicieron obrar así, pues comprendieron que si el mismo día era observado por Cristianos y paganos, éstos llegarían a aceptar nominalmente el Cristianismo y ello redundaría en beneficio del poder y de la gloria de la iglesia. Pero a pesar de que muchos Cristianos piadosos fueron poco a poco persuadidos a considerar el Domingo como poseyendo cierto carácter sagrado, no dejaron de considerar el verdadero Sábado como el día santo del Señor ni de observarlo en cumplimiento del cuarto mandamiento.

La obra del jefe engañador no paró aquí. Había resuelto reunir al mundo Cristiano bajo su bandera y ejercer su poder por medio de su vicario, el orgulloso pontífice, que afirmaba ser el representante de Cristo. Realizó su propósito valiéndose de paganos semiconvertidos, de prelados ambiciosos y de eclesiásticos amigos del mundo. Llamaban de vez en cuando a grandes concilios, en los cuales se reunían los dignatarios de la iglesia de todas partes del mundo. Casi en cada concilio el Sábado que Dios había instituido era rebajado un poco más a la misma vez que el Domingo era exaltado en igual proporción. Así fue cómo la fiesta pagana llegó a ser honrada como institución divina, mientras que el Sábado de la Biblia era declarado reliquia del Judaísmo y se pronunciaba una maldición sobre sus observadores.

El gran apóstata había logrado exaltarse a sí mismo "sobre todo lo que se llama Dios, o es objeto de culto." 2 Tesalonicenses 2:4. Se había atrevido a cambiar el único precepto de la ley divina que señala de un modo infalible a toda la humanidad al Dios viviente y verdadero. En el cuarto mandamiento Dios es dado a conocer como el Creador de los cielos y de la tierra y distinto de todos los dioses falsos. Como monumento conmemorativo de la obra de la creación fue santificado el día séptimo como día de descanso para el hombre. Estaba destinado a recordar siempre a los hombres que el Dios viviente es fuente de toda existencia y objeto de reverencia y adoración. Satanás se esfuerza por disuadir a los hombres de que se sometan a Dios y obedezcan a Su ley; y por lo tanto dirige sus ataques especialmente contra el mandamiento que presenta a Dios como Creador.

Los Protestantes alegan ahora que la resurrección de

Cristo en el Domingo convirtió a dicho día en el día del Señor. Pero las Santas Escrituras en nada confirman este modo de ver. Ni Cristo ni Sus apóstoles le dieron semejante honor a ese día. La observancia del Domingo como institución Cristiana tuvo su origen en aquel "misterio de iniquidad" que ya había iniciado su obra en los días de Pablo. 2 Tesalonicenses 2:7. ¿Dónde y cuándo adoptó el Señor a este hijo del papado? ¿Qué razón válida puede haber en favor de un cambio que las Santas Escrituras no sancionan?

En el siglo sexto el papado concluyó por afirmarse. El asiento de su poder quedó definitivamente fijado en la cuidad imperial, y el obispo de Roma fue proclamado cabeza de toda la iglesia. El paganismo había dejado el lugar al papado. El dragón dió a la bestia "su poder y su trono, y gran autoridad." Apocalipsis 13:2. Entonces empezaron a correr los 1,260 años de la opresión papal predicha en las profecías de Daniel y en el Apocalipsis. Daniel 7:25; Apocalipsis 13:5-7.* Los Cristianos se vieron obligados a elegir entre sacrificar su integridad y aceptar el culto y las ceremonias papales, o pasar la vida encerrados en las prisiones, morir en el tormento, en la hoguera o bajo el hacha del verdugo. Entonces se cumplieron las palabras de Jesús: "Seréis entregados aun por vuestros padres, y hermanos, y parientes, y amigos; y matarán a algunos de vosotros; y seréis aborrecidos por todos a causa de Mi nombre." Lucas 21:16, 17. La persecución se desencadenó sobre los fieles con furia jamás conocida hasta entonces, y el mundo vino a ser un gran campo de batalla. Por cientos de años la iglesia de Cristo no halló más refugio que en la reclusión y en la obscuridad. Así lo dice el profeta: "Y la mujer huyó al desierto, donde tiene un lugar preparado por Dios, para que allí la sustenten durante mil doscientos sesenta días." Apocalipsis 12:6.

El advenimiento de la Iglesia Romana al poder marcó el principio de la Edad Media. A medida que crecía su poder,

---

* En la interpretación profética, un día en tiempo profético se cuenta como un año en tiempo histórico. Véase Ezekiel 4:6 y Números 14:34.

las tinieblas se hacían más densas. La fe pasó de Cristo, el verdadero fundamento, al papa de Roma. Para obtener el perdón de sus pecados y la salvación eterna, el pueblo recurría al papa y a los sacerdotes y prelados a quienes él invistiera de autoridad en vez de confiar en el Hijo de Dios. Se le enseñó que el papa era su mediador terrenal y que nadie podía acercarse a Dios sino por medio de él, y pasado el tiempo se le enseñó también que para los fieles el papa ocupaba el lugar de Dios y que por lo tanto debían obedecerle implícitamente. Con sólo desviarse de sus disposiciones se hacían merecedores de los más severos castigos que debían imponerse a los cuerpos y almas de los transgresores. Así fueron los pensamientos de los hombres desviados de Dios y dirigidos hacia hombres falibles y crueles; sí, aun más, hacia el mismo príncipe de las tinieblas que ejercía su poder por intermedio de ellos. El pecado se disfrazaba como manto de santidad. Cuando las Santas Escrituras se suprimen y el hombre llega a considerarse un ser supremo, ¿qué otra cosa puede esperarse sino fraude, engaño y degradante iniquidad? Al ensalzarse las leyes y las tradiciones humanas, se puso de manifiesto la corrupción que resulta siempre al despreciar la ley de Dios.

Fueron aquellos días peligrosos para la iglesia de Cristo. Pocos, en verdad, eran los sostenedores de la fe. Aun cuando la verdad no quedó sin testigos, a veces parecía que el error y la superstición concluirían por prevalecer completamente y que la verdadera religión iba a ser arrancada de la tierra. El evangelio se perdía de vista mientras que las formas de religión se multiplicaban, y la gente se veía abrumada bajo el peso de exacciones rigurosas.

No sólo se le enseñaba a ver en el papa a su mediador, sino aun a confiar en sus propias obras para la expiación del pecado. Largas peregrinaciones, obras de penitencia, la construcción de templos, relicarios y altares, la adoración de reliquias, la donación de grandes sumas a la iglesia – todas estas cosas y muchas otras parecidas les eran impuestas a los fieles para aplacar la ira de Dios o para asegurarse Su favor; ¡como si Dios, a semejanza de los hombres, se enojara por pequeñeces, o pudiera ser apaciguado por regalos y penitencias!

Por más que los vicios predominaban, aun entre los jefes de la Iglesia Romana, la influencia de ésta parecía ir siempre en aumento. A fines del siglo VIII los seguidores del papa empezaron a sostener que en los primeros tiempos de la iglesia tenían los obispos de Roma el mismo poder espiritual que a la fecha se atribuían. Para dar a su aserto visos de autoridad, había que valerse de algunos medios, que pronto fueron sugeridos por el padre de la mentira. Los monjes fraguaron viejos manuscritos. Se descubrieron decretos conciliares de los que nunca se había oído hablar hasta entonces y que establecían la supremacía universal del papa desde los primeros tiempos. Y la iglesia que había rechazado la verdad, aceptó con ansiedad estas mentiras.

Los pocos fieles que edificaban sobre el cimiento verdadero estaban perplejos y trabados, pues los escombros de las falsas doctrinas entorpecían el trabajo. 1 Corintios 3:10, 11. Como los constructores de los muros de Jerusalén en tiempo de Nehemías, algunos estaban por exclamar: "Las fuerzas de los acarreadores se han debilitado, y el escombro es mucho, y no podemos edificar el muro." Nehemías 4:10. Debilitados por el constante esfuerzo que hacían contra el engaño, la persecución, la iniquidad y todos los demás obstáculos que Satanás inventara para detener su avance, algunos de los que habían sido fieles edificadores llegaron a desanimarse; y por amor a la paz y a la seguridad de sus propiedades y de sus vidas se apartaron del fundamento verdadero. Otros, no se acobardaron por la oposición de sus enemigos y declararon sin temor: "No temáis delante de ellos: acordaos del Señor, grande y temible," y continuaron con el trabajo, cada uno con su espada ceñida. Nehemías 4:14; Efesios 6:17.

En todo tiempo el mismo espíritu de odio y de oposición a la verdad inspiró a los enemigos de Dios, y los siervos de Él necesitaron la misma vigilancia y fidelidad. Las palabras de Cristo a Sus primeros discípulos se aplicarán a cuantos le sigan hasta el fin de los tiempos: "Lo que os digo a vosotros, lo digo a todos: ¡Velad!" Marcos 13:37.

Las tinieblas parecían hacerse más pesadas. La adoración de las imágenes se hizo más general. Se les encendían velas y se les ofrecían oraciones. Llegaron a predominar las costumbres más absurdas y supersticiosas. Los pensamientos de los hombres estaban tan completamente dominados por la superstición, que la razón misma parecía haber perdido su poder. Mientras que los sacerdotes y los obispos eran amantes de los placeres, sensuales y depravados, sólo podía esperarse del pueblo que acudía a ellos en busca de dirección, que siguiera sumido en la ignorancia y en los vicios.

Las pretensiones papales dieron otro paso más cuando en el siglo XI el papa Gregorio VII proclamó la perfección de la Iglesia Romana. Entre las proposiciones que él expuso había una que declaraba que la iglesia no había errado nunca ni podía errar, según las Santas Escrituras. Pero las pruebas de la Escritura faltaban para apoyar el aserto. El altanero pontífice reclamaba además para sí el derecho de deponer emperadores, y declaraba que ninguna sentencia pronunciada por él podía ser revocada por hombre alguno, pero que él tenía el privilegio de revocar las decisiones de todos los demás.

El modo en que trató al emperador Alemán Enrique IV nos enseña claramente el carácter tiránico de este patrocinador de la infalibilidad papal. Por haber intentado desobedecer la autoridad papal, dicho monarca fue excomulgado y destronado. Horrorizado ante la deserción de sus propios príncipes que por orden papal fueron instigados a rebelarse contra él, Enrique no tuvo más remedio que hacer las paces con Roma. Acompañado de su esposa y de un fiel sirviente, cruzó los Alpes en pleno invierno para humillarse ante el papa. Habiendo llegado al castillo donde Gregorio se había retirado, fue conducido, despojado de sus guardas, a un patio exterior, y allí, en el crudo frío del invierno, con la cabeza descubierta, los pies descalzos y miserablemente vestido, esperó el permiso del papa para llegar a su presencia. Sólo después que hubo pasado así tres días, ayunando y haciendo confesión, condescendió el pontífice en perdonarle. Y aun entonces le fue concedida esa gracia con la condición de que el emperador esperaría el consentimiento del papa antes de reasumir las insignias reales o de ejercer su poder. Y Gregorio, envanecido con su triunfo, alardeaba de que era su deber abatir la soberbia de los reyes.

¡Que contraste tan considerable hay entre el despótico orgullo de tan altivo pontífice y la mansedumbre y humildad de Cristo, quien se presenta a Sí mismo como llamando a la puerta del corazón para ser admitido en él y traer perdón y paz, y enseñó a Sus discípulos: "El que quiera ser el primero entre vosotros, será vuestro siervo." Mateo 20:27.

Los siglos que se sucedieron presenciaron un constante aumento del error en las doctrinas amparadas por Roma. Aun antes del establecimiento del papado, las enseñanzas de los filósofos paganos habían recibido atención y ejercido influencia dentro de la iglesia. Muchos de los que profesaban ser convertidos se aferraban aún a los dogmas de su filosofía pagana, y no sólo seguían estudiándolos ellos mismos sino que inducían a otros a que los estudiaran también a fin de extender su influencia entre los paganos. Así se introdujeron graves errores en la fe Cristiana. Uno de los principales errores fue la creencia en la inmortalidad natural del hombre y en su estado consciente después de la muerte. Esta doctrina fue la base sobre la cual Roma estableció la invocación de los santos y la adoración de la virgen María. De esta misma doctrina se derivó también la herejía del tormento eterno para los que mueren impenitentes, que muy pronto figuró en el credo papal.

De este modo se preparó el camino para la introducción de otra invención del paganismo, a la que Roma llamó purgatorio, y de la que se valió para aterrorizar a el pueblo crédulo y supersticioso. Con esta herejía Roma afirmó la existencia de un lugar de tormento, en el que las almas de los que no han merecido eterna condenación han de ser castigadas por sus pecados, y de donde, una vez limpiadas de impureza, son admitidas en el cielo.

Roma necesitaba un engaño más para aprovecharse de los temores y de los vicios de sus adherentes. Fue ésta la doctrina de las indulgencias. A todos los que tomaban parte en las guerras que emprendía el pontífice para extender su dominio temporal, castigar a sus enemigos o exterminar a los que se atreviesen a negar su supremacía espiritual, se concedía plena remisión de los pecados pasados, presentes y futuros, y la condonación de todas las penas y castigos merecidos. Se enseñó también al pueblo que por medio de pagos hechos a la iglesia podía librarse uno del pecado y librar también a las almas de sus amigos difuntos que estaban confinadas en las llamas atormentadoras. Por estos medios llenaba Roma sus arcas y mantenía la magnificencia, el lujo y los vicios de los que pretendían ser representantes de Aquél que no tuvo donde recostar la cabeza.

La institución bíblica de la Cena del Señor fue substituída por el sacrificio idolátrico de la misa. Los sacerdotes papales afirmaban que con sus palabras podían convertir el pan y el vino en "el cuerpo y sangre verdaderos de Cristo." –Cardenal Wiseman, *The Real Presence*, Confer. 8, sec. 3, párr. 26. Con increíble presunción se arrogaban el poder de crear a Dios, Creador de todo. Se les obligaba a los Cristianos, a pena de muerte, a confesar su fe en esta horrible herejía que deshonraba al cielo. Muchísimos que se negaron a ello fueron entregados a las llamas. En el siglo XIII se estableció la más terrible de las maquinaciones del papado – la Inquisición. El príncipe de las tinieblas obró de acuerdo con los jefes de la jerarquía papal. En sus concilios secretos, Satanás y sus ángeles gobernaron los pensamientos de los hombres perversos, mientras que invisible acampaba entre ellos un ángel de Dios que llevaba apunte de sus malvados decretos y escribía la historia de hechos muy horrorosos para ser presentados a la vista de los hombres. "Babilonia la grande" fue "embriagada de la sangre de los santos." Los cuerpos mutilados de millones de mártires clamaban a Dios venganza contra aquel poder apóstata.

El papado había llegado a hacerse el déspota del mundo. Reyes y emperadores obedecían los decretos del pontífice Romano. El destino de los hombres, en este tiempo y para la eternidad, parecía depender de su voluntad. Por centenares de años las doctrinas de Roma habían sido extensa e implícitamente recibidas, sus ritos cumplidos con reverencia y observadas sus fiestas por la generalidad. Su clero era colmado de honores y sostenido con liberalidad. Nunca desde entonces ha alcanzado Roma tan grande dignidad, magnificencia, ni poder.

Mas "el apogeo del papado fue la medianoche del mundo." –Wylie, *The History of Protestantism*, libro 1, cap. 4. Las Sagradas Escrituras eran casi desconocidas no sólo entre las gentes sino por los mismo sacerdotes. A semejanza de los antiguos fariseos, los caudillos papales aborrecían la luz que habría revelado sus pecados. Rechazada la ley de Dios, modelo de justicia, ejercieron poderío sin límites y practicaron desenfrenadamente los vicios. Predominó el fraude, la avaricia y el libertinaje. Los hombres no retrocedieron ante ningún crimen que pudiese darles riquezas o posición. Los palacios de los papas y de los prelados eran teatro de los más viles excesos. Algunos de los pontífices reinantes fueron culpables de crímenes tan horrorosos que los gobernantes civiles tuvieron que procurar deponer a dichos dignatarios de la iglesia como monstruos demasiado viles para ser tolerados. Durante cientos de años Europa no progresó en las ciencias, ni en las artes, ni en la civilización. La Cristiandad quedó moral e intelectualmente paralizada.

La condición en que el mundo se encontraba bajo el poder Romano resultaba ser el cumplimiento espantoso e impresionante de las palabras del profeta Oseas: "Mi pueblo fue destruido porque le faltó conocimiento. Por cuanto desechaste el conocimiento, yo te echaré . . . porque olvidaste la ley de tu Dios, también yo me olvidaré de tus hijos." "No hay verdad, ni misericordia, ni conocimiento de Dios en la tierra. ¡Perjuran, mienten, matan, y hurtan y adulteran y oprimen, y se suceden homicidios tras homicidios." Oseas 4:6, 1, 2. Tales fueron los resultados de haber desterrado la Palabra de Dios.

CAPÍTULO 4

FE EN LAS MONTAÑAS

AUNQUE sumida la tierra en tinieblas durante el largo período de la supremacía papal, la luz de la verdad no pudo apagarse por completo. En todos los tiempos hubo testigos de Dios, hombres que conservaron su fe en Cristo como único mediador entre Dios y los hombres, que reconocían la Biblia como única regla de su vida y santificaban el verdadero Sábado. Nunca sabrá la posteridad cuánto debe el mundo a esos hombres. Se les señalaba como a herejes, los móviles que los inspiraban eran impugnados, su carácter difamado y sus escritos prohibidos, adulterados o mutilados. Sin embargo se mantuvieron firmes, y de siglo en siglo conservaron pura su fe, como herencia sagrada para las generaciones futuras.

La historia del pueblo de Dios durante los siglos de obscuridad que siguieron al dominio de Roma, está escrita en el cielo, aunque ocupa escaso lugar en las crónicas de la humanidad. Pocas son las huellas que de su existencia pueden encontrarse fuera de las que se encuentran en las acusaciones de sus perseguidores. La política de Roma consistió en borrar toda huella de oposición a sus doctrinas y decretos. Trató de destruir todo lo que era herético, bien se tratase de personas o de escritos. Las simples expresiones de duda u objeciones acerca de la autoridad de los dogmas papales bastaban para arrancarle la vida al rico o al pobre, al poderoso o al humilde. Igualmente se esforzó Roma en destruir todo lo que delatase su crueldad contra los disidentes. Los concilios papales decretaron que los libros o escritos que hablasen sobre el particular fuesen quemados. Antes de la invención de la imprenta eran pocos los libros, y su forma no se prestaba para conservarlos, así que los Romanistas encontraron pocos obstáculos para realizar sus propósitos.

Ninguna iglesia que estuviese dentro de los límites de la jurisdicción Romana gozó mucho tiempo en paz de su libertad de conciencia. Tan pronto el papado tomó el poder, extendió los brazos para aplastar a todo el que rehusara reconocer su gobierno; y una tras otra las iglesias se sometieron a su dominio.

En Gran Bretaña el Cristianismo primitivo había echado raíces desde muy temprano. El evangelio recibido por los habitantes de este país en los primeros siglos no se había corrompido con la apostasía de Roma. La persecución de los emperadores paganos, que alcanzó aún hasta aquellas remotas playas, fue el único don que las primeras iglesias de Gran Bretaña recibieron de Roma. Muchos de los Cristianos que huían de la persecución en Inglaterra encontraron refugio en Escocia; de allí la verdad fue llevada a Irlanda, y en todos esos países fue recibida con gozo.

Luego que los Sajones invadieron a Gran Bretaña, el paganismo llegó a predominar. Los conquistadores despreciaron ser instruidos por sus esclavos, y los Cristianos fueron obligados a retirarse a los montes y los páramos. Pero la luz, escondida por algún tiempo, siguió ardiendo. Un siglo más tarde brilló en Escocia con tal intensidad que se extendió a muy lejanas tierras. De Irlanda salieron el piadoso Colombano y sus colaboradores, los que, reuniendo en derredor suyo a los creyentes esparcidos en la solitaria isla de Iona, fundaron allí el centro de sus trabajos misioneros. Entre estos evangelistas había uno que observaba el Sábado bíblico, y así se introdujo esa verdad entre la gente. Se estableció en Iona una escuela de la que fueron enviados misioneros no sólo a Escocia e Inglaterra, sino a Alemania, Suiza y aún a Italia.

Roma empero había puesto los ojos en Gran Bretaña y resuelto someterla a su supremacía. En el siglo VI, sus misioneros emprendieron la conversión de los Sajones paganos. Recibieron favorable acogida por parte de los altivos bárbaros a quienes convencieron por miles a profesar la fe Romana. A medida que la obra progresaba, los jefes papales y sus prosélitos tuvieron encuentros con los Cristianos primitivos. Se vió entonces un contraste muy notable. Eran estos Cristianos primitivos sencillos y humildes, cuyo carácter y cuyas doctrinas y costumbres se ceñían a las Escrituras, mientras que los seguidores de Roma ponían de manifiesto la superstición, la arrogancia y la pompa del papado. El emisario de Roma exigió de estas iglesias Cristianas que reconociesen la supremacía del soberano pontífice. Los habitantes de Gran Bretaña contestaron humildemente que ellos deseaban amar a todo el mundo, pero que el papa no tenía derecho de supremacía en la iglesia y que ellos sólo podían rendirle la sumisión que era debida a cualquier discípulo de Cristo. Se hicieron varias tentativas para conseguir que se sometiesen a Roma, pero estos humildes Cristianos, horrorizados del orgullo que ostentaban los emisarios papales, respondieron con firmeza que ellos no reconocían a otro jefe que a Cristo. Entonces se manifestó el verdadero espíritu del papado. El enviado Católico Romano les dijo: "Si no recibís a los hermanos que os traen paz, recibiréis a los enemigos que os traerán guerra; si no os unís con nosotros para mostrar a los Sajones el camino de vida, recibiréis de ellos el golpe de muerte." –J. H. Merle d'Aubigné, *Histoire de la Réformation du seizième siècle*, (París, 1835-53), libro 17, cap. 2. No fueron vanas estas amenazas. La guerra, la intriga y el engaño se emplearon contra estos testigos que sostenían una fe bíblica, hasta que las iglesias de la primitiva Inglaterra fueron destruídas u obligadas a someterse a la autoridad del papa.

En los países que estaban fuera de la jurisdicción de Roma existieron por muchos siglos grupos de Cristianos que permanecieron casi enteramente libres de la corrupción papal. Rodeados por el paganismo, con el correr de los años, fueron afectados por sus errores; no obstante siguieron considerando la Biblia como la única regla de fe y adhiriéndose a muchas de sus verdades. Estos Cristianos creían en el carácter perpetuo de la ley de Dios y observaban el Sábado del cuarto mandamiento. Hubo en el Africa central y entre los Armenios de Asia iglesias que mantuvieron esta fe y esta observancia.

Mas entre los que resistieron los ataques del poder papal, los Valdenses fueron los que más se destacaron. En el mismo país en donde el papado asentara sus reales fue donde encontraron mayor oposición su falsedad y corrupción. Las iglesias del Piamonte mantuvieron su independencia por algunos siglos, pero al fin llegó el tiempo en que Roma insistió en que se sometieran. Tras larga serie de luchas inútiles, los jefes de estas iglesias reconocieron aunque de mala gana la supremacía de aquel poder al que todo el mundo parecía rendir homenaje. Hubo sin embargo algunos que rehusaron someterse a la autoridad de papas o prelados. Determinaron mantenerse leales a Dios y conservar la pureza y sencillez de su fe. Se efectuó una separación. Los que permanecieron firmes en la antigua fe se alejaron; algunos, abandonando sus tierras de los Alpes, alzaron el pendón de la verdad en países extraños; otros se refugiaron en los valles solitarios y en los baluartes peñascosos de las montañas, y allí conservaron su libertad para adorar a Dios.

La fe que por muchos siglos sostuvieron y enseñaron los Cristianos Valdenses contrastaba notablemente con las doctrinas falsas de Roma. De acuerdo con el sistema verdaderamente Cristiano, sostenían su creencia religiosa en la Palabra de Dios escrita. Pero esos humildes campesinos en sus obscuros retiros, apartados del mundo y sujetos a penosísimo trabajo diario entre sus rebaños y viñedos, no habían llegado de por sí al conocimiento de la verdad que se oponía a los dogmas y herejías de la iglesia apóstata. Su fe no era una fe nueva. Su creencia en asuntos de religión la habían heredado de sus padres. Luchaban en pro de la fe de la iglesia apostólica, – "la fe que ha sido transmitida a los santos." Judas 3. "La iglesia del desierto," y no la soberbia jerarquía que ocupaba el trono de la gran capital, era la verdadera iglesia de Cristo, la depositaria de los tesoros de verdad que Dios confiara a Su pueblo para que los diera al mundo.

Entre las causas principales que motivaron la ruptura entre la verdadera iglesia y Roma, se contaba el odio de ésta hacia el Sábado bíblico. Como se había predicho en la profecía, el poder papal derribó por tierra la verdad. La ley de Dios fue pisoteada mientras que las tradiciones y las costumbres de los hombres eran ensalzadas. Se obligó a las iglesias que estaban bajo el gobierno del papado a honrar el Domingo como día santo. Entre los errores y la superstición que prevalecían, muchos de los verdaderos hijos de Dios se encontraban tan confundidos, que a la vez que observaban el Sábado se abstenían de trabajar el Domingo. Mas esto no satisfacía a los jefes papales. No sólo exigían que se santificara el Domingo sino que se profanara el Sábado; y acusaban en los términos más violentos a los que se atrevían a honrarlo. Sólo huyendo del poder de Roma era posible obedecer en paz a la ley de Dios.

Los Valdenses se contaron entre los primeros de todos los pueblos de Europa que poseyeron una traducción de las Santas Escrituras. Centenares de años antes de la Reforma tenían ya la Biblia manuscrita en su propio idioma. Poseían la verdad sin adulteración y esto los hizo objeto especial del odio y de la persecución. Declaraban que la Iglesia de Roma era la Babilonia apóstata del Apocalipsis, y con riesgo de perder sus vidas se oponían a su influencia y principios corruptores. Aunque bajo la presión de una larga persecución, algunos sacrificaron su fe e hicieron poco a poco concesiones en sus principios distintivos, otros se aferraron a la verdad. Durante siglos de obscuridad y apostasía, hubo Valdenses que negaron la supremacía de Roma, que rechazaron como idolátrico la adoración a las imágenes y que guardaron el verdadero Sábado. Conservaron su fe en medio de las más violenta y tempestuosa oposición. Aunque degollados por la espada de Saboya y quemados en la hoguera Romanista, defendieron con firmeza la Palabra de Dios y Su honor.

Tras los elevados baluartes de sus montañas, refugio de los perseguidos y oprimidos en todas las edades, encontraron los Valdenses seguro escondite. Allí se mantuvo encendida la luz de la verdad en medio de la obscuridad de la Edad Media. Allí los testigos de la verdad conservaron por mil años la antigua fe.

Dios había provisto para Su pueblo un santuario de inmensa grandeza como convenía a las grandes verdades que les había confiado. Para aquellos fieles desterrados, las montañas eran un emblema de la justicia inmutable de Jehová. Mostraban a sus hijos aquellas altas cumbres que a manera de torres se erguían en inalterable majestad y les hablaban de Aquél en quien no hay mudanza ni sombra de variación, cuya palabra es tan firme como los montes eternos. Dios había afirmado las montañas y las había ceñido de fortaleza; ningún brazo podía removerlas de su lugar, sino sólo el del Poder infinito. De la misma manera había establecido Su ley, fundamento de Su gobierno en el cielo y en la tierra. El brazo del hombre podía alcanzar a sus semejantes y arrancarles la vida; pero antes podría desarraigar las montañas de sus cimientos y arrojarlas al mar que modificar un precepto de la ley de Jehová, o borrar una de las promesas hechas a los que cumplen Su voluntad. En su fidelidad a la ley, los siervos de Dios tenían que ser tan firmes como las inmutables montañas.

Los montes que rodeaban sus hondos valles atestiguaban constantemente el poder creador de Dios y constituían una garantía de la protección que Él les deparaba. Aquellos peregrinos aprendieron a sentir cariño hacia esos símbolos mudos de la presencia de Jehová. No se quejaban por las dificultades de su vida; y nunca se sentían solos en medio de la soledad de los montes. Daban gracias a Dios por haberles dado un refugio donde librarse de la maldad y de la ira de los hombres. Se regocijaban de poder adorarle libremente. Muchas veces, cuando eran perseguidos por sus enemigos, sus fortalezas naturales eran su segura defensa. En más de un encumbrado risco cantaron las alabanzas de Dios, y los ejércitos de Roma no podían silenciar sus cantos de acción de gracias.

Pura, sencilla y ferviente fue la piedad de estos discípulos de Cristo. Amaban los principios de verdad más que las casas, las tierras, los amigos y parientes, más que la vida misma. Trataban ansiosamente de sembrar estos principios en los corazones de los jóvenes. Desde su más tierna edad, éstos recibían instrucción en las Sagradas Escrituras y se les enseñaba a considerar sagrados los requerimientos de la ley de Dios. Los ejemplares de la Biblia eran raros; por eso se aprendían de memoria sus preciosas palabras. Muchos podían recitar grandes porciones del Antiguo Testamento y del Nuevo. Los pensamientos concernientes a Dios se asociaban con las escenas sublimes de la naturaleza y con las humildes bendiciones de la vida cotidiana. Los niños aprendían a ser agradecidos a Dios como el dador de todos los favores y de todos los consuelos.

Como padres tiernos y cariñosos, amaban a sus hijos con demasiada inteligencia para acostumbrarlos a la complacencia de los apetitos. Les esperaba una vida de pruebas y privaciones y tal vez el martirio. Desde niños se les acostumbraba a sufrir penurias, a ser sumisos y, sin embargo, capaces de pensar y obrar por sí mismos. Desde temprano se les enseñaba a ser responsables, a hablar con prudencia y a apreciar el valor del silencio. Una palabra indiscreta que llegara a oídos del enemigo, podía no sólo hacer peligrar la vida del que la profería, sino la de centenares de sus hermanos; porque así como los lobos acometen su presa, los enemigos de la verdad perseguían a los que se atrevían a defender la libertad de la fe religiosa.

Los Valdenses habían sacrificado su prosperidad mundana por causa de la verdad y trabajaban con incansable paciencia para conseguirse el sustento. Aprovechaban cuidadosamente todo pedazo de suelo cultivable entre las montañas, y hacían producir a los valles y a las faldas de los cerros menos fértiles. La economía y la abnegación más rigurosa formaban parte de la educación que recibían los niños como única herencia. Se les enseñaba que Dios había determinado que la vida fuese una disciplina y que sus necesidades sólo podían ser satisfechas mediante el trabajo personal, la previsión, el cuidado y la fe. Este procedimiento era laborioso y fatigoso, pero saludable. Es precisamente lo que necesita el hombre en su condición caída, la escuela que Dios le proveyó para su educación y desarrollo. Se acostumbraba a los jóvenes al trabajo y a las privaciones, pero no se descuidaba la cultura de su inteligencia. Se les enseñaba que todas sus facultades pertenecían a Dios y que todas debían ser utilizadas y desarrolladas para servirle.

En su pureza y sencillez, las iglesias Valdenses se parecían a la iglesia de los tiempos apostólicos. Rechazaban la supremacía de papas y prelados, y consideraban la Biblia como única autoridad suprema e infalible. En contraste con el modo de ser de los orgullosos sacerdotes de Roma, sus pastores imitaban el ejemplo de su Maestro que "no vino para ser servido, sino para servir." Apacentaban el rebaño del Señor conduciéndolo por verdes pastos y a las fuentes de agua de vida de Su santa Palabra. Alejado de los monumentos, de la pompa y de la vanidad de los hombres, el pueblo se reunía, no en soberbios templos ni en suntuosas catedrales, sino a la sombra de los montes, en los valles de los Alpes, o en tiempo de peligro en sitios peñascosos semejantes a fortalezas, para escuchar las palabras de verdad de labios de los siervos de Cristo. Los pastores no sólo predicaban el evangelio, sino que visitaban a los enfermos, doctrinaban a los niños, amonestaban a los que andaban extraviados y trabajaban para resolver las disputas y promover la armonía y el amor fraternal. En tiempo de paz eran sostenidos por las ofrendas voluntarias del pueblo; pero como Pablo que hacía tiendas, todos aprendían algún oficio o profesión con que mantenerse en caso necesario.

Los pastores impartían instrucción a los jóvenes. Se atendían todos los ramos de la instrucción, pero la Biblia era para ellos el estudio principal. Aprendían de memoria los evangelios de Mateo y de Juan y muchas de las epístolas. Se ocupaban también en copiar las Santas Escrituras. Algunos manuscritos contenían la Biblia entera y otros solamente pequeños trozos escogidos, a los cuales agregaban algunas sencillas explicaciones del texto los que eran capaces de exponer las Escrituras. Así se sacaban a luz los tesoros de la verdad que por tanto tiempo habían mantenido oculto los que querían elevarse a sí mismos sobre Dios.

Trabajando con paciencia y tenacidad en profundas y obscuras cavernas de la tierra, alumbrándose con antorchas, copiaban las Sagradas Escrituras, versículo por versículo, y capítulo por capítulo. Así continuaba la obra y la Palabra revelada de Dios brillaba como oro puro; solamente los que se empeñaban en esa obra podían discernir cuánto más pura, radiante y bella era aquella luz por efecto de las grandes pruebas que sufrían ellos. Ángeles del cielo rodeaban a tan fieles servidores.

Satanás había incitado a los sacerdotes del papa a que enterraran la Palabra de verdad bajo los escombros del error, la herejía y la superstición; pero ella conservó de un modo maravilloso su pureza a través de todas las edades obscuras. No llevaba la marca del hombre sino el sello de Dios. Incansables han sido los esfuerzos del hombre para obscurecer la sencillez y claridad de las Santas Escrituras y para hacerles contradecir su propio testimonio, pero a semejanza del arca que flotó sobre las olas agitadas y profundas, la Palabra de Dios atraviesa ilesa las tempestades que amenazan destruirla. Como las minas tienen ricas vetas de oro y plata ocultas bajo la superficie de la tierra, de manera que todo el que quiere hallar el precioso depósito debe forzosamente cavar para encontrarlo, así también contienen las Sagradas Escrituras tesoros de verdad que sólo se revelan a quien los busca con sinceridad, humildad y abnegación. Dios se había propuesto que la Biblia fuese un libro de instrucción para toda la humanidad en la niñez, en la juventud y en la edad adulta, y que fuese estudiada en todo tiempo. Dió Su Palabra a los hombres como una revelación de Sí mismo. Cada verdad que vamos descubriendo es una nueva revelación del carácter de Su Autor. El estudio de las Sagradas Escrituras es el medio divinamente instituido para poner a los hombres en una relación más estrecha con su Creador y para darles a conocer más claramente Su voluntad. Es el medio de comunicación entre Dios y el hombre.

Si bien los Valdenses consideraban el temor de Dios como el principio de la sabiduría, reconocían también lo importante que es tratar con el mundo, conocer a los hombres y llevar una vida activa para desarrollar la inteligencia y para despertar las percepciones. De sus escuelas en las montañas enviaban algunos jóvenes a las instituciones de saber de las ciudades de Francia e Italia, donde encontraban un campo más amplio para estudiar, pensar y observar, que el que encontraban en los Alpes de su tierra. Los jóvenes enviados estaban expuestos a las tentaciones, contemplaban de cerca los vicios y tropezaban con los astutos agentes de Satanás que les insinuaban las herejías más sutiles y los más peligrosos engaños. Pero habían recibido desde la niñez una sólida educación que los preparara convenientemente para hacer frente a todo esto.

En las escuelas adonde iban no debían intimar con nadie. Su ropa estaba confeccionada de tal modo que podía muy bien esconder el mayor de sus tesoros: los preciosos manuscritos de las Sagradas Escrituras. Estos, que eran el fruto de meses y años de trabajo, los llevaban consigo, y, siempre que podían hacerlo sin levantar sospecha, ponían cautelosamente alguna porción de la Biblia en las manos de aquellos cuyo corazón parecía dispuesto a recibir la verdad.

La juventud Valdense era educada con tal objeto desde el regazo de la madre; comprendía su obra y la desempeñaba con fidelidad. En estas casas de estudios se ganaban conversos a la verdadera fe, y con frecuencia se veía que sus principios compenetraban toda la escuela; con todo, los dirigentes papales no podían encontrar, ni aun realizando una minuciosa investigación, la fuente de lo que ellos llamaban herejía corruptora.

El espíritu de Cristo es un espíritu misionero. El primer impulso del corazón convertido es el de traer a otros también al Salvador. Tal era el espíritu de los Cristianos Valdenses. Entendían que Dios no requería de ellos tan sólo que conservaran la verdad en su pureza en sus propias iglesias, sino que hicieran honor a la solemne responsabilidad de hacer que Su luz iluminara a los que estaban en tinieblas. Con el gran poder de la Palabra de Dios procuraban destruir el yugo que Roma había impuesto. Los ministros Valdenses eran educados como misioneros, y a todos los que pensaban dedicarse al ministerio se les exigía primero que adquiriesen experiencia como evangelistas. Todos debían servir tres años en alguna tierra de misión antes de hacerse cargo de alguna iglesia en la suya. Este servicio, que desde sus comienzos requería abnegación y sacrificio, era una preparación adecuada para la vida que los pastores llevaban en aquellos tiempos de prueba. Los jóvenes que eran ordenados para el sagrado ministerio no veían en perspectiva ni riquezas ni gloria terrenales, sino una vida de trabajo y peligro y quizás el martirio. Los misioneros salían de dos en dos como Jesús se lo mandara a Sus discípulos. Casi siempre se asociaba a un joven con un hombre de edad madura y de experiencia, que le servía de guía y de compañero y que se hacía responsable de su educación; se exigía del joven que fuera sumiso a la enseñanza. No andaban siempre juntos, pero con frecuencia se reunían para orar y conferenciar, y de este modo se fortalecían uno a otro en la fe.

Dar a conocer el objeto de su misión hubiera bastado para asegurar su fracaso. Así que ocultaban cuidadosamente su verdadero carácter. Cada ministro sabía algún oficio o profesión, y los misioneros llevaban a cabo su trabajo ocultándose bajo las apariencias de una vocación secular. Generalmente escogían el oficio de comerciantes o buhoneros. "Traficaban en sedas, joyas y en otros artículos que en aquellos tiempos no era fácil conseguir, a no ser en distantes emporios, y se les daba la bienvenida como comerciantes allí donde se les habría despreciado como misioneros." Wylie, libro 1, cap. 7. Constantemente elevaban su corazón a Dios pidiéndole sabiduría para poder mostrar a las gentes un tesoro más precioso que el oro y que las joyas que vendían. Llevaban siempre escondidos ejemplares de la Biblia entera, o porciones de ella, y siempre que se presentaba la oportunidad llamaban la atención de sus clientes a dichos manuscritos. Con frecuencia despertaban así el interés por la lectura de la Palabra de Dios y con gozo dejaban algunas porciones de ella a los que deseaban tenerlas.

La obra de estos misioneros empezó al pie de sus montañas, en las llanuras y valles que los rodeaban, pero se extendió mucho más allá de esos límites. Sin zapatos y con ropa tosca y desgarrada por las asperezas del camino, como la de su Maestro, atravesaban las grandes ciudades y se internaban en lejanas tierras. En todas partes esparcían la preciosa semilla. Doquiera fueran se levantaban iglesias, y la sangre de los mártires daba testimonio de la verdad. El día de Dios mostrará de manifiesto una rica cosecha de almas segada por aquellos hombres tan fieles. A escondidas y en silencio la Palabra de Dios se abría paso por la Cristiandad y encontraba buena acogida en los hogares y en los corazones de los hombres.

Para los Valdenses, las Sagradas Escrituras no contenían tan sólo la historia del trato que Dios tuvo con los hombres en lo pasado y una revelación de las responsabilidades y deberes de lo presente, sino una manifestación de los peligros y glorias de lo porvenir. Creían que no distaba mucho el fin de todas las cosas, y al estudiar la Biblia con oración y lágrimas, tanto más los impresionaban sus bellas enseñanzas y la obligación que tenían de dar a conocer a otros sus verdades. Veían claramente revelado en las páginas sagradas el plan de la salvación, y encontraban consuelo, esperanza y paz, creyendo en Jesús. A medida que la luz iluminaba su entendimiento y alegraba sus corazones, deseaban ansiosamente ver derramarse sus rayos sobre aquellos que se hallaban en la obscuridad del error papal.

Veían que muchos, guiados por el papa y los sacerdotes, se esforzaban en vano por obtener el perdón mediante los sacrificios que imponían a sus cuerpos por el pecado de sus almas. Como se les enseñaba a confiar en sus buenas obras para obtener la salvación, se fijaban siempre en sí mismos, pensando continuamente en lo pecaminoso de su condición, viéndose expuestos a la ira de Dios, afligiendo su cuerpo y su alma sin encontrar alivio. Así es como las doctrinas de Roma tenían atadas a las almas concienzudas. Millares renunciaban a amigos y parientes y se pasaban la vida en las celdas de un convento. Trataban en vano de hallar paz para sus conciencias con repetidos ayunos y crueles azotes y vigilias, postrados por largas horas sobre las losas frías y húmedas de sus obscuras habitaciones, con largas peregrinaciones, con sacrificios humillantes y con horribles torturas. Agobiados por el sentido del pecado y perseguidos por el temor de la ira vengadora de Dios, muchos se sometían a padecimientos hasta que la naturaleza agotada concluía por sucumbir y bajaban al sepulcro sin un rayo de luz o de esperanza.

Los Valdenses ansiaban compartir el pan de vida con estas almas hambrientas, presentarles los mensajes de paz contenidos en las promesas de Dios y mostrarles a Cristo como su única esperanza de salvación. Tenían por falsa la doctrina de que las buenas obras pueden expiar la transgresión de la ley de Dios. La confianza que se coloca en el mérito humano hace perder de vista el amor infinito de Cristo. Jesús murió en sacrificio por el hombre porque la raza caída no tiene en sí misma nada que pueda hacer valer ante Dios. Los méritos de un Salvador crucificado y resucitado son el fundamento de la fe del Cristiano. El alma depende totalmente de Cristo, y su unión con Él debe ser tan estrecha como la de un miembro con el cuerpo o como la de una rama con la vid.

Las enseñanzas de los papas y de los sacerdotes habían inducido a los hombres a considerar el carácter de Dios, y aun el de Cristo, como severo, triste y prohibitivo. Se representaba al Salvador tan desprovisto de toda simpatía hacia los hombres caídos, que era imperioso invocar la mediación de los sacerdotes y de los santos. Aquellos cuya inteligencia había sido iluminada por la Palabra de Dios deseaban mostrar a estas almas que Jesús es un Salvador compasivo y amante, que con los brazos abiertos invita a que vayan a Él todos los cargados de pecados, cuidados y cansancio. Anhelaban derribar los obstáculos que Satanás había ido acumulando para impedir a los hombres que viesen las promesas y fueran directamente a Dios para confesar sus pecados y obtener perdón y paz.

Los misioneros Valdenses se empeñaban en descubrir a las mentes investigadoras las preciosas verdades del evangelio, y con mucha cautela les presentaban porciones de las Santas Escrituras esmeradamente escritas. Su mayor gozo era infundir esperanza a las almas sinceras y agobiadas por el peso del pecado, que no podían ver en Dios más que un juez justiciero y vengativo. Con voz temblorosa y ojos llorosos y muchas veces hincados de rodillas, presentaban a sus hermanos las preciosas promesas que revelaban la única esperanza del pecador. De este modo la luz de la verdad penetraba en muchas mentes obscurecidas, disipando las nubes de tristeza hasta que el Sol de Justicia brillaba en el corazón llevando salud con Sus rayos. Frecuentemente leían una y otra vez alguna porción de las Sagradas Escrituras a petición del que escuchaba, que quería asegurarse de que había oído bien. Lo que se deseaba en forma especial era la repetición de estas palabras: "La sangre de Jesucristo Su Hijo nos limpia de todo pecado." 1 Juan 1:7. "Como Moisés levantó la serpiente en el desierto, así también tiene que ser levantado el Hijo del Hombre, para que todo aquel que cree en Él, no perezca, sino que tenga vida eterna." Juan 3:14, 15.

Muchos no se dejaban engañar por los dichos de Roma. Comprendían la nulidad de la mediación de hombres o ángeles en favor del pecador. Cuando la aurora de la luz verdadera alumbraba su entendimiento exclamaban con alborozo: "Cristo es mi Sacerdote, Su sangre es mi sacrificio, Su altar es mi confesionario." Confiaban plenamente en los méritos de Jesús, y repetían las palabras: "Sin fe es imposible agradar a Dios." Hebreos 11:6.

"Porque no hay otro nombre bajo el cielo, dado a los hombres, en que podamos ser salvos." Hechos 4:12.

La seguridad del amor del Salvador era cosa que muchas de estas pobres almas agobiadas por los vientos de la tempestad no podían concebir. Tan grande era el alivio que les traía, tan inmensa la profusión de luz que sobre ellos derramaba, que se creían arrebatados al cielo. Con plena confianza ponían su mano en la de Cristo; sus pies se asentaban sobre la Roca de los siglos. Perdían todo temor a la muerte. Y deseaban la cárcel y la hoguera si por su medio podían honrar el nombre de su Redentor.

En lugares secretos la Palabra de Dios era así sacada a luz y leída a veces a una sola alma, y en ocasiones a algún pequeño grupo que anhelaban con ansias la luz y la verdad. Con frecuencia se pasaba toda la noche de esa manera. Tan grandes eran el asombro y la admiración de los que escuchaban, que el mensajero de la misericordia, a menudo se veía obligado a suspender la lectura hasta que el entendimiento llegara a darse bien cuenta del mensaje de salvación. Se proferían palabras como éstas: "¿Aceptará Dios en verdad *mi* ofrenda?" "¿*Me* mirará con ternura?" "¿*Me* perdonará?" La respuesta que se les leía era: "¡Venid a Mí todos los que estáis fatigados y cargados, y Yo os haré descansar!" Mateo 11:28.

La fe se aferraba de las promesas, y se oía esta alegre respuesta: "Ya no habrá que hacer más peregrinaciones, ni viajes penosos a los santuarios. Puedo acudir a Jesús, tal como soy, pecador e impío, seguro de que no desechará la oración de arrepentimiento. 'Los pecados te son perdonados.' ¡Los míos, sí, aun los míos pueden ser perdonados!"

Un raudal de santo gozo inundaba el corazón, y el nombre de Jesús era ensalzado con alabanza y acción de gracias. Esas almas felices volvían a sus hogares a derramar luz, para decirles a otros, lo mejor que podían, lo que habían experimentado y cómo habían encontrado el verdadero Camino. Había un poder extraño y solemne en las palabras de la Santa Escritura que hablaba directamente al corazón de aquellos que anhelaban la verdad. Era la voz de Dios que llevaba el convencimiento a los que escuchaban.

El mensajero de la verdad continuaba su camino; pero su

apariencia humilde, su sinceridad, su formalidad y su fervor profundo se prestaban a frecuentes observaciones. En muchas ocasiones sus oyentes no le preguntaban de dónde venía ni adonde iba. Tan embargados se encontraban al principio por la sorpresa y después por la gratitud y el gozo, que no se les ocurría hacerle preguntas. Cuando le habían suplicado que los acompañara a sus casas, les había contestado que debía primero ir a visitar las ovejas perdidas del rebaño. ¿Sería un ángel del cielo? se preguntaban.

En muchas ocasiones no se volvía a ver al mensajero de la verdad. Había partido hacia otras tierras, o su vida se consumía en algún calabozo desconocido, o quizá sus huesos blanqueaban en el sitio mismo donde había muerto dando testimonio por la verdad. Pero las palabras que había pronunciado no podían desvanecerse. Hacían su obra en el corazón de los hombres, y sólo en el día del juicio se conocerán plenamente sus maravillosos resultados.

Los misioneros Valdenses invadían el reino de Satanás y los poderes de las tinieblas se sintieron incitados a mayor vigilancia. Cada esfuerzo que se hacía para que la verdad avanzara era observado por el príncipe del mal, y éste aumentaba los temores de sus agentes. Los caudillos papales veían peligrar su causa debido a los trabajos de estos humildes viandantes. Si permitían que la luz de la verdad brillara sin oposición, disiparía las densas nieblas del error que envolvían a la gente; guiaría los espíritus de los hombres hacia Dios solo y terminaría destruyendo la supremacía de Roma.

La misma existencia de estos creyentes que guardaban la fe de la iglesia primitiva era un testimonio constante contra la apostasía de Roma, y por lo tanto despertaba el odio y la persecución más cruel. Era además una ofensa que Roma no podía tolerar el que se negasen a entregar las Sagradas Escrituras. Determinó borrarlos de la superficie de la tierra. Entonces comenzaron las más terribles cruzadas contra el pueblo de Dios en sus hogares de las montañas. Se lanzaron inquisidores sobre sus huellas, y la escena del inocente Abel cayendo ante el asesino Caín se repitió con frecuencia.

Una y otra vez fueron asolados sus feraces campos, destruídas sus habitaciones y sus capillas, de modo que de lo que había sido campos florecientes y hogares de Cristianos sencillos y hacendosos no quedaba más que un desierto. Como la fiera que se enfurece más y más al probar la sangre, así se enardecía el odio de los siervos del papa con los sufrimientos de sus víctimas. A muchos de estos testigos de la fe verdadera se les perseguía por las montañas y se les cazaba por los valles donde estaban escondidos, entre bosques espesos y cumbres rocosas.

Ningúna acusación se le podía hacer al carácter moral de esta gente proscrita. Sus mismos enemigos la tenían por gente pacífica, tranquila y piadosa. Su gran crimen consistía en que no querían adorar a Dios conforme a la voluntad del papa. Y por este crimen se les sometia a todos los insultos, humillaciones y torturas que los hombres o los demonios podían inventar.

Una vez que Roma determinó exterminar la secta odiada, el papa expidió una bula en que condenaba a sus miembros como herejes y los entregaba a la matanza. No se les acusaba de holgazanes, ni de deshonestos, ni de desordenados, pero se declaró que tenían una apariencia de piedad y santidad que seducía "a las ovejas del verdadero rebaño." Por lo tanto el papa ordenó que si "la maligna y abominable secta de malvados," rehusaba abjurar, "fuese aplastada como serpiente venenosa." Wylie, lib. 16, cap. 1. ¿Esperaba este orgulloso potentado tener que hacer frente otra vez a estas palabras? ¿Sabría que se hallaban archivadas en los libros del cielo para confrontarle en el día del juicio? "En cuanto lo hicisteis a uno de éstos Mis hermanos más pequeños," dijo Jesús, "a Mí me lo hicisteis." Mateo 25:40.

En aquella bula se convocaba a todos los miembros de la iglesia a participar en una cruzada contra los herejes. Como incentivo para convencerlos a que tomaran parte en tan despiadada empresa, "absolvía de toda pena o penalidad eclesiástica, tanto general como particular, a todos los que se unieran a la cruzada, quedando de hecho libres de cualquier juramento que hubieran prestado; declaraba legítimos sus títulos sobre cualquiera propiedad que hubieran adquirido ilegalmente, y prometía la remisión de todos sus pecados a aquellos que mataran a cualquier hereje. Anulaba todo contrato hecho en favor de los Valdenses; ordenaba a los criados de éstos que los abandonasen; prohibía a todos que les prestasen ayuda de cualquiera clase y los autorizaba para tomar posesión de sus propiedades." Wylie, lib. 16, cap. 1. Este documento muestra a las claras qué espíritu satánico obraba detrás del escenario; es el rugido del dragón, y no la voz de Cristo, lo que en él se dejaba oír.

Los jefes papales no quisieron ajustar su carácter con el gran modelo dado en la ley de Dios, sino que levantaron modelo a su gusto y resolvieron obligar a todos a ajustarse a éste porque así lo había dispuesto Roma. Se perpetraron las más horribles tragedias. Los sacerdotes y papas corrompidos y blasfemos hacían la obra que Satanás les indicara. No había cabida para la misericordia en sus corazones. El mismo espíritu que crucificara a Cristo y que matara a los apóstoles, el mismo que guiara al sanguinario Nerón contra los fieles de su tiempo, estaba empeñado en exterminar a aquellos que eran amados de Dios.

Las persecuciones que por muchos siglos cayeron sobre esta gente temerosa de Dios fueron soportadas por ella con una paciencia y perseverancia que honraban a su Redentor. No obstante las cruzadas lanzadas contra ellos y la inhumana matanza a que fueron entregados, siguieron enviando a sus misioneros a esparcir la preciosa verdad. Se los buscaba para darles muerte; y con todo, su sangre regó la semilla sembrada, que no dejó de dar fruto. Así fueron los Valdenses testigos de Dios siglos antes del nacimiento de Lutero. Esparcidos por muchas tierras, arrojaron la semilla de la Reforma que brotó en tiempo de Wiclef, se desarrolló y echó raíces en días de Lutero, para seguir creciendo hasta el fin de los tiempos mediante el esfuerzo de todos cuantos estén listos para sufrirlo todo "por causa de la palabra de Dios y el testimonio de Jesús." Apocalipsis 1:9.

CAPÍTULO 5

LUZ BROTA EN INGLATERRA

ANTES de la Reforma hubo tiempos en que no existieron sino muy pocos ejemplares de la Biblia; pero Dios no había permitido que Su Palabra fuese destruída completamente. Sus verdades no habían de quedar ocultas para siempre. Le era tan fácil quitar las cadenas a las palabras de vida como abrir las puertas de las cárceles y quitar los cerrojos a las puertas de hierro para poner en libertad a Sus hijos. En los diferentes países de Europa hubo hombres que se sintieron motivados por el Espíritu de Dios a buscar la verdad como un tesoro escondido, y que, siendo guiados providencialmente hacia las Santas Escrituras, estudiaron las sagradas páginas con el más profundo interés. Deseaban poseer la luz a cualquier costo. Aunque no lo veían todo con claridad, pudieron comprender muchas verdades que hacía tiempo se encontraban sepultadas. Iban como mensajeros enviados del cielo, rompiendo las ligaduras del error y la superstición, y exhortando a los que por tanto tiempo habían permanecido esclavos, a que se levantaran y afirmaran su libertad.

Salvo entre los Valdenses, la Palabra de Dios había quedado encerrada dentro de los límites de idiomas conocidos tan sólo por la gente instruida; pero llegó el tiempo en que las Sagradas Escrituras iban a ser traducidas y entregadas a gentes de diferentes tierras en su propio idioma. Había ya pasado la obscura medianoche para el mundo; concluían las horas de tinieblas, ya en muchas partes aparecían señales del alba que estaba para rayar.

En el siglo XIV salió en Inglaterra "el lucero de la Reforma," Juan Wiclef, que fue el heraldo de la Reforma no sólo para Inglaterra sino para toda la Cristiandad. La gran protesta que lanzó contra Roma no iba a ser nunca acallada, porque inició la lucha que iba a dar por resultado la emancipación de los individuos, las iglesias y las naciones.

Recibió Wiclef una educación liberal y para él era el amor de Jehová el principio de la sabiduría. Se distinguió en el colegio por su ferviente piedad, a la vez que por su destacado talento y su profunda erudición. En su deseo de saber trató de conocer todos los ramos de la ciencia. Se educó en la filosofía escolástica, en los canones de la iglesia y en el derecho civil, especialmente en el de su país. En sus trabajos posteriores le fue muy provechosa esta temprana enseñanza. Por su completo conocimiento de la filosofía especulativa de su tiempo, pudo exponer los errores de ella, y el estudio de las leyes civiles y eclesiásticas le preparó para tomar parte en la gran lucha por la libertad civil y religiosa. A la vez que podía manejar las verdades que encontraba en la Palabra de Dios, había adquirido la disciplina intelectual de las escuelas, y comprendía la táctica de los hombres de escuela. El poder de su genio y sus conocimientos extensos y profundos le granjearon el respeto de amigos y enemigos. Sus partidarios veían con orgullo que su campeón sobresalía entre los intelectos más notables de la nación; y sus enemigos se veían imposibilitados para arrojar oprobios sobre la causa de la Reforma por una exposición de la ignorancia o debilidad de su defensor.

Estando Wiclef todavía en el colegio se dedicó al estudio de las Santas Escrituras. En aquellos remotos tiempos cuando la Biblia existía sólo en los idiomas primitivos, los eruditos eran los únicos que podían acercarse a la fuente de la verdad, que a las clases incultas les estaba prohibido. Ese estudio preparó el camino para el trabajo futuro de Wiclef como Reformador. Algunos hombres ilustrados habían estudiado la Palabra de Dios y en ella habían encontrado revelada la gran verdad de la gracia concedida gratuitamente por Dios. Y por sus enseñanzas habían difundido esta verdad e inducido a otros a aceptar los oráculos divinos.

Cuando la atención de Wiclef fue dirigida a las Sagradas Escrituras, se consagró a escudriñarlas con el mismo empeño que había desplegado para adueñarse por completo de la instrucción que se ofrecía en los colegios. Hasta entonces había experimentado una necesidad que ni sus estudios escolares ni las enseñanzas de la iglesia habían podido satisfacer. Encontró en la Palabra de Dios lo que antes había buscado inútilmente. En ella halló revelado el plan de la salvación, y vió a Cristo representado como el único abogado para el hombre. Se entregó al servicio de Cristo y decidió proclamar las verdades que había descubierto.

Como los Reformadores que se levantaron tras él, Wiclef en el comienzo de su obra no pudo prever hasta dónde ella le conduciría. No se levantó deliberadamente en contra de Roma, pero su devoción a la verdad no podía menos que ponerle en conflicto con la mentira. Conforme iba discerniendo con mayor claridad los errores del papado, presentaba con creciente ardor las enseñanzas de la Biblia. Veía que Roma había desechado la Palabra de Dios cambiándola por las tradiciones humanas; acusaba desembozadamente al clero de haber desterrado las Santas Escrituras y exigía que la Biblia fuese restituída al pueblo y que se estableciera de nuevo su autoridad dentro de la iglesia. Era maestro entendido y abnegado y predicador elocuente, cuya vida cotidiana era una demostración de las verdades que predicaba. Su conocimiento de las Sagradas Escrituras, la fuerza de sus argumentos, la pureza de su vida y su integridad y valor inquebrantables, le atrajeron el afecto y la confianza de todos. Muchos de entre el pueblo estaban descontentos con su antiguo credo al ver las iniquidades que prevalecían en la Iglesia de Roma, y con inmenso gozo recibieron las verdades expuestas por Wiclef, pero los caudillos papales se llenaron de ira al observar que el Reformador estaba adquiriendo una influencia superior a la de ellos.

Wiclef discernía los errores con mucha sagacidad y se oponía valientemente a muchos de los abusos auspiciados por la autoridad de Roma. Mientras desempeñaba el cargo de capellán del rey, se opuso osadamente al pago de los tributos que el papa exigía al monarca Inglés, y demostró que la pretensión del pontífice al asumir autoridad sobre los gobiernos seculares estaba en contra tanto de la razón como de la Biblia. Las exigencias del papa habían provocado profunda indignación y las enseñanzas de Wiclef ejercieron influencia sobre las inteligencias más eminentes de la nación. El rey y los nobles se unieron para negar el dominio temporal del papa y se negaron a pagar el tributo. Fue éste un golpe certero asestado a la supremacía papal en Inglaterra.

Otro mal contra el cual el Reformador sostuvo largo y reñido combate, fue la institución de las ordenes de los frailes mendicantes. Pululaban estos frailes en Inglaterra, y comprometían la prosperidad y la grandeza de la nación. Las industrias, la educación y la moral eran afectadas directamente por la influencia destructora de dichos frailes. La vida de ociosidad de aquellos pordioseros era no sólo una sangría que agotaba los recursos del pueblo, sino que hacía que el trabajo fuera mirado con menosprecio. La juventud se desmoralizaba y aumentaba en ella la corrupción. Debido a la influencia de los frailes, muchos eran inducidos a entrar en el claustro y consagrarse a la vida monástica, y esto no sólo sin contar con el consentimiento de los padres, sino aun sin que estos lo supieran, o en abierta oposición con su voluntad. Con el fin de establecer la primacía de la vida de convento sobre las obligaciones y los lazos del amor a los padres, uno de los primeros padres de la Iglesia Romana había hecho esta declaración: "Aunque tu padre se postrase en tierra ante tu puerta, llorando y lamentándose, y aunque tu madre te enseñase el seno en que te trajo y los pechos que te amamantaron, deberías hollarlos y seguir tu camino hacia Cristo sin vacilaciones." con esta "monstruosa inhumanidad," como la llamó Lutero más tarde, "más propia de lobos o de tiranos que de Cristianos y del hombre," se endurecían los sentimientos de los hijos para con sus padres. –Barnas Sears, *The Life of Luther*, págs. 70, 69. Así los caudillos papales, como antiguamente los fariseos, anulaban el mandamiento de Dios mediante sus tradiciones y los hogares eran desolados, viéndose privados los padres de la compañía de sus hijos e hijas.

Aun los mismos estudiantes de las universidades eran engañados por las falsas representaciones de los monjes e inducidos a incorporarse en sus ordenes. Muchos se arrepentían luego de haber dado este paso, al ver que marchitaban su propia vida y ocasionaban tristezas a sus padres; pero, una vez cogidos en la trampa, les era imposible recuperar la libertad. Muchos padres, temiendo la influencia de los monjes, se negaban enviar a sus hijos a las universidades, y disminuyó notablemente el número de alumnos que asistían a los grandes centros de enseñanza; así decayeron estos planteles y prevaleció la ignorancia.

El papa había dado a los monjes facultad de oír confesiones y de dar absolución, cosa que se convirtió en mal incalculable. En su afán por incrementar sus ganancias, los frailes estaban tan dispuestos a conceder la absolución al culpable, que toda clase de criminales se acercaban a ellos, y se notó a causa de esto, un gran desarrollo de los vicios más perniciosos. Se dejaba padecer a los enfermos y a los pobres, en tanto que los donativos que pudieran aliviar sus necesidades eran depositados a los pies de los monjes, quienes con amenazas exigían las limosnas del pueblo y denunciaban la impiedad de los que las retenían. A pesar de su voto de pobreza, la riqueza de los frailes iba en constante aumento, y sus magníficos edificios y sus mesas suntuosas hacían resaltar más la creciente pobreza de la nación. Y mientras que ellos dedicaban su tiempo al lujo y los placeres, mandaban en su lugar a hombres ignorantes, que sólo podían relatar cuentos maravillosos, leyendas y chistes, para divertir al pueblo y hacerle cada vez más víctima de los engaños de los monjes. No obstante todo esto, los tales seguían ejerciendo dominio sobre las muchedumbres supersticiosas y haciéndoles creer que todos sus deberes religiosos se reducían a reconocer la supremacía del papa, adorar a los santos y hacer donativos a los monjes, y que esto era suficiente para asegurarles un lugar en el cielo.

Hombres instruidos y piadosos se habían esforzado en vano por realizar una reforma en estas ordenes monásticas; pero Wiclef, que tenía más perspicacidad, dirigió sus golpes a la raíz del mal, declarando que de por sí el sistema era malo y que debería ser suprimido. Se suscitaron discusiones e investigaciones. Mientras los monjes recorrían el país vendiendo indulgencias del papa, muchos había que dudaban de la posibilidad de que el perdón se pudiera comprar con dinero, y se preguntaban si no sería más razonable buscar el perdón de Dios antes que el del pontífice de Roma. No pocos se alarmaban al ver la rapacidad de los frailes cuya codicia parecía insaciable. "Los monjes y sacerdotes de Roma," decían ellos, "nos roen como el cáncer. Dios tiene que libramos o el pueblo perecerá." –D'Aubigné, lib. 17, cap. 7. Para disimular su avaricia estos monjes mendicantes aseveraban seguir el ejemplo del Salvador, y declaraban que Jesús y Sus discípulos habían sido sostenidos por la caridad de la gente. Esta aseveración perjudicó su causa, porque indujo a muchos a investigar la verdad en la Biblia, que era lo que menos deseaba Roma, pues los intelectos humanos eran así dirigidos a la fuente de la verdad que ella trataba de ocultarles.

Wiclef comenzó a publicar folletos contra los frailes, no tanto para provocarlos a discutir con él como para llamar la atención de la gente hacia las enseñanzas de la Biblia y hacia Su Autor. Declaró que el poder de perdonar o de excomulgar no le había sido entregado al papa en grado mayor que a los simples sacerdotes, y que nadie podía ser verdaderamente excomulgado mientras no hubiese primero atraído sobre sí la condenación de Dios. Y en verdad que Wiclef no hubiera podido acertar con un medio mejor de derrocar el tremendo dominio espiritual y temporal que el papa levantara y bajo el cual millones de hombres gemían prisioneros en cuerpo y alma.

Wiclef fue nuevamente llamado a defender los derechos de la corona de Inglaterra contra las usurpaciones de Roma, y habiendo sido nombrado embajador del rey, pasó dos años en los Países Bajos conferenciando con los comisionados del papa. Allí estuvo en contacto con eclesiásticos de Francia, Italia y España, y tuvo oportunidad de ver lo que había entre bastidores y de conocer muchas cosas que en Inglaterra no hubiera descubierto. Tenía conocimiento de muchas cosas que le sirvieron de argumento en sus trabajos posteriores. En aquellos representantes de la corte del papa leyó el verdadero carácter y las aspiraciones de la jerarquía. Volvió a Inglaterra para reafirmar sus anteriores enseñanzas con más valor y celo que nunca, declarando que la codicia, el orgullo y la impostura eran los dioses de Roma.

Hablando del papa y de sus recaudadores, decía en uno de sus folletos: "Ellos sacan de nuestra tierra el sustento de los pobres y miles de marcos al año del dinero del rey a cambio de sacramentos y artículos espirituales, lo cual es maldita herejía simoníaca, y hacen que toda la Cristiandad mantenga y afirme esta herejía. Y a la verdad, si en nuestro reino hubiera un cerro enorme de oro y no lo tocara jamás hombre alguno, sino solamente este recaudador sacerdotal, orgulloso y mundano, en el curso del tiempo el cerro llegaría a gastarse todo entero, porque él se lleva cuanto dinero halla en nuestra tierra y no nos devuelve más que la maldición que Dios pronuncia sobre su simonía." –J. Lewis, *History of the Life and Sufferings of J. Wiclif*, pág. 37.

Poco después de su regreso a Inglaterra, Wiclef recibió del rey el nombramiento de rector de Lutterworth. Esto le convenció de que el monarca, cuando menos, no estaba descontento con la franqueza con que había hablado. Su influencia se dejó sentir en las resoluciones de la corte tanto como en las opiniones religiosas de la nación.

Pronto fueron lanzados contra Wiclef los rayos y las centellas papales. Tres bulas fueron enviadas a Inglaterra: a la universidad, al rey y a los prelados, ordenando todas que se tomaran inmediatamente medidas drásticas para obligar a guardar silencio al maestro de herejía. (A. Neander, *History of the Christian Religion and Church*, período 6, sec. 2, parte 1, párr. 8.) Sin embargo, antes de que se recibieran las bulas, los obispos, inspirados por su celo, habían citado a Wiclef a que compareciera ante ellos para ser juzgado; pero dos de los más poderosos príncipes del reino le acompañaron al tribunal, y el gentío que rodeaba el edificio y que se agolpó dentro de él dejó a los jueces tan cohibidos, que se suspendió el proceso y se le permitió a Wiclef que se marchara en paz. Poco después Eduardo III, a quien ya entrado en años procuraban indisponer los prelados contra el Reformador, murió, y el antiguo protector de Wiclef llegó a ser regente del reino.

Pero la llegada de las bulas pontificales impuso a toda Inglaterra la orden perentoria de arrestar y encarcelar al hereje. Equivalía esto a una condenación a la hoguera. Ya parecía pues Wiclef destinado a ser pronto víctima de las venganzas de Roma. Pero Aquél que había dicho a un ilustre patriarca: "No temas, . . . Yo soy tu escudo," volvió a extender Su mano para proteger a Su siervo, así que el que murió, no fue el Reformador, sino Gregorio XI, el pontífice que había decretado su muerte, y los eclesiásticos que se habían reunido para el juicio de Wiclef se dispersaron. Génesis 15:1.

La providencia de Dios condujo los acontecimientos de tal manera que ayudaron al desarrollo de la Reforma. Muerto Gregorio, se eligieron dos papas rivales. Dos poderes en conflicto, cada cual pretendiéndose infalible, reclamaban la obediencia de los creyentes. Cada uno pedía la ayuda de los fieles para hacerle la guerra al otro, su rival, y reforzaba sus exigencias con terribles anatemas contra los adversarios y con promesas celestiales para sus partidarios. Esto debilitó notablemente el poder papal. Mucho tenían que hacer ambos partidos rivales para pelear uno con otro, de modo que Wiclef pudo descansar por algún tiempo. Anatemas y recriminaciones volaban de un papa al otro, y ríos de sangre corrían en la lucha de tan encontrados intereses. La iglesia rebosaba de crímenes y escándalos. Entre tanto el Reformador vivía tranquilo retirado en su parroquia de Lutterworth, trabajando diligentemente por hacer que los hombres apartaran la atención de los papas en guerra uno con otro, y que la fijaran en Jesús, el Príncipe de Paz.

El cisma, con la contienda y corrupción que produjo, preparó el camino para la Reforma, pues ayudó al pueblo a conocer el papado tal cual era. En un folleto que publicó Wiclef sobre "El cisma de los papas," exhortó al pueblo a meditar si ambos sacerdotes no decían la verdad al condenarse uno a otro como anticristos. "Dios," decía él, "no quiso que el enemigo siguiera reinando tan sólo en uno de esos sacerdotes, sino que . . . puso enemistad entre ambos, para que los hombres, en el nombre de Cristo, puedan vencer a ambos con mayor facilidad." –R. Vaughan, *Life and Opinions of John de Wycliffe,* tomo 2, pág. 6. Como su Maestro, predicaba Wiclef el evangelio a los pobres. No sintiéndose por satisfecho con hacer que la luz brillara únicamente en aquellos humildes hogares de su propia parroquia de Lutterworth, quiso difundirla por todos los ámbitos de Inglaterra. Para esto organizó un cuerpo de predicadores, todos ellos hombres sencillos y piadosos, que amaban la verdad y no deseaban otra cosa que extenderla por todas partes. Para darla a conocer enseñaban en los mercados, en las calles de las grandes ciudades y en los lugares apartados; visitaban a los ancianos, a los pobres y a los enfermos impartiéndoles las buenas nuevas de la gracia de Dios.

Siendo profesor de teología en Oxford, predicaba Wiclef la Palabra de Dios en los salones de la universidad. Presentó la verdad a los estudiantes con tanta fidelidad, que mereció el título de "Doctor evangélico." Pero la obra más grande de su vida había de ser la traducción de la Biblia en el idioma Inglés. En una obra sobre "La verdad y el significado de las Escrituras" dió a conocer su intención de traducir la Biblia para que todo hombre en Inglaterra pudiera leer en su propia lengua y conocer por sí mismo las obras maravillosas de Dios.

Pero de pronto tuvo que suspender su trabajo. Aunque no tenía aún sesenta años de edad, sus ocupaciones continuas, el estudio, y los ataques de sus enemigos, le habían debilitado y envejecido prematuramente. Le sobrevino una peligrosa enfermedad cuyas nuevas, al llegar a oídos de los frailes, los llenaron de alegría. Pensaron que en tal situación lamentaría Wiclef amargamente el mal que había causado a la iglesia. Por esta causa se apresuraron a ir a su vivienda para oír su confesión. Dándole ya por agonizante se reunieron en derredor de él los representantes de las cuatro ordenes religiosas, acompañados por cuatro dignatarios civiles, y le dijeron: "Tienes el sello de la muerte en tus labios, conmuévete por la memoria de tus faltas y retráctate delante de nosotros de todo cuanto has dicho para perjudicarnos." El Reformador escuchó en silencio; luego pidió a su criado que le ayudara a incorporarse en su cama, y mirándolos con fijeza mientras permanecían puestos en pie esperando oír su retractación, les habló con aquella voz firme y robusta que tantas veces les había hecho temblar, y les dijo: "No voy a morir, sino que viviré para volver a denunciar las maquinaciones de los frailes." –D'Aubigné, lib. 17, cap. 7. Sorprendidos y corridos los monjes se apresuraron a salir del aposento.

Las palabras de Wiclef se cumplieron. Vivió lo bastante para poder dejar en manos de sus compatriotas el arma más poderosa contra Roma: la Biblia, el agente enviado del cielo para libertar, alumbrar y evangelizar al pueblo. Muchos y grandes fueron las barreras que tuvo que vencer para llevar a cabo esta obra. Se veía cargado de achaques; sabía que sólo le quedaban unos pocos años que dedicar a sus trabajos, y se daba cuenta de la oposición que debía arrostrar, pero animado por las promesas de la Palabra de Dios, siguió adelante sin que nada le intimidara. Estaba en pleno goce de sus fuerzas intelectuales y enriquecido por mucha experiencia, el cuidado especial de Dios le había conservado y preparado para esta la mayor de sus obras; de modo que mientras toda la Cristiandad se hallaba envuelta en tumultos, el Reformador, en su rectoría de Lutterworth, sin hacer caso de la tempestad que rugía en derredor, se dedicaba a la tarea que había escogido.

Por fin dió cima a la obra: acabó la primera traducción de la Biblia que se hiciera en Inglés. El Libro de Dios quedaba abierto para Inglaterra. El Reformador ya no temía la prisión ni la hoguera. Había puesto en manos del pueblo Inglés una luz que jamás se apagaría. Al darles la Biblia a sus compatriotas había hecho más para romper las cadenas de la ignorancia y del vicio, y para libertar y engrandecer a su nación, que todo lo que nunca antes se consiguiera con las victorias más brillantes en los campos de batalla.

Como todavía la imprenta no era conocida, los ejemplares de la Biblia no se multiplicaban sino mediante un trabajo lento y agotador. Tan grande era el empeño de poseer el libro, que muchos se dedicaron voluntariamente a copiarlo; sin embargo, les costaba mucho a los copistas satisfacer los pedidos. Algunos de los compradores más ricos deseaban la Biblia entera. Otros compraban solamente una parte. En muchos casos se unían varias familias para comprar un ejemplar. De este modo la Biblia de Wiclef no tardó en abrirse paso en los hogares del pueblo.

Como el sagrado libro apelaba a la razón, logró despertar a los hombres de su tranquila sumisión a los dogmas papales. En lugar de éstos, Wiclef enseñaba las doctrinas distintivas del Protestantismo: la salvación por medio de la fe en Cristo y la infalibilidad única de las Sagradas Escrituras. Los predicadores que él enviaba ponían en circulación la Biblia junto con los escritos del Reformador, con tan buen éxito, que la nueva fe fue aceptada por casi la mitad del pueblo Inglés.

La aparición de las Santas Escrituras llenó de profundo

desaliento a las autoridades de la iglesia. Estas tenían que enfrentarse ahora a un agente más poderoso que Wiclef: una fuerza contra la cual todas sus armas servirían de poco. No había ley en aquel tiempo que prohibiese en Inglaterra la lectura de la Biblia, porque nunca se había hecho una versión en el idioma del pueblo. Tales leyes se dictaron poco después y fueron puestas en vigor del modo más riguroso; pero, entretanto, y a pesar de las artimañas del clero, hubo oportunidad para que la Palabra de Dios circulara por algún tiempo.

Nuevamente los caudillos papales quisieron imponer silencio al Reformador. Le citaron ante tres tribunales sucesivos, para juzgarlo, pero sin resultado alguno. Primero un sínodo de obispos declaró que sus escritos eran heréticos, y logrando atraer a sus miras al joven rey Ricardo II, obtuvo un decreto real que condenaba a prisión a todos los que sostuviesen las doctrinas condenadas.

Wiclef apeló de esa sentencia del sínodo al parlamento; sin temor alguno denunció al clero ante el concilio nacional y exigió que se reformaran los enormes abusos sancionados por la iglesia. Con notable don de persuasión describió las usurpaciones y las corrupciones de la sede papal, y sus enemigos quedaron confundidos. Los amigos y partidarios de Wiclef se habían visto obligados a ceder, y se esperaba confiadamente que el mismo Reformador envejecido y al verse solo y sin amigos se inclinaría ante la autoridad combinada de la corona y de la mitra. Mas en vez de esto, los papistas se vieron derrotados. Entusiasmado por las elocuentes interpelaciones de Wiclef, el parlamento revocó el edicto de persecución y el Reformador se vió nuevamente libre.

Por tercera vez le citaron para formarle juicio, y esta vez ante el más alto tribunal eclesiástico del reino. En esta corte suprema no podía haber favoritismo para la herejía; en ella debía asegurarse el triunfo para Roma y ponerse fin a la obra del Reformador. Así pensaban los papistas. Si lograban su intento, Wiclef se vería obligado a retractarse de sus doctrinas o de lo contrario sólo saldría del tribunal para ser quemado.

Empero Wiclef no se retractó, ni quiso disimular nada. Sostuvo valientemente sus enseñanzas y rechazó los cargos de sus perseguidores. Olvidándose de sí mismo, de su posición y de la ocasión, emplazó a sus oyentes ante el tribunal divino y pesó los sofismas y las mentiras de sus enemigos en la balanza de la verdad eterna. El poder del Espíritu Santo se dejó sentir en la sala del concilio. Los circunstantes notaron la influencia de Dios y parecía que no tuvieran fuerzas suficientes para abandonar el lugar. Las palabras del Reformador eran como flechas de la aljaba de Dios, que penetraban y herían sus corazones. El cargo de herejía que pesaba sobre él, Wiclef lo lanzó sobre ellos con poder irresistible. Los interpeló por el atrevimiento con que extendían sus errores y los denunció como traficantes que por amor al lucro comerciaban con la gracia de Dios.

"¿Contra quién pensáis que estáis contendiendo?" dijo al concluir, "¿Con un anciano que está ya al borde del sepulcro? – ¡No! ¡contra la Verdad, la Verdad que es más fuerte que vosotros y que os vencerá!" (Wylie, lib. 2, cap. 13.) Y diciendo esto abandonó la asamblea sin que ninguno de los adversarios intentara detenerlo.

La obra de Wiclef quedaba casi concluida. El estandarte de la verdad que él había levantado por tanto tiempo iba pronto a caer de sus manos; pero era necesario que diese un testimonio más en favor del evangelio. La verdad debía ser proclamada desde la misma fortaleza del imperio del error. Fue emplazado Wiclef a presentarse ante el tribunal papal de Roma, que había derramado tantas veces la sangre de los santos. Reconocía el gran peligro que le amenazaba, y sin embargo, hubiera asistido a la cita si no se lo hubiese impedido un ataque de parálisis que le dejó imposibilitado para realizar el viaje. Pero si su voz no se iba a oír en Roma, podía hablar por carta, y resolvió hacerlo. Desde su rectoría el Reformador escribió al papa una epístola que, si bien fue redactada en estilo respetuoso y espíritu Cristiano, era una aguda censura contra la pompa y el orgullo de la sede papal.

"En verdad me regocijo," decía, "en hacer notoria y afirmar delante de todos los hombres la fe que poseo, y especialmente ante el obispo de Roma, quien, como supongo que ha de ser persona honrada y de buena fe, no se negará a confirmar gustoso esta mi fe, o la corregirá si acaso la encuentra errada.

"En primer término, supongo que el evangelio de Cristo es toda la substancia de la ley de Dios. . . . Declaro y sostengo que por ser el obispo de Roma el vicario de Cristo aquí en la tierra, está sujeto más que nadie a la ley del evangelio. Porque entre los discípulos de Cristo la grandeza no consistía en dignidades o valer mundanos, sino en seguir de cerca a Cristo e imitar fielmente Su vida y Sus costumbres. . . . Durante el tiempo de Su peregrinación en la tierra Cristo fue un hombre muy pobre, que despreciaba y desechaba todo poder y todo honor terreno. . . .

"Ningún hombre de buena fe debiera seguir al papa ni a santo alguno, sino en aquello en que ellos siguen el ejemplo del Señor Jesucristo, pues Pedro y los hijos de Zebedeo, al desear honores del mundo, lo cual no es seguir las pisadas de Cristo, pecaron y, por tanto, no deben ser imitados en sus errores. . . .

"El papa debería dejar al poder secular todo dominio y gobierno temporal y con tal fin exhortar y persuadir eficazmente a todo el clero a hacer otro tanto, pues así lo hizo Cristo y especialmente Sus apóstoles. Por consiguiente, si me he equivocado en cualquiera de estos puntos, estoy dispuesto a someterme a la corrección y aun a morir, si es necesario. Si pudiera yo obrar conforme a mi voluntad y deseo, siendo dueño de mí mismo, de seguro que me presentaría ante el obispo de Roma; pero el Señor se ha dignado visitarme para que se haga lo contrario y me ha enseñado a obedecer a Dios antes que a los hombres."

Al concluir decía: "Oremos a Dios para que mueva de tal modo el corazón de nuestro papa Urbano VI, que él y su clero sigan al Señor Jesucristo en su vida y costumbres, y así se lo enseñen al pueblo, a fin de que, siendo ellos el dechado, todos los fieles los imiten con toda fidelidad." –Juan Foxe, *Acts and Monuments*, tomo 3, págs. 49, 50.

Así enseñó Wiclef al papa y a sus cardenales la mansedumbre y humildad de Cristo, mostrándoles no sólo a ellos sino a toda la Cristiandad el contraste que había entre ellos y el Maestro de quien profesaban ser representantes.

Wiclef estaba convencido de que su fidelidad le iba a costar la vida. El rey, el papa y los obispos estaban unidos para lograr su ruina, y podía asegurarse de que en pocos meses a más tardar le llevarían a la hoguera. Pero su valor no disminuyó. "¿Por qué habláis de buscar lejos la corona del martirio?" decía él. "Predicad el evangelio de Cristo a arrogantes prelados, y el martirio no se hará esperar. ¡Qué! ¿Viviría yo para quedarme callado? . . . ¡Nunca! ¡Que venga el golpe! Esperándolo estoy." –D'Aubigné, lib. 17, cap. 8.

No obstante, la providencia de Dios velaba aún por Su siervo, y el hombre que a través de toda su vida había defendido con valor la causa de la verdad, exponiéndose diariamente al peligro, no había de caer víctima del odio de sus enemigos. Wiclef nunca miró por sí mismo, pero el Señor había sido su protector y ahora que sus enemigos se creían seguros de su presa, Dios le puso fuera del alcance de ellos. En su iglesia de Lutterworth, en el momento en que iba a dar la comunión, cayó herido de parálisis y murió al poco tiempo.

Dios le había señalado a Wiclef su obra. Puso en su boca la palabra de verdad y colocó una custodia en derredor suyo para que esa palabra fuese oída por el pueblo. Su vida fue protegida y su obra continuó hasta que hubo echado los cimientos para la grandiosa obra de la Reforma.

Wiclef surgió de entre las tinieblas de los tiempos de ignorancia y superstición. Nadie había trabajado antes de él en una obra que dejara un molde al que Wiclef pudiera atenerse. Suscitado como Juan el Bautista para cumplir una misión especial, fue el heraldo de una nueva era. Con todo, en el sistema de verdad que presentó hubo tal unidad y perfección que no pudo ser superado por los Reformadores que le siguieron, y algunos de ellos no lo igualaron siquiera, ni aun cien años más tarde. Echó cimientos tan hondos y amplios, y dejó una estructura tan exacta y firme que los que le sucedieron en la causa no necesitaron hacer modificaciones.

El gran movimiento inaugurado por Wiclef, que iba a libertar las conciencias y las mentes y desatar las naciones que habían estado por tanto tiempo atadas al carro triunfal de Roma, tenía su origen en la Biblia. Era ella el manantial de donde brotó el raudal de bendiciones que como el agua de la vida ha venido fluyendo a través de las generaciones desde el siglo XIV. Con fe absoluta, Wiclef aceptaba las Santas Escrituras como la revelación inspirada de la voluntad de Dios, como regla suficiente de fe y conducta. Se le había enseñado a considerar la Iglesia de Roma como la autoridad divina e infalible y a aceptar con sumisa reverencia las enseñanzas y costumbres establecidas desde hacía mil años; pero de todo esto se apartó para dar oídos a la santa Palabra de Dios. Esta era la autoridad que él exigía que el pueblo reconociese. En vez de la iglesia que hablaba a través del papa, declaraba él que la única autoridad verdadera era la voz de Dios escrita en Su Palabra; y enseñó que la Biblia es la revelación perfecta de la voluntad de Dios, y que el Espíritu Santo es su único intérprete, y que por el estudio de sus enseñanzas cada uno debe conocer por sí mismo sus deberes. Así logró que se fijaran los hombres en la Palabra de Dios y dejaran a un lado al papa y a la Iglesia de Roma.

Wiclef fue uno de los mayores Reformadores. Por la amplitud de su inteligencia, la claridad de su pensamiento, su firmeza para sostener la verdad y su arrojo para defenderla, fueron pocos los que le igualaron entre los que se levantaron tras él. Caracterizaban al primero de los Reformadores su pureza de vida, su actividad incansable en el estudio y el trabajo, su integridad intachable, su fidelidad en el ministerio y sus nobles sentimientos, que eran iguales a los que se notaron en Cristo Jesús. Y esto, no obstante la obscuridad intelectual y la corrupción moral de la época en que vivió.

El carácter de Wiclef es una prueba del poder educador y transformador de las Santas Escrituras. A la Biblia debió él todo lo que fué. El esfuerzo hecho para comprender las grandes verdades de la revelación imparte vigor a todas las facultades y las fortalece; amplía el entendimiento, aguza las percepciones y madura el juicio. El estudio de la Biblia ennoblecerá como ningún otro estudio el pensamiento, los sentimientos y las aspiraciones. Da constancia en los propósitos, paciencia, valor y perseverancia; refina el carácter y santifica el alma. Un estudio serio y reverente de las Santas Escrituras, al poner la mente de quienes se dedicaran a él en contacto directo con la mente del Todopoderoso, daría al mundo hombres de intelecto mayor y más activo, como también de principios más nobles que los que pueden resultar de la más hábil enseñanza de la filosofía humana. "Al abrirse, iluminan Tus palabras; hacen entender a los sencillos." Salmo 119:130.

Las doctrinas que enseñó Wiclef siguieron esparciéndose por algún tiempo; sus partidarios, conocidos por Wiclefistas y Lolardos, no sólo recorrían Inglaterra sino que se esparcieron por otras partes, llevando a otros países el conocimiento del evangelio. Cuando su jefe murió, los predicadores trabajaron con más celo aun que antes, y las multitudes acudían a escuchar sus enseñanzas. Algunos miembros de la nobleza y la misma esposa del rey se contaban en el número de los convertidos, y en diferentes lugares se notaba en las costumbres del pueblo un cambio notable y se sacaron de las iglesias los símbolos idólatras del Romanismo. Pero pronto la tempestad de la despiadada persecución se desató sobre aquellos que se atrevían a aceptar la Biblia como guía. Los monarcas Ingleses, deseosos de confirmar su poder con el apoyo de Roma, no vacilaron en sacrificar a los Reformadores. Por primera vez en la historia de Inglaterra fue decretado el uso de la hoguera para castigar a los propagadores del evangelio. Los martirios seguían a los martirios. Los que abogaban por la verdad eran desterrados o atormentados y sólo podían clamar al oído del Dios de Sabaoth. Se les perseguía como a enemigos de la iglesia y traidores del reino, pero ellos continuaban predicando en lugares secretos, buscando refugio lo mejor que podían en las humildes casas de los pobres y escondiéndose muchas veces en cuevas y antros de la tierra.

A pesar de la ira de los perseguidores, por muchos siglos la protesta que los siervos de Dios sostuvieron contra la perversión predominante de las enseñanzas religiosas, continuó serena, firme y paciente. Los Cristianos de aquellos tiempos primitivos solo poseían un conocimiento parcial de la verdad, pero habían aprendido a amar la Palabra de Dios y a obedecerla, y por ella sufrían con paciencia. Como los discípulos en los tiempos apostólicos, muchos sacrificaban sus propiedades terrenales por la causa de Cristo. Aquellos a quienes se permitía habitar en sus hogares, daban gustosamente asilo a sus hermanos perseguidos, y cuando a ellos también se les expulsaba de sus casas, aceptaban alegremente la suerte de los desterrados. Cierto es que miles de ellos, aterrorizados por la furia de los perseguidores, obtuvieron su libertad sacrificando su fe, y salieron de las cárceles llevando el hábito de los arrepentidos para retractarse públicamente; pero no fue escaso el número – contándose entre ellos nobles y ricos, así como pobres y humildes – de los que sin miedo alguno daban testimonio de la verdad en los calabozos, en las "torres lolardas," gozosos en medio de los tormentos y las llamas, de ser tenidos por dignos de participar de "la comunión de sus padecimientos."

Los papistas fracasaron en su intento de perjudicar a Wiclef durante su vida, y su odio no podía aplacarse mientras que los restos del Reformador siguieran descansando en la paz del sepulcro. Por un decreto del concilio de Constanza, más de cuarenta años después de la muerte de Wiclef sus huesos fueron exhumados y quemados públicamente, y las cenizas arrojadas a un arroyo cercano. "Ese arroyo," dice un antiguo escritor, "llevó las cenizas al río Avón, el Avón al Severna, el Severna a los mares y éstos al océano; y así es como las cenizas de Wiclef son emblema de sus doctrinas, las cuales se hallan esparcidas hoy día por el mundo entero." –T. Fuller, *Church History of Britain*, lib. 4, sec. 2, párr. 54. ¡Cuán poco alcanzaron a comprender sus enemigos el significado de su acto perverso!

Por medio de los escritos de Wiclef, Juan Hus, de Bohemia, fue inducido a renunciar a muchos de los errores de Roma y a unirse a la obra de Reforma. Y de este modo, en aquellos dos países, tan distantes uno de otro, fue sembrada la semilla de la verdad. De Bohemia se extendió la obra hasta otros países; la mente de los hombres fue dirigida hacia la Palabra de Dios que por tan largo tiempo había sido relegada al olvido. La mano divina estaba preparando de esta manera el camino a la gran Reforma.

CAPÍTULO 6

DOS HÉROES

LA SEMILLA del evangelio había sido sembrada en Bohemia desde el siglo noveno; la Biblia había sido traducida, y el culto público se celebraba en el idioma del pueblo; pero según iba aumentando el poder papal, se obscurecía también la Palabra de Dios. Gregorio VII, que había decidido humillar el orgullo de los reyes, no estaba menos resuelto a esclavizar al pueblo, y con tal fin expidió una bula para prohibir que se celebrasen cultos públicos en lengua Bohemia. El papa declaró que "Dios se complacía en que se le rindiese culto en lengua desconocida y que el haber desatendido esta disposición había sido causa de muchos males y herejías." Wylie, lib. 3, cap. 1. Así decretó Roma que la luz de la Palabra de Dios fuera extinguida y que el pueblo quedara sumergido en las tinieblas; pero el Cielo había provisto otros agentes para la preservación de la iglesia. Muchos Valdenses y Albigenses, expulsados de sus hogares por la persecución, abandonaron Francia e Italia y fueron a establecerse en Bohemia. Aunque no se atrevían a enseñar abiertamente, trabajaron celosamente en secreto, y así se mantuvo la fe de siglo en siglo.

Antes de los tiempos de Hus hubo en Bohemia hombres que se levantaron para condenar abiertamente la corrupción de la iglesia y el libertinaje de las masas. Sus trabajos despertaron interés general y también los temores del clero, el cual inició una encarnizada persecución contra aquellos discípulos del evangelio. Obligados a celebrar el culto en los bosques y en las montañas, los soldados los cazaban y quitaron la vida a muchos de ellos. Transcurrido cierto tiempo, se decretó que todos los que abandonasen el Romanismo morirían en la hoguera. Pero aun mientras que los Cristianos ofrendaban sus vidas, esperaban el triunfo de su causa. Uno de los que "enseñaban que la salvación se alcanzaba sólo por la fe en el Salvador crucificado," pronunció al morir estas palabras: "El furor de los enemigos de la verdad prevalece ahora contra nosotros, pero no será siempre así, pues de entre el pueblo ha de levantarse uno, sin espada ni signo de autoridad, contra el cual ellos nada podrán hacer." –*Ibid.*, lib. 3, cap. 1. Lejos estaba aún el tiempo de Lutero; pero ya empezaba a darse a conocer un hombre cuyo testimonio contra Roma conmovería a las naciones.

Juan Hus era de humilde cuna y había perdido a su padre en temprana edad. Su piadosa madre, considerando la educación y el temor de Dios como la más valiosa hacienda, procuró asegurársela a su hijo. Hus estudió en la escuela de la provincia pasando después a la universidad de Praga donde fue admitido por caridad. En su viaje a la ciudad de Praga fue acompañado por su madre, que, siendo viuda y pobre, no pudo ofrecer a su hijo bienes materiales, pero cuando llegaron a las inmediaciones de la gran ciudad se arrodilló al lado de su hijo y reclamó para él la bendición de su Padre celestial. Muy poco se imaginaba aquella madre de qué modo iba a ser atendida su plegaria.

En la universidad se distinguió Hus por su aplicación, su constancia en el estudio y sus rápidos progresos, al par que su conducta intachable y sus amables y simpáticos modales le granjearon general estimación. Era un sincero creyente de la Iglesia Romana y deseaba ardientemente recibir las bendiciones espirituales que aquélla profesa conceder. Con motivo de un jubileo, fue Hus a confesarse, ofrendó las pocas monedas que llevaba y se unió a las procesiones para poder participar de la absolución prometida. Terminado su curso de estudios, ingresó en el sacerdocio, y como lograra en poco tiempo darse a conocer, pronto fue elegido para prestar sus servicios en la corte del rey. Fue también nombrado catedrático y posteriormente rector de la universidad donde recibiera su educación. En pocos años el humilde estudiante que fuera admitido por caridad en las aulas llegó a ser el orgullo de su país y a adquirir fama en toda Europa.

Mas otro fue el campo en donde Hus comenzó a trabajar en busca de reformas. Algunos años después de haber recibido las órdenes sacerdotales, fue elegido predicador de la capilla llamada de Belén. El fundador de ésta había abogado, por considerarlo asunto de gran importancia, en favor de la predicación de las Santas Escrituras en el idioma del pueblo. A pesar de la oposición de Roma, esta práctica no había desaparecido del todo de Bohemia. Sin embargo, era mucha la ignorancia respecto a la Biblia, y los peores vicios reinaban en todas las clases de la sociedad. Hus denunció sin temor estos males apelando a la Palabra de Dios para reforzar los principios de verdad y de pureza que procuraba inculcar.

Un vecino de Praga, Jerónimo, que mas adelante iba a colaborar tan estrechamente con Hus, trajo consigo, al regresar de Inglaterra, los escritos de Wiclef. La reina de Inglaterra, que se había convertido a las enseñanzas de éste, era una princesa Bohemia, y a través de su influencia las obras del Reformador obtuvieron gran circulación en su tierra natal. Hus leyó estas obras con interés; tuvo a su autor por Cristiano sincero y se sintió movido a considerar con simpatía las reformas que él proponía. Aunque sin darse cuenta, Hus había entrado ya en un sendero que había de alejarle de Roma.

Por aquel entonces llegaron a Praga dos extranjeros procedentes de Inglaterra, hombres instruidos que habían recibido la luz del evangelio y venían a esparcirla en aquellas apartadas regiones. Comenzaron por atacar públicamente la supremacía del papa; pronto las autoridades les obligaron a guardar silencio; no obstante, como no quisieran abandonar su propósito, recurrieron a otros medios para lograrlo. Eran artistas a la vez que predicadores y pusieron en práctica sus habilidades. En una plaza pública dibujaron dos cuadros que representaban, uno la entrada de Cristo en Jerusalén, "apacible y sentado sobre un asno" (Mateo 21:5), y seguido por sus discípulos cubiertos con túnicas ajadas por las asperezas del camino y descalzos; el otro representaba una procesión pontifical, en la cual se veía al papa adornado con sus ricas vestiduras con su triple corona, montado en un caballo magníficamente enjaezado, precedido por clarines y seguido por cardenales y prelados que ostentaban deslumbrantes galas.

Encerraban estos cuadros todo un sermón que cautivaba la atención de todas las clases sociales. Las multitudes acudían a contemplarlos. Ninguno dejaba de sacar la moraleja y muchos quedaban hondamente impresionados por el contraste que resaltaba entre la mansedumbre de Cristo, el Maestro, y el orgullo y la arrogancia del papa que profesaba servirle. Praga se conmovió mucho y, después de algún tiempo, los extranjeros tuvieron que marcharse para ponerse a salvo. Pero la lección que habían dado no dejó de ser aprovechada. Los cuadros hicieron impresión en Hus y le motivaron a estudiar con más empeño la Biblia y los escritos de Wiclef. Aunque todavía no estaba convenientemente preparado para aceptar todas las reformas recomendadas por Wiclef, alcanzó a tener una idea mas clara del verdadero carácter del papado y con mayor celo denunció el orgullo, la ambición y la corrupción del clero.

De Bohemia se extendió la luz hasta Alemania. Algunos disturbios en la universidad de Praga dieron por resultado la separación de centenares de estudiantes Alemanes, muchos de los cuales habían recibido de Hus su primer conocimiento de la Biblia, y a su regreso esparcieron el evangelio en la tierra de sus padres.

Las noticias de lo que sucedía en Praga llegaron a Roma y pronto fue citado Hus a comparecer ante el papa. Obedecer habría sido exponerse a una muerte segura. El rey y la reina de Bohemia, la universidad, miembros de la nobleza y altos dignatarios dirigieron una solicitud general al pontífice para que le fuera permitido a Hus permanecer en Praga y contestar a Roma por medio de una diputación. En lugar de aceptar a la súplica, el papa procedió a juzgar y condenar a Hus, y, por añadidura, declaró a la ciudad de Praga en entredicho.

En aquellos tiempos, siempre que se pronunciaba este tipo de sentencia, la alarma era general. Las ceremonias que la acompañaban estaban bien calculadas para producir pánico entre el pueblo, que veía en el papa el representante de Dios mismo, y el que tenía las llaves del cielo y del infierno y el poder para invocar juicios temporales lo mismo que espirituales. Creían que las puertas del cielo se cerraban contra los lugares condenados por el entredicho y que hasta que el papa no se dignaba levantar la excomunión, los difuntos no podían entrar en la mansión de los bienaventurados. Frente a tan terrible calamidad se suspendían todos los servicios religiosos, las iglesias eran clausuradas, las ceremonias del matrimonio se verificaban en los cementerios; a los muertos se les negaba sepultura en los camposantos, y se los enterraba sin ceremonia alguna en las zanjas o en el campo. Así pues, usando estos medios que influían en la imaginación, procuraba Roma dominar la conciencia de los hombres.

La ciudad de Praga se amotinó. Muchos opinaron que Hus tenía la culpa de todas estas calamidades y exigieron que fuese entregado a la vindicta de Roma. Para que se calmara la tempestad, el Reformador se retiró por algún tiempo a su pueblo natal. Escribió a los amigos que había dejado en Praga: "Si me he retirado de entre vosotros es para seguir los preceptos y el ejemplo de Jesucristo, para no dar lugar a que los mal intencionados se expongan a su propia condenación eterna y para no ser causa de que se moleste y persiga a los piadosos. Me he retirado, además, por temor de que los impíos sacerdotes prolonguen su prohibición de que se predique la Palabra de Dios entre vosotros; mas no os he dejado para negar la verdad divina por la cual, con la ayuda de Dios, estoy dispuesto a morir." –E. de Bonnechose, *Les Réformateurs avant la Réforme*, lib. 1, págs. 94, 95 (París, 1845). Hus no dejó de trabajar; viajó por los países vecinos predicando a las muchedumbres que le escuchaban con ansia. De modo que los medios por los cuales se valiera el papa para suprimir el evangelio, hicieron que se extendiera en más amplia esfera. "Porque nada podemos contra la verdad, sino a favor de la verdad." 2 Corintios 13:8.

"La mente de Hus parece haber sido en aquella época de su vida el escenario de un doloroso conflicto. Aunque la iglesia trataba de destruirle lanzando sus rayos contra él, él no desconocía la autoridad de ella, sino que seguía considerando a la Iglesia Católica Romana como a la esposa de Cristo y al papa como al representante y vicario de Dios. Lo que Hus combatía era el abuso de autoridad y no la autoridad misma. Esto provocó un terrible conflicto entre las convicciones más íntimas de su corazón y los dictados de su conciencia. Si la autoridad era justa e infalible como él la creía, ¿por qué se sentía obligado a desobedecerla? Aceptarla, era pecar; pero, ¿por qué se sentía obligado a pecar si prestaba obediencia a una iglesia infalible? Este era el problema que Hus no podía resolver, y la duda le torturaba hora tras hora. La solución que por entonces le parecía más razonable era que había vuelto a suceder lo que había sucedido en los días del Salvador, a saber, que los sacerdotes de la iglesia se habían convertido en impíos que usaban de su autoridad legal con fines inicuos. Esto le decidió a adoptar para su propio gobierno y para el de aquellos a quienes siguiera predicando, la máxima aquella de que los preceptos de la Santas Escrituras transmitidos por el entendimiento han de dirigir la conciencia, o en otras palabras, que Dios hablando en la Biblia, y no la iglesia hablando por medio de los sacerdotes, era el único guía infalible." –Wylie, lib. 3, cap. 3.

Cuando, pasado algún tiempo, se hubo calmado la excitación en Praga, volvió Hus a su capilla de Belén para reanudar, con mayor valor y celo, la predicación de la Palabra de Dios. Sus enemigos eran activos y poderosos, pero la reina y muchos de los nobles eran amigos suyos y gran parte del pueblo estaba de su lado. Comparando sus enseñanzas puras y elevadas y la santidad de su vida con los dogmas despreciables que predicaban los Romanistas y con la avaricia y el libertinaje en que vivían, muchos consideraban que era un honor pertenecer al partido del Reformador.

Hasta aquí Hus había estado solo en sus labores, pero entonces Jerónimo, que durante su estada en Inglaterra había hecho suyas las doctrinas enseñadas por Wiclef, se unió con él en la obra de reforma. Desde aquel momento ambos caminaron juntos y ni la muerte había de separarlos.

Jerónimo poseía en alto grado lucidez genial, elocuencia e ilustración, y estos dones le conquistaban el favor popular, pero en las cualidades que constituyen verdadera fuerza de carácter, sobresalía Hus. El juicio sereno de éste contenía el espíritu impulsivo de Jerónimo, el cual reconocía con verdadera humildad el valer de su compañero y aceptaba sus consejos. Mediante los esfuerzos unidos de ambos la Reforma progresó con mayor rapidez.

Aunque es cierto que Dios se dignó iluminar a estos Sus siervos derramando sobre ellos raudales de luz que les revelaron muchos de los errores de Roma, también lo es que ellos no recibieron toda la luz que debía ser comunicada al mundo. Usando estos hombres, Dios sacaba a Sus hijos de las tinieblas del Romanismo; pero tenían que arrostrar muchos y muy grandes obstáculos, y Él los conducía por la mano paso a paso según lo permitían las fuerzas de ellos. No estaban preparados para recibir de pronto la luz en su plenitud. Esa luz plena los habría hecho retroceder como habrían retrocedido, con la vista herida, los que, acostumbrados a la obscuridad, recibieran la luz del mediodía. Por esto, Dios reveló Su luz a los guías de Su pueblo poco a poco, como podía recibirla este último. De siglo en siglo otros fieles obreros seguirían conduciendo a las masas y avanzando más cada vez en el camino de las reformas.

Mientras tanto, un gran cisma asolaba a la iglesia. Tres papas se disputaban la supremacía, y esta lucha llenaban los dominios de la Cristiandad de crímenes y revueltas. No satisfechos los tres papas con arrojarse recíprocamente violentos anatemas, decidieron recurrir a las armas temporales. Cada uno se propuso hacer acopio de armamentos y reclutar soldados. Por supuesto, necesitaban dinero, y para proporcionárselo, todos los dones, oficios y beneficios de la iglesia fueron puestos en venta. Asimismo los sacerdotes, imitando a sus superiores, apelaron a la simonía y a la guerra para humillar a sus rivales y para aumentar su poderío. Con una valentía que iba cada día en aumento, protestó Hus enérgicamente contra las abominaciones que se toleraban en nombre de la religión, y el pueblo acusó abiertamente a los jefes papales de ser causantes de las miserias que oprimían a la Cristiandad.

La ciudad de Praga se vió nuevamente amenazada por un conflicto sangriento. Como en los tiempos antiguos, el siervo de Dios fue acusado de ser el "perturbador de Israel." (1 Reyes 18:17, V.M.) La ciudad fue puesta por segunda vez en entredicho, y Hus se retiró a su pueblo natal. Terminó el testimonio que él tan fielmente había dado en su querida capilla de Belén, y ahora iba a hablar al mundo Cristiano desde un escenario más extenso antes de ofrecer su vida como último homenaje a la verdad.

Con el propósito de contener los males que asolaban a Europa, fue convocado un concilio general que debía celebrarse en Constanza. Esta cita fue preparada, a solicitud del emperador Segismundo, por Juan XXIII, uno de los tres papas rivales. El deseo de reunir un concilio distaba mucho de ser bien visto por el papa Juan, cuyo carácter y política poco se prestaban a una investigación aun cuando ésta fuera hecha por prelados de tan escasa moralidad como lo eran los eclesiásticos de aquellos tiempos. Pero no pudo, sin embargo, oponerse a la voluntad de Segismundo.

Los objetivos principales que debía procurar el concilio eran poner fin al cisma de la iglesia y arrancar de raíz la herejía. En consecuencia los dos antipapas fueron citados a comparecer ante la asamblea, y con ellos Juan Hus, el principal propagador de las nuevas ideas. Los dos primeros, considerando que había peligro en presentarse, no lo hicieron, sino que enviaron sus delegados. El papa Juan, aun cuando era quien ostensiblemente había convocado el concilio, se presento con mucho recelo, sospechando la intención secreta del emperador de destituirle, y temiendo ser llamado a cuentas por los vicios con que había desprestigiado la tiara y por los crímenes de que se había valido para apoderarse de ella. Sin embargo, hizo su entrada en la ciudad de Constanza con gran pompa, acompañado de los eclesiásticos de más alta categoría y de un séquito de cortesanos. El clero y los dignatarios de la ciudad, con un gentío inmenso, salieron a recibirle. Venía debajo de un dosel dorado sostenido por cuatro de los principales magistrados. La hostia iba delante de él, y las ricas vestiduras de los cardenales daban un aspecto imponente a la procesión.

Entre tanto, otro viajero se acercaba a Constanza. Hus se daba cuenta del peligro que corría. Se había despedido de sus amigos como si ya no pensara volverlos a ver, y había emprendido el viaje presintiendo que terminaría en la hoguera. A pesar de haber obtenido un salvoconducto del rey de Bohemia, y otro que, estando ya en camino, recibió del emperador Segismundo, arregló bien todos sus asuntos en previsión de su muerte probable.

En una carta dirigida a sus amigos de Praga, les decía: "Hermanos míos . . . me voy llevando un salvoconducto del rey para hacer frente a mis numerosos y mortales enemigos . . . . Me encomiendo de todo corazón al Dios todopoderoso, mi Salvador; confío en que Él escuchará vuestras ardientes súplicas; que pondrá Su prudencia y Su sabiduría en mi boca para que yo pueda resistir a los adversarios, y que me asistirá el Espíritu Santo para confirmarme en la verdad, a fin de que pueda arrostrar con valor las tentaciones, la cárcel y si fuese necesario, una muerte cruel. Jesucristo sufrió por Sus muy amados, y, por tanto ¿habremos de extrañar que nos haya dejado Su ejemplo a fin de que suframos con paciencia todas las cosas para nuestra propia salvación? Él es Dios y nosotros somos Sus criaturas; Él es el Señor y nosotros Sus siervos; Él es el Dueño del mundo y nosotros somos viles mortales, ¡y sin embargo sufrió! ¿Por qué, entonces, no habríamos de padecer nosotros también, y más cuando sabemos que la tribulación purifica? Por lo tanto, amados míos, si mi muerte ha de contribuir a Su gloria, rogad que ella venga pronto y que Él me dé fuerzas para soportar con serenidad todas las calamidades que me esperan. Empero, si es mejor que yo regrese para vivir otra vez entre vosotros, pidamos a Dios que yo vuelva sin mancha, es decir, que no suprima un tilde de la verdad del evangelio, para poder dejar a mis hermanos un buen ejemplo que imitar. Es muy probable que nunca más volváis a ver mi cara en Praga; pero si fuese la voluntad del Dios Todopoderoso traerme de nuevo a vosotros, avanzaremos con un corazón más firme en el conocimiento y en el amor de Su ley. " –Bonnechose, lib. 2, págs. 162, 163.

En otra carta que escribió a un sacerdote que se había convertido al evangelio, Hus habló con profunda humildad de sus propios errores, acusándose "de haber sido afecto a llevar hermosos trajes y de haber perdido mucho tiempo en cosas frívolas." Añadía después estas conmovedoras amonestaciones: "Que tu espíritu se preocupe de la gloria de Dios y de la salvación de las almas y no de las comodidades y bienes temporales. Cuida de no adornar tu casa más que tu alma; y sobre todo cuida del edificio espiritual. Sé humilde y piadoso con los pobres; no gastes tu hacienda en banquetes; si no te perfeccionas y no te abstienes de superfluidades temo que seas severamente castigado, como yo lo soy. . . . Conoces mi doctrina porque de ella te he instruido desde que eras niño; es inútil, pues, que te escriba más. Pero te ruego encarecidamente, por la misericordia de nuestro Señor, que no me imites en ninguna de las vanidades en que me has visto caer." En la cubierta de la carta, añadió: "Te ruego mucho, amigo mío, que no rompas este sello sino cuando tengas la seguridad de que yo haya muerto." –*Ibid.*, págs. 163, 164.

En el curso de su viaje vió Hus por todas partes señales de como se habían propagado sus doctrinas y de la buena acogida de que gozaba su causa. Las gentes se agolpaban para ir a su encuentro, y en algunos pueblos le acompañaban los magistrados por las calles.

Al llegar a Constanza, Hus fue dejado en completa libertad. Además del salvoconducto del emperador, se le dió una garantía personal que le aseguraba la protección papal. Pero esas solemnes y repetidas promesas de seguridad fueron violadas, y pronto el Reformador fue arrestado por orden del pontífice y de los cardenales, y encerrado en un inmundo calabozo. Más tarde fue trasladado a un castillo feudal, al otro lado del Rin, donde se le tuvo preso. Pero el papa sacó poco provecho de su perfidia, pues fue luego encerrado en la misma cárcel. *Ibid.*, pág. 269. Se le probó ante el concilio que, además de homicidios, simonía y adulterio, era culpable de los delitos más viles, "pecados que no se pueden mencionar." Así declaró el mismo concilio y finalmente se le despojó de la tiara y se le arrojó en un calabozo. Los antipapas fueron destituídos también y un nuevo pontífice fue elegido.

Aunque el mismo papa se había hecho culpable de crímenes mayores que aquellos de que Hus había acusado a los sacerdotes, y por los cuales exigía que se hiciese una reforma, con todo, el mismo concilio que degradara al pontífice, procedió a terminar con el Reformador. El encarcelamiento de Hus despertó grande indignación en Bohemia. Algunos nobles poderosos se dirigieron al concilio protestando contra tamaño ultraje. El emperador, que a regañadientes había consentido en que se violase su salvoconducto, se opuso a que se procediera contra él. Pero los enemigos del Reformador eran malévolos y atrevidos. Apelaron a las preocupaciones del emperador, a sus temores y a su celo por la iglesia. Le presentaron argumentos muy poderosos para convencerle de que "no había que guardar la palabra empeñada con herejes, ni con personas sospechosas de herejía, aun cuando estuvieran provistas de salvoconductos del emperador y de reyes." –Jacques Lenfant, "*Histoire du Concile de Constance*," tomo 1, pág. 493 (Amsterdam, 1727). De ese modo se salieron con la suya.

Debilitado por la enfermedad y por el encierro, pues el aire húmedo y sucio del calabozo le ocasionó una fiebre que estuvo a punto de llevarle al sepulcro, Hus fue al fin llevado ante el concilio. Cargado de cadenas se presentó ante el emperador que empeñara su honor y buena fe en protegerle. A través de todo el largo proceso sostuvo Hus la verdad con firmeza, y en presencia de los dignatarios de la iglesia y del estado allí reunidos elevó una enérgica y solemne protesta contra la corrupción del clero. Cuando se le exigió que escogiese entre retractarse o sufrir la muerte, eligió el camino de los mártires.

El Señor le sostuvo con su gracia. Durante las semanas de padecimientos que sufrió antes de su muerte, la paz del cielo inundó su alma. "Escribo esta carta," decía a un amigo, "en la cárcel, y con la mano encadenada, esperando que se cumpla mañana mi sentencia de muerte. . . . En el día aquél en que por la gracia del Señor nos encontremos otra vez gozando de la paz deliciosa de ultratumba, sabrás cuán misericordioso ha sido Dios conmigo y de qué modo tan admirable me ha sostenido en medio de mis pruebas y tentaciones." –Bonnechose, lib. 3, pág. 74.

En su obscuro calabozo previó el triunfo de la fe verdadera. Volviendo en sueños a su capilla de Praga donde había predicado el evangelio, vió al papa y a sus obispos borrando los cuadros de Cristo que él había pintado en sus paredes. "Este sueño le aflige; pero el día siguiente ve muchos pintores ocupados en restablecer las imágenes en mayor número y colores más brillantes. Concluído este trabajo, los pintores, rodeados de un gentío inmenso, exclaman: '¡Que vengan ahora papas y obispos! ya no las borrarán jamás.' " Al referir el Reformador su sueño añadió: "Tengo por cierto, que la imagen de Cristo no será borrada jamás. Ellos han querido destruirla; pero será nuevamente pintada en los corazones, por unos predicadores que valdrán más que yo." –D'Aubigné, lib. 1, cap. 7.

Por última vez fue llevado Hus ante el concilio. Era ésta una asamblea numerosa y deslumbradora: el emperador, los príncipes del imperio, delegados reales, cardenales, obispos y sacerdotes, y una inmensa multitud de personas que estaban presente para presenciar los acontecimientos del día. De todas partes de la Cristiandad se habían reunido los testigos de este gran sacrificio, el primero en la larga lucha entablada para asegurar la libertad de conciencia.

Apremiado Hus para que manifestara su decisión final, declaró que se negaba a abjurar, y fijando su penetrante mirada en el monarca que tan vergonzosamente violara la palabra empeñada, dijo: "Resolví, de mi propia y espontánea libertad, comparecer ante este concilio, bajo la fe y la protección pública del emperador aquí presente." –Bonnechose, lib. 3, pág. 94. Oleadas rojas coloraron la cara del monarca Segismundo al fijarse en él las miradas de todos los circunstantes.

Habiendo sido pronunciada la sentencia, comenzó la ceremonia de la degradación. Los obispos vistieron a su prisionero el hábito sacerdotal, y al recibir éste la vestidura dijo: "A nuestro Señor Jesucristo se le vistió con una túnica blanca con el fin de insultarle, cuando Herodes le envió a Pilato." –*Ibid.*, págs. 95, 96. Habiéndosele exhortado otra vez a que se retractara, replicó mirando al pueblo: "Y entonces, ¿cómo miraría a las multitudes de hombres a quienes he predicado el evangelio puro? No; estimo su salvación más que este pobre cuerpo destinado ya a morir." Las vestiduras le fueron arrancadas una por una, pronunciando cada obispo una maldición cuando le tocaba tomar parte en la ceremonia. Por último, "colocaron sobre su cabeza una gorra o mitra de papel en forma de pirámide, en la que estaban pintadas horribles figuras de demonios, y en cuyo frente se destacaba esta inscripción: 'El archihereje.' 'Con gozo," dijo Hus, "llevaré por Ti esta corona de oprobio, oh Jesús, que llevaste por mí una de espinas.'"

Acto continuo, "los prelados dijeron: 'Ahora dedicamos tu alma al diablo.' 'Y yo,' dijo Hus, levantando sus ojos al cielo, 'en Tus manos encomiendo mi espíritu, oh Señor Jesús, porque Tú me redimiste.' " –Wylie, lib. 3, cap. 7.

Fue luego entregado a las autoridades seculares y

conducido al lugar de la ejecución. Iba seguido por inmensa procesión formada por centenares de hombres armados, sacerdotes y obispos que lucían sus ricas vestiduras, y por el pueblo de Constanza. Cuando lo amarraron a la estaca y todo estuvo dispuesto para encender la hoguera, se instó una vez más al mártir a que se salvara retractándose de sus errores. "¿A cuales errores," dijo Hus, "debo renunciar? No me encuentro culpable de ninguno. Tomo a Dios por testigo de que todo lo que he escrito y predicado ha sido con el fin de rescatar a las almas del pecado y de la perdición; y, por consiguiente, con el mayor gozo confirmaré con mi sangre aquella verdad que he anunciado por escrito y de viva voz." –*Ibid.* Cuando las llamas comenzaron a arder en torno suyo, principió a cantar: "Jesús, Hijo de David, ten misericordia de mí," y continuó hasta que su voz enmudeció para siempre.

Sus mismos enemigos se conmovieron frente a tan heroica conducta. Un celoso partidario del papa, al referir el martirio de Hus y de Jerónimo que murió poco después, dijo: "Ambos se portaron como valientes al aproximarse su última hora. Se prepararon para ir a la hoguera como se hubieran preparado para ir a una boda; no dejaron oír un grito de dolor. Cuando subieron las llamas, entonaron himnos y apenas podía la vehemencia del fuego acallar sus cantos." –*Ibid* .

Cuando el cuerpo de Hus fue consumido por completo, recogieron sus cenizas, las mezclaron con la tierra donde se encontraba y las arrojaron al Rin, que las llevó hasta el océano. Sus perseguidores pensaban en vano que habían arrancado de raíz las verdades que predicara. No soñaron que las cenizas que echaban al mar eran como semilla esparcida en todos los países del mundo, y que en tierras aún desconocidas darían mucho fruto en testimonio por la verdad. La voz que había hablado en la sala del concilio de Constanza había despertado ecos que resonarían al través de las edades futuras. Hus ya no existía, pero las verdades por las cuales había muerto no podían perecer. Su ejemplo de fe y perseverancia iba a animar a las muchedumbres a mantenerse firmes por la verdad frente al tormento y a la muerte. Su ejecución mostró ante el mundo entero la pérfida crueldad de Roma. Los enemigos de la verdad, aunque sin saberlo, no hacían más que fomentar la causa que en vano procuraban aniquilar.

Una estaca más iba a levantarse en Constanza. La sangre de otro mártir iba a testificar por la misma verdad. Jerónimo al decir adiós a Hus, cuando éste partiera para el concilio, le exhortó a ser valiente y firme, declarándole que si caía en algún peligro él mismo acudiría en su auxilio. Al saber que el Reformador se hallaba encarcelado, el fiel discípulo se dispuso inmediatamente a cumplir su promesa. Salió para Constanza con un solo compañero y sin proveerse de salvoconducto. Al llegar a la ciudad, quedó convencido de que sólo se había expuesto al peligro, sin que le fuera posible hacer nada para libertar a Hus. Huyó entonces pero fue arrestado en el camino y devuelto a la ciudad cargado de cadenas, bajo la custodia de una compañía de soldados. En su primera comparecencia ante el concilio, sus esfuerzos para contestar los cargos que le arrojaban se ahogaban entre los gritos: "¡A la hoguera con él! ¡A las llamas!" –Bonnechose, lib. 2, pág. 256. Fue arrojado en un calabozo, lo encadenaron en una postura muy penosa y lo tuvieron a pan y agua. Después de algunos meses, las crueldades de su prisión causaron a Jerónimo una enfermedad que puso en peligro su vida, y sus enemigos, temiendo que se les muriese, le trataron con menos severidad aunque dejándole en la cárcel por un año.

La muerte de Hus no tuvo el resultado que esperaban los papistas. La violación del salvoconducto que le había sido dado al Reformador, levantó una tempestad de indignación, y tratando de usar una forma más segura, el concilio resolvió que en vez de quemar a Jerónimo se le obligaría, si posible fuese, a retractarse. Fue llevado ante el concilio y se le instó para que escogiera entre la retractación o la muerte en la hoguera. Haberle dado muerte al principio de su encarcelamiento hubiera sido un acto de misericordia en comparación con los terribles sufrimientos a que le sometieron; pero después de esto, debilitado por su enfermedad y por los rigores de su prisión, prisionero en aquellas mazmorras y sufriendo torturas y angustias, lejos de sus amigos y herido en el alma por la muerte de Hus, el ánimo de Jerónimo decayó y consintió en someterse al concilio. Se comprometió a adherirse a la fe Católica y aceptó el auto de la asamblea que condenaba las doctrinas de Wiclef y de Hus, exceptuando, sin embargo, las "santas verdades" que ellos enseñaron. –*Ibid*., lib. 3, pág. 156.

Por medio de semejante expediente Jerónimo trató de silenciar la voz de su conciencia y librarse de la condena; pero, vuelto al calabozo, a solas consigo mismo comprendió la magnitud de su acto. Comparó el valor y la fidelidad de Hus con su propia retractación. Pensó en el divino Maestro a quien él se había propuesto servir y que por causa suya sufrió la muerte en la cruz. Antes de su retractación había hallado consuelo en medio de sus sufrimientos, seguro del favor de Dios; pero ahora, el remordimiento y la duda atormentaban su alma. Harto sabía que tendría que hacer otras retractaciones para vivir en paz con Roma. El sendero que empezaba a recorrer le llevaría infaliblemente a una completa apostasía. Resolvió no volver a negar al Señor para librarse de un breve plazo de padecimientos.

Pronto fue llevado otra vez frente a el concilio, pues sus declaraciones no habían dejado satisfechos a los jueces. La sed de sangre despertada por la muerte de Hus, reclamaba nuevas víctimas. Sólo la completa abjuración podía salvar de la muerte al Reformador. Pero éste había decidido confesar su fe y seguir hasta la hoguera a su hermano mártir.

Desvirtuó su anterior retractación, y a punto de morir, exigió que se le diera oportunidad para defenderse. Temiendo los prelados el efecto de sus palabras, insistieron en que él se limitara a afirmar o negar lo bien fundado de las acusaciones que se le hacían. Jerónimo protestó contra tamaña crueldad e injusticia. "Me habéis tenido encerrado," dijo, "durante trescientos cuarenta días, en una prisión horrible, en medio de inmundicias, en un sitio malsano y pestilente, y falto de todo en absoluto. Me traéis hoy ante vuestra presencia y tras de haber prestado oídos a mis acérrimos enemigos, os negáis a oírme. . . . Si en verdad sois sabios, y si sois la luz del mundo, cuidaos de pecar contra la justicia. En cuanto a mí, no soy más que un débil mortal; mi vida es de poca importancia, y cuando os exhorto a no dar una sentencia injusta, hablo más por vosotros que por mí." –*Ibid*., págs. 162, 163.

Al fin le concedieron a Jerónimo lo que pedía. Se arrodilló en presencia de sus jueces y oró para que el Espíritu divino guiara sus pensamientos y le diese palabras para que nada de lo que iba a decir fuese contrario a la verdad e indigno de su Maestro. En aquel día se cumplió en su favor la promesa del Señor a los primeros discípulos: "Seréis llevados por causa de Mí aun ante gobernadores y reyes .... Mas cuando os entreguen, no os preocupéis por cómo o qué hablaréis; porque os será dado en aquella hora lo que habéis de hablar. Porque no sois vosotros los que habláis, sino el Espíritu de vuestro Padre el que habla en vosotros." Mateo 10:18-20.

Las palabras de Jerónimo produjeron sorpresa y admiración aun a sus enemigos. Durante todo un año había estado encerrado en un calabozo, sin poder leer ni ver la luz siquiera, sufriendo físicamente a la vez que dominado por terrible ansiedad mental; A pesar de esto, supo presentar sus argumentos con tanta claridad y con tanta fuerza como si hubiera podido estudiar constantemente. Reclamó la atención de sus oyentes a la larga lista de santos varones que habían sido condenados por jueces injustos. En casi todas las generaciones hubo hombres que por más que procuraban levantar el nivel moral del pueblo de su época, eran despreciados y rechazados, pero que con el correr del tiempo fueron reconocidos dignos de recibir honor. Cristo mismo fue condenado como malhechor, por un tribunal inicuo.

Al retractarse Jerónimo había declarado justa la sentencia condenatoria que el concilio lanzara contra Hus; pero esta vez declaró que se arrepentía de ello y dió un valiente testimonio a la inocencia y santidad del mártir. Se expresó en estos términos: "Conocí a Juan Hus desde su niñez. Era el hombre más excelente, justo y santo; pero no por eso dejó de ser condenado. . . . Y ahora yo también estoy listo para morir. No retrocederé ante los tormentos que hayan preparado para mí mis enemigos, los testigos falsos, los cuales tendrán que ser llamados un día a cuentas por sus imposturas, ante el gran Dios a quien nadie puede engañar." –Bonnechose, lib. 3, pág. 167.

Al condenarse a sí mismo por haber negado la verdad, dijo Jerónimo: "De todos los pecados que he cometido desde mi juventud, ninguno pesa tanto sobre mí ni me causa tan acerbos remordimientos, como el que cometí en este funesto lugar, cuando aprobé la inicua sentencia pronunciada contra Wiclef y contra el santo mártir, Juan Hus, maestro y amigo mío. Sí, lo confieso de todo corazón, y declaro con verdadero horror que desgraciadamente me turbé cuando, por temor a la muerte, condené las doctrinas de ellos. Por tanto, ruego . . . al Dios Todopoderoso se digne perdonarme mis pecados y éste en particular, que es el más monstruoso de todos." Señalando a los jueces, dijo con entereza: "Vosotros condenasteis a Wiclef y a Juan Hus no porque hubieran invalidado las doctrinas de la iglesia, sino sencillamente por haber denunciado los escándalos provenientes del clero – su pompa, su orgullo y todos los vicios de los prelados y sacerdotes. Las cosas que aquellos afirmaron y que son irrefutables, yo también las creo y las proclamo."

Sus palabras fueron interrumpidas. Los prelados, temblando de ira, exclamaron: "¿Qué necesidad hay de mayores pruebas? ¡Contemplamos con nuestros propios ojos el más obstinado de los herejes!"

Sin conmoverse ante la tempestad, repuso Jerónimo: "¡Qué! ¿imagináis que tengo miedo de morir? Por un año me habéis tenido encadenado, encerrado en un calabozo horrible, más espantoso que la misma muerte. Me habéis tratado con más crueldad que a un Turco, Judío o pagano, y mis carnes se han resecado hasta dejar los huesos descubiertos; pero no me quejo, porque las lamentaciones sientan mal en un hombre de corazón y de carácter; pero no puedo menos que expresar mi asombro ante tamaña barbarie con que habéis tratado a un Cristiano." –*Ibid* ., págs. 168, 169.

Volvió con esto a estallar la tempestad de ira y Jerónimo fue devuelto en el acto a su calabozo. A pesar de todo, hubo en la asamblea algunos que quedaron impresionados por sus palabras y que desearon salvarle la vida. Algunos dignatarios de la iglesia le visitaron y le instaron a que se sometiera al concilio. Se le hicieron las más tentadoras promesas si renunciaba a su oposición contra Roma. Pero, a semejanza de su Maestro, cuando le ofrecieron la gloria del mundo, Jerónimo se mantuvo firme.

"Probadme con las Santas Escrituras que estoy en error," dijo él, "y abjuraré de él."

"¡Las Santas Escrituras!," exclamó uno de sus tentadores, "¿todo debe ser juzgado por ellas? ¿Quién puede comprenderlas si la iglesia no las interpreta?"

"¿Son las tradiciones de los hombres más dignas de fe que el evangelio de nuestro Salvador?," replicó Jerónimo, "Pablo no exhortó a aquellos a quienes escribía a que escuchasen las tradiciones de los hombres, sino que les dijo: 'Escudriñad las Escrituras.' "

"Hereje," fue la respuesta, "me arrepiento de haber estado alegando contigo tanto tiempo. Veo que es el diablo el que te impulsa." –Wylie, lib. 3, cap. 10.

En breve se dictó sentencia de muerte contra él. Le condujeron en seguida al mismo lugar donde Hus había dado su vida. Fue al suplicio cantando, iluminado el rostro de gozo y paz. Fijó en Cristo su mirada y la muerte ya no le infundía miedo alguno. Cuando el verdugo, a punto de prender la hoguera, se puso detrás de él, el mártir exclamó: "Ven por delante, sin vacilar. Prende la hoguera en mi presencia. Si yo hubiera tenido miedo, no estaría aquí."

Las últimas palabras que pronunció cuando las llamas le envolvían fueron una oración. Dijo: "Señor, Padre Todopoderoso, ten piedad de mí y perdóname mis pecados, porque Tú sabes que siempre he amado Tu verdad." –Bonnechose, lib. 3, págs. 185, 186. Su voz se apagó, pero sus labios siguieron murmurando la oración. Cuando el fuego hubo terminado su obra, las cenizas del mártir fueron recogidas juntamente con la tierra donde estaban esparcidas y, como las de Hus, fueron arrojadas al Rin.

Así murieron los fieles siervos que derramaron la luz de Dios. Pero la luz de las verdades que proclamaron – la luz de su heroico ejemplo – no pudo apagarse. Antes podían los hombres intentar hacer retroceder al sol en su carrera que apagar el alba de aquel día que vertía ya sus fulgores sobre el mundo.

La ejecución de Hus había desatado olas de indignación y horror en Bohemia. La nación entera se conmovió al reconocer que había caído víctima de la malicia de los sacerdotes y de la traición del emperador. Se le declaró fiel maestro de la verdad, y el concilio que decretó su muerte fue culpado del delito de asesinato. Como consecuencia de esto las doctrinas del Reformador llamaron más que nunca la atención. Los edictos del papa condenaban los escritos de Wiclef a las llamas, pero las obras que habían escapado a dicha sentencia fueron sacadas de donde habían sido escondidas para estudiarlas comparándolas con la Biblia o las porciones de ella que el pueblo podía conseguir, y muchos fueron inducidos así a aceptar la fe reformada.

Los asesinos de Hus no permanecieron indiferentes al ser testigos del triunfo de la causa de aquél. El papa y el emperador se unieron para sofocar el movimiento, y los ejércitos de Segismundo fueron despachados contra Bohemia.

Pero surgió un libertador. Ziska, que poco después de empezada la guerra quedó enteramente ciego, y que fue no obstante uno de los más hábiles generales de su tiempo, era el que guiaba a los Bohemios. Confiando en la ayuda de Dios y en la justicia de su causa, aquel pueblo resistió a los más poderosos ejércitos que fueron movilizados contra él. Una vez tras otra el emperador, levantando nuevos ejércitos, invadió a Bohemia, tan sólo para ser rechazado ignominiosamente. Los Husitas no le tenían miedo a la muerte y nada les podía resistir. A los pocos años de empeñada la lucha, murió el valiente Ziska; pero le reemplazó Procopio, general igualmente arrojado y hábil, y en varios respectos jefe más capaz.

Los enemigos de los Bohemios, sabiendo que había muerto el guerrero ciego, creyeron llegada la oportunidad favorable para recuperar lo que habían perdido. El papa proclamó entonces una cruzada contra los Husitas, y una vez más se arrojó contra Bohemia una fuerza inmensa, pero sólo para sufrir terrible descalabro. Se proclamó otra cruzada. En todas las naciones de Europa que estaban sujetas al papa se reunió dinero, se hizo acopio de armamentos y se reclutaron hombres. Grandes multitudes se reunieron bajo el estandarte del papa con la seguridad de que al fin acabarían con los herejes Husitas. Confiando en la victoria, un inmenso número de soldados invadió a Bohemia. El pueblo se reunió para defenderse. Los dos ejércitos se aproximaron uno al otro, quedando separados tan sólo por un río que corría entre ellos. "Los cruzados eran muy superiores en número, pero en vez de arrojarse a cruzar el río y entablar batalla con los Husitas a quienes habían venido a atacar desde tan lejos, permanecieron absortos y en silencio mirando a aquellos guerreros." –Wylie, lib. 3, cap. 17. Repentinamente un terror misterioso se apoderó de ellos. Sin propinar un solo golpe, esa fuerza irresistible se desbandó y se dispersó como por un poder invisible. Las tropas Husitas persiguieron a los fugitivos y mataron a gran número de ellos, y un rico botín quedó en manos de los vencedores, de modo que, en lugar de empobrecer a los Bohemios, la guerra los enriqueció.

Pocos años después, bajo un nuevo papa, se preparó otra cruzada. Como anteriormente, se volvió a reunir gente y a allegar medios de entre los países papales de Europa. Se hicieron los más halagüeños ofrecimientos a los que quisiesen tomar parte en esta peligrosa empresa. Se daba indulgencia plenaria a los cruzados aunque hubiesen cometido los más monstruosos crímenes. A los que muriesen en la guerra se les aseguraba hermosa recompensa en el cielo, y los que sobreviviesen recibirían honores y riquezas en el campo de batalla. Así se logró reunir un inmenso ejército que cruzó la frontera y penetró en Bohemia. Las fuerzas Husitas se retiraron ante el enemigo y atrajeron así a los invasores al interior del país, dejándoles creer que ya podían contar con la victoria. Finalmente, el ejército de Procopio se detuvo y dando frente al enemigo se adelantó al combate. Los cruzados descubrieron entonces su error y esperaron el ataque en sus reales. Al oír el ejército que se aproximaba contra ellos y aun antes de que vieran a los Husitas, el pánico volvió a apoderarse de los cruzados. Los príncipes, los generales y los soldados rasos, arrojando sus armas, huyeron en todas direcciones. En vano el legado papal que guiaba la invasión se esforzó en reunir aquellas fuerzas aterrorizadas y dispersas. A pesar de su más decidido empeño, él mismo se vió precisado a huir entre los fugitivos. La derrota fue completa y otra vez un inmenso botín cayó en manos de los vencedores.

De esta manera por segunda vez un gran ejército organizado por las más poderosas naciones de Europa, una hueste de valientes guerreros, disciplinados y bien pertrechados, huyó sin asestar un solo golpe, ante los defensores de una nación pequeña y débil. Era una manifestación del poder divino. Los invasores fueron heridos por un terror sobrenatural. El que anonadó los ejércitos de Faraón en el Mar Rojo, e hizo huir a los ejércitos de Madián ante Gedeón y los trescientos, y en una noche abatió las fuerzas de los orgullosos Asirios, extendió una vez más Su mano para destruir el poder del opresor. "Temblarán de pavor donde no hay nada que espante, porque Dios ha esparcido los huesos del agresor; los cubrirás de ignominia, porque Dios los desechó." Salmo 53:5.

Los caudillos papales desesperaron de conseguir nada por la fuerza y decidieron a usar de diplomacia. Se adoptó una transigencia que, aparentando conceder a los Bohemios libertad de conciencia, los entregaba al poder de Roma. Los Bohemios habían especificado cuatro puntos como condición para hacer la paz con Roma, a saber: La predicación libre de la Biblia; el derecho de toda la iglesia a participar de los elementos del pan y vino en la comunión, y el uso de su idioma nativo en el culto divino; la exclusión del clero de los cargos y autoridad seculares; y en casos de crímenes, se sometieron a la jurisdicción de las cortes civiles que tomarían acción sobre clérigos y laicos. Al fin, las autoridades papales "convinieron en aceptar los cuatro artículos de los Husitas, pero estipularon que el derecho de explicarlos, es decir, de determinar su exacto significado, pertenecía al concilio o, en otras palabras, al papa y al emperador." –Wylie, lib. 3, cap. 18. Sobre estas bases se ajustó el tratado y Roma ganó por medio de engaños y fraudes lo que no había podido ganar en los campos de batalla; porque, imponiendo su propia interpretación de los artículos de los Husitas y de la Biblia, pudo adulterar su significado y acomodarlo a sus propias ambiciones.

En Bohemia, muchos, al ver así defraudada la libertad que ya disfrutaban, no aceptaron el convenio. Surgieron disensiones y divisiones que provocaron luchas y derramamiento de sangre entre ellos mismos. En esta lucha sucumbió el noble Procopio y con él sucumbieron también las libertades de Bohemia.

Por aquel tiempo, Segismundo, el traidor de Hus y de Jerónimo, llegó a ocupar el trono de Bohemia, y a pesar de su juramento de respetar los derechos de los Bohemios, procedió a imponerles el poder papal. Pero sacó muy poco con haberse puesto al servicio de Roma. Por espacio de veinte años su vida no había sido más que un cúmulo de trabajos y peligros. Sus ejércitos y sus tesoros se habían agotado en larga e infructuosa contienda; y ahora, después de un año de reinado murió dejando el reino a las puertas de la guerra civil y a la posteridad un nombre manchado de infamia.

Continuaron mucho tiempo las contiendas y el derramamiento de sangre. De nuevo los ejércitos extranjeros invadieron a Bohemia y las luchas intestinas debilitaron y arruinaron a la nación. Los que permanecieron fieles al evangelio fueron objeto de una cruel persecución.

En vista de que, al transigir con Roma, sus antiguos hermanos habían aceptado sus errores, los que se aferraban a la vieja fe se organizaron en iglesia distinta, que se llamó de "los Hermanos Unidos." Esta circunstancia atrajo sobre ellos toda clase de maldiciones; pero su firmeza era inquebrantable. Obligados a encontrar refugio en los bosques y las cuevas, siguieron reuniéndose para leer la Palabra de Dios y para celebrar culto.

Por medio de mensajeros secretos que mandaron a varios países, llegaron a saber que había, diseminados en varias partes, "algunos sostenedores de la verdad, unos en ésta, otros en aquella ciudad, siendo como ellos, objeto de encarnizada persecución; supieron también que entre las montañas de los Alpes había una iglesia antigua que se basaba en las Sagradas Escrituras, y que protestaba contra la idólatra corrupción de Roma." –*Ibid.*, cap. 19. Recibieron estos datos con gran gozo e iniciaron relaciones por correspondencia con los Cristianos Valdenses.

Permaneciendo firmes en el evangelio, los Bohemios, a través de las tinieblas de la persecución y aun en la hora más sombría, volvían sus ojos hacia el horizonte como quien espera el rayar del alba. "Les tocó vivir en días malos, pero . . . recordaban las palabras pronunciadas por Hus y repetidas por Jerónimo, de que pasaría un siglo antes de que se viera despuntar la aurora. Estas palabras eran para los Husitas lo que fueron para las tribus esclavas en la tierra de servidumbre aquellas palabras de José: 'Yo me muero, mas Dios ciertamente os visitará, y os hará subir de aquesta tierra.' " –*Ibid* . "La última parte del siglo XV vió el crecimiento lento pero seguro de las iglesias de los Hermanos. Aunque distaban mucho de no ser molestados, gozaron sin embargo de relativa tranquilidad. A principios del siglo XVI se contaban doscientas de sus iglesias en Bohemia y en Moravia." –T. H. Gilett, *Life and Times of John Huss*, tomo 2, pág. 570. "Tan numeroso era el residuo, que sobrevivió a la furia destructora del fuego y de la espada y pudo ver la aurora de aquel día que Hus había predicho." –Wylie, lib. 3, cap. 19.

CAPÍTULO 7

¡Noventa y Cinco Veces No!

EL MAS DISTINGUIDO de todos los que fueron llamados a guiar a la iglesia de las tinieblas del papado a la luz de una fe más pura, fue Martín Lutero. Celoso, ardiente y abnegado, sin más temor que el temor de Dios y sin reconocer otro fundamento de la fe religiosa que el de las Santas Escrituras, fue Lutero el hombre de su época. Por su medio realizó Dios una gran obra para reformar a la iglesia e iluminar al mundo.

Igual que los primeros heraldos del evangelio, Lutero surgió del seno de la pobreza. Sus primeros años transcurrieron en el humilde hogar de un aldeano de Alemania, que con su oficio de minero ganara los medios necesarios para educar al niño. Quería que ese hijo fuese abogado, pero Dios se había propuesto hacer de él un constructor del gran templo que venía levantándose lentamente a través de los siglos. Las privaciones, las contrariedades y una disciplina severa constituyeron la escuela donde la Infinita Sabiduría preparara a Lutero para la gran misión que iba a desempeñar.

El padre de Lutero era hombre de fuerte y activa inteligencia y de gran fuerza de carácter, honrado, resuelto y franco. Era leal a las convicciones que le señalaban su deber, sin cuidarse de las consecuencias. Su propio sentido común le hacía mirar con desconfianza el sistema monástico. Le disgustó mucho ver que Lutero, sin su consentimiento, entrara en un monasterio, y pasaron dos años antes que el padre se reconciliara con el hijo, y aun así no cambió de opinión.

Los padres de Lutero cuidaban con gran esmero por la educación y el gobierno de sus hijos. Procuraban instruirlos en el conocimiento de Dios y en la práctica de las virtudes

Cristianas. Muchas veces oía el hijo las oraciones que su padre dirigía al Cielo para pedir que Martín tuviera siempre presente el nombre del Señor y contribuyese un día a propagar la verdad. Los padres no desperdiciaban los medios que su trabajo podía proporcionarles, para dedicarse a la cultura moral e intelectual. Hacían esfuerzos sinceros y firmes para preparar a sus hijos para una vida piadosa y útil. Siendo siempre perseverantes y fieles en sus propósitos y obrando a impulsos de su sólido carácter, eran a veces demasiado severos; pero el Reformador mismo, si bien reconoció que se habían equivocado en algunos respectos, no dejó de encontrar en su disciplina más cosas dignas de aprobación que de censura.

En la escuela a la cual le enviaran en su tierna edad, Lutero fue tratado con aspereza y hasta con dureza. Tanta era la pobreza de sus padres que al salir de su casa para la escuela de un pueblo cercano, se vió obligado por algún tiempo a ganar su sustento cantando de puerta en puerta y padeció hambre con mucha frecuencia. Las ideas religiosas obscuras y supersticiosas que prevalecían en su tiempo le llenaban de temor. A veces se iba a acostar con el corazón angustiado, pensando con temor en el sombrío porvenir, y viendo en Dios a un juez implacable y un cruel tirano más bien que un bondadoso Padre celestial.

Mas a pesar de tantos motivos de desaliento, Lutero siguió resueltamente adelante, puesta la vista en un ejemplo elevado de moral y de cultura intelectual que le cautivaba el alma. Tenía ansiedad por saber, y el carácter serio y práctico de su genio le hacía desear lo sólido y provechoso más bien que lo atractivo y superficial.

Cuando a la edad de dieciocho años ingresó en la universidad de Erfurt, su situación era más favorable y se le ofrecían perspectivas más brillantes que las que había tenido en años anteriores. Sus padres habiendo adquirido con su trabajo y sus economías una competencia, podían entonces mantenerle más desahogadamente. Y la influencia de amigos juiciosos había borrado un poco el sedimento de tristeza que dejara en su carácter su primera educación. Se dedicó a estudiar los mejores autores, atesorando con diligencia sus maduras reflexiones y haciendo suyo el tesoro de conocimientos de los sabios. Aun bajo la dura disciplina de sus primeros maestros, dió señales de distinción; y ahora, rodeado de influencias más favorables, vió desarrollarse rápidamente su talento. Por su buena memoria, su rápida imaginación, sus sólidas facultades de razonamiento y su incansable consagración al estudio vino a quedar pronto al frente de sus condiscípulos. La disciplina intelectual maduró su intelecto y la actividad mental despertó una aguda percepción que le preparó convenientemente para los conflictos de la vida.

El temor del Señor moraba en el corazón de Lutero y le habilitó para mantenerse seguro de sus propósitos y siempre humilde delante de Dios. Firmemente dominado por la convicción de que dependía del auxilio divino, comenzaba cada día con oración y elevaba constantemente su corazón a Dios para pedirle Su dirección y Su auxilio. "Orar bien," decía él con frecuencia, "es la mejor mitad del estudio." –D'Aubigné, lib. 2, cap. 2.

Un día, mientras examinaba unos libros en la biblioteca de la universidad, descubrió Lutero una Biblia latina. Jamás había visto aquel libro. Hasta ignoraba que existiese. Había oído porciones de los evangelios y de las Epístolas que se leían en el culto público y suponía que eso era todo lo que contenía la Biblia. Ahora veía, por primera vez, la Palabra de Dios completa. Con reverencia mezclada de admiración hojeó las sagradas páginas; con pulso tembloroso y corazón perturbado leyó con atención las palabras de vida, deteniéndose a veces para exclamar: "¡Ah! ¡si Dios quisiese darme para mí otro libro como éste!" *–Ibid.* Los ángeles del cielo estaban a su lado y rayos de luz del trono de Dios revelaban a su entendimiento los tesoros de la verdad. Siempre había tenido temor de ofender a Dios, pero ahora se sentía como nunca antes convencido de que era un miserable pecador.

Un sincero deseo de librarse del pecado y de reconciliarse con Dios le indujo al fin a entrar en un claustro para dedicarse a la vida monástica. Allí se le obligó a desempeñar los trabajos más humillantes y a pedir limosnas de casa en casa. Se hallaba en la edad en que más se apetecen el afecto y el respeto de todos, y por consiguiente aquellas viles ocupaciones le mortificaban y ofendían sus sentimientos naturales; pero todo lo soportaba con paciencia, creyendo que lo necesitaba por causa de sus pecados.

Dedicaba al estudio todo el tiempo que le dejaban libre sus ocupaciones de cada día y aun robaba al sueño y a sus limitadas comidas el tiempo que hubiera tenido que darles. Sobre todo se deleitaba en el estudio de la Palabra de Dios. Había encontrado una Biblia encadenada en el muro del convento, y allá iba con frecuencia a escudriñarla. A medida que se iba convenciendo más y más de su condición de pecador, procuraba por medio de sus obras obtener perdón y paz. Llevaba una vida de mortificaciones, procurando dominar por medio de ayunos y vigilias y de castigos corporales sus inclinaciones naturales, de las cuales la vida monástica no le había librado. No rehusaba sacrificio alguno con tal de llegar a poseer un corazón limpio que mereciese la aprobación de Dios. "Verdaderamente," decía él más tarde, "yo fui un fraile piadoso y seguí con mayor severidad de la que puedo expresar las reglas de mi orden. Si algún fraile hubiera podido entrar en el cielo por sus obras monacales, no hay duda que yo hubiera tenido ese derecho. Si hubiera durado mucho tiempo aquella rigidez, me hubiera hecho morir a fuerza de austeridades." *–Ibid.*, lib. 2, cap. 3. Por medios de esta dolorosa disciplina perdió sus fuerzas y sufrió convulsiones y desmayos de los que jamás pudo reponerse enteramente. Pero a pesar de todos sus esfuerzos, su alma agobiada no hallaba alivio, y al fin fue casi arrastrado a la desesperación.

Cuando Lutero creía que todo estaba perdido, Dios le envió un amigo que le ayudó. El piadoso Staupitz le expuso la Palabra de Dios y le indujo a apartar la mirada de sí mismo, a dejar de contemplar un castigo venidero infinito por haber violado la ley de Dios, y mirar a Jesús, el Salvador que le perdonaba sus pecados. "En lugar de martirizarte por tus faltas, échate en los brazos del Redentor. Confía en Él, en la justicia de Su vida, en la expiación de Su muerte. . . . Escucha al Hijo de Dios, que se hizo hombre para asegurarte el favor divino." "¡Ama a quien primero te amó!" *–Ibid.*, lib. 2, cap. 4. Así se expresaba este mensajero de la misericordia. Sus palabras hicieron honda impresión en la mente de Lutero. Después de una gran lucha contra los errores que por tanto tiempo albergara, pudo agarrarse de la verdad y la paz reinó en su alma atormentada.

Lutero fue ordenado sacerdote y se le llamó del claustro a una cátedra de la universidad de Wittenberg. Allí se dedicó al estudio de las Santas Escrituras en las lenguas originales. Comenzó a dar conferencias sobre la Biblia, y de este modo, el libro de los Salmos, los evangelios y las epístolas fueron abiertos al entendimiento de multitudes de oyentes que escuchaban aquellas enseñanzas con verdadero deleite. Staupitz, su amigo y superior, le insistía a que ocupara el púlpito y predicase la Palabra de Dios. Lutero vacilaba, sintiéndose indigno de hablar al pueblo en lugar de Cristo. Sólo después de larga lucha consigo mismo se rindió a las súplicas de sus amigos. Era ya poderoso en las Sagradas Escrituras y la gracia del Señor descansaba sobre él. Su elocuencia cautivaba a los oyentes, la claridad y el poder con que presentaba la verdad persuadía a todos y su devoción conmovía los corazones.

Lutero seguía siendo hijo obediente de la iglesia papal y no pensaba cambiar. La providencia de Dios le llevó a hacer una visita a Roma. Emprendió el viaje a pie, hospedándose en los conventos que hallaba en su camino. En uno de ellos, en Italia, quedó maravillado de la riqueza, la magnificencia, y el lujo que se presentaron a su vista. Los monjes vivían en espléndidas mansiones, se ataviaban con los trajes más ricos y preciosos y se deleitaban en suntuosas mesas dotados de bienes propios de príncipes. Consideró Lutero todo aquello que tanto contrastaba con la vida de abnegación y de privaciones que él llevaba, y se quedó perplejo.

Finalmente vislumbró en la distancia la ciudad de las siete colinas. Con profunda emoción, cayó de rodillas y exclamó: "¡Roma Santa, yo te saludo!" –*Ibid.*, lib. 2, cap. 6. Entró en la ciudad, visitó las iglesias, prestó oídos a las maravillosas narraciones de los sacerdotes y de los monjes y cumplió con todas las ceremonias de ordenanza. Por todas partes veía escenas que le llenaban de extrañeza y horror. Notó que había iniquidad entre todas las clases del clero. Oyó a los sacerdotes contar chistes indecentes y se escandalizó de la espantosa profanación de que hacían gala los prelados aun en el acto de decir misa. Al mezclarse con los monjes y con el pueblo descubrió en ellos una vida de disipación y sensualidad. Donde quiera que iba, tropezaba con libertinaje y corrupción en vez de santidad. "Sin verlo," escribió él, "no se podría creer que en Roma se cometan pecados y acciones infames; deben ser vistos y oídos para ser creídos. Y por lo mismo acostumbran decir: 'Si hay un infierno, no puede estar en otra parte que debajo de Roma; y de este abismo salen todos los pecados.' " –*Ibid.*, lib. 2, cap. 6.

Por decreto expedido poco antes prometía el papa indulgencia a todos aquellos que subiesen de rodillas la "escalera de Pilato" que se decía ser la misma que había pisado nuestro Salvador al bajar del tribunal Romano, y que, según aseguraban, había sido llevada de Jerusalén a Roma de un modo milagroso. Un día, mientras estaba Lutero subiendo devotamente aquellas escaleras, recordó de pronto estas palabras que como trueno repercutieron en su corazón: "El justo por la fe vivirá." Romanos 1:17. Se levantó rápidamente y huyó de aquel lugar sintiéndo vergüenza y horror. Ese pasaje Bíblico no dejó nunca de ejercer una poderosa influencia en su alma. Desde entonces vió con más claridad que nunca el engaño que significa para el hombre confiar en sus obras para su salvación y lo necesario que es tener fe constante en los méritos de Cristo. Sus ojos se habían abierto y ya no se cerrarían jamás para dar crédito a los engaños del papado. Al apartarse de Roma sus miradas, su corazón se apartó también, y desde entonces la separación se hizo más pronunciada, hasta que Lutero concluyó por cortar todas sus relaciones con la iglesia papal.

Después de su regreso de Roma, recibió Lutero en la universidad de Wittenberg el grado de doctor en teología. Tenía pues mayor libertad para dedicarse, como nunca antes, a las Santas Escrituras que tanto amaba. Había formulado el voto solemne de estudiar cuidadosamente y de predicar con toda fidelidad y por toda la vida la Palabra de Dios, y no los dichos ni las doctrinas de los papas. Ya no sería en lo sucesivo un simple monje, o profesor, sino el mensajero autorizado de la Biblia. Había sido llamado como pastor para enseñar el rebaño de Dios que estaba hambriento y sediento de la verdad. Declaraba firmemente que los Cristianos no debieran admitir más doctrinas que las que tuviesen apoyo en la autoridad de las Sagradas Escrituras. Estas palabras minaban los cimientos en que descansaba la supremacía papal. Contenían los principios vitales de la Reforma.

Lutero advirtió que era peligroso exaltar las doctrinas de los hombres en lugar de la Palabra de Dios. Atacó diligentemente la incredulidad especulativa de los escolásticos y combatió la filosofía y la teología que por tanto tiempo ejercieran su influencia absoluta sobre el pueblo. Denunció el estudio de aquellas enseñanzas no sólo como inútil sino como pernicioso, y trató de apartar la mente de sus oyentes de los sofismas de los filósofos y de los teólogos y de hacer que se fijasen más bien en las eternas verdades expuestas por los profetas y los apóstoles.

Era muy precioso el mensaje que Lutero daba a las ansiosas muchedumbres que dependían de sus palabras. Nunca antes habían oído tan hermosas enseñanzas. Las buenas nuevas de un amante Salvador, la seguridad del perdón y de la paz por medio de Su sangre expiatoria, alegraban los corazones e inspiraban en todos una esperanza de vida inmortal. Así se encendió en Wittenberg una luz cuyos rayos iban a esparcirse por todas partes del mundo y que aumentaría en esplendor hasta el fin de los tiempos.

Pero la luz y las tinieblas no pueden conciliarse. Entre el error y la verdad se encuentra un conflicto inevitable. Sostener y defender uno de ellos es atacar y vencer al otro. Nuestro Salvador ya lo había declarado: "No he venido para traer paz, sino espada." Mateo 10:34. El mismo Lutero dijo pocos años después de principiada la Reforma: "No me conducía Dios, sino que me impelía y me obligaba; yo no era dueño de mí mismo; quería permanecer tranquilo, y me veía lanzado en medio de tumultos y revoluciones." –D'Aubigné, lib. 5, cap. 2. En aquella época de su vida estaba a punto de verse obligado a entrar en la lucha.

La Iglesia Romana hacía comercio con la gracia de Dios. Las mesas de los cambiantes de dinero habían sido colocadas junto a los altares y llenaba el aire la gritería de los que compraban y vendían. Mateo 21:12. Con el pretexto de reunir fondos para la construcción de la iglesia de San Pedro en Roma, se ofrecían en venta pública, con autorización del papa, indulgencias por el pecado. Con el precio de los crímenes se iba a construir un templo para el culto divino, y la piedra angular se echaba sobre cimientos de iniquidad. Pero los mismos medios que adoptara Roma para engrandecerse fueron los que hicieron caer el golpe mortal que destruyó su poder y su soberbia. Aquellos medios fueron lo que exasperó al más abnegado y afortunado de los enemigos del papado, y le hizo iniciar la lucha que estremeció el trono de los papas e hizo tambalear la triple corona en la cabeza del pontífice.

El encargado de la venta de indulgencias en Alemania, un monje llamado Tetzel, era reconocido como culpable de haber cometido las más horribles ofensas contra la sociedad y contra la ley de Dios; pero habiendo escapado del castigo que merecieran sus crímenes, recibió el encargo de propagar los planes mercantiles y nada escrupulosos del papa. Con enorme cinismo divulgaba las mentiras más desvergonzadas y contaba leyendas maravillosas para engañar al pueblo crédulo, ignorante y supersticioso. Si éste hubiese tenido la Biblia no se habría dejado engañar. Pero para poderlo sujetar bajo el dominio del papado, y para aumentar el poderío y los tesoros de los ambiciosos jefes de la iglesia, se le había privado de la Escritura. (Véase Gieseler, *A Compendium of Ecclesiastical History*, período 4, sec. 1, párr. 5.)

Cuando entraba Tetzel en una ciudad, iba delante de él un mensajero gritando: “La gracia de Dios y la del padre santo están a las puertas de la ciudad.” –D’Aubigné, lib. 3, cap. 1. El pueblo recibía al blasfemo usurpador como si hubiera sido el mismo Dios que hubiera descendido del cielo. El infame tráfico se establecía en la iglesia, y Tetzel ponderaba las indulgencias desde el púlpito como si hubiesen sido el más precioso don de Dios. Declaraba que en virtud de los certificados de perdón que ofrecía, se les perdonaba al que comprara las indulgencias aun aquellos pecados que desease cometer después, y que “ni aun el arrepentimiento era necesario.” –*Ibid.*, lib. 3, cap. 1. También aseguraba a sus oyentes que las indulgencias tenían poder para salvar no sólo a los vivos sino también a los muertos, y que en el instante en que las monedas resonaran al caer en el fondo de su cofre, el alma por la cual se hacía el pago escaparía del purgatorio y se dirigiría al cielo. (Véase Hagenback, *The History of the Reformation* , tomo 1, pág. 96.)

Cuando Simón el Mago intentó comprar a los apóstoles el poder de hacer milagros, Pedro le respondió: "Tu dinero vaya contigo a la perdición, porque has supuesto que el don de Dios se obtiene con dinero." Hechos 8:20. Pero millones de personas aceptaban ávidamente el ofrecimiento de Tetzel. Sus arcas se llenaban de oro y plata. Una salvación que podía comprarse con dinero era más fácil de obtener que la que requería fe, arrepentimiento y un diligente esfuerzo para resistir y vencer el mal.

La doctrina de las indulgencias había encontrado oposición entre hombres instruidos y piadosos del seno mismo de la iglesia de Roma, y eran muchos los que no tenían fe en asertos tan contrarios a la razón y a las Escrituras. Ningún prelado se atrevía a levantar la voz para condenar el inicuo tráfico, pero los hombres empezaban a desconcertarse y a inquietarse, y muchos se preguntaban ansiosamente si Dios no obraría por medio de alguno de Sus siervos para purificar Su iglesia.

Lutero, aunque seguía adhiriéndose estrictamente al papa, estaba horrorizado por las blasfemas declaraciones de los negociantes en indulgencias. Muchos de sus feligreses habían comprado certificados de perdón y no tardaron en acudir a su pastor para confesar sus pecados esperando de él la absolución, no porque fueran penitentes y desearan cambiar de vida, sino por el mérito de las indulgencias. Lutero les negó la absolución y les advirtió que como no se arrepintiesen y no reformasen su vida morirían en sus pecados. Llenos de dudas recurrieron a Tetzel para quejarse de que su confesor no aceptaba los certificados; y hubo algunos que con toda energía exigieron que les devolviese su dinero. El monje se llenó de ira. Lanzó las más terribles maldiciones, hizo encender hogueras en las plazas públicas, y declaró que "había recibido del papa la orden de quemar a los herejes que osaran levantarse contra sus santísimas indulgencias." –D'Aubigné, lib. 3, cap. 4.

Entonces Lutero inició resueltamente su obra como

campeón de la verdad. Su voz se oyó desde el púlpito en solemne exhortación. Expuso al pueblo el carácter ofensivo del pecado y les enseñó que es imposible para el hombre reducir su culpabilidad o evitar el castigo por sus propias obras. Sólo el arrepentimiento ante Dios y la fe en Cristo podían salvar al pecador. La gracia de Cristo no podía comprarse; era un don gratuito. Aconsejaba a sus oyentes que no comprasen indulgencias, sino que tuviesen fe en el Redentor crucificado. Les contaba su dolorosa experiencia personal, diciéndoles que en vano había intentado por medio de la humillación y de las mortificaciones del cuerpo asegurar su salvación, y afirmaba que desde que había dejado de mirarse a sí mismo y había confiado en Cristo, había alcanzado paz y gozo para su corazón.

Viendo que Tetzel seguía con su tráfico y sus impías declaraciones, Lutero resolvió hacer una protesta más fuerte contra semejantes abusos. Pronto se le ofreció una excelente oportunidad. La iglesia del castillo de Wittenberg era dueña de muchas reliquias que se exhibían al pueblo en ciertos días festivos, en ocasión de los cuales se concedía plena remisión de pecados a los que visitasen la iglesia e hiciesen confesión de sus culpas. De acuerdo con esto, el pueblo acudía en masa a aquel lugar. Una de estas oportunidades, y de las más importantes por cierto, se acercaba: la fiesta de "todos los santos." La víspera, Lutero, uniéndose a las muchedumbres que iban a la iglesia, fijó en las puertas del templo un papel que contenía noventa y cinco proposiciones contra la doctrina de las indulgencias. También declaró que estaba listo para defender aquellas tesis al día siguiente en la universidad, contra cualquiera que quisiera rebatirlas.

Estas proposiciones atrajeron la atención general. Fueron leídas y vueltas a leer y se repetían por todas partes. Fue muy intensa la excitación que produjeron en la universidad y en toda la ciudad. Demostraban que jamás se había otorgado al papa ni a hombre alguno el poder de perdonar los pecados y de remitir el castigo consiguiente. Todo ello no era sino una artimaña, un artificio para ganar dinero valiéndose de las supersticiones del pueblo, un invento de Satanás para destruir las almas de todos los que confiasen en tan necias mentiras. Se probaba además con toda evidencia que el evangelio de Cristo es el tesoro más valioso de la iglesia, y que la gracia de Dios revelada en Él se otorga gratuitamente a los que la buscan por medio del arrepentimiento y de la fe.

Las tesis de Lutero desafiaban a discutir; pero nadie osó aceptar el reto. Las proposiciones hechas por él se esparcieron luego por toda Alemania y en pocas semanas se extendieron por todos los dominios de la Cristiandad. Muchos devotos Romanistas, que habían visto y lamentado las terribles iniquidades que prevalecían en la iglesia, pero que no sabían qué hacer para detener su desarrollo, leyeron las proposiciones de Lutero con profundo regocijo, reconociendo en ellas la voz de Dios. Les pareció que el Señor extendía Su mano misericordiosa para detener el rápido avance de la ola de corrupción que procedía de la sede de Roma. Los príncipes y los magistrados se alegraron secretamente de que iba a ponerse un dique al orgulloso poder que negaba todo derecho a apelar de sus decisiones.

Pero las multitudes supersticiosas y dadas al pecado se aterrorizaron cuando vieron desvanecerse los sofismas que atenuaban sus temores. Los astutos eclesiásticos, al ver interrumpida su obra que sancionaba el crimen, y en peligro sus ganancias, se enojaron y se unieron para sostener sus pretensiones. El Reformador tuvo que hacer frente a crueles acusadores, algunos de los cuales le culpaban de ser violento y ligero para apreciar las cosas. Otros le acusaban de presuntuoso, y declaraban que no era guiado por Dios, sino que obraba a impulso del orgullo y de la insolencia. "¿Quién no sabe," respondía él, "que rara vez se proclama una idea nueva sin ser tildado de orgulloso, y sin ser acusado de buscar disputas? . . . ¿Por qué fueron inmolados Jesucristo y todos los mártires? Porque parecieron despreciar orgullosamente la sabiduría de su tiempo y porque anunciaron novedades, sin haber consultado previa y humildemente a los órganos de la opinión contraria."

Y añadía: "No debo consultar la prudencia humana, sino el consejo de Dios. Si la obra es de Dios, ¿quién la contendrá? Si no lo es ¿quién la adelantará? ¡Ni mi voluntad, ni la de ellos, ni la nuestra, sino la Tuya, oh Padre santo, que estás en el cielo!" –*Ibid.*, lib. 3, cap. 6.

A pesar de ser movido Lutero por el Espíritu de Dios para comenzar la obra, no había de llevarla a cabo sin duros conflictos. Las censuras de sus enemigos, la manera en que falsificaban los propósitos de Lutero y la mala fe con que juzgaban contraria e injustamente el carácter y los motivos del Reformador, le envolvieron como ola que todo lo sumerge; y no dejaron de tener su efecto. Lutero había abrigado la confianza de que los líderes del pueblo, tanto en la iglesia como en las escuelas se unirían con él de buen grado para colaborar en la obra de reforma. Ciertas palabras de estímulo que le habían dirigido algunos personajes de elevada categoría le habían infundido gozo y esperanza. Ya veía amanecer el alba de un día mejor para la iglesia; pero el estímulo se volvió en censura y en condenación. Muchos dignatarios de la iglesia y del estado estaban plenamente convencidos de la verdad de las tesis; pero pronto vieron que la aceptación de estas verdades entrañaba grandes cambios. Dar luz al pueblo y realizar una reforma equivalía a minar la autoridad de Roma y detener en el acto miles de corrientes que ahora iban a parar a las arcas del tesoro, lo que daría por resultado hacer disminuir la magnificencia y la ostentación de los eclesiásticos. Además, enseñar al pueblo a pensar y a obrar como seres responsables, mirando sólo a Cristo para obtener la salvación, equivalía a derribar el trono pontificio y destruir por tanto su propia autoridad. Por estos motivos rehusaron aceptar el conocimiento que Dios había puesto a su alcance y se declararon contra Cristo y la verdad, al oponerse a quien él había enviado para que les iluminase.

Lutero temblaba cuando se veía a sí mismo solo frente a los más opulentos y poderosos de la tierra. Dudaba a veces, preguntándose si en verdad Dios le impulsaba a levantarse contra la autoridad de la iglesia. "¿Quién era yo," escribió más tarde, "para oponerme a la majestad del papa, a cuya presencia temblaban . . . los reyes de la tierra? . . . Nadie puede saber lo que sufrió mi corazón en los dos primeros años, y en qué abatimiento, en qué desesperación caí muchas veces." –*Ibid.*, lib. 3, cap. 6. Pero no fue dejado solo en brazos del desánimo. Cuando le faltaba la ayuda de los hombres, la esperaba de Dios solo y aprendió así a confiar sin reserva en Su brazo todopoderoso.

Lutero le escribió a un amigo de la Reforma: "No se puede llegar a comprender las Escrituras, ni con el estudio, ni con la inteligencia; vuestro primer deber es pues empezar por la oración. Pedid al Señor que se digne, por Su gran misericordia, concederos el verdadero conocimiento de Su Palabra. No hay otro intérprete de la Palabra de Dios, que el mismo Autor de esta Palabra, según lo que ha dicho: 'Todos serán enseñados de Dios.' Nada esperéis de vuestros estudios ni de vuestra inteligencia; confiad únicamente en Dios y en la influencia de Su Espíritu. Creed a un hombre que lo ha experimentado." –*Ibid.*, lib. 3, cap. 7. Aquí tienen una lección de gran importancia los que sienten que Dios les ha llamado para presentar a otros en estos tiempos las verdades grandiosas de Su Palabra. Estas verdades despertarán la enemistad del diablo y de los hombres que tienen en mucha estimación las mentiras inventadas por él. En la lucha contra las fuerzas del mal necesitamos algo más que nuestro propio intelecto y la sabiduría de los hombres.

Mientras que los enemigos recurrían a las costumbres y a la tradición, o a los testimonios y a la autoridad del papa, Lutero los atacaba con la Biblia y sólo con la Biblia. En ella había argumentos que ellos no podían rebatir; y por esta razón, los esclavos del formalismo y de la superstición pedían a gritos la sangre de Lutero, como los Judíos habían pedido la sangre de Cristo. "Es un hereje," decían los fanáticos Romanistas. "¡Es un crimen de alta traición contra la iglesia dejar vivir una hora más tan horrible hereje: que preparen al punto un cadalso para él!" –*Ibid.*, lib. 3, cap. 9. Pero Lutero no fue víctima del furor de ellos. Dios le tenía reservada una tarea; y mandó a los ángeles del cielo para que le protegiesen. Pero muchos de los que recibieron de él la preciosa luz resultaron blanco de la ira del demonio, y por causa de la verdad sufrieron valientemente el tormento y la muerte.

Las enseñanzas de Lutero despertaron por toda Alemania la atención de los hombres juiciosos. Sus sermones y demás escritos arrojaban rayos de luz que alumbraban y despertaban a miles y miles de personas. Una fe viva fue reemplazando el formalismo muerto en que había estado viviendo la iglesia por tanto tiempo. El pueblo iba perdiendo cada día la confianza que había depositado en las supersticiones de Roma. Poco a poco iban desapareciendo las vallas de los prejuicios. La Palabra de Dios, por medio de la cual probaba Lutero cada doctrina y cada aserto, era como una espada de dos filos que penetraba en los corazones del pueblo. Por todas partes se notaba un gran deseo de adelanto espiritual. En todas partes había hambre y sed de justicia como no se habían conocido por siglos. Los ojos del pueblo, acostumbrados por tanto tiempo a mirar los ritos humanos y a los mediadores terrenales, se apartaban de éstos y se fijaban, con arrepentimiento y fe, en Cristo y Cristo crucificado.

Este interés general contribuyó a despertar más los recelos de las autoridades papales. Lutero fue citado a Roma para que contestara el cargo de herejía que pesaba sobre él. Este mandato llenó de espanto a sus amigos. Comprendían muy bien el peligro que correría en aquella ciudad corrompida y emborrachada con la sangre de los mártires de Jesús. De modo que protestaron contra su viaje a Roma y pidieron que fuese examinado en Alemania.

Así se convino al fin y se eligió al delegado papal que debería entender en el asunto. En las instrucciones que a éste dió el pontífice, se hacía constar que Lutero había sido declarado ya hereje. Se encargaba, pues, al legado que le procesara y obligara "sin tardanza." En caso de que se mantuviera firme, y el legado no lograra apoderarse de su persona, tenía poder para "proscribirle de todos los puntos de Alemania, así como para desterrar, maldecir y excomulgar a todos sus adherentes." –*Ibid.*, lib. 4, cap. 2. Además, para arrancar de raíz la pestilente herejía, el papa dió ordenes a su legado de que excomulgara a todos los que fueran negligentes en cuanto a prender a Lutero y a sus correligionarios para entregarlos a la venganza de Roma, cualquiera que fuera su categoría en la iglesia o en el estado, exceptuando al emperador.

Esto nos enseña el verdadero espíritu del papado. No hay en todo el documento un vestigio de principio Cristiano ni de la justicia más elemental. Lutero se hallaba a gran distancia de Roma; no había tenido oportunidad para explicar o defender sus opiniones; y sin embargo, antes que su caso fuese investigado, se le declaró resumidamente hereje, y en el mismo día fue exhortado, acusado, juzgado y sentenciado; ¡y todo esto por el que se llamaba padre santo, única autoridad suprema e infalible de la iglesia y del estado!

En aquel momento, cuando Lutero necesitaba tanto la simpatía y el consejo de un amigo verdadero, Dios en Su providencia mandó a Melanchton a Wittenberg. Joven aún, modesto y reservado, tenía Melanchton un criterio sano, extensos conocimientos y elocuencia persuasiva, rasgos todos que combinados con la pureza y rectitud de su carácter le ganaban el afecto y la admiración de todos. Su admirable talento no era más notable que su mansedumbre. Muy pronto fue discípulo sincero del evangelio a la vez que el amigo de más confianza de Lutero y su más valioso cooperador; su discreción, su dulzura, y su formalidad servían de contrapeso al valor y a la energía de Lutero. La unión de estos dos hombres en la obra vigorizó la Reforma y estimuló mucho a Lutero.

Augsburgo era el punto señalado para la verificación del juicio, y allá se dirigió a pie el Reformador. Sus amigos sintieron despertarse en sus ánimos serios temores por él. Se habían pronunciado amenazas sin ocultar de que le secuestrarían y le matarían en el camino, y sus amigos le rogaban que no se arriesgara. Hasta llegaron a aconsejarle que saliera de Wittenberg por una temporada y que se refugiara entre los muchos que gustosamente le protegerían. Pero él no quería dejar por nada el lugar donde Dios le había puesto. Debía seguir sosteniendo fielmente la verdad a pesar de las tempestades que se cernían sobre él. Sus palabras eran éstas: "Soy como Jeremías, el hombre de las disputas y de las discordias; pero cuanto más aumentan sus amenazas, más acrecientan mi alegría. . . . Han destrozado ya mi honor y mi reputación. Una sola cosa me queda, y es mi miserable cuerpo; que lo tomen; abreviarán así mi vida de algunas horas. En cuanto a mi alma, no pueden quitármela. El que quiere propagar la Palabra de Cristo en el mundo, debe esperar la muerte a cada instante." –*Ibid.*, lib. 4, cap. 4.

Las noticias de la llegada de Lutero a Augsburgo dieron gran satisfacción al legado del papa. El molesto hereje que había despertado la atención del mundo entero parecía hallarse ya en poder de Roma, y el legadó estaba resuelto a no dejarle escapar. El Reformador no se había cuidado de obtener un salvoconducto. Sus amigos le rogaron a que no se presentase sin él y ellos mismos se prestaron a conseguirlo del emperador. El legado quería obligar a Lutero a retractarse, o si no lo lograba, a hacer que lo llevaran a Roma para someterle a la suerte que habían corrido Hus y Jerónimo. Así que, por medio de sus agentes se esforzó en inducir a Lutero a que compareciese sin salvoconducto, confiando sólo en el arbitrio del legado. El Reformador se negó a ello resueltamente. No fue sino después de recibido el documento que le garantizaba la protección del emperador, cuando se presentó ante el embajador papal.

Los Romanistas pensaron que convenía conquistar a Lutero por una apariencia de bondad. El legado, en sus entrevistas con él, fingió gran amistad, pero le exigía que se sometiera implícitamente a la autoridad de la iglesia y que cediera a todo sin reserva alguna y sin alegar. En realidad no había sabido valorar el carácter del hombre con quien tenía que habérselas. Lutero, en debida respuesta, manifestó su veneración por la iglesia, su deseo de conocer la verdad, su disposición para contestar las objeciones que se hicieran a lo que él había enseñado, y que sometería sus doctrinas a la decisión de ciertas universidades de las principales. Pero, a la vez, protestaba contra la actitud del cardenal que le exigía que se retractara sin probarle primero que se hallaba en error.

La única respuesta que se le daba era: "¡Retráctate! ¡retráctate!" El Reformador adujo que su actitud era apoyada por las Santas Escrituras, y declaró con firmeza que él no podía renunciar a la verdad. El legado, no pudiendo refutar los argumentos de Lutero, le abrumó con una aglomeración de reproches, burlas y palabras de adulación, entremezcladas con citas de las tradiciones y dichos de los padres de la iglesia, sin dejar al Reformador oportunidad para hablar. Viendo Lutero que, de seguir así, la conferencia resultaría inútil, obtuvo al fin que se le diera, aunque de mala gana, permiso para presentar su respuesta por escrito.

"De esta manera," decía él, escribiendo a un amigo suyo, "la persona abrumada alcanza doble ganancia: primero, que lo escrito puede someterse al juicio de terceros; y segundo, que hay más oportunidad para apelar al temor, ya que no a la conciencia, de un déspota arrogante y charlatán que de otro modo se sobrepondría con su imperioso lenguaje." –Martyn, *The Life and Times of Luther*, págs. 271, 272.

En la subsiguiente entrevista, Lutero presentó una clara, concisa y rotunda exposición de sus opiniones, bien apoyada con muchas citas bíblicas. Este escrito, después de haberlo leído en alta voz, lo puso en manos del cardenal, quien lo arrojó desdeñosamente a un lado, declarando que era una mezcla de palabras tontas y de citas absurdas. Lutero se levantó con toda dignidad y atacó al orgulloso prelado en su mismo terreno – el de las tradiciones y enseñanzas de la iglesia – refutando completamente todas sus aseveraciones.

Cuando vió el prelado que aquellos razonamientos de Lutero eran indisputables, perdió el dominio sobre sí mismo y en un arrebato de ira exclamó: "¡Retráctate! que si no lo haces, te envío a Roma, para que comparezcas ante los jueces encargados de examinar tu caso. Te excomulgo a ti, a todos tus secuaces, y a todos los que te son o fueren favorables, y los expulso de la iglesia." Y en tono arrogante y airado dijo al fin: "Retráctate o no vuelvas." –D'Aubigné, lib. 4, cap. 8.

El Reformador se retiró luego junto con sus amigos, demostrando así a las claras que no debía esperarse una retractación de su parte. Pero esto no era lo que el cardenal se había propuesto. Se había halagado a sí mismo de que por la violencia obligaría a Lutero a someterse. Al quedarse solo con sus partidarios, miró de uno a otro desconsolado por el inesperado fracaso de sus planes.

Esta vez los esfuerzos de Lutero no quedaron sin buenos resultados. El vasto concurso reunido allí pudo comparar a ambos hombres y juzgar por sí mismo el espíritu que habían manifestado, así como la fuerza y veracidad de sus asertos. ¡Cuán grande era el contraste! El Reformador, humilde, sencillo, firme, se apoyaba en la fuerza de Dios, teniendo de su parte a la verdad; mientras que el representante del papa, dándose importancia, intolerante, hinchado de orgullo, falto de juicio, no tenía un solo argumento de las Santas Escrituras, y sólo gritaba con impaciencia: "Si no te retractas, serás despachado a Roma para que te castiguen."

Aunque Lutero tenía un salvoconducto, los Romanistas intentaban apresarle. Sus amigos insistieron en que, como ya era inútil su presencia allí, debía volver a Wittenberg sin demora y que era necesario ocultar sus propósitos con el mayor secreto. Conforme con esto salió de Augsburgo antes del alba, a caballo, y acompañado solamente por un guía que le proporcionara el magistrado. Con mucho cuidado cruzó las desiertas y obscuras calles de la ciudad. Enemigos vigilantes y crueles complotaban su muerte. ¿Lograría burlar las redes que le tendían? Momentos de ansiedad y de solemne oración eran aquellos. Llegó a una pequeña puerta en el muro de la ciudad; le fue abierta y pasó con su guía sin impedimento alguno. Viéndose ya seguros fuera de la ciudad, los fugitivos apresuraron su huida y antes que el legado se enterara de la partida de Lutero, ya se hallaba éste fuera del alcance de sus perseguidores. Satanás y sus emisarios habían sido derrotados. El hombre a quien pensaban tener en su poder se había escapado, como un pájaro de la red del cazador.

Al saber que Lutero se había ido, el legado quedó abatido por la sorpresa y el furor. Había pensado recibir muchos honores por su sabiduría y aplomo al tratar con el perturbador de la iglesia, y ahora quedaban frustradas sus esperanzas. Expresó su enojo en una carta que dirigió a Federico, elector de Sajonia, para quejarse amargamente de Lutero, y exigir que Federico enviase a Roma al Reformador o que le desterrase de Sajonia.

Lutero había pedido en su defensa, que el legado o el papa le demostrara sus errores por las Santas Escrituras, y se había comprometido solemnemente a renunciar a sus doctrinas si le probaban que estaban en contradicción con la Palabra de Dios. También había expresado su gratitud al Señor por haberle tenido por digno de sufrir por tan sagrada causa.

El elector tenía escasos conocimientos de las doctrinas reformadas, pero le impresionaban profundamente la fuerza, el candor y la claridad de las palabras de Lutero; y Federico resolvió protegerle mientras no le demostrasen que el Reformador estaba en error. Contestando las peticiones del prelado, dijo: "'En vista de que el doctor Martín Lutero compareció a vuestra presencia en Augsburgo, debéis estar satisfecho. No esperábamos que, sin haberlo convencido, pretendieseis obligarlo a retractarse. Ninguno de los sabios que se hallan en nuestros principados, nos ha dicho que la doctrina de Martín fuese impía, anticristiana y herética.' Y el príncipe rehusó enviar a Lutero a Roma y arrojarle de sus estados." –D'Aubigné, lib. 4, cap. 10.

El elector veía un decaimiento general en el estado moral de la sociedad. Se necesitaba una gran obra de reforma. Las disposiciones tan complicadas y costosas requeridas para refrenar y castigar los delitos estarían de más si los hombres reconocieran y obedecieran los mandatos de Dios y los dictados de una conciencia iluminada. Vió que los trabajos de Lutero tendían a este fin y se regocijó secretamente de que una influencia mejor se hiciese sentir en la iglesia.

Vió asimismo que como profesor de la universidad Lutero tenía mucho éxito. Sólo había transcurrido un año desde que el Reformador fijara sus tesis en la iglesia del castillo, y ya se notaba una disminución muy grande en el número de fieles que concurrían allí en la fiesta de todos los santos. Roma estaba perdiendo adoradores y ofrendas; pero al mismo tiempo había otros que se encaminaban a Wittenberg, no como peregrinos que iban a adorar reliquias, sino como estudiantes que invadían las escuelas para instruirse. Los escritos de Lutero habían despertado en todas partes nuevo interés por el conocimiento de las Sagradas Escrituras, y no sólo de todas partes de Alemania sino que hasta de otros países acudían estudiantes a las aulas de la universidad. Había jóvenes que, al ver a Wittenberg por vez primera, "levantaban . . . sus manos al cielo, y alababan a Dios, por haber hecho brillar en aquella ciudad, como en otro tiempo en Sión, la luz de la verdad, y la enviaba hasta los países más remotos." –*Ibid.*, lib. 4, cap. 10.

Lutero no estaba aún convertido del todo de los errores del Romanismo. Pero cuando comparaba los Sagrados Oráculos con los decretos y las constituciones papales, se maravillaba. "Leo," escribió, "los decretos de los pontífices, y . . . no sé si el papa es el mismo Anticristo o su apóstol, de tal manera está Cristo desfigurado y crucificado en ellos."

–*Ibid.*, lib. 5, cap. 1. A pesar de todo, Lutero seguía apoyando la Iglesia Romana y no había pensado en separarse de la comunión de ella.

Los escritos del Reformador y sus doctrinas se estaban extendiendo por todas las naciones de la Cristiandad. La obra se inició en Suiza y Holanda. Llegaron ejemplares de sus escritos a Francia y España. Inglaterra recibió sus enseñanzas como palabra de vida. La verdad se dió a conocer en Bélgica e Italia. Miles de creyentes despertaban de su mortal letargo y recibían el gozo y la esperanza de una vida de fe.

Roma se exasperaba más y más con los ataques de Lutero, y de entre los más porfiados enemigos de éste y aun de entre los doctores de las universidades Católicas, hubo quienes declararon que no se imputaría pecado al que matase al rebelde monje. Cierto día, un desconocido se acercó al Reformador con una pistola escondida debajo de su manto y le preguntó por qué iba solo. "Estoy en manos de Dios," contestó Lutero. "Él es mi fuerza y mi amparo. ¿Qué puede hacerme el hombre mortal?" –*Ibid.*, lib. 6, cap. 2. Al oír estas palabras el hombre se ocultó y huyó como si se hubiera hallado en presencia de los ángeles del cielo.

Roma estaba resuelta a destruir a Lutero, pero Dios era su defensa. Sus doctrinas se oían por todas partes, "en las cabañas, en los conventos, ... en los palacios de los nobles, en las academias, y en la corte de los reyes:" y aun hubo hidalgos que se levantaron por todas partes para sostener los esfuerzos del Reformador. –*Ibid.*, lib. 6, cap. 2.

En ese tiempo fue cuando Lutero, al leer las obras de Hus, descubrió que la gran verdad de la justificación por la fe, que él mismo enseñaba y sostenía, había sido expuesta por el Reformador Bohemio. "¡Todos hemos sido Husitas," dijo Lutero, "aunque sin saberlo; Pablo, Agustín y yo mismo!" Y añadía: "¡Dios pedirá cuentas al mundo, porque la verdad fue predicada hace ya un siglo, y la quemaron!" –Wylie, lib. 6, cap. 1.

En un llamamiento que dirigió Lutero al emperador y a la nobleza de Alemania a favor de la reforma del Cristianismo, decía refiriéndose al papa: "Es una cosa horrible contemplar al que se titula vicario de Jesucristo ostentando una magnificencia superior a la de los emperadores. ¿Es esto parecerse al pobre Jesús o al humilde Pedro? ¡Él es, dicen, el señor del mundo! Mas Cristo, del cual se jacta ser el vicario, dijo: 'Mi reino no es de este mundo.' El reino de un vicario ¿se extendería más allá que el de su Señor?"–D'Aubigné, lib. 6, cap. 3.

Refiriendose a las universidades, decía: "Temo mucho que las universidades sean unas anchas puertas del infierno, si no se aplican cuidadosamente a explicar la Escritura Santa y grabarla en el corazón de la juventud. Yo no aconsejaré a nadie que coloque a su hijo donde no reine la Escritura Santa. Todo instituto donde los hombres no están constantemente ocupados con la Palabra de Dios se corromperá." –*Ibid.*, lib. 6, cap. 3.

Este llamamiento circuló con rapidez por toda Alemania e influyó poderosamente en el ánimo del pueblo. La nación entera se sentía afectada y muchos se apresuraban a alistarse bajo el estandarte de la Reforma. Los enemigos de Lutero que se consumían en deseos de venganza, exigían que el papa tomara medidas decisivas contra él. Se decretó que sus doctrinas fueran condenadas inmediatamente. Se concedió un plazo de sesenta días al Reformador y a sus correligionarios, al cabo de los cuales, si no se retractaban, serían todos excomulgados.

Fue un tiempo de crisis terrible para la Reforma. Durante siglos la sentencia de excomunión pronunciada por Roma había sumido en el terror a los monarcas más poderosos, y había llenado los más soberbios imperios con desgracias y angustias. Aquellos sobre quienes caía la condenación eran mirados con espanto y horror; quedaban incomunicados de sus semejantes y se les trataba como a bandidos a quienes se debía perseguir hasta exterminarlos. Lutero no ignoraba la tormenta que estaba a punto de desencadenarse sobre él; pero se mantuvo firme, confiando en que Cristo era su escudo y fortaleza. Con la fe y el valor de un mártir, escribió: "¿Qué va a suceder? No lo sé, ni me interesa saberlo. . . . Sea donde sea que estalle el rayo, permanezco sin temor; ni una hoja del árbol cae sin el beneplácito de nuestro Padre celestial; ¡cuánto menos nosotros! Es poca cosa morir por el Verbo, pues que este

Verbo se hizo carne y murió por nosotros; con Él resucitaremos, si con Él morimos; y pasando por donde pasó, llegaremos adonde llegó, y moraremos con Él durante la eternidad." –*Ibid.*, lib. 6, cap. 9.

Cuando supo de la bula papal, dijo: "La desprecio y la ataco como impía y mentirosa. . . . El mismo Cristo es quien está condenado en ella. . . . Me regocijo de tener que sobrellevar algunos males por la más justa de las causas. Me siento ya más libre en mi corazón; pues sé finalmente que el papa es el Anticristo, y que su trono es el del mismo Satanás." –D'Aubigné, lib. 6, cap. 9.

Aun así el decreto de Roma no quedó sin efecto. La cárcel, el tormento y la espada eran armas eficaces para imponer la obediencia. Los débiles y los supersticiosos temblaron ante el decreto del papa, y si bien era general la simpatía hacia Lutero, muchos consideraron que la vida era demasiado valiosa para arriesgarla en la causa de la Reforma. Todo parecía indicar que la obra del Reformador iba a terminar.

Pero Lutero se mantuvo intrépido. Roma había lanzado sus maldiciones contra él, y el mundo pensaba que moriría o se daría por vencido. Pero con irresistible fuerza Lutero devolvió a Roma la sentencia de condenación, y declaró públicamente que había resuelto separarse de ella para siempre. En presencia de gran número de estudiantes, doctores y personas de todas las clases de la sociedad, Lutero quemó la bula del papa con las leyes canónicas, las decretales y otros escritos que sostenían el poder papal. "Al quemar mis libros," dijo él, "mis enemigos han podido causar descrédito a la verdad en el ánimo de la plebe y destruir sus almas; por esto yo también he destruido sus libros. Ha principiado una lucha reñida; hasta aquí no he hecho sino chancear con el papa; principié esta obra en nombre de Dios, y ella se acabará sin mí y por Su poder." –*Ibid.*, lib. 6, cap. 10.

A las burlas de sus enemigos que le desafiaban por la debilidad de su causa, contestaba Lutero: "¿Quién puede decir que no sea Dios el que me ha elegido y llamado; y que ellos al menospreciarme no debieran temer que están menospreciando a Dios mismo? Moisés iba solo a la salida de Egipto; Elías estaba solo, en los días del rey Acab; Isaías solo en Jerusalén; Ezequiel solo en Babilonia. . . . Dios no escogió jamás por profeta, ni al sumo sacerdote, ni a otro personaje distinguido, sino que escogió generalmente a hombres humildes y menospreciados, y en cierta ocasión a un pastor, Amós. En todo tiempo los santos debieron, con peligro de su vida, reprender a los grandes, a los reyes, a los príncipes, a los sacerdotes y a los sabios. . . . Yo no digo que soy un profeta, pero digo que deben temer precisamente porque yo soy solo, y porque ellos son muchos. De lo que estoy cierto es de que la palabra de Dios está conmigo y no con ellos." –*Ibid.*, lib. 6, cap. 10.

No fue sino después de haber sostenido una terrible lucha en su propio corazón, cuando finalmente decidió Lutero separarse de la iglesia. En aquella época de su vida, escribió lo siguiente: "Cada día comprendo mejor lo difícil que es para uno desprenderse de los escrúpulos que le fueron imbuidos en la niñez. ¡Oh! ¡cuánto no me ha costado, a pesar de que me sostiene la Santa Escritura, convencerme de que es mi obligación encararme yo solo con el papa y presentarlo como el Anticristo! ¡Cuántas no han sido las tribulaciones de mi corazón! ¡Cuántas veces no me he hecho a mí mismo con amargura la misma pregunta que he oído frecuentemente de labios de los papistas! '¿Tú solo eres sabio? ¿Todos los demás están equivocados? ¿Qué sucederá si al fin de todo eres tú el que estás en error y envuelves en el engaño a tantas almas que serán condenadas por toda la eternidad?' Así luché yo contra mí mismo y contra Satanás, hasta que Cristo, por Su Palabra infalible, fortaleció mi corazón contra estas dudas." –Martyn, págs. 372, 373.

El papa había amenazado a Lutero con la excomunión si no se retractaba, y la amenaza se cumplió. Se expidió una nueva bula para publicar la separación definitiva de Lutero de la Iglesia Romana. Lo declaraban maldito por el cielo, y se incluía en la misma condenación a todos los que recibiesen sus doctrinas. La gran lucha comenzaba de lleno.

La oposición es la suerte que les toca a todos aquellos a quienes emplea Dios para que prediquen verdades aplicables especialmente a su época. Había una verdad presente o de actualidad en los días de Lutero – una verdad que en esos días revestía especial importancia; y así hay ahora una verdad de actualidad para la iglesia en nuestros días. Al Señor que hace todas las cosas de acuerdo con Su voluntad le ha agradado colocar a los hombres en distintas condiciones y encomendarles deberes particulares, característicos del tiempo en que viven y según las circunstancias de que estén rodeados. Si ellos aprecian la luz que se les ha dado, obtendrán más amplia percepción de la verdad. Pero hoy en día la mayoría no tiene más deseo de la verdad que los papistas enemigos de Lutero. Existe hoy la misma disposición que antaño para aceptar las teorías y tradiciones de los hombres antes que las palabras de Dios. Y los que publican hoy este conocimiento de la verdad no deben esperar encontrar más aceptación que la que tuvieron los primeros reformadores. El gran conflicto entre la verdad y la mentira, entre Cristo y Satanás, irá aumentando en intensidad a medida que se acerque el fin de la historia de este mundo.

Jesús dijo a Sus discípulos: "Si fuerais del mundo, el mundo amaría lo suyo; pero porque no sois del mundo, sino que Yo os elegí del mundo, por eso el mundo os aborrece. Acordaos de la palabra que Yo os he dicho: El siervo no es mayor que su señor. Si a Mí me han perseguido, también a vosotros os perseguirán." Juan 15:19, 20. Y en otra ocasión dijo abiertamente: "¡Ay cuando todos los hombres hablen bien de vosotros!, porque de la misma manera hacían sus padres con los falsos profetas." Lucas 6:26. En nuestros días el espíritu del mundo no está más en armonía con el espíritu de Cristo que en tiempos pasados; y los que predican la Palabra de Dios en toda su pureza no encontrarán mejor acogida ahora que entonces. Las formas de oposición a la verdad pueden cambiar, la enemistad puede ser menos aparente en sus ataques porque es más sutil; pero existe la misma oposición que seguirá manifestándose hasta el fin de los siglos.

CAPÍTULO 8

UN CAMPEÓN DE LA VERDAD

UN NUEVO EMPERADOR, Carlos V, había ascendido al trono de Alemania, y los emisarios de Roma se apresuraron a presentarle sus respetos, y procuraron que el monarca emplease su poder contra la Reforma. Por otra parte, el elector de Sajonia, con quien Carlos tenía una gran deuda por su exaltación al trono, le rogó que no tomase medida alguna contra Lutero, sin antes haberle oído. De este modo, el emperador se hallaba en una comprometedora situación que le dejaba perplejo. Los papistas no se darían por contentos sino con un edicto imperial que sentenciase a muerte a Lutero. El elector había declarado terminantemente "que ni su majestad imperial, ni otro ninguno había demostrado que los escritos de Lutero hubiesen sido refutados;" y por este motivo, "pedía que el doctor Lutero, provisto de un salvoconducto, pudiese comparecer ante jueces sabios, piadosos e imparciales." –D'Aubigné, lib. 6, cap. 11.

La atención de todos se fijó en la reunión de los estados Alemanes convocada en Worms a poco de haber sido elevado Carlos al trono. Varios asuntos políticos importantes tenían que tratarse en dicha Dieta, en que por primera vez los príncipes de Alemania iban a ver a su joven monarca presidir una asamblea deliberativa. De todas partes del imperio acudieron los altos dignatarios de la iglesia y del estado. Nobles hidalgos, señores de elevada jerarquía, poderosos y celosos de sus derechos hereditarios; representantes del alto clero que ostentaban su categoría y superioridad; palaciegos seguidos de sus guardas armados, y embajadores de tierras extrañas y lejanas – todos se juntaron en Worms. Con todo, el asunto que despertaba más interés en aquella gran asamblea era la causa del Reformador Sajón.

Carlos había encargado ya de antemano al elector que condujese a Lutero ante la dieta, asegurándole protección, y prometiendo disponer una discusión libre con gente competente para debatir los motivos de disidencia. Lutero por su parte se encontraba deseoso de comparecer ante el monarca. Su salud por entonces no estaba muy buena; no obstante, escribió al elector: "Si no puedo ir a Worms bueno y sano, me haré llevar enfermo allá. Porque si el emperador me llama, no puedo dudar que sea un llamamiento de Dios. Si quieren usar de violencia contra mí, lo cual parece probable (puesto que no es para instruirse por lo que me hacen comparecer), lo confío todo en manos del Señor. Aun vive y reina el que conservó ilesos a los mancebos en la hornalla. Si no me quiere salvar, poco vale mi vida. Impidamos solamente que el evangelio sea expuesto al vilipendio de los impíos, y derramemos nuestra sangre por él, para que no triunfen. ¿Será acaso mi vida o mi muerte la que más contribuirá a la salvación de todos? . . . Esperadlo todo de mí, menos la fuga y la retractación. Huir, no puedo; y retractarme, mucho menos." –*Ibid.*, lib. 7, cap. 1.

La noticia de que Lutero comparecería ante la dieta circuló en Worms y despertó una agitación general. Aleandro a quien, como legado del papa, se le había confiado el asunto de una manera especial, se alarmó y enfureció. Sabía que el resultado sería desastroso para la causa del papado. Hacer investigaciones en un caso sobre el cual el papa había dictado ya sentencia condenatoria, era tanto como discutir la autoridad del soberano pontífice. Además de esto, temía que los elocuentes y poderosos argumentos de este hombre apartasen de la causa del papa a muchos de los príncipes. Por esta razón, insistió mucho cerca de Carlos en que Lutero no compareciese en Worms. Por este mismo tiempo se publicó la bula de excomunión contra Lutero, y esto, unido a las gestiones del legado, hizo ceder al emperador, quien escribió al elector diciéndole que si Lutero no quería retractarse debía quedarse en Wittenberg.

No bastaba este triunfo para Aleandro, el cual siguió intrigando para conseguir también que Lutero fuera condenado. Con una tenacidad digna de mejor causa, insistía en presentar al Reformador a los príncipes, a los prelados y a varios miembros de la dieta, "como sedicioso, rebelde, impío y blasfemo." Pero la vehemencia y la pasión de que daba pruebas el legado mostraba a las claras el espíritu de que estaba animado. "Es la ira y el deseo de venganza lo que le excita," decían, "y no el celo y la piedad." –*Ibid.* La mayoría de los miembros de la dieta estaban más dispuestos que nunca a ver con benevolencia la causa del Reformador y a inclinarse en su favor.

Con redoblado celo insistió Aleandro cerca del emperador para que cumpliese su deber de ejecutar los edictos papales. Esto empero, según las leyes de Alemania, no podía hacerse sin el visto bueno de los príncipes, y Carlos V, no pudiendo resistir a las instancias del nuncio, le aceptaron que llevara el caso ante la Dieta. "Fue éste un día de orgullo para el nuncio. La asamblea era grande y el negocio era aún mayor. Aleandro iba a alegar en favor de Roma, . . . madre y señora de todas las iglesias." Iba a defender al primado de San Pedro ante los principados de la Cristiandad. "Tenía el don de la elocuencia, y esta vez se elevó a la altura de la situación. Quiso la Providencia que ante el tribunal más augusto Roma fuese defendida por el más hábil de sus oradores, antes de ser condenada." –Wylie, lib. 6, cap. 4. Los que amparaban la causa de Lutero podían ver de antemano, no sin recelo, el efecto que produciría el discurso del legado. El elector de Sajonia no se hallaba presente, pero por indicación suya habían concurrido algunos de sus cancilleres para tomar nota del discurso de Aleandro.

Con todo el poder de la instrucción y la elocuencia se propuso Aleandro derribar la verdad. Arrojó contra Lutero cargo sobre cargo acusándole de ser enemigo de la iglesia y del estado, de vivos y muertos, de clérigos y laicos, de concilios y Cristianos en particular. "Hay," dijo, "en los errores de Lutero motivo para quemar a cien mil herejes."

En conclusión procuró calumniar a los adherentes de la fe reformada, diciendo: "¿Qué son todos estos Luteranos? Un puñado de gramáticos insolentes, de sacerdotes enviciados, de frailes disolutos, abogados ignorantes, nobles degradados y populacho pervertido y seducido. ¡Cuánto más numeroso, más hábil, más poderoso es el partido Católico! Un decreto unánime de esta ilustre asamblea iluminará a los sencillos, advertirá a los incautos, decidirá a los que dudan, fortalecerá a los débiles." –D'Aubigné, lib. 7, cap. 3.

Estas son las armas que en todo tiempo han ostentado los enemigos de la verdad. Estos son los mismos argumentos que presentan hoy los que sostienen el error, para combatir a los que propagan las enseñanzas de la Palabra de Dios. "¿Quiénes son estos predicadores de nuevas doctrinas? – exclaman los que abogan por la religión popular. Son incultos, escasos en número, y los más pobres de la sociedad. Y, con todo, pretenden tener la verdad y ser el pueblo escogido de Dios. Son ignorantes que se han dejado engañar. ¡Cuán superior es en número y en influencia nuestra iglesia! ¡Cuántos hombres grandes e ilustrados hay entre nosotros! ¡Cuánto más grande es el poder que está de nuestra parte!" Estos son los argumentos que más sacan a relucir y que parecen tener influencia en el mundo, pero que no son ahora de más peso que en los días del gran Reformador.

La Reforma no terminó, como muchos lo creen, al concluir la vida de Lutero. Tiene aún que seguir hasta el fin del mundo. Lutero tuvo una gran obra que hacer – la de dar a conocer a otros la luz que Dios hiciera brillar en su corazón; pero él no recibió toda la luz que iba a ser mostrada al mundo. Desde aquel tiempo hasta hoy y sin interrupción, nuevas luces han brillado sobre las Escrituras y nuevas verdades han sido dadas a conocer.

Honda fue la impresión que produjo en la asamblea el discurso del legado. Allí no estaba Lutero para refutar los cargos del campeón papal con las verdades convincentes y sencillas de la Palabra de Dios. Ningún esfuerzo se hizo para defender al Reformador. Se manifestaba una disposición general no sólo para condenarlo junto con las doctrinas que enseñaba, sino para arrancar de raíz la herejía. Roma había disfrutado de la oportunidad más favorable para defender su causa. Se había dicho todo cuanto pudiera decirse para justificarla. Aquella victoria aparente no fue sino la señal de la derrota. Desde aquel día el contraste entre la verdad y el error iba a resaltar más y más, porque la lucha entre ambos quedaba resueltamente empeñada. Nunca desde aquel momento iba a quedar Roma tan segura como antes lo estuviera.

En tanto que la mayoría de los miembros de la Dieta no hubieran vacilado en entregar a Lutero a la venganza de Roma, no eran pocos los que reconocían con dolor la corrupción que prevalecía en la iglesia, y deseaban que se concluyera con los abusos que sufría el pueblo Alemán a causa de la degradación e inmoralidad del clero. El legado había presentado al gobierno del papa del modo más favorable. Pero entonces el Señor tocó con Su poder a uno de los miembros de la Dieta a que hiciese una verdadera exposición de los efectos de la tiranía papal. Con noble firmeza el duque Jorge de Sajonia se levantó ante aquella asamblea de príncipes y expuso con aterradora exactitud los engaños y las abominaciones del papado y sus fatales consecuencias. En conclusión añadió:

"He aquí indicados algunos de los abusos de que acusan a Roma. Han echado a un lado la vergüenza, y no se aplican más que a una cosa: ¡al dinero! ¡siempre más dinero! . . . de modo que los predicadores que debieran enseñar la verdad, no predican sino la mentira; y no solamente son tolerados, sino también recompensados, porque cuanto más mientan, tanto más ganan. De esta fuente cenagosa es de donde dimanan todas esas aguas corrompidas. El desarreglo conduce a la avaricia. . . . ¡Ah! es un escándalo que da el clero, precipitando así tantas almas a una condenación eterna. Se debe efectuar una reforma universal." –*Ibid.*, cap. 4.

Ni el mismo Lutero hubiera podido hablar con tanta maestría y con tanta fuerza contra los abusos de Roma; y la circunstancia de ser el orador un declarado enemigo del Reformador daba más valor a sus palabras.

De haber estado abiertos los ojos de los circunstantes, habrían visto allí a los ángeles de Dios arrojando rayos de luz para disipar las tinieblas del error y abriendo las mentes y los corazones de todos, para que recibiesen la verdad. Era el poder del Dios de verdad y de sabiduría el que dominaba a los mismos adversarios de la Reforma y preparaba así el camino para la tremenda obra que iba a realizarse. Martín Lutero no estaba presente, pero la voz de Uno más grande que Lutero se había dejado oír en la asamblea.

La Dieta nombró una comisión encargada de preparar

una lista de todas las opresiones papales que agobiaban al pueblo Alemán. Esta lista, que contenía ciento una especificaciones, fue presentada al emperador, acompañada de una solicitud en que se le pedía que tomase medidas para reprimir estos abusos. "¡Cuántas almas Cristianas se pierden!" decían los solicitantes, "¡cuántas rapiñas! ¡cuántas exacciones exorbitantes! ¡y de cuántos escándalos está rodeado el jefe de la Cristiandad! Es menester precaver la ruina y el vilipendio de nuestro pueblo. Por esto unánimemente os suplicamos sumisos, pero con las más vivas instancias, que ordenéis una reforma general, que la emprendáis, y la acabéis." –*Ibid*.

El concilio pidió entonces que compareciese ante él el Reformador. A pesar de las intrigas, protestas y amenazas de Aleandro, el emperador accedió al fin, y Lutero fue citado a comparecer ante la Dieta. Con la notificación se expidió también un salvoconducto que garantizaba al Reformador su regreso a un lugar seguro. Ambos documentos le fueron llevados por un heraldo encargado de trasladar a Lutero de Wittenberg a Worms.

Los amigos de Lutero estaban horrorizados y desesperados. Sabedores del prejuicio y de la enemistad que contra él reinaban, pensaban que ni aun el salvoconducto sería respetado, y le aconsejaban que no expusiese su vida al peligro. Pero él replicó: "Los papistas . . . no deseaban que yo fuese a Worms, pero sí, mi condenación y mi muerte. ¡No importa! rogad, no por mí, sino por la Palabra de Dios. . . . Cristo me dará Su Espíritu para vencer a estos ministros del error. Yo los desprecio durante mi vida, y triunfaré de ellos con mi muerte. En Worms se agitan para hacer que me retracte. He aquí cuál será mi retractación: Antes decía que el papa era el vicario de Cristo; ahora digo que es el adversario del Señor, y el apóstol del diablo." –*Ibid.*, cap. 6.

Lutero no iba a emprender solo su peligroso viaje. Además del mensajero imperial, se decidieron a acompañarle tres de sus más fieles amigos. Melanchton deseaba ardientemente unirse con ellos. Su corazón estaba unido con el de Lutero y se desvivía por seguirle, aun hasta la prisión o la muerte. Pero sus ruegos fueron inútiles. Si asesinaban a Lutero, las esperanzas de la Reforma quedarían cifradas en los esfuerzos de su joven colaborador. Al despedirse de él, le dijo el Reformador: "Si yo no vuelvo, caro hermano, y mis enemigos me matan, no ceses de enseñar la verdad y permanecer firme en ella. . . . Trabaja en mi lugar. Si tú vives, poco importa que yo perezca." *–Ibid.*, cap. 7. Los estudiantes y los vecinos que se habían reunido para ver partir a Lutero estaban hondamente conmovidos. Una multitud de personas cuyos corazones habían sido transformados por el evangelio le despidieron con llantos. Así salieron de Wittenberg el Reformador y sus acompañantes.

En el camino notaron que siniestros presentimientos llenaban los corazones de cuantos hallaban al paso. En algunos puntos no les mostraron atención alguna. En uno de ellos donde pasaron la noche, un sacerdote amigo manifestó sus temores al Reformador, enseñándole el retrato de un reformador Italiano que había padecido el martirio. Al día siguiente se supo que los escritos de Lutero habían sido condenados en Worms. Los pregoneros del emperador publicaban su decreto y obligaban al pueblo a que entregase a los magistrados las obras del Reformador. El heraldo, temiendo por la seguridad de Lutero en la Dieta y creyendo que ya empezaba a cejar en su propósito de acudir a la Dieta, le preguntó si estaba aún resuelto a seguir adelante. Lutero contestó: "¡Aunque se me ha puesto entredicho en todas las ciudades, continuaré!" *–Ibid.*

En Erfurt, Lutero fue recibido con honra. Rodeado por multitudes que le admiraban, atravesó aquellas mismas calles que antes recorriera tan a menudo con su bolsa de limosnero. Visitó la celda de su convento y meditó en las luchas mediante las cuales la luz que ahora inundaba Alemania había penetrado en su alma. Deseaban oírle predicar. Esto le era prohibido, pero el heraldo acepto la invitación y el mismo que había sido fraile sirviente del convento ocupó ahora el púlpito.

Habló a la vasta concurrencia de las palabras de Cristo: "La paz sea con vosotros." "Los filósofos," dijo, "doctores y escritores han intentado demostrar cómo puede el hombre alcanzar la vida eterna, y no lo han conseguido. Yo os lo explicaré ahora. . . . Dios resucitó a un Hombre, a Jesucristo nuestro Señor, por quien anonada la muerte, destruye el pecado y cierra las puertas del infierno. He aquí la obra de salvación. . . . ¡Jesucristo venció! ¡he aquí la grata nueva! y somos salvos por Su obra, y no por las nuestras. . . . Nuestro Señor Jesucristo dice: '¡La paz sea con vosotros! mirad Mis manos;' es decir: Mira, ¡oh hombre! Yo soy, Yo solo soy quien he borrado tus pecados y Te he rescatado. ¡Por esto tienes ahora la paz! dice el Señor."

Y siguió explicando cómo la verdadera fe se manifiesta en una vida santa: "Puesto que Dios nos ha salvado, obremos de un modo digno de Su aprobación. ¿Eres rico? Sirvan tus bienes a los pobres. ¿Eres pobre? Tu labor sirva a los ricos. Si tu trabajo no es útil más que para ti mismo, el servicio que pretendes hacer a Dios no es más que mentira." –*Ibid.*

El pueblo escuchaba embelesado. Se repartió el pan de vida entre aquellas almas hambrientas. Cristo fue ensalzado ante ellas por encima de papas, legados, emperadores y reyes. No dijo Lutero una palabra tocante a su peligrosa situación. No quería ser el centro de los pensamientos y de las simpatías. En la contemplación de Cristo se perdía de vista a sí mismo. Se ocultaba detrás del Hombre del Calvario y sólo procuraba presentar a Jesús como Redentor de los pecadores.

El Reformador prosiguió su viaje siendo agasajado en todas partes y considerado con grande interés. Las gentes salían corriendo a su encuentro, y algunos amigos le ponían en guardia contra el propósito hostil que respecto de él acariciaban los Romanistas. "Os echarán en una hoguera," le decían, "y os reducirán a cenizas como lo hicieron con Juan Hus." Él contestaba: "Aun cuando encendiesen un fuego que se extendiera desde Worms hasta Wittenberg, y se elevara hasta el cielo, lo atravesaría en nombre del Señor; compareceré ante ellos, entraré en la boca de ese Behemoth, romperé sus dientes, y confesaré a nuestro Señor Jesucristo." –*Ibid*.

Al tener noticias de que se aproximaba a Worms, el pueblo se conmovió. Sus amigos temblaron recelando por su seguridad; los enemigos temblaron porque desconfiaban del éxito de su causa. Se hicieron los últimos esfuerzos para convencer a Lutero de no entrar en la ciudad. Por instigación de los papistas se le instó a hospedarse en el castillo de un caballero amigo, en donde, se aseguraba, todas las dificultades podían arreglarse pacíficamente. Sus amigos se esforzaron por despertar temores en él explicándoles los peligros que le amenazaban. Todos sus esfuerzos fracasaron. Lutero sin inmutarse, dijo: "Aunque haya tantos diablos en Worms cuantas tejas hay en los techos, entraré allí." *–Ibid.*

Cuando llegó a Worms una enorme muchedumbre se agolpó a las puertas de la ciudad para darle la bienvenida. No se había reunido tan gran multitud para saludar la llegada del emperador mismo. La agitación era intensa, y de en medio del gentío se elevó una voz quejumbrosa que cantaba una endecha fúnebre, como tratando de avisar a Lutero de la suerte que le estaba reservada. "Dios será mi defensa," dijo él al apearse de su carruaje.

Los papistas no creían que Lutero se atrevería a comparecer en Worms, y su llegada a la ciudad fue para ellos motivo de profunda consternación. El emperador reunió inmediatamente a sus consejeros para acordar lo que debía hacerse. Uno de los obispos, fanático papista, dijo: "Mucho tiempo hace que nos hemos consultado sobre este asunto. Deshágase pronto de ese hombre vuestra majestad imperial. ¿No hizo quemar Segismundo a Juan Hus? Nadie está obligado a conceder ni a respetar un salvoconducto dado a un hereje." "No," dijo el emperador, "lo que uno ha prometido es menester cumplirlo." *–Ibid.*, cap. 8. Se estuvo de acuerdo entonces en que el Reformador sería oído.

Todos ansiaban ver a aquel hombre tan notable, y un número inmenso de seres se agolparon junto a la casa en donde se hospedaba. Hacía poco que Lutero se había repuesto de la enfermedad que poco antes le aquejara; estaba debilitado por el viaje que había durado dos semanas enteras; debía prepararse para los animados acontecimientos del día siguiente y necesitaba quietud y reposo. Era tan grande la curiosidad que tenían todos por verlo, que no bien había descansado unas pocas horas cuando llegaron a la posada de Lutero condes, barones, caballeros, hidalgos, eclesiásticos y ciudadanos que ansiaban ser recibidos por él. Entre estos visitantes se contaban algunos de aquellos nobles que con tanta valentía pidieran al emperador que emprendiera una reforma de los abusos de la iglesia, y que, decía Lutero, "habían sido libertados por mi evangelio." –Martyn, pág. 393. Todos, amigos como enemigos, venían a ver al monje indómito, que los recibía con inalterable serenidad y a todos contestaba con saber y dignidad. Su porte era distinguido y resuelto. Su rostro delicado y pálido dejaba ver huellas de cansancio y enfermedad, a la vez que una mezcla de bondad y gozo. Sus palabras, impregnadas de solemnidad y profundo fervor, le daban un poder que sus mismos enemigos no podían resistir. Amigos y enemigos estaban maravillados. Algunos estaban convencidos de que lo sostenía una fuerza divina; otros decían de él lo que los Fariseos decían de Cristo: "Demonio tiene."

Al día siguiente de su llegada Lutero fue citado a comparecer ante la Dieta. Se nombró a un dignatario imperial para que lo condujese a la sala de audiencias, a la que llegaron no sin dificultad. Todas las calles estaban obstruídas por la multitud que se agolpaba en todas partes, curioso de conocer al monje que se había atrevido a desafiar la autoridad del papa.

En el momento en que entraba en la presencia de sus jueces, un viejo general, héroe de muchas batallas, le dijo en tono bondadoso: "¡Frailecito! ¡frailecito! ¡haces frente a una empresa tan ardua, que ni yo ni otros capitanes hemos visto jamás tal en nuestros más sangrientos combates! Pero si tu causa es justa, y si estás convencido de ello, ¡avanza en nombre de Dios, y nada temas! ¡Dios no te abandonará!" –D'Aubigné lib. 7, cap. 8.

Se abrieron por fin ante él las puertas del concilio. El emperador ocupaba el trono, a su alrededor se encontraban los más ilustres personajes del imperio. Ningún hombre compareció jamás ante un asamblea tan imponente como aquella ante la cual compareció Martín Lutero para dar razón de su fe. "Esta comparecencia era ya un manifiesto triunfo conseguido sobre el papismo. El papa había condenado a este hombre; y él se hallaba ante un tribunal que se colocaba así sobre el papa. El papa le había puesto en entredicho y expulsado de toda sociedad humana, y sin embargo se le había convocado con términos honrosos, e introducido ante la más augusta asamblea del universo. El papa le había impuesto silencio; él iba a hablar delante de miles de oyentes reunidos de los países más remotos de la Cristiandad. Una revolución sin límites se había cumplido así por medio de Lutero. Roma bajaba ya de su trono, y era la palabra de un fraile la que la hacía descender." –*Ibid.*

Al encontrarse ante tan augusta asamblea, el Reformador de humilde cuna pareció sentirse cohibido. Algunos de los príncipes, observando su emoción, se acercaron a él y uno de ellos le dijo al oído: "No temáis a aquellos que no pueden matar más que el cuerpo y que nada pueden contra el alma." Otro añadió también: "Cuando os entregaren ante los reyes y los gobernadores, no penséis cómo o qué habéis de hablar; el Espíritu de vuestro Padre hablará por vosotros." Así fueron recordadas las palabras de Cristo por los grandes de la tierra para animar al siervo fiel en la hora de la prueba.

Lutero fue llevado hasta un lugar situado frente al trono del emperador. Un profundo silencio reinó en la numerosa asamblea. En seguida un alto dignatario se puso en pie y señalando una colección de los escritos de Lutero, exigió que el Reformador contestase dos preguntas: Si reconocía aquellas obras como suyas, y si estaba dispuesto a retractar el contenido de ellas. Habiendo sido leídos los títulos de los libros, Lutero afirmó que sí los reconocía como suyos. "Tocante a la segunda pregunta," añadió, "atendido que concierne a la fe y a la salvación de las almas, en la que se halla interesada la Palabra de Dios, a saber el más grande y precioso tesoro que existe en los cielos y en la tierra, obraría yo imprudentemente si respondiera sin reflexión. Pudiera afirmar menos de lo que se mi pide, o más de lo que exige la verdad, y hacerme así culpable contra esta palabra de Cristo: 'A cualquiera que Me niegue delante de los hombres, Yo también le negaré delante de Mi Padre que está en los cielos." Mateo 10:33. Por esta razón, suplico a su majestad imperial, con toda sumisión, se digne concederme tiempo, para que pueda yo responder sin manchar la Palabra de Dios." –*Ibid.*

Lutero obró discretamente al hacer esta súplica. Sus palabras convencieron a la asamblea de que él no hablaba movido por pasión ni arrebato. Esta cautela, esta calma tan sorprendente en semejante hombre, acrecentó su fuerza, y le preparó para contestar más tarde con una sabiduría, una firmeza y una dignidad que iban a frustrar las esperanzas de sus adversarios y confundir su malicia y su orgullo.

Al día siguiente debía comparecer de nuevo para dar su respuesta final. Por unos momentos, al verse frente a tantas fuerzas que se unían para hacer causa común contra la verdad, sintió desmayar su corazón. Flaqueaba su fe; se sintió lleno de temor y horror. Los peligros se multiplicaban ante su vista y parecía que sus enemigos estaban cercanos al triunfo, y que las potestades de las tinieblas iban a prevalecer. Las nubes se agolpaban sobre su cabeza y le ocultaban la faz de Dios. Deseaba con ansia estar seguro de que el Señor de los ejércitos le ayudaría. Con el ánimo angustiado se postró en el suelo, y con gritos entrecortados que sólo Dios podía comprender, exclamó:

"¡Dios Todopoderoso! ¡Dios eterno! ¡cuán terrible es el mundo! ¡cómo abre la boca para tragarme! ¡y qué débil es la confianza que tengo en Ti! . . . Si debo confiar en lo que es poderoso según el mundo, ¡estoy perdido! ¡Está tomada la última resolución, y está pronunciada la sentencia! . . . ¡Oh Dios mío! ¡Asísteme contra toda la sabiduría del mundo! Hazlo . . . Tú solo . . . porque no es obra mía sino Tuya. ¡Nada tengo que hacer aquí, nada tengo que combatir contra estos grandes del mundo! . . . ¡Mas es Tuya la causa, y ella es justa y eterna! ¡Oh Señor! ¡sé mi ayuda! ¡Dios fiel, Dios inmutable! ¡No confío en ningún hombre, pues sería en vano! por cuanto todo lo que procede del hombre fallece. . . . Me elegiste para esta empresa. . . . Permanece a mi lado en nombre de Tu Hijo muy amado, Jesucristo, el cual es mi defensa, mi escudo y mi fortaleza." –*Ibid.*

Una sabia providencia permitió a Lutero entender debidamente el peligro que le amenazaba, para que no confiase en su propia fuerza y se presentase frente al peligro con temeridad y presunción. Sin embargo no era el temor del dolor corporal, ni de las terribles torturas que le amenazaban, ni la misma muerte que parecía tan cercana, lo que le abrumaba y le llenaba de terror. Había llegado al momento crítico y no se sentía capaz de hacerle frente. Temía que por su debilidad la causa de la verdad se malograra.

No suplicaba a Dios por su propia seguridad, sino por el triunfo del evangelio. La angustia que sintiera Israel en aquella lucha nocturna que sostuviera a orillas del arroyo solitario, era la que él sentía en su alma. Y lo mismo que Israel, Lutero prevaleció con Dios. En su desamparo su fe se cifró de Cristo el poderoso Libertador. Se sintió fortalecido con la plena certeza de que no comparecería solo ante el concilio. La paz volvió a su alma y se inundó de gozo su corazón al pensar que iba a ensalzar a Cristo ante los gobernantes de la nación.

Con el ánimo puesto en Dios se preparó Lutero para la lucha que le aguardaba. Meditó un plan de defensa, examinó pasajes de sus propios escritos y sacó pruebas de las Santas Escrituras para sostener sus proposiciones. Luego, colocando la mano izquierda sobre la Biblia que estaba abierta delante de él, alzó su mano hacia el cielo y juró "permanecer fiel al evangelio, y confesar libremente su fe, aunque tuviese que sellar su confesión con su sangre." *–Ibid.*

Cuando fue llevado nuevamente ante la Dieta, su semblante no mostraba sombra alguna de temor ni de cortedad. Sereno y manso, a la vez que valiente y digno, se presentó como testigo de Dios entre los poderosos de la tierra. El canciller le exigió que dijese si se retractaba de sus doctrinas. Lutero respondió del modo más manso y humilde, sin violencia ni apasionamiento. Su porte era correcto y respetuoso, pero revelaba en sus modales una confianza y un gozo que llenaban de sorpresa a la asamblea.

"¡Serenísimo emperador! ¡ilustres príncipes, benignísimos señores!" dijo Lutero. "Comparezco humildemente hoy ante vosotros, según la orden que se me comunicó ayer, suplicando por la misericordia de Dios, a vuestra majestad y a vuestras augustas altezas, se dignen escuchar bondadosamente la defensa de una causa acerca de la cual tengo la convicción que es justa y verdadera. Si falto por ignorancia a los usos y conveniencias de las cortes, perdonádmelo; pues no he sido educado en los palacios de los reyes, sino en la obscuridad del claustro." *–Ibid.*

Entrando luego en el asunto pendiente, señaló que sus escritos no eran todos del mismo carácter. En algunos había tratado de la fe y de las buenas obras y aun sus enemigos los declaraban no sólo inofensivos, sino hasta útiles. Retractarse de ellos, dijo, sería condenar verdades que todo el mundo se gozaba en confesar. En otros escritos exponía los abusos y la corrupción del papado. Revocar lo que había dicho sobre el particular equivaldría a infundir nuevas fuerzas a la tiranía de Roma y a ampliar aun más la ya ancha puerta para tan grandes impiedades. Finalmente había una tercera categoría de escritos en que atacaba a simples particulares que querían defender los males reinantes. En cuanto a esto confesó francamente que los había atacado con más acritud de lo debido. No se declaró inocente, pero tampoco podía retractarse de sus libros, sin envalentonar a los enemigos de la verdad, dándoles ocasión para despedazar con mayor crueldad al pueblo de Dios.

"Sin embargo," añadió, "soy un simple hombre, y no Dios; por consiguiente me defenderé como lo hizo Jesucristo al decir: 'Si he hablado mal, dadme testimonio del mal.' . . . Os conjuro por el Dios de las misericordias, a vos, serenísimo emperador y a vosotros, ilustres príncipes, y a todos los demás, de alto o baja graduación, a que me probéis, por los escritos de los profetas y de los apóstoles, que he errado. Así que me hayáis convencido, retractaré todos mis errores y seré el primero en echar mano de mis escritos para arrojarlos a las llamas.

"Lo que acabo de decir muestra claramente que he considerado y pesado bien los peligros a que me expongo; pero lejos de acobardarme, es para mí motivo de gozo ver que el evangelio es hoy día lo que antes, una causa de disturbio y de discordia. Este es el carácter y el destino de la Palabra de Dios. 'No vine a traeros paz, sino guerra,' dijo Jesucristo. Dios es admirable y terrible en Sus juicios; temamos que al pretender reprimir las discordias, persigamos la Palabra de Dios, y hagamos caer sobre nosotros un diluvio de irresistibles peligros, desastres presentes y desolaciones eternas. . . . Yo pudiera citar ejemplos sacados de la Sagrada Escritura, y hablaros de Faraón, de los reyes de Babilonia y de los de Israel, quienes jamás obraron con más eficacia para su ruina, que cuando por consejos en apariencia muy sabios, pensaban consolidar su imperio. Dios 'remueve las montañas y las derriba antes que lo perciban.' " –*Ibid.*

Lutero había hablado en Alemán; se le pidió que repitiera su discurso en Latín. Y aunque cansado por el primer esfuerzo, hizo lo que se le pedía y repitió su discurso en Latín, con la misma energía y claridad que la primera vez. La mano de Dios dirigió este asunto. La mente de muchos de los príncipes estaba tan cegada por el error y la superstición que la primera vez no apreciaron la fuerza de los argumentos de Lutero; pero al repetirlos el orador pudieron apreciar mejor los puntos desarrollados por él.

Aquellos que cerraban obstinadamente los ojos para no ver la luz, resueltos ya a no aceptar la verdad, se llenaron de odio al oír las poderosas palabras de Lutero. Tan luego como hubo dejado de hablar, el que tenía que contestar en nombre de la Dieta le dijo con indignación: "No habéis respondido a la pregunta que se os ha hecho. . . . Se exige de vos una respuesta clara y precisa. ¿Queréis retractaros, sí o no?"

El Reformador contestó: "Ya que su serenísima majestad y sus altezas exigen de mí una respuesta sencilla, clara y precisa, voy a darla, y es ésta: Yo no puedo someter mi fe ni al papa ni a los concilios, porque es tan claro como la luz del día que ellos han caído muchas veces en el error así como en muchas contradicciones consigo mismos. Por lo cual, si no se me convence con testimonios bíblicos, o con razones evidentes, y si no se me persuade con los mismos textos que yo he citado, y si no sujetan mi conciencia a la Palabra de Dios, *yo no puedo ni quiero retractar nada,* por no ser digno de un Cristiano hablar contra su conciencia. Heme aquí; no me es dable hacerlo de otro modo. ¡Que Dios me ayude! ¡Amén!" –*Ibid.*

Así se mantuvo este hombre recto en el firme fundamento de la Palabra de Dios. La luz del cielo iluminaba su rostro. La grandeza y pureza de su carácter, el gozo y la paz de su corazón eran manifiestos a todos los que le oían dar su testimonio contra el error, y veían en él esa fe que vence al mundo.

La asamblea entera quedó por un tiempo muda de asombro. La primera vez había hablado Lutero en tono respetuoso y bajo, en actitud casi sumisa. Los Romanistas habían interpretado todo esto como prueba evidente de que el valor empezaba a faltarle. Se habían figurado que la solicitud de un plazo para dar su contestación equivalía al preludio de su retractación. Carlos mismo, al notar no sin desprecio el hábito raído del fraile, su actitud tan llana, la sencillez de su oración, había exclamado: "Este monje nunca hará un hereje de mí." Empero el valor y la energía que esta vez desplegara, así como la fuerza y la claridad de los argumentos expuestos, los dejaron a todos sorprendidos. El emperador, lleno de admiración, exclamó entonces: "El fraile habla con un corazón intrépido y con inmutable valor." Muchos de los príncipes Alemanes veían con orgullo y satisfacción a este representante de su raza.

Los partidarios de Roma estaban derrotados; su causa ofrecía un aspecto muy desfavorable. Procuraron conservar su poderío, no por medio de las Escrituras, sino recurriendo a las amenazas, como lo hace siempre Roma en semejantes casos. El orador de la Dieta dijo: "Si no te retractas, el emperador y los estados del imperio verán lo que debe hacerse con un hereje obstinado."

Los amigos de Lutero, que habían escuchado su noble defensa, poseídos de sincero regocijo, temblaron al oír las palabras del orador oficial; pero el doctor mismo, con toda calma, repuso: "¡Dios me ayude! porque de nada puedo retractarme." –*Ibid.*

Se indicó a Lutero que se retirase mientras los príncipes deliberaban. Todos estaban concierto de que era un momento de gran crisis. La persistente negativa de Lutero a someterse podía afectar la historia de la iglesia por muchos siglos. Se acordó darle otra oportunidad para retractarse. Por última vez le hicieron entrar de nuevo en la sala. Se le volvió a preguntar si renunciaba a sus doctrinas. Contestó: "No tengo otra respuesta que dar, que la que he dado." Quedaba bien claro y evidente que no podrían inducirle a ceder, ni de grado ni por fuerza, a las exigencias de Roma.

Los caudillos papales estaban acongojados porque su poder, que había hecho temblar a los reyes y a los nobles, era así despreciado por un pobre monje, y se propusieron hacerle sentir su ira, entregándole al tormento. Pero, reconociendo Lutero el peligro que corría, había hablado a todos con dignidad y serenidad Cristiana. Sus palabras habían estado libres de orgullo, pasión o falsedad. Se había perdido de vista a sí mismo y a los grandes hombres que le rodeaban, y sólo sintió que se hallaba en presencia de Uno que era infinitamente superior a los papas, a los prelados, a los reyes y a los emperadores. Cristo mismo había hablado por medio del testimonio de Lutero con tal poder y grandeza, que tanto en los amigos como en los adversarios despertó temor y asombro. El Espíritu de Dios había estado presente en aquel concilio impresionando vivamente los corazones de los jefes del imperio. Varios príncipes reconocieron sin embozo la justicia de la causa del Reformador. Muchos quedaron convencidos de la verdad; pero en algunos la impresión no fue duradera. Otros aún hubo que en aquel momento no manifestaron sus convicciones, pero que, habiendo estudiado las Escrituras después, llegaron a ser intrépidos sostenedores de la Reforma.

El elector Federico había aguardado con ansiedad la comparecencia de Lutero ante la Dieta y escuchó su discurso con profunda emoción. Experimentó satisfacción y orgullo al presenciar el valor del fraile, su firmeza y el modo en que se mostraba dueño de sí mismo, y decidió defenderle con mayor firmeza que antes. Comparó entre sí a ambas partes contendientes, y vió que la sabiduría de los papas, de los reyes y de los prelados había sido anulada por el poder de la verdad. El papado había sufrido una derrota que se iba a dejar sentir en todas las naciones al través de los siglos.

Al notar el legado el efecto que produjeran las palabras de Lutero, temió, como nunca había temido, por la seguridad del poder papal, y resolvió usar de todos los medios que estuviesen a su alcance para acabar con el Reformador. Con toda la elocuencia y la habilidad diplomática que le distinguían en gran manera, convenció al joven emperador de la insensatez y el peligro que representaba el sacrificar, en favor de un insignificante fraile, la amistad y el apoyo de la poderosa sede de Roma.

Sus palabras no fueron inútiles. El día después de la respuesta de Lutero, Carlos mandó a la Dieta un mensaje en que manifestaba su determinación de continuar la política de sus antecesores de sostener y proteger la religión Romana. Ya que Lutero se negaba a renunciar a sus errores, se aplicarían las medidas más enérgicas contra él y contra las herejías que enseñaba. "Un solo fraile, extraviado por su propia locura, se levanta contra la fe de la Cristiandad. Sacrificaré mis reinos, mi poder, mis amigos, mis tesoros, mi cuerpo, mi sangre, mi espíritu y mi vida para contener esta impiedad. Voy a despedir al agustino Lutero, prohibiéndole causar el más leve tumulto entre el pueblo; en seguida procederé contra él y sus secuaces, como contra herejes declarados, por medio de la excomunión, de la suspensión y por todos los medios convenientes para destruirlos. Pido a los miembros de los estados que se conduzcan como fieles Cristianos." –*Ibid.*, cap. 9. No obstante el emperador declaró que el salvoconducto de Lutero debía ser respetado y que antes de que se pudiese proceder contra él, debía permitírsele llegar a su casa sano y salvo.

Dos opiniones encontradas fueron entonces propuestas por los miembros de la Dieta. Los emisarios y representantes del papa exigían que el salvoconducto del Reformador fuera violado. "El Rin," decían, "debe recibir sus cenizas, como recibió hace un siglo las de Juan Hus." –*Ibid.* Pero los príncipes Alemanes, si bien papistas y enemigos jurados de Lutero, se opusieron a que se violara de esa manera la fe pública, alegando que aquello sería un insulto al honor de la nación. Recordaron las calamidades que habían sobrevenido por la muerte de Juan Hus y declararon que ellos no se atrevían a acarrearlas a Alemania ni a su joven emperador.

Carlos mismo dijo, en respuesta a la vil propuesta: "Aun cuando la buena fe y la fidelidad fuesen desterradas del universo, deberían hallar refugio en el corazón de los príncipes." –*Ibid.* Pero los enemigos más encarnizados de Lutero siguieron hostigando al monarca para que hiciera con el Reformador lo que Segismundo hiciera con Hus: abandonarle a la suerte de la iglesia; pero Carlos V evocó la escena en que Hus, señalando las cadenas que lo apresionaban, le recordó al monarca su palabra que había sido quebrantada, y contestó: "Yo no quiero sonrojarme como Segismundo." –Lenfant, tomo 1, pág. 422.

Carlos empero había rechazado con conocimiento de causa las verdades expuestas por Lutero. El emperador había declarado: "Estoy firmemente resuelto a seguir el ejemplo de mis antepasados." –D'Aubigné, lib. 7, cap. 9. Estaba decidido a no salirse del sendero de la costumbre, ni siquiera para ir por el camino de la verdad y de la rectitud. Sus padres lo habían sostenido, y él también sostendría al papado y toda su crueldad y corrupción. De modo que se dispuso a no aceptar más luz que la que habían recibido sus padres y a no hacer cosa que ellos no hubiesen hecho.

Son muchos los que en la actualidad se aferran a las costumbres y tradiciones de sus padres. Cuando el Señor les envía alguna nueva luz se niegan a aceptarla porque sus padres, por no haberlas conocido, no la recibieron. No estamos en la misma situación que nuestros padres, y por lo tanto nuestros deberes y responsabilidades no son los mismos tampoco. No nos aprobará Dios si miramos el ejemplo de nuestros padres para determinar lo que es nuestro deber, en vez de escudriñar la Biblia por nosotros mismos. Nuestra responsabilidad es más grande que la de nuestros antepasados. Somos deudores por la luz que recibieron ellos y que nos entregaron como herencia, y deudores por la gran luz que nos alumbra hoy procedente de la Palabra de Dios.

Cristo dijo a los incrédulos Judíos: "Si Yo no hubiera venido, ni les hubiera hablado, no hubieran tenido pecado; pero ahora no tienen excusa de su pecado." Juan 15:22. El mismo poder divino habló por boca de Lutero al emperador y a los príncipes de Alemania. Y mientras la luz resplandecía procedente de la Palabra de Dios, Su Espíritu alegó por última vez con muchos de los que se hallaban en aquella asamblea. Así como Pilato, siglos antes, permitiera que el orgullo y la popularidad le cerraran el corazón para que no recibiera al Redentor del mundo; y así como el cobarde Félix rechazara el mensaje de verdad, diciendo: "Vete por ahora; pero cuando tenga oportunidad te llamaré;" y así como el orgulloso Agripa confesara: "Por poco me persuades a hacerme Cristiano" (Hechos 24:25; 26:28), pero rechazó el mensaje que le era enviado del cielo, así también Carlos V, cediendo a la voz del orgullo y de la política del mundo, decidió rechazar la luz de la verdad.

Corrían por todas partes muchos rumores de los proyectos hostiles a Lutero y despertaban gran agitación en la ciudad. Lutero se había conquistado muchos amigos que, conociendo la traidora crueldad de Roma para con los que se atrevían a sacar a luz sus corrupciones, decidieron evitar a todo trance que él fuese sacrificado. Centenares de nobles se comprometieron a protegerle. No pocos denunciaban públicamente el mensaje imperial como prueba evidente de humillante sumisión al poder de Roma. Se fijaron pasquines en las puertas de las casas y en las plazas públicas, unos contra Lutero y otros en su favor. En uno de ellos se leían sencillamente estas enérgicas palabras del sabio: "¡Ay de ti, tierra, cuando tu rey es un jovenzuelo!" Eclesiastés 10:16 El pueblo ponía de manifiesto su entusiasmo en favor de Lutero en todas partes del imperio, dió a conocer a Carlos y a la Dieta que si se cometía una injusticia contra él bien podrían quedar comprometidas la paz del imperio y la estabilidad del trono.

Federico de Sajonia observó una bien estudiada reserva, ocultando cuidadosamente sus verdaderos sentimientos para con el Reformador, y al mismo tiempo lo protegía con incansable vigilancia, observando todos sus movimientos y los de sus adversarios. Pero había muchos que no se cuidaban de ocultar su simpatía hacia Lutero. Era éste visitado por príncipes, condes, barones y otras personas de distinción, clérigos y laicos. "El pequeño cuarto del doctor," escribía Spalatino, "no podía contener a todos los que acudían a verle." –Martyn, tomo 1, pág. 404. El pueblo le miraba como si fuese algo más que humano. Y aun los que no creían en sus mensajes, no podían menos que admirar en él la sublime integridad que le hacía desafiar la muerte antes que violar los dictados de su conciencia.

Se hicieron esfuerzos supremos para conseguir que Lutero aceptara en transigir con Roma. Príncipes y nobles le manifestaron que si persistía en sostener sus opiniones contra la iglesia y los concilios, pronto se le desterraría del imperio y entonces nadie le defendería. A esto respondió el Reformador: "El evangelio de Cristo no puede ser predicado sin escándalo. . . . ¿Cómo es posible que el temor o aprensión de los peligros me desprenda del Señor y de Su Palabra divina, que es la única verdad? ¡No; antes daré mi cuerpo, mi sangre y mi vida!" –D'Aubigne, lib. 7, cap. 10.

Se le instó nuevamente a someterse al juicio del emperador, pues entonces no tendría nada que temer. "Consiento de veras," dijo, "en que el emperador, los príncipes y aun los más humildes Cristianos, examinen y juzguen mis libros; pero bajo la condición de que tomarán por norma la Sagrada Escritura. Los hombres no tienen más que someterse a ella. Mi conciencia depende de ella, y soy esclavo de su observancia." –*Ibid.*

En respuesta a otra instancia, dijo: "Consiento en renunciar al salvoconducto. Abandono mi persona y mi vida entre las manos del emperador, pero la Palabra de Dios, ¡nunca!" –*Ibid.* Expresó que estaba dispuesto a someterse al fallo de un concilio general, pero con la condición expresa de que el juicio del concilio fuera según las Escrituras. "En lo que se refiere a la Palabra de Dios y a la fe," añadió, "cada Cristiano es tan buen juez como el mismo papa secundado por un millón de concilios." –Martyn, tomo 1, pág. 410. Finalmente los amigos y los enemigos de Lutero se convencieron de que todo esfuerzo encaminado a una reconciliación sería inútil.

Si el Reformador hubiera cedido en un solo punto, Satanás y sus ejércitos habrían ganado la victoria. Pero la inquebrantable firmeza de él fue el medio de liberar a la iglesia y de iniciar una era nueva y mejor. La influencia de este solo hombre que se atrevió a pensar y a obrar por sí mismo en materia de religión, iba a afectar a la iglesia y al mundo, no sólo en aquellos días sino en todas las generaciones futuras. Su fidelidad y su firmeza fortalecerían la resolución de todos aquellos que, al correr de los tiempos, pasaran por experiencia semejante. El poder y la majestad de Dios prevalecieron sobre los consejos de los hombres y sobre el gran poder de Satanás.

Pronto recibió Lutero orden del emperador de regresar al lugar de su residencia, y comprendió que aquello era un síntoma precursor de su condenación. Amenazantes nubes se cernían sobre su camino, pero, al salir de Worms, su corazón rebosaba de alegría y de alabanza. "El mismo diablo," dijo él, "custodiaba la ciudadela del papa; mas Cristo abrió en ella una ancha brecha y Satanás vencido se vió precisado a confesar que el Señor es más poderoso que él." –D'Aubigné, lib. 7, cap. 11.

Después de su partida, deseoso aún de clarificar que su firmeza no había que tomarla por rebelión, escribió Lutero al emperador, diciendo entre otras cosas: "Dios, que es el que lee en el interior de los corazones, me es testigo de que estoy pronto a obedecer con diligencia a vuestra majestad, así en lo próspero como en lo adverso; ya por la vida, ya por la muerte; exceptuando sólo la Palabra de Dios por la que el hombre existe. En todas las cosas relativas al tiempo presente, mi fidelidad será perenne, puesto que en la tierra ganar o perder son cosas indiferentes a la salvación. Pero Dios prohibe que en las cosas concernientes a los bienes eternos, el hombre se someta al hombre. En el mundo espiritual la sumisión es un culto verdadero que no debe rendirse sino al Creador." –*Ibid.*

En su viaje de regreso fue recibido en los pueblos del tránsito con más agasajos que los que se le tributaran al ir a Worms. Príncipes de la iglesia daban la bienvenida al excomulgado monje, y gobernantes civiles tributaban honores al hombre a quien el monarca había despreciado. Se le solicitó a que predicase, y a despecho de la prohibición imperial volvió a ocupar el púlpito. Dijo: "Nunca me comprometí a encadenar la Palabra de Dios, y nunca lo haré." –Martyn, tomo 1, pág. 420.

No hacía mucho que el Reformador dejara a Worms cuando los papistas consiguieron que el emperador expidiera contra él un edicto en el cual se le denunciaba como "el mismo Satanás bajo la figura humana y envuelto con hábito de fraile." –D'Aubigné, lib. 7, cap. 11. Se ordenaba que tan pronto como su salvoconducto caducara, se tomaran medidas para detener su obra. Se prohibía hospedarlo, suministrarle alimento, bebida o socorro alguno, con obras o palabras, en público o en privado. Debía apresársele en cualquier parte donde se le hallara y entregársele a las autoridades. Sus seguidores debían ser encarcelados también y sus bienes confiscados. Los escritos todos de Lutero debían ser destruídos y, finalmente, cualquiera que se atreviera obrar en contradicción con el decreto quedaba incluido en las condenaciones del mismo. El elector de Sajonia y los príncipes más adictos a Lutero habían salido ya de Worms, y el decreto del emperador recibió la sanción de la Dieta. Los Romanistas no cabían de gozo. Consideraban que la suerte de la Reforma estaba ya sellada.

Pero Dios había provisto un medio de escape para su siervo en aquella hora de peligro. Un ojo vigilante había seguido los movimientos de Lutero y un corazón sincero y noble se había decidido a ponerle a salvo. Era fácil ver que Roma no había de quedar satisfecha sino con la muerte del Reformador; y sólo ocultándose podía éste burlar las garras del león. Dios dió sabiduría a Federico de Sajonia para idear un plan que salvara la vida de Lutero. Ayudado por varios amigos verdaderos se llevó a cabo el propósito del elector, y Lutero fue efectivamente arrebatado a la vista de amigos y enemigos. Mientras regresaba a su residencia, se vió rodeado de repente, separado de sus acompañantes y llevado por fuerza a través de los bosques al castillo de Wartburg, fortaleza que se alzaba sobre una montaña aislada. Tanto su secuestro como su escondite fueron rodeados de tan gran misterio, que Federico mismo por mucho tiempo no supo dónde se hallaba el Reformador. Esta ignorancia tenía un propósito, pues mientras el elector no conociera el paradero del Reformador, no podía revelar nada. Se aseguró de que Lutero estuviera protegido, y esto le bastaba.

Pasaron así la primavera, el verano y el otoño, y llegó el invierno, y Lutero continuaba aún secuestrado. Ya exultaban Aleandro y sus partidarios al considerar casi apagada la luz del evangelio. Pero, en vez de ser esto así, el Reformador estaba llenando su lámpara en los almacenes de la verdad y su luz iba a brillar con deslumbrantes fulgores.

En la amigable seguridad que disfrutaba en la Wartburg, congratulábase Lutero por haber sido sustraído por algún tiempo al calor y al alboroto del combate. Pero no podía encontrar satisfacción en prolongado descanso. Acostumbrado a la vida activa y al rudo combate, no resistía quedar mucho tiempo ocioso. En aquellos días de soledad, tenía siempre presente la situación de la iglesia, y exclamaba desesperado: "¡Ay! ¡y que no haya nadie en este último día de su ira, que quede en pie delante del Señor como un muro, para salvar a Israel!" –*Ibid.*, lib. 9, cap. 2. También pensaba en sí mismo y tenía miedo de ser señalado como cobarde por haber huído de la lucha. Se reprochaba su indolencia y la indulgencia con que se trataba a sí mismo. Y no obstante esto, estaba haciendo diariamente más de lo que hubiera podido hacer un hombre solo. Su pluma no permanecía nunca ociosa. En el momento en que sus enemigos se lisonjeaban de haberle acallado, los asombraron y confundieron las pruebas tangibles de su actividad. Un sinnúmero de tratados, que provenían de su pluma, circulaban por toda Alemania. También prestó entonces valioso servicio a sus compatriotas al traducir al Alemán el Nuevo Testamento. Desde su Patmos perdido entre riscos proseguió casi un año proclamando el evangelio y censurando los pecados y los errores de su tiempo.

Pero no fue únicamente para preservar a Lutero de la ira de sus enemigos, ni para darle un tiempo de descanso en el que pudiese hacer estos importantes trabajos, para lo que Dios separó a su siervo del escenario de la vida pública. Había otros resultados más preciosos que alcanzar. En el descanso y en la obscuridad de su montaña solitaria, quedó Lutero sin ayuda humana y fuera del alcance de las alabanzas y de la admiración de los hombres. Así fue salvado del orgullo y de la confianza en sí mismo, que a menudo son frutos del éxito. A través del sufrimiento y de la humillación fue preparado para andar con firmeza en las vertiginosas alturas adonde había sido llevado de repente.

A la vez que los hombres se regocijan en la libertad que les da el conocimiento de la verdad, se sienten inclinados a ensalzar a aquellos de quienes Dios se ha valido para romper las cadenas de la superstición y del error. Satanás procura alejar de Dios los pensamientos y los afectos de los hombres y hacer que se fijen en los agentes humanos; induce a los hombres a dar honra al simple instrumento, ocultándole la Mano que dirige todos los sucesos de la providencia. Con demasiada frecuencia acontece que los maestros religiosos así alabados y reverenciados, pierden de vista su dependencia de Dios y sin sentirlo empiezan a confiar en sí mismos. Resulta entonces que quieren gobernar el espíritu y la conciencia del pueblo, el cual está listo a considerarlos como guías en vez de mirar a la Palabra de Dios. La obra de reforma ve así frenada su marcha por el espíritu que domina a los que la sostienen. Dios quiso evitar este peligro a la Reforma. Quiso que esa obra recibiese, no la marca de los hombres, sino la aprobación de Dios. Los ojos de los hombres estaban fijos en Lutero como en el expositor de la verdad; pero él fue arrebatado de en medio de ellos para que todas las miradas se dirigieran al eterno Autor de la verdad.

CAPÍTULO 9

UN REFORMADOR SUIZO

EN LA ELECCIÓN de los instrumentos que sirvieron para reformar la iglesia se nota el mismo plan divino que en la de quienes la establecieron. El Maestro celestial pasó por alto a los grandes de la tierra, a los hombres que gozaban de reputación y de riquezas, y estaban acostumbrados a recibir alabanzas y homenajes como caudillos del pueblo. Eran tan orgullosos y tenían tanta confianza en la superioridad de que se jactaban, que no hubieran podido amoldarse a simpatizar con sus semejantes ni convertirse en colaboradores del humilde Nazareno. Fue a los indoctos y rudos pescadores de Galilea a quienes dirigió Él Su llamamiento: "Venid en pos de Mí, y os haré pescadores de hombres." Mateo 4:19. Estos sí que eran humildes y dóciles. Cuanto menos habían sentido la influencia de las falsas doctrinas de su tiempo, tanto más fácil era para Cristo instruirlos y educarlos para Su servicio. Otro tanto sucedió cuando la Reforma. Los principales Reformadores eran hombres de humilde condición y más ajenos que sus contemporáneos a todo sentimiento de orgullo de casta así como a la influencia del fanatismo clerical. El plan de Dios es hacer uso de instrumentos humildes para la realización de grandes fines. La gloria no se tributa entonces a los hombres, sino a Aquél que obra por medio de ellos el querer y el hacer según Su buena voluntad.

Pocas semanas después que naciera Lutero en la cabaña de un minero de Sajonia, nació Ulrico Zuinglio, en la choza de un pastor de los Alpes. Las circunstancias que rodearon a Zuinglio en su niñez y su primera educación contribuyeron a prepararlo para su futura misión. Criado entre bellezas naturales imponentes, quedó desde temprano impresionado por el sentimiento de la inmensidad, el poder y la majestad de

Dios. La historia de las hazañas que tuvieran por teatro sus montes natales inundaron las aspiraciones de su juventud. Junto a su piadosa abuela escuchó los pocos relatos bíblicos que ella espigara entre las leyendas y tradiciones de la iglesia. Con verdadero interés oía él hablar de los grandes hechos de los patriarcas y de los profetas, de los pastores que velaban sobre sus ganados en los cerros de Palestina donde los ángeles les hablaron del Niño de Belén y del Hombre del Calvario.

Lo mismo que Juan Lutero, el padre de Zuinglio deseaba dar educación a su hijo, para lo cual abandonó éste su valle natal en temprana edad. Su espíritu se desarrolló pronto, y resultó difícil saber dónde podrían hallarle profesores competentes. A los trece años fue a Berna, donde se encontraba entonces la mejor escuela de Suiza. Sin embargo, surgió un peligro que amenazaba dar en tierra con lo que de él se esperaba. Los frailes hicieron esfuerzos muy resueltos para seducirlo a que entrara en un convento. Los monjes Franciscanos y los Domínicos rivalizaban por ganarse la aceptación del pueblo, y al efecto se esmeraban a porfía en el adorno de los templos, en la pompa de las ceremonias y en lo atractivo de las reliquias y de las imágenes milagrosas.

Los Dominicanos de Berna vieron que si les fuera posible ganar a un joven de tanto talento obtendrían ganancias y honra. Su tierna juventud, sus dotes de orador y escritor, y su genio musical y poético, serían un arma mas poderosa que la pompa y el fausto desplegados en los servicios, para atraer al pueblo y aumentar las rentas de su orden. Valiéndose de engaños y lisonjas, intentaron inducir a Zuinglio a que entrara en su convento. Cuando Lutero era estudiante se encerró voluntariamente en una celda y se habría perdido para el mundo si la providencia de Dios no le hubiera libertado. No se le dejó a Zuinglio correr el mismo riesgo. Supo providencialmente su padre cuales eran las artimañas de los frailes, y como no tenía intención de que su hijo siguiera la vida indigna y holgazana de los monjes, vió que su utilidad para el porvenir estaba en inminente peligro, y le ordenó que regresara a su casa sin dilación.

El mandato fue obedecido; pero el joven no podía

sentirse feliz por mucho tiempo en su valle natal, y pronto volvió a sus estudios, yéndose a establecer después de algún tiempo en Basilea. En esta ciudad fue donde Zuinglio oyó por primera vez el evangelio de la gracia de Dios. Wittenbach, profesor de idiomas antiguos, había sido llevado, en su estudio del Griego y del Hebreo, al conocimiento de las Sagradas Escrituras, y por su medio la luz divina derramaba sus rayos en las mentes de los estudiantes que recibían de él enseñanza. Declaraba el catedrático que había una verdad más antigua y de valor infinitamente más grande que las teorías enseñadas por los filósofos y los escolásticos. Esta antigua verdad consistía en que la muerte de Cristo era el único rescate del pecador. Estas palabras fueron para Zuinglio como el primer rayo de luz que alumbra al amanecer.

Pronto fue llamado Zuinglio de Basilea, para entrar en la que iba a ser la obra de su vida. Su primer campo de acción fue una parroquia Alpina no muy lejos de su valle natal. Habiendo recibido las ordenes sacerdotales, "se aplicó con ardor a investigar la verdad divina; porque estaba bien enterado," dice un Reformador de su tiempo, "de cuánto deben saber aquellos a quienes les está confiado el cuidado del rebaño del Señor." –Wylie, lib. 8, cap. 5. A medida que escudriñaba las Escrituras, más claro podía apreciar el contraste entre las verdades en ellas encerradas y las herejías de Roma. Se sometía a la Biblia y la reconocía como la Palabra de Dios y única regla suficiente e infalible. Veía que ella debía ser su propio intérprete. No se atrevía a tratar de explicar las Sagradas Escrituras para sostener una teoría o doctrina preconcebida, sino que consideraba su deber aprender lo que ellas enseñan directamente y de un modo evidente. Procuraba usar de toda ayuda posible para obtener un conocimiento correcto y pleno de sus enseñanzas, e invocaba al Espíritu Santo, el cual, señalaba él, quería revelar la verdad a todos los que la investigasen con sinceridad y en oración.

"Las Escrituras," decía Zuinglio, "vienen de Dios, no del hombre. Y ese mismo Dios que brilla en ellas te dará a entender que las palabras son de Dios. La Palabra de Dios ... no puede errar. Es brillante, se explica a sí misma, se descubre, ilumina el alma con toda salvación y gracia, la consuela en Dios, y la humilla hasta que se anonada, se niega a sí misma, y se acoge a Dios." Zuinglio mismo había experimentado la verdad de estas palabras. Hablando sobre esto, escribió lo siguiente: "Cuando . . . comencé a consagrarme enteramente a las Sagradas Escrituras, la filosofía y la teología (escolástica) me suscitaban objeciones sin número, y al fin resolví dejar a un lado todas estas quimeras y aprender las enseñanzas de Dios en toda su pureza, tomándolas de Su preciosa Palabra. Desde entonces pedí a Dios luz y las Escrituras llegaron a ser mucho más claras para mí." –*Ibid.*, cap. 6.

Zuinglio no había recibido de Lutero la doctrina que predicaba. Era la doctrina de Cristo. "Si Lutero predica a Jesucristo," decía el Reformador Suizo, "hace lo que yo hago. Los que por su medio han llegado al conocimiento de Jesucristo son más que los conducidos por mí. Pero no importa. Yo no quiero llevar otro nombre que el de Jesucristo, de quien soy soldado, y no reconozco otro jefe. No he escrito una sola palabra a Lutero, ni Lutero a mí. Y ¿por qué? . . . Pues para que se viese de qué modo el Espíritu de Dios está de acuerdo consigo mismo, ya que, sin acuerdo previo, enseñamos con tanta uniformidad la doctrina de Jesucristo." –D'Aubigné, lib. 8, cap. 9.

En 1516 fue llamado Zuinglio a predicar regularmente en el convento de Einsiedeln, donde se iba a encontrar más de cerca con las corrupciones de Roma y donde iba a ejercer como Reformador una influencia que se dejaría sentir más allá de sus Alpes natales. Entre los principales atractivos de Einsiedeln había una virgen de la que se decía que poseía el poder de hacer milagros. Sobre la puerta de la abadía estaba grabada esta inscripción: "Aquí se consigue plena remisión de todos los pecados." –*Ibid.*, cap. 5. En todo tiempo acudían peregrinos a visitar el santuario de la virgen, pero en el día de la gran fiesta anual de su consagración venían multitudes de toda Suiza y hasta de Francia y Alemania. Zuinglio, muy afligido al ver estas cosas, aprovechó la oportunidad para proclamar la libertad por medio del evangelio a aquellas almas esclavas de la superstición.

"No penséis," decía, "que Dios esté en este templo de un modo más especial que en cualquier otro lugar de la creación.

Sea la que fuere la comarca que vosotros habitáis, Dios os rodea y os oye. . . . ¿Será acaso con obras muertas, largas peregrinaciones, ofrendas, imágenes, la invocación de la virgen o de los santos, con lo que alcanzaréis la gracia de Dios? . . . ¿De qué sirve el conjunto de palabras de que formamos nuestras oraciones? ¿Qué eficacia tienen la rica capucha del fraile, la cabeza rapada, hábito largo y bien ajustado, y las zapatillas bordadas de oro? ¡Al corazón es a lo que Dios mira, y nuestro corazón está lejos de Dios!" "Cristo," añadía, "que se ofreció una vez en la cruz, es la hostia y la víctima que satisfizo eternamente a Dios por los pecados de todos los fieles." –*Ibid.*

Muchos de los que le oían se sentían disgustados con estas enseñanzas. Era para ellos un amargo desengaño saber que su penoso viaje era absolutamente inútil. No podían comprender el perdón que se les ofrecía de gracia por medio de Cristo. Estaban conformes con el antiguo camino del cielo que Roma les había marcado. Rehuían la perplejidad de buscar algo mejor. Era más cómodo confiar la salvación de sus almas a los sacerdotes y al papa que buscar la pureza de corazón.

Otros, en cambio, recibieron con gozo las nuevas de la redención por Cristo. Las observancias establecidas por Roma no habían infundido paz a su alma y, llenos de fe, aceptaban la sangre del Salvador en propiciación por sus pecados. Estos regresaron a sus hogares para comunicar a otros la luz preciosa que habían recibido. Así fue llevada la verdad de aldea en aldea, de pueblo en pueblo, y el número de peregrinos que iban al santuario de la virgen, disminuyó notablemente. Escasearon las ofrendas, y en consecuencia la prebenda de Zuinglio menguó también, porque de aquellas sacaba su subsistencia. Pero se sentía feliz al ver quebrantarse el poder del fanatismo y de la superstición.

Las autoridades de la iglesia no ignoraban la obra que Zuinglio estaba realizando, pero en aquel momento no pensaron intervenir. Abrigaban todavía la esperanza de ganarlo para su causa y se esforzaron en conseguirlo por medio de lisonjas; entre tanto la verdad fue ganando terreno y extendiéndose en los corazones del pueblo.

Los trabajos de Zuinglio en Einsiedeln le prepararon

para una esfera de acción más amplia en la cual pronto iba a entrar. Pasados tres años, fue llamado a desempeñar el cargo de predicador en la catedral de Zurich. En aquel entonces era esta ciudad la más importante de la confederación Suiza, y la influencia que el predicador pudiera ejercer en ella debía tener un radio más extenso. Pero los eclesiásticos que le habían llamado a Zurich, deseosos de evitar sus innovaciones, procedieron a darle instrucciones acerca de sus deberes.

"Pondréis todo vuestro cuidado," le dijeron, "en recaudar las rentas del cabildo, sin descuidar siquiera las de menor cuantía. Exhortaréis a los fieles, ya desde el púlpito, ya en el confesonario, a que paguen los censos y los diezmos, y a que muestren con sus ofrendas cuánto aman a la iglesia. Procuraréis multiplicar las rentas procedentes de los enfermos, de las misas, y en general de todo acto eclesiástico." "Respecto a la administración de los sacramentos, a la predicación y a la vigilancia requerida para apacentar la grey, son también deberes del cura párroco. No obstante, podéis descargaros de esta última parte de vuestro ministerio tomando un vicario substituto, sobre todo para la predicación. Vos no debéis administrar los sacramentos sino a los más notables, y sólo después que os lo hayan pedido; os está prohibido administrarlos sin distinción de personas." –*Ibid.*, cap. 6.

Zuinglio oyó en silencio estas explicaciones, y respondiendo, después de haber expresado su gratitud por el honor que le habían conferido al haberle llamado a tan importante puesto, procedió a explicar el plan de trabajo que se había propuesto desarrollar. "La vida de Jesús," dijo, "ha estado demasiado tiempo oculta al pueblo. Me propongo predicar sobre todo el evangelio según San Mateo, . . . ciñéndome a la fuente de la Sagrada Escritura, escudriñándola y comparándola con ella misma, buscando su inteligencia por medio de ardientes y constantes oraciones. A la gloria de Dios, a la alabanza de Su único Hijo, a la pura salvación de las almas, y a su instrucción en la verdadera fe, es a lo que consagraré mi ministerio." –*Ibid.* Aunque algunos de los eclesiásticos no aprobaron este plan y procuraron disuadirle de adoptarlo, Zuinglio se mantuvo firme. Declaró que no iba a introducir un método nuevo, sino el antiguo método empleado por la iglesia en lo pasado, en tiempos de mayor pureza religiosa.

Se había despertado el interés de los que escuchaban las verdades que él enseñaba, y el pueblo se reunía en gran número a oír la predicación. Muchos que desde hacía tiempo habían dejado de asistir a los oficios, se hallaban ahora entre sus oyentes. Inició Zuinglio su ministerio abriendo los evangelios y leyendo y explicando a sus oyentes la inspirada narración de la vida, doctrina y muerte de Cristo. En Zurich, como en Einsiedeln, presentó la Palabra de Dios como la única autoridad infalible, y expuso la muerte de Cristo como el único sacrificio completo. "Es a Jesucristo," dijo, "a quien deseo conduciros; a Jesucristo, verdadero manantial de salud." –*Ibid.* En torno del predicador se reunían multitudes de personas de todas las clases sociales, desde los estadistas y los estudiantes, hasta los artesanos y los campesinos. Escuchaban sus palabras con el más profundo interés. Él no proclamaba tan sólo la invitación de una salvación gratuita, sino que denunciaba sin temor los males y las corrupciones de la época. Muchos regresaban de la catedral dando alabanzas a Dios. "¡Este, decían, es un predicador de verdad! él será nuestro Moisés, para sacarnos de las tinieblas de Egipto." –*Ibid.*

Pero, por más que al principio fuera su obra acogida con entusiasmo, al fin vino la oposición. Los frailes se propusieron estorbar su obra y condenar sus enseñanzas. Muchos le atacaron con burlas y sátiras; otros le lanzaron insolencias y amenazas. Empero Zuinglio todo lo soportaba con paciencia, diciendo: "Si queremos convertir a Jesucristo a los malos, es menester cerrar los ojos a muchas cosas." –*Ibid.*

Por aquel tiempo un nuevo agente vino a dar impulso a la obra de la Reforma. Un amigo de ésta mandó a Zurich a un tal Luciano que llevaba consigo varios de los escritos de Lutero. Este amigo, que residia en Basilea, había pensado que la venta de estos libros sería un poderoso auxiliar para la difusión de la luz. "Averiguad," dijo a Zuinglio en una carta, "si Luciano posee bastante prudencia y habilidad; si así es, mandadle de villa en villa, de lugar en lugar, y aun de casa en casa entre los Suizos, con los escritos de Lutero, y en particular con la exposición de la oración dominical escrita para los seglares. Cuanto más conocidos sean, tantos más compradores hallarán." –*Ibid.* De esta manera se esparcieron los rayos de luz.

Cuando Dios se dispone a quebrantar las cadenas de la ignorancia y de la superstición, es cuando Satanás redobla sus esfuerzos para sujetar a los hombres en las tinieblas, y para apretar aun más las ataduras que los tienen sujetos. A medida que se levantaban en diferentes partes del país hombres que presentaban al pueblo el perdón y la justificación por medio de la sangre de Cristo, Roma trabajaba con nueva energía para abrir su comercio por toda la Cristiandad, ofreciendo el perdón a cambio de dinero.

Cada pecado tenía su precio, y se les entregaba a los hombres licencia para cometer crímenes, con tal que abundase el dinero en la tesorería de la iglesia. De modo que seguían adelante dos movimientos: uno que ofrecía el perdón de los pecados por dinero, y el otro que lo ofrecía por medio de Cristo; Roma que daba licencia para pecar, haciendo de esto un recurso para aumentar sus rentas, y los Reformadores que condenaban el pecado y señalaban a Cristo como propiciación y Redentor.

En Alemania la venta de indulgencias había sido encomendada a los Domínicos y era dirigida por el infame Tetzel. En Suiza el tráfico fue puesto en manos de los Franciscanos, bajo la dirección de un fraile Italiano llamado Sansón. Había prestado éste ya grandes servicios a la iglesia y reunido en Suiza y Alemania grandes cantidades para el tesoro del papa. Cruzaba entonces a Suiza, atrayendo a grandes multitudes, despojando a los pobres campesinos de sus escasas ganancias y obteniendo ricas ofrendas entre los ricos. Pero la influencia de la Reforma hacía disminuir el tráfico de las indulgencias aunque sin detenerlo del todo. Todavía estaba Zuinglio en Einsiedeln cuando Sansón se presentó con su mercadería en una población vecina. Al enterarse de su misión, el Reformador trató inmediatamente de oponérsele. No se encontraron frente a frente, pero fue tan completo el éxito de Zuinglio al exponer las pretensiones del fraile, que éste se vió obligado a dejar aquel lugar y tomar otro rumbo.

En Zurich predicó Zuinglio con ardor contra estos monjes traficantes en perdón, y cuando Sansón se acercó a dicha ciudad le salió al encuentro un mensajero enviado por el concejo para ordenarle que no entrara. A pesar de esto, logró al fin introducirse por estratagema, pero a poco le despidieron sin que hubiese vendido ni un solo perdón y no tardó en abandonar a Suiza.

Un fuerte impulso recibió la Reforma con la aparición de la peste o "Gran Mortandad," que azotó a Suiza en el año 1519. Al verse los hombres frente a frente con la muerte, se convencían de cuán vanos e inútiles eran los perdones que habían comprado poco antes, y ansiaban tener un fundamento más seguro sobre el cual basar su fe. Zuinglio se contagió en Zurich y se agravó de tal modo que se perdió toda esperanza de salvarle y circuló por muchos lugares el rumor de que había muerto. En aquella hora de prueba su valor y su esperanza no vacilaron. Miraba con los ojos de la fe hacia la cruz del Calvario y confió en la propiciación absoluta allí alcanzada para perdón de los pecados. Cuando volvió a la vida después de haberse visto al umbral de las puertas del sepulcro, se dispuso a predicar el evangelio con más fervor que nunca antes, y sus palabras iban revestidas de nuevo poder. El pueblo dió la bienvenida con gran gozo a su amado pastor que volvía de los umbrales de la muerte. Ellos mismos habían tenido que atender a enfermos y moribundos, y reconocían mejor que antes el valor del evangelio.

Zuinglio había alcanzado ya un conocimiento más claro de las verdades del evangelio y experimentaba mejor en sí mismo su poder regenerador. La caída del hombre y el plan de redención eran los temas en los cuales se espaciaba. "En Adán," decía él, "todos somos muertos, hundidos en corrupción y en condenación." –Wylie, lib. 8, cap. 9. Pero "Jesucristo . . . nos ha dado una redención que no tiene fin. . . . Su muerte aplaca continuamente la justicia divina en favor de todos aquellos que se acogen a aquel sacrificio con fe firme e inconmovible." Y explicaba que el hombre no podía disfrutar de la gracia de Cristo, si seguía en el pecado. "Donde se cree en Dios, allí está Dios; y donde está Dios, existe un celo que induce a obrar bien." –D'Aubigné, lib. 8, cap. 9.

Creció tanto el interés en las predicaciones de Zuinglio, que la catedral se llenaba materialmente con las multitudes de oyentes que acudían para oírle. Poco a poco, a medida que podían soportarla, el predicador les exponía la verdad. Cuidaba de no mencionar, desde el principio, puntos que los alarmasen y creasen en ellos prejuicios. Su obra era ganar sus corazones a las enseñanzas de Cristo, enternecerlos con Su amor y hacerles tener siempre presente el ejemplo del Maestro; y a medida que recibieran los principios del evangelio, abandonarían inevitablemente sus creencias y prácticas supersticiosas.

Paso a paso avanzaba la Reforma en Zurich. Alarmados, los enemigos se levantaron en activa oposición. Un año antes, el fraile de Wittenberg había lanzado su "No" al papa y al emperador en Worms, y ahora todo parecía señalar que también en Zurich iba a haber oposición a las exigencias del papa. Fueron dirigidos repetidos ataques contra Zuinglio. En los lugares que reconocían al papa, de vez en cuando algunos discípulos del evangelio eran entregados a la hoguera, pero esto no bastaba; el que enseñaba la herejía debía ser amordazado. Por lo tanto, el obispo de Constanza envió tres diputados al concejo de Zurich, para acusar a Zuinglio de enseñar al pueblo a desobedecer las leyes de la iglesia, con lo que trastornaba la paz y el buen orden de la sociedad. Insistía él en que si se menospreciaba la suprema autoridad de la iglesia, vendría como consecuencia una anarquía general. Zuinglio replicó que por cuatro años había estado predicando el evangelio en Zurich, "y que la ciudad estaba más tranquila que cualquiera otra ciudad de la confederación." Preguntó: "¿No es, por tanto, el Cristianismo la mejor salvaguardia para la seguridad general?" –Wylie, lib. 8, cap. 11.

Los diputados habían exhortado a los concejales a que no abandonaran la iglesia, porque, fuera de ella, decían, no hay salvación. Zuinglio replicó: "¡Que esta acusación no os conmueva! El fundamento de la iglesia es la misma Piedra, el mismo Cristo, que dio a Pedro su nombre por haberle confesado fielmente. En toda nación el que cree de corazón en el Señor Jesús se salva. Fuera de esta iglesia, y no de la de Roma, es donde nadie puede salvarse." –D'Aubigné, lib.

8, cap. 11. Como resultado de la conferencia, uno de los diputados del obispo aceptó a la fe reformada.

El concejo se abstuvo de proceder contra Zuinglio, y Roma se preparó para un nuevo ataque. Cuando el Reformador descubrió las amenazas en los planes de sus enemigos, exclamó: "¡Que vengan contra mí! Yo los temo lo mismo que un peñasco escarpado teme las olas que se estrellan a sus pies." –Wylie, lib. 8, cap. 11. Los esfuerzos de los eclesiásticos sólo sirvieron para adelantar la causa que querían aniquilar. La verdad seguía esparciendose. En Alemania, los adherentes abatidos por la desaparición inexplicable de Lutero, cobraron nuevo aliento al notar los progresos del evangelio en Suiza.

A medida que la Reforma se fue afianzando en Zurich, se mostraron más claramente sus frutos en la supresión del vicio y en el dominio del orden y de la armonía. "La paz tiene su habitación en nuestro pueblo," escribía Zuinglio; "no hay disputas, ni hipocresías, ni envidias, ni escándalos. ¿De dónde puede venir tal unión sino del Señor y de la doctrina que enseñamos, la cual nos colma de los frutos de la piedad y de la paz?" –*Ibid.*, cap. 15.

Las victorias obtenidas por la Reforma indujeron a los Romanistas a hacer esfuerzos más resueltos para dominarla. Viendo lo poco que habían logrado con la persecución para suprimir la obra de Lutero en Alemania, decidieron atacar a la Reforma con sus mismas armas. Sostendrían una discusión con Zuinglio y encargándose de los asuntos se asegurarían el triunfo al elegir no sólo el lugar en que se llevaría a efecto el acto, sino también los jueces que decidirían de parte de quién estaba la verdad. Si lograban por una vez tener a Zuinglio en su poder, tendrían mucho cuidado de que no se les escapase. Una vez silenciado el jefe, todo el movimiento sería pronto aplastado. Este plan, por supuesto, se mantuvo en la mayor reserva.

El lugar señalado para el debate fue Baden, pero Zuinglio no concurrió. El concejo de Zurich, sospechando las artimañas de los papistas, y advertido del peligro por las horrendas piras que habían sido encendidas ya en los cantones papistas para los confesores del evangelio, no permitió que su pastor se expusiera a este peligro. En Zurich estaba siempre abierto para recibir a todos los partidarios de Roma que ésta pudiera enviar; pero ir a Baden, donde poco antes se había derramado la sangre de los martirizados por causa de la verdad, era lo mismo que exponerse a una muerte segura. Ecolampadio y Haller fueron elegidos para representar a los Reformadores, en tanto que el famoso doctor Eck, sostenido por un ejército de sabios doctores y prelados, era el campeón de Roma.

Aunque Zuinglio no estaba presente en aquella conferencia, ejerció su influencia en ella. Los secretarios todos fueron elegidos por los papistas, y a todos los demás se les prohibió que sacasen apuntes, so pena de muerte. A pesar de esto, Zuinglio recibía cada día un relato fiel de cuanto se decía en Baden. Un estudiante que asistía al debate, escribía todas las tardes cuantos argumentos habían sido presentados, y otros dos estudiantes se encargaban de llevar a Zuinglio estos papeles, juntamente con cartas de Ecolampadio. El Reformador contestaba dando consejos y proponiendo ideas. Escribía sus cartas durante la noche y por la mañana los estudiantes regresaban con ellas a Baden. Para burlar la vigilancia de la guardia en las puertas de la ciudad, estos mensajeros llevaban en la cabeza sendos canastos con aves de corral, de modo que se les dejaba pasar sin inconveniente alguno.

Así sostuvo Zuinglio la batalla contra sus astutos antagonistas: "Ha trabajado más," decía Miconius, "meditando y desvelándose, y transmitiendo sus opiniones a Baden, de lo que hubiera hecho disputando en medio de sus enemigos." –D'Aubigné, lib. 11, cap. 13.

Los Romanistas, engreídos con el triunfo que esperaban por anticipado, habían llegado a Baden luciendo sus más ricas vestiduras y brillantes joyas. Vivían a cuerpo de rey, cubrían sus mesas con las viandas más preciadas y delicadas y con los vinos más selectos. Aliviaban la carga de sus obligaciones eclesiásticas con banquetes y regocijos. Los Reformadores presentaban un pronunciado contraste, y el pueblo los miraba casi como una compañía de pordioseros, cuyas escasas comidas los detenían muy poco frente a la mesa. El mesonero de Ecolampadio, que tenía ocasión de espiarlo en su habitación, le veía siempre ocupado en el estudio o en la oración y declaró admirado que el hereje era "muy piadoso."

En la conferencia, "Eck subía orgullosamente a un púlpito soberbiamente decorado, en tanto que el humilde Ecolampadio, pobremente vestido, estaba obligado a sentarse frente a su adversario en tosca plataforma." –*Ibid.* La voz estridente de Eck y la seguridad de que se sentía poseído, nunca le abandonaron. Su celo era estimulado tanto por la esperanza del oro como por la de la fama; porque el defensor de la fe iba a ser recompensado con una buena cantidad. A falta de mejores argumentos, recurría a insultos y aun blasfemias.

Ecolampadio, modesto y desconfiado de sí mismo, había rehuído el combate, y entró en él con esta solemne declaración: "No reconozco otra norma de juicio que la Palabra de Dios." –*Ibid.* Si bien de carácter manso y de modales correctos, demostró capacidad y entereza. En tanto que los Romanistas, según su costumbre, apelaban a las tradiciones de la iglesia, el Reformador se aferraba firmemente a las Escrituras. "En nuestra Suiza," dijo, "las tradiciones carecen de fuerza a no ser que estén de acuerdo con la constitución; y en asuntos de fe, la Biblia es nuestra única constitución." –*Ibid.*

El contraste entre ambos contendientes no dejó de tener su efecto. La serena e inteligente argumentación del Reformador, el cual se expresaba con tan noble mansedumbre y modestia, impresionó a los que veían con desagrado las orgullosas pretensiones de Eck.

El debate se prolongó durante dieciocho días. Al terminarlo los papistas se sintieron victoriosos y con gran confianza, y la Dieta declaró vencidos a los Reformadores y todos ellos, con Zuinglio, su jefe, separados de la iglesia. Pero los resultados de esta conferencia revelaron de qué parte estuvo el triunfo. El debate tuvo por consecuencia un gran impulso de la causa Protestante; poco tiempo después las importantes ciudades de Berna y Basilea se declararon en favor de la Reforma.

CAPÍTULO 10

REFORMA EN ALEMANIA

LA MISTERIOSA desaparición de Lutero despertó consternación en toda Alemania, y por todas partes se oían averiguaciones acerca de su paradero. Circulaban los rumores mas descabellados y muchos creían que había sido asesinado. Se oían lamentos, no sólo entre sus partidarios declarados, sino también entre millares de personas que aún no se habían decidido abiertamente por la Reforma. Muchos se comprometían con solemne juramento a vengar su muerte.

Los principales jefes del Romanismo vieron atemorizados a qué grado había llegado la animosidad contra ellos, y aunque al principio se habían regocijado por la supuesta muerte de Lutero, pronto desearon huir de la ira del pueblo. Los enemigos del Reformador no se habían visto tan preocupados por los actos más atrevidos que cometiera mientras estaba entre ellos como por su desaparición. Los que en su ira habían querido matar al valiente Reformador estaban dominados por el miedo ahora que él no era más que un cautivo indefenso. "El único medio que nos queda para salvarnos," dijo uno, "consiste en encender antorchas e ir a buscar a Lutero por toda la tierra, para devolverle a la nación que le reclama." –D'Aubigné, lib. 9, cap. 1. El edicto del emperador parecía completamente ineficaz. Los legados del papa se llenaron de indignación al ver que dicho edicto llamaba menos la atención que la suerte de Lutero.

Las noticias de que él estaba en salvo, aunque prisionero, calmaron los temores del pueblo y hasta aumentaron el entusiasmo en su favor. Sus escritos se leían con mayor avidez que nunca antes. Un gran número de adeptos se unía a la causa del hombre heroico que frente a desventajas abrumadoras defendía la Palabra de Dios. La Reforma iba cobrando día a día más fuerzas. La semilla que

Lutero había sembrado brotaba en todas partes. Su ausencia realizó una obra que su presencia no habría realizado. Otros obreros sintieron nueva responsabilidad al serles quitado su jefe, y con nueva fe y ardor se adelantaron a hacer cuanto pudiesen para que la obra tan noblemente comenzada no fuese estorbada.

Pero Satanás no estaba ocioso. Intentó lo que ya había intentado en otros movimientos de reforma, es decir engañar y perjudicar al pueblo dándole una falsificación en lugar de la obra verdadera. Así como hubo falsos cristos en el primer siglo de la iglesia Cristiana, así también se levantaron falsos profetas en el siglo XVI.

Unos cuantos hombres afectados en lo más íntimo por la agitación religiosa, se imaginaron haber recibido revelaciones especiales del cielo, y se dieron por designados divinamente para llevar a feliz término la obra de la Reforma, la cual, según ellos, había sido débilmente iniciada por Lutero. En realidad, lo que hacían era destruir la obra que el Reformador había realizado. Rechazaban el gran principio que era la base misma de la Reforma, es a saber, que la Palabra de Dios es la regla perfecta de fe y práctica; y en lugar de tan infalible guía substituían la norma variable e insegura de sus propios sentimientos e impresiones. Y así, porque se despreció al único medio seguro de descubrir el engaño y la mentira se le abrió camino a Satanás para que a su antojo dominase las mentes.

Uno de estos profetas aseveraba haber sido instruido por el ángel Gabriel. Un estudiante que se le unió abandonó los estudios, declarándose investido de poder por Dios mismo para exponer Su Palabra. Se les unieron otros, que ya estaban inclinados al fanatismo. La forma de proceder de estos iluminados crearon mucha excitación. La predicación de Lutero había hecho sentir al pueblo en todas partes la necesidad de una reforma, y algunas personas de buena fe se dejaron extraviar por las pretensiones de los nuevos profetas.

Los cabecillas de este movimiento fueron a Wittenberg y expusieron sus exigencias a Melanchton y a sus colaboradores. Decían: "Somos enviados por Dios para enseñar al pueblo. Hemos conversado familiarmente con Dios, y por lo tanto, sabemos lo que ha de acontecer. Para decirlo en una palabra: somos apóstoles y profetas y apelamos al doctor Lutero." *–Ibid.*, cap. 7.

Los Reformadores estaban atónitos y perplejos. Era éste un factor con que nunca habían tenido que enfrentar y se hallaban sin saber qué partido tomar. Melanchton dijo: "Hay en verdad espíritus extraordinarios en estos hombres; pero ¿qué espíritus serán? . . . Por una parte debemos precavernos de contristar el Espíritu de Dios, y por otra, de ser seducidos por el espíritu de Satanás." *–Ibid.*

Pronto se conoció el fruto de toda esta enseñanza. El pueblo fue inducido a abandonar la Biblia o a rechazarla del todo. Las escuelas se llenaron de confusión. Los estudiantes, despreciando todas las sujeciones, abandonaron sus estudios y se separaron de la universidad. Los hombres que se tuvieron a sí mismos por competentes para reavivar y dirigir la obra de la Reforma, lograron sólo arrastrarla al borde de la ruina. Los Romanistas, recobrando confianza, expresaban alegres: "Un esfuerzo más, y todo será nuestro." *–Ibid.*

Al saber Lutero en la Wartburg lo que ocurría, dijo, con honda consternación: "Siempre esperaba yo que Satanás nos mandara esta plaga." *–Ibid.* Se dió cuenta del verdadero carácter de estos falsos profetas y vió el peligro que amenazaba a la causa de la verdad. La oposición del papa y del emperador no le habían sumido en la perplejidad y congoja que ahora experimentaba. De entre los que decían ser amigos de la Reforma se habían levantado sus peores enemigos. Las mismas verdades que le habían producido tan profundo regocijo y consuelo eran usadas para despertar pleitos y confusión en la iglesia.

En la obra de la Reforma, Lutero había sido impulsado por el Espíritu de Dios y llevado más allá de lo que pensara. No había tenido el propósito de tomar tales resoluciones ni de lograr cambios tan radicales. Había sido solamente instrumento en manos del poder infinito. Sin embargo, temblaba a menudo al ver el resultado de su trabajo. Dijo una vez: "Si yo supiera que mi doctrina hubiera dañado a un ser viviente por pobre y obscuro que hubiera sido, – lo que es imposible, pues ella es el mismo evangelio, – hubiera preferido mejor morir diez veces antes que negarme a retractarme." –*Ibid.*

Y ahora hasta el mismo Wittenberg, el verdadero centro de la Reforma, sucumbía rápidamente bajo el poder del fanatismo y de los desórdenes. Esta terrible situación no era efecto de las enseñanzas de Lutero; pero no obstante por toda Alemania sus enemigos lo señalaban a él como el causante. Con el ánimo deprimido, preguntábase a veces a sí mismo: "¿Será posible que así remate la gran obra de la Reforma?" –*Ibid.* Pero cuando hubo orado fervientemente al respecto, volvió la paz a su alma. "La obra no es mía sino Tuya," decía él, "y no consentirás que se malogre por causa de la superstición o del fanatismo." No soportaba el pensamiento de seguir apartado del conflicto en una crisis tal; de modo que decidió volver a Wittenberg.

Sin más tardar se arriesgó a realizar el viaje. Se hallaba proscrito en todo el imperio. Sus enemigos tenían libertad para quitarle la vida, y a sus amigos les era prohibido protegerle. El gobierno imperial aplicaba las medidas más rigurosas contra sus seguidores, pero vió que peligraba la obra del evangelio, y en el nombre del Señor se adelantó sin miedo a combatir por la verdad.

En una carta que dirigió al elector, después de manifestar el propósito que alentaba de salir de la Wartburg, decía: "Sepa su alteza que me dirijo a Wittenberg bajo una protección más valiosa que la de príncipes y electores. No he pensado solicitar la ayuda de su alteza; y tan lejos estoy de impetrar vuestra protección, que yo mismo abrigo más bien la esperanza de protegeros a vos. Si supiese yo que su alteza querría o podría tomar mi defensa, no iría a Wittenberg. Ninguna espada material puede adelantar esta causa. Dios debe hacerlo todo sin la ayuda o la cooperación del hombre. El que tenga más fe será el que podrá presentar mejor defensa." –*Ibid.*, cap. 8.

En una segunda carta que escribió, camino de Wittenberg, añadía Lutero: "Héme aquí, dispuesto a sufrir la reprobación de su alteza y el enojo del mundo entero. ¿No los encomendó Dios a mi cuidado? y ¿no deberé, si es necesario, dar mi vida por amor de ellos? Además, temo ver una terrible revuelta en Alemania, que ha de acarrear a nuestro país el castigo de Dios." –*Ibid.*, cap. 7.

Con exquisita precaución y humildad, pero a la vez decidido y firme, volvió Lutero a su trabajo. "Con la Biblia," dijo, "debemos rebatir y echar fuera lo que logró imponerse por medio de la fuerza. Yo no deseo que se valgan de la violencia contra los supersticiosos y los incrédulos. . . . No hay que constreñir a nadie. La libertad es la esencia misma de la fe." *–Ibid.*, cap. 8.

Pronto se supo por todo Wittenberg que Lutero había regresado y que iba a predicar. El pueblo acudió de todas partes, al punto que no podía caber en la iglesia. Subiendo al púlpito, instruyó el Reformador a sus oyentes; con notable sabiduría y mansedumbre los exhortó y los amonestó. Mencionando en su sermón las medidas violentas de que algunos habían echado mano para abolir la misa, dijo:

"La misa es una cosa mala. Dios se opone a ella. Debería abolirse, y yo desearía que en su lugar se estableciese en todas partes la santa cena del evangelio. Pero no apartéis de ella a nadie por la fuerza. Debemos dejar el asunto en manos de Dios. No somos nosotros los que hemos de obrar, sino Su Palabra. Y ¿por qué? me preguntaréis. Porque los corazones de los hombres no están en mis manos como el barro en las del alfarero. Tenemos derecho de hablar, pero *no* tenemos derecho de obligar a nadie. Prediquemos; y confiemos lo demás a Dios. Si me resuelvo a hacer uso de la fuerza, ¿que conseguiré? Fingimientos, formalismo, ordenanzas humanas, hipocresía. . . . Pero en todo esto no se hallará sinceridad de corazón, ni fe, ni amor. Y donde falte esto, todo falta, y yo no daría ni una paja por celebrar una victoria de esta índole. . . . Dios puede hacer más mediante el mero poder de Su Palabra que vosotros y yo y el mundo entero con nuestros esfuerzos unidos. Dios sujeta el corazón, y una vez sujeto, todo está ganado. . . .

"Estoy listo para predicar, alegar y escribir; pero a nadie constreñiré, porque la fe es un acto voluntario. Recordad todo lo que ya he hecho. Me encaré con el papa, combatí las indulgencias y a los papistas; pero sin violencia, sin tumultos. Expuse con claridad la Palabra de Dios; prediqué y escribí, esto es todo lo que hice. Y sin embargo, mientras yo dormía, . . . la Palabra que había predicado afectó al papado como nunca le perjudicó príncipe ni emperador alguno. Y sin embargo nada hice; la Palabra sola lo hizo todo. Si hubiese yo apelado a la fuerza, el suelo de Alemania habría sido tal vez inundado con sangre. ¿Pero cuál hubiera sido el resultado? La ruina y la destrucción del alma y del cuerpo. En consecuencia, me quedo quieto, y dejo que la Palabra se extienda a lo largo y a lo ancho de la tierra." –*Ibid.*

Por siete días consecutivos predicó Lutero a las ansiosas muchedumbres. La Palabra de Dios quebrantó la esclavitud del fanatismo. El poder del evangelio hizo regresar a la verdad al pueblo que se había descarriado.

Lutero no deseaba verse con los fanáticos cuyas enseñanzas habían causado tan grave perjuicio. Harto los conocía por hombres de poco juicio y de pasiones desordenadas, y que, pretendiendo ser iluminados directamente por el cielo, no admitirían la menor contradicción ni escucharían un solo consejo ni a un solo cariñoso reproche. Arrogándose la suprema autoridad, exigían de todos que, sin la menor resistencia, reconociesen lo que ellos pretendían. Pero como solicitasen una entrevista con él, aceptó recibirlos; y denunció sus pretensiones con tanto éxito que los impostores se alejaron en el acto de Wittenberg.

El fanatismo quedó detenido por un tiempo; pero pocos años después revivió con mayor violencia y logró resultados más desastrosos. Respecto a los principales directores de este movimiento, dijo Lutero: "Para ellos las Sagradas Escrituras son letra muerta; todos gritan: '¡El Espíritu! ¡El Espíritu!' Pero yo no quisiera ir por cierto adonde su espíritu los guía. ¡Quiera Dios en Su misericordia guardarme de pertenecer a una iglesia en la cual sólo haya santos! Deseo estar con los humildes, los débiles, los enfermos, todos los cuales conocen y sienten su pecado y suspiran y claman de continuo a Dios desde el fondo de sus corazones para que Él los consuele y los sostenga." –*Ibid.*, lib. 10, cap. 10.

Tomás Munzer, el más activo de los fanáticos, era hombre de notable habilidad que, si la hubiese encauzado debidamente, habría podido realizar mucho bien; pero desconocía aun los principios más elementales de la religión verdadera. "Deseaba vehementemente reformar el mundo, olvidando, como otros muchos iluminados, que la reforma debía comenzar por él mismo." –*Ibid.*, lib. 9, cap. 8. Ambicionaba ejercer cargos e influencia, y no quería ocupar el segundo puesto, ni aun bajo el mismo Lutero. Declaraba que, al colocar la autoridad de la Escritura en substitución de la del papa, los Reformadores no hacían más que establecer una nueva forma de papado. Y se declaraba divinamente comisionado para llevar a efecto la verdadera reforma. "El que tiene este espíritu," decía Munzer, "posee la verdadera fe, aunque ni por una sola vez en su vida haya visto las Sagradas Escrituras." –*Ibid.*, lib. 10, cap. 10.

Los maestros del fanatismo se entregaron al influjo de sus impresiones y consideraban cada pensamiento y cada impulso como voz de Dios; dando como resultado que se fueran a los extremos. Algunos llegaron hasta quemar sus Biblias, exclamando: "La letra mata, el Espíritu es el que da vida." Las enseñanzas de Munzer apelaban a la afición del hombre a lo maravilloso, y contribuían a su orgullo al colocar en realidad las ideas y las opiniones de los hombres por encima de la Palabra de Dios. Millares de personas aceptaban sus doctrinas. Pronto llegó a condenar el orden en el culto público y declaró que obedecer a los príncipes era querer servir a Dios y a Belial.

El pueblo que comenzaba a librarse del yugo del papado, se empezaba a sentir impaciente bajo las restricciones de la autoridad civil. Las enseñanzas revolucionarias de Munzer, con su presunta aprobación divina, los indujeron a sublevarse contra todo mandato y a abandonarse a sus prejuicios y a sus pasiones. Siguieron las más terribles escenas de sedición y contienda y los campos de Alemania se empaparon de sangre.

La angustia de corazón que Lutero había experimentado hacía tanto tiempo en Erfurt, se adueñó de él nuevamente con redoblada fuerza al ver que los resultados del fanatismo eran considerados como efecto de la Reforma. Los príncipes papistas declaraban – y muchos estaban dispuestos a dar crédito al aserto – que la rebelión era fruto legítimo de las doctrinas de Lutero. A pesar de que estos cargos carecían del más leve fundamento, no pudieron menos que causar honda pena al Reformador. Le parecía insoportable que se deshonrase así la causa de la verdad asociándola con tan grosero fanatismo. Por otra parte, los jefes de la revuelta odiaban a Lutero no sólo porque era contrario a sus doctrinas y se había negado a reconocerles autorización divina, sino porque los había declarado rebeldes ante las autoridades civiles. En venganza lo señalaban como un vil impostor. Parecía haberse atraído la enemistad tanto de los príncipes como del pueblo.

Los Romanistas se regocijaban y esperaban ver pronto la ruina de la Reforma. Hasta culpaban a Lutero de los mismos errores que él mismo se afanara tanto en corregir. El partido de los fanáticos, declarando falsamente haber sido tratado con injusticia, logró granjearse la simpatía de mucha gente, y, como sucede con frecuencia con los que se inclinan del lado del error, fueron pronto aquellos considerados como mártires. Así los que desplegaran toda su energía en contra a la Reforma fueron compadecidos y admirados como víctimas de la crueldad y de la opresión. Esta era la obra de Satanás, y la impulsaba el mismo espíritu de rebelión que se manifestó por primera vez en los cielos.

Satanás procura constantemente engañar a los hombres y les hace llamar pecado a lo que es bueno, y bueno a lo que es pecado. ¡Y cuánto éxito ha tenido su obra! ¡Cuántas veces se critica a los siervos fieles de Dios porque permanecen firmes en defensa de la verdad! Hombres que sólo son agentes de Satanás reciben parabienes y lisonjas y hasta pasan por mártires, en tanto que otros que deberían ser apoyados y sostenidos por su fidelidad a Dios, son abandonados y objetos de sospecha y de desconfianza.

La falsa piedad y la falsa santificación siguen haciendo su obra de engaño. Bajo diferentes formas dejan ver el mismo espíritu que las caracterizara en días de Lutero, pues apartan a las mentes de las Escrituras e inducen a los hombres a seguir sus propios sentimientos e impresiones en vez de rendir obediencia a la ley de Dios. Este es uno de los más eficaces inventos de Satanás para desacreditar la pureza y la verdad de las Escrituras.

Con gran denuedo defendió Lutero el evangelio contra los ataques de que era objeto desde todas partes. La Palabra de Dios demostró ser una arma poderosa en cada conflicto. Con ella combatió el Reformador la usurpada autoridad del papa y la filosofía racionalista de los escolásticos, a la vez que se mantenía firme como una roca contra el fanatismo que pretendía aliarse con la Reforma.

Cada uno a su manera, estos elementos opuestos ponían a un lado las Sagradas Escrituras y exultaban la sabiduría humana como el gran recurso para conocer la verdad religiosa. El racionalismo hace un ídolo de la razón, y la constituye como criterio religioso. El Romanismo, al atribuir a su soberano pontífice una inspiración que proviene en línea directa de los apóstoles y continúa invariable al través de los tiempos, da amplia oportunidad para toda clase de extravagancias y corrupciones que se esconden bajo la santidad del mandato apostólico. La inspiración a que pretendían Munzer y sus colegas no procedía sino de los desvaríos de su imaginación y su influencia rechazaba toda autoridad, humana o divina. El Cristianismo recibe la Palabra de Dios como el gran tesoro de la verdad inspirada y la piedra de toque de toda inspiración.

A su regreso de Wartburg, terminó Lutero su traducción del Nuevo Testamento y no tardó el evangelio en ser ofrecido al pueblo de Alemania en su propia lengua. Esta versión fue recibida con alegría por todos los amigos de la verdad, pero fue vilmente desechada por los que preferían dejarse guiar por las tradiciones y los mandamientos de los hombres.

Se alarmaron los sacerdotes al pensar que el pueblo iba a poder discutir con ellos los preceptos de la Palabra de Dios y descubrir la ignorancia de ellos. Las armas carnales de su raciocinio eran impotentes contra la espada del Espíritu. Roma puso en juego toda su autoridad para impedir la circulación de las Santas Escrituras; pero los decretos, los anatemas y el mismo tormento no eran suficientes. Cuanto más se condenaba y prohibía la Biblia, mayor era el anhelo del pueblo por conocer lo que ella enseñaba. Todos los que sabían leer deseaban con ansia estudiar la Palabra de Dios por ellos mismos. La llevaban consigo, la leían y releían, y no se quedaban satisfechos antes de saber grandes trozos de ella de memoria. Viendo la buena voluntad con que fue acogido el Nuevo Testamento, Lutero dió comienzo à la traducción del Antiguo Testamento y la fue publicando por partes según las iba terminando.

Sus escritos tenían aceptación en la ciudad y en las aldeas. "Lo que Lutero y sus amigos escribían, otros se encargaban de esparcirlo por todas partes. Los monjes que habían reconocido el carácter ilegítimo de las obligaciones monacales y deseaban cambiar su vida de indolencia por una de actividad, pero se sentían muy incapaces de proclamar por sí mismos la Palabra de Dios, cruzaban las provincias vendiendo los escritos de Lutero y sus colegas. Al poco tiempo Alemania pululaba con estos intrépidos colportores." –*Ibid.*, lib. 9, cap. 11.

Estos escritos eran estudiados con profundo interés por ricos y pobres, por letrados e ignorantes. De noche, los maestros de las escuelas rurales los leían en alta voz a pequeños grupos que se reunían con amor alrededor del fuego. Cada esfuerzo que en este sentido se hacía convencía a algunas almas de la verdad, y ellas a su vez habiendo recibido la Palabra con alegría, la comunicaban a otros.

Así se cumplían las palabras inspiradas: "Al abrirse, iluminan tus palabras; hacen entender a los sencillos." Salmo 119:130. El estudio de las Sagradas Escrituras producía un notable cambio en las mentes y en los corazones del pueblo. El dominio papal les había impuesto un yugo férreo que los mantenía en la ignorancia y en la degradación. Con escrúpulos supersticiosos, observaban las formas, pero nada o casi nada de la mente y el corazón tomaban parte en los servicios. La predicación de Lutero, al exponer las sencillas verdades de la Palabra de Dios, y la Palabra misma, al ser puesta en manos del pueblo, despertaron sus facultades aletargadas, y no sólo purificaban y ennoblecían la naturaleza espiritual, sino que daban nuevas fuerzas y renovado vigor a la inteligencia.

Se veía a personas de todas las clases sociales defender, con la Biblia en la mano, las doctrinas de la Reforma. Los papistas que habían abandonado el estudio de las Sagradas Escrituras a los sacerdotes y a los monjes, les pidieron que viniesen en su auxilio a refutar las nuevas enseñanzas. Empero, ignorantes de las Escrituras y del poder de Dios, monjes y sacerdotes fueron completamente derrotados por aquellos a quienes habían llamado herejes e indoctos. "Desgraciadamente," decía un escritor Católico, "Lutero ha convencido a sus correligionarios de que su fe debe fundarse solamente en la Santa Escritura." *–Ibid.*, lib. 9, cap. 11. Las multitudes se agolpaban para escuchar a hombres de poca ilustración defender la verdad y hasta discutir acerca de ella con teólogos instruidos y elocuentes. La vergonzosa ignorancia de estos arrogantes hombres se descubría tan luego como sus argumentos eran refutados por las sencillas enseñanzas de la Palabra de Dios. Los hombres de trabajo, los soldados y hasta los niños, estaban más familiarizados con las enseñanzas de la Biblia que los sacerdotes y los sabios doctores.

El contraste entre los discípulos del evangelio y los que sostenían las supersticiones papistas no era menos notable entre los estudiantes que entre las masas populares. "En oposición a los antiguos campeones de la jerarquía que habían descuidado el estudio de los idiomas y de la literatura, . . . se levantaban jóvenes de mente privilegiada, muchos de los cuales se consagraban al estudio de las Escrituras, y se familiarizaban con los tesoros de la literatura antigua. Dotados de rápida percepción, de almas elevadas y de corazones intrépidos, pronto llegaron a alcanzar estos jóvenes tanta competencia, que durante mucho tiempo nadie se atrevía a hacerles frente. . . . De manera que en los concursos públicos en que estos jóvenes campeones de la Reforma se encontraban con doctores papistas, los atacaban con tanta facilidad y confianza que los hacían vacilar y los exponían al desprecio de todos." *–Ibid.*

Cuando el clero se dió cuenta de que iba menguando el número de los congregantes, invocó la ayuda de los magistrados, y por todos los medios a su alcance procuró atraer nuevamente a sus oyentes. Pero el pueblo había hallado en las nuevas enseñanzas algo que llenaba las necesidades de sus almas, y se apartaba de aquellos que por tanto tiempo le habían alimentado con las cáscaras vacías de los ritos supersticiosos y de las tradiciones humanas.

Cuando la persecución ardía contra los predicadores de la verdad, ponían éstos en práctica las palabras de Cristo: "Cuando os persigan en esta ciudad, huid a la otra." Mateo 10:23. La luz penetraba en todas partes. Los fugitivos encontraban en algún lugar puertas hospitalarias que les eran abiertas, y morando allí, predicaban a Cristo, a veces en la iglesia, otros, si se les negaba ese privilegio, en casas particulares o al aire libre. Cualquier sitio en que hallasen un oyente se convertía en templo. La verdad, proclamada con tanta energía y fidelidad, se esparcía con irresistible poder.

En vano se agrupaban las autoridades civiles y eclesiásticas para detener el avance de la herejía. Inútilmente recurrían a la cárcel, al tormento, al fuego y a la espada. Millares de creyentes sellaban su fe con su sangre, pero la obra continuaba adelante. La persecución no servía sino para hacer cundir la verdad, y el fanatismo que Satanás intentara unir a ella, no logró sino hacer resaltar aun más el contraste entre la obra de Satanás y la obra de Dios.

CAPÍTULO 11

La Protesta de los Príncipes

UNO DE LOS TESTIMONIOS más nobles dados en favor de la Reforma, fue la protesta presentada por los príncipes Cristianos de Alemania, ante la Dieta de Spira, el año 1529. El valor, la fe y la honestidad de aquellos hombres de Dios, aseguraron para las edades futuras la libertad de pensamiento y la libertad de conciencia. Esta protesta dió a la iglesia reformada el nombre de Protestante; y sus principios son "la verdadera esencia del Protestantismo." –D'Aubigné, lib. 13, cap. 6.

Había llegado para la causa de la Reforma un momento sombrío y amenazante. A despecho del edicto de Worms, que colocaba a Lutero fuera de la ley, y prohibía enseñar o creer sus doctrinas, la tolerancia religiosa había prevalecido en el imperio. La mano de Dios había contenido las fuerzas que se oponían a la verdad. Esforzábase Carlos V por aniquilar la Reforma, pero muchas veces, al intentar dañarla, se veía obligado a desviar el golpe. Una y otra vez había parecido inevitable la inmediata destrucción de los que se atrevían a oponerse a Roma; pero, en el momento crítico, aparecían los ejércitos de Turquía en las fronteras del oriente, o bien el rey de Francia o el papa mismo, celosos de la grandeza del emperador, le hacían la guerra; y de esta manera, entre el tumulto y las luchas entre las naciones la Reforma había podido extenderse y fortalecerse.

Por último, los soberanos papistas pusieron tregua a sus disputas para unirse contra los Reformadores. En 1526, la Dieta de Spira había concedido a cada estado plena libertad en asuntos religiosos, hasta tanto que se reuniese un concilio general; pero en cuanto desaparecieron los peligros que imponían esta concesión el emperador convocó una segunda

Dieta en Spira, para 1529, con el fin de destruir la herejía. Quería inducir a los príncipes, si es que era posible, por medios pacíficos, a que se declararan contra la Reforma, pero si no lo conseguía por estos medios, Carlos estaba dispuesto a echar mano de la espada.

Los papistas se consideraban triunfantes. Se presentaron en gran número en Spira y manifestaron abiertamente sus sentimientos hostiles para con los Reformadores y para con todos aquellos que estaban a su favor. Decía Melanchton: "Nosotros somos la escoria y la basura del mundo, mas Dios proveerá para sus pobres hijos y cuidará de ellos." *–Ibid.*, cap. 5. A los príncipes evangélicos que asistieron a la Dieta se les prohibió que se predicara el evangelio en sus residencias. Pero la gente de Spira estaba sedienta de la Palabra de Dios y, a pesar de dicha prohibición, miles acudían a los cultos que se celebraban en la capilla del elector de Sajonia.

Esto precipitó la crisis. Una comunicación imperial anunció a la Dieta que habiendo originado graves desordenes la autorización que concedía la libertad de conciencia, el emperador ordenaba que fuese suprimida. Este acto arbitrario excitó la indignación y la alarma de los Cristianos evangélicos. Uno de ellos dijo: "Cristo ha caído de nuevo en manos de Caifás y de Pilato." Los Romanistas se volvieron más intransigentes. Un fanático papista dijo: "Los Turcos son mejores que los Luteranos; porque los Turcos observan días de ayuno mientras que los Luteranos los profanan. Si hemos de escoger entre las Sagradas Escrituras de Dios y los antiguos errores de la iglesia, tenemos que rechazar aquellas." Melanchton decía: "Cada día, Faber, en plena asamblea, arroja una piedra más contra los evangélicos." *–Ibid.*

La tolerancia religiosa había sido implantada legalmente, y los estados evangélicos resolvieron oponerse a que sus derechos fueran pisoteados. A Lutero, todavía condenado por el edicto de Worms, no se le permitía presentarse en Spira, pero le representaban sus colaboradores y los príncipes que Dios había levantado en defensa de su causa en aquel trance. El ilustre Federico de Sajonia, antiguo protector de Lutero, había sido arrebatado por la muerte, pero el duque Juan, su hermano y sucesor, había aceptado la Reforma con gran gozo, y aunque hombre de paz no dejó de desplegar gran energía y celo en todo lo que se relacionaba con los intereses de la fe.

Los sacerdotes exigían que los estados que habían aceptado la Reforma se sometieran implícitamente a la jurisdicción de Roma. Por su parte, los Reformadores reclamaban la libertad que anteriormente se les había otorgado. No podían consentir en que Roma volviera a tener bajo su dominio los estados que habían recibido con tanto regocijo la Palabra de Dios.

Finalmente se propuso que en los lugares donde la Reforma no había sido establecida, el edicto de Worms se aplicara con todo rigor, y que "en los lugares donde el pueblo se había apartado de él y donde no se le podría hacer conformarse a él sin peligro de levantamiento, por lo menos no se introdujera ninguna nueva reforma, no se predicara sobre puntos que se prestaran a disputas, no se hiciera oposición a la celebración de la misa, ni se permitiera que los Católicos Romanos abrazaran las doctrinas de Lutero." –*Ibid.* La Dieta aprobó esta medida con gran satisfacción de los sacerdotes y prelados del papa.

Si se aplicaba este edicto, "la Reforma no podría extenderse . . . en los puntos adonde no había llegado todavía, ni podría siquiera afirmarse . . . en los países en que se había extendido." –*Ibid.* Quedaría suprimida la libertad de palabra y no se permitirían más conversiones. Y se exigía a los amigos de la Reforma que se sometieran inmediatamente a estas restricciones y prohibiciones. Las esperanzas del mundo parecían estar a punto de desaparecer. "El restablecimiento de la jerarquía papal . . . volvería a despertar inevitablemente los antiguos abusos," y sería fácil hallar ocasión de "acabar con una obra que ya había sido atacada tan violentamente" por el fanatismo y la disensión. –*Ibid.*

Cuando el partido evangélico se reunió para conferenciar, los miembros se miraban unos a otros con marcado desaliento. Todos se preguntaban unos a otros: "¿Qué hacer?" Estaban en juego grandes consecuencias para el porvenir del mundo. "¿Debían someterse los jefes de la Reforma y aceptar el edicto? ¡Cuán fácil hubiera sido para los Reformadores en aquella hora, angustiosa en extremo, tomar por un camino errado! ¡Cuántos excelentes pretextos y hermosas razones no hubieran podido alegar para presentar como necesaria el someterse! A los príncipes Luteranos se les garantizaba el libre ejercicio de su culto. El mismo favor se hacía extensivo a sus súbditos que con anterioridad al edicto hubiesen abrazado la fe reformada. ¿No podían contentarse con esto? ¡De cuántos peligros no les libraría su sumisión! ¡A cuántos pesares y conflictos no les iba a exponer su oposición! ¿Quién sabía qué oportunidades no les traería el porvenir? Abracemos la paz; aceptemos el ramo de olivo que nos brinda Roma, y suavicemos las heridas de Alemania. Con argumentos como éstos hubieran podido los Reformadores adornar su sumisión y entrar en el sendero que infaliblemente y en tiempo no lejano, hubiera dado al traste con la Reforma.

"Afortunadamente, consideraron el principio sobre el cual estaba basado el acuerdo, y obraron por fe. ¿Cuál era ese principio? Era el derecho de Roma de coartar la libertad de conciencia y prohibir la libre investigación. Pero ¿no había quedado acordado que ellos y sus súbditos Protestantes gozarían libertad religiosa? – Sí, pero como un favor, consignado en el acuerdo, y no como un derecho. En cuanto a aquellos a quienes no alcanzaba la disposición, los había de regir el gran principio de autoridad; la conciencia no contaba para nada; Roma era el juez infalible a quien habría que obedecer. Aceptar semejante arreglo hubiera equivalido a admitir que la libertad religiosa debía limitarse a la Sajonia reformada; y en el resto de la Cristiandad la libre investigación y la profesión de fe reformada serían entonces crímenes dignos del calabozo o del patíbulo. ¿Se resignarían ellos a ver así encerrada la libertad religiosa? ¿Declararían con esto que la Reforma había hecho ya su última conversión y conquistado su última pulgada de terreno? ¿Y que en las regiones donde dominaba Roma, su dominio se perpetuaría? ¿Podrían los Reformadores declararse inocentes de la sangre de los centenares y miles de luchadores que, perseguidos por semejante edicto, tendrían que someterse en los países dominados por el papa? Esto hubiera sido traicionar en aquella hora suprema la causa del evangelio y las libertades de la Cristiandad." –Wylie, lib. 9, cap. 15. Más bien "lo sacrificarían ellos todo, hasta sus posesiones, sus títulos y sus propias vidas." –D'Aubigné, lib. 13, cap. 5.

"Rechacemos este decreto," dijeron los príncipes. "En asuntos de conciencia la mayoría no tiene poder." Declararon los diputados: "Es al decreto de 1526 al que debemos la paz de que disfruta el imperio: su abolición llenaría a Alemania de disturbios y facciones. Es incompetente la Dieta para hacer más que conservar la libertad religiosa hasta tanto que se reúna un concilio general." –*Ibid.* Proteger la libertad de conciencia es un deber del estado, y es el límite de su autoridad en materia de religión. Todo gobierno secular que intenta controlar las observancias religiosas o imponerlas por medio de la autoridad civil, sacrifica precisamente el principio por el cual lucharon tan noblemente los Cristianos evangélicos.

Los papistas resolvieron terminar con lo que llamaban una "atrevida obstinación." Para principiar, procuraron sembrar disensiones entre los que sostenían la causa de la Reforma e intimidar a quienes todavía no se habían declarado abiertamente por ella. Los representantes de las ciudades libres fueron citados a comparecer ante la Dieta y se les exigió que declarasen si aceptarían a las condiciones del edicto. Pidieron ellos que se les diera tiempo para contestar, pero no les fue concedido. Al llegar el momento en que cada cual debía dar su opinión personal, casi la mitad de los circunstantes se declararon por los Reformadores. Los que así se negaron a sacrificar la libertad de conciencia y el derecho de seguir su juicio individual, sabían que de seguro su actitud les acarrearía las críticas, la condenación y la persecución. Uno de los delegados dijo: "Debemos negar la Palabra de Dios, o ser quemados." –*Ibid.*

El rey Fernando, representante del emperador ante la Dieta, vió que el decreto acarrearía serios disturbios, a menos que se convenciese a los príncipes a aceptarlo y apoyarlo. En vista de esto, apeló al arte de la persuasión, pues sabía muy bien que emplear la fuerza contra semejantes hombres no tendría otro resultado que confirmarlos más en sus resoluciones. "Suplicó a los príncipes que aceptasen el decreto, asegurándoles que este acto llenaría de regocijo al emperador." Pero estos hombres leales reconocían una autoridad superior a todos los gobernantes de la tierra, y respondieron con toda calma: "Nosotros obedeceremos al emperador en todo aquello que contribuya a mantener la paz y la gloria de Dios." –*Ibid.*

Finalmente manifestó el rey al elector y a sus amigos en presencia de la Dieta que el edicto "iba a ser promulgado como decreto imperial," y que "lo único que les quedaba era someterse a la decisión de la mayoría." Y habiéndose expresado así, abandonó la asamblea, sin dar oportunidad a los Reformadores para discutir o replicar. "En vano éstos le mandaron mensajeros para instarle a que volviera." A las súplicas de ellos, sólo contestó: "Es asunto concluído; no queda más que la sumisión." –*Ibid.*

El partido imperial estaba convencido de que los príncipes Cristianos se aferrarían a las Santas Escrituras como a algo superior a las doctrinas y a los mandatos de los hombres; sabía también que allí donde se adoptara esta actitud, el papado quedaría derrotado. Pero, como lo han hecho millares desde entonces, mirando "las cosas que se ven," se lisonjeó de que la causa del emperador y del papa quedaba firme, y muy débil la de los Reformadores. Si éstos Reformadores tan solo hubieran dependido del auxilio humano, habrían resultado tan impotentes como los suponían los papistas. Pero aunque débiles en número, y en desacuerdo con Roma, tenían fuerza. Apelaban "de las decisiones de la Dieta a la Palabra de Dios, y del emperador Carlos a Jesucristo, Rey de Reyes y Señor de Señores." –*Ibid.*, cap. 6.

Como Fernando se negara a tener en cuenta las convicciones de los príncipes, éstos decidieron no hacer caso de su ausencia, sino presentar sin dilación su protesta ante el concilio nacional. Formulóse en cosecuencia la siguiente declaración que fue presentada a la Dieta:

"Protestamos por medio de este manifiesto, ante Dios nuestro único Creador, Conservador, Redentor y Salvador, y que un día será nuestro Juez, como también ante todos los hombres y todas las criaturas, y hacemos presente, que nosotros, en nuestro nombre, y por nuestro pueblo, no daremos nuestro consentimiento ni nuestra adhesión de manera alguna al propuesto decreto, en todo aquello que sea contrario a Dios, a Su santa Palabra, a los derechos de nuestra conciencia, y a la salvación de nuestras almas."

"¡Cómo! ¿Ratificar nosotros este edicto? No podemos admitir que cuando el Dios Todopoderoso llame a un hombre a su conocimiento, no se le permita abrazar este conocimiento divino." "No hay doctrina verdadera sino la que esté conforme con la Palabra de Dios. . . . El Señor prohibe la enseñanza de cualquiera otra doctrina. . . . Las Santas Escrituras deberían explicarse con otros textos más claros; . . . este santo Libro es, en todo cuanto es necesario al Cristiano, de fácil interpretación, y propio para dispersar la obscuridad. Estamos resueltos, por la gracia divina, a mantener la predicación pura y exclusiva de la Palabra de Dios sola, tal como la contienen los libros bíblicos del Antiguo y Nuevo Testamento, sin alteraciones de ninguna especie. Esta Palabra es la única verdad; es la regla segura de toda doctrina y de toda vida, y no puede faltar ni engañarnos. El que edifica sobre este fundamento estará firme contra todos los poderes del infierno, mientras que cuanta vanidad se le oponga caerá delante de Dios."

"Por tanto, rechazamos el yugo que se nos impone." "Al mismo tiempo esperamos que su majestad imperial se portará con nosotros como príncipe Cristiano que ama a Dios sobre todas las cosas, y declaramos que estamos dispuestos a prestarle a él lo mismo que a vosotros, graciosos y dignísimos señores, todo el afecto y la obediencia que creemos deberos en justicia." –*Ibid.*

Este acto produjo honda impresión en el ánimo de la Dieta. La mayoría de ella se sorprendió y alarmó ante la valentía de los que suscribían semejante protesta. El porvenir se presentaba incierto y tempestuoso. Las disensiones, las contiendas y el derramamiento de sangre parecían inevitables. Pero los Reformadores, firmes en la justicia de su causa, y entregándose en brazos del Omnipotente, se sentían "fuertes y animosos."

"Los principios contenidos en esta célebre protesta . . . constituyen la esencia misma del Protestantismo. Ahora bien, esta protesta se opone a dos abusos del hombre en asuntos de fe: el primero es la intervención del magistrado civil, y el segundo la autoridad arbitraria de la iglesia. En lugar de estos dos abusos, el Protestantismo sobrepone la autoridad de la conciencia a la del magistrado, y la de la Palabra de Dios a la de la iglesia visible. En primer lugar, niega la competencia del poder civil en asuntos de religión y dice con los profetas y apóstoles: '*Debemos obedecer a Dios antes que a los hombres.*' A la corona de Carlos V sobrepone la de Jesucristo. Es más: sienta el principio de que toda enseñanza humana debe subordinarse a los oráculos de Dios." –*Ibid.* Los Protestantes afirmaron además el derecho que tenían para expresar libremente sus convicciones tocante a la verdad. Querían no solamente creer y obedecer, sino también enseñar lo que contienen las Santas Escrituras, y negaban el derecho del sacerdote o del magistrado para intervenir en asuntos de conciencia. La protesta de Spira fue un solemne testimonio contra la intolerancia religiosa y una declaración en favor del derecho que tienen todos los hombres para adorar a Dios según les dicte la conciencia.

El acto estaba consumado. Grabado quedaba en la memoria de millares de hombres y consignado en las crónicas del cielo, de donde ningún esfuerzo humano podía arrancarlo. Toda la Alemania evangélica hizo suya la protesta como expresión de su fe. Por todos los lugares la consideraban como prenda de una era nueva y más halagüeña. Uno de los príncipes se expresó así ante los Protestantes de Spira: "Que el Todopoderoso, que os ha concedido gracia para que le confeséis enérgicamente, con libertad y denuedo, se digne conservaros en esta firmeza Cristiana hasta el día de la eternidad." –*Ibid.*

Si la Reforma, después de alcanzado tan notable éxito, hubiese armonizado con el mundo para contar con su favor, habría sido infiel a Dios y a sí misma, y hubiera labrado su propia ruina. La experiencia de aquellos nobles Reformadores encierra una lección para todas las épocas venideras. Satanás no ha cambiado en nada el modo en que trabaja contra Dios y contra Su Palabra; se opone hoy tanto como en el siglo XVI a que las Escrituras sean reconocidas como guía de la vida. En la actualidad los hombres se han alejado mucho de sus doctrinas y preceptos, y se hace del todo necesario volver al gran principio Protestante: la Biblia, únicamente la Biblia, como regla de la fe y del deber. Satanás sigue valiéndose de todos los medios que están a su alcance para destruir la libertad religiosa. El mismo poder anticristiano que rechazaron los Protestantes de Spira procura ahora, con redoblado esfuerzo, restablecer su perdida supremacía. La misma adhesión incondicional a la Palabra de Dios que se manifestó en los días tan críticos de la Reforma del siglo XVI, es la única esperanza de una reforma en nuestros días.

Aparecieron señales precursoras de peligros para los Protestantes, juntamente con otras indicadoras de que la mano divina protegía a los fieles. Por aquel entonces fue cuando "Melanchton llevó como a escape a su amigo Simón Gryneo por las calles de Spira, rumbo al Rin, y le instó a que cruzase el río sin demora. Admirado Gryneo, deseaba saber el motivo de tan repentina fuga. Le contestó Melanchton: 'Un anciano de aspecto augusto y venerable, pero que me es desconocido, se me apareció y me dió la noticia de que en un minuto los agentes de la justicia iban a ser despachados por Fernando para arrestar a Gryneo.' "

Durante el día, Gryneo se había escandalizado al oír un sermón de Faber, eminente doctor papista, y al fin de él le llamó la atención por haber defendido "ciertos errores detestables." "Faber disimuló su enojo, pero inmediatamente se dirigió al rey y obtuvo de él una orden de arresto contra el importuno profesor de Heidelberg. A Melanchton no le cabía duda de que Dios había salvado a su amigo enviando a uno de los santos ángeles para avisarle del peligro.

Melanchton permaneció en la ribera del río hasta que las aguas estuvieron en medio de su amado amigo y aquellos que le buscaban para quitarle la vida. Así que le vió en salvo, en la ribera opuesta, exclamó: 'Ya está fuera del alcance de las garras de los que tienen sed de sangre inocente.' De regreso en su casa, se le dijo a Melanchton que unos emisarios habían estado buscando a Gryneo y registrándolo todo de arriba abajo." –*Ibid.*

La Reforma debía alcanzar mayor preeminencia ante los poderosos de la tierra. El rey Fernando se había negado a oír a los príncipes evangélicos, pero éstos iban a tener la oportunidad de presentar su causa ante el emperador y ante la asamblea de los dignatarios del estado y de la iglesia. Para calmar las diferencias que perturbaban al imperio, Carlos V, un año después de la protesta de Spira, convocó una Dieta en Augsburgo, manifestando que él mismo la presidiría en persona. Y a ella fueron convocados los jefes de la causa Protestante.

Grandes peligros amenazaban a la Reforma; pero sus defensores confiaron su causa a Dios, y se comprometieron a permanecer firmes y fieles al evangelio. Los consejeros del elector de Sajonia le instaron a que no compareciera ante la Dieta. Decían ellos que el emperador pedía la presencia de los príncipes para poderlos atrapar. "¿No era arriesgarlo todo, eso de encerrarse dentro de los muros de una ciudad, a merced de un poderoso enemigo?" Otros en cambio decían: "Si los príncipes se portan con valor, la causa de Dios está salvada." "Fiel es Dios y nunca nos abandonará," decía Lutero. *Ibid.*, lib. 14, cap. 2. El elector y su comitiva se encaminaron a Augsburgo. Todos sabían el peligro que les amenazaba, y muchos seguían adelante con triste semblante y corazón turbado. Pero Lutero, que los acompañara hasta Coburgo, reanimó su débil fe cantando el himno escrito en el curso de aquel viaje: "Castillo fuerte es nuestro Dios." Muchos lúgubres presentimientos desaparecieron y muchos corazones apesadumbrados sintieron alivio, al oír las inspiradas estrofas.

Los príncipes reformados habían decidido redactar una exposición sistemática de sus opiniones, con pruebas de las Santas Escrituras, y presentarla a la Dieta; y la preparación de ella fue encomendada a Lutero, Melanchton y sus compañeros. Esta Confesión fue aceptada por los Protestantes como expresión genuina de su fe, y se reunieron para firmar tan importante documento. Fue ésta una ocasión solemne y decisiva. Estaban muy deseosos los Reformadores de que su causa no se confundiera con los asuntos políticos, y creían que la Reforma no debía ejercer otra influencia que la que proviene de la Palabra de Dios. Cuando los príncipes Cristianos se apresuraron a firmar la Confesión, Melanchton se interpuso, diciendo: "A los teólogos y a los ministros es a quienes corresponde proponer estas cosas; reservemos para otros asuntos la autoridad de los poderosos de esta tierra." "No permita Dios," replicó Juan de Sajonia, "que sea yo excluído. Estoy resuelto a cumplir con mi deber, sin preocuparme de mi corona. Deseo confesar al Señor. Mi birrete y mi toga de elector no me son tan preciosos como la cruz de Cristo." Habiendo dicho esto, firmó. Otro de los príncipes, al tomar la pluma para firmar, dijo: "Si la honra de mi Señor Jesucristo lo requiere, estoy listo . . . para sacrificar mis bienes y mi vida." "Preferiría dejar a mis súbditos, mis estados y la tierra de mis padres, para irme bordón en mano," prosiguió diciendo, "antes que recibir otra doctrina que la contenida en esta confesión." –*Ibid.*, cap. 6. Tal era la fe y el arrojo de aquellos hombres de Dios.

Llegó el momento marcado para comparecer ante el Emperador. Carlos V, sentado en su trono, rodeado de los electores y los príncipes, dió audiencia a los Reformadores Protestantes. Se dió lectura a la confesión de fe de éstos. Fueron presentadas con toda claridad las verdades del evangelio ante la augusta asamblea, y señalados los errores de la iglesia papal. Con razón fue llamado aquel día "el día más grande de la Reforma y uno de los más gloriosos en la historia del Cristianismo y de la humanidad." –*Ibid.*, cap. 7.

Hacía apenas unos cuantos años que el monje de Wittenberg se presentara solo en Worms ante el concilio nacional; y ahora, en vez de él se veían los más nobles y poderosos príncipes del imperio. A Lutero no se le había permitido hacer acto de presencia en Augsburgo, pero estaba presente por sus palabras y por sus oraciones. "Me lleno de gozo," escribía, "por haber llegado hasta esta hora en que Cristo ha sido ensalzado públicamente por tan ilustres confesores y en tan gloriosa asamblea." –*Ibid.* Así se cumplió lo que dicen las Sagradas Escrituras: "Hablaré de Tus testimonios delante de los reyes." Salmo 119:46.

En tiempo de Pablo, el evangelio, por cuya causa se le apresó, fue presentado así a los príncipes y nobles de la ciudad imperial. Igualmente, en Augsburgo, lo que el emperador había prohibido que se predicase desde el púlpito se proclamó en el palacio. Lo que había sido tenido como indigno de ser escuchado por los sirvientes, era escuchado con admiración por los amos y señores del imperio. El auditorio se componía de reyes y de nobles, los predicadores eran príncipes coronados, y el sermón era la verdad real de Dios. "Desde los tiempos apostólicos," dice un escritor, "no hubo obra tan grandiosa, ni tan inmejorable confesión.' –*Ibid*.

"Cuanto ha sido dicho por los Luteranos, es cierto, y no lo podemos negar," declaraba un obispo papista. "¿Podéis refutar con buenas razones la Confesión hecha por el elector y sus aliados?" preguntaba otro obispo al doctor Eck. "Sí, lo puedo," respondía, "pero no con los escritos de los apóstoles y los profetas, sino con los concilios y con los escritos de los padres." "Comprendo," repuso el que hacía la pregunta. "Según su opinión, los Luteranos están basados en las Escrituras, en tanto que nosotros estamos fuera de ellas." –*Ibid.*, cap. 8.

Varios príncipes Alemanes fueron convertidos a la fe reformada, y el mismo emperador declaró que los artículos Protestantes contenían la verdad. Esta confesión fue traducida a muchos idiomas y circuló por toda Europa, y en las generaciones subsiguientes millones la aceptaron como expresión de su fe.

Los fieles siervos de Dios no trabajaban solos. Mientras que los principados y potestades de los espíritus malos se asociaban contra ellos, el Señor no dejaba abandonado a Su pueblo. Si sus ojos hubieran podido abrirse habrían tenido clara evidencia de la presencia y la protección divina, que les fueron concedidos como a los profetas en la antigüedad. Cuando el siervo de Eliseo mostró a su amo las huestes enemigas que los rodeaban sin dejarles cómo escapar, el profeta oró: "Te ruego, oh Jehová, que abras sus ojos para que vea." 2 Reyes 6:17. Y he aquí el monte estaba lleno de carros y caballos de fuego: el ejército celestial protegía al varón de Dios. Del mismo modo, había ángeles que cuidaban a los que trabajaban en la causa de la Reforma.

Uno de los principios que sostenía Lutero con más firmeza, era que no se debía acudir al poder secular para apoyar la Reforma, ni defenderla con las armas. Se alegraba de la circunstancia de que los príncipes del imperio confesaran el evangelio; pero cuando estos mismos príncipes intentaron unirse en una liga defensiva, declaró que "la doctrina del evangelio debía ser defendida solamente por *Dios*. . . . Cuanto menos interviniesen los hombres en esta obra, más notable sería la intervención de Dios en su favor. Todas las precauciones políticas propuestas, eran, según su modo de ver, hijas de un temor indigno y de una desconfianza pecaminosa." –*Ibid.*, lib. 10, cap. 14.

Cuando poderosos enemigos se unían para destruir la fe reformada y millares de espadas parecían desenvainarse para combatirla, Lutero escribió: "Satanás manifiesta su ira; conspiran pontífices impíos; y nos amenaza la guerra. Exhortad al pueblo a que luche con fervor ante al trono de Dios, en fe y ruegos, para que nuestros adversarios, vencidos por el Espíritu de Dios, se vean obligados a ser pacíficos. Nuestra más ingente necesidad, la primera cosa que debemos hacer, es orar; haced saber al pueblo que en esta hora él mismo se halla expuesto al filo de la espada y a la ira del diablo; haced que *ore*. " –*Ibid.*

En otra ocasión, con fecha posterior, haciendo mención de la liga que trataban de organizar los príncipes reformados, Lutero declaró que la única arma que podía emplearse en esa causa era "la espada del Espíritu." Escribió al elector de Sajonia: "No podemos en conciencia aprobar la alianza propuesta. Preferiríamos morir diez veces antes que el evangelio fuese causa de derramar una gota de sangre. Nuestra parte es ser como ovejas del matadero. La cruz de Cristo hay que llevarla. No tema su alteza. Más podemos nosotros con nuestras oraciones que todos nuestros enemigos con sus jactancias. Más que nada evitad que se manchen vuestras manos con la sangre de vuestros hermanos. Si el emperador exige que seamos llevados ante sus tribunales, estamos listos para comparecer. No podéis defender la fe: cada cual debe creer a costa suya." –*Ibid.*, cap. 1.

Del lugar secreto de oración fue de donde provino el poder que hizo estremecerse al mundo en los días de la gran Reforma. Allí, con santa calma, se mantenían firmes los siervos de Dios sobre la roca de Sus promesas. Durante la agitación de Augsburgo, Lutero "no dejó de dedicar tres horas al día a la oración; y este tiempo lo tomaba de las horas del día más propicias al estudio." En lo secreto de su vivienda se le oía derramar su alma ante Dios con palabras "de adoración, de temor y de esperanza, como si hablara con un amigo." "Sé que eres nuestro Padre y nuestro Dios," decía, "y que has de desbaratar a los que persiguen a Tus hijos, porque Tú también estás envuelto en el mismo peligro que nosotros. Todo este asunto es Tuyo y si en él estamos también interesados nosotros es porque a ello nos constreñiste. Defiéndenos, pues, ¡oh Padre!" –*Ibid.*, lib. 14, cap. 6.

A Melanchton que se hallaba atribulado bajo el peso de la ansiedad y del temor, le escribió: "¡Gracia y paz en Jesucristo! ¡En Cristo, digo, y no en el mundo! ¡Amén! Aborrezco de todo corazón esos cuidados exagerados que os consumen. Si la causa es injusta, abandonadla, y si es justa, ¿por qué hacer mentir la promesa de Aquél que nos manda dormir y descansar sin temor? . . . Jesucristo no faltará en la obra de justicia y de verdad. Él vive, Él reina, ¿qué, pues, temeremos?" –*Ibid.*

Dios escuchó los clamores de Sus hijos. Infundió gracia y valor a los príncipes y ministros para que sostuvieran la verdad contra las potestades de las tinieblas de este mundo. Dice el Señor: "¡He aquí, pongo en Sión la principal piedra del ángulo, escogida, preciosa; y el que crea en Él, no será avergonzado!" 1 Pedro 2:6. Los Reformadores Protestantes habían construido sobre Cristo y las puertas del infierno no podían prevalecer contra ellos.

CAPÍTULO 12

La Reforma Francesa

A LA PROTESTA de Spira y a la Confesión de Augsburgo, que marcaron el triunfo de la Reforma en Alemania, siguieron años de conflicto y obscuridad. El Protestantismo, debilitado por las divisiones sembradas entre los que lo sostenían, y atacado por enemigos poderosos, parecía destinado a ser totalmente destruido. Millares sellaron su testimonio con su sangre. Estalló la guerra civil; la causa Protestante fue traicionada por uno de sus principales seguidores; los más nobles de los príncipes reformados cayeron en manos del emperador y fueron llevados prisioneros de pueblo en pueblo. Pero en el momento de su aparente triunfo, el monarca fue castigado por la derrota. Vió que la presa se le escapaba de las manos y al fin tuvo que conceder tolerancia a las doctrinas cuya destrucción constituyera el gran anhelo de su vida. Había comprometido su reino, sus tesoros, y hasta su misma vida, en la persecución de la herejía, y ahora veía sus tropas diezmadas, agotados sus tesoros, sus muchos reinos amenazados por las revueltas, y entre tanto seguía cundiendo por todas partes la fe que en vano se había esforzado en suprimir. Carlos V estaba combatiendo contra un poder omnipotente. Dios había dicho: "Haya luz," pero el emperador había procurado impedir que desaparecieran las tinieblas. Sus propósitos fallaron, y, en prematura vejez, sintiéndose agotado por tan larga lucha, abdicó el trono, y se encerró en un claustro.

En Suiza, lo mismo que en Alemania, vinieron días obscuros para la Reforma. Mientras que muchos cantones aceptaban la fe reformada, otros se aferraban ciega y obstinadamente al credo de Roma. Las persecuciones dirigidas contra los que aceptaban la verdad provocaron finalmente una guerra civil. Zuinglio y muchos de los que se habían unido con él en la Reforma cayeron en el sangriento campo de Cappel. Ecolampadio, abrumado por estos terribles desastres, murió poco después. Roma parecía triunfar y recuperar en muchos lugares lo que había perdido. Pero Aquél cuyos consejos son desde el siglo y hasta el siglo, no había abandonado la causa de Su pueblo. Su mano los iba a liberar. Había levantado en otros países obreros que impulsasen la Reforma.

En Francia, mucho antes que el nombre de Lutero fuese conocido como el de un Reformador, había comenzado a amanecer. Uno de los primeros en recibir la luz fue el anciano Lefevre, hombre de extensos conocimientos, catedrático de la universidad de París, y sincero y fiel partidario del papa. Las investigaciones que hizo en la literatura antigua despertaron su atención por la Biblia e introdujo el estudio de ella entre sus estudiantes.

Lefevre era entusiasta adorador de los santos y se había consagrado a preparar una historia de éstos y de los mártires según las leyendas de la iglesia. Era ésta una obra magna, que requería mucho trabajo; pero ya estaba muy adelantado en ella cuando decidió estudiar la Biblia con el propósito de obtener de ella datos para su libro. En el sagrado libro encontró santos, es verdad, pero no como los que figuran en el calendario Romano. Un raudal de luz divina penetró en su mente. Perplejo y disgustado abandonó el trabajo que se había impuesto, y se consagró a la Palabra de Dios. Pronto comenzó a enseñar las preciosas verdades que encontraba en ella.

En 1512, antes que Lutero y Zuinglio empezaran la obra de la Reforma, escribía Lefevre: "Dios es el que da, por la fe, la justicia, que por gracia nos justifica para la vida eterna." –*Wylie*, lib. 13, cap. 1. Refiriéndose a los misterios de la redención, exclamaba: "¡Oh grandeza indecible de este cambio: el Inocente es condenado, y el culpable queda libre; el que bendice carga con la maldición, y la maldición se vuelve bendición: la Vida muere, y los muertos viven; la Gloria es envuelta en tinieblas, y el que no conocía más que confusión de rostro, es revestido de gloria!" –D'Aubigné, lib. 12, cap.2.

Y al declarar que la gloria de la salvación pertenece sólo a Dios, denunciaba también que al hombre le incumbe el deber de obedecer.

Decía: "Si eres miembro de la iglesia de Cristo, eres miembro de Su cuerpo, y en tal virtud, estás lleno de la naturaleza divina. . . . ¡Oh! si los hombres pudiesen penetrar en este conocimiento y darse cuenta de este privilegio, ¡cuán pura, casta y santa no sería su vida y cuán despreciable no les parecería toda la gloria de este mundo en comparación con la que está dentro de ellos y que el ojo carnal no puede ver!" –*Ibid.*

Hubo algunos, entre los discípulos de Lefevre, que escuchaban con ansia sus palabras, y que tiempo después que fuese acallada la voz del maestro, iban a seguir predicando la verdad. Uno de ellos fue Guillermo Farel. Era hijo de padres piadosos y había sido enseñado a aceptar con fe implícita las enseñanzas de la iglesia. Hubiera podido decir como Pablo: "Conforme a la más rigurosa secta de nuestra religión, viví como fariseo." Hechos 26:5. Como un fiel Romanista se desvelaba por destruir con todos los que se atrevían a oponerse a la iglesia. "Rechinaba los dientes," decía él más tarde, "como un lobo furioso, cuando oía que alguno hablaba contra el papa." –Wylie, lib. 13, cap. 2. Había sido incansable en la adoración de los santos, en compañía de Lefevre, haciendo juntos el jubileo circular de las iglesias de París, adorando en sus altares y adornando con ofrendas los santos relicarios. Pero estas observancias no podían traer paz a su alma. Todos los actos de penitencia a los que se sometía no podían borrar la profunda convicción de pecado que pesaba sobre él. Oyó como una voz del cielo las palabras del Reformador: "La salvación es por gracia." "El inocente es condenado, y el culpable queda libre." "Es sólo la cruz de Cristo la que abre las puertas del cielo, y la que cierra las del infierno." –*Ibid.*

Farel aceptó con gran gozo la verdad. Por medio de una conversión parecida a la de Pablo, salió de la esclavitud de la tradición y llegó a la libertad de los hijos de Dios. "En vez del sanguinario corazón de lobo hambriento," tuvo, al convertirse, dice él, "la mansedumbre de un humilde e inofensivo cordero, libre ya el corazón de toda influencia papista, y entregado a Jesucristo." –D'Aubigné, lib. 12, cap. 3.

Entre tanto que Lefevre continuaba esparciendo entre los estudiantes la luz divina, Farel, tan celoso en la causa de Cristo como lo había sido en la del papa, se preparó para predicar la verdad en público. Un dignatario de la iglesia, el obispo de Meaux, no tardó en unirse con ellos. Otros maestros que sobresalían por su capacidad y talento, se adhirieron a su propagación del evangelio, y éste ganó adherentes entre todas las clases sociales, desde los humildes hogares de los artesanos y campesinos hasta el mismo palacio del rey. La hermana de Francisco I, que era entonces el monarca reinante, aceptó la fe reformada. El mismo rey y la reina madre parecieron por algún tiempo considerarla con simpatía, y los Reformadores miraban con esperanza hacia lo porvenir y veían ya a Francia ganada para el evangelio.

Pero sus esperanzas no iban a realizarse. Pruebas y persecuciones aguardaban a los discípulos de Cristo, si bien la misericordia divina se las ocultaba, pues hubo un tiempo de paz muy oportuno para permitirles reunir fuerzas para hacer frente a las tempestades, y la Reforma se extendió con rapidez. El obispo de Meaux trabajó con empeño en su propia diócesis para instruir tanto a los sacerdotes como al pueblo. Los curas inmorales e ignorantes fueron quitados de sus puestos, y en cuanto fue posible, se los reemplazó por hombres instruidos y piadosos. El obispo hacía todo lo posible porque su pueblo tuviera libre acceso a la Palabra de Dios y esto pronto se verificó. Lefevre se encargó de traducir el Nuevo Testamento y al mismo tiempo que la Biblia Alemana de Lutero salía de la imprenta en Wittenberg, el Nuevo Testamento Francés se publicaba en Meaux. El obispo no escatimó esfuerzo ni gasto alguno para hacerlo circular entre sus feligreses, y muy pronto el pueblo de Meaux se vió en posesión de las Santas Escrituras.

Así como los viajeros que se encuentran desesperados por la sed se regocijan al llegar a un manantial de agua pura, así recibieron estas almas el mensaje del cielo. Los trabajadores del campo y los artesanos en el taller, amenizaban sus trabajos de cada día hablando de las preciosas verdades de la Biblia. De noche, en lugar de reunirse en los despachos de vinos, se reunían unos en casas de otros para leer la Palabra de Dios y unir sus oraciones y alabanzas. Pronto se notó un cambio muy notable en todas estas comunidades. Aunque formadas de gente de la clase humilde, dedicada al rudo trabajo y carente de instrucción, se veía en ella el poder de la Reforma, y en la vida de todos se mostraba el efecto de la gracia divina que dignifica y eleva. Mansos, amantes y fieles, resultaban ser como un testimonio vivo de lo que el evangelio puede hacer en aquellos que lo reciben con sinceridad de corazón.

La luz derramada en Meaux iba a extenderse más lejos. Día a día aumentaba el número de los convertidos. El rey contuvo por algún tiempo la ira del clero, porque despreciaba el obsecado fanatismo de los frailes; pero al fin, los jefes papales lograron prevalecer. Se levantó la hoguera. Al obispo de Meaux le obligaron a elegir entre ella y el retractarse, y optó por el camino más fácil; pero a pesar de su caída, el rebaño de este débil pastor se mantuvo firme. Muchos dieron testimonio de la verdad entre las llamas. Con su valor y fidelidad en la hoguera, estos humildes Cristianos dieron testimonio a millares de personas que en días de paz no hubieran oído jamás el testimonio de ellos.

No eran solamente los pobres y los humildes, los que en medio del padecimiento y de las burlas se atrevían a ser testigos del Señor. En las casas de los señores, en el castillo, en el palacio, había almas regias para quienes la verdad valía más que los tesoros, las categorías sociales y aun que la misma vida. La armadura real encerraba un espíritu más noble y elevado que la mitra y las vestiduras episcopales. Luis de Berquin era de noble alcurnia. Cortés y bravo caballero, dedicado al estudio, de elegantes modales y de intachable moralidad, "era," dice un escritor, "fiel partidario de las instituciones del papa y celoso oyente de misas y sermones, . . . y coronaba todas estas virtudes aborreciendo de todo corazón el Luteranismo." Empero, como a otros muchos, la Providencia le condujo a la Biblia, y quedó maravillado de hallar en ella, "no las doctrinas de Roma, sino las doctrinas de Lutero." –Wylie, lib. 13, cap. 9. Desde entonces se entregó con entera devoción a la causa del evangelio.

"Siendo el más instruído entre todos los nobles de Francia," su genio y elocuencia y su valor indómito y su celo heroico, tanto como su privanza en la corte – por ser favorito del rey – lo hicieron considerar por muchos como el que estaba destinado a ser el Reformador de su país. Beza dijo: "Berquin hubiera sido un segundo Lutero, de haber hallado en Francisco I un segundo elector." Los papistas decían: "Es peor que Lutero." –*Ibid.* Y efectivamente, era más temido que Lutero por los Romanistas de Francia. Lo arrojaron a la cárcel por hereje, pero el rey mandó soltarle. La lucha duró varios años. Francisco fluctuaba entre Roma y la Reforma, tolerando y restringiendo alternadamente el celo bravío de los frailes. Tres veces fue apresado Berquin por las autoridades papales, para ser puesto en libertad otras tantas por el monarca, quien, admirando su genio y la nobleza de su carácter, se negó a sacrificarle a la malicia del clero.

Berquin fue avisado numerosas veces del peligro que le amenazaba en Francia y animado para que siguiera el ejemplo de aquellos que habían hallado seguridad en un destierro voluntario. El tímido y contemporizador Erasmo, que con todo el esplendor de su erudición carecía sin embargo de la grandeza moral que mantiene la vida y el honor subordinados a la verdad, escribió a Berquin: "Solicita que te manden de embajador al extranjero; ve y viaja por Alemania. Ya sabes lo que es Beda – un monstruo de mil cabezas, que destila ponzoña por todas partes. Tus enemigos son legión. Aunque fuera tu causa mejor que la de Cristo, no te dejarán en paz hasta que hayan acabado miserablemente contigo. No te fíes mucho de la protección del rey. Y sobre todas las cosas, te encarezco que *no me comprometas* con la facultad de teología." –*Ibid.*

Pero cuanto más fuerza iban tomando los peligros, más se afirmaba el fervor de Berquin. Lejos de adoptar la política y el egoísmo que Erasmo le aconsejara, decidió emplear medios más enérgicos y eficaces. No quería ya tan sólo seguir siendo defensor de la verdad, sino que iba a intentar denunciar el error. El cargo de herejía que los Romanistas procuraban echarle encima, él iba a devolvérselo. Los más activos y acerbos de sus opositores eran los sabios doctores y frailes de la facultad de teología de la Universidad de París, una de las más altas autoridades eclesiásticas de la capital y de la nación. De los escritos de estos doctores tomó Berquin doce proposiciones, que declaró públicamente "contrarias a la Biblia, y por lo tanto heréticas;" y apeló al rey para que actuara de juez en la controversia.

El monarca, deseoso de poner frente a frente el poder y la inteligencia de campeones opuestos, y de tener la oportunidad de humillar la soberbia de los altivos frailes, ordenó a los Romanistas que defendiesen su causa con la Biblia. Bien sabían ellos que semejante arma les serviría de muy poco; la cárcel, el tormento y la hoguera eran las armas que mejor sabían manejar. Cambiadas estaban las suertes y ellos se veían a punto de caer en el abismo a que habían querido echar a Berquin. Puestos así en aprieto no buscaban más que un modo de escapar.

"Por aquel tiempo, una imagen de la virgen, que estaba colocada en la esquina de una calle, amaneció mutilada." Esto produjo gran agitación en la ciudad. Multitud de gente acudió al lugar dando señales de duelo y de indignación. El mismo rey fue hondamente conmovido. Vieron en esto los monjes una coyuntura favorable para ellos, y se apresuraron en aprovecharla. "Estos son los frutos de las doctrinas de Berquin," exclamaban. "Todo va a ser echado por tierra, la religión, las leyes, el trono mismo, por esta conspiración Luterana." –*Ibid.*

Berquin fue encarcelado de nuevo. El rey salió de París y los frailes pudieron obrar a su gusto. Enjuiciaron al Reformador y le condenaron a muerte, y para que Francisco no pudiese interponer su influencia para librarle, la sentencia se ejecutó el mismo día en que fue pronunciada. Al medio día fue conducido Berquin al lugar de suplicio. Un inmenso gentío se reunió para presenciar el sacrificio, y muchos notaron con turbación y espanto que la víctima había sido escogida de entre las mejores y más valientes familias nobles de Francia. El asombro, la indignación, el escarnio y el odio, se pintaban en los semblantes de aquella inquieta muchedumbre; pero había un rostro sin sombra alguna, pues los pensamientos del mártir estaban muy lejos de la escena de aquel bullicio, y lo único que percibía era la presencia de su Señor.

La miserable carreta en que lo llevaban, las miradas de enojo que le echaban sus perseguidores, la muerte espantosa que le esperaba – nada de esto le importaba; el que vive, si bien estuvo muerto, pero ahora vive para siempre y tiene las llaves de la muerte y del infierno, estaba a su lado. El semblante de Berquin irradiaba luz y paz del cielo. Vestía lujosa ropa, y llevaba "capa de terciopelo, justillo de raso y de damasco, calzas de oro." –D'Aubigné, *Histoire de la Reformation au temps de Calvin* , lib. 2, cap. 16. Iba a dar testimonio de su fe en presencia del Rey de Reyes y ante todo el universo, y ninguna señal de dolor empañaba su alegría.

Mientras la procesión desfilaba despacio por las calles llenas de gente, el pueblo notaba maravillado la paz inalterable y el gozo triunfante que se pintaban en el rostro y el continente del mártir. "Parece," decían, "como si estuviera sentado en el templo meditando en cosas santas." –Wylie, lib. 13, cap. 9.

Ya atado a la estaca, deseó Berquin dirigir unas cuantas palabras al pueblo, pero los monjes, temiendo las consecuencias, comenzaron a dar gritos y los soldados a entrechocar sus armas, y con esto ahogaron la voz del mártir. Así fue como en 1529, la autoridad eclesiástica y literaria más notable de la culta ciudad de París, "dio al populacho de 1793 el vil ejemplo de sofocar en el cadalso las sagradas palabras de los moribundos." –*Ibid.*

Berquin fue estrangulado y su cuerpo arrojado a las llamas. La noticia de su muerte entristeció a los amigos de la Reforma en todas partes de Francia. Pero su ejemplo no quedó sin provecho. "También nosotros estamos listos," decían los testigos de la verdad, "para recibir la muerte con gozo, poniendo nuestros ojos en la vida venidera." –D'Aubigné, *History of the Reformation in Europe in the Time of Calvin,* lib. 2, cap. 16.

Durante la persecución en Meaux, se prohibió a los predicadores de la Reforma que siguieran en su obra de propaganda, por lo cual fueron a establecerse en otros campos de acción. Lefevre, al cabo de algún tiempo, se dirigió a Alemania, y Farel volvió a su pueblo natal, en el este de Francia, para esparcir la luz en la tierra de su niñez. Ya se conocía lo que estaba ocurriendo en Meaux, y por consiguiente la verdad, que él enseñaba sin temor, encontró adeptos. Muy pronto las autoridades le impusieron silencio y le echaron de la ciudad. Como no podía trabajar en público, se puso a recorrer los valles y los pueblos, enseñando en casas particulares y en apartados campos, hallando abrigo en los bosques y en las cuevas de las peñas de él conocidos desde que los frecuentara en los años de su infancia. Dios le preparaba para mayores pruebas. "Las penas, la persecución y todas las asechanzas del diablo, con las que se me amenaza, no han escaseado," decía él, "y hasta han sido mucho más severas de lo que yo con mis propias fuerzas hubiera podido sobrellevar; pero Dios es mi Padre; Él me ha suministrado y seguirá suministrándome las fuerzas que necesite." –D'Aubigné, *Histoire de la Réformation au seizieme siecle,* lib. 12, cap. 9.

Como en los tiempos apostólicos, la persecución había redundado en bien del adelanto del evangelio. Filipenses 1:12. Expulsados de París y Meaux, "los que fueron esparcidos, iban por todas partes anunciando las Buenas Nuevas de la palabra." Hechos 8:4. Y de esta manera la verdad se dió a conocer en muchas de las remotas provincias de Francia.

Dios estaba preparando aun más obreros para extender su causa. En una de las escuelas de París se encontraba un joven formal, de ánimo tranquilo, que daba muestras evidentes de poseer una mente poderosa y perspicaz, y que no era menos notable por la pureza de su vida que por su actividad intelectual y su devoción religiosa. Su talento y aplicación hicieron pronto de él un motivo de orgullo para el colegio, y se susurraba entre los estudiantes que Juan Calvino sería un día uno de los más capaces y más ilustres defensores de la iglesia. Pero un rayo de luz divina atravesó dentro de los muros del escolasticismo y de la superstición que encerraban a Calvino. Se estremeció al oír las nuevas doctrinas, sin dudar nunca que los herejes merecieran el fuego al que eran entregados. Y no obstante, sin saber cómo, tuvo que habérselas con la herejía y se vió obligado a poner a prueba el poder de la teología Romanista para rebatir la doctrina Protestante.

Se hallaba en París un primo hermano de Calvino, que se había unido con los Reformadores. Ambos parientes se reunían muy a menudo para discutir las cuestiones que perturbaban a la Cristiandad. "No hay más que dos religiones en el mundo," decía Olivetán, el Protestante. "Una, que los hombres han inventado, y según la cual se salva el ser humano por medio de ceremonias y buenas obras; la otra es la que está revelada en la Biblia y que enseña al hombre a no esperar su salvación sino de la gracia soberana de Dios."

"No quiero tener nada que ver con ninguna de vuestras nuevas doctrinas," respondía Calvino, "¿creéis que he vivido en el error todos los días de mi vida?" –Wylie, lib. 13, cap. 7.

Pero se habían despertado en su mente pensamientos que ya no podía desterrar de ella. A solas en su habitación meditaba en las palabras de su primo. El sentimiento del pecado se había apoderado de su corazón; se veía sin intercesor en presencia de un Juez santo y justo. La mediación de los santos, las buenas obras, las ceremonias de la iglesia, todo ello le parecía insuficiente para expiar el pecado. Solo veía ante sí mismo sino la lobreguez de una eterna desesperación. En vano se esforzaban los doctores de la iglesia por aliviarle de su pena. En vano recurría a la confesión y a la penitencia; estas cosas no pueden reconciliar al alma con Dios.

Aun estaba Calvino empeñado en tan infructuosas luchas cuando un día en que por casualidad pasaba por una plaza pública, presenció la muerte de un hereje en la hoguera. Se llenó de admiración al ver la expresión de paz que reflejaba en el rostro del mártir. En medio de las torturas de una horrible muerte, y bajo la terrible condenación de la iglesia, daba el mártir pruebas de una fe y de un valor que el joven estudiante comparaba con dolor con su propia desesperación y con las tinieblas en que vivía a pesar de su estricta obediencia a los mandamientos de la iglesia. Sabía que los herejes fundaban su fe en la Biblia; por lo tanto se decidió a estudiarla para descubrir, si posible fuera, el secreto del gozo del mártir.

En la Biblia encontró a Cristo. "¡Oh! Padre," exclamó, "Su sacrificio ha calmado Tu ira; Su sangre ha lavado mis manchas; Su cruz ha llevado mi maldición; Su muerte ha hecho expiación por mí. Habíamos inventado muchas locuras inútiles, pero Tú has puesto delante de mí Tu Palabra como una antorcha y has conmovido mi corazón para que tenga por abominables todos los méritos que no sean los de Jesús." –Martyn, tomo 3, cap. 13.

Calvino había sido educado para el sacerdocio. Tenía sólo doce años cuando fue nombrado capellán de una pequeña iglesia y el obispo le tonsuró la cabeza para cumplir con el canon eclesiástico. No fue consagrado ni se desempeñó en los deberes del sacerdocio, pero sí fue hecho miembro del clero, se le dió el título de su cargo y percibía la renta correspondiente.

Viendo entonces que ya no podría jamás llegar a ser sacerdote, se dedicó por un tiempo a la jurisprudencia, y por último abandonó este estudio para dedicarse por completo al evangelio. Pero no podía resolverse a dedicarse a la enseñanza. Era tímido por naturaleza, le abrumaba el peso de la responsabilidad del cargo y deseaba seguir dedicándose aún al estudio. Las contínuas súplicas de sus amigos lograron por fin convencerle. "Cuán maravilloso es," decía, "que un hombre de tan bajo origen llegue a ser elevado hasta tan alta dignidad." –Wylie, lib. 13, cap. 9.

Calvino empezó su obra con ánimo tranquilo y sus palabras eran como el rocío que refresca la tierra. Se había alejado de París y se encontraba ahora en un pueblo de provincia bajo la protección de la princesa Margarita, la cual, amante como lo era del evangelio, extendía su protección a los que lo profesaban. Calvino era joven aún, de continente discreto y humilde. Comenzó su trabajo visitando a los residentes del lugar en sus propias casas. Allí, rodeado de los miembros de la familia, leía la Biblia y exponía las verdades de la salvación. Los que oían el mensaje, les comunicaban las buenas nuevas a otros, y pronto el maestro fue más allá, a otros lugares, predicando en los pueblos y villorrios. Se le abrían las puertas de los castillos y de las chozas, y con su obra colocaba los cimientos de iglesias de donde iban a salir más tarde los valientes testigos de la verdad.

Pocos meses después estaba de vuelta en París. Reinaba gran agitación en el círculo de literatos y estudiantes. El estudio de los idiomas antiguos había sido motivo de que muchos fijaran su atención en la Biblia, y no pocos, cuyos corazones no habían sido conmovidos por las verdades de aquélla, las discutían con interés y aun se atrevían a desafiar a los campeones del Romanismo. Calvino, si bien muy capaz para luchar en el campo de la controversia religiosa, tenía que desempeñar una misión más importante que la de aquellos bulliciosos estudiantes. Los ánimos se encontraban confundidos, y había llegado el momento oportuno de enseñarles la verdad. Entretanto que en las aulas de la universidad repercutían las disputas de los teólogos, Calvino se abría paso de casa en casa, leyendo la Biblia al pueblo y hablándole de Cristo y de éste crucificado.

Por la providencia de Dios, París iba a recibir otra invitación para aceptar el evangelio. El llamamiento de Lefevre y Farel había sido rechazado, pero nuevamente el mensaje iba a ser oído en aquella gran capital por todas las clases de la sociedad. Llevado por consideraciones políticas, el rey no apoyaba enteramente a Roma contra la Reforma. Margarita abrigaba aún la esperanza de que el Protestantismo triunfaría en Francia. Resolvió que la fe reformada fuera predicada en París. Ordenó durante la ausencia del rey que un ministro Protestante predicase en las iglesias de la ciudad. Pero habiéndose opuesto a esto los dignatarios papales, la princesa abrió entonces las puertas del palacio. Se preparó uno de los salones para que sirviera de capilla y se dió aviso que cada día, a una hora señalada, se predicaría un sermón, al que podían asistir las personas de toda jerarquía y posición. Muchedumbres asistían a las predicaciones. No sólo se llenaba la capilla sino que las antesalas y los corredores eran invadidos por el gentío. Millares se congregaban diariamente: nobles, magistrados, abogados, comerciantes y artesanos. El rey, en vez de prohibir estas reuniones, dispuso que dos de las iglesias de París fuesen usadas para este servicio. Antes de esto la ciudad no había sido nunca conmovida de modo semejante por la Palabra de Dios. El Espíritu de vida que descendía del cielo parecía soplar sobre el pueblo. La templanza, la pureza, el orden y el trabajo iban substituyendo a la embriaguez, al libertinaje, a la contienda y a la pereza.

Pero el clero no descansaba. Como el rey se negase a hacer cesar las predicaciones, apeló entonces al populacho. No se escatimó medio alguno para despertar los temores, los prejuicios y el fanatismo de las multitudes ignorantes y supersticiosas. Siguiendo ciegamente a estos falsos maestros, París, como en otro tiempo Jerusalén, no conoció el tiempo de su visitación ni las cosas que pertenecían a su paz. Durante dos años fue predicada la Palabra de Dios en la capital; y aunque muchas personas aceptaban el evangelio, la mayoría del pueblo lo rechazaba. Francisco había dado pruebas de tolerancia por mera conveniencia personal, y los papistas lograron al fin que las predicaciones fueran suspendidas. De nuevo fueron clausuradas las iglesias y se levantó la hoguera.

Calvino permanecía aún en París, preparándose por medio del estudio, la oración y la meditación, para su trabajo futuro, y seguía derramando luz. Pero, al fin, se hizo sospechoso. Las autoridades se pusieron de acuerdo para entregarlo a las llamas. Creyéndose seguro en su retiro no pensaba en el peligro, cuando sus amigos llegaron apresurados a su estancia para darle aviso de que llegaban emisarios para tomarlo prisionero. En aquel instante se oyó que llamaban con fuerza en el zaguán. No había pues ni un momento que perder. Algunos de sus amigos entretuvieron a los emisarios en la puerta, mientras otros le ayudaban a descolgarse por una ventana, para huir luego precipitadamente hacia las afueras de la ciudad. Encontrando refugio en la choza de un labriego, amigo de la Reforma, se disfrazó con la ropa de él, y llevando al hombro un azadón, emprendió viaje. Caminando hacia el sur volvió a hallar refugio en los dominios de Margarita. Véase D'Aubigné, *Histoire de la Réformation au temps de Calvin,* lib. 2, cap. 30.

Allí permaneció varios meses, seguro y protegido por amigos poderosos, y ocupado como anteriormente en el estudio. Empero su corazón estaba empeñado en evangelizar a Francia y no podía permanecer mucho tiempo inactivo. Tan pronto como escampó la tempestad, buscó nuevo campo de trabajo en Poitiers, donde había una universidad y donde las nuevas ideas habían encontrado aceptación. Personas de todas las clases sociales oían con gusto el evangelio. No había predicación pública, pero en casa del magistrado principal, en su propio hogar, y a veces en un jardín público, explicaba Calvino las palabras de vida eterna a aquellos que deseaban oírlas. Después de algún tiempo, como se acrecentara el número de oyentes, se pensó que sería más seguro reunirse en las afueras de la ciudad. Se escogió como lugar de culto una cueva que se encontraba en la falda de una profunda quebrada, era un sitio escondido por árboles y rocas sobresalientes. En pequeños grupos, y escurriéndose de la ciudad por diferentes partes, se congregaban allí. En ese retiro se leía y explicaba la Biblia. Allí celebraron por primera vez los Protestantes de Francia la Cena del Señor. De esta pequeña iglesia fueron enviados a otros lugares varios fieles evangelistas.

Calvino volvió a París. No podía abandonar la esperanza de que Francia como nación aceptase la Reforma. Pero encontró cerradas casi todas las puertas. Predicar el evangelio era ir directamente a la hoguera, y resolvió finalmente partir para Alemania. Apenas había salido de Francia cuando estalló un movimiento contra los Protestantes que de seguro le hubiera acarreado la ruina general, si se hubiese quedado.

Los Reformadores Franceses, deseosos de ver a su país marchar a la par con Suiza y Alemania, se propusieron asestar a las supersticiones de Roma un golpe audaz que hiciera levantarse a toda la nación. Con este fin en una misma noche y en toda Francia se fijaron carteles que atacaban la misa. En lugar de ayudar a la Reforma, este movimiento inspirado por el celo más que por el buen juicio reportó un fracaso no sólo para sus propagadores, sino también para los amigos de la fe reformada por todo el país. Encontraron los Romanistas lo que tanto habían deseado: una coyuntura de la cual sacar partido para pedir que se concluyera por completo con los herejes a quienes tacharon de perturbadores peligrosos para la estabilidad del trono y la paz de la nación.

Una mano secreta, la de algún amigo indiscreto, o la de

algún astuto enemigo, pues nunca quedó completamente claro el asunto, fijó uno de los carteles en la puerta de la cámara particular del rey. El monarca se horrorizó. En ese papel se atacaban con severidad supersticiones que por siglos habían sido veneradas. La ira del rey se encendió por el atrevimiento sin igual de los que introdujeron hasta su real presencia aquellos escritos tan claros y precisos. En su asombro quedó el rey por algún tiempo tembloroso y sin articular palabra alguna. Luego dió rienda suelta a su enojo con estas terribles palabras: "Préndase a todos los sospechosos de herejía Luterana. . . . Quiero exterminarlos a todos." –*Ibid.*, lib. 4, cap. 10. La suerte estaba echada. El rey resolvió pasarse por completo al lado de Roma.

Se tomaron medidas para arrestar a todos los Luteranos que se encontrasen en París. Un pobre artesano, adherente a la fe reformada, que tenía por costumbre invitar a los creyentes para que se reuniesen en sus asambleas secretas, fue apresado e intimidándolo con la amenaza de llevarlo inmediatamente a la hoguera, se le ordenó que condujese a los emisarios papales a la casa de todo Protestante que hubiera en la ciudad. Se estremeció de horror al oír la despreciable proposición que se le hacía; pero, al fin, vencido por el temor de las llamas, consintió en traicionar a sus hermanos. Precedido por la hostia, y rodeado de una compañía de sacerdotes, monaguillos, frailes y soldados, Morin, el policía secreto del rey, junto con el traidor, recorrían despacio y sigilosamente las calles de la ciudad. Era aquello una ostensible demostración en honor del "santo sacramento" en desagravio por el insulto que los Protestantes lanzaran contra la misa. Aquel espectáculo, sin embargo, no servía más que para disfrazar los malvados fines. Al pasar frente a la casa de un Luterano, el traidor hacía una señal, pero no pronunciaba palabra alguna. La procesión se detenía, entraban en la casa, sacaban a la familia y la encadenaban, y la terrible compañía seguía adelante en busca de nuevas víctimas, "No perdonaron casa, grande ni chica, ni los departamentos de la universidad de París. . . . Morin hizo temblar la ciudad. . . . Era el reinado del terror." –*Ibid.*

Las víctimas sucumbían en medio de terribles tormentos, pues se había ordenado a los verdugos que las quemasen a fuego lento para que se prolongara su agonía. Pero morían como vencedores. No disminuía su fe, ni desmayaba su confianza. Los perseguidores, viendo que no podían conmover la firmeza de aquellos fieles, se sentían derrotados. "Se erigieron cadalsos en todos los barrios de la ciudad de París y se quemaban herejes todos los días con el fin de sembrar el terror entre los partidarios de las doctrinas heréticas, multiplicando las ejecuciones. Sin embargo, al fin la ventaja fue para el evangelio. Todo París pudo ver qué clase de hombres eran los que abrigaban en su corazón las nuevas enseñanzas. No hay mejor púlpito que la hoguera de los mártires. El gozo sereno que iluminaba los rostros de aquellos hombres cuando . . . se les conducía al lugar de la ejecución, su heroísmo cuando eran envueltos por las llamas, su mansedumbre para perdonar las injurias, cambiaba no pocas veces, el enojo en lástima, el odio en amor, y hablaba con irresistible elocuencia en pro del evangelio." –Wylie, lib. 13, cap. 20.

Con el fin de atizar aun más la furia del pueblo, los sacerdotes hicieron circular las más terribles calumnias contra los Protestantes. Los culpaban de querer asesinar a los Católicos, derribar al gobierno y matar al rey. Ni sombra de evidencia podían presentar en apoyo de tales asertos. Sin embargo resultaron siniestras profecías que iban a tener su cumplimiento, pero en circunstancias diferentes y por muy diversas causas. Las crueldades que los Católicos cometieron contra los inocentes Protestantes acumularon en su contra la debida retribución, y en siglos posteriores se verificó el juicio que habían predicho que sobrevendría sobre el rey, sobre los súbditos y sobre el gobierno; pero dicho juicio se debió a los incrédulos y a los mismos papistas. No fue por el establecimiento, sino por la supresión del Protestantismo, por lo que tres siglos más tarde habían de venir sobre Francia tan horribles calamidades.

Todas las clases sociales se encontraban ahora bajo la sospecha, la desconfianza y el terror. En medio de la alarma general se notó cuán profundamente se habían arraigado las enseñanzas Luteranas en las mentes de los hombres que más se distinguían por su brillante educación, su influencia y la superioridad de su carácter. Los puestos más honrosos y de más confianza quedaron de repente vacíos. Desaparecieron artesanos, impresores, literatos, catedráticos de las universidades, autores, y hasta cortesanos. Centenares salían huyendo de París, desterrándose voluntariamente de su propio país, dando así en muchos casos la primera indicación de que estaban en favor de la Reforma. Los papistas se admiraban al ver a tantos herejes de quienes no habían sospechado y que habían sido tolerados entre ellos. Su ira se descargó sobre la multitud de humildes víctimas que había a su alcance. Las cárceles estaban llenas y el aire parecía obscurecerse con el humo de tantas hogueras en que se hacía morir a los que profesaban el evangelio.

Francisco I se vanagloriaba de ser uno de los caudillos del gran movimiento que hizo revivir las letras a principios del siglo XVI. Sentía especial deleite en reunir en su corte a literatos de todos los países. A su empeño de saber, y al desprecio que le inspiraba la ignorancia y la superstición de los frailes se debía, siquiera en parte, el grado de tolerancia que había mostrado para con los Reformadores. Pero, en su celo por aniquilar la herejía, este fomentador del saber expidió un edicto declarando abolida la imprenta en toda Francia. Francisco I ofrece uno de los muchos ejemplos conocidos de cómo la cultura intelectual no es una salvaguardia contra la persecución y la intolerancia religiosa.

Francia, por medio de una ceremonia pública y solemne, iba a comprometerse formalmente en la destrucción del Protestantismo. Los sacerdotes exigían que el insulto lanzado al Cielo en la condenación de la misa, fuese expiado con sangre, y que el rey, en nombre del pueblo, aprobara tan espantosa tarea.

Se señaló el 21 de enero de 1535 para ejecutar la terrible ceremonia. Se atizaron el odio hipócrita y los temores supersticiosos de toda la nación. París estaba repleto de visitantes que habían acudido de los alrededores y que invadían sus calles. Tenía que empezar el día con el desfile de una larga e imponente procesión. "Las casas por delante de las cuales debía pasar, estaban enlutadas, y se habían levantado altares, de trecho en trecho." Frente a todas las puertas había una luz encendida en honor del "santo sacramento." Desde el amanecer se formó la procesión en palacio. "Iban delante las cruces y los pendones de las parroquias, y después, seguían los particulares de dos en dos, y llevando teas encendidas." A continuación seguían las cuatro ordenes de frailes, luciendo cada una sus vestiduras particulares. A éstas seguía una gran colección de famosas reliquias. Iban tras ella, en sus carrozas los altos dignatarios eclesiásticos, ostentando sus vestiduras moradas y de escarlata adornadas con pedrerías, formando todo aquello un conjunto espléndido y deslumbrador.

"La hostia era llevada por el obispo de París bajo vistoso dosel . . . sostenido por cuatro príncipes de los de más alta jerarquía. . . . Tras ellos iba el monarca. . . . Francisco I iba en esa ocasión despojado de su corona y de su manto real." Con "la cabeza descubierta y la vista hacia el suelo, llevando en su mano un cirio encendido," el rey de Francia se presentó en público, "como penitente." –*Ibid.*, cap. 21. Se inclinaba ante cada altar, humillándose, no por los pecados que manchaban su alma, ni por la sangre inocente que habían derramado sus manos, sino por el pecado mortal de sus súbditos que se habían atrevido a condenar la misa. Cerraban la marcha la reina y los dignatarios del estado, que iban también de dos en dos llevando en sus manos antorchas encendidas.

Como parte del programa de aquel día, el monarca mismo dirigió un discurso a los dignatarios del reino en la vasta sala del palacio episcopal. Se presentó ante ellos con aspecto triste, y con conmovedora elocuencia, lamentó el "crimen, la blasfemia, y el día de luto y de desgracia" que habían sobrevenido a toda la nación. Instó a todos sus leales súbditos a que cooperasen en la extirpación de la herejía que amenazaba arruinar a Francia. "Tan cierto, señores, como que soy vuestro rey," declaró, "si yo supiese que uno de mis miembros estuviese contaminado por esta asquerosa podredumbre, os lo entregaría para que fuese cortado por vosotros. . . . Y aun más, si viera a uno de mis hijos contaminado por ella, no lo toleraría, sino que lo entregaría yo mismo y lo sacrificaría a Dios." Las lágrimas le ahogaron la voz y la asamblea entera lloró, exclamando unánimemente: "¡Viviremos y moriremos en la religión Católica!" –D'Aubigné, *Histoire de la Réformation au temps de Calvin*, lib. 4, cap. 12.

Terribles eran las tinieblas que cubrían la nación que había rechazado la luz de la verdad. "La gracia que trae salvación" se había manifestado; pero Francia, después de haber comprobado su poder y su santidad, después que millares de sus hijos hubieron sido alumbrados por su belleza, después que su radiante luz se hubo esparcido por ciudades y pueblos, se desvió y escogió las tinieblas en vez de la luz. Habían desechado los Franceses el don celestial cuando les fuera ofrecido. Habían llamado a lo malo bueno, y a lo bueno malo, hasta llegar a ser víctimas de su propio engaño. Y ahora, aunque creyeran de todo corazón que servían a Dios persiguiendo a Su pueblo, su sinceridad no los liberaba sin culpa. Habían rechazado precisamente aquella luz que los hubiera salvado del engaño y librado sus almas del pecado de derramar sangre.

Se juró solemnemente en la gran catedral que se extirparía la herejía, y en aquel mismo lugar, tres siglos más tarde iba a ser entronizada la "diosa razón" por un pueblo que se había olvidado del Dios viviente. Se volvió a formar la procesión y los representantes de Francia se marcharon dispuestos a dar principio a la obra que habían jurado llevar a cabo. "De trecho en trecho, a lo largo del camino, se habían preparado hogueras para quemar vivos a ciertos Cristianos Protestantes, y las cosas estaban arregladas de modo que cuando se encendieran aquellas al acercarse el rey, debía detenerse la procesión para presenciar la ejecución." –Wylie, lib. 13, cap. 21. Los detalles de los tormentos que sufrieron estos confesores de Cristo, no son para descritos; pero no hubo desfallecimiento en las víctimas. Al ser instado uno de esos hombres para que se retractase, dijo: "Yo sólo creo en lo que los profetas y apóstoles predicaron en los tiempos antiguos, y en lo que la comunión de los santos ha creído. Mi fe confía de tal manera en Dios que puedo resistir a todos los poderes del infierno." –D'Aubigné, *Histoire de la Réformation au temps de Calvin*, lib. 4, cap. 12.

La procesión se detuvo una y otra vez frente a los sitios de tormento. Al volver al lugar de donde había partido, el palacio real, se dispersó la muchedumbre y se retiraron el rey y los prelados, satisfechos de los autos de aquel día y congratulándose entre sí porque la obra así comenzada se proseguiría hasta lograrse la completa destrucción de la herejía.

El evangelio de paz que Francia había rechazado iba a ser arrancado de raíz, lo que traería terribles consecuencias. El 21 de enero de 1793, es decir, a los doscientos cincuenta y ocho años cabales, contados desde aquel día en que Francia entera se comprometiera a perseguir a los Reformadores, otra procesión, organizada con un fin muy diferente, atravesaba las calles de París. "Nuevamente era el rey la figura principal; otra vez veíase el mismo tumulto y se oía la misma gritería; se pedían de nuevo más víctimas; volvieron a erigir negros cadalsos, y nuevamente las escenas del día se clausuraron con espantosas ejecuciones; Luis XVI fue arrastrado a la guillotina, forcejeando con sus carceleros y verdugos que lo sujetaron fuertemente en la temible máquina hasta que cayó sobre su cuello la cuchilla y separó de sus hombros la cabeza que rodó sobre los tablones del cadalso." –Wylie, lib. 13, cap. 21. Y él no fue la única víctima; allí cerca del mismo lugar perecieron decapitados por la guillotina dos mil ochocientos seres humanos, durante el sangriento reinado del terror.

La Reforma había presentado al mundo una Biblia abierta, había mostrado los sellos de los preceptos de Dios, e invitado al pueblo a cumplir sus mandatos. El amor infinito había presentado a los hombres con toda claridad los principios y los estatutos del cielo. Dios había dicho: "Guardadlos, pues, y ponedlos por obra; porque ésta es vuestra sabiduría y vuestra inteligencia ante los ojos de los pueblos, los cuales oirán todos estos estatutos, y dirán: Ciertamente pueblo sabio y entendido, nación grande es ésta." Deuteronomio 4:6. Francia misma, al rechazar el don celestial, sembró la semilla de la anarquía y de la ruina; y la acción consecutiva e inevitable de la causa y del efecto resultó en la Revolución y el reinado del terror.

Mucho antes de aquella persecución despertada por los carteles, el osado y ardiente Farel se había visto obligado a huir de la tierra de sus padres. Se refugió en Suiza, y a través de los esfuerzos con que secundó la obra de Zuinglio, ayudó a inclinar el platillo de la balanza en favor de la

Reforma. Pasaría en Suiza sus últimos años, pero no obstante siguió ejerciendo poderosa influencia en la Reforma en Francia. Durante los primeros años de su destierro, encaminó sus esfuerzos especialmente a extender en su propio país el conocimiento del evangelio. Dedicó gran parte de su tiempo a predicar a sus paisanos cerca de la frontera, desde donde seguía la suerte del conflicto con infatigable constancia, y ayudaba con sus palabras de estímulo y sus consejos. Con el auxilio de otros desterrados, tradujo al Francés los escritos del Reformador Alemán, y éstos y la Biblia traducida a la misma lengua popular se imprimieron en grandes cantidades, que fueron vendidas en toda Francia por los colportores. Los tales conseguían estos libros a bajo precio y con el producto de la venta avanzaban más y más en el trabajo.

Farel comenzó sus trabajos en Suiza como humilde maestro de escuela. Se retiró a una parroquia apartada y se consagró a la enseñanza de los niños. Además de las clases usuales requeridas por el plan de estudios, introdujo con mucha prudencia las verdades de la Biblia, esperando alcanzar a los padres por medio de los niños. Algunos creyeron, pero los sacerdotes rápidamente trataron de detener la obra, y los supersticiosos campesinos fueron incitados a oponerse a ella. "Ese no puede ser el evangelio de Cristo," decían con insistencia los sacerdotes, "puesto que su predicación no trae paz sino guerra." –Wylie, lib. 14, cap. 3. Y al igual de los primeros discípulos, cuando se le perseguía en una ciudad se iba para otra. Caminó de aldea en aldea, y de pueblo en pueblo, a pie, sufriendo hambre, frío, fatigas, y exponiendo su vida en todas partes. Predicaba en las plazas, en las iglesias y a veces en los púlpitos de las catedrales. En ocasiones se reunía poca gente a oírle; en otras, interrumpían su predicación con burlas y gritería, y le echaban abajo del púlpito. Más de una vez cayó en manos de la canalla, que le dió de golpes hasta dejarlo medio muerto. Sin embargo seguía firme en su propósito. Aunque le rechazaban a menudo, volvía a la carga con incansable perseverancia y logró al fin que una tras otra, las ciudades que habían sido los baluartes del papismo abrieran sus puertas al evangelio. Fue aceptada la fe reformada en aquella pequeña parroquia donde había trabajado primero. Las ciudades de Morat y de Neuchatel renunciaron también a los ritos Romanos y quitaron de sus templos las imágenes de idolatría.

Farel había deseado mucho plantar en Ginebra el estandarte Protestante. Si esa ciudad podía ser ganada a la causa, se convertiría en centro de la Reforma para Francia, Suiza e Italia. Tratando de conseguirlo prosiguió su obra hasta que los pueblos y las aldeas de alrededor quedaron conquistados por el evangelio. Luego entró en Ginebra con un solo compañero. Pero solo le permitieron que predicara dos sermones. Habiéndose empeñado en vano los sacerdotes en conseguir de las autoridades civiles que le condenaran, lo citaron a un concejo eclesiástico y allí fueron ellos llevando armas bajo sus sotanas y decididos a asesinarle. Fuera de la sala, una turba furiosa, con palos y espadas, se agolpó para estar segura de matarle en caso de que lograse escaparse del concejo. La presencia de los magistrados y de una fuerza armada le salvaron de la muerte. Al día siguiente, muy temprano, lo condujeron con su compañero a la ribera opuesta del lago y los dejaron fuera de peligro. Así concluyó su primer esfuerzo para evangelizar a Ginebra.

Para la siguiente tentativa el elegido fue un instrumento menos destacado: un joven de tan humilde apariencia que era tratado con desdén hasta por los que profesaban ser amigos de la Reforma. ¿Qué podría hacer uno como él allí donde Farel había sido rechazado? ¿Cómo podría un hombre de tan poco valor y tan escasa experiencia, resistir la tempestad que había hecho huir al más fuerte y el más bravo? "¡No con la fuerza, ni con el poder, sino sólo con Mi Espíritu, dice Jehová de los ejércitos." "Escogió Dios lo necio del mundo, para avergonzar a los sabios." "Porque lo insensato de Dios es más sabio que los hombres, y lo débil de Dios es más fuerte que los hombres." Zacarías 4:6; 1 Corintios 1:27, 25.

Fromento dió inicio a su obra como maestro de escuela. Las verdades que inculcaba a los niños en la escuela, ellos las repetían en sus hogares. No tardaron los padres en acudir a escuchar la explicación de la Biblia, hasta que la sala de la escuela se llenó de atentos oyentes. Se obsequiaron gratis folletos y Nuevos Testamentos que alcanzaron a muchos que no se atrevían a venir públicamente a oír las nuevas doctrinas. Después de algún tiempo también este sembrador tuvo que huir; pero las verdades que había enseñado quedaron grabadas en la mente del pueblo. La Reforma se había establecido e iba a desarrollarse y fortalecerse. Volvieron los predicadores, y merced a sus trabajos, el culto Protestante se arraigó finalmente en Ginebra.

La ciudad se había declarado ya de parte de la Reforma cuando Calvino, después de diversos trabajos y vicisitudes, penetró en ella. Volvía de su última visita a su tierra natal y se dirigía a Basilea, cuando hallando el camino invadido por las tropas de Carlos V, tuvo que hacer un rodeo y pasar por Ginebra.

En esta visita reconoció Farel la mano de Dios. Aunque Ginebra había aceptado ya la fe reformada, quedaba aún mucho por hacer. Los hombres se convierten a Dios por individuos y no por comunidades; la obra de regeneración debe ser realizada en el corazón y en la conciencia por el poder del Espíritu Santo, y no por decretos de concilios. Si bien el pueblo Ginebrino se había desprendido del yugo de Roma, no por eso estaba dispuesto a renunciar también a los vicios que florecieran en su seno bajo el dominio de aquélla. Y no era obra de poca embergadura la de implantar entre aquel pueblo los principios puros del evangelio, y prepararlo para que ocupara dignamente el puesto a que la Providencia parecía llamarle.

Farel estaba seguro de haber hallado en Calvino a uno que podría unírsele en esta empresa. En el nombre de Dios rogó al joven evangelista que se quedase allí a trabajar. Calvino retrocedió alarmado. Era tímido y amigo de la paz, y quería evitar el trato con el espíritu osado, independiente y hasta violento de los Ginebrinos. Por otra parte, poseía poca salud y su afición al estudio le inclinaban al retraimiento. Creyendo que con su pluma podría servir mejor a la causa de la Reforma, deseaba encontrar un sitio tranquilo donde entregarse al estudio, y desde allí, por medio de la página impresa, instruir y edificar a las iglesias. Pero la solemne amonestación de Farel le pareció un llamamiento del cielo, y no se atrevió a oponerse a él. Le pareció, según dijo, "como si la mano de Dios se hubiera extendido desde el cielo y le sujetase para detenerle precisamente en aquel lugar que con tanta impaciencia quería dejar." –D'Aubigné, *Histoire de la Réformation au temps de Calvin*, lib. 9, cap. 17.

La causa Protestante se veía entonces rodeada de grandes peligros. Los anatemas del papa tronaban contra Ginebra, y poderosas naciones amenazaban destruirla. ¿Cómo iba tan pequeña ciudad a resistir a la poderosa jerarquía que tan a menudo había sometido a reyes y emperadores? ¿Cómo podría vencer los ejércitos de los grandes capitanes del siglo?

En toda la Cristiandad se veía amenazado el Protestantismo por terribles enemigos. Pasados los primeros triunfos de la Reforma, Roma reunió nuevas fuerzas con la esperanza de acabar con ella. Entonces fue cuando nació la orden de los Jesuitas, que iba a ser el más cruel, el menos escrupuloso y el más formidable de todos los campeones del papado. Liberados de todo compromiso y de todo interés humano, insensibles a la voz del afecto natural, sordos a los argumentos de la razón y a la voz de la conciencia, no reconocían sus miembros más ley, ni más sujeción que las de su orden, y no tenían más preocupación que la de extender su poderío. El evangelio de Cristo había capacitado a sus adherentes para enfrentar los peligros y soportar los padecimientos, sin desmayar por el frío, el hambre, el trabajo o la miseria, y para sostener con denuedo el estandarte de la verdad frente a las torturas, al calabozo y a la hoguera. Para combatir contra estas fuerzas, el Jesuitismo inspiraba a sus adeptos un fanatismo tal, que los habilitaba para soportar peligros similares y oponerse al poder de la verdad con todas las armas del engaño. Para ellos ningún crimen era demasiado grande, ninguna mentira demasiado vil, ningún disfraz demasiado difícil de llevar. Unidos por votos de pobreza y de humildad perpetuas, estudiaban el arte de adueñarse de la riqueza y del poder para consagrarlos a la destrucción del Protestantismo y al restablecimiento de la supremacía papal.

Al darse a conocer como miembros de la orden, se mostraban con cierto aire de santidad, visitando las cárceles, atendiendo a los enfermos y a los pobres, haciendo profesión de haber renunciado al mundo, y ostentando el sagrado nombre de Jesús, de Aquél que anduvo haciendo bienes. Pero bajo esta fingida mansedumbre, ocultaban a menudo propósitos criminales y maléficos. Era un principio fundamental de la orden, que el fin justifica los medios. Según dicho principio, la mentira, el robo, el perjurio y el asesinato, no sólo eran perdonables, sino dignos de ser practicados, siempre que sirvieran los intereses de la iglesia. Con muy diversos disfraces se introducían los Jesuitas en los puestos del estado, elevándose hasta la categoría de consejeros de los reyes, y dirigiendo la política de las naciones. Se hacían criados para convertirse en espías de sus señores. Establecían escuelas para los hijos de príncipes y nobles, y escuelas para los del pueblo; y los hijos de padres Protestantes eran inducidos a observar los ritos Romanistas. Toda la pompa exterior desplegada en el culto de la iglesia de Roma se aplicaba a confundir la mente y ofuscar y embaucar la imaginación, para que los hijos traicionaran aquella libertad por la cual sus padres habían luchado y derramado su sangre. Los Jesuitas se esparcieron rápidamente por toda Europa y doquiera iban lograban reavivar el papismo.

Para otorgarles más poder, se expidió una bula que restablecía la Inquisición. No obstante el odio general que inspiraba, aun en los países Católicos, el temible tribunal fue restablecido por los gobernantes obedientes al papa; y muchas cosas horrendas demasiado terribles para cometerse a la luz del día, volvieron a perpetrarse en los secretos y obscuros calabozos. En muchos países, miles y miles de representantes de la flor y nata de la nación, de los más puros y nobles, de los más inteligentes y cultos, de los pastores más piadosos y abnegados, de los ciudadanos más patriotas e industriosos, de los más brillantes literatos, de los artistas de mayor talento y de los artesanos más expertos, fueron asesinados o se vieron obligados a escapar a otras tierras.

Estos eran medios de que se valía Roma para sofocar la luz de la Reforma, para privar de la Biblia a los hombres, y restaurar la ignorancia y la superstición de la Edad Media. Empero, debido a la bendición de Dios y al esfuerzo de aquellos nobles hombres que Él había levantado para suceder a Lutero, el Protestantismo no fue vencido. Esto no se debió al favor ni a las armas de los príncipes. Los países más pequeños, las naciones más humildes e insignificantes, fueron sus baluartes. La pequeña Ginebra, a la que rodeaban poderosos enemigos que cavilaban su destrucción; Holanda en sus bancos de arena del Mar del Norte, que luchaba contra la tiranía de España, el más grande y el más opulento de los reinos de aquel tiempo; la glacial y estéril Suecia, ésas fueron las que ganaron victorias para la Reforma.

Calvino trabajó en Ginebra por cerca de treinta años; primero para establecer una iglesia que se ajustara a la moralidad de la Biblia, y después para desarrollar el movimiento de la Reforma por toda Europa. Su carrera como caudillo público no fue inmaculada, ni sus doctrinas estuvieron exentas de error. Pero así y todo fue el instrumento que se usó para dar a conocer verdades especialmente importantes en su época, y para mantener los principios del Protestantismo, defendiéndolos contra la ola creciente del papismo, así como para desarrollar en las iglesias reformadas la sencillez y la pureza de vida en lugar de la corrupción y el orgullo fomentados por las enseñanzas del Romanismo.

De Ginebra salían publicaciones y maestros que esparcían las doctrinas reformadas. Y a ella acudían los perseguidos de todas partes, en busca de instrucción, de consejo y de ánimo. La ciudad de Calvino se convirtió en refugio para los Reformadores que en toda la Europa occidental eran objeto de persecución. Huyendo de las terribles persecuciones que siguieron desencadenándose por varios siglos, los fugitivos llegaban a las puertas de Ginebra. Desfallecientes de hambre, heridos, expulsados de sus hogares, separados de los suyos, eran recibidos con amor y se les cuidaba con ternura; y hallando allí un hogar, eran una bendición para aquella su ciudad adoptiva, por su talento, su sabiduría y su piedad. Muchos de los que se refugiaron allí volvieron a sus propias tierras para combatir la tiranía de Roma. Juan Knox, el valiente Reformador de Escocia, no pocos de los Puritanos Ingleses, los Protestantes de Holanda y de España y los Hugonotes de Francia, llevaron de Ginebra la luz de la verdad con que desvanecer las tinieblas en sus propios países.

CAPÍTULO 13

ESPERANZA PARA LOS PAÍSES BAJOS

EN LOS PAÍSES BAJOS se levantó muy temprano una fuerte protesta contra la tiranía papal. Setecientos años antes de los tiempos de Lutero, dos obispos que habían sido enviados en delegación a Roma, al darse cuenta del verdadero carácter de la "santa sede," dirigieron sin temor al pontífice Romano las siguientes acusaciones: Dios "hizo reina y esposa Suya a la iglesia, y la proveyó con bienes abundantes para Sus hijos, dotándola con una herencia perenne e incorruptible, entregándole corona y cetro eternos; . . . pero estos favores vos los habéis usurpado como un ladrón. Os introducís en el templo del Señor y en él os eleváis como Dios; en vez de pastor, sois el lobo de las ovejas, . . . e intentáis hacernos creer que sois el obispo supremo cuando no sois más que un tirano. . . . Lejos de ser siervos, como a vos mismo os llamáis, sois un intrigante que desea hacerse señor de señores. . . . Hacéis caer en el desprecio los mandamientos de Dios. . . . El Espíritu Santo es el edificador de las iglesias en todos los ámbitos del mundo. . . . La ciudad de nuestro Dios, de la que somos ciudadanos abarca todas las partes del cielo, y es mayor que la que los santos profetas llamaron Babilonia y que aseverando ser divina, se iguala al cielo, se envanece de poseer ciencia inmortal, y finalmente sostiene, aunque sin razón, que nunca erró ni puede errar jamás." –Brandt, *History of the Reformation in and about the Low Countries*, lib. 1, pág. 6.

Otros hombres se levantaron siglo tras siglo para repetir esta protesta. Y aquellos primitivos maestros que, cruzando diferentes países y conocidos con diferentes nombres, poseían el carácter de los misioneros Valdenses y esparcían por todas partes el conocimiento del evangelio, penetraron en los Países Bajos. Sus doctrinas cundieron con rapidez.

Tradujeron la Biblia Valdense en verso al Holandés. "En ella hay," decían, "muchas ventajas; no tiene chanzas, ni fábulas, ni cuentos, ni engaños; sólo tiene palabras de verdad. Bien puede tener por aquí y por allí alguna que otra corteza dura, pero aun en estos trozos no es difícil descubrir la médula y lo dulce de lo bueno y lo santo." –*Ibid.*, lib. 1, pág. 14. Esto es lo que escribían en el siglo XII los amigos de la antigua fe.

Luego empezaron las persecuciones de Roma; a pesar de las hogueras y tormentos seguían multiplicándose los creyentes que declaraban con firmeza que la Biblia es la única autoridad infalible en materia de religión, y que "ningún hombre debe ser obligado a creer, sino que debe ser persuadido por la predicación." –Martyn, tomo 2, pág. 87.

Las enseñanzas de Lutero hallaron muy favorable terreno en los Países Bajos, y se levantaron hombres fieles y sinceros a predicar el evangelio. De una de las provincias de Holanda vino Menno Simonis. Educado Católico Romano, y ordenado para el sacerdocio, tenía completo desconocimiento de la Biblia, y no quería leerla por temor de ser inducido en herejía. Cuando le asaltó una duda con respecto a la doctrina de la transubstanciación, la consideró como una tentación de Satanás, y por medio de oraciones y confesiones trató, pero en vano, de librarse de ella. Participando en escenas de disipación, procuró silenciar la voz acusadora de su conciencia, pero inútilmente. Después de algún tiempo, fue inducido a estudiar el Nuevo Testamento, y esto unido a los escritos de Lutero, le hizo abrazar la fe reformada. Poco después, presenció en un pueblo vecino como un hombre era decapitado por el delito de haber sido bautizado de nuevo. Esto le indujo a estudiar las Escrituras para investigar el asunto del bautismo de los niños. No pudo encontrar evidencia bíblica alguna en favor de él, pero comprobó que en todos los pasajes relativos al bautismo, la condición impuesta para recibirlo era que se manifestase arrepentimiento y fe.

Menno abandonó la Iglesia Romana y consagró su vida a enseñar las verdades que había recibido. Se había levantado en Alemania y en los Países Bajos cierta clase de fanáticos que defendían doctrinas sediciosas y absurdas, contrarias al orden y a la decencia, y originaban disturbios y tumultos. Menno previó las funestas consecuencias a que llevarían estos movimientos y se opuso con energía a las erróneas doctrinas y a los designios desenfrenados de los fanáticos. Fueron muchos los que, habiendo sido engañados por aquellos perturbadores, renunciaron y abandonaron a sus perniciosas doctrinas. Además, quedaban muchos descendientes de los antiguos Cristianos, fruto de las enseñanzas de los Valdenses. Entre ambas clases de personas trabajó Menno con gran empeño y con mucho éxito.

Viajó durante veinticinco años, con su esposa y sus hijos, y exponiendo muchas veces su vida. Atravesó los Países Bajos y el norte de Alemania, y aunque su trabajo era principalmente entre las clases humildes, ejercía dilatada influencia. Elocuente por naturaleza, si bien de instrucción limitada, era hombre de firme integridad, de espíritu humilde, de modales gentiles, de piedad sincera y profunda; y como su vida mostraba por ejemplo la doctrina que enseñaba, se ganaba la confianza del pueblo. Sus partidarios eran dispersados y oprimidos. Sufrían mucho porque se les confundía con los fanáticos de Munster. Y sin embargo, a pesar de todo, eran numerosos los que eran convertidos por su ministerio.

En ninguna parte fueron recibidas las doctrinas reformadas de un modo tan general como en los Países Bajos. Y en pocos países sufrieron sus adherentes tan horribles persecuciones. En Alemania Carlos V había publicado edictos contra la Reforma, y de buena gana hubiera llevado a la hoguera a todos los partidarios de ella; pero allí estaban los príncipes presentando una barrera a su tiranía. En los Países Bajos su poder era mayor, y los edictos de persecución se seguían unos a otros en rápida sucesión. Leer la Biblia, oírla leer, predicarla, o aun mencionarla en la conversación, era incurrir en la pena de muerte por la hoguera. Orar a Dios en secreto, dejar de inclinarse ante las imágenes, o cantar un salmo, eran otros tantos hechos castigados también con la muerte. Aun los que abjuraban de sus errores eran condenados, si eran hombres, a ser degollados, y si eran mujeres, a ser enterradas vivas. Millares perecieron durante los reinados de Carlos V y de

Felipe II.

En cierta ocasión llevaron ante los inquisidores a toda una familia acusada de no oír misa y de adorar a Dios en su casa. Interrogado el hijo menor respecto de las prácticas de la familia, contestó: "Nos hincamos de rodillas y pedimos a Dios que ilumine nuestra mente y nos perdone nuestros pecados. Rogamos por nuestro soberano, porque su reinado sea próspero y su vida feliz. Pedimos también a Dios que guarde a nuestros magistrados." –Wylie, lib. 18, cap. 6. Algunos de los jueces quedaron hondamente conmovidos, pero, no obstante, el padre y uno de los hijos fueron condenados a la hoguera.

La ira de los perseguidores era igualada por la fe de los mártires. Tanto los hombres como delicadas señoras y doncellas desplegaron un valor inquebrantable. "Las esposas se colocaban al lado de sus maridos en la hoguera y mientras éstos eran envueltos en las llamas, ellas los animaban con palabras de consuelo, o cantándoles" salmos. "Las doncellas, al ser enterradas vivas, se acostaban en sus tumbas con la tranquilidad con que hubieran entrado en sus aposentos o subían a la hoguera y se entregaban a las llamas, vestidas con sus mejores galas, lo mismo que si fueran a sus bodas." –*Ibid.*

Era como en los tiempos en que el paganismo procuró aniquilar el evangelio, y la sangre de los Cristianos era simiente. Véase Tertuliano, *Apología*, párr. 50.

La persecución lo que hacía era aumentar el número de los testigos de la verdad. Año tras año, el monarca enloquecido de ira al comprobar su impotencia para doblegar la determinación del pueblo, se ensañaba más y más en su destructora obra, pero en vano. Finalmente, la revolución acaudillada por el noble Guillermo de Orange dió a Holanda la libertad de adorar a Dios.

En las montañas del Piamonte, en las llanuras de Francia, y en las costas de Holanda, el progreso del evangelio era regado con la sangre de sus discípulos. Pero en los países del norte halló pacífica entrada. Ciertos estudiantes de Wittenberg, al regresar a sus hogares, llevaron consigo la fe reformada en la península Escandinava. La publicación de los escritos de Lutero ayudó a esparcir la luz. El pueblo rudo y sencillo del norte se alejó de la corrupción, de la pompa y de las supersticiones de Roma, para aceptar la pureza, la sencillez y las verdades vivificadoras de la Biblia.

Tausen, "el Reformador de Dinamarca," era hijo de un campesino. Desde su temprana edad dió pruebas de poseer una inteligencia vigorosa; tenía ansias de instruirse; pero no pudiendo lograrlo, debido a las circunstancias de sus padres, entró en un claustro. Allí la pureza de su vida, su diligencia y su lealtad le granjearon la buena voluntad de su superior. Los exámenes demostraron que tenía talento y que podría prestar buenos servicios a la iglesia. Se resolvió permitirle que se educase en una universidad de Alemania o de los Países Bajos. Se le concedió libertad para elegir la escuela a la cual deseara asistir, siempre que no fuera la de Wittenberg. No convenía exponer al estudiante al veneno de la herejía, pensaban los frailes.

Tausen fue a Colonia, que era en aquella época uno de los baluartes del Romanismo. Pronto le desagradó el misticismo de los maestros de la escuela. Por aquel mismo tiempo llegaron a sus manos los escritos de Lutero. Los leyó maravillado y deleitado; y sintió fervientes deseos de recibir instrucción personal del Reformador. Pero no podía conseguirlo sin ofender a su superior monástico ni sin perder la ayuda que estos le brindaban. Pronto tomó su resolución, y se matriculó en la Universidad de Wittenberg.

Cuando volvió a Dinamarca se reintegró a su convento. Nadie le sospechaba contagiado de Luteranismo; tampoco reveló él su secreto, sino que se esforzó, sin despertar los prejuicios de sus compañeros, en guiarlos hacia una fe más pura y a una vida más santa. Abrió las Sagradas Escrituras y explicó el verdadero significado de sus doctrinas, y finalmente les predicó a Cristo como la justicia de los pecadores, y la única esperanza de salvación. Grande fue la ira del prior, que había abrigado firmes esperanzas de que Tausen llegase a ser ferviente defensor de Roma. Inmediatamente lo cambiaron a otro monasterio, y lo confinaron en su celda, bajo estricta vigilancia.

Con horror vieron sus nuevos guardianes que pronto algunos de los monjes se declaraban a favor del Protestantismo. Al través de los barrotes de su encierro,

Tausen había comunicado a sus compañeros el conocimiento de la verdad. Si aquellos padres Dinamarqueses hubiesen cumplido fielmente el plan de la iglesia para tratar con la herejía, la voz de Tausen no hubiera vuelto a oírse, pero, en vez de sepultarlo para siempre en el silencio sepulcral de algún calabozo subterráneo, le expulsaron del monasterio, y quedaron entonces reducidos a la impotencia. Un edicto real, que se acababa de promulgar, ofrecía protección a los propagadores de la nueva doctrina. Tausen comenzó a predicar. Las iglesias le fueron abiertas y el pueblo acudía en masa a oírle. Había también otros que predicaban la Palabra de Dios. El Nuevo Testamento fue traducido en el idioma Dinamarqués y circuló con profusión. Los esfuerzos que hacían los papistas para detener la obra sólo servían para esparcirla más y más, y al poco tiempo Dinamarca declaró que aceptaba la fe reformada.

En Suecia también, jóvenes que habían bebido en las fuentes de Wittenberg, llevaron a sus compatriotas el agua de la vida. Dos de los caudillos de la Reforma de Suecia, Olaf y Lorenzo Petri, hijos de un herrero de Orebro, estudiaron bajo la dirección de Lutero y de Melanchton, y con diligencia enseñaban las mismas verdades en que fueron instruidos. Como el gran Reformador, Olaf, con su fervor y su elocuencia, despertaba al pueblo, mientras que Lorenzo, como Melanchton, era sabio, juicioso, y de ánimo sereno. Ambos eran hombres de probada piedad, de profundos conocimientos teológicos y de un valor a toda prueba al luchar por el avance de la verdad. No faltó la oposición de los papistas. Los sacerdotes Católicos incitaban a las multitudes ignorantes y supersticiosas. La turba asaltó repetidas veces a Olaf Petri, y en más de una ocasión sólo milagrosamente pudo escapar con vida. Sin embargo, estos Reformadores eran favorecidos y protegidos por el rey.

Bajo el dominio de la Iglesia Romana el pueblo quedaba sumido en la miseria y reprimido por la opresión. Carecía de las Escrituras, y como tenía una religión de puro formalismo y ceremonias, que no ofrecía luz al espíritu, la gente regresaba a las creencias supersticiosas y a las prácticas paganas de sus antepasados. La nación estaba dividida en facciones que luchaban unas con otras, lo cual agravaba la miseria general del pueblo. El rey decidió reformar la iglesia y el estado y acogió cordialmente a esos valiosos auxiliares en su lucha contra Roma.

En presencia del monarca y de los hombres principales de Suecia, Olaf Petri defendió con mucha habilidad las doctrinas de la fe reformada, contra los campeones del Romanismo. Declaró que las doctrinas de los padres de la iglesia no debían aceptarse sino cuando estuviesen de acuerdo con lo que dice la Sagrada Escritura, y que las doctrinas esenciales de la fe están expresadas en la Biblia de un modo claro y sencillo, que todos pueden entender. Cristo dijo: "Mi doctrina no es Mía, sino de Aquél que me envió." Juan 7:16. Y Pablo declaró que si predicara él otro evangelio que el que había recibido, sería anatema. Gálatas 1:8. "Por lo tanto," preguntó el Reformador, "¿cómo pueden otros formular dogmas a su antojo e imponerlos como cosas necesarias para la salvación?" –Wylie, lib. 10, cap. 4. Probó que los decretos de la iglesia no tienen autoridad cuando están en oposición a los mandamientos de Dios, y sostuvo el gran principio Protestante de que "la Biblia y la Biblia sola" es la regla de fe y práctica.

Este debate, si bien se desarrolló en un escenario comparativamente obscuro, sirve "para dar a conocer la clase de hombres que formaban las filas de los Reformadores. No eran controversistas ruidosos, sectarios e indoctos, sino hombres que habían estudiado la Palabra de Dios y eran diestros en el manejo de las armas de que se habían provisto en la armería de la Biblia. En cuanto a erudición, estaban más adelantados que su época. Cuando nos fijamos en los brillantes centros de Wittenberg y Zurich, y en los nombres ilustres de Lutero y Melanchton, de Zuinglio y Ecolampadio, se nos suele decir que éstos eran los jefes del movimiento de la Reforma, y que sería de esperar en ellos un poder prodigioso y gran acopio de saber, pero que los subalternos no eran como ellos. Pues bien, si echamos una mirada sobre el obscuro teatro de Suecia y, yendo de los maestros a los discípulos, nos fijamos en los humildes nombres de Olaf y Lorenzo Petri, ¿qué encontramos? . . . Pues maestros y teólogos; hombres que entienden a fondo todo el sistema de la verdad bíblica, y que ganaron fáciles victorias sobre los sofistas de las escuelas y sobre los dignatarios de Roma." –*Ibid.*

Como consecuencia de estas discusiones, el rey de Suecia aceptó la fe Protestante, y poco después la asamblea nacional se declaró también en favor de ella. El Nuevo Testamento había sido traducido al idioma Sueco por Olaf Petri, y por deseo del rey ambos hermanos emprendieron la traducción de la Biblia entera. De esta manera, el pueblo Sueco tuvo en sus manos por primera vez la Palabra de Dios en su propio idioma. La Dieta dispuso que los ministros explicasen las Escrituras por todo el reino, y que en las escuelas se enseñase a los niños a leer la Biblia.

De un modo constante y seguro, la luz bendita del evangelio descubría las tinieblas de la superstición y de la ignorancia. Libre ya de la opresión de Roma, alcanzó la nación una fuerza y una grandeza que jamás conociera hasta entonces. Suecia vino a ser uno de los baluartes del Protestantismo. Un siglo más tarde, en tiempo de peligro inminente, esta pequeña y hasta entonces débil nación – la única en Europa que se atrevió a brindar su ayuda – intervino en auxilio de Alemania en el terrible conflicto de la guerra de treinta años. Toda la Europa del norte parecía estar a punto de caer otra vez bajo el tiránico dominio de Roma. Fueron los ejércitos de Suecia los que habilitaron a Alemania para rechazar la ola Romanista y asegurar tolerancia para los Protestantes – Calvinistas y Luteranos, – y para devolver la libertad de conciencia a los pueblos que habían aceptado la Reforma.

CAPÍTULO 14

REFORMA EN INGLATERRA

AL MISMO TIEMPO que Lutero daba la Biblia al pueblo de Alemania, Tyndale era impulsado por el Espíritu de Dios a hacer otro tanto para Inglaterra. La Biblia de Wiclef había sido traducida del texto Latino, que contenía muchos errores. No había sido impresa, y las copias manuscritas era tan costosas que, fuera de los ricos y de los nobles, pocos eran los que podían obtenerlas, y como, además, la iglesia las proscribía terminantemente, sólo alcanzaban una pobre circulación. En el año 1516, o sea un año antes de que aparecieran las tesis de Lutero, había publicado Erasmo su versión Greco-Latina del Nuevo Testamento. Era ésta la primera vez que la Palabra de Dios se imprimía en el idioma original. En esta obra fueron corregidos muchos de los errores de que adolecían las versiones más antiguas, y el sentido de la Escritura era expresado con más claridad. Comunicó a muchos representantes de las clases educadas un mejor conocimiento de la verdad, y dió poderoso impulso a la obra de la Reforma. Pero en su gran mayoría el vulgo permanecía apartado de la Palabra de Dios. Tyndale iba a completar la obra de Wiclef al dar a sus compatriotas la Biblia en su propio idioma.

Muy dedicado al estudio y sincero investigador de la verdad, había conocido el evangelio por medio del Testamento Griego de Erasmo. Exponía sus convicciones sin temor alguno e insistía en que todas las doctrinas tienen que ser probadas por las Santas Escrituras. A la declaración papista de que la iglesia había dado la Biblia y de que sólo la iglesia podía explicarla, contestaba Tyndale: "¿Sabéis quién enseñó a las águilas a buscarse su presa? Ese mismo Dios es el que enseña a Sus hijos hambrientos a encontrar a Su Padre en Su Palabra. Lejos de habernos dado vosotros las

Santas Escrituras, las habéis escondido de nuestra vista, y sois vosotros los que quemáis a los que las escudriñan; y, si pudierais, quemaríais también las mismas Escrituras." –D'Aubigné, *Histoire de la Réformation du seizieme siecle*, lib. 18, cap. 4.

La predicación de Tyndale despertó mucho interés y muchas personas aceptaron la verdad. Pero los sacerdotes andaban alerta y no bien se encontraba lejos del campo de sus trabajos cuando ellos, valiéndose de amenazas y de engaños, se esforzaron en destruir su obra, y con éxito muchas veces. "¡Ay!," decía él, "¿qué hacer? Mientras que yo siembro en un punto, el enemigo destruye lo que dejé sembrado en otro. No me es posible estar a la vez en todas partes. ¡Oh! si los Cristianos poseyesen la Biblia en su propio idioma serían capaces de resistir a estos sofistas. Sin las Santas Escrituras, es imposible confirmar a los laicos en la verdad." –*Ibid.*

Un nuevo propósito surgió entonces en su mente. "Era en la lengua de Israel," decía, "en que se cantaban los salmos en el templo de Jehová; y ¿no resonará el evangelio entre nosotros en la lengua de Inglaterra? . . . ¿Será posible que la iglesia tenga menos luz a mediodía que al alba? . . . Los Cristianos deben leer el Nuevo Testamento en su lengua materna." Los doctores y maestros de la iglesia estaban en desacuerdo. Solamente por la Biblia podían los hombres llegar a la verdad. "Uno sostiene a este doctor, otro a aquél . . . y cada escritor contradice a los demás. . . . ¿De qué manera puede uno saber quién enseña el error? . . . ¿Cómo? . . . En verdad, ello es posible solamente por medio de la Palabra de Dios." –*Ibid.*

Fue poco después cuando un sabio doctor papista que sostenía con él una acalorada controversia, exclamó: "Mejor sería para nosotros estar sin la ley de Dios que sin la del papa." Tyndale repuso: "Yo desafío al papa y todas sus leyes; y si Dios me guarda con vida, no pasarán muchos años sin que haga yo que un muchacho que trabaje en el arado sepa de las Santas Escrituras más que vos." –Anderson, *Annals of the English Bible*, pág. 19.

Así confirmado su propósito de dar a su pueblo el Nuevo Testamento en su propia lengua, Tyndale puso inmediatamente manos a la obra. Echado de su casa por la persecución, fuese a Londres y allí, por algún tiempo, prosiguió sus labores sin interrupción. Pero al fin el odio de los papistas le obligó a huir. Toda Inglaterra parecía cerrar sus puertas y resolvió buscar refugio en Alemania. Allí dió principio a la publicación del Nuevo Testamento en Inglés. Dos veces fue suspendido su trabajo; pero cuando le prohibían imprimirlo en una ciudad, se iba a otra. Finalmente se dirigió a Worms, donde unos cuantos años antes, Lutero había defendido el evangelio ante la Dieta. En aquella antigua ciudad había muchos amigos de la Reforma, y allí continuó Tyndale sus trabajos sin más trabas. Pronto salieron de la imprenta tres mil ejemplares del Nuevo Testamento, y en el mismo año se hizo otra edición.

Con gran concentración de espíritu y perseverancia prosiguió sus trabajos. A pesar de la vigilancia con que las autoridades de Inglaterra guardaban los puertos, la Palabra de Dios llegó de varios modos a Londres y de allí circuló por todo el país. Los papistas trataron de ocultar la verdad, pero en vano. El obispo de Durham compró de una sola vez a un librero amigo de Tyndale todo el surtido de Biblias que tenía, para destruirlas, suponiendo que de esta manera impediría en algo la circulación de las Escrituras; pero, por el contrario, el dinero así conseguido, fue suficiente para hacer una edición nueva y más elegante, que de otro modo no hubiera podido publicarse. Cuando Tyndale fue aprehendido posteriormente, le ofrecieron la libertad con la condición de que revelase los nombres de los que le habían ayudado a sufragar los gastos de impresión de sus Biblias. Él respondió que el obispo de Durham le había ayudado más que nadie, porque al pagar una gran suma por las Biblias que había en existencia, le había ayudado eficazmente para seguir adelante con valor.

La traición entregó a Tyndale a sus enemigos, y quedó preso por mucho meses. Finalmente dió testimonio de su fe por el martirio, pero las armas que él había preparado sirvieron para ayudar a otros soldados a seguir batallando a través de los siglos hasta el día de hoy.

Látimer sostuvo desde el púlpito que la Biblia debía ser leída en el lenguaje popular. El Autor de las Santas Escrituras, decía él, "es Dios mismo," y ellas participan del poder y de la eternidad de Su Autor. "No hay rey, ni emperador, ni magistrado, ni gobernador . . . que no esté obligado a obedecer . . . Su santa Palabra." "Cuidémonos de las sendas laterales y sigamos el camino recto de la Palabra de Dios. No andemos como andaban . . . nuestros padres, ni tratemos de saber lo que hicieron sino lo que hubieran debido hacer." –H. Látimer, *"First Sermon Preached before King Edward VI."*

Barnes y Frith, fieles amigos de Tyndale, se levantaron en defensa de la verdad. Siguieron más tarde Cranmer y los Ridley. Estos caudillos de la Reforma Inglesa eran hombres instruidos, y casi todos habían sido muy estimados por su fervor y su piedad cuando estuvieron en la comunión de la Iglesia Romana. Su oposición al papado fue resultado del conocimiento que tuvieron de los errores de la "santa sede." Por conocer de cerca los misterios de Babilonia, tuvieron más poder para alegar contra ella.

"Ahora voy a hacer una pregunta peregrina," decía Látimer, "¿sabéis cuál es el obispo y prelado más diligente de toda Inglaterra? . . . Veo que escucháis y que deseáis conocerle. . . . Pues, os diré quién es. Es el diablo. . . . Nunca está fuera de su diócesis; . . . id a verle cuando queráis, siempre está en casa; . . . siempre está con la mano en el arado. . . . Os aseguro que nunca lo encontraréis ocioso. En donde el diablo vive, . . . abajo los libros, arriba las velas; mueran las Biblias y vivan los rosarios; abajo la luz del evangelio y arriba la de las velas, aun a mediodía; . . . afuera con la cruz de Cristo y arriba los rateros del purgatorio; . . . nada de vestir a los desnudos, a los pobres, a los desamparados, y vamos adornando imágenes y ataviando alegremente piedras y palos; arriba las tradiciones y leyes humanas, abajo Dios y Su santísima Palabra. . . . ¡Mal haya que no sean nuestros prelados tan diligentes en sembrar buenas doctrinas como Satanás lo es para sembrar abrojos y cizaña!" –*Ibid.*, "Sermon of the Plough."

El gran principio que sostenían estos Reformadores – el mismo que sustentaron los Valdenses, Wiclef, Juan Hus, Lutero, Zuinglio y los que se unieron a ellos – era la infalible autoridad de las Santas Escrituras como regla de fe y práctica. Negaban a los papas, a los concilios, a los padres y a los reyes todo derecho para dominar las conciencias en asuntos de religión. La Biblia era su autoridad y por las enseñanzas de ella juzgaban todas las doctrinas y exigencias. La fe en Dios y en Su Palabra era la que sostenía a estos santos varones cuando entregaban su vida en la hoguera. "Ten buen ánimo," decía Látimer a su compañero de martirio cuando las llamas estaban a punto de acallar sus voces, "que en este día encenderemos una luz tal en Inglaterra, que, confío en la gracia de Dios, jamás se apagará." –*Works of Hugh Latimer*, tomo 1, pág. xiii.

En Escocia la semilla de la verdad esparcida por Colombano y sus colaboradores no se había malogrado nunca por completo. Siglos después que las iglesias de Inglaterra se hubieron sometido al papa, las de Escocia conservaban aún su libertad. En el siglo XII, sin embargo, se estableció en ella el Romanismo, y en ningún otro país ejerció un dominio tan absoluto. En ninguna parte fueron más densas las tinieblas. A pesar de todo, rayos de luz penetraron la obscuridad trayendo consigo la promesa de un día por venir. Los Lolardos, que vinieron de Inglaterra con la Biblia y las enseñanzas de Wiclef, hicieron mucho por conservar el conocimiento del evangelio, y cada siglo tuvo sus confesores y sus mártires.

Con el inicio de la gran Reforma vinieron los escritos de Lutero y luego el Nuevo Testamento Inglés de Tyndale. Sin llamar la atención del clero, aquellos silenciosos mensajeros atravesaban montañas y valles, avivando la antorcha de la verdad que parecía estar a punto de extinguirse en Escocia, y deshaciendo la obra que Roma realizara en los cuatro siglos de opresión que ejerció en el país.

Entonces la sangre de los mártires dió nuevo impulso al movimiento de la Reforma. Los caudillos papistas despertaron repentinamente ante el peligro que amenazaba su causa, y llevaron a la hoguera a algunos de los más nobles y más honorables hijos de Escocia. Pero con esto no hicieron más que levantar un púlpito, desde el cual las palabras dichas por esos mártires al morir resonaron por toda la tierra Escocesa y crearon en el alma del pueblo el propósito bien decidido de libertarse de los grillos de Roma.

Hamilton y Wishart, príncipes por su carácter y por su nacimiento, y con ellos una larga línea de los más humildes discípulos, entregaron sus vidas en la hoguera. Empero, de la ardiente pira de Wishart volvió uno a quien las llamas no iban a consumir, uno que dirigido por Dios iba a hacer oír el toque de difuntos por el papado en Escocia.

Juan Knox se había apartado de las tradiciones y de los misticismos de la iglesia para alimentarse de las verdades de la Palabra de Dios, y las enseñanzas de Wishart le confirmaron en la resolución de abandonar la comunión de Roma y unirse con los perseguidos Reformadores.

Solicitado por sus compañeros para que desempeñase el cargo de predicador, rehuyó temblando esta responsabilidad y sólo después de varios días de meditación y lucha consigo mismo consintió en llevarla. Una vez aceptado el puesto siguió adelante con inquebrantable resolución y con valor a toda prueba por toda la vida. Este sincero Reformador no sintió jamás miedo de los hombres. El resplandor de las hogueras no hizo más que dar a su fervor mayor intensidad. Con el hacha del tirano pendiente sobre su cabeza y amenazándole de muerte, permanecía firme y asestando golpes a diestra y a siniestra para demoler la idolatría.

Cuando fue presentado ante la reina de Escocia, en cuya presencia flaqueó el valor de más de un caudillo Protestante, Juan Knox testificó firme y denodadamente por la verdad. No podían ganarlo con halagos, ni intimidarlo con amenazas. La reina le culpó de herejía. Había enseñado al pueblo una religión que el estado prohibía y con ello, añadía ella, transgredía el mandamiento de Dios que ordena a los súbditos obedecer a sus gobernantes. Knox respondió con firmeza:

"Como la religión verdadera no recibió de los gobernantes su fuerza original ni su autoridad, sino sólo del eterno Dios, así tampoco deben los súbditos amoldar su religión al gusto de sus reyes. Porque muy a menudo son los príncipes los más ignorantes de la religión verdadera. . . . Si toda la simiente de Abrahán hubiera sido de la religión del faraón del cual fueron súbditos por largo tiempo, os pregunto, señora, ¿qué religión habría hoy en el mundo? Y si en los días de los apóstoles todos hubieran sido de la religión de los emperadores de Roma, decídme, señora, ¿qué religión habría hoy en el mundo? . . . De esta suerte, señora, podéis comprender que los súbditos no están obligados a sujetarse a la religión de sus príncipes si bien les está ordenado obedecerles."

María respondió: "Vos interpretáis las Escrituras de un modo, y ellos (los maestros Romanistas) las interpretan de otro, ¿a quién creeré y quién será juez en este asunto?"

"Debéis creer en Dios, que habla con sencillez en Su Palabra," contestó el Reformador, "y más de lo que ella os diga no debéis creer ni de unos ni de otros. La Palabra de Dios es clara; y si parece haber obscuridad en algún pasaje, el Espíritu Santo, que nunca se contradice a Sí mismo, se explica con más claridad en otros pasajes, de modo que no queda lugar a duda sino para el que obstinadamente decide permanecer ignorante." –David Laing, *Works of John Knox*, tomo 2, págs. 281, 284.

Estas fueron las verdades que el intrépido Reformador, arriesgando su vida, dirigió a los oídos reales. Con el mismo valor indómito se aferró a su propósito y siguió orando y combatiendo como fiel soldado del Señor hasta que Escocia quedó libre del papado.

En Inglaterra el establecimiento del Protestantismo como religión nacional, hizo menguar la persecución, pero no la hizo cesar por completo. Aunque muchas de las doctrinas de Roma fueron suprimidas, se conservaron muchas de sus formas de culto. La supremacía del papa fue rechazada, pero en su lugar se puso al monarca como cabeza de la iglesia. Los servicios de la iglesia quedaban aún muy lejos de la pureza y sencillez del evangelio. El gran principio de la libertad religiosa no era aún entendido. Si bien es verdad que pocas veces hicieron uso los gobernantes Protestantes de las horribles crueldades de que se valía Roma contra los herejes, no se reconocía el derecho que tiene todo hombre de adorar a Dios según los dictados de su conciencia. Se exigía de todos que aceptaran las doctrinas y observaran las formas de culto prescritas por la iglesia establecida. Se continuó persiguiendo a los disidentes por centenares de años con mayor o menor encarnizamiento.

En el siglo XVII millares de pastores fueron destituidos de sus cargos. Se le prohibió al pueblo so pena de fuertes multas, prisión y destierro, si asistía a cualesquiera reuniones religiosas que no fueran las sancionadas por la iglesia. Los que no pudieron dejar de reunirse para adorar a Dios, tuvieron que hacerlo en callejones obscuros, en sombrías buhardillas y, cuando el clima lo permitía, en los bosques a medianoche. En la protectora espesura de la floresta, como en templo hecho por Dios mismo, aquellos esparcidos y perseguidos hijos del Señor, se reunían para derramar sus almas en plegarias y alabanzas. Pero a despecho de todas estas precauciones muchos sufrieron por su fe. Las cárceles rebosaban. Las familias eran divididas. Muchos fueron desterrados a tierras extrañas. Sin embargo, Dios estaba con Su pueblo y la persecución no podía acallar su testimonio. Fueron muchos los que cruzaron el océano y se establecieron en Norteamérica, donde echaron los cimientos de la libertad civil y religiosa que fueron baluarte y gloria de los Estados Unidos.

Nuevamente, como en los tiempos apostólicos, la persecución contribuyó al progreso del evangelio. En un calabozo asqueroso repleto de reos y libertinos, Juan Bunyan respiró el verdadero ambiente del cielo y escribió su maravillosa alegoría del viaje del peregrino de la ciudad de destrucción a la ciudad celestial. Por más de doscientos años aquella voz habló desde la cárcel de Bedford con poder penetrante a los corazones de los hombres. Su libro, *El Viador y La Gracia Abundante para el Mayor de los Pecadores,* ha conducido a muchos por el sendero de la vida eterna.

Baxter, Flavel, Alleine y otros hombres de talento, de educación y de profunda experiencia Cristiana, se mantuvieron firmes defendiendo valientemente la fe que en otro tiempo fuera entregada a los santos. La obra que ellos hicieron y que fue proscrita y considerada como anatema por los reyes de este mundo, es imperecedera. *La Fuente de la Vida y El Método de la Gracia* de Flavel enseñaron a millares el modo de confiar al Señor la custodia de sus almas. *El Pastor Reformado,* de Baxter, fue una verdadera bendición para muchos que deseaban un avivamiento de la obra de Dios, y su *Descanso Eterno de los Santos* cumplió su misión de llevar almas "al descanso" que queda para el pueblo de Dios.

Cien años más tarde, en tiempos de tinieblas

espirituales, aparecieron Whitefield y los Wesley como portadores de la luz de Dios. Bajo el régimen de la iglesia establecida, el pueblo de Inglaterra había llegado a un estado tal de decadencia, que apenas podía distinguirse del paganismo. La religión natural era el estudio favorito del clero y en este estudio iba incluido casi toda su teología. La aristocracia hacía burla de la piedad y se jactaba de estar por sobre lo que llamaba su fanatismo, mientras el pueblo bajo vivía en la ignorancia y el vicio, y la iglesia no tenía valor ni fe para seguir sosteniendo la causa de la verdad ya decaída.

La gran doctrina de la justificación por la fe, tan claramente enseñada por Lutero, se había perdido casi totalmente de vista, y ocupaban su lugar los principios del Romanismo de ganar la salvación a través de las buenas obras. Whitefield y los Wesley, miembros de la iglesia establecida, buscaban con sinceridad ganar el favor de Dios, que, según se les había enseñado, se conseguía por medio de una vida virtuosa y por la observancia de los ritos religiosos.

En cierta ocasión en que Carlos Wesley cayó enfermo y pensaba que estaba próximo su fin, se le preguntó en qué fundaba su esperanza de la vida eterna. Su respuesta fue: "He hecho cuanto he podido por servir a Dios." Pero como el amigo que le dirigiera la pregunta no parecía satisfecho con la contestación, Wesley pensó: "¡Qué! ¿No son suficientes mis esfuerzos para fundar mi esperanza? ¿Me privaría de mis esfuerzos? No tengo otra cosa en que confiar." –Juan Whitehead, *Life of the Rev. Charles Wesley*, pág. 102. Tales eran las tinieblas que habían caído sobre la iglesia, y ocultaban la expiación, despojaban a Cristo de Su gloria y desviaban la mente de los hombres de su única esperanza de salvación: la sangre del Redentor crucificado.

Wesley y sus compañeros fueron inducidos a reconocer que la religión verdadera nace en el corazón y que la ley de Dios abarca los pensamientos lo mismo que las palabras y las obras. Convencidos de la necesidad de tener santidad en el corazón, así como de comportarse correctamente, decidieron seriamente iniciar una vida nueva. Por medio de esfuerzos diligentes acompañados de fervientes oraciones, se esforzaban por vencer las malas inclinaciones del corazón natural. Llevaban una vida de abnegación, de amor y de humillación, y observaban rigurosamente todo aquello que a su parecer podría ayudarles a alcanzar lo que más anhelaban: una santidad que pudiese asegurarles el favor de Dios. Pero no lograban lo que buscaban. Vanos eran sus esfuerzos para librarse de la culpa del pecado y para quebrantar su poder. Era la misma lucha que había tenido que sostener Lutero en su celda del convento en Erfurt. Era la misma pregunta que le había atormentado el alma: "¿Y cómo se justificará el hombre ante Dios?" Job 9:2.

El fuego de la verdad divina que se había apagado casi por completo en los altares del Protestantismo, iba a encenderse de nuevo al contacto de la antorcha antigua que al través de los siglos había quedado firme en manos de los Cristianos de Bohemia. Después de la Reforma, el Protestantismo había sido pisoteado en Bohemia por las hordas de Roma. Los que no quisieron renunciar a la verdad tuvieron que huir. Algunos de ellos que se refugiaron en Sajonia guardaron allí la antigua fe, y de los descendientes de estos Cristianos provino la luz que iluminó a Wesley y a sus compañeros.

Después de haber sido ordenados para el ministerio, Juan y Carlos Wesley fueron enviados como misioneros a América. Iba también a bordo un grupo de Moravos. Durante el viaje se desataron violentas tempestades, y Juan Wesley, viéndose frente a la muerte, no se sintió seguro de estar en paz con Dios. Los Alemanes, por el contrario, manifestaban una calma y una confianza que él no conocía.

"Ya mucho antes," dice él, "había notado yo el carácter serio de aquella gente. De su humildad habían dado pruebas manifiestas, al prestarse a desempeñar en favor de los otros pasajeros las tareas serviles que ninguno de los Ingleses quería hacer, y al no querer recibir paga por estos servicios, declarando que era un beneficio para sus altivos corazones y que su amante Salvador había hecho más por ellos. Y día tras día manifestaban una mansedumbre que ninguna injuria podía alterar. Si eran empujados, golpeados o derribados, se ponían en pie y se marchaban a otro lugar; pero sin quejarse. Ahora se presentaba la oportunidad de probar si habían quedado tan libres del espíritu de temor como del de orgullo, ira y venganza. Cuando iban a la mitad del salmo que estaban entonando al comenzar su culto, el mar embravecido desgarró la vela mayor, anegó la embarcación, y penetró de tal modo por la cubierta que parecía que las tremendas profundidades nos habían tragado ya. Los Ingleses se pusieron a gritar desaforadamente. Los Alemanes siguieron cantando con serenidad. Más tarde, pregunté a uno de ellos: '¿No tuvisteis miedo?' Y me dijo: 'No; gracias a Dios.' Volví a preguntarle: '¿No tenían temor las mujeres y los niños?' Y me contestó con calma: 'No; nuestras mujeres y nuestros niños no tienen miedo de morir.' " –Juan Whitehead, *Life of the Rev. Charles Wesley*, pág. 10.

Al arribar a Savannah vivió Wesley algún tiempo con los Moravos y quedó muy impresionado por su comportamiento Cristiano. Refiriéndose a uno de sus servicios religiosos que contrastaba notablemente con el formalismo sin vida de la Iglesia Anglicana, dijo: "La gran sencillez y solemnidad del acto entero casi me hicieron olvidar los diecisiete siglos transcurridos, y me parecía estar en una de las asambleas donde no había fórmulas ni jerarquía, sino donde presidía Pablo, el tejedor de tiendas, o Pedro, el pescador, y donde se manifestaba el poder del Espíritu." –*Ibid.*, págs. 11, 12.

Al regresar a Inglaterra, Wesley, bajo la dirección de un predicador Moravo llegó a una inteligencia más clara de la fe bíblica. Llegó al pleno convencimiento de que debía renunciar por completo a depender de sus propias obras para la salvación, y confiar plenamente en el "Cordero de Dios, que quita el pecado del mundo." En una reunión de la sociedad Morava, en Londres, se leyó una declaración de Lutero que describía el cambio que obra el Espíritu de Dios en el corazón del creyente. Al escucharlo Wesley, se encendió la fe en su alma. "Sentí," dice, "calentarse mi corazón de un modo extraño." "Sentí entrar en mí la confianza en Cristo y en Cristo sólo, para mi salvación; y me fue dada plena seguridad de que había quitado *mis* pecados, sí, los *míos*, y de que *me* había librado a *mí* de la ley del pecado y de la muerte." –*Ibid.*, pág. 52.

Durante largos años de arduo y enojoso trabajo, de rigurosa abnegación, de censuras y de humillación, Wesley se había mantenido firme en su propósito de buscar a Dios.

Al fin le encontró y comprobó que la gracia que se había empeñado en ganar a través de oraciones y ayunos, de limosnas y sacrificios, era un don "sin dinero y sin precio."

Una vez afirmado en la fe de Cristo, ardía su alma en deseos de esparcir por todas partes el conocimiento del glorioso evangelio de la libre gracia de Dios. "Considero el mundo entero como mi parroquia," decía él, "y dondequiera que esté, encuentro oportuno, justo y de mi deber declarar a todos los que quieran oírlas, las alegres nuevas de la salvación." –*Ibid.*, pág. 74.

Vivió una vida llena de abnegación y rigor, ya no como *base* sino como *resultado* de la fe; no como *raíz* sino como *fruto* de la santidad. La gracia de Dios en Cristo es el fundamento de la esperanza del Cristiano, y dicha gracia debe manifestarse en la obediencia. Wesley consagró su vida a predicar las grandes verdades que había recibido: la justificación por medio de la fe en la sangre expiatoria de Cristo, y el poder regenerador del Espíritu Santo en el corazón, que produce fruto en una vida conforme al ejemplo de Cristo.

Whitefield y los Wesley habían sido preparados para su obra por medio de un profundo sentimiento de su propia perdición; y para poder soportar las duras pruebas como buenos soldados de Jesucristo, se habían visto sometidos a una larga serie de escarnios, burlas y persecución, tanto en la universidad, como al entrar en el ministerio. Ellos y otros pocos que simpatizaban con ellos fueron llamados despectivamente "Metodistas" por algunos condiscípulos incrédulos, pero en la actualidad el apodo es considerado como honroso por una de las mayores denominaciones de Inglaterra y América.

Como miembros de la iglesia de Inglaterra estaban muy apegados a sus formas de culto, pero el Señor les había señalado en Su Palabra un modelo más perfecto. El Espíritu Santo les constriñó a predicar a Cristo y a éste crucificado. El poder del Altísimo acompañó sus labores. Miles y miles fueron convencidos y verdaderamente convertidos. Había que proteger de los lobos rapaces a estas ovejas. Wesley no había pensado formar una nueva denominación, pero organizó a los convertidos en lo que se llamó en aquel entonces la Unión Metodista.

Misteriosa y fuerte fue la oposición que estos predicadores encontraron por parte de la iglesia establecida; y sin embargo, Dios, en Su sabiduría, ordenó las cosas de modo que la Reforma se inició dentro de la misma iglesia. Si hubiera venido por completo de afuera, no habría podido penetrar donde tanto se necesitaba. Pero como los predicadores del reavivamiento eran eclesiásticos, y trabajaban dentro del jirón de la iglesia dondequiera que encontraban lugar para ello, la verdad entró donde las puertas hubieran de otro modo quedado cerradas. Algunos de los clérigos despertaron de su sueño y se convirtieron en predicadores activos de sus parroquias. Iglesias que habían sido petrificadas por el formalismo fueron de pronto devueltas a la vida.

En los tiempos de Wesley, como en todas las épocas de la historia de la iglesia, hubo hombres dotados de diferentes dones que hicieron cada uno la obra que les fuera indicada. No estuvieron de acuerdo en todos los puntos de doctrina, pero todos fueron guiados por el Espíritu de Dios y unidos con el solo propósito de ganar almas para Cristo. Las diferencias que mediaron entre Whitefield y los Wesley estuvieron en cierta ocasión a punto de separarlos; pero habiendo aprendido a ser mansos en la escuela de Cristo, la tolerancia y el amor fraternal los unieron de nuevo. No había tiempo para disputas cuando en derredor suyo abundaban el mal y la iniquidad y los pecadores iban hacia la ruina.

Los siervos de Dios tuvieron que caminar un duro camino. Hombres de saber y de talento empleaban su influencia contra ellos. Al cabo de algún tiempo muchos de los eclesiásticos manifestaron hostilidad resuelta y las puertas de la iglesia se cerraron a la fe pura y a los que la proclamaban. La actitud adoptada por los clérigos al denunciarlos desde el púlpito excitó los elementos de las tinieblas, la ignorancia y la iniquidad. Una y otra vez, Wesley escapó a la muerte por algún milagro de la misericordia de Dios. Cuando la ira de las turbas rugía contra él y parecía que no había forma de escapar, un ángel en forma de hombre se le ponía al lado, la turba retrocedía, y el siervo de Cristo salía ileso del lugar pèligroso.

Hablando él de cómo se salvó de uno de estos lances dijo: "Muchos trataron de derribarme mientras descendíamos de una montaña por una senda resbalosa que conducía a la ciudad, porque suponían, y con razón, que una vez caído allí me hubiera sido muy difícil levantarme. Pero no tropecé ni una vez, ni resbalé en la pendiente, hasta lograr ponerme fuera de sus manos. . . . Muchos quisieron sujetarme por el cuello o tirarme de los faldones para hacerme caer, pero no lo pudieron, si bien hubo uno que alcanzó a asirse de uno de los faldones de mi chaleco, el cual se le quedó en la mano, mientras que el otro faldón, en cuyo bolsillo guardaba yo un billete de banco, no fue desgarrado más que a medias. . . . Un sujeto fornido que venía detrás de mí me dirigió repetidos golpes con un garrote de encina. Si hubiera logrado pegarme una sola vez en la nuca, se habría ahorrado otros esfuerzos. Pero siempre se le desviaba el golpe, y no puedo explicar el porqué, pues me era imposible moverme hacia la derecha ni hacia la izquierda. . . . Otro vino corriendo entre el tumulto y levantó el brazo para descargar un golpe sobre mí, se detuvo de pronto y sólo me acarició la cabeza, diciendo: '¡Qué cabello tan suave tiene!' . . . Los primeros que se convirtieron fueron los héroes del pueblo, los que en todas las ocasiones capitanean a la canalla, uno de los cuales había ganado un premio peleando en el patio de los osos. . . .

"¡Cuán suave y gradualmente nos prepara Dios para hacer Su voluntad! Dos años atrás, pasó rozándome el hombro un pedazo de ladrillo. Un año después recibí una pedrada en la frente. Hace un mes que me asestaron un golpe y hoy por la tarde, dos; uno antes de que entrara en el pueblo y otro después de haber salido de él; pero fue como si no me hubieran tocado; pues si bien un desconocido me dió un golpe en el pecho con todas sus fuerzas y el otro en la boca con tanta furia que la sangre brotó inmediatamente, no sentí más dolor que si me hubieran dado con una paja." –Juan Wesley, *Works*, tomo 3, págs. 297, 298.

Los Metodistas de aquellos días – tanto el pueblo como los predicadores – soportaban escarnios y persecuciones, tanto por parte de los miembros de la iglesia establecida como de gente irreligiosa animada por las calumnias inventadas por esos miembros. Se les arrastraba ante los tribunales de justicia, que lo eran sólo de nombre, pues la justicia en aquellos días era rara en las cortes. A menudo eran atacados por sus perseguidores. La turba iba de casa en casa y les destruía los muebles y lo que encontraban, robando lo que les parecía y abusando brutalmente a hombres, mujeres y niños. En ocasiones se clavaban avisos en las calles convocando a los que quisiesen ayudar a quebrar ventanas y saquear las casas de los Metodistas, dándoles cita en lugar y hora señalados. No había castigo para estos atropellos de las leyes divinas y humanas. Se organizó una persecución dirigida contra gente cuya única falta consistía en que procuraban apartar a los pecadores del camino de la perdición y llevarlos a la senda de la santidad.

Refiriéndose Juan Wesley a las acusaciones dirigidas contra él y sus compañeros, dijo: "Algunos sostienen que las doctrinas de estos hombres son falsas, erróneas e hijas del entusiasmo; que son cosa nueva y desconocida hasta últimamente; que son Cuaquerismo, fanatismo o Romanismo. Todas estas pretensiones han sido cortadas de raíz y ha quedado bien probado que cada una de dichas doctrinas es sencillamente doctrina de las Escrituras, interpretada por nuestra propia iglesia. De consiguiente no pueden ser falsas ni erróneas, si es que la Escritura es verdadera." "Otros sostienen que las doctrinas son demasiado estrictas; que hacen muy estrecho el camino del cielo, y ésta es en verdad la objeción fundamental (pues durante un tiempo fue casi la única) y en realidad se basan implícitamente en ella otras más que se presentan en varias formas. Sin embargo, ¿hacen el camino del cielo más estrecho de lo que fue hecho por el Señor y Sus apóstoles? ¿Son sus doctrinas más estrictas que las de la Biblia? Considerad sólo unos cuantos textos: 'Amarás pues al Señor tu Dios de todo tu corazón, y de toda tu alma, y de toda tu mente, y de todas tus fuerzas. . . . Amarás a tu prójimo como a ti mismo.' 'Mas Yo os digo, que toda palabra ociosa que hablaren los hombres, de ella darán cuenta en el día del juicio.' 'Si pues coméis, o bebéis, o hacéis otra cosa, hacedlo todo a gloria de Dios.'

"Si su doctrina es más estricta que esto, son dignos de

censura; pero en conciencia bien sabéis que no lo es. Y ¿quién puede ser menos estricto sin corromper la Palabra de Dios? ¿Podría algún mayordomo de los misterios de Dios ser declarado fiel si alterase parte siquiera de tan sagrado depósito? – No; nada puede quitar; nada puede suavizar; él está obligado a declarar a todos: 'No puedo rebajar las Escrituras a vuestro gusto. Tenéis que elevaros vosotros mismos hasta ellas o morir para siempre.' El grito general es: '¡Qué faltos de caridad son estos hombres!' ¿Que no tienen caridad? ¿En qué respecto? ¿No dan de comer al hambriento y no visten al desnudo? 'No; no es éste el asunto: en esto no faltan; donde les falta caridad es en su modo de juzgar, pues creen que ninguno puede ser salvo a no ser que siga el camino de ellos.' " –*Ibid.*, tomo 3, págs. 152, 153.

El decaimiento espiritual que se había dejado sentir en Inglaterra poco antes del tiempo de Wesley, era debido en gran parte a las enseñanzas contrarias a la ley de Dios, o antinomianismo. Muchos decían que Cristo había abolido la ley moral y que los Cristianos no tenían obligación de guardarla; que el creyente está libre de la "esclavitud de las buenas obras." Otros, si bien admitían la perpetuidad de la ley, declaraban que no había necesidad de que los ministros exhortaran al pueblo a que obedeciera los preceptos de ella, puesto que los que habían sido elegidos por Dios para ser salvos eran "llevados por el impulso irresistible de la gracia divina, a practicar la piedad y la virtud," mientras los sentenciados a eterna perdición, "no tenían poder para obedecer a la ley divina."

Otros, que también sostenían que "los elegidos no pueden ser destituídos de la gracia ni perder el favor divino" llegaban a la horrenda conclusión de que "sus malas acciones no son en realidad pecaminosas ni pueden ser consideradas como casos de violación de la ley divina, y que en consecuencia los tales no tienen por qué confesar sus pecados ni romper con ellos por medio del arrepentimiento." –McClintock and Strong, *Cyclopedia*, art. Antinomians. Por lo tanto, declaraban que aun uno de los pecados más viles "considerado universalmente como enorme violación de la ley divina, no es pecado a los ojos de Dios," siempre que lo hubiera cometido uno de los elegidos, "porque es característica esencial y distintiva de éstos que no pueden hacer nada que desagrade a Dios ni que sea contrario a la ley."

Estas monstruosas doctrinas son esencialmente lo mismo que la enseñanza posterior de los educadores y teólogos populares, quienes dicen que no existe ley divina como norma inmutable de lo que es recto, y que más bien es a la sociedad la que compele indicar la norma de moralidad y que ha estado siempre sujeta a cambios. Todas estas ideas son inspiradas por el mismo espíritu maestro: por aquel que, hasta entre los seres impecables de los cielos, comenzó su obra de procurar suprimir las justas restricciones de la ley de Dios.

La doctrina de los decretos divinos que fija de manera invariable el carácter de los hombres, había inducido a muchos a rechazar virtualmente la ley de Dios. Wesley se oponía rotundamente a los errores de los maestros del antinomianismo y probaba que son contrarios a las Escrituras. "Porque la gracia de Dios se ha manifestado para ofrecer salvación a todos los hombres." "Porque esto es bueno y agradable delante de Dios nuestro Salvador, el cual quiere que *todos los hombres* sean salvos, y vengan al conocimiento de la verdad. Porque hay un solo Dios, y un solo mediador entre Dios y los hombres, Jesucristo hombre, el cual se dió a Sí mismo en rescate por *todos*." Tito 2:11; 1 Timoteo 2:3-6. El Espíritu de Dios es concedido libremente para que todos puedan echar mano de los medios de salvación. Así es cómo Cristo "la Luz verdadera," "alumbra a todo hombre que viene a este mundo." Juan 1:9. Los hombres se privan de la salvación porque rehusan voluntariamente la dádiva de vida.

En contestación a la aseveración de que a la muerte de Cristo quedaron abolidos los preceptos del Decálogo juntamente con los de la ley ceremonial, decía Wesley: "La ley moral contenida en los diez mandamientos y sancionada por los profetas, Cristo no la abolió. Al venir al mundo, no se propuso suprimir parte alguna de ella. Está es una ley que jamás puede ser abolida, pues permanece firme como fiel testigo en los cielos. . . . Existía desde el principio del mundo, habiendo sido escrita no en tablas de piedra sino en el corazón de todos los hijos de los hombres al salir de manos del Creador. Y no obstante las letras que hace tiempo fueron escritas por el dedo de Dios han sido deformadas en gran manera por el pecado, no pueden ser borradas del todo, mientras tengamos conciencia alguna del bien y del mal. Cada parte de esta ley ha de seguir en vigor para toda la humanidad y por todos los siglos; porque no depende de ninguna consideración de tiempo ni de lugar ni de ninguna otra circunstancia sujeta a alteración, sino que depende de la naturaleza de Dios mismo, de la del hombre y de la invariable relación que existe entre uno y otro.

"No he venido para abrogar, sino a cumplir.' . . . Sin duda quiere (el Señor) dar a entender en este pasaje – según se colige por el contexto – que vino a establecerla en su plenitud a despecho de cómo puedan interpretarla los hombres; que vino a aclarar plenamente lo que en ella pudiera haber de obscuro; vino para poner de manifiesto la verdad y la importancia de cada una de sus partes; para demostrar su longitud y su anchura, y la medida exacta de cada mandamiento que la ley contiene y al mismo tiempo la altura y la profundidad, la inapreciable pureza y la espiritualidad de ella en todas sus secciones." –Wesley, sermón 25.

Wesley demostró la perfecta armonía que existe entre la ley y el evangelio. "Existe, pues, entre la ley y el evangelio la relación más estrecha que se pueda concebir. Por una parte, la ley nos abre continuamente paso hacia el evangelio y nos lo señala; y por otra, el evangelio nos lleva constantemente a un cumplimiento exacto de la ley. La ley, por ejemplo, nos exige que amemos a Dios y a nuestro prójimo, y que seamos mansos, humildes y santos. Nos sentimos incapaces de estas cosas y aun más, sabemos que 'a los hombres esto es imposible;' pero vemos una promesa de Dios de darnos ese amor y de hacernos humildes, mansos y santos; nos acogemos a este evangelio y a estas alegres nuevas; se nos da conforme a nuestra fe; y 'la justicia de la ley se cumple en nosotros' por medio de la fe que es en Cristo Jesús. . . .

"Entre los más acérrimos enemigos del evangelio de Cristo," dijo Wesley, "se encuentran aquellos que 'juzgan la ley' misma, y 'hablan mal de ella;' que enseñan a los hombres a quebrantar (a disolver, o anular la obligación que impone) no sólo uno de los mandamientos de la ley, ya sea el menor o el mayor, sino todos ellos de una vez. . . . La más sorprendente de todas las circunstancias que acompañan a este terrible engaño, consiste en que los que se entregan a él creen que realmente honran a Cristo cuando anulan Su ley, y que ensalzan Su carácter mientras destruyen Su doctrina. Sí, le honran como le honró Judas cuando le dijo: 'Salve, Maestro. Y le besó.' Y Él podría decir también a cada uno de ellos: '¿Con beso entregas al Hijo del hombre?' No es otra cosa que entregarle con un beso hablar de Su sangre y despojarle al mismo tiempo de Su corona; despreciar una parte de Sus preceptos, con el pretexto de hacer progresar Su evangelio. Y en verdad nadie puede eludir el cargo, si predica la fe de una manera que directa o indirectamente haga caso omiso de algún aspecto de la obediencia: si predica a Cristo de un modo que anule o debilite en algo el más pequeño de los mandamientos de Dios." –*Ibid.*

Y a los que insistían en que "la predicación del evangelio satisface todas las exigencias de la ley," Wesley replicaba: "Lo negamos rotundamente. No satisface ni siquiera el primer fin de la ley que es convencer a los hombres de su pecado, despertar a los que duermen aún al borde del infierno." El apóstol Pablo dice que "por medio de la ley es el conocimiento del pecado," "y mientras no esté el hombre completamente convencido de sus pecados, no puede sentir verdaderamente la necesidad de la sangre expiatoria de Cristo. . . . Como lo dijo nuestro Señor, 'los sanos no tienen necesidad de médico, sino los enfermos.' Es por lo tanto absurdo ofrecerle médico al que está sano o que cuando menos cree estarlo. Primeramente tenéis que convencerle de que está enfermo; de otro modo no os agradecerá la molestia que por él os dais. Es igualmente absurdo ofrecer a Cristo a aquellos cuyo corazón no ha sido quebrantado todavía." –*Ibid.*

De modo que, al predicar el evangelio de la gracia de Dios, Wesley, como su Maestro, procuraba "engrandecer" la ley y hacerla "honorable." Cumplió fielmente la obra que Dios le encomendara y gloriosos fueron los resultados que le fue dado contemplar. Hacia el fin de su larga vida de más de ochenta años – de los cuales consagró más de medio siglo a su ministerio itinerante – sus fieles adherentes sumaban más de medio millón de almas. Pero las multitudes que por medio de sus esfuerzos fueron rescatadas de la ruina y de la degradación del pecado y elevadas a un nivel más alto de pureza y santidad, y el número de los que a través de sus enseñanzas han alcanzado una experiencia más profunda y más plena, nunca se conocerán hasta que toda la familia de los redimidos sea reunida en el reino de Dios. La vida de Wesley encierra una lección de incalculable valor para cada Cristiano. ¡Ojalá que la fe y la humildad, el celo incansable, la abnegación y el desprendimiento de este siervo de Cristo se reflejasen en las iglesias de hoy!

CAPÍTULO 15

TERROR EN FRANCIA

EN EL SIGLO XVI la Reforma, presentando a los pueblos la Biblia abierta, procuró penetrar en todos los países de Europa. Algunas naciones le dieron la bienvenida como a mensajera del cielo. En otros países el papado consiguió hasta cierto punto cerrarle la entrada; y la luz del conocimiento de la Biblia, con sus influencias ennoblecedoras, quedó excluída casi por completo. Hubo un país donde, aunque la luz logró penetrar, las tinieblas no permitieron apreciarla. Durante siglos, la verdad y el error se disputaron el predominio. Triunfó al fin el mal y la verdad divina fue desechada. "Y esta es la condenación: que la luz vino al mundo, y los hombres amaron más las tinieblas que la luz." Juan 3:19. Aquella nación tuvo que recoger los resultados del mal que ella misma se había escogido. El freno del Espíritu de Dios le fue quitado al pueblo que había menospreciado el don de Su gracia. Se permitió al mal que llegase a su madurez, y todo el mundo pudo palpar las consecuencias de este rechazamiento voluntario de la luz.

La guerra que se hizo en Francia contra la Biblia durante tantos siglos alcanzó su mayor grado en los días de la Revolución. Esa terrible insurrección del pueblo no fue sino la consecuencia natural de la supresión que Roma había hecho de las Sagradas Escrituras. Fue la ilustración más elocuente que jamás presenciara el mundo, de las maquinaciones de la política papal, y una ilustración de los resultados hacia los cuales tendían durante más de mil años las enseñanzas de la Iglesia de Roma.

La supresión de las Sagradas Escrituras durante el período de la supremacía papal había sido anticipada por los profetas; y el revelador había señalado también los terribles resultados que iba a tener especialmente para Francia el dominio "del hombre de pecado."

Dijo el ángel del Señor: "Hollarán la ciudad santa durante cuarenta y dos meses. Y concederé a Mis dos testigos que profeticen por mil doscientos sesenta días, vestidos de cilicio . . . . Cuando hayan acabado su testimonio, la bestia que sube del abismo hará guerra contra ellos, y los vencerá y los matará. Y sus cadáveres quedarán en la plaza de la gran ciudad que en sentido espiritual se llama Sodoma y Egipto, donde también nuestro Señor fue crucificado . . . . Y los moradores de la tierra se regocijarán sobre ellos y se alegrarán, y se enviarán regalos unos a otros; porque estos dos profetas atormentaron a los moradores de la tierra. Y después de los tres días y medio, entró en ellos un espíritu de vida enviado por Dios, y se pusieron de pie, y cayó gran temor sobre los que los veían." Apocalipsis 11:2-11.

Los "cuarenta y dos meses" y los "mil doscientos sesenta días" señalan el mismo plazo, o sea el tiempo durante el cual la iglesia de Cristo iba a padecer bajo la opresión de Roma. Los 1,260 años del dominio temporal del papa comenzaron en el año 538 de J. C. y debían terminar en 1798.* En dicha fecha, entró en Roma un ejército Francés que tomó preso al papa, el cual murió en el destierro. A pesar de haberse escogido un nuevo papa al poco tiempo, la jerarquía pontificia no volvió a alcanzar el esplendor y poderío que antes tuviera.

La persecución contra la iglesia no continuó durante todos los 1,260 años. Dios, haciendo uso de misericordia con Su pueblo, acortó el tiempo de tan terribles pruebas. Al predecir la "gran tribulación" que había de venir sobre la iglesia, el Salvador había dicho: "Si aquellos días no fuesen acortados, no se salvaría nadie; mas por causa de los escogidos, aquellos días serán acortados." Mateo 24:22. Debido a la influencia de los acontecimientos relacionados con la Reforma, las persecuciones terminaron antes del año 1798.

Y acerca de los dos testigos, el profeta declara más adelante: "Estos testigos son los dos olivos, y los dos candeleros que están en pie delante del Dios de la tierra."

---

* En la interpretación profética, un día en tiempo profético se cuenta como un año en tiempo histórico. Véase Ezequiel 4:6 y Números 14:34.

"Lámpara es para mis pies Tu palabra," dijo el salmista, "y luz para mi camino." Apocalipsis 11:4; Salmo 119:105. Estos dos testigos representan las Escrituras del Antiguo Testamento y del Nuevo. Ambos dan testimonios importantes del origen y del carácter eterno de la ley de Dios. Ambos testifican también acerca del plan de salvación. Los símbolos, los sacrificios y las profecías del Antiguo Testamento se refieren a un Salvador que había de venir. Y los evangelios y las epístolas del Nuevo Testamento relatan de un Salvador que vino tal como fuera predicho por los símbolos y la profecía.

"Los cuales profetizarán mil doscientos sesenta días, vestidos de sacos." Durante la mayor parte de dicho período los testigos de Dios permanecieron en obscuridad. El poder papal trató de ocultarle al pueblo la Palabra de verdad y poner ante él testigos falsos que contradijeran su testimonio. Cuando la Biblia fue prohibida por las autoridades civiles y religiosas, cuando su testimonio fue pervertido y se hizo cuanto pudieron inventar los hombres y los demonios para desviar de ella la atención de la gente, y cuando los que osaban proclamar sus verdades sagradas fueron perseguidos, entregados, atormentados, encerrados en las mazmorras, martirizados por su fe u obligados a refugiarse en las fortalezas de los montes y en las cuevas de la tierra, fue entonces cuando los fieles testigos profetizaron vestidos de sacos. No obstante, siguieron dando su testimonio durante todo el período de 1,260 años. Aun en los tiempos más obscuros hubo hombres fieles que amaron la Palabra de Dios y se manifestaron celosos por defender Su honor. A estos fieles siervos de Dios les fueron confiados poder, sabiduría y autoridad para que divulgasen la verdad durante todo este período.

"Y si alguno quiere hacerles daño, sale fuego de la boca de ellos, y devora a sus enemigos; y si alguno quiere hacerles daño, debe morir él de la misma manera." Apocalipsis 11:5. Los hombres no pueden pisotear impunemente la Palabra de Dios. El significado de tan terrible sentencia resalta en el último capítulo del Apocalipsis: "Yo testifico a todo aquel que oye las palabras de la profecía de este libro: Si alguno añade a estas cosas, Dios traerá sobre él las plagas que están escritas en este libro. Y si alguno quita de las palabras del libro de esta profecía, Dios quitará su parte del libro de la vida, y de la santa ciudad, y de las cosas que están escritas en este libro." Apocalipsis 22:18,19.

Tales son los avisos que ha dado Dios para que los hombres se abstengan de cambiar lo revelado o mandado por Él. Estas solemnes denuncias se refieren a todos los que con su influencia hacen que otros consideren con menosprecio la ley de Dios. Deben hacer temblar y temer a los que declaran con liviandad que poco importa que obedezcamos o no obedezcamos a la ley de Dios. Todos los que alteran el significado preciso de las Sagradas Escrituras sobreponiéndoles sus opiniones particulares, y los que tuercen los preceptos de la Palabra divina adaptándolos a sus propias conveniencias, o a las del mundo, se acarrean terrible responsabilidad. La Palabra escrita, la ley de Dios, medirá el carácter de cada individuo y condenará a todo el que fuera hallado falto por esta prueba infalible.

"Y cuando hayan acabado (estén acabando) de dar su testimonio." El período en que los dos testigos iban a testificar "vestidos de sacos" terminó en 1798. Cuando estuviesen por finalizar su obra en la obscuridad, les haría la guerra el poder representado por "la bestia que sube del abismo." En muchas de las naciones de Europa los poderes que gobernaban la iglesia y el estado habían permanecido bajo el dominio de Satanás a través del papado. Mas aquí se deja ver una nueva manifestación del poder satánico.

Con la excusa de reverenciar las Escrituras, Roma las había mantenido aprisionadas en una lengua desconocida, y las había ocultado al pueblo. Durante la época de su dominio los testigos profetizaron "vestidos de sacos;" pero, otro poder – la bestia que sube del abismo – iba a levantarse para luchar abiertamente contra la Palabra de Dios.

La "gran ciudad" en cuyas calles son asesinados los testigos y donde yacen sus cuerpos muertos, "se llama simbólicamente Egipto." De todas las naciones mencionadas en la historia de la Biblia, fue Egipto la que con mas osadía negó la existencia del Dios vivo y se opuso a Sus mandamientos. Ningún monarca resistió con tanta desvergüenza a la autoridad del cielo, como el rey de Egipto.

Cuando se presentó Moisés ante él para comunicarle el mensaje del Señor, el faraón contestó con arrogancia: "¿Quién es Jehová, para que yo oiga Su voz y deje ir a Israel? Yo no conozco a Jehová, ni tampoco dejaré ir a Israel." Éxodo 5:2. Esto es ateísmo; y la nación representada por Egipto iba a oponerse de una manera parecida a la voluntad del Dios vivo, y a dar pruebas del mismo espíritu de incredulidad y desconfianza. La "gran ciudad" es también comparada "simbólicamente" con Sodoma. La corrupción de Sodoma al quebrantar la ley de Dios fue puesta de relieve especialmente en la vida disoluta. Y este pecado iba a ser también rasgo característico de la nación que cumpliría lo que estaba predicho en este pasaje.

En conformidad con lo que dice el profeta, se iba a ver en aquel tiempo, poco antes del año 1798, que un poder de origen y carácter satánicos se levantaría para hacer guerra a la Biblia. Y en la tierra en que de aquella manera iban a verse obligados a permanecer en silencio los dos testigos de Dios, se manifestarían el ateísmo del faraón y la disolución de Sodoma.

Esta profecía se cumplió de un modo muy preciso y sorprendente en la historia de Francia. Durante la Revolución, en 1793, "el mundo oyó por primera vez a toda una asamblea de hombres nacidos y educados en la civilización, que se habían arrogado el derecho de gobernar a una de las más admirables naciones Europeas, levantar unánime voz para negar la verdad más solemne para las almas y renunciar de común acuerdo a la fe y a la adoración que se deben tributar a la Deidad." –Sir Walter Scott, *Life of Napoleon Buonaparte*, tomo 1, cap. 17. "Francia ha sido la única nación del mundo acerca de la cual consta en forma auténtica que fue una nación erguida en rebelión contra el Autor del universo. Muchos blasfemos, muchos infieles hay y seguirá habiéndolos en Inglaterra, Alemania, España y en otras partes; pero Francia es la única nación en la historia del mundo, que por decreto de su asamblea legislativa, declaró que no hay Dios, cosa que regocijó a todos los habitantes de la capital, y entre una gran mayoría de otros pueblos, cantaron y bailaron hombres y mujeres al aceptar el manifiesto." –*Blackwood's Magazine*, Noviembre, 1870.

Francia presentó también la característica que más distinguió a Sodoma. Durante la Revolución se manifestó una condición moral tan depravada y corrompida que puede compararse con la que acarreó la destrucción de las ciudades de la llanura. Y el historiador presenta juntos el ateísmo y la prostitución de Francia, tal como nos los da la profecía: "Intimamente relacionada con estas leyes que afectan la religión, se encontraba aquella que reducía la unión matrimonial – el contrato más sagrado que puedan hacer seres humanos, y cuya permanencia y estabilidad contribuye eficacísimamente a la consolidación de la sociedad – a un mero convenio civil de carácter transitorio, que dos personas cualesquiera podían celebrar o deshacer a su antojo. . . . Si los demonios se hubieran propuesto inventar la manera más eficaz de destruir todo lo que existe de venerable, de bueno o de permanente en la vida doméstica, con la seguridad a la vez de que el daño que intentaban hacer se perpetuaría de generación en generación, no habrían podido echar mano de un plan más adecuado que el de la degradación del matrimonio . . . Sofía Arnoult, notable actriz que se distinguía por la agudeza de sus dichos, definió el casamiento republicano como 'el sacramento del adulterio.' " –Scott, tomo 1, cap. 17.

"En donde también el Señor de ellos fue crucificado." En Francia se cumplió también este rasgo de la profecía. En ningún otro país se había desarrollado tanto el espíritu de enemistad contra Cristo. En ninguno había encontrado la verdad tan acerba y cruel oposición. En la persecución con que Francia oprimió a los que profesaban el evangelio, crucificó también a Cristo en la persona de Sus discípulos.

Siglo tras siglo la sangre de los santos había sido derramada. Mientras los Valdenses sucumbían en las montañas del Piamonte "a causa de la Palabra de Dios y del testimonio de Jesús," sus hermanos, los Albigenses de Francia, testificaban de igual manera por la verdad. En los días de la Reforma los discípulos de ésta habían perecido en medio de horribles tormentos. Reyes y nobles, mujeres de elevada alcurnia, delicadas doncellas, la flor y nata de la nación, se habían recreado viendo las agonías de los mártires de Jesús. Los valientes Hugonotes, en su lucha por los derechos más sagrados al corazón humano, habían derramado su sangre en muchos y rudos combates. Los Protestantes eran considerados como fuera de la ley; sus cabezas eran puestas a precio y se les cazaba como a fieras.

La "Iglesia del Desierto," es decir, los pocos descendientes de los antiguos Cristianos que aún quedaban en Francia en el siglo XVIII, escondidos en las montañas del sur, seguían apegados a la fe de sus padres. Cuando se arriesgaban a reunirse en las faldas de los montes o en los páramos solitarios, eran cazados por los soldados y arrastrados a las galeras donde llevaban una vida de esclavos hasta su muerte. A los habitantes más morales, más refinados e inteligentes de Francia se les encadenaba y torturaba horriblemente entre ladrones y asesinos. –Wylie, lib. 22, cap. 6. Otros, tratados con más misericordia, eran muertos a sangre fría y a balazos, mientras que indefensos oraban de rodillas. Centenares de ancianos, de mujeres indefensas y de niños inocentes, eran sacrificados en el mismo lugar donde se habían reunido para celebrar su culto. Al recorrer la falda del monte o el bosque para acudir al punto en donde solían reunirse, no era raro hallar "a cada trecho, cadáveres que maculaban la hierba o que colgaban de los árboles." Su país, asolado por la espada, el hacha y la hoguera, "se había convertido en vasto y sombrío yermo." "Estas atrocidades no se cometieron en la Edad Media, sino en el siglo brillante de Luis XIV, en que se cultivaba la ciencia y florecían las letras; cuando los teólogos de la corte y de la capital eran hombres instruidos y elocuentes y que afectaban poseer las gracias de la mansedumbre y del amor." –*Ibid.*, cap. 7.

Pero lo más inicuo que se registra en el lóbrego catálogo de los crímenes, el más horrendo de los actos diabólicos de aquella sucesión de siglos espantosos, fue la "matanza de San Bartolomé." Todavía se estremece horrorizado el mundo al recordar las escenas de aquella carnicería, la más cobarde y cruel que se registra. El rey de Francia instado por los sacerdotes y prelados de Roma sancionó tan horrible crimen. El tañido de una campana, resonando a medianoche, dió la señal del degüello. Millares de Protestantes que dormían tranquilamente en sus casas, confiado en la palabra que les había dado el rey, asegurándoles protección, fueron arrastrados a la calle sin previo aviso y asesinados a sangre fría.

Así como Cristo era el jefe invisible de Su pueblo cuando salió de la esclavitud de Egipto, así lo fue Satanás de sus seguidores cuando acometieron la horrenda tarea de multiplicar el número de los mártires. La matanza continuó en París por siete días, con una furia nunca vista durante los tres primeros. Y no se limitó a la ciudad, sino que por decreto especial del rey se hizo extensiva a todas las provincias y pueblos donde había Protestantes. No se respetaba edad ni sexo. No escapaba el inocente niño ni el anciano de canas. Nobles y campesinos, viejos y jóvenes, madres y niños, sucumbían juntos. La matanza siguió en Francia por espacio de dos meses. Murieron en ella setenta mil personas de la flor y nata de la nación.

"Cuando la noticia de la matanza llegó a Roma, el regocijo del clero no tuvo límites. El cardenal de Lorena premió al mensajero con mil duros; el cañón de San Angelo tronó en alegres salvas; se oyeron las campanas de todas las torres; innumerables fogatas convirtieron la noche en día; y Gregorio XIII acompañado de los cardenales y otros dignatarios eclesiásticos, se encaminó en larga procesión hacia la iglesia de San Luis, donde el cardenal de Lorena cantó el *Te Deum* . . . . Se acuñó una medalla para conmemorar la matanza, y aun pueden verse en el Vaticano tres frescos de Vasari, representando la agresión contra el almirante, al rey en el concilio maquinado la matanza, y la matanza misma. Gregorio envió a Carlos la Rosa de Oro; y a los cuatro meses de la matanza, . . . escuchó complacido el sermón de un sacerdote Francés, . . . que habló de 'ese día tan lleno de dicha y alegría, cuando el santísimo padre recibió la noticia y se encaminó hacia San Luis en solemne comitiva para dar gracias a Dios.'" –H. White, *The Massacre of St. Bartholomew*, cap. 14.

El mismo espíritu maestro que impulsó la matanza de San Bartolomé fue también el que dirigió las escenas de la Revolución. Jesucristo fue declarado impostor, y el grito de unión de los incrédulos Franceses era: "Aplastad al infame," lo cual decían refiriéndose a Cristo. Las blasfemias contra el cielo y las iniquidades más abominables se daban la mano, y eran exaltados a los mejores puestos los hombres más depravados y los más entregados al vicio y a la crueldad. En todo esto no se hacía más que tributar homenaje supremo a Satanás, mientras que se crucificaba a Cristo en Sus rasgos característicos de verdad, pureza y amor abnegado.

"La bestia que sube del abismo hará guerra contra ellos, y prevalecerá contra ellos y los matará." El poder ateo que gobernó a Francia durante la Revolución y el reinado del terror, hizo a Dios y a la Biblia una guerra como nunca la presenciara el mundo. El culto de la Deidad fue abolido por la asamblea nacional. Se recogían Biblias para quemarlas en las calles haciendo cuanta mofa de ellas se podía. La ley de Dios fue pisoteada; las instituciones de la Biblia abolidas; el día del descanso semanal fue desechado y en su lugar se consagraba un día de cada diez a la orgía y a la blasfemia. El Bautismo y la Comunión quedaron prohibidos. Y en los lugares más a la vista en los cementerios se fijaron avisos en que se declaraba que la muerte era un sueño eterno.

El temor de Dios, decían, está tan lejos de ser el principio de la sabiduría que más bien puede considerársele como principio de la locura. Quedó prohibida toda clase de culto religioso a excepción del tributado a la libertad y a la patria. El "obispo constitucional de París fue empujado a desempeñar el papel más importante en la farsa más desvergonzada que jamás fuera llevada a cabo ante una representación nacional. . . . Lo sacaron en pública procesión para que declarase a la convención que la religión que él había enseñado por tantos años, era en todos respectos una tramoya del clero, sin fundamento alguno en la historia ni en la verdad sagrada. Negó solemnemente y en los términos más explícitos la existencia de la Deidad a cuyo culto se había consagrado él y aseguró que en lo sucesivo se dedicaría a rendir homenaje a la libertad, la igualdad, la virtud y la moral. Colocó luego sobre una mesa sus ornamentos episcopales y recibió un abrazo fraternal del presidente de la convención. Varios sacerdotes apóstatas imitaron el ejemplo del prelado." –Scott, tomo 1, cap. 17.

"Y los que habitan sobre la tierra se regocijan sobre ellos, y hacen fiesta; y se envían regalos los unos a los otros; porque estos dos profetas atormentaron a los que habitan sobre la tierra." La Francia incrédula había silenciado las voces de reprensión de los testigos de Dios. La Palabra de verdad yacía muerta en sus calles y los que odiaban las restricciones y los preceptos de la ley de Dios se llenaron de alegría. Los hombres desafiaban públicamente al Rey de los cielos, y gritaban como los pecadores de la antigüedad: "¿Cómo sabe Dios? ¿y hay conocimiento en el Altísimo?" Salmo 73:11.

Uno de los sacerdotes del nuevo orden, profiriendo terribles blasfemias, dijo: "¡Dios! si es cierto que existes, toma venganza de las injurias que se hacen a Tu nombre. ¡Yo te desafío! Guardas silencio; no Te atreves a descargar Tus truenos. Entonces ¿quién va a creer que existes?" –M. Ch. Lacretelle, *Histoire de France pendant le dixhuitieme siecle,* tomo 11, pág. 309. ¡Qué eco tan fiel de la pregunta de Faraón: "¿Quién es Jehová, para que yo oiga Su voz?" "No conozco a Jehová"!

"Dice el necio en su corazón: no hay Dios." Salmo 14:1. Y el Señor declara respecto de los que pervierten la verdad que "su insensatez será manifiesta a todos." 2 Timoteo 3:9. Después que hubo renunciado al culto del Dios vivo, "el Alto y el Excelso que habita la eternidad," cayó Francia al poco tiempo en una idolatría denigrante rindiendo culto a la diosa de la razón en la persona de una mujer libertina. ¡Y esto en la cámara representativa de la nación y por medio de las más altas autoridades civiles y legislativas! Dice el historiador: "Una de las ceremonias de aquel tiempo de locura no tiene igual por lo absurdo combinado con lo impío. Las puertas de la convención se abrieron de par en par para dar entrada a los músicos de la banda que precedía a los miembros del cuerpo municipal que entraron en solemne procesión, cantando un himno a la libertad y escoltando como objeto de su futura adoración a una mujer cubierta con un velo y a la cual llamaban la diosa de la razón. Cuando llegó ésta al lugar que le estaba reservado, le fue quitado el velo con gran ceremonial, y se le dió asiento a la derecha del presidente, reconociendo todos ellos en ella a una bailarina de la ópera. . . . A esta mujer rindió público homenaje la convención nacional de Francia, considerándola como la representación más perfecta de la razón que ellos veneraban.

"Esta momería sacrílega y ridícula estuvo de moda; y la instalación de la diosa de la razón fue imitada en algunas poblaciones del país que deseaban demostrar que se hallaban a la altura de la Revolución." –Scott, tomo 1, cap. 17.

El orador que introdujo el culto de la razón, se expresó en estos términos: "¡Legisladores! El fanatismo ha cedido su puesto a la razón; sus turbios ojos no han podido resistir el brillo de la luz. Un pueblo inmenso se ha trasladado hoy a esas bóvedas góticas, en las que por vez primera han repercutido los ecos de la verdad. Allí han celebrado los Franceses el único culto verdadero: el de la libertad, el de la razón. Allí hemos hecho votos por la prosperidad de las armas de la República; allí hemos abandonado inanimados ídolos para seguir a la razón, a esta imagen animada, la obra más sublime de la naturaleza." –M. A. Thiers, *Historia de la Revolución Francesa*, cap. 29.

Al ser presentada la diosa ante la convención, la tomó el orador de la mano y dirigiéndose a toda la asamblea, dijo: "Mortales, cesad de temblar ante los truenos impotentes de un Dios que vuestros temores crearon. No reconozcáis de hoy en adelante otra divinidad que la razón. Yo os presento su imagen más noble y pura; y, si habéis de tener ídolos, ofreced sacrificios solamente a los que sean como éste. . . . ¡Caiga ante el augusto senado de la libertad, el velo de la razón! . . .

"La diosa, después de haber sido abrazada por el presidente, tomó asiento en una magnífica carroza que condujeron por entre el inmenso gentío hasta la catedral de Notre Dame, para reemplazar a la Deidad. La elevaron sobre el altar mayor y recibió la adoración de todos los que estaban presentes." –Alison, tomo 1, cap. 10.

Poco después de esto procedieron a quemar públicamente la Biblia. En cierta ocasión "la Sociedad Popular del Museo" entró en el salón municipal gritando: *¡Vive la Raison!* y llevando en la punta de un palo los fragmentos de varios libros que habían sacado de las llamas, quemados en parte; entre otros, breviarios, misales, y el Antiguo y Nuevo Testamentos que "expiaron en un gran fuego," dijo el presidente, "todas las locuras en que por causa de ellos había incurrido la raza humana." –*Journal de Paris*, 14 de nov. de 1793 (No. 318, pág. 1279).

El Romanismo había comenzado la obra que el ateísmo se encargaba de concluir. A la política de Roma se debía la condición social, política y religiosa que empujaba a Francia hacía la ruina. No faltan los autores que, refiriéndose a los horrores de la Revolución, reconocen que de esos excesos debe hacerse responsables al trono y a la iglesia. En estricta justicia debieran átribuirse a la iglesia sola. El Romanismo había indispuesto el ánimo de los monarcas contra la Reforma, haciendola aparecer como enemiga de la corona, como elemento de discordia que podía ser fatal a la paz y a la buena marcha de la nación. Fue el genio de Roma el que por este medio inspiró las espantosas crueldades y la acérrima opresión que procedían del trono.

El espíritu de libertad acompañaba a la Biblia. Doquiera se le recibiese, el evangelio despertaba la inteligencia de los hombres. Estos empezaban por liberarse de las cadenas que por tanto tiempo los habían tenido sujetos a la ignorancia, al vicio y a la superstición. Empezaban a pensar y a comportarse como hombres. Al ver esto los monarcas temieron por la suerte de su despotismo.

Roma no tardó en inflamar los temores y los celos de los reyes. Decía el papa al regente de Francia en 1525: "Esta manía [el Protestantismo] no sólo confundirá y acabará con la religión, sino hasta con los principados, con la nobleza, con las leyes, con el orden y con las jerarquías." –G. de Felice, *Histoire des Protestants de France*, lib. 1, cap. 2. Y pocos años después un nuncio papal le daba este aviso al rey: "Señor, no os engañéis. Los Protestantes van a trastornar tanto el orden civil como el religioso. . . . El trono peligra tanto como el altar. . . . Al introducirse una nueva religión se introduce necesariamente un nuevo gobierno." –D'Aubigné, *Histoire de la Réformation au temps de Calvin*, lib. 2, cap. 36. Y los teólogos apelaban a las preocupaciones del pueblo al declarar que las doctrinas Protestantes "seducen a los hombres hacia las novedades y la locura; roban así al rey el afecto leal de sus súbditos y destruyen la iglesia y el estado al mismo tiempo." De ese modo logró Roma predisponer a Francia contra la Reforma.

"Y la espada de la persecución se desenvainó por primera vez en Francia para sostener el trono, resguardar a los nobles y conservar las leyes." –Wylie, lib. 13, cap. 4.

Poco previeron los reyes cuán fatales iban a ser los resultados de tan odiosa política. Las enseñanzas de la Biblia eran las que hubieran podido establecer en las mentes y en los corazones de los hombres aquellos principios de justicia, de templanza, de verdad, de equidad y de benevolencia, que son la piedra angular del edificio de la prosperidad de un pueblo. "La justicia engrandece a las naciones." Y con ella "se afianza el trono." Proverbios 14:34; 16:12. "El resultado de la justicia será la paz; y el producto de la rectitud, tranquilidad y seguridad para siempre." Isaías 32:17. El que obedece las leyes divinas es el que mejor respetará y acatará las leyes de su país. El que teme a Dios honrará al rey en el ejercicio de su autoridad justa y legítima. Pero desgraciadamente Francia prohibió la Biblia y desterró a sus discípulos. Siglo tras siglo hubo hombres de principios e integridad, de gran inteligencia y de fuerza moral, que tuvieron valor para confesar sus convicciones y fe suficiente para sufrir por la verdad – siglo tras siglo estos hombres sufrieron como esclavos en las galeras, y perecieron en la hoguera o los dejaron que se pudrieran en tenebrosas e inmundas mazmorras. Miles y miles salvaron sus vidas huyendo; y esto duró doscientos cincuenta años después de iniciada la Reforma.

"Casi no hubo generación de Franceses durante ese largo período de tiempo que no fuera testigo de la fuga de los discípulos del evangelio que huían para escapar de la furia insensata de sus perseguidores, llevándose consigo la inteligencia, las artes, la industria y el carácter ordenado que por lo general los distinguían y contribuían luego a enriquecer a los países donde encontraban refugio. Pero en la medida en que enriquecían otros países con sus preciosos dones, despojaban al suyo propio. Si hubieran permanecido en Francia todos los que la abandonaron; si por espacio de trescientos años la pericia industrial de aquellos hubiera sido empleada en cultivar el suelo de su país, en hacer progresar las manufacturas; si durante estos trescientos años el genio creador de los mismos, junto con su poder analítico, hubiera seguido enriqueciendo la literatura y cultivando las ciencias de Francia; si hubiera sido dedicada la sabiduría de tan nobles hijos a dirigir sus asambleas, su valor a pelear sus batallas, y su equidad a formular las leyes, y la religión de la Biblia a robustecer la inteligencia y dirigir las conciencias del pueblo, ¡qué inmensa gloria no tendría Francia hoy! ¡Qué grande, qué próspero y qué dichoso país no sería! . . . ¡Toda una nación modelo!

"Pero un fanatismo ciego e inexorable echó de su suelo a todos los que enseñaban la virtud, a los campeones del orden y a los honrados defensores del trono; dijo a los que hubieran podido dar a su país 'renombre y gloria': Escoged entre la hoguera o el destierro. Al fin la ruina del estado fue completa; ya no quedaba en el país conciencia que proscribir, religión que arrastrar a la hoguera ni patriotismo que desterrar." –Wylie, lib. 13, cap. 20. Todo lo cual dió por resultado la Revolución con sus horrores.

"Con la huida de los Hugonotes quedó Francia sumida en general decadencia. Florecientes ciudades manufactureras quedaron arruinadas; los distritos más fértiles volvieron a quedar baldíos, el entorpecimiento intelectual y el decaimiento de la moralidad sucedieron al notable progreso que antes imperara. París quedó convertido en un vasto asilo: asegúrase que precisamente antes de estallar la Revolución doscientos mil indigentes dependían de los socorros del rey. Unicamente los Jesuitas prosperaban en la nación decaída, y gobernaban con infame tiranía sobre las iglesias y las escuelas, las cárceles y las galeras."

El evangelio hubiera dado a Francia la solución de estos problemas políticos y sociales que frustraron los propósitos de su clero, de su rey y de sus gobernantes, y llevaron finalmente a la nación entera a la anarquía y a la ruina. Pero bajo el dominio de Roma el pueblo había perdido las preciosas lecciones de sacrificio y de amor que diera el Salvador. Todos se habían alejado de la práctica de la abnegación en beneficio de los demás. Los ricos no tenían quien los reprendiera por la opresión con que trataban a los pobres, y a éstos nadie los aliviaba de su degradación y servidumbre. El egoísmo de los ricos y de los poderosos se hacía más y más manifiesto y avasallador. Por varios siglos el libertinaje y la ambición de los nobles habían impuesto a los campesinos extorsiones agotadoras. El rico maltrataba al pobre y éste odiaba al rico.

En muchas provincias sucedía que los nobles eran dueños de las tierras y los de las clases trabajadoras simples arrendatarios; y de este modo, el pobre estaba a merced del rico, y se veía obligado a someterse a sus exorbitantes exigencias. La carga del sostenimiento de la iglesia y del estado reposaba sobre los hombros de las clases media y baja del pueblo, las cuales eran recargadas con tributos por las autoridades civiles y por el clero. "El placer de los nobles era considerado como ley suprema; y que el labriego y el campesino pereciesen de hambre no era para conmover a sus opresores. . . . En todo momento el pueblo debía velar exclusivamente por los intereses del propietario. Los agricultores llevaban una vida de trabajo duro y continuo, y de una miseria sin alivio; y si alguna vez osaban quejarse se les trataba con insolente desprecio. En los tribunales siempre se fallaba en favor del noble y en contra del campesino; los jueces aceptaban sin escrúpulo el soborno; en virtud de este sistema de corrupción universal, cualquier capricho de la aristocracia tenía fuerza de ley. De los impuestos exigidos a la gente común por los magnates seculares y por el clero, no llegaba ni la mitad al tesoro del reino, ni al arca episcopal, pues la mayor parte de lo que cobraban lo gastaban los recaudadores en la disipación y en francachelas. Y los que de esta manera despojaban a sus consúbditos estaban libres de impuestos y con derecho por la ley o por la costumbre a ocupar todos los puestos del gobierno. La clase privilegiada estaba formada por ciento cincuenta mil personas, y para regalar a esta gente se condenaba a millones de seres a una vida de degradación irremediable."

La corte estaba completamente entregada a la lujuria y al libertinaje. El pueblo y sus gobernantes se miraban con desconfianza. Se sospechaba de todas las medidas que dictaba el gobierno, porque se le consideraba intrigante y egoísta. Por más de medio siglo antes de la Revolución, ocupó el trono Luis XV, quien aun en aquellos tiempos corrompidos sobresalió en su frivolidad, su indolencia y su lujuria. Al observar aquella depravada y cruel aristocracia y la clase humilde sumergida en la ignorancia y en la miseria, al estado en plena crisis financiera y al pueblo exasperado, no era necesario tener ojo de profeta para ver de antemano una inminente insurrección. A las amonestaciones que le daban sus consejeros, solía contestar el rey: "Procurad que todo siga así mientras yo viva; después de mi muerte, suceda lo que quiera." En vano se le hizo ver la necesidad que había de una reforma. Bien comprendía él el mal estado de las cosas, pero no tenía ni valor ni poder suficiente para remediarlo. Con acierto describía él la suerte de Francia con su respuesta tan egoísta como indolente: "¡Después de mí el diluvio!"

Valiéndose Roma de la ambición de los reyes y de las clases dominantes, había ejercido su influencia para mantener al pueblo en la esclavitud, pues comprendía que de ese modo el estado se debilitaría y ella podría dominar completamente gobiernos y súbditos. Por su previsora política advirtió que para esclavizar eficazmente a los hombres era necesario subyugar sus almas y que el medio más eficaz para evitar que escapasen de su dominio era convertirlos en seres impropios para la libertad. Mil veces más terrible que el padecimiento físico que resultó de su política, fue la degradación moral que prevaleció en todas partes. Privado el pueblo de la Biblia y sin más enseñanzas que la del fanatismo y la del egoísmo, quedó sumido en la ignorancia y en la superstición y tan degradado por los vicios que resultaba incapaz de gobernarse por sí solo.

Empero los resultados fueron muy diferentes de lo que Roma había procurado. En vez de que las masas acataran ciegamente a sus dogmas, su obra las volvió incrédulas y revolucionarias; odiaron al Romanismo y al sacerdocio a los que consideraban cómplices en la opresión. El único Dios que el pueblo conocía era el de Roma, y la enseñanza de ella su única religión. Considerando la crueldad y la iniquidad de Roma como fruto legítimo de las enseñanzas de la Biblia, no quería saber nada de éstas.

Roma había presentado a los hombres una idea falsa del carácter de Dios, y pervertido sus requerimientos. En consecuencia, al fin el pueblo rechazó la Biblia y a su Autor. Roma había exigido que se creyese ciegamente en sus dogmas, que declaraba aprobados por las Escrituras. En la reacción que se produjo, Voltaire y sus compañeros desecharon por completo la Palabra de Dios e hicieron cundir por todas partes el veneno de la incredulidad. Roma había hollado al pueblo con su pie de hierro, y las masas degradadas y embrutecidas, al sublevarse contra tamaña tiranía, desconocieron toda sujeción. Se enfurecieron al reconocer que por mucho tiempo habían aceptado tan descarados embustes y rechazaron la verdad juntamente con la mentira; y confundiendo la libertad con el libertinaje, los esclavos del vicio se regocijaron con una libertad imaginaria.

Al estallar la Revolución el rey concedió al pueblo que lo representara en la asamblea nacional un número de delegados superior al del clero y al de los nobles juntos. Era pues el pueblo dueño de la situación; pero no estaba preparado para hacer uso de su poder con sabiduría y moderación. Deseosos de reparar los agravios que había sufrido, decidió reconstituir la sociedad. Un populacho encolerizado que guardaba en su memoria el recuerdo de tantos sufrimientos, decidió levantarse contra aquel estado de miseria que había venido ya a ser insoportable, y vengarse de aquellos a quienes consideraba como responsables de sus padecimientos. Los oprimidos, poniendo en práctica las lecciones que habían aprendido bajo el yugo de los tiranos, se convirtieron en opresores de los mismos que antes les habían oprimido.

La desdichada Francia cosechó con sangre lo que había sembrado. Terribles fueron las consecuencias de su sumisión al poder avasallador de Roma. Allí donde Francia, impulsada por el papismo, encendiera la primera hoguera en los comienzos de la Reforma, allí también la Revolución levantó su primera guillotina. En el mismo lugar en que murieron quemados los primeros mártires del Protestantismo en el siglo XVI, fueron precisamente decapitadas las primeras víctimas en el siglo XVIII. Al rechazar Francia el evangelio que le brindaba bienestar, franqueó las puertas a la incredulidad y a la ruina. Una vez desechadas las restricciones de la ley de Dios, se echó de ver que las leyes humanas no tenían poder alguno para contener las pasiones, y la nación fue arrastrada a la rebeldía y a la anarquía. La guerra contra la Biblia inició una era conocida en la historia como "el reinado del terror." La paz y la dicha fueron desterradas de todos los hogares y de todos los corazones. Nadie tenía la vida segura. El que triunfaba hoy era considerado al día siguiente como sospechoso y le condenaban a muerte. La violencia y la lujuria dominaban sin disputa.

El rey, el clero y la nobleza, tuvieron que someterse a las atrocidades de un pueblo excitado y frenético. Su sed de venganza subió de punto cuando el rey fue ejecutado, y los mismos que decretaron su muerte le siguieron bien pronto al cadalso. Se resolvió matar a cuantos resultasen sospechosos de ser hostiles a la Revolución. Las cárceles se llenaron y hubo en cierta ocasión dentro de sus muros más de doscientos mil presos. En las ciudades del reino se registraron crímenes espantosos. Se levantaba un partido revolucionario contra otro, y Francia quedó convertida en inmenso campo de batalla donde las luchas eran inspiradas y dirigidas por las violencias y las pasiones. "En París sucedíanse los tumultos uno a otro y los ciudadanos divididos en diversos partidos, no parecían llevar otra mira que el exterminio mutuo." Y para agravar más aun la miseria general, la nación entera se vió envuelta en prolongada y devastadora guerra con las mayores potencias de Europa. "El país estaba casi en bancarrota, el ejército reclamaba pagos atrasados, los Parisienses se morían de hambre, las provincias habían sido puestas a saco por los bandidos y la civilización casi había desaparecido en la anarquía y la licencia."

Harto bien había aprendido el pueblo las lecciones de crueldad y de tormento que con tanta diligencia Roma le enseñara. Al fin había llegado el día de la retribución. Ya no eran los discípulos de Jesús los que eran condenados a las mazmorras o a la hoguera. Tiempo hacía ya que éstos habían perecido o que se encontraban en el destierro; la despiadada Roma sentía ya el poder mortífero de aquellos a quienes ella había enseñado a deleitarse en la perpetración de crímenes sangrientos. "El ejemplo de persecución que había dado el clero de Francia durante varios siglos se volvía contra él con señalado vigor. Los cadalsos se teñían con la sangre de los sacerdotes. Las galeras y las prisiones en donde antes se confinaba a los Hugonotes, se hallaban ahora llenas de los perseguidores de ellos. Sujetos con cadenas al banquillo del buque y trabajando duramente con los remos, el clero Católico Romano experimentaba los tormentos que antes con tanta prodigalidad infligiera su iglesia a los mansos herejes." –E. de Pressensé, *L'Eglise et la Révolution francaise*, lib. 3, cap. 1 (París, 1864); Thos. H. Gill, *The Papal Drama*, lib. 10.

"Llegó entonces el día en que el código más bárbaro que jamás se haya conocido fue puesto en vigor por el tribunal más bárbaro que se hubiera visto hasta entonces; día aquél en que nadie podía saludar a sus vecinos, ni a nadie se le permitía que hiciese oración . . . so pena de incurrir en el peligro de cometer un crimen digno de muerte; en que los espías acechaban en cada esquina; en que la guillotina no cesaba en su tarea día tras día; en que las cárceles estaban tan llenas de presos que más parecían galeras de esclavos; y en que las acequias corrían al Sena llevando en sus raudales la sangre de las víctimas. . . . Mientras que en París se llevaban cada día al suplicio carros repletos de sentenciados a muerte, los procónsules que eran enviados por el comité supremo a los departamentos desplegaban tan espantosa crueldad que ni aun en la misma capital se veía cosa semejante. La cuchilla de la máquina infernal no daba abasto a la tarea de matar gente. Largas filas de cautivos sucumbían bajo descargas graneadas de fusilería. Se abrían intencionadamente boquetes en las barcazas sobrecargadas de cautivos. Lyon se había convertido en desierto. En Arrás ni aun se concedía a los presos la cruel misericordia de una muerte rápida. Por toda la ribera del Loira, río abajo desde Saumur al mar, se veían grandes bandadas de cuervos y milanos que devoraban los cadáveres desnudos que yacían unidos en abrazos horrendos y repugnantes. No se hacía cuartel ni a sexo ni a edad. El número de muchachos y doncellas menores de diecisiete años que fueron asesinados por orden de aquel execrable gobierno se cuenta por centenares. Pequeñuelos arrebatados del regazo de sus madres eran ensartados de pica en pica entre las filas Jacobinas." –M. A. Thiers, *Historia de la Revolución francesa*, tomo 1, cap. 29 (ed. de Barcelona, 1892, págs. 499-524); F. A. Mignet, *Histoire de la Révolution francaise*, cap. 9, párr. 1 (2a. ed., París, 1827); A. Alison, *History of Europe*, 1789-1815, tomo 1, cap. 14 (ed. de Nueva York, 1872, tomo 1, págs. 293-312). En apenas diez años perecieron multitudes de seres humanos.

Todo esto era del agrado de Satanás. Con este propósito había estado trabajando desde hacía muchos siglos. Su política es el engaño desde el principio hasta el fin, y su firme intento es acarrear a los hombres dolor y miseria, desfigurar y corromper la obra de Dios, estorbar Sus planes divinos de benevolencia y amor, y de esta manera entristecer al cielo. Confunde con sus artimañas las mentes de los hombres y hace que éstos achaquen a Dios la obra diabólica, como si toda esta miseria fuera resultado de los planes del Creador. Asimismo, cuando los que han sido degradados y embrutecidos por su cruel dominio alcanzan su libertad, los impulsa al crimen, a los excesos y a las atrocidades. Y luego los tiranos y los opresores se valen de semejantes cuadros del libertinaje para ilustrar las consecuencias de la libertad.

Cuando un disfraz del error ha sido descubierto, Satanás le da otro, y la gente lo recibe con el mismo entusiasmo con que acogió el anterior. Cuando el pueblo descubrió que el Romanismo era un engaño, y él, Satanás, ya no podía lograr por ese medio que se violase la ley de Dios, optó entonces por hacerle creer que todas las religiones eran engañosas y la Biblia una fábula; y tirando lejos de sí los estatutos divinos se entregó a una iniquidad desenfrenada.

El error fatal que ocasionó tantos males a los habitantes de Francia fue el desconocimiento de esta gran verdad: que la libertad bien entendida se basa en las prohibiciones de la ley de Dios. "¡Oh si hubieras atendido a Mis mandamientos! Sería entonces tu paz como un río, y tu justicia como las ondas del mar." "No hay paz para los malvados, dice Jehová." "Mas el que Me escuche, habitará confiadamente y vivirá tranquilo, sin temor a la desgracia." Isaías 48:18, 22; Proverbios 1:33.

Los ateos, los incrédulos y los apóstatas se oponen abiertamente a la ley de Dios; pero los resultados de su influencia prueban que el bienestar del hombre depende de la obediencia a los estatutos divinos. Los que no quieran leer esta lección en el libro de Dios, tendrán que leerla en la historia de las naciones.

Cuando Satanás obró por la Iglesia Romana para desviar a los hombres de la obediencia a Dios, nadie sospechaba quiénes fueran sus agentes y su obra estaba tan bien disfrazada que nadie comprendió que la miseria que de ella resultó fuera fruto de la transgresión. Pero su poder fue contrarrestado de tal manera por la obra del Espíritu de Dios que sus planes no llegaron a desarrollarse hasta su consumación. Lá gente no supo asociar del efecto a la causa ni descubrir el origen de tanta desdicha. Pero en la Revolución la Asamblea Nacional rechazó la ley de Dios, y durante el reinado del terror que siguió todos pudieron ver cuál era la causa de todas las desgracias.

Cuando Francia desechó a Dios y descartó la Biblia públicamente, hubo impíos y espíritus de las tinieblas que se llenaron de regocijo por haber logrado al fin el objeto que por tanto tiempo se habían propuesto: un reino libre de las restricciones de la ley de Dios. Y porque la maldad no era rapidamente castigada, el corazón de los hijos de los hombres estaba "plenamente resuelto a hacer el mal." Eclesiastés 8:11. Empero la transgresión de una ley justa y recta debía traer inevitablemente como consecuencia la miseria y el desastre. Si bien es verdad que no vino el juicio inmediatamente sobre los culpables, estaban éstos labrando su ruina segura. Siglos de apostasía y de crimen iban acumulando la ira para el día de la retribución; y cuando llegaron al colmo de la iniquidad comprendieron los menospreciadores de Dios cuán terrible es agotar la paciencia divina. Fue retirado en gran medida el poder restrictivo del Espíritu de Dios que hubiera sido el único capaz de tener en jaque al poder cruel de Satanás y se le permitió al que se goza en los sufrimientos de la humanidad que hiciese su voluntad. Los que habían preferido servir a la rebelión cosecharon los frutos de ella hasta que la tierra se llenó de crímenes tan horribles que la pluma se resiste a describirlos. De las provincias asoladas y de las ciudades destruidas, se levantaba un clamor terrible de desesperación, de angustia indescriptible. Francia se estremecía como sacudida por un terremoto. La religión, la ley, la sociedad, el orden, la familia, el estado y la iglesia, todo lo abatía la mano impía que se levantara contra la ley de Dios. Bien dijo el sabio: "Mas el impío por su impiedad caerá." Proverbios 11:5. "Aunque el pecador haga mal cien veces, y prolongue sus días, con todo yo también sé que les irá bien a los que temen a Dios, los que temen ante Su presencia; y que no le irá bien al impío." Eclesiastés 8:12,13. "Por cuanto aborrecieron la sabiduría, y no escogieron el temor de Jehová; . . . Comerán del fruto de su camino, y se hartarán de sus propios planes." Proverbios 1:29, 31.

No iban a permanecer mucho tiempo en silencio los fieles testigos de Dios que habían sucumbido bajo el poder blasfemo "que sube del abismo." "Y después de los tres día y medio, entró en ellos un espíritu de vida enviado por Dios, y se pusieron de pie, y cayó gran temor sobre los que los veían." Apocalipsis 11:11. En 1793 había promulgado la Asamblea Francesa los decretos que abolían la religión Cristiana y desechaban la Biblia. Tres años y medio después, este mismo cuerpo legislativo adoptó una resolución que rescindía esos decretos y concedía tolerancia a las Sagradas Escrituras. El mundo contemplaba estupefacto los horribles resultados que se había obtenido al despreciar los Oráculos Sagrados y los hombres reconocían que la fe en Dios y en Su Palabra son la base de la virtud y de la moralidad. Dice el Señor: "¿A quién vituperaste, y a quién blasfemaste? ¿Contra quién has alzado tu voz, y levantado tus ojos en alto? Contra el Santo de Israel." "Por tanto, he aquí, les haré saber esta vez, sí, les haré conocer Mi mano y Mi poder, y sabrán que Mi nombre es Jehová." Isaías 37:23; Jeremías 16:21.

Hablando de los dos testigos, el profeta dice además: "Y oyeron una gran voz del cielo, que les decía: Subid acá. Y subieron al cielo en una nube; y sus enemigos los vieron." Apocalipsis 11:12. Desde que Francia les declarara la guerra, estos dos testigos de Dios han recibido mayor honra que nunca antes. En el año 1804 se organizó la Sociedad Bíblica Británica y Extranjera. Este hecho fue seguido de otros similares en otras partes de Europa donde se organizaron sociedades similares con numerosas ramas esparcidas por diferentes partes del continente. En 1816 se fundó la Sociedad Bíblica Americana. Cuando se creó la Sociedad Británica, la Biblia circulaba en cincuenta idiomas. Desde entonces ha sido traducida en muchos centenares de idiomas y dialectos.

Durante los cincuenta años que precedieron a 1792, se daba muy poca importancia a la obra de las misiones en el extranjero. No se establecieron sociedades nuevas, y eran muy pocas las iglesias que se esforzaban por extender el evangelio en los países paganos. Pero en las postrimerías del siglo XVIII se vió un cambio notable. Los hombres comenzaron a sentirse descontentos con los resultados del racionalismo y entendieron la gran necesidad que tenían de la revelación divina y de la experiencia religiosa. Desde entonces la obra de las misiones en el extranjero se extendió rápidamente.

Los adelantos de la imprenta dieron notable impulso a la circulación de la Biblia. El incremento de los medios de comunicación entre los diferentes países, la supresión de las barreras del prejuicio y del exclusivismo nacional, y la pérdida del dominio temporal del pontífice de Roma, han ido abriéndole paso a la Palabra de Dios. Hace ya muchos años que la Biblia se vende en las calles de Roma sin que haya quien lo impida, y hoy en día ha sido llevada a todas las partes del mundo habitado.

El incrédulo Voltaire dijo con arrogancia en cierta ocasión: "Estoy cansado de oír de continuo que doce hombres establecieron la religión Cristiana. Yo he de probar que un solo hombre basta para destruirla." Han transcurrido varias generaciones desde que Voltaire murió y millones de hombres han secundado su obra de propaganda contra la Biblia. Pero lejos de agotarse la circulación del maravilloso libro, allí donde había cien ejemplares en tiempo de Voltaire hay diez mil hoy día, por no decir cien mil. Como dijo uno de los primitivos Reformadores hablando de la iglesia Cristiana: "La Biblia es un yunque sobre el cual se han gastado muchos martillos." Ya había dicho el Señor: "Ninguna arma forjada contra ti prosperará, y condenarás toda lengua que se levante contra ti en juicio." Isaías 54:17.

"La palabra de nuestro Dios permanece para siempre." "Fieles son todos Sus mandamientos, afirmados eternamente y para siempre, ejecutados con verdad y rectitud." Isaías 40:8; Salmo 111:7, 8. Lo que fuere edificado sobre la autoridad de los hombres será derribado; mas lo que lo fuere sobre la roca inamovible de la Palabra de Dios, permanecerá para siempre.

CAPÍTULO 16

AMÉRICA, TIERRA DE LIBERTAD

NO OBSTANTE haber renunciado al Romanismo, los Reformadores Ingleses conservaron muchas de sus formas. De manera que aunque habían rechazado la autoridad y el credo de Roma, muchas de sus costumbres y ceremonias se incorporaron en el ritual de la Iglesia Anglicana. Se aseguraba que estas cosas no eran asuntos de conciencia; que por más que no estaban ordenadas en las Santas Escrituras, y por lo mismo no eran necesarias, sin embargo como tampoco estaban prohibidas no eran en sí mismas malas. Por la observancia de esas prácticas se hacía menos notable la diferencia que separaba de Roma a las iglesias reformadas y se procuraba a la vez promover con más esperanzas de éxito la aceptación del Protestantismo entre los Romanistas.

Para los conservadores y los partidarios de las transigencias, estos argumentos eran decisivos. Empero había otros que no pensaban así. El solo hecho de que semejantes prácticas "tendían a colmar la sima existente entre Roma y la Reforma," era para ellos argumento terminante contra la conservación de las mismas. –Martyn, tomo 5, pág. 22. Las consideraban como símbolos de la esclavitud de que habían sido libertados y a la cual no tenían deseos de volver. Argüían que en Su Palabra Dios tiene establecidas reglas para Su culto y que los hombres no tienen derecho para quitar ni añadir otras. El comienzo de la gran apostasía consistió precisamente en que se quiso sustituir la autoridad de Dios con la de la iglesia. Roma empezó por ordenar cosas que Dios no había prohibido, y acabó por prohibir lo que Él había ordenado explícitamente.

Muchos deseaban fervientemente volver a la pureza y sencillez que caracterizaban a la iglesia primitiva. Consideraban muchas de las costumbres arraigadas en la

Iglesia Anglicana como monumentos de idolatría y no podían en conciencia unirse a dicha iglesia en su culto; pero como la iglesia estaba sostenida por el poder civil no permitía que nadie sustentara opiniones diferentes en asunto de formas. La asistencia a los cultos era requerida por la ley, y no podían celebrarse sin licencia asambleas religiosas de otra naturaleza, so pena de prisión, destierro o muerte.

A principios del siglo XVII el monarca que acababa de subir al trono de Inglaterra declaró que estaba decidido a hacer que los Puritanos "se conformaran, o de lo contrario ... que fueran expulsados del país, o tratados todavía peor." –Jorge Bancroft, *History of the United States of América*, parte 1, cap. 12. Acechados, perseguidos, apresados, no esperaban mejores días para lo por venir y muchos se convencieron de que para los que deseaban servir a Dios según el dictado de su conciencia, "Inglaterra había dejado de ser lugar habitable." –J. G. Palfrey, *History of New England*, cap. 3. Algunos decidieron refugiarse en Holanda. A fin de lograrlo tuvieron que sufrir pérdidas, cárceles y mil dificultades. Se frustaban sus planes y eran entregados en manos de sus enemigos. Pero al fin triunfó su firme perseverancia y encontraron refugio en las playas hospitalarias de la República Holandesa.

En su fuga habían tenido que abandonar sus casas, sus bienes y sus medios de subsistencia. Eran forasteros en tierra extraña, entre gente de costumbres y de lengua diferentes de las de ellos. Se vieron obligados a ocuparse en trabajos desconocidos hasta entonces para ellos, a fin de ganarse el pan de cada día. Hombres de mediana edad que se habían dedicado durante toda su vida en labrar la tierra, se vieron en la necesidad de aprender oficios mecánicos. Pero se acomodaron animosamente a la situación y no perdieron tiempo en la ociosidad ni en quejas inútiles. Aunque padeciendo a menudo por la pobreza, daban gracias a Dios por las bendiciones que les concedía y se regocijaban de poder tener comunión espiritual sin que se les molestara. "Comprendían que eran peregrinos y no se preocupaban mucho por aquellas cosas; sino que levantaban la vista al cielo, su anhelada patria, y serenaban su espíritu." –Bancroft, parte 1, cap. 12.

Aunque vivían en el destierro y en medio de contratiempos, crecían su amor y su fe; descansaban en las promesas del Señor, el cual no los olvidó en el tiempo de la prueba. Sus ángeles estaban a su lado para animarlos y sostenerlos. Y cuando les pareció ver la mano de Dios indicándoles hacia más allá del mar una tierra en donde podrían fundar un estado, y dejar a sus hijos el precioso legado de la libertad religiosa, avanzaron sin temor por el camino que la Providencia les indicaba.

Dios había permitido que viniesen pruebas sobre Su pueblo con el fin de prepararlos para la realización de los planes misericordiosos que Él tenía diseñado para ellos. La iglesia había sido humillada para ser después ensalzada. Dios iba a manifestar Su poder en ella e iba a dar al mundo otra prueba de que Él no abandona a los que en Él confían. Él había predominado sobre los sucesos para conseguir que la ira de Satanás y la conspiración de los malvados redundasen para Su gloria y llevaran a Su pueblo a un lugar seguro. La persecución y el destierro abrieron el camino de la libertad.

En cuanto se vieron obligados a separarse de la Iglesia Anglicana, los Puritanos se unieron en solemne pacto como pueblo libre del Señor para "andar juntos en todos Sus caminos que les había hecho conocer, o en los que Él les notificase." –J. Brown, *The Pilgrim Fathers*, pág. 74. En esto se manifestaba el verdadero espíritu de la Reforma, el principio esencial del Protestantismo. Con ese fin marcharon los peregrinos de Holanda en busca de un hogar en el Nuevo Mundo. Juan Robinson, su pastor, a quien la Providencia impidió que les acompañase, les dijo en su discurso de despedida:

"Hermanos: Dentro de muy poco tiempo vamos a separarnos y sólo el Señor sabe si viviré para volver a ver vuestros rostros; pero sea cual fuere lo que el Señor disponga, yo os encomiendo a Él y os exhorto ante Dios y Sus santos ángeles a que no me sigáis más allá de lo que yo he seguido a Cristo. Si Dios quiere revelaros algo por medio de alguno de Sus instrumentos, estad prontos a recibirlo como lo estuvisteis para recibir la verdad por medio de mi ministerio; pues seguro estoy de que el Señor tiene más verdades y más luces que sacar de Su santa palabra."

–Martyn, tomo 5, pág. 70.

"Por mi parte, no puedo deplorar suficientemente la triste condición de las iglesias reformadas que han llegado a un punto final en religión, y no quieren ir más allá de lo que fueron los promotores de su reforma. No se puede hacer ir a los Luteranos más allá de lo que Lutero vió; . . . y a los Calvinistas ya los veis manteniéndose con tenacidad en el punto en que los dejó el gran siervo de Dios que no lo logró ver todo. Es ésta una desgracia por demás digna de lamentar, pues por más que en su tiempo fueron luces que ardieron y brillaron, no llegaron a penetrar todos los planes de Dios, y si vivieran hoy estarían tan dispuestos a recibir la luz adicional como lo estuvieron para aceptar la primera que les fue dispensada." –D. Neal, *History of the Puritans*, tomo 1, pág. 269.

"Recordad el pacto de vuestra iglesia, en el que os comprometisteis a andar en todos los caminos que el Señor os ha dado u os diere a conocer. Recordad vuestra promesa y el pacto que hicisteis con Dios y unos con otros, de recibir cualquier verdad y luz que se os muestre en Su palabra escrita. Pero, con todo, tened cuidado, os ruego, de ver qué es lo que aceptáis como verdad. Examinadlo, consideradlo, y comparadlo con otros pasajes de las escrituras de verdad antes de aceptarlo; porque no es posible que el mundo Cristiano, salido hace poco de tan densas tinieblas anticristianas, pueda llegar en seguida a un conocimiento perfecto en todas las cosas." –Martyn, tomo 5, págs. 70, 71.

El anhelo de tener libertad de conciencia fue lo que llenó de valor a los peregrinos para exponerse a los peligros de un viaje a través del mar, para soportar las privaciones y riesgos de las soledades selváticas y con la ayuda de Dios echar los cimientos de una gran nación en las playas de América. Y sin embargo, aunque eran honrados y temerosos de Dios, los peregrinos no comprendieron el gran principio de la libertad religiosa, y aquella libertad por cuya consecución se impusieran tantos sacrificios, no estuvieron dispuestos a brindársela a otros. "Muy pocos aun entre los más distinguidos pensadores y moralistas del siglo XVII tuvieron un concepto justo de ese gran principio, esencia del Nuevo Testamento, que reconoce a Dios como único juez de la fe humana." *–Ibid.*, pág. 297. La doctrina que sostiene que Dios concedió a la iglesia el derecho de controlar la conciencia y de definir y castigar la herejía, es uno de los errores papales más arraigados. A la vez que los Reformadores rechazaban el credo de Roma, no estaban ellos mismos libres por completo del espíritu de intolerancia de ella. Las espesas tinieblas en que, al través de los interminables siglos de su dominio, el papado había envuelto a la Cristiandad, no se habían disipado del todo. En cierta ocasión dijo uno de los principales ministros de la colonia de la Bahía de Massachusetts: "La tolerancia fue la que hizo anticristiano al mundo. La iglesia no se perjudica jamás castigando a los herejes." *–Ibid.*, pág. 335. Los colonos acordaron que únicamente los miembros de la iglesia tendrían voz en el gobierno civil. Se organizó una especie de iglesia de estado, en la cual todos debían contribuir para el sostén del ministerio, y los magistrados tenían amplios poderes para suprimir la herejía. De esa manera el poder secular quedaba en manos de la iglesia, y no se hizo esperar mucho el resultado inevitable de semejantes medidas: la persecución.

Once años después de haber sido fundada la primera colonia, llegó Rogelio Williams al Nuevo Mundo. Como los primeros peregrinos, vino para disfrutar de libertad religiosa, pero de ellos se diferenciaba en que él notó lo que pocos de sus contemporáneos habían notado, a saber que esa libertad es derecho inalienable de todos, cualquiera que fuere su credo. Investigó diligentemente la verdad, pensando, como Robinson, que no era posible que hubiese sido recibida ya toda la luz que de la Palabra de Dios brota. Williams "fue la primera persona del Cristianismo moderno que estableció el gobierno civil de acuerdo con la doctrina de la libertad de conciencia, y la igualdad de opiniones ante la ley." –Bancroft, parte 1, cap. 15. Sostuvo que era deber de los magistrados restringir el crimen mas nunca regir la conciencia. Decía: "El público o los magistrados pueden fallar en lo que atañe a lo que los hombres se deben unos a otros, pero cuando tratan de señalar a los hombres las obligaciones para con Dios, obran fuera de su lugar y no puede haber seguridad alguna, pues resulta claro que si el magistrado tiene tal facultad, bien puede decretar hoy una opinión y mañana otra contraria, tal como lo hicieron en Inglaterra varios reyes y reinas, y en la Iglesia Romana los papas y los concilios, a tal extremo que la religión se ha convertido en una completa confusión." –Martyn, tomo 5, pág. 340.

La asistencia a los cultos de la iglesia establecida era obligatoria so pena de multa o de encarcelamiento. "Williams reprobó tal ley; la peor cláusula del código Inglés era aquella en la que se obligaba a todos a asistir a la iglesia parroquial. Consideraba él que obligar a hombres de diferente credo a unirse entre sí, era una flagrante violación de los derechos naturales del hombre; forzar a concurrir a los cultos públicos a los irreligiosos e indiferentes era tan sólo exigirles que fueran hipócritas . . . . 'Ninguno," decía él, "debe ser obligado a practicar ni a sostener un culto contra su consentimiento.' '¡Cómo!," replicaban sus antagonistas, espantados de los principios expresados por Williams, "¿no es el obrero digno de su salario?' 'Sí,' respondía él, 'de aquellos que le emplean' " –Bancroft, parte 1, cap. 15.

Rogelio Williams era respetado y querido como ministro fiel, como hombre de raras dotes, de intachable integridad y sincera benevolencia. Sin embargo, su conducta resuelta al negar que los magistrados civiles tuviesen autoridad sobre la iglesia y al exigir libertad religiosa, no podía ser tolerada. Se creía que la aplicación de semejante nueva doctrina, "alteraría el fundamento del estado y el gobierno del país." –*Ibid.* Le sentenciaron a ser desterrado de las colonias y por último, para evitar que le arrestasen, se vió en la necesidad de huir en medio de los rigores de un crudo invierno, y se refugió en las selvas vírgenes.

"Durante catorce semanas," cuenta él, "anduve vagando en medio de la inclemencia del invierno, careciendo en absoluto de pan y de cama." Pero "los cuervos me alimentaron en el desierto," y el hueco de un árbol le servía frecuentemente de albergue. Martyn, tomo 5, págs. 349, 350. Así continuó su penosa huida por entre la nieve y los bosques casi inaccesibles, hasta que encontró abrigo en una tribu de indios cuya confianza y afecto se había ganado esforzándose por darles a conocer las verdades del evangelio.

Después de varios meses de vida errante llegó al fin a

orillas de la bahía de Narragansett, donde echó los cimientos del primer estado de los tiempos modernos que reconoció en el pleno sentido de la palabra los derechos de la libertad religiosa. El principio fundamental de la colonia de Rogelio Williams, era "que cada hombre debía tener libertad para adorar a Dios según el dictado de su propia conciencia." –*Ibid.*, pág. 354. Su pequeño estado, Rhode Island, vino a ser un lugar de refugio para los oprimidos, y siguió creciendo y prosperando hasta que su principio fundamental – la libertad civil y religiosa – llegó a ser la piedra angular de la república Americana de los Estados Unidos.

En el antiguo documento que nuestros antepasados expidieron como su carta de derechos – la Declaración de Independencia – declaraban lo siguiente: "Sostenemos como evidentes estas verdades, a saber, que todos los hombres han sido creados iguales, que han sido investidos por su Creador con ciertos derechos inalienables; que entre éstos están la vida, la libertad y la búsqueda de la felicidad." Y la Constitución garantiza en los términos más explícitos, la inviolabilidad de la conciencia: "No se exigirá examen alguno religioso como calificación para obtener un puesto público de confianza en los Estados Unidos." "El Congreso no dictará leyes para establecer una religión ni para estorbar el libre ejercicio de ella."

"Los que formularon la Constitución reconocieron el principio eterno de que la relación del hombre con Dios se halla por sobre toda legislación humana y que los derechos de la conciencia son inalienables. No se necesitaba argumentar para establecer esta verdad; pues la sentimos en nuestro mismo corazón. Fue este sentimiento el que, desafiando leyes humanas, sostuvo a tantos mártires en tormentos y llamas. Reconocían que su deber para con Dios era superior a los decretos de los hombres y que nadie podía ejercer autoridad sobre sus conciencias. Es un principio innato que nada puede desarraigar." –Congressional Documents (E.U.A.), serie No. 200, documento No. 271.

Cuando circuló por los países de Europa la noticia de que había una tierra donde cada hombre podía disfrutar del producto de su trabajo y obedecer a los dictados de su conciencia, millares se apresuraron a venir al Nuevo Mundo.

Las colonias se multiplicaron con rapidez. "Por una ley especial, Massachusetts ofreció bienvenida y ayuda, a costa del pueblo, a todos los Cristianos de cualquiera nacionalidad que pudieran huir al través del Atlántico 'para escapar de las guerras, del hambre y de la opresión de sus perseguidores.' De esa manera los fugitivos y oprimidos eran, por la ley, considerados como huéspedes de la comunidad." –Martyn, tomo 5, pág. 417. A los veinte años de haber sucedido el primer desembarco en Plymouth, había ya establecidos en Nueva Inglaterra otros tantos miles de peregrinos.

Con el fin de asegurar lo que buscaban, "se contentaban con ganar apenas su subsistencia y se acomodaban a una vida de frugalidad y de trabajo. No pedían de aquel suelo sino la justa retribución de su propio trabajo. Ninguna visión de oro venía a engañarles en su camino. . . . Se contentaban con el progreso lento pero firme de su estado social. Soportaban con paciencia las privaciones de la vida rústica, y regaron con sus lágrimas y con el sudor de su frente el árbol de la libertad, hasta verlo echar profundas raíces en la tierra."

La Biblia era considerada como la base de la fe, la fuente de la sabiduría y la carta magna de la libertad. Sus principios se enseñaban cuidadosamente en los hogares, en las escuelas y en las iglesias, y sus frutos se hicieron manifiestos, en economía, inteligencia, pureza y en templanza. Podíase vivir por años entre los Puritanos "sin ver un borracho, ni oír una blasfemia ni encontrar un mendigo." –Bancroft, parte 1, cap. 19. Quedaba demostrado que los principios de la Biblia son las más eficaces salvaguardias de la grandeza nacional. Las colonias débiles y aisladas vinieron a convertirse pronto en una confederación de estados poderosos, y el mundo pudo contemplar admirado en la paz y prosperidad de una "iglesia sin papa y de un estado sin rey."

Pero un número cada día mayor de inmigrantes arribaba a las playas de América, atraído e impulsado por motivos muy distintos de los que alentaran a los primeros peregrinos. Si bien la fe primitiva y la pureza ejercían amplia influencia y poder subyugador, estas virtudes se iban debilitando más y más cada día en la misma proporción en que iba aumentando el número de los que llegaban guiados tan sólo por la esperanza de beneficios terrenales.

La medida adoptada por los primitivos colonos de no conceder voz ni voto ni tampoco empleo alguno en el gobierno civil sino a los miembros de la iglesia, produjo resultados perniciosos. Dicha medida había sido tomada para conservar la pureza del estado, pero dió al fin por resultado la corrupción de la iglesia. Siendo indispensable profesar la religión para participar en la votación o para desempeñar un puesto público, muchos se unían a la iglesia tan sólo por motivos de conveniencia mundana y de intrigas políticas, sin experimentar un cambio de corazón. Así llegaron las iglesias a componerse en considerable proporción de personas no convertidas, y en el ministerio mismo había quienes no sólo erraban en la doctrina, sino que desconocían el poder regenerador del Espíritu Santo. De este modo quedó otra vez demostrado el mal resultado que tan a menudo comprobamos en la historia de la iglesia desde el tiempo de Constantino hasta hoy, y que da el pretender fundar la iglesia valiéndose de la ayuda del estado, y el apelar al poder secular para el sostenimiento del evangelio de Aquél que dijo: "Mi reino no es de aquí." Juan 18:36. La unión de la iglesia con el estado, por muy poco estrecho que sea, puede en apariencia acercar el mundo a la iglesia, mientras que en realidad es la iglesia la que se acerca al mundo.

El gran principio que defendieron tan dignamente Robinson y Rogelio Williams, de que la verdad es progresiva, y de que los Cristianos deberían estar listos para aceptar toda la luz que proceda de la santa palabra de Dios, lo perdieron de vista sus descendientes. Las iglesias Protestantes de América – lo mismo que las de Europa – tan favorecidas al recibir las bendiciones de la Reforma, dejaron de avanzar en el camino que ella les había trazado. Si bien es verdad que de tiempo en tiempo surgieron hombres fieles que proclamaron nuevas verdades y condenaron el error tanto tiempo acariciado, la mayoría, como los Judíos en el tiempo de Cristo, o como los papistas en el de Lutero, se conformaban con creer lo que sus padres habían creído, y con vivir como ellos habían vivido. De consiguiente la religión degeneró de nuevo en formalismo; y los errores y las supersticiones que hubieran podido desaparecer de haber seguido la iglesia avanzando en la luz de la palabra de Dios, se mantuvieron y siguieron practicándose. De este modo, el espíritu inspirado por la Reforma murió poco a poco, hasta que llegó a sentirse la necesidad de una reforma en las iglesias Protestantes tanto como se necesitara en la Iglesia Romana en tiempo de Lutero. Se notaba el mismo estupor espiritual y la misma mundanalidad, la misma reverencia hacia las opiniones de los hombres, y la substitución de opiniones humanas en lugar de las enseñanzas de la Palabra de Dios.

La vasta circulación que alcanzó la Biblia en los comienzos del siglo XIX, y la abundante luz que de esa manera se esparció por todo el mundo, no fue seguida por el adelanto correspondiente en el conocimiento de la verdad revelada, ni en la religión experimental. Satanás no pudo, como en las edades pasadas, privar al pueblo la Palabra de Dios, que había sido puesta al alcance de todos; pero para poder lograr su objeto indujo a muchos a tenerla en poca estima. Los hombres descuidaron el estudio de las Sagradas Escrituras y continuaron aceptando interpretaciones torcidas y falsas y conservando doctrinas que no tenían fundamento alguno en la Biblia.

Viendo el fracaso de sus esfuerzos para destruir la verdad a través de la persecución, Satanás había recurrido de nuevo al plan de transigencias que condujo a la apostasía y a la formación de la Iglesia de Roma. Había inducido a los Cristianos a que se aliasen, no con los paganos, sino con aquellos que por su devoción a las cosas de este mundo demostraban ser tan idólatras como los mismos adoradores de imágenes. Y los resultados de esta unión no fueron menos dañinos entonces que en épocas anteriores; el orgullo y el despilfarro fueron fomentados bajo el disfraz de la religión, y se corrompieron las iglesias. Satanás siguió pervirtiendo las doctrinas de la Biblia, y comenzaron a echar profundas raíces las tradiciones que iban a perder a millones de almas. La iglesia protegía y defendía estas tradiciones, en lugar de defender "la fe que una vez fue entregada a los santos." Así se degradaron los principios que los Reformadores sustentaron y por los cuales sufrieran tanto.

CAPÍTULO 17

LA PROCLAMACIÓN

UNA DE LAS VERDADES más solemnes y más gloriosas que revela la Biblia, es la de la segunda venida de Cristo para completar la gran obra de la redención. Al pueblo peregrino de Dios, que por largo tiempo hubo de morar "en región y sombra de muerte," le es dada una gloriosa esperanza inspiradora de alegría con la promesa de la venida de Aquél que es "la resurrección y la vida" para hacer "volver a Su propio desterrado." La doctrina del segundo advenimiento es verdaderamente la nota tónica de las Sagradas Escrituras. Desde el día en que la primera pareja se alejara apesadumbrada del Edén, los hijos de la fe han esperado la venida del Prometido que había de destruir el poder destructor de Satanás y volverlos a llevar al paraíso perdido. Hubo santos desde los antiguos tiempos que miraban hacia el tiempo del advenimiento glorioso del Mesías como hacia la consumación de sus esperanzas. Enoc, que se contó entre la séptima generación descendiente de los que moraran en el Edén y que por tres siglos anduvo con Dios en la tierra, pudo contemplar desde lejos la venida del Libertador. "He aquí que viene el Señor, con las huestes innumerables de Sus santos ángeles, para ejecutar juicio sobre todos." Judas 14, 15. El patriarca Job, en la noche de su aflicción, exclamaba con confianza inquebrantable: "Yo sé que mi Redentor vive, y al fin se levantará sobre el polvo; y después de deshecha esta mi piel, en mi carne he de ver de nuevo a Dios; al cual veré por mí mismo, y mis ojos lo verán, y no los de otro." Job 19:25-27.

La venida de Cristo que ha de inaugurar el reino de la justicia, ha inspirado los más sublimes y conmovedores acentos de los escritores sagrados. Los poetas y profetas de la Biblia hablaron de ella con ardientes palabras de fuego celestial. El salmista cantó el poder y la majestad del Rey de Israel: "¡Desde Sión, dechado de hermosura, Dios ha resplandecido! Vendrá nuestro Dios, y no callará . . . .

Convoca a los cielos desde arriba, y a la tierra, para juzgar a Su pueblo." "Alégrense los cielos, y gócese la tierra; . . . delante de Jehová que ya llega; ya viene a juzgar la tierra. ¡Juzgará al mundo con justicia, y a los pueblos con Su verdad!" Salmos 50:2-4; 96:11-13.

El profeta Isaías dice: "¡Despertad, y cantad, moradores del polvo!, porque tu rocío es cual rocío de luz viva, y la tierra sacará a la vida sus sombras." "¡Tus muertos vivirán; sus cadáveres resucitarán!" "Destruirá a la muerte para siempre; y enjugará Jehová el Señor las lágrimas de todos los rostros; y quitará la afrenta de Su pueblo de sobre toda la tierra; porque Jehová ha hablado. Y se dirá en aquel día: He aquí, éste es nuestro Dios, le hemos esperado para que nos salvase; éste es Jehová a quien hemos esperado; nos gozaremos y nos alegraremos en Su salvación" Isaías 26:19; 25:8, 9.

Habacuc también, arrobado en santa visión, vió la venida de Cristo. "Dios viene de Temán, y el Santo desde el monte de Parán. Su gloria cubre los cielos. Y la tierra está llena de Su alabanza. Y el resplandor es como la luz del sol." "Se levantó, y sacudió la tierra; miró, e hizo temblar las gentes; los montes antiguos fueron desmenuzados, los collados antiguos se humillaron. Son Sus caminos de siempre." "Cuando montaste en Tus caballos, y en Tus carros de victoria." "¡Te vieron y tuvieron temor los montes; . . . el abismo dió su voz, a lo alto alzó sus manos! ¡El sol y la luna se pararon en su lugar! a la luz de Tus saetas que volaban, y al resplandor de Tu fulgente lanza." "Saliste para socorrer a Tu pueblo, para socorrer a Tu ungido." Habacuc 3:3, 4, 6, 8, 10, 11, 13.

Cuando el Señor estuvo a punto de separarse de Sus discípulos, los consoló en su aflicción asegurándoles que volvería: "No se turbe vuestro corazón . . . En la casa de Mi Padre hay muchas mansiones; . . . voy, pues, a preparar lugar para vosotros. Y si me voy y os preparo lugar, vendré otra vez, y os tomaré conmigo." "Cuando el Hijo del Hombre venga en Su gloria, y todos los santos ángeles con Él, entonces se sentará en Su trono de gloria, y serán reunidas delante de Él todas las naciones." Juan 14:1-3; Mateo 25:31, 32.

Los ángeles que estuvieron en el Monte de los Olivos después de la ascensión de Cristo, repitieron a los discípulos la promesa de volver que Él les hiciera: "Este *mismo* Jesús, que ha sido tomado de vosotros al cielo, *vendrá así,* tal como le habéis visto ir al cielo." Hechos 1:11. Y el apóstol Pablo, hablando por inspiración, asegura: "El Señor *mismo* con voz de mando, con voz de arcángel, y con trompeta de Dios, descenderá del cielo." 1 Tesalonicenses 4:16. El profeta de Patmos dice: "He aquí que viene con las nubes, y todo ojo le verá." Apocalipsis 1:7.

En torno de Su venida se agrupan las glorias de "la restauración de todas las cosas, de las que habló Dios por boca de Sus santos profetas que hubo desde la antigüedad." Hechos 3:21. Entonces será quebrantado el poder del mal que tanto tiempo duró; "los reinos del mundo" vendrán "a ser de nuestro Señor y de su Cristo; y Él reinará por los siglos de los siglos." "Y se manifestará la gloria de Jehová, y toda carne juntamente la verá." "Jehová el Señor hará brotar justicia y alabanza delante de todas las naciones." Él "será por corona de gloria y diadema de hermosura al remanente de Su pueblo." Apocalipsis 11:15; Isaías 40:5; 61:11; 28:5.

Entonces el reino de paz del Mesías esperado por tan largo tiempo, será establecido por toda la tierra. "Ciertamente consolará Jehová a Sión; consolará todas sus soledades, y cambiará su desierto en paraíso, y su soledad en huerto de Jehová." "La gloria del Líbano le será dada, la hermosura del Carmelo y de Sarón." "Nunca más te llamarán Desamparada, ni tu tierra se dirá más Desolada; sino que serás llamada Hefzibá, y tu tierra, Beulá; porque Jehová tiene Su deleite en ti, y tu tierra será desposada . . . . y como el gozo del esposo con la esposa, así se gozará contigo tu Dios." Isaías 51:3; 35:2; 62:4, 5.

La venida del Señor ha sido en todo tiempo la esperanza de Sus verdaderos discípulos. La promesa que hizo el Salvador al despedirse en el Monte de los Olivos, de que volvería, llenó de luz el porvenir para Sus discípulos al inundar sus corazones de una alegría y una esperanza que las penas no podían apagar ni las pruebas disminuir. Entre los sufrimientos y las persecuciones, "el aparecimiento en gloria del gran Dios y Salvador nuestro, Jesucristo" era la "esperanza bienaventurada." Cuando los Cristianos de Tesalónica, agobiados por el sufrimiento, enterraban a sus amados que habían esperado vivir hasta ser testigos de la venida del Señor, Pablo, su maestro, les recordaba la resurrección, que había de verificarse cuando viniese el Señor. Entonces los que hubiesen muerto en Cristo resucitarían, y juntamente con los vivos serían arrebatados para recibir a Cristo en el aire. "Y así," dijo, "estaremos siempre con el Señor. Por tanto, alentaos los unos a los otros con estas palabras." 1 Tesalonicenses 4:16-18.

En la isla peñascosa de Patmos, el discípulo amado oyó la promesa: "Ciertamente, vengo en breve." Y su anhelante respuesta expresa la oración que la iglesia exhaló durante toda su peregrinación: "¡Ven, Señor Jesús!" Apocalipsis 22:20.

Desde la cárcel, la hoguera y el cadalso, donde los santos y los mártires dieron testimonio de la verdad, llega hasta nosotros a través de los siglos la expresión de su fe y esperanza. Estando "seguros de la resurrección personal de Cristo, y, por consiguiente, de la suya propia, a la venida de Él, por esta causa," dice uno de estos Cristianos," ellos despreciaban la muerte y la superaban." –Daniel T. Taylor, *The Reign of Christ on Earth; or, The Voice of the Church in all Ages*, pág. 33. Estaban dispuestos a bajar a la tumba, a fin de que pudiesen "resucitar libertados." –*Ibid.*, pág. 54. Esperaban al "Señor que debía venir del cielo entre las nubes con la gloria de Su Padre," "trayendo para los justos el reino eterno." Los Valdenses acariciaban la misma fe. –*Ibid.*, págs. 129-132. Wiclef aguardaba la aparición del Redentor como la esperanza de la iglesia. –*Ibid.*, págs. 132-134.

Lutero declaró: "Estoy verdaderamente convencido de que el día del juicio no tardará más de trescientos años. Dios no quiere ni puede sufrir por más tiempo a este mundo malvado." "Se acerca el gran día en que el reino de las abominaciones será derrocado." –*Ibid.*, págs. 158, 134.

"Este viejo mundo no está lejos de su fin," decía Melanchton. Calvino invita a los Cristianos a "desear sin vacilar y con ardor el día de la venida de Cristo como el más propicio de todos los acontecimientos," y declara que "toda la familia de los fieles no perderá de vista ese día." "Debemos tener hambre de Cristo," dice, "debemos buscarle, contemplarle hasta la aurora de aquel gran día en que nuestro Señor manifestará la gloria de Su reino en Su plenitud." –*Ibid.*, págs. 158, 134.

"¿No llevó acaso nuestro Señor Jesús nuestra carne al cielo?" dice Knox, el reformador Escocés, "¿y no ha de regresar por ventura? Sabemos que volverá, y esto con prontitud." Ridley y Látimer, que dieron su vida por la verdad, esperaban con fe la venida del Señor. Ridley escribió: "El mundo llega sin duda a su fin. Así lo creo y por eso lo digo. Clamemos del fondo de nuestros corazones a nuestro Salvador, Cristo, con Juan el siervo de Dios: Ven, Señor Jesús, ven." –*Ibid.*, págs. 151, 145.

"El pensar en la venida del Señor," decía Baxter, "es dulce en extremo para mí y me llena de alegría." –Ricardo Baxter, *Works*, tomo 17, pág. 555. "Es obra de fe y un rasgo característico de Sus santos desear con ansia Su advenimiento y vivir con tan bendita esperanza." "Si la muerte es el último enemigo que ha de ser destruido en la resurrección, podemos aprender con cuánto ardor los creyentes esperarán y orarán por la segunda venida de Cristo, cuando esta completa y definitiva victoria será alcanzada." –*Ibid.*, tomo 17, pág. 500. "Ese es el día que todos los creyentes deberían desear con ansia por ser el día en que habrá de quedar consumada toda la obra de su redención, cumplidos todos los deseos y esfuerzos de sus almas." "¡Apresura, oh Señor, ese día bendito!" –*Ibid.*, tomo 17, págs. 182, 183. Esta fue la esperanza de la iglesia apostólica, de la "iglesia del desierto," y de los Reformadores.

No sólo predecían las profecías cómo ha de producirse la venida de Cristo y el objeto de ella, sino también las señales que anunciarían a los hombres cuándo se acercaría ese acontecimiento. Jesús dijo: "Y habrá señales en el sol, en la luna, y en las estrellas." Lucas 21:25. "El sol se obscurecerá, y la luna no dará su resplandor; las estrellas estarán cayendo del cielo, y los poderes que hay en los cielos serán sacudidos. Y entonces verán al Hijo del Hombre, que viene en las nubes con gran poder y gloria." Marcos 13:24-26. El revelador describe así la primera de las señales que iban a preceder el segundo advenimiento: "Se produjo un gran terremoto; y el sol se puso negro como un saco hecho de crin, y la luna se volvió toda como sangre." Apocalipsis 6:12.

Estas señales se vieron antes de principios del siglo XIX. En cumplimiento de esta profecía, en 1755 se sintió el más horrible terremoto que se haya registrado. Aunque generalmente se le llama el terremoto de Lisboa, se extendió por la mayor parte de Europa, Africa y América. Se sintió en Groenlandia, en las Antillas, en la isla de Madera, en Noruega, en Suecia, en Gran Bretaña e Irlanda. Abarcó por lo menos diez millones de kilómetros cuadrados. La conmoción fue casi tan violenta en Africa como en Europa. Gran parte de Argelia fue destruída; y a corta distancia de Marruecos, un pueblo de ocho a diez mil habitantes desapareció en el abismo. Una ola gigantesca barrió las costas de España y Africa, sumergiendo ciudades y causando inmensa desolación.

Fue en España y Portugal donde la sacudida alcanzó su mayor violencia. Se dice que en Cádiz, la oleada llegó a sesenta pies de altura. Algunas de las montañas "más importantes de Portugal fueron sacudidas hasta sus cimientos y algunas de ellas se abrieron en sus cumbres, que quedaron partidas de un modo asombroso, en tanto que trozos enormes se desprendieron sobre los valles adyacentes. Se dice que de esas montañas salieron llamaradas de fuego." –Sir Carlos Lyell, *Principles of Geology, pág.* 495.

En Lisboa "se oyó bajo la tierra un ruido de trueno, e inmediatamente después una violenta sacudida derribó la mayor parte de la ciudad. En unos seis minutos murieron sesenta mil personas. El mar se retiró primero y dejó seca la barra, luego volvió en una ola que se elevaba hasta cincuenta pies sobre su nivel ordinario." "Entre los sucesos extraordinarios ocurridos en Lisboa durante la catástrofe, se cuenta la sumersión del nuevo malecón, construido completamente de mármol y con ingente gasto. Un gran gentío se había reunido allí en busca de un sitio fuera del alcance del derrumbe general; pero de pronto el muelle se hundió con todo el gentío que lo llenaba, y ni uno de los cadáveres salió jamás a la superficie." –*Ibid.*, pág. 495.

"La sacudida" del terremoto "fue seguida instantáneamente del hundimiento de todas las iglesias y conventos, de casi todos los grandes edificios públicos y más de la cuarta parte de las casas. Unas horas después estallaron en diferentes barrios incendios que se propagaron con tal violencia durante casi tres días que la ciudad quedó completamente destruída. El terremoto sobrevino en un día de fiesta en que las iglesias y conventos estaban llenos de gente, y escaparon muy pocas personas." –*Encyclopaedia Americana,* art. Lisboa, nota (ed. 1831). "El terror del pueblo era indescriptible. Nadie lloraba; el siniestro superaba la capacidad de derramar lágrimas. Todos corrían de un lado a otro, delirantes de horror y espanto, golpeándose la cara y el pecho, gritando: '*¡Misericordia! ¡Llegó el fin del mundo!* ' Las madres se olvidaban de sus hijos y corrían de un lado a otro llevando crucifijos. Desgraciadamente, muchos corrieron a refugiarse en las iglesias; pero en vano se expuso el sacramento; en vano aquella pobre gente abrazaba los altares; imágenes, sacerdotes y feligreses fueron envueltos en la misma ruina." Se calcula que noventa mil personas encontraron la muerte en aquel aciago día.

Veinticinco años después apareció la segunda señal mencionada en la profecía: el obscurecimiento del sol y de la luna. Lo que hacía esto aun mas sorprendente, era la circunstancia de que el tiempo de su cumplimiento había sido indicado de un modo exacto. En su conversación con los discípulos en el Monte de los Olivos, después de describir el largo período de prueba por el que debía pasar la iglesia, es decir, los mil doscientos sesenta años de la persecución papal, acerca de los cuales Él había prometido que la tribulación sería acortada, el Salvador mencionó en las siguientes palabras ciertos sucesos que debían preceder Su venida y señaló además el tiempo en que se realizaría el primero de éstos: "En esos días, después de aquella tribulación, el sol se oscurecerá y la luna no dará su resplandor." Marcos 13:24. Los 1,260 días, o años, terminaron en 1798. La persecución había concluido casi por completo desde hacía casi un cuarto de siglo. Después de esta persecución, según las palabras de Cristo, el sol debía obscurecerse. Pues bien, el 19 de mayo de 1780 se cumplió esta profecía.

"Unico o casi único en su especie, por lo misterioso del

hasta ahora inexplicado fenómeno que en él se verificó, . . . fue el día obscuro del 19 de mayo de 1780, inexplicable obscurecimiento de todo el cielo visible y atmósfera de Nueva Inglaterra." –R. M. Devens, *Our First Century*, pág. 89.

Un testigo ocular que vivía en Massachusetts describe el acontecimiento del modo siguiente: "Por la mañana salió el sol despejado, pero pronto se anubló. Las nubes fueron espesándose y del seno de la obscuridad que ostentaban brillaron relámpagos, se oyeron truenos y descargóse leve aguacero. A eso de las nueve, las nubes se atenuaron y, revistieron un tinte cobrizo, y la tierra, las rocas, los árboles, los edificios, el agua y las personas fueron cambiadas por esta luz extraña y sobrenatural. A los pocos minutos, un denso nubarrón negro se extendió por todo el firmamento dejando tan sólo un estrecho borde en el horizonte, y haciendo tan obscuro el día como suele serlo en verano a las nueve de la noche. . . .

"Temor, ansiedad y espanto se apoderaron gradualmente de los ánimos. Desde las puertas de sus casas, las mujeres contemplaban el obscuro paisaje; los hombres volvían de las faenas del campo; el carpintero dejaba las herramientas, el herrero la fragua, el comerciante el mostrador. Los niños fueron despedidos de las escuelas y huyeron a sus casas llenos de miedo. Los caminantes hacían alto en la primera casa que encontraban. ¿Qué va a pasar? preguntaban todos. No parecía sino que un huracán fuera a desatarse por toda la región, o que el día del juicio estuviera inminente.

"Hubo que prender velas, y la lumbre del hogar brillaba como en noche de otoño sin luna. . . . Las aves se recogieron en sus gallineros, el ganado se juntó en sus encierros, las ranas cantaron, los pájaros entonaron sus melodías del anochecer, y los murciélagos se pusieron a revolotear. Sólo el hombre sabía que no había llegado la noche. . . .

"El Dr. N. Whittaker, pastor de la iglesia del Tabernáculo, en Salem, dirigió cultos en la sala de reuniones, y predicó un sermón en el cual sostuvo que la obscuridad era sobrenatural. Otras congregaciones también se reunieron en otros puntos. En todos los casos, los textos de los sermones improvisados fueron los que parecían indicar que la obscuridad concordaba con la profecía bíblica. . . . La obscuridad alcanzó su mayor densidad poco después de las once." –*The Essex Antiquarian,* abril de 1899, tomo 3, No. 4, págs. 53, 54. "En la mayor parte del país fue tanta la obscuridad durante el día, que la gente no podía decir qué hora era ni por reloj de bolsillo ni por reloj de pared. Tampoco pudo comer, ni atender a los quehaceres de casa sin vela prendida. . . .

"La extensión de esta obscuridad fue también muy notable. Se la observó al este hasta Falmouth, y al oeste, hasta la parte más lejana del estado de Connecticut y en la ciudad de Albany; hacia el sur fue observada a lo largo de toda la costa, y por el norte lo fue hasta donde se extendían las colonias Americanas." –Guillermo Gordon, *History of the Rise, Progress, and Establishment of the Independence of the U.S.A.,* tomo 3, pág. 57.

La profunda obscuridad del día fue seguida, una o dos horas antes de la caída de la tarde, por un aclaramiento parcial del cielo, pues apareció el sol, aunque obscurecido por una neblina negra y densa. "Después de la puesta del sol, las nubes volvieron a apiñarse y obscureció muy pronto." "La obscuridad de la noche no fue menos extraordinaria y terrorífica que la del día, pues no obstante ser casi tiempo de luna llena, ningún objeto se distinguía sin la ayuda de luz artificial, la cual vista de las casas vecinas u otros lugares distantes parecía pasar por una obscuridad como la de Egipto, casi impenetrable para sus rayos." –Isaías Thomas, *Massachusetts Spy; or American Oracle of Liberty,* tomo 9, No. 472 (25 de mayo, 1780). Un testigo ocular de la escena dice: "No pude substraerme, en aquel momento, a la idea de que si todos los cuerpos luminosos del universo hubiesen quedado envueltos en impenetrable obscuridad, o hubiesen dejado de existir, las tinieblas no habrían podido ser más intensas." –Carta del Dr. S. Tenney, de Exeter, N. H., diciembre de 1785 (*Massachusetts Historical Society Collections,* 1792, serie 1, tomo 1, pág. 97). Aunque la luna llegó aquella noche a su plenitud, "no logró en lo más mínimo disipar las sombras sepulcrales." Después de media noche desapareció la obscuridad, y cuando la luna logró verse, parecía de sangre.

El 19 de mayo de 1780 aparece en la historia como el "día obscuro." Desde el tiempo de Moisés, no se ha registrado jamás período alguno de obscuridad tan densa y de igual extensión y duración. La descripción de este acontecimiento que han hecho los historiadores es tan solo un eco de las palabras del Señor, expresadas por el profeta Joel, dos mil quinientos años antes de su cumplimiento: "El sol se convertirá en tinieblas, y la luna en sangre, antes que venga el día grande y espantoso de Jehová." Joel 2:31.

Cristo había mandado a Sus discípulos que se fijasen en las señales de Su advenimiento, y que se gozaran cuando viesen las pruebas de que se acercaba. "Cuando estas cosas comiencen a suceder, erguíos y levantad vuestra cabeza, porque vuestra redención está cerca." Llamó la atención de Sus discípulos a los árboles a punto de brotar en primavera, y dijo: "Cuando ya brotan, viéndolo, sabéis por vosotros mismos que el verano está ya cerca. Así también vosotros, cuando veáis que suceden estas cosas, sabed que está cerca el reino de Dios." Lucas 21:28, 30, 31.

Pero a medida que el espíritu de humildad y piedad fue reemplazado en la iglesia por el orgullo y formalismo, se enfriaron el amor a Cristo y la fe en Su venida. Absorbido por la mundanalidad y la búsqueda de placeres, el profeso pueblo de Dios fue quedando ciego y no vió las instrucciones del Señor referentes a las señales de Su venida. La doctrina del segundo advenimiento había sido descuidada; los pasajes de las Sagradas Escrituras que a ella se refieren fueron obscurecidos por falsas interpretaciones, hasta quedar ignorados y olvidados casi por completo. Tal fue el caso especialmente en las iglesias de los Estados Unidos de Norteamérica. La libertad y comodidad de que disfrutaban todas las clases de la sociedad, el deseo ambicioso de riquezas y lujo, que creaba una atención exclusiva a juntar dinero, la ardiente persecución de la popularidad y del poder, que parecían estar al alcance de todos, condujeron a los hombres a concentrar sus intereses y esperanzas en los afanes de esta vida, y a posponer para el lejano porvenir aquel solemne día en que el presente estado de cosas habrá de acabar.

Cuando el Salvador dirigió la atención de Sus discípulos

hacia las señales de Su regreso, predijo el estado de apostasía que existiría precisamente antes de Su segundo advenimiento. Habría, como en los días de Noé, actividad febril en los negocios mundanos y sed de placeres, y los seres humanos iban a comprar, vender, sembrar, edificar, casarse y darse en matrimonio, olvidándose entre tanto de Dios y de la vida futura. La amonestación de Cristo para los que vivieran en aquel tiempo es: "Estad alerta por vosotros mismos, no sea que vuestros corazones se carguen de libertinaje y embriaguez y de las preocupaciones de esta vida, y venga de repente sobre vosotros aquel día." "Velad, pues, en todo tiempo, orando que seáis tenidos por dignos de escapar de todas estas cosas que vendrán, y de estar en pie delante del Hijo del Hombre." Lucas 21:34, 36.

La condición en que se encontraría entonces la iglesia está descrita en las palabras del Salvador en el Apocalipsis: "Tienes nombre de que vives, y estás muerto." Apocalipsis 3:1. Y a los que no quieren abandonar su indolente descuido, se les dirige el solemne aviso: "Si no velas, vendré sobre ti como un ladrón, y no conoces de ningún modo a qué hora vendré sobre ti." Apocalipsis 3:3.

Era necesario despertar a los hombres y hacerles comprender su peligro para inducirlos a que se preparasen para los solemnes acontecimientos relacionados con el fin del tiempo de gracia. El profeta de Dios declara: "Grande es el día de Jehová, y muy terrible; ¿quién podrá soportarlo?" Joel 2:11. ¿Quién soportará la aparición de Aquél de quien está escrito: "Muy limpio eres de ojos para ver el mal, y no puedes contemplar inactivo el agravio" Habacuc 1:13. Para los que claman: "Dios mío, los de Israel te hemos conocido," y sin embargo han quebrantado Su pacto y se volvieron tras otro Dios, encubriendo la iniquidad en sus corazones y amando las sendas del pecado, para los tales "será el día de Jehová tinieblas, y no luz; oscuridad en la que no hay resplandor." Oseas 8:2,1; Salmos 16:4; Amós 5:20. "Acontecerá en aquel tiempo," dice el Señor, "que Yo escudriñaré a Jerusalén con linterna, y castigaré a los hombres que reposan asentados sobre sus heces como el vino, los cuales dicen en su corazón: Jehová ni hará bien ni hará mal." "Castigaré al mundo por su maldad, y a los impíos por su iniquidad; pondré fin a la arrogancia de los soberbios, y abatiré la altivez de los tiranos." "Ni su plata ni su oro podrá librarlos;" "serán saqueados sus bienes, y sus casas asoladas." Sofonías 1:12,18,13; Isaías 13:11.

El profeta Jeremías mirando hacia lo que habría venir, hacia aquel tiempo terrible, exclamó: "¡Mi corazón se agita dentro de mí; no callaré; porque has oído sonido de trompeta, oh alma mía, pregón de guerra. Quebrantamiento sobre quebrantamiento es anunciado." Jeremías 4:19, 20.

"Día de ira aquel día, día de angustia y de aprieto, día de devastación y de asolamiento, día de tinieblas y de oscuridad, día de nublado y de entenebrecimiento, día de trompeta y de alarma." "He aquí que el día de Jehová viene, . . . para convertir la tierra en soledad, y raer de ella a sus pecadores." Sofonías 1:15,16; Isaías 13:9.

Ante la perspectiva de aquel gran día, la Palabra de Dios exhorta a Su pueblo de la manera más solemne y expresiva a que despierte de su letargo espiritual, y a que busque Su rostro con arrepentimiento y humillación: "¡Tocad trompeta en Sión, y dad alarma en Mi santo monte; tiemblen todos los moradores de la tierra, porque viene el día de Jehová, porque está cercano." "¡Proclamad ayuno, convocad asamblea solemne. Reunid al pueblo, santificad la reunión, juntad a los ancianos, congregad a los niños . . . salga de su cámara el novio, y de su tálamo la novia. Entre la entrada y el altar, lloren los sacerdotes ministros de Jehová." "Convertíos a Mí con todo vuestro corazón, con ayuno, llanto y lamento. Rasgad vuestro corazón, y no vuestros vestidos, y convertíos a Jehová vuestro Dios; porque es clemente, compasivo, tardo para la ira y grande en misericordia." Joel 2:1, 15-17, 12, 13.

Una gran obra de reforma debía realizarse para alistar a un pueblo que pudiese subsistir en el día de Dios. El Señor vió que muchos de los que profesaban pertenecer a Su pueblo no edificaban para la eternidad, y en Su misericordia iba a enviar una amonestación para despertarlos de su tibieza e inducirlos a prepararse para la venida de su Señor.

Esta amonestación nos es presentada en el capítulo catorce del Apocalipsis. En él encontramos un triple mensaje proclamado por seres celestiales y seguido inmediatamente por la venida del Hijo del hombre para segar "la mies de la tierra." La primera de estas amonestaciones anuncia la llegada del juicio. El profeta vió "volar por en medio del cielo a otro ángel, que tenía un evangelio eterno para predicarlo a los que habitan sobre la tierra, a toda nación, tribu, lengua y pueblo, diciendo a gran voz: Temed a Dios, y dadle gloria, porque la hora de Su juicio ha llegado; y adorad a Aquel que hizo el cielo y la tierra, el mar y las fuentes de las aguas." Apocalipsis 14:6, 7.

Este mensaje es declarado parte del "evangelio eterno." La predicación del evangelio no ha sido encomendada a los ángeles, sino a los hombres. En la dirección de esta obra se han empleado ángeles santos y ellos tienen a su cargo los grandes movimientos para la salvación de los hombres; pero la proclamación misma del evangelio es llevada a cabo por los discípulos de Cristo en la tierra.

Hombres fieles, obedientes a los dictados del Espíritu de Dios y a las enseñanzas de Su Palabra, iban a pregonar al mundo esta amonestación. Eran los que habían estado atentos a la "más segura . . . palabra profética," la "lámpara que alumbra en un lugar oscuro, hasta que despunte el día y el lucero de la mañana alboree." 2 Pedro 1:19. Habían estado buscando el conocimiento de Dios más que todos los tesoros escondidos, estimándolo más que "la ganancia de la plata," y "sus rentas" más "que las del oro fino." Proverbios 3:14. Y el Señor les reveló los grandes asuntos del reino. "El secreto de Jehová es para los que le temen; y a ellos hará conocer Su pacto." Salmo 25:14.

Los que llegaron a comprender esta verdad y se dedicaron a proclamarla no fueron los teólogos eruditos. Si éstos hubiesen sido centinelas fieles y hubieran escudriñado las Santas Escrituras con diligencia y oración, habrían sabido qué hora era de la noche; las profecías les habrían mostrado los acontecimientos que estaban por realizarse. Pero tal no fue su actitud, y fueron hombres más humildes los que proclamaron el mensaje. Jesús había dicho: "Andad entretanto que tenéis luz, para que no os sorprendan las tinieblas." Juan 12:35. Los que se apartan de la luz que Dios les ha dado, o no la buscan cuando está a su alcance, son dejados en las tinieblas. Pero el Salvador dice también: "El que me sigue, de ningún modo andará en tinieblas, sino que tendrá la luz de la vida." Juan 8:12. Cualquiera que con honestidad de corazón procure hacer la voluntad de Dios siguiendo atentamente la luz que ya le ha sido dada, recibirá aun más luz; a esa alma le será enviada alguna estrella de celestial resplandor para guiarla a la plenitud de la verdad.

Cuando se produjo el primer advenimiento de Cristo, los sacerdotes y los Fariseos de la ciudad santa, a quienes fueran confiados los oráculos de Dios, habrían podido distinguir las señales de los tiempos y proclamar la venida del Mesías prometido. La profecía de Miqueas señalaba el lugar de Su nacimiento. Miqueas 5:2. Daniel especificaba el tiempo de Su advenimiento. Daniel 9:25. Dios había confiado estas profecías a los caudillos de Israel; no tenían pues excusa por no saber que el Mesías estaba a punto de llegar y por no habérselo comunicado al pueblo. Su ignorancia era resultado de culpable descuido. Los Judíos estaban levantando monumentos a los profetas de Dios que habían sido muertos, mientras que con la deferencia con que trataban a los grandes de la tierra estaban rindiendo homenaje a los siervos de Satanás. Absortos en sus luchas ambiciosas por los honores mundanos y el poder, perdieron de vista los honores divinos que el Rey de los cielos les había ofrecido.

Los ancianos de Israel deberían haber estudiado con profundo y reverente interés el lugar, el tiempo, las circunstancias del mayor acontecimiento de la historia del mundo: la venida del Hijo de Dios para realizar la redención del hombre. Todo el pueblo debería haber estado velando y aguardando para hallarse entre los primeros en saludar al Redentor del mundo. En vez de todo esto, vemos, en Belén, a dos caminantes cansados que vienen de las colinas de Nazaret, y que recorren toda la longitud de la angosta calle del pueblo hasta el extremo este de la ciudad, procurando en vano lugar de descanso y abrigo para la noche. Ninguna puerta se abre para recibirlos. En un miserable cobertizo para el ganado, encuentran al fin un refugio, y allí fue donde nació el Salvador del mundo.

Los ángeles celestiales habían presenciado la gloria de la cual el Hijo de Dios participaba con el Padre antes que el mundo existiese, y habían esperado con profundo interés Su advenimiento en la tierra como el acontecimiento del mayor gozo para todos los pueblos. Fueron escogidos ángeles para llevar las buenas nuevas a los que estaban preparados para recibirlas, y que gozosos las darían a conocer a los habitantes de la tierra. Cristo había condescendido en revestir la naturaleza humana; iba a llevar una carga infinita de desdicha al ofrendar Su alma por el pecado; sin embargo los ángeles deseaban que aun en Su humillación el Hijo del Altísimo apareciese ante los hombres con la dignidad y gloria que correspondían a Su carácter. ¿Se juntarían los principales de la tierra en la capital de Israel para saludar Su venida? ¿Sería presentado por legiones de ángeles a la muchedumbre que le esperara?

Un ángel desciende a la tierra para ver quiénes están preparados para dar la bienvenida a Jesús. Pero no puede discernir señal alguna de expectación. No escucha ninguna voz de alabanza ni de triunfo que anuncie que la venida del Mesías es inminente. El ángel se cierne durante un momento sobre la ciudad escogida y sobre el templo donde durante siglos y siglos se revelara la divina presencia; pero allí también se nota la misma indiferencia. Con pompa y orgullo, los sacerdotes ofrecen sacrificios impuros en el templo. Los Fariseos hablan al pueblo con grandes voces, o hacen oraciones jactanciosas en las esquinas de las calles. En los palacios de los reyes, en las reuniones de los filósofos, en las escuelas de los rabinos, nadie piensa en el suceso maravilloso que ha llenado todo el cielo de alegría y alabanzas, el hecho de que el Redentor de los hombres está a punto de hacer Su aparición en la tierra.

No hay señal de que se espere a Cristo ni preparativos para recibir al Príncipe de la vida. Asombrado, el mensajero celestial está a punto de regresar al cielo con la vergonzosa noticia, cuando descubre un grupo de pastores que están cuidando sus rebaños durante la noche, y que al contemplar el cielo estrellado, meditan en la profecía de un Mesías que debe venir a este mundo y anhelan el advenimiento del Redentor del mundo. Aquí tenemos un grupo de seres humanos preparado para recibir el mensaje celestial. Y de pronto aparece el ángel del Señor proclamando las buenas nuevas de gran gozo. La gloria celestial cubre la llanura, una compañía innumerable de ángeles aparece, y, como si el júbilo fuese demasiado para ser traído del cielo por un solo mensajero, una multitud de voces entonan el himno que todas las legiones de los rescatados cantarán un día: "¡Gloria a Dios en lo más alto, y sobre la tierra paz; buena voluntad para con los hombres!" Lucas 2:14.

¡Oh! ¡que lección encierra esta maravillosa historia de Belén! ¡Qué reconvención para nuestra incredulidad, nuestro orgullo y amor propio! ¡Cómo nos amonesta a que tengamos cuidado, no sea que por nuestra criminal indiferencia, nosotros también dejemos de discernir las señales de los tiempos, y no conozcamos el día de nuestra visitación!

No fue sólo sobre las colinas de Judea, ni entre los humildes pastores, donde los ángeles encontraron a quienes velaban aguardando la venida del Mesías. En tierra de paganos había también quienes le esperaban; eran sabios, ricos y nobles filósofos del oriente. Observadores de la naturaleza, los magos habían visto a Dios en Sus obras. Por las Escrituras Hebraicas tenían conocimiento de la estrella que debía proceder de Jacob, y con ferviente deseo esperaban la venida de Aquél que sería no sólo la "consolación de Israel," sino una "luz para revelación a los Gentiles" y "salvación hasta lo último de la tierra." Lucas 2:25, 32; Hechos 13:47. Buscaban luz, y la luz del trono de Dios iluminó su senda. Mientras los sacerdotes y rabinos de Jerusalén, guardianes y expositores titulados de la verdad, quedaban cubiertos por las tinieblas, la estrella enviada del cielo guió a los Gentiles del extranjero al lugar en que el Rey acababa de nacer.

Es "a los que le esperan ansiosamente para salvación" para los que Cristo aparecerá "por segunda vez, sin relación con el pecado." Hebreos 9:28. Como las nuevas del nacimiento del Salvador, el mensaje del segundo advenimiento no fue confiado a los caudillos religiosos del pueblo. No habían guardado éstos la unión con Dios, y habían rechazado la luz divina; por consiguiente no se encontraban entre aquellos de quienes habla el apóstol Pablo cuando dice: "Mas vosotros, hermanos, no estáis en tinieblas, para que aquel día os sorprenda como un ladrón. Porque todos vosotros sois hijos de la luz e hijos del día; no somos de la noche ni de las tinieblas." 1 Tesalonicenses

5:4, 5.

Los centinelas apostados sobre los muros de Sión deberían haber sido los primeros en recoger como al vuelo las buenas nuevas del advenimiento del Salvador, los primeros en levantar la voz para proclamarle cerca y advertir al pueblo que se alistase para Su venida. Pero en vez de eso, estaban soñando tranquilamente en paz, mientras el pueblo seguía durmiendo en sus pecados. Jesús vió Su iglesia, semejante a la higuera estéril, cubierta de hojas de presunción y sin embargo carente de rica fruta. Se observaban con jactancia las formas de religión, mientras que faltaba el espíritu de verdadera humildad, arrepentimiento y fe, o sea lo único que podía hacer aceptable el servicio ofrecido a Dios. En lugar de los frutos del Espíritu, lo que se notaba era orgullo, formalismo, vanagloria, egoísmo y opresión. Era aquélla una iglesia apóstata que cerraba los ojos a las señales de los tiempos. Dios no la había olvidado ni había dejado de ser fiel para con ella; pero ella se apartó de Él y se apartó de Su amor. Como se negara a satisfacer las condiciones, tampoco las promesas divinas se cumplieron para con ella.

Esto es lo que sucede infaliblemente cuando se dejan de apreciar y aprovechar la luz y los privilegios que Dios concede. A menos que la iglesia camine en el sendero que le abre la Providencia, y aceptando cada rayo de luz, cumpla todo deber que le sea revelado, la religión degenerará inevitablemente en mera observancia de formas, y el espíritu de verdadera piedad desaparecerá. Esta verdad ha sido demostrada repetidas veces en la historia de la iglesia. Dios requiere de Su pueblo obras de fe y obediencia que correspondan a las bendiciones y privilegios que Él le concede. La obediencia requiere sacrificios y entraña una cruz; y por esto fueron tantos los profesos discípulos de Cristo que se negaron a recibir la luz del cielo, y, como los Judíos de antaño, no conocieron el tiempo de su visitación. Lucas 19:44. A causa de su orgullo e incredulidad, el Señor los puso a un lado y reveló Su verdad a los que, cual los pastores de Belén y los magos de oriente, prestaron atención a toda la luz que habían recibido.

CAPÍTULO 18

UN REFORMISTA NORTEAMERICANO

UN AGRICULTOR íntegro y de corazón recto, que había llegado a dudar de la autoridad divina de las Santas Escrituras, pero que anhelaba sinceramente conocer la verdad, fue el hombre especialmente escogido por Dios para dar principio a la proclamación de la segunda venida de Cristo. Como otros muchos Reformadores, Guillermo Miller había luchado con la pobreza en su juventud, y así había aprendido grandes lecciones de energía y abnegación. Los miembros de la familia de que descendía se habían distinguido por un espíritu independiente y amante de la libertad, por su capacidad de resistencia y ardiente patriotismo; y estos rasgos sobresalían también en el carácter de Guillermo. Su padre fue capitán en la guerra de la independencia norteamericana, y a los sacrificios que hizo durante las luchas de aquella época tempestuosa pueden atribuirse las circunstancias apremiantes que rodearon la juventud de Miller.

Poseía una robusta constitución, y ya desde su niñez dió pruebas de una inteligencia poco común, que se fue acentuando con la edad. Su espíritu era activo y bien desarrollado, y ardiente su deseo de saber. Aunque no gozara de las ventajas de una instrucción académica, su amor al estudio y el hábito de reflexionar cuidadosamente, junto con su agudo criterio, hacían de él un hombre de sano juicio y de vasta comprensión. Su carácter moral era irreprochable, y disfrutaba de envidiable reputación, siendo generalmente estimado por su integridad, su frugalidad y su benevolencia. A fuerza de energía y aplicación no tardó en adquirir bienestar, si bien conservó siempre sus hábitos de estudio. Desempeñó con éxito varios cargos civiles y militares, y el camino hacia la riqueza y los honores parecía estarle completamente abierto.

Su madre era mujer de verdadera piedad, de manera que durante su infancia estuvo sujeto a influencias religiosas. Sin embargo, siendo aún niño tuvo trato con deístas, cuya influencia fue reforzada por el hecho de que la mayoría de ellos eran buenos ciudadanos y hombres de disposiciones humanitarias y benévolas. Viviendo como vivían en medio de instituciones Cristianas, sus caracteres habían sido modelados hasta cierto punto por el medio ambiente. Debían a la Biblia las cualidades que les granjeaban respeto y confianza; y no obstante, tan hermosas dotes se habían malogrado hasta ejercer influencia contra la Palabra de Dios. Al relacionarse con esos hombres Miller llegó a adoptar sus opiniones. Las interpretaciones corrientes de las Sagradas Escrituras presentaban dificultades que le parecían insuperables; pero como, al paso que sus nuevas creencias le hacían rechazar la Biblia no le ofrecían nada mejor con que substituirla, distaba mucho de estar satisfecho. Sin embargo conservó esas ideas cerca de doce años. Pero a la edad de treinta y cuatro, el Espíritu Santo obró en su corazón y le hizo sentir su condición de pecador. No encontraba en su creencia anterior seguridad alguna de dicha para más allá de la tumba. El porvernir se le presentaba sombrío y tétrico. Refiriéndose años después a los sentimientos que le embargaban en aquel entonces, dijo:

"El pensar en el aniquilamiento me helaba y me estremecía, y el tener que dar cuenta me parecía entrañar destrucción segura para todos. El cielo antojábaseme de bronce sobre mi cabeza, y la tierra hierro bajo mis pies. La eternidad – ¿qué era? y la muerte ¿por qué existía? Cuanto más pensaba, tanto más divergentes eran las conclusiones a que llegaba. Traté de no pensar más; pero ya no era dueño de mis pensamientos. Me sentía verdaderamente desgraciado, pero sin saber por qué. Murmuraba y me quejaba, pero no sabía ni dónde ni cómo encontrar lo correcto y justo. Gemía, pero lo hacía sin esperanza."

En ese estado permaneció varios meses. "De pronto," dice, "el carácter de un Salvador se grabó hondamente en mi espíritu. Me pareció que bien podía existir un ser tan bueno y compasivo que expiara nuestras transgresiones, y nos librara así de sufrir la pena del pecado. Sentí inmediatamente cuán amable había de ser este alguien, y me imaginé que podría yo echarme en Sus brazos y confiar en Su misericordia. Pero surgió la pregunta: ¿cómo se puede probar la existencia de tal Ser? Encontré que, fuera de la Biblia, no podía obtener prueba alguna de la existencia de semejante Salvador, o siquiera de una existencia futura....

"Discerní que la Biblia presentaba precisamente un Salvador como el que yo necesitaba; pero no veía cómo un libro no inspirado pudiera desarrollar principios tan perfectamente adaptados a las necesidades de un mundo caido. Me ví obligado a admitir que las Sagradas Escrituras debían ser una revelación de Dios. Llegaron a ser mi deleite; y encontré en Jesús un amigo. El Salvador vino a ser para mí el más señalado entre diez mil; y las Escrituras, que antes eran obscuras y contradictorias, se volvieron entonces antorcha a mis pies y luz a mi senda. Mi espíritu obtuvo calma y satisfacción. Encontré que el Señor Dios era una Roca en medio del océano de la vida. La Biblia llegó a ser entonces mi principal objeto de estudio, y puedo decir en verdad que la escudriñaba con gran deleite. Encontré que no se me había dicho nunca ni la mitad de lo que contenía. Me admiraba de que no hubiese visto antes su belleza y magnificencia, y de que hubiese podido rechazarla. En ella encontré revelado todo lo que mi corazón podía desear, y un remedio para toda enfermedad del alma. Perdí enteramente el gusto por otra lectura, y me apliqué de corazón a adquirir sabiduría de Dios." –S. Bliss, *Memoirs of Wm. Miller, págs.* 65-67.

Miller hizo entonces pública profesión de fe en la religión que había despreciado antes. Pero sus compañeros incrédulos no tardaron en argumentar todos aquellos razonamientos de que él mismo había echado mano a menudo contra la autoridad divina de las Santas Escrituras. Él no estaba todavía preparado para contestarles; pero se dijo que si la Biblia es una revelación de Dios, debía ser consecuente consigo misma; y que habiendo sido dada para instrucción del hombre, debía estar adaptada a su inteligencia. Decidió estudiar las Sagradas Escrituras por su cuenta, y averiguar si toda contradicción aparente no podía armonizarse.

Procurando poner a un lado toda opinión preconcebida y

prescindiendo de todo comentario, comparó pasaje con pasaje con la ayuda de las referencias marginales y de la concordancia. Continuó su estudio de un modo regular y metódico; comenzando con el Génesis y leyendo versículo por versículo, no pasaba adelante sino cuando el que estaba estudiando quedaba aclarado, dejándole libre de toda perplejidad. Cuando encontraba algún pasaje obscuro, solía compararlo con todos los demás textos que parecían tener alguna referencia con el asunto en cuestión. Atribuía a cada palabra el sentido que le correspondía en el tema de que trataba el texto, y si la idea que de él se formaba armonizaba con cada pasaje colateral, la dificultad desaparecía. Así, cada vez que daba con un pasaje difícil de comprender, encontraba la explicación en alguna otra parte de las Santas Escrituras. A medida que estudiaba y oraba fervorosamente para que Dios le alumbrara, lo que antes le había parecido obscuro se le aclaraba. Experimentaba la verdad de las palabras del salmista: "Al abrirse, iluminan Tus palabras; hacen entender a los sencillos." Salmo 119:130.

Con profundo interés estudió los libros de Daniel y Apocalipsis, siguiendo los mismos principios de interpretación que en los demás libros de la Biblia, y con gran regocijo comprobó que los símbolos proféticos podían ser comprendidos. Comprendió que, en la medida en que se habían cumplido, las profecías lo habían hecho literalmente; que todas las diferentes figuras, metáforas, parábolas, similitudes, etc., o estaban explicadas en su contexto inmediato, o los términos en que estaban expresadas eran definidos en otros pasajes; y que cuando eran así explicados debían ser entendidos literalmente. "Así me convencí," dice, "de que la Biblia es un sistema de verdades reveladas dadas con tanta claridad y sencillez, que el que anduviere en el camino trazado por ellas, por insensato que fuere, no tiene por qué extraviarse." –Bliss, pág. 70. Eslabón tras eslabón de la cadena de la verdad descubierta vino a recompensar sus esfuerzos, a medida que paso a paso seguía las grandes líneas de la profecía. Angeles del cielo dirigían sus pensamientos y manifestaban las Escrituras a su inteligencia.

Tomando por criterio el modo en que las profecías se habían cumplido en lo pasado, para considerar el modo en que se cumplirían las que quedaban aún por cumplirse, se convenció de que el concepto popular del reino espiritual de Cristo – un milenio temporal antes del fin del mundo – no estaba fundado en la Palabra de Dios. Esta doctrina que señalaba mil años de justicia y de paz antes de la venida personal del Señor, difería para un futuro muy lejano los terrores del día de Dios. Pero, por placentera que ella sea, es contraria a las enseñanzas de Cristo y de Sus apóstoles, quienes declaran que el trigo y la cizaña crecerán juntos hasta la siega al fin del mundo; que "los hombres malos e impostores irán de mal en peor," que "en los últimos días vendrán tiempos difíciles;" y que el reino de las tinieblas subsistirá hasta el advenimiento del Señor y será consumido por el espíritu de Su boca y destruído con el resplandor de Su venida. Mateo 13:30, 38-41; 2 Timoteo 3:13, 1; 2 Tesalonicenses 2:8.

La doctrina de la conversión del mundo y del reino espiritual de Cristo no era sostenida por la iglesia apostólica. No fue generalmente aceptada por los Cristianos hasta casi a principios del siglo XVIII. Como todos los demás errores, éste también produjo malos resultados. Enseñó a los hombres a posponer para un remoto porvenir la venida del Señor y les impidió que dieran importancia a las señales de Su cercana llegada. Infundía un sentimiento de confianza y seguridad mal fundado, y condujó a muchos a descuidar la preparación necesaria para ir al encuentro de su Señor.

Miller encontró que la venida verdadera y personal de Cristo está claramente enseñada en las Santas Escrituras. Pablo dice: "El Señor mismo con voz de mando, con voz de arcángel, y con trompeta de Dios, descenderá del cielo." 1 Tesalonicenses 4:16. Y el Salvador declara que "verán al Hijo del Hombre viniendo sobre las nubes del cielo, con poder y gran gloria." "Porque así como el relámpago sale del oriente y brilla hasta el occidente, así será también la venida del Hijo del Hombre." Mateo 24:30, 27. Será acompañado por todas las huestes del cielo, pues el "Hijo del hombre" vendrá "en Su gloria, y todos los santos ángeles con Él." Mateo 25:31. "Y enviará Sus ángeles con gran voz de trompeta, y reunirán a Sus escogidos." Mateo 24:31.

A Su venida los justos muertos resucitarán, y los justos

que estuvieren aún vivos serán transformados. "No todos dormiremos," dice Pablo, "pero todos seremos transformados, en un instante, en un abrir y cerrar de ojos, a la final trompeta; porque se tocará la trompeta, y los muertos serán resucitados incorruptibles, y nosotros seremos transformados. Porque es menester que esto corruptible sea vestido de incorrupción, y esto mortal sea vestido de inmortalidad." 1 Corintios 15:51-53. Y en su carta a los Tesalonicenses, después de describir la venida del Señor, dice: "Los muertos en Cristo resucitarán primero. Luego nosotros los que vivamos, los que hayamos quedado, seremos arrebatados juntamente con ellos en las nubes para salir al encuentro del Señor en el aire, y así estaremos siempre con el Señor." 1 Tesalonicenses 4:16, 17.

El pueblo de Dios no puede recibir el reino antes que se realice el advenimiento personal de Cristo. El Señor había dicho: "Cuando el Hijo del Hombre venga en Su gloria, y todos los santos ángeles con Él, entonces se sentará en Su trono de gloria, y serán reunidas delante de Él todas las naciones, y separará a los unos de los otros, como separa el pastor a las ovejas de los cabritos. Y pondrá las ovejas a Su derecha, y los cabritos a Su izquierda. Entonces el Rey dirá a los de Su derecha: Venid, benditos de Mi Padre, heredad el reino preparado para vosotros desde la fundación del mundo." Mateo 25:31-34. Hemos visto por los pasajes que acabamos de citar que cuando venga el Hijo del hombre, los muertos serán resucitados incorruptibles, y que los vivos serán transformados. Este gran cambio los habilitará para recibir el reino; pues Pablo dice: "La carne y la sangre no pueden heredar el reino de Dios, ni la corrupción hereda la incorrupción." 1 Corintios 15:50. En su estado presente el hombre es mortal, corruptible; pero el reino de Dios será incorruptible y sempiterno. Por lo tanto, en su condición presente el hombre no puede entrar en el reino de Dios. Pero cuando venga Jesús, otorgará la inmortalidad a Su pueblo; y luego los llamará a poseer el reino, del que hasta aquí sólo han sido presuntos herederos.

Estos y otros pasajes bíblicos probaron claramente a Miller que los acontecimientos que generalmente se esperaba que se verificasen antes de la venida de Cristo, tales como el reino universal de la paz y el establecimiento del reino de Dios en la tierra, debían realizarse después del segundo advenimiento. Además, todas las señales de los tiempos y el estado del mundo correspondían a la descripción profética de los últimos días. Por el solo estudio de las Sagradas Escrituras, Miller tuvo que llegar a la conclusión de que el período fijado para la subsistencia de la tierra en su estado actual estaba por terminar.

"Otra clase de evidencia que afectó vitalmente mi espíritu," dice él, "fue la cronología de las Santas Escrituras. . . . Encontré que los acontecimientos predichos, que se habían cumplido en lo pasado, se habían desarrollado muchas veces dentro de los límites de un tiempo determinado. Los ciento y veinte años hasta el diluvio (Génesis 6:3); los siete días que debían precederlo, con el anuncio de cuarenta días de lluvia (Génesis 7:4); los cuatrocientos años de la permanencia de la posteridad de Abrahán en Egipto (Génesis 15:13); los tres días de los sueños del copero y del panadero (Génesis 40:12-20); los siete años de Faraón (Génesis 41:28-54); los cuarenta años en el desierto (Números 14:34); los tres años y medio de hambre (1 Reyes 17:1) [véase Lucas 4:25]; . . . los setenta años del cautiverio en Babilonia (Jeremías 25:11); los siete tiempos de Nabucodonosor (Daniel 4:13-16); y las siete semanas, sesenta y dos semanas, y la una semana, que sumaban setenta semanas determinadas sobre los Judíos (Daniel 9:24-27); todos los acontecimientos limitados por estos períodos de tiempo no fueron una vez más que asunto profético, pero se cumplieron de acuerdo con las predicciones." –Bliss, págs. 74, 75.

Por consiguiente, al encontrar en su estudio de la Biblia varios períodos cronológicos, que, según su forma de entenderlos, se extendían hasta la segunda venida de Cristo, no pudo menos que considerarlos como los "tiempos señalados," que Dios había revelado a Sus siervos. "Las cosas secretas," dice Moisés, "pertenecen a Jehová nuestro Dios; más las reveladas son para nosotros y para nuestros hijos para siempre." Deuteronomio 29:29. Y el Señor declara por el profeta Amós que "no hará nada el Señor Jehová, sin que revele Su designio a Sus siervos los profetas." Amós 3:7. Así que los que escudriñan la Palabra de Dios pueden confiar que encontrarán indicado con claridad en las Escrituras el acontecimiento más estupendo que debe realizarse en la historia de la humanidad.

"Estando completamente convencido," dice Miller, "de que toda Escritura divinamente inspirada es útil; que en ningún tiempo fue dada por voluntad de hombre, sino que fue escrita por hombres santos inspirados del Espíritu Santo, y esto 'para nuestra enseñanza' 'a fin de que por medio de la paciencia y de la consolación de las Escrituras, tengamos esperanza,' no pude menos que considerar las partes cronológicas de la Biblia tan pertinentes a la Palabra de Dios y tan acreedoras a que las tomáramos en cuenta como cualquiera otra parte de las Sagradas Escrituras. 2 Timoteo 3:16; 2 Pedro 1:21; Romanos 15:4. Pensé por consiguiente que al tratar de comprender lo que Dios, en Su misericordia, había juzgado conveniente revelarnos, yo no tenía derecho para pasar por alto los períodos proféticos." –Bliss, pág. 75.

La profecía que parecía revelar con la mayor claridad el *tiempo* del segundo advenimiento, era la de Daniel 8:14: "Hasta dos mil trescientas tardes y mañanas; luego el santuario será purificado." Siguiendo la regla que se había impuesto, de permitir que las Sagradas Escrituras se interpretasen a sí mismas, Miller llegó a conocer que un día en la profecía simbólica representa un año; vió que el período de los 2,300 días proféticos, o años literales, se extendía mucho más allá del fin de la era Judaica, y que por consiguiente no podía referirse al santuario de aquella economía. Números 14:34; Ezequiel 4:6. Miller aceptaba la creencia general de que durante la era Cristiana la tierra es el santuario, y dedujo por consiguiente que la purificación del santuario predicha en Daniel 8:14 representaba la purificación de la tierra con fuego en el segundo advenimiento de Cristo. Llegó pues a la conclusión de que si se lograba encontrar el punto de partida de los 2,300 días, sería fácil fijar el tiempo del segundo advenimiento. Así quedaría revelado el tiempo de aquella gran consumación, "el tiempo en que concluiría el presente estado de cosas, con todo su orgullo y poder, su pompa y vanidad, su maldad y opresión, el tiempo en que la tierra dejaría de ser maldita, en que la muerte sería destruída y se daría el galardón a los siervos de Dios, a los profetas y santos, y a todos los que temen Su nombre, el tiempo en que serían destruídos los que destruyen la tierra." –Bliss, pág. 76.

Miller siguió escudriñando las profecías con más ahinco y fervor que nunca, dedicando noches y días enteros al estudio de lo que resultaba entonces de tan inmensa importancia y absorbente interés. En el capítulo octavo de Daniel no pudo encontrar guía para el punto de partida de los 2,300 días. Aunque se le envió para que hiciera comprender la visión a Daniel, el ángel Gabriel sólo le dió a éste una explicación parcial. Cuando el profeta vió las terribles persecuciones que sobrevendrían a la iglesia, desfallecieron sus fuerzas físicas. No pudo soportar más, y el ángel le dejó por algún tiempo. Daniel quedó "sin fuerzas," y estuvo "enfermo algunos días." "Estaba espantado a causa de la visión," él dice, "y no la entendía." Daniel 8:27.

Y sin embargo Dios había mandado a Su mensajero: "Explícale a éste la visión." Esa orden debía ser ejecutada. En obedecimiento a ella, el ángel, algún tiempo después, volvió hacia Daniel, diciendo: "Daniel, he salido ahora para ilustrar tu inteligencia;" "comprende, pues, la orden, y entiende la visión." Daniel 8:16; 9:22, 23. Había un punto importante en la visión del capítulo octavo, que no había sido explicado, a saber, el que se refería al tiempo: el período de los 2,300 días; por consiguiente, el ángel, reanudando su explicación, se espacia en la cuestión del tiempo:

"Setenta semanas están determinadas sobre tu pueblo y sobre tu santa ciudad. . . . Sabe, pues, y entiende, que desde la salida de la orden para restaurar y edificar a Jerusalén hasta el Mesías Príncipe, habrá siete semanas, y sesenta y dos semanas; se volverá a edificar la plaza y el muro, pero esto en tiempos angustiosos. Y después de las sesenta y dos semanas se quitará la vida al Mesías, y no por Él mismo. . . . Y hará que se concierte un pacto con muchos por una semana; a la mitad de la semana hará cesar el sacrificio y la ofrenda." Daniel 9:24-27.

El ángel había sido enviado a Daniel con el objeto expreso de que le explicara el punto que no había logrado comprender en la visión del capítulo octavo, el dato relativo al tiempo: "Hasta dos mil trescientas tardes y mañanas; luego el santuario será purificado." Después de decirle a

Daniel "Comprende, pues, la orden, y entiende la visión," las primeras palabras del ángel son: "Setenta semanas están determinadas sobre tu pueblo y sobre tu santa ciudad." Daniel 9:24. La palabra traducida aquí por "determinadas," significa literalmente "descontadas." El ángel declara que setenta semanas, que representaban 490 años, debían ser descontadas por pertenecer especialmente a los Judíos. ¿Pero de dónde fueron descontadas? Como los 2,300 días son el único período de tiempo mencionado en el capítulo octavo, deben constituir el período del que fueron descontadas las setenta semanas; las setenta semanas deben por consiguiente formar parte de los 2,300 días, y ambos períodos deben comenzar juntos. El ángel declaró que las setenta semanas datan del momento en que se promulgó el edicto para reedificar a Jerusalén. Si se puede encontrar la fecha de aquel edicto, queda fijado el punto de partida del gran período de los 2,300 días.

Ese decreto se encuentra en el capítulo séptimo de Esdras (Vers. 12-26.) Fue expedido en su forma más completa por Artajerjes, rey de Persia, en el año 457 antes de J. C. Pero en Esdras 6:14 se dice que la casa del Señor fue edificada en Jerusalén "por mandato de Ciro, de Darío, y de Artajerjes, rey de Persia." Estos tres reyes, al expedir el decreto y al confirmarlo y completarlo, lo pusieron en la condición requerida por la profecía para que señalasen el principio de los 2,300 años. Tomando el año 457 antes de J. C., en que el decreto fue completado, como fecha de la orden, se comprobó que cada especificación de la profecía referente a las setenta semanas se había cumplido.

"Desde la salida de la orden para restaurar y edificar a Jerusalén hasta el Mesías Príncipe, habrá siete semanas, y sesenta y dos semanas" – es decir sesenta y nueve semanas, o sea 483 años. El decreto de Artajerjes fue puesto en vigencia en el otoño del año 457 antes de J. C. Partiendo de esta fecha, los 483 años alcanzan el otoño del año 27 de J. C. Entonces fue cuando esta profecía se cumplió. La palabra "Mesias" significa "el Ungido." En el otoño del año 27 de J. C., Cristo fue bautizado por Juan y recibió la unción del Espíritu Santo. El apóstol Pedro testifica que "ungió Dios con el Espíritu Santo y con poder a Jesús de Nazaret."

Hechos 10:38. Y el mismo Salvador declara: "El Espíritu del Señor está sobre Mí, por lo cual Me ungió para predicar el evangelio a los pobres." Lucas 4:18. Después de Su bautismo, Jesús volvió a Galilea, "predicando el evangelio del reino de Dios, y diciendo: *El tiempo* se ha cumplido." Marcos 1:14, 15.

"Y hará que se concierte un pacto con muchos por una semana." Daniel 9:27. La "semana" de la cual se habla aquí es la última de las setenta. Son los siete últimos años del período otorgado especialmente a los Judíos. Durante ese tiempo, que se extendió del año 27 al 34 de J. C., Cristo, primero en persona y luego por intermedio de Sus discípulos, presentó la invitación del evangelio especialmente a los Judíos. Cuando los apóstoles salieron para proclamar las buenas nuevas del reino, las instrucciones del Salvador fueron: "No vayáis por camino de Gentiles, ni entréis en ciudad de Samaritanos." Mateo 10:5, 6.

"A la mitad de la semana hará cesar el sacrificio y la ofrenda." Daniel 9:27. En el año 31 de J. C., tres años y medio después de Su bautismo, nuestro Señor fue crucificado. Con el gran sacrificio ofrecido en el Calvario, finalizó aquel sistema de ofrendas que durante cuatro mil años había prefigurado al Cordero de Dios. El tipo se encontró con el antitipo, y todos los sacrificios y oblaciones del sistema ceremonial debían cesar.

Las setenta semanas, o 490 años concedidos a los Judíos, cesaron, como lo vimos, en el año 34 de J. C. En dicha fecha, por auto del Sanedrín Judaico, la nación selló su rechazamiento del evangelio con el martirio de Esteban y la persecución de los discípulos de Cristo. Entonces el mensaje de salvación, no estando más reservado exclusivamente para el pueblo elegido, fue dado al mundo. Los discípulos, obligados por la persecución a huir de Jerusalén, "iban por todas partes predicando la palabra." "Felipe, descendiendo a la ciudad de Samaria, les predicaba a Cristo." Pedro, guiado por Dios, dió a conocer el evangelio al centurión de Cesarea, el piadoso Cornelio; el ardiente Pablo, ganado a la fe de Cristo, fue comisionado para llevar las alegres nuevas "lejos a los Gentiles." Hechos 8:4, 5; 22:21.

Hasta aquí cada uno de los detalles de las profecías se ha

cumplido de una manera asombrosa, y el principio de las setenta semanas queda establecido sin lugar a dudas en el año 457 antes de J. C., y su fin en el año 34 de J. C. Partiendo de esta fecha no es difícil encontrar el término de los 2,300 días. Las setenta semanas – 490 días – descontadas de los 2,300 días, quedaban 1,810 días. Concluídos los 490 días, quedaban aún por cumplirse los 1,810 días. Contando desde 34 de J. C., los 1,810 años alcanzan al año 1844. Por consiguiente los 2,300 días de Daniel 8:14 terminaron en 1844. Al fin de este gran período profético, según el testimonio del ángel de Dios, "el santuario" debía ser "purificado." De este modo la fecha de la purificación del santuario – la cual se creía casi universalmente que se verificaría en el segundo advenimiento de Cristo – quedó definitivamente establecida.

Miller y sus colaboradores creyeron primero que los 2,300 días finalizarían en la *primavera* de 1844, mientras que la profecía señala el *otoño* de ese mismo año. La mala comprensión de este punto fue causa de desengaño y perplejidad para los que habían fijado para la primavera de dicho año el tiempo de la venida del Señor. Pero esto no afectó en lo más mínimo la fuerza de la argumentación que demuestra que los 2,300 días terminaron en el año 1844 y que el gran acontecimiento representado por la purificación del santuario debía verificarse entonces.

Al empezar a estudiar las Sagradas Escrituras como lo hizo, para probar que son una revelación de Dios, Miller no tenía la más mínima idea de que llegaría a la conclusión a que había llegado. Apenas podía él mismo creer en los resultados de su investigación. Pero las pruebas de la Santa Escritura eran demasiado evidentes y concluyentes para rechazarlas.

Había dedicado dos años al estudio de la Biblia, cuando, en 1818, llegó a tener la solemne convicción de que unos veinticinco años después aparecería Cristo para redimir a Su pueblo. "No necesito hablar," dice Miller, "del gozo que llenó mi corazón ante tan embelesadora perspectiva, ni de los ardientes anhelos de mi alma para participar del júbilo de los redimidos. La Biblia fue para mí entonces un libro nuevo. Era esto en verdad una fiesta de la razón; todo lo que para mí había sido sombrío, místico u obscuro en sus enseñanzas, había desaparecido de mi mente ante la clara luz que brotaba de sus sagradas páginas; y ¡oh! ¡cuán brillante y gloriosa aparecía la verdad! Todas las contradicciones y disonancias que había encontrado antes en la Palabra desaparecieron; y si bien quedaban muchas partes que no comprendía del todo, era tanta la luz que de las Escrituras manaba para alumbrar mi inteligencia obscurecida, que al estudiarlas sentía un deleite que nunca antes me hubiera figurado que podría sacar de sus enseñanzas." –Bliss, págs. 76, 77.

"Solemnemente convencido de que las Santas Escrituras anunciaban el cumplimiento de tan importantes acontecimientos en tan corto espacio de tiempo, surgió con fuerza en mi alma la cuestión de saber cuál era mi deber para con el mundo, en vista de la evidencia que había conmovido mi propio espíritu." –*Ibid.*, pág. 81. No pudo menos que sentir que era deber suyo impartir a otros la luz que había recibido. Esperaba encontrar oposición de parte de los impíos, pero estaba seguro de que todos los Cristianos se alegrarían en la esperanza de ir al encuentro del Salvador a quien profesaban amar. Lo único que temía era que en su gran gozo por la perspectiva de la gloriosa liberación que debía cumplirse tan pronto, muchos aceptaran la doctrina sin examinar detenidamente las Santas Escrituras para ver si era la verdad. De aquí que vacilara en presentarla, por temor de estar errado y de hacer descarriar a otros. Esto le indujo a revisar las pruebas que apoyaban las conclusiones a que había llegado, y a considerar cuidadosamente cualquiera dificultad que se presentase a su espíritu. Encontró que las objeciones se desvanecían ante la luz de la Palabra de Dios como la neblina ante los rayos del sol. Los cinco años que dedicó a esos estudios le dejaron completamente convencido de que su manera de ver era correcta.

El deber de hacer saber a otros lo que él creía estar tan claramente enseñado en las Sagradas Escrituras, se le impuso entonces con nueva fuerza. "Cuando estaba ocupado en mi trabajo," explicó, "sonaba continuamente en mis oídos el mandato: 'Anda y haz saber al mundo el peligro que corre.' Recordaba constantemente este pasaje: 'Cuando yo diga al malvado: Oh malvado, de cierto morirás, si tú no hablas para apercibir al malvado de su mal camino, el malvado morirá por su pecado, pero su sangre Yo la demandaré de tu mano. Pero si tú avisas al malvado de su camino para que se aparte de él, y él no se aparta de su camino, él morirá por su pecado, pero tú habrás librado tu vida.' Ezequiel 33:8, 9. Me parecía que si los impíos podían ser amonestados eficazmente, multitudes de ellos se arrepentirían; y que si no eran amonestados, su sangre podía ser demandada de mi mano." – Bliss, pág. 92.

Empezó a presentar sus ideas en privado siempre que se le ofrecía la oportunidad, rogando a Dios que algún ministro sintiese la fuerza de ellas y se dedicase a proclamarlas. Pero no podía desprenderse de la convicción de que tenía un deber personal que cumplir dando el aviso. De continuo se presentaban a su espíritu las siguientes palabras: "Anda y anúncialo al mundo; su sangre demadaré de tu mano." Aguardó nueve años, la carga continuaba pesando sobre su alma, hasta que en 1831 expuso por primera vez en público las razones de la fe que tenía.

Así como Eliseo fue llamado cuando seguía a sus bueyes en el campo, para recibir el manto de la consagración al ministerio profético, así también Guillermo Miller fue llamado a dejar su arado y revelar al pueblo los misterios del reino de Dios. Con temblor dió principio a su obra de guiar a sus oyentes paso a paso a través de los períodos proféticos hasta el segundo advenimiento de Cristo. Con cada esfuerzo cobraba más energía y valor al notar el marcado interés que despertaban sus palabras.

A la solicitación de sus hermanos, en cuyas palabras creyó escuchar el llamamiento de Dios, se debió que Miller accediera en presentar sus opiniones en público. Tenía ya cincuenta años, y no estando acostumbrado a hablar en público, se consideraba incapaz de hacer la obra que de él se esperaba. Pero desde el principio sus labores fueron grandemente bendecidas para la salvación de las almas. Su primera conferencia fue seguida de un despertamiento religioso, durante el cual trece familias enteras, menos dos personas, fueron convertidas. Se le instó inmediatamente a que hablase en otros lugares, y casi en todas partes su trabajo tuvo por resultado un avivamiento de la obra del Señor. Los pecadores se convertían, los Cristianos renovaban su consagración a Dios, y los deístas e incrédulos eran inducidos a reconocer la verdad de la Biblia y de la religión Cristiana. El testimonio de aquellos entre quienes trabajará fue: "Consigue ejercer una influencia en una clase de mentes a la que no afecta la influencia de otros hombres." –*Ibid.*, pág. 138. Su predicación era para despertar interés en los grandes asuntos de la religión y contrarrestar la mundanalidad y sensualidad crecientes de la época.

En casi todas las ciudades se convertían los oyentes por docenas y hasta por centenares. En muchas poblaciones se le abrían de par en par las iglesias Protestantes de casi todas las denominaciones, y las invitaciones para trabajar en ellas le llegaban generalmente de los mismos ministros de diferentes congregaciones. Tenía por regla invariable no trabajar donde no hubiese sido invitado. Sin embargo pronto notó que no le era posible atender siquiera la mitad de los llamamientos que se le dirigían. Muchos que no aceptaban su modo de ver en cuanto a la fecha exacta del segundo advenimiento, estaban convencidos de la seguridad y proximidad de la venida de Cristo y de que necesitaban prepararse para ella. En algunas de las grandes ciudades, sus labores hicieron extraordinaria impresión. Hubo taberneros que abandonaron su tráfico y convirtieron sus establecimientos en salas de culto; los garitos eran abandonados; incrédulos, deístas, universalistas y hasta libertinos de los más perdidos – algunos de los cuales no habían visitado ningún lugar de culto desde hacía años – se convertían. Las diversas denominaciones establecían reuniones de oración en diferentes barrios y a casi cualquier hora del día los hombres de negocios se reunían para orar y cantar alabanzas. No se notaba excitación extravagante, sino que un sentimiento de solemnidad dominaba a casi todos. La obra de Miller, como la de los primeros Reformadores, tendía más a convencer el entendimiento y a despertar la conciencia que a excitar las emociones.

En 1833 Miller recibió de la Iglesia Bautista, de la cual era miembro, una licencia que le autorizaba para predicar. Además, buen número de los ministros de su denominación apoyaban su obra, y le dieron su sanción formal mientras

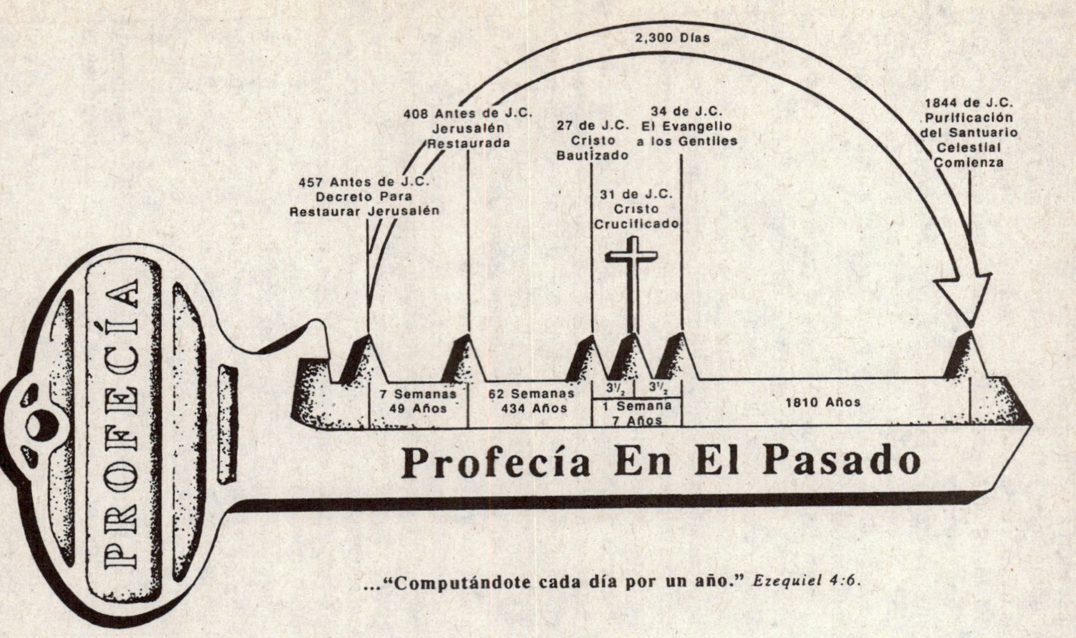

..."Computándote cada día por un año." *Ezequiel 4:6.*

457 Antes de J.C. –En esta fecha fue dada la orden por Artajerjes, rey de Persia, para restaurar y edificar Jerusalén (Daniel 9:25; Esdras 6:1, 6-12, 7:7); además comenzaron las 70 Semanas (490 años) de Daniel 9:24-27 y los 2,300 días (2,300 años) de Daniel 8:14.

408 Antes de J.C. –La plaza y el muro de Jerusalén fueron edificados después de 7 semanas proféticas, o 49 años literales. Daniel 9:25.

27 de J.C. –62 semanas proféticas (434 años actuales) después de 408 Antes de J.C., nos trae al ungimiento del Mesías para Su misión, cuando Juan lo bautizó a Él en el río Jordán. Daniel 9:25-27; Mateo 3:13-17. Solamente una semana profética (7 años literales) quedaba incumplida de las 70 Semanas.

31 de J.C. –En la "mitad" de la septuagésima semana, se le quitaría la vida al Mesías, pero "no por Él mismo." Daniel 9:26, 27. En el año 31 de J.C., Jesús fue crucificado por nosotros. Lucas 23:33, 46; 1 Pedro 2:24.

34 de J.C. –Fin de la Profecía de las 70 Semanas. Los primeros 490 años de la Profecía de los 2,300 días concluyen. Como fue predicho en Daniel 9:24-27, estos primeros 490 años fueron determinados, o asignados, a la nación Judía como última oportunidad para vindicar su misión como pueblo escogido de Dios. Daniel 9:26, 27. Al fallar en esto, la comisión del evangelio sería llevada a los Gentiles. En el año 34 de J.C., Esteban, el primer mártir, fue apedreado a muerte por los Judíos. Esto señaló el fin de las 70 semanas proféticas asignadas a la nación Judía. Hechos 7:54-60. 1,810 años faltan todavía para completar la profecía de 2,300 días/años.

1844 de J.C. –El fin de los 2,300 años predichos en Daniel 8:14. El trabajo del Juicio Investigador y la expiación final comienza.

Se requieren 457 años enteros antes de Cristo, y 1843 años enteros después de Cristo para completar 2,300. Si el decreto de Artajerjes hubiera sido fechado al COMIENZO del año 457 Antes de J.C., los 2,300 años se hubiesen extendido hasta el último día de 1843 de J.C. Pero el decreto no se puso en efecto hasta el OTOÑO del año 457 Antes de J.C., así pues, los 2,300 días terminarían en el otoño del año 1844 de J.C.

proseguía sus trabajos. Viajaba y predicaba sin descanso, si bien sus labores personales se limitaban principalmente a los estados del este y del centro de los Estados Unidos. Durante varios años sufragó él mismo todos sus gastos de su bolsillo y ni aun más tarde se le costearon nunca por completo los gastos de viaje a los lugares adonde se llamaba. De modo que, lejos de reportarle provecho pecuniario, sus labores públicas constituían un pesado gravamen para su fortuna particular que fue disminuyendo durante este período de su vida. Era padre de numerosa familia, pero como todos los miembros de ella eran frugales y diligentes, su finca rural bastaba para el sustento de todos ellos.

En 1833, dos años después de haber comenzado Miller a presentar en público las pruebas de la próxima venida de Cristo, apareció la última de las señales que habían sido anunciadas por el Salvador como precursoras de Su segundo advenimiento. Jesús había dicho: "Las estrellas caerán del cielo." Mateo 24:29. Y Juan, al recibir la visión de las escenas que anunciarían el día de Dios, declara en el Apocalipsis: "Las estrellas del cielo cayeron sobre la tierra, como la higuera deja caer sus higos cuando es sacudida por un fuerte viento." Apocalipsis 6:13. Esta profecía se cumplió de modo sorprendente y pasmoso con la gran lluvia meteórica del 13 de noviembre de 1833. Fue éste el más dilatado y admirable espectáculo de estrellas fugaces que se haya registrado, pues "¡sobre todos los Estados Unidos el firmamento entero estuvo entonces, durante horas seguidas, en conmoción ígnea! No ha ocurrido jamás en este país, desde el tiempo de los primeros colonos, un fenómeno celestial que despertara tan grande admiración entre unos, ni tanto terror ni alarma entre otros." "Su sublimidad y terrible belleza quedan aún grabadas en el recuerdo de muchos. . . . Jamás cayó lluvia más tupida que ésa en que cayeron los meteoros hacia la tierra; al este, al oeste, al norte y al sur era lo mismo. En una palabra, todo el cielo parecía en conmoción. . . . El espectáculo, tal como está descrito en el *Diario* del Profesor Silliman, fue visto por toda la América del Norte. . . . Desde las dos hasta la plena claridad del día, en un firmamento perfectamente sereno y sin nubes, todo el cielo estuvo constantemente surcado por una lluvia incesante de cuerpos que brillaban de modo deslumbrador." –R. M. Devens, *American Progress; or, The Great Events of the Greatest Century*, cap. 28, párrs. 1-5.

"En verdad, ninguna lengua podría describir el esplendor de tan hermoso espectáculo; . . . nadie que no lo haya presenciado puede formarse exacta idea de su esplendor. Parecía que todas las estrellas del cielo se hubiesen reunido en un punto cerca del cenit, y que fuesen simultáneamente lanzadas de allí, con la velocidad del rayo, en todas las direcciones del horizonte; y sin embargo no se agotaban: con toda rapidez seguíanse por miles unas tras otras, como si hubiesen sido creadas para el caso." –F. Reed, en el *Christian Advocate and Journal*, 13 de diciembre, de 1833. "Es imposible contemplar una imagen más exacta de la higuera que deja caer sus higos cuando es sacudida por un gran viento." –"The Old Countryman," en el *Evening Advertiser* de Portland, 26 de noviembre de 1833.

En el *Journal of Commerce* de Nueva York del 14 de noviembre se publicó un largo artículo referente a este maravilloso fenómeno y en él se leía la siguiente declaración: "Supongo que ningún filósofo ni erudito ha referido o registrado jamás un suceso como el de ayer por la mañana. Hace mil ochocientos años un profeta lo predijo con toda exactitud, si entendemos que las estrellas que cayeron eran estrellas errantes o fugaces, . . . que es el único sentido verdadero y literal."

Así se realizó la última de las señales de Su venida sobre las cuales Jesús había dicho a Sus discípulos: "Cuando veáis todas estas cosas, conoced que Él está cerca, a las puertas." Mateo 24:33. Después de estas señales, Juan vió que el gran acontecimiento que debía seguir consistía en que el cielo desaparecía como un libro cuando es arrollado, mientras que la tierra era sacudida, las montañas y las islas eran movidas de sus lugares, y los impíos, aterrorizados, trataban de esconderse de la presencia del Hijo del hombre. Apocalipsis 6:12-17.

Muchos de los que presenciaron la caída de las estrellas la consideraron como una advertencia del juicio venidero –

"como un signo precursor espantoso, un presagio misericordioso, de aquel grande y terrible día." –"The Old Countryman," en el *Evening Advertiser* de Portland, 26 de noviembre de 1833. Así fue dirigida la atención del pueblo hacia el cumplimiento de la profecía, y muchos fueron inducidos a hacer caso del aviso del segundo advenimiento.

En 1840 otro notable cumplimiento de la profecía despertó interés general. Dos años antes, Josías Litch, uno de los principales ministros que predicaban el segundo advenimiento, publicó una explicación del capítulo noveno del Apocalipsis, que predecía la caída del Imperio Otomano. De acuerdo a sus cálculos esa potencia sería derribada "en el año 1840 de J. C., durante el mes de agosto;" y pocos días antes de su cumplimiento escribió: "Admitiendo que el primer período de 150 años se haya cumplido exactamente antes de que Deacozes subiera al trono con permiso de los turcos, y que los 391 años y quince días comenzaran al terminar el primer período, terminarán el 11 de agosto de 1840, día en que puede anticiparse que el poder Otomano en Constantinopla será quebrantado. Y esto es lo que creo que va a confirmarse." –Josías Litch, en *Signs of the Times, and Expositor of Prophecy,* 10 de agosto de 1840.

En la fecha misma que había sido especificada, Turquía aceptó, por medio de sus embajadores, la protección de las potencias aliadas de Europa, y se puso así bajo la protección de las naciones Cristianas. El acontecimiento cumplió exactamente la predicción. Cuando esto se llegó a saber, multitudes se convencieron de que los principios de interpretación profética adoptados por Miller y sus compañeros eran correctos, con lo que recibió un impulso maravilloso el movimiento adventista. Hombres de saber y de posición social se unieron a Miller, para predicar y divulgar sus ideas, y de 1840 a 1844 la obra se extendió rápidamente.

Guillermo Miller poseía grandes dotes intelectuales, disciplinadas por la reflexión y el estudio; y a ellas añadió la sabiduría del cielo al colocarse en relación con la Fuente de la sabiduría. Era hombre de verdadero valer, que no podía menos que imponer respeto y ganarse el aprecio dondequiera que supiera estimarse la integridad, el carácter y el valor moral. Uniendo verdadera bondad de corazón a la humildad Cristiana y al dominio de sí mismo, era cortés y afable para con todos, y siempre listo para escuchar las opiniones de los demás y pesar sus argumentos. Sin apasionamiento ni agitación, examinaba todas las teorías y doctrinas a la luz de la Palabra de Dios; y su sano juicio y profundo conocimiento de las Santas Escrituras, le permitían descubrir y refutar el error.

Sin embargo no prosiguió su obra sin encontrar violenta oposición. Como les sucediera a los primeros Reformadores, las verdades que predicaba no fueron recibidas favorablemente por los maestros religiosos del pueblo. Como éstos no podían sostener sus posiciones apoyándose en las Santas Escrituras, se vieron obligados a recurrir a los dichos y doctrinas de los hombres, a las tradiciones de los padres. Pero la Palabra de Dios era el único testimonio que aceptaban los que proclamaban la verdad del segundo advenimiento. "La Biblia, y la Biblia sola," era su consigna. La falta de argumentos bíblicos de parte de sus adversarios era suplida por el ridículo y la burla. Tiempo, recursos y talentos fueron empleados en difamar a aquellos cuyo único crimen consistía en esperar con gozo el retorno de su Señor, y en esforzarse por vivir santamente, y en exhortar a los demás a que se preparasen para Su aparición.

Serios fueron los esfuerzos que se hicieron para desviar la mente del pueblo del asunto del segundo advenimiento. Se hizo aparecer como pecado, como algo de que los hombres debían avergonzarse, el estudio de las profecías referentes a la venida de Cristo y al fin del mundo. Así los ministros populares socavaron la fe en la Palabra de Dios. Sus enseñanzas volvían incrédulos a los hombres, y muchos se tomaron la libertad de andar según sus impías pasiones. Luego los autores del mal echaban la culpa de él a los Adventistas.

Mientras que un sinnúmero de personas inteligentes e interesadas se apiñaban para escuchar a Miller, su nombre era rara vez mencionado por la prensa religiosa excepto para ridiculizarlo y acusarlo. Los indiferentes y los impíos, animados por la actitud de los maestros de religión, recurrieron a epítetos difamantes, a chistes vulgares y blasfemos, en sus esfuerzos para atraer el desprecio sobre él y su obra. El siervo de Dios, encanecido en el servicio y que había dejado su confortable hogar para viajar a costa propia de ciudad en ciudad, y de pueblo en pueblo, para proclamar al mundo la solemne amonestación del juicio inminente, fue llamado fanático, mentiroso y malvado.

Las mofas, las mentiras y los ultrajes acumulados sobre él despertaron la censura e indignación hasta de la prensa profana. La gente del mundo declaró que "tratar un tema de tan imponente majestad e importantes consecuencias" con ligereza y lenguaje vulgar, "no equivalía sólo a divertirse a costa de los sentimientos de sus propagadores y defensores," sino "a reírse del día del juicio, a mofarse del mismo Dios y a hacer burla de Su tribunal." –Bliss, pág. 183.

El instigador de todo mal no trató únicamente de contrarrestar los efectos del mensaje del advenimiento, sino de aniquilar al mismo mensajero. Miller hacía una aplicación práctica de la verdad bíblica a los corazones de sus oyentes, reprobando sus pecados y confundiendo el sentimiento de satisfacción de sí mismos, y sus palabras claras y contundentes despertaron la animosidad de ellos. La oposición manifestada por los miembros de las iglesias contra su mensaje animaba a las clases bajas a ir aún más allá; y hubo enemigos que conspiraron para quitarle la vida a su salida del local de reunión. Pero hubo ángeles guardianes entre la multitud, y uno de ellos, bajo la forma de un hombre, tomó el brazo del siervo del Señor, y lo colocó a salvo del populacho furioso. Su obra no estaba aún terminada, y Satanás y sus secuaces se vieron frustados en sus planes.

A pesar de toda oposición, el interés en el movimiento adventista continuó en aumento. De decenas y centenas el número de los creyentes alcanzó a miles. Las diferentes iglesias se habían acrecentado notablemente, pero al poco tiempo el espíritu de oposición se manifestó hasta contra los conversos ganados por Miller, y las iglesias comenzaron a tomar medidas disciplinarias contra ellos. Esto indujo a Miller a instar a los Cristianos de todas las denominaciones a que, si sus doctrinas eran falsas, se lo probasen por las Escrituras.

"¿Qué hemos creído," decía él, "que no nos haya sido ordenado creer por la Palabra de Dios, que vosotros mismos reconocéis como regla única de nuestra fe y de nuestra conducta? ¿Qué hemos hecho para que se nos arrojasen tan virulentos cargos y diatribas desde el púlpito y la prensa, y para daros motivo para excluirnos a nosotros [los Adventistas] de vuestras iglesias y de vuestra comunión?" "Si estamos en el error, os ruego nos enseñéis en qué consiste nuestro error. Probádnoslo por la Palabra de Dios; harto se nos ha ridiculizado, pero no será eso lo que pueda jamás convencernos de que estemos en error; la Palabra de Dios sola puede cambiar nuestro modo de ver. Llegamos a nuestras conclusiones después de madura reflexión y de mucha oración, a medida que veíamos las evidencias de las Escrituras." –*Ibid.*, págs. 250, 252.

Siglo tras siglo las amonestaciones que Dios dirigió al mundo a través de Sus siervos, fueron recibidas con la misma incredulidad y falta de fe. Cuando la maldad de los antediluvianos le indujo a enviar el diluvio sobre la tierra, les dió primero a conocer Su propósito para brindarles oportunidad de apartarse de sus malos caminos. Durante ciento veinte años oyeron resonar en sus oídos la amonestación que los llamaba al arrepentimiento, no fuese que la ira de Dios los destruyese. Pero el mensaje se les antojó fábula ridícula, y no lo creyeron. Envalentonándose en su maldad, se burlaron del mensajero de Dios, se rieron de sus amenazas, y hasta le acusaron de presunción. ¿Cómo se atrevía él solo a levantarse contra todos los grandes de la tierra? Si el mensaje de Noé era verdadero, ¿por qué no lo aceptaba como tal el mundo entero? y ¿por qué no le daba crédito? ¡Era la afirmación de un hombre contra la sabiduría de millares! No quisieron dar fe a la amonestación, ni buscar protección en el arca.

Los burladores llamaban la atención a las cosas de la naturaleza, – a la sucesión invariable de las estaciones, al cielo azul que nunca había derramado lluvia, a los verdes campos refrescados por el fresco rocío de la noche, – y exclamaban: "¿No habla acaso en parábolas?" Con desprecio declaraban que el predicador de la justicia era fanático rematado; y siguieron corriendo tras los placeres y andando en sus malos caminos con más empeño que nunca antes. Pero su incredulidad no impidió la realización del acontecimiento predicho. Dios soportó largo tiempo su maldad, ofreciéndoles amplia oportunidad para arrepentirse, pero en el tiempo señalado Sus juicios cayeron sobre los que habían rechazado Su misericordia.

Cristo declara que habrá una incredulidad análoga respecto a Su segunda venida. Así como en tiempo de Noé los hombres "no se dieron cuenta hasta que vino el diluvio y se los llevó a todos, así," según las palabras de nuestro Salvador, "será la venida del Hijo del Hombre." Mateo 24:39. Cuando los que profesan ser el pueblo de Dios se unan con el mundo, viviendo como él vive y compartiendo sus placeres prohibidos; cuando el lujo del mundo se vuelva el lujo de la iglesia; cuando las campanas repiquen a boda, y todos cuenten en perspectiva con largos años de prosperidad mundana – entonces, tan repentinamente como el relámpago cruza el cielo, se desvanecerán sus visiones brillantes y sus falaces esperanzas.

Así como Dios envió a Su siervo para dar al mundo aviso del diluvio que se acercaba, también envió mensajeros escojidos para proclamar la venida del juicio final. Y así como los contemporáneos de Noé se burlaron con desprecio de las predicciones del predicador de la justicia, también en los días de Miller muchos, hasta de los que profesaban ser del pueblo de Dios, se burlaron de las palabras de aviso.

¿Y por qué la doctrina y predicación de la segunda venida de Cristo fueron tan mal recibidas por las iglesias? Si bien el advenimiento del Señor significa desgracia y desolación para los impíos, para los justos es motivo de júbilo y esperanza. Esta gran verdad había sido consuelo de los fieles siervos de Dios a través de los siglos; ¿por qué hubo de convertirse, como Su Autor, en "piedra de tropiezo, y piedra de caída," para los que profesaban ser Su pueblo? Fue nuestro Señor mismo quien prometió a Sus discípulos: "Y si me voy y os preparo lugar, vendré otra vez, y os tomaré conmigo." Juan 14:3. El compasivo Salvador fue quien, previendo el abandono y dolor de Sus discípulos, comisionó a los ángeles que los consolaran con la seguridad de que volvería en persona, como había subido al cielo. Mientras los discípulos estaban mirando con ansia al cielo para percibir la última vislumbre de Aquél a quien amaban, fue atraída su atención por las palabras: "Varones Galileos, ¿por qué estáis mirando al cielo? Este mismo Jesús, que ha sido tomado de vosotros al cielo, vendrá así, tal como le habéis visto ir al cielo." Hechos 1:11. El mensaje de los ángeles reavivó la esperanza de los discípulos. "Volvieron a Jerusalén con gran gozo; y estaban siempre en el templo, alabando y bendiciendo a Dios." Lucas 24:52, 53. No se alegraban de que Jesús se hubiese separado de ellos ni de que hubiesen sido dejados para luchar con las pruebas y tentaciones del mundo, sino porque los ángeles les habían prometido que Él volvería.

La proclamación de la venida de Cristo debería ser ahora lo que fue la hecha por los ángeles a los pastores de Belén, es decir, buenas nuevas de gran gozo. Los que aman sinceramente al Salvador no pueden menos que recibir con aclamaciones de alegría el anuncio fundado en la Palabra de Dios de que Aquél en quien se concentran sus esperanzas para la vida eterna volverá, no para ser insultado, despreciado y rechazado como en Su primer advenimiento, sino con poder y gloria, para redimir a Su pueblo. Son aquellos que no aman al Salvador quienes desean que no regrese; y no puede haber prueba más concluyente de que las iglesias se han apartado de Dios, que la irritación y la animosidad despertadas por este mensaje celestial.

Los que aceptaron la doctrina del advenimiento sintieron la necesidad de arrepentirse y humillarse ante Dios. Muchos habían estado vacilando mucho tiempo entre Cristo y el mundo; entonces comprendieron que era tiempo de decidirse. "Las cosas eternas asumieron para ellos extraordinaria realidad. Acercóseles el cielo y se sintieron culpables ante Dios." –Bliss, pág. 146. Nueva vida espiritual se despertó en los creyentes. El mensaje les hizo sentir que el tiempo era corto, que debían hacer pronto cuanto habían de hacer por sus semejantes. La tierra retrocedía, la eternidad parecía abrirse ante ellos, y el alma, con todo lo que pertenece a su dicha o infortunio inmortal, apocaba todo objeto temporal.

El Espíritu de Dios reposaba sobre ellos, y daba fuerza a los llamamientos ardientes que dirigían tanto a sus hermanos como a los pecadores a fin de que se preparasen para el día de Dios. El testimonio mudo de su conducta diaria equivalía a una censura constante para los miembros formalistas y no santificados de las iglesias. Estos no querían que se les molestara en su búsqueda de placeres, ni en su culto a Mamón ni en su ambición de honores mundanos. De ahí la enemistad y oposición despertadas contra la fe adventista y los que la proclamaban.

Como los argumentos basados en los períodos proféticos resultaban irrefutables, los adversarios trataron de prevenir la investigación de este asunto enseñando que las profecías estaban selladas. De este modo los Protestantes seguían las huellas de los Romanistas. Mientras que la iglesia papal le niega la Biblia al pueblo, las iglesias Protestantes aseveraban que parte importante de la Palabra Sagrada – o sea, la que pone a la vista verdades de especial aplicación para nuestro tiempo – no podía ser entendida.* Los ministros y el pueblo declararon que las profecías de Daniel y del Apocalipsis eran misterios incomprensibles. Pero Cristo había llamado la atención de Sus discípulos a las palabras del profeta Daniel relativas a los sucesos que debían desarrollarse en tiempo de ellos, y les había dicho: "El que lee, *entienda.*" Y la aseveración de que el Apocalipsis es un misterio que no se puede comprender es rebatida por el título mismo del libro: "Revelación de Jesucristo, que Dios le dió, para mostrar a

---

* El texto de este volumen fue escrito en 1888, antes del Concilio del Vaticano II, el cual introdujo un cambio en cuanto a la lectura de la Biblia. Durante siglos la Iglesia Católica se opuso tenazmente a que sus fieles tuvieran acceso directo a la Biblia, prohibiendo su traducción a lenguas populares, impidiendo su lectura, y condenando a quienes la traducían, distribuían o leían. Pero en años recientes se ha operado un cambio dramático y positivo en este sentido. Por un lado, la Iglesia Católica ha aprobado la publicación de numerosas versiones hechas a partir de los idiomas originales; por otro, ha promovido el estudio de las Sagradas Escrituras mediante la distribución libre y la celebración de cursillos bíblicos. La Iglesia Católica sigue, sin embargo, reservándose el derecho exclusivo a interpretar la Biblia a la luz de su propia tradición, con lo que justifica doctrinas que no armonizan con las enseñanzas bíblicas.

Sus siervos las cosas que deben suceder en seguida. . . . *Bienaventurado* el que *lee*, y los que *oyen* las palabras de esta profecía, y *guardan* las cosas escritas en ella; porque el tiempo está cerca." Apocalipsis 1:1-3.

El profeta dice: "Bienaventurado el que lee" – hay quienes no quieren leer; la bendición no es para ellos. "Y los que oyen" – hay algunos, también, que se niegan a oír cualquier cosa relativa a las profecías; las bendiciones no es tampoco para esa clase de personas. "Y guardan las cosas escritas en ella" – muchos se niegan a tomar en cuenta las amonestaciones e instrucciones contenidas en el Apocalipsis. Ninguno de ellos tiene derecho a la bendición prometida. Todos los que desprecian los argumentos de la profecía y se burlan de los símbolos dados solemnemente en ella, todos los que se niegan a reformar sus vidas y a prepararse para la venida del Hijo del Hombre, no serán bendecidos.

Ante semejante testimonio de la Inspiración, ¿cómo se atreven los hombres a enseñar que el Apocalipsis es un misterio fuera del alcance de la inteligencia humana? Es un misterio revelado, un libro abierto. El estudio del Apocalipsis nos lleva a las profecías de Daniel, y ambos libros contienen enseñanzas de suma importancia, dadas por Dios a los hombres, acerca de los acontecimientos que han de desarrollarse al fin de la historia de este mundo.

A Juan le fueron descubiertos cuadros de la experiencia de la iglesia que resultaban de interés profundo y conmovedor. Vió las circunstancias, los peligros, las luchas y la liberación final del pueblo de Dios. Consigna los mensajes finales que han de hacer madurar la mies de la tierra, ya sea en gavillas para el granero celestial, o en manojos para los fuegos de la destrucción. Fuéronle revelados asuntos de suma importancia, especialmente para la última iglesia, con el objeto de que los que se volviesen del error a la verdad pudiesen ser alertados con respecto a los peligros y luchas que les esperaban. Nadie necesita estar a obscuras en lo que respecta a lo que ha de acontecer en la tierra.

¿Por qué existe, pues, esta ignorancia general acerca de tan importante porción de las Escrituras? ¿Por qué es tan universal la falta de voluntad para investigar sus enseñanzas?

Es resultado de un esfuerzo del príncipe de las tinieblas para ocultar a los hombres lo que revela sus engaños. Por esta razón, Cristo el Revelador, previendo la guerra que se haría al estudio del Apocalipsis, pronunció una bendición sobre cuantos leyesen, oyesen y guardasen las palabras de la profecía.

CAPÍTULO 19

LUZ A TRAVÉS DE LAS TINIEBLAS

LA OBRA DE DIOS en la tierra presenta, siglo tras siglo, sorprendente analogía en cada gran movimiento reformatorio o religioso. Los principios que rigen el trato de Dios con los hombres son siempre los mismos. Los movimientos importantes del tiempo presente concuerdan con los del tiempo antiguo, y la experiencia de la iglesia en tiempos que fueron encierra lecciones de gran valor para los nuestros.

Ninguna verdad se enseña en la Biblia con mayor claridad que aquella de que por medio de Su Santo Espíritu Dios dirige especialmente a Sus siervos en la tierra en los grandes movimientos en pro del adelanto de la obra de salvación. Los hombres son en mano de Dios instrumentos de los que Él se vale para realizar Sus fines de gracia y misericordia. Cada cual tiene su papel que desempeñar; a cada cual le ha sido concedida cierta medida de luz adapada a las necesidades de su tiempo, y suficiente para permitirle cumplir la obra que Dios le encomendó. Sin embargo, ningún hombre, por mucho que le haya honrado el Cielo, alcanzó jamás a comprender completamente el gran plan de la redención, ni siquiera a apreciar debidamente el propósito divino en la obra para su propia época. Los hombres no comprenden por completo lo que Dios quisiera cumplir por medio de la obra que les da que hacer; no entienden, en todo su alcance, el mensaje que proclaman en Su nombre.

"¿Descubrirás tú las profundidades de Dios? ¿Alcanzarás el límite de la perfección del Todopoderoso?" Job 11:7. "Mis pensamientos no son vuestros pensamientos, ni vuestros caminos Mis caminos, dice Jehová. Pues así como los cielos son más altos que la tierra, así son Mis caminos más altos que vuestros caminos, y Mis pensamientos más que vuestros pensamientos." Isaías 55:8, 9. "Yo soy Dios, . . . y nada hay semejante a Mí, que anuncio lo por venir desde el principio, y desde la antigüedad lo que aún no era hecho." Isaías 46:9, 10.

Ni siquiera los profetas que fueron favorecidos por la iluminación especial del Espíritu comprendieron del todo el alcance de las revelaciones que les fueron concedidas. Su significado debía ser aclarado, de siglo en siglo, a medida que el pueblo de Dios necesitase la instrucción encerradas en ellas.

Escribiendo Pedro acerca de la salvación dada a conocer por el evangelio, dice: "Acerca de esta salvación investigaron y averiguaron diligentemente los profetas que profetizaron acerca de la gracia destinada a vosotros, escudriñando qué persona y que tiempo indicaba el Espíritu de Cristo que estaba en ellos, el cual anunciaba de antemano los sufrimientos de Cristo, y las glorias que vendrían tras ellos. A los cuales fue revelado que no administraban para sí mismos, sino para nosotros." 1 Pedro 1:10-12.

No obstante, a pesar de no haber sido dado a los profetas que comprendiesen completamente las cosas que les fueron reveladas, procuraron con fervor toda la luz que Dios había tenido a bien manifestar. "Buscaron e inquirieron diligentemente," "inquiriendo qué cosa o qué manera de tiempo indicaba el Espíritu de Cristo que estaba en ellos." ¡Qué lección para el pueblo de Dios en la era Cristiana, para cuyo beneficio estas profecías fueron dadas a Sus siervos! "A los cuales fue revelado que no administraban para sí mismos, sino para nosotros." Considerad a esos santos hombres de Dios que "buscaron e inquirieron diligentemente" tocante a las revelaciones que les fueron dadas para generaciones que aún no habían nacido. Comparad su santo celo con la indiferencia con que los favorecidos en edades posteriores trataron este don del cielo. ¡Qué censura contra la apatía, amiga de la comodidad y de la mundanalidad, que se contenta con declarar que no se pueden comprender las profecías!

Si bien es cierto que la inteligencia de los hombres no es capaz de penetrar en los consejos del Eterno, ni de comprender enteramente el modo en que se cumplen Sus designios, la razón para que le resulten tan vagos los mensajes del cielo se debe con frecuencia a algún error o descuido de su parte. A menudo la mente del pueblo – y hasta de los siervos de Dios – es ofuscada por las opiniones humanas, las tradiciones y las falsas enseñanzas de los hombres, de manera que no alcanzan a comprender más que parcialmente las grandes verdades que Dios reveló en Su Palabra. Así les pasó a los discípulos de Cristo, cuando el mismo Señor estaba con ellos en persona. Su espíritu estaba dominado por la creencia popular de que el Mesías sería un príncipe terrenal, que exaltaría a Israel a la altura de un imperio universal, y no pudieron comprender el significado de Sus palabras cuando les anunció Sus sufrimientos y Su muerte.

El mismo Cristo los envió con el mensaje: "El tiempo se ha cumplido, y el reino de Dios se ha acercado; arrepentíos, y creed en el evangelio." Marcos 1:15. El mensaje se basaba en la profecía del capítulo noveno de Daniel. El ángel había declarado que las sesenta y nueve semanas alcanzarían "hasta el Mesías Príncipe," y con grandes esperanzas y gozo anticipado los discípulos anhelaban que se estableciera en Jerusalén el reino del Mesías que debía extenderse por toda la tierra.

Predicaron el mensaje que Cristo les había confiado aun cuando ellos mismos entendían mal su significado. Aunque su mensaje se basaba en Daniel 9:25, no notaron que, según el versículo siguiente del mismo capítulo, el Mesías iba a ser muerto. Desde su más temprana edad la esperanza de su corazón se había cifrado en la gloria de un futuro imperio terrenal, y eso les nublaba la inteligencia con respecto tanto a los datos de la profecía como a las palabras de Cristo.

Cumplieron su deber presentando a la nación Judaica el llamamiento misericordioso, y luego, en el momento mismo en que esperaban ver a su Señor ascender al trono de David, le vieron aprehendido como un malhechor, azotado, escarnecido y condenado, y suspendido en la cruz del Calvario. ¡Qué desesperación y qué angustia no destrozaron los corazones de esos discípulos durante los días en que su Señor dormía en la tumba!

Cristo había venido al tiempo exacto y en la manera que anunciara la profecía. La declaración de las Escrituras se había cumplido en cada detalle de Su ministerio. Había predicado el mensaje de salvación, y "Su palabra era con autoridad." Los corazones de Sus oyentes habían atestiguado que el mensaje venía del cielo. La Palabra y el Espíritu de Dios confirmaban el carácter divino de la misión de Su Hijo.

Los discípulos seguían aferrándose a su amado Maestro con amor indisoluble. Y sin embargo sus espíritus estaban envueltos en la incertidumbre y la duda. En su angustia olvidaron las palabras de Cristo que aludían a Sus padecimientos y a Su muerte. Si Jesús de Nazaret hubiese sido el verdadero Mesías, ¿habríanse visto ellos sumidos así en el dolor y el desengaño? Tal era la pregunta que les atormentaba el alma mientras el Salvador reposaba en el sepulcro durante las horas desesperanzadas de aquel Sábado que medió entre Su muerte y Su resurrección.

Aunque el tétrico dolor dominaba a estos discípulos de Jesús, no por eso fueron abandonados. El profeta dice: "Aunque more en tinieblas, Jehová será mi luz. . . . Él me sacará a luz; veré Su justicia." Miqueas 7:8, 9. "Ni aun las tinieblas encubren de ti; y la noche es tan luminosa como el día; lo mismo te son las tinieblas que la luz." Salmos 139:12. Dios había dicho: "Resplandeció en las tinieblas una luz para los rectos." Salmos 112:4. "Y guiaré a los ciegos por camino que no conocían, les guiaré por sendas que no habían conocido; delante de ellos cambiaré las tinieblas en luz, y lo escabroso en llanura. Estas cosas son las que he decidido hacer, y no las dejaré sin realizar." Isaías 42:16.

Lo que los discípulos habían anunciado en nombre de su Señor, era exacto en todo sentido, y los acontecimientos predichos estaban sucediéndose en ese mismo momento. "Se ha cumplido el tiempo, y se ha acercado el reino de Dios," había sido el mensaje de ellos. Transcurrido "el tiempo" – las sesenta y nueve semanas del capítulo noveno de Daniel, que debían extenderse hasta el Mesías, "el Ungido" – Cristo había recibido la unción del Espíritu después de haber sido bautizado por Juan en el Jordán, y el "reino de Dios" que habían declarado estar próximo, fue establecido por la muerte de Cristo. Este reino no era un imperio terrenal como se les había enseñado a aceptar. No era tampoco el reino venidero e inmortal que se establecerá cuando "el reino, y el dominio y la majestad de los reinos debajo de todos los cielos sean dados al pueblo de los santos del Altísimo;" ese reino eterno en que "todos los imperios le servirán y obedecerán." Daniel 7:27. La expresión "reino de Dios," tal cual la emplea la Biblia, significa tanto el reino de la gracia como el de la gloria. El reino de la gracia es presentado por Pablo en la Epístola a los Hebreos. Después de haber hablado de Cristo como del Intercesor que puede "compadecerce de nuestras debilidades," el apóstol dice: "Acerquémonos, pues, confiadamente *al trono de la gracia*, para alcanzar misericordia y hallar gracia para el oportuno socorro." Hebreos 4:15, 16. El trono de la gracia representa el reino de la gracia; pues la existencia de un trono implica la existencia de un reino. En muchas de sus parábolas, Cristo emplea la expresión, "el reino de los cielo," para señalar la obra de la gracia divina en los corazones de los hombres.

Asimismo el trono de la gloria representa el reino de la gloria y es a este reino al que se refería el Salvador en las palabras: "Cuando el Hijo del Hombre venga en Su gloria, y todos los santos ángeles con Él, entonces se sentará en Su trono de gloria, y serán reunidas delante de Él todas las naciones." Mateo 25:31, 32. Este reino está aún por venir. No quedará establecido sino en el segundo advenimiento de Cristo.

El reino de la gracia fue instituído inmediatamente después de la caída del hombre, cuando se ideó un plan para la redención de la raza culpable. Este reino existía entonces en el designio de Dios y por Su promesa; y mediante la fe los hombres podían hacerse Sus súbditos. Sin embargo, no fue establecido en verdad hasta la muerte de Cristo. Aun después de haber comenzado Su misión terrenal, el Salvador, cansado de la obstinación e ingratitud de los hombres, habría podido retroceder ante el sacrificio del Calvario. En Getsemaní la copa del dolor le tembló en la mano. Aun entonces, hubiera podido enjugar el sudor de sangre de Su frente y dejar que la raza culpable pereciese en su iniquidad. Si así lo hubiera hecho no habría habido redención para la humanidad perdida. Pero cuando el Salvador hubo rendido la vida y exclamado en Su último aliento: "Consumado es," entonces el cumplimiento del plan de la redención quedó asegurado. La promesa de salvación hecha a la pareja culpable en el Edén quedó ratificada. El reino de la gracia, que hasta entonces existiera por la promesa de Dios, quedó establecido.

Así, la muerte de Cristo, – el acontecimiento mismo que los discípulos habían considerado como la ruina final de sus esperanzas – fue lo que las aseguró para siempre. Si bien es verdad que esa misma muerte fuera para ellos cruel desengaño, no dejaba de ser la prueba máxima de que su creencia había sido bien fundada. El suceso que los había llenado de tristeza y desesperación, fue lo que abrió para todos los hijos de Adán la puerta de la esperanza, en la cual se concentraban la vida futura y la felicidad eterna de todos los fieles siervos de Dios en todas las edades.

Los designios de la misericordia infinita alcanzaban a cumplirse, hasta por medio del desengaño de los discípulos. Si bien sus corazones habían sido ganados por la gracia divina y el poder de las enseñanzas de Aquél que hablaba como "jamás habló hombre alguno," conservaban, mezclada con el oro puro de su amor a Jesús, la mezcla vil del orgullo humano y de las ambiciones egoístas. Hasta en el aposento de la cena pascual, en aquella hora solemne en que su Maestro estaba entrando ya en las sombras de Getsemaní, "hubo también entre ellos un altercado sobre quién de ellos parecía ser mayor." Lucas 22:24. No veían más que el trono, la corona y la gloria, cuando lo que tenían delante era el oprobio y la agonía del huerto, el pretorio y la cruz del Calvario. Era el orgullo de sus corazones, la ambición de gloria mundana lo que les había inducido a adherirse tan persistentemente a las falsas doctrinas de su tiempo, y a no tener en cuenta las palabras del Salvador que exponían la verdadera naturaleza de Su reino y predecían Su agonía y Su muerte. Y estos errores remataron en prueba – dura pero necesaria – que Dios permitió para escarmentarlos. Aunque los discípulos comprendieron mal el sentido del mensaje y vieron frustrarse sus esperanzas, habían proclamado la amonestación que Dios les encomendara, y el Señor iba a recompensar su fe y honrar su obediencia confiándoles la tarea de anunciar a todas las naciones el glorioso evangelio del Señor resucitado. Y a fin de prepararlos para esta obra, había permitido que pasaran por el trance que tan amargo les pareciera.

Después de Su resurrección, Jesús apareció a Sus discípulos en el camino de Emaús, y "comenzando desde Moisés, y siguiendo por todos los profetas, se puso a explicarles en todas las Escrituras lo referente a Él." Lucas 24:27. Los corazones de los discípulos se conmovieron. Su fe se reavivó. Fueron reengendrados "en esperanza viva," aun antes de que Jesús se revelase a ellos. El propósito de Jesús fue iluminar sus inteligencias y fundar su fe en la "palabra profética" "más firme." Deseaba que la verdad se arraigase fuertemente en sus pensamientos, no sólo porque era sostenida por Su testimonio personal sino a causa de las puebas evidentes suministradas por los símbolos y sombras de la ley típica, y por las profecías del Antiguo Testamento. Era necesario que los discípulos de Cristo tuviesen una fe inteligente, no sólo en beneficio propio, sino para comunicar al mundo el conocimiento de Cristo. Y como primer paso en la revelación de este conocimiento, Jesús dirigió a Sus discípulos a "Moisés y todos los profetas." Tal fue el testimonio dado por el Salvador resucitado en cuanto al valor e importancia de las Escrituas del Antiguo Testamento.

¡Qué cambio el que se efectuó en los corazones de los discípulos cuando contemplaron una vez más el amado rostro de su Maestro! Lucas 24:32. En un sentido más completo y perfecto que nunca antes, habían hallado "a Aquél, de quien escribió Moisés en la ley, y asimismo los profetas." La incertidumbre, la angustia, la desesperación, hicieron lugar a una seguridad perfecta, a una fe serena. ¿Qué mucho entonces que después de Su ascensión ellos estuviesen "siempre en el templo, alabando y bendiciendo a Dios?" El pueblo, que no tenía conocimiento sino de la muerte ignominiosa del Salvador, observaban para descubrir en sus semblantes una expresión de dolor, confusión y derrota; pero sólo veía en ellos alegría y triunfo. ¡Qué preparación la que habían recibido para la obra que les esperaba! Habían pasado por la prueba más grande que les fuera posible experimentar, y habían visto cómo, cuando a juicio humano todo estaba perdido, la Palabra de Dios se había cumplido y había salido triunfante. En lo sucesivo ¿qué podría hacer dudar su fe, o enfriar el ardor de su amor? En sus penas más amargas ellos tuvieron "un fuerte consuelo," una esperanza que era "como segura y firme ancla del alma." Hebreos 6:18, 19. Habían comprobado la sabiduría y poder de Dios y estaban persuadidos de "que ni la muerte, ni la vida, ni ángeles, ni principados, ni potestades, ni lo presente, ni lo por venir, ni lo alto, ni lo profundo, ni ninguna otra cosa creada" podría apartarlos "del amor de Dios, que es en Cristo Jesús nuestro Señor." "En todas estas cosas," decían, "somos más que vencedores por medio de Aquel que nos amó." Romanos 8:38, 39, 37. "La palabra del Señor permanece para siempre." 1 Pedro 1:25. Y "¿Quién es el que condena? Cristo es el que murió; más aún, el que también resucitó, el que además está a la diestra de Dios, el que también intercede por nosotros." Romanos 8:34.

El Señor dice: "Nunca jamás será Mi pueblo avergonzado." Joel 2:26. "Por la noche nos visita el llanto, pero a la mañana viene la alegría." Salmos 30:5. Cuando en el día de Su resurrección estos discípulos hallaron al Salvador, y sus corazones ardieron al escuchar Sus palabras; cuando miraron Su cabeza, Sus manos y Sus pies que habían sido heridos por ellos; cuando antes de Su ascensión, Jesús les llevara hasta cerca de Betania y, levantando Sus manos para bendecirlos, les dijera: "Id por todo el mundo y proclamad el evangelio a toda criatura," y agregara: "He aquí, que Yo estoy con vosotros todos los días" (Marcos 16:15; Mateo 28:20); cuando en el día de Pentecostés descendió el Consolador prometido, y por el poder de lo alto que les fue otorgado las almas de los creyentes se estremecieron con el sentimiento de la presencia de su Señor que había ascendido al cielo, – entonces, aunque la senda que seguían, como la que siguiera su Maestro, fuera la senda del sacrificio y del martirio, ¿habrían ellos acaso cambiado el ministerio del evangelio de gracia, con la "corona de justicia" que habían de recibir a Su venida, por la gloria de un trono mundano que había sido su esperanza en los comienzos de su discipulado? Aquél "que es poderoso para hacer infinitamente más de todo cuanto podemos pedir, y aun pensar," les había concedido con la participación en Sus sufrimientos, la comunión de Su gozo – el gozo de "llevar muchos hijos a la gloria," dicha indecible, "un peso eterno de gloria," al que, dice Pablo, nuestra "ligera aflicción que no dura sino por un momento," no es "digna de ser comparada."

Lo que experimentaron los discípulos que predicaron el "evangelio del reino" cuando vino Cristo por primera vez tuvo su contraparte en lo que experimentaron los que proclamaron el mensaje de Su segundo advenimiento. Así como los discípulos fueron predicando: "Se ha cumplido el tiempo, y se ha acercado el reino de Dios," así también Miller y sus asociados proclamaron que estaba a punto de finalizar el período profético más largo y último de que habla la Biblia, que el juicio era inminente y que el reino eterno iba a ser establecido. La predicación de los discípulos en cuanto al tiempo se basaba en las setenta semanas del capítulo noveno de Daniel. El mensaje proclamado por Miller y sus colaboradores advertía la conclusión de los 2,300 días de Daniel 8:14, de los cuales las setenta semanas forman parte. En cada caso la predicación se fundaba en el cumplimiento de una parte diferente del mismo gran período profético.

Como los primeros discípulos, Guillermo Miller y sus colaboradores no comprendieron ellos mismos completamente el alcance del mensaje que proclamaban. Los errores que existían desde hacía mucho tiempo en la iglesia les impidieron interpretar correctamente un punto importante de la profecía. Por eso si bien proclamaron el mensaje que Dios les había confiado para que lo diesen al mundo, sufrieron un desengaño debido a un falso concepto de su significado.

Al explicar Daniel 8:14: "Hasta dos mil trescientas tardes y mañanas; luego el santuario será purificado," Miller, como ya lo hemos dicho, aceptó la creencia general de que la tierra era el santuario, y creyó que la purificación del santurario representaba la purificación de la tierra por el fuego a la venida del Señor. Por consiguiente, cuando entendió de ver que el fin de los 2,300 días estaba predicho con precisión, sacó la conclusión de que esto revelaba el tiempo del segundo advenimiento. Su error consistía en que había aceptado la creencia popular relativa a lo que constituye el santuario.

En el sistema típico – que era sombra del sacrificio y del

sacerdocio de Cristo – la purificación del santuario era el último servicio efectuado por el sumo sacerdote en el ciclo anual de su ministerio. Era el acto final de la obra de expiación – una remoción o apartamiento del pecado de Israel. Prefiguraba la obra final en el ministerio de nuestro Sumo Sacerdote en el cielo, en el acto de borrar los pecados de Su pueblo, que están consignados en los libros celestiales. Este servicio conlleva una obra de investigación, una obra de juicio, y precede inmediatamente la venida de Cristo en las nubes del cielo con gran poder y gloria, pues cuando Él venga, la causa de cada uno habrá sido decidida. Jesús dice: "Yo vengo pronto, y Mi galardón conmigo, para recompensar a cada uno según sea su obra." Apocalipsis 22:12. Esta obra de juicio, que precede inmediatamente al segundo advenimiento, es la que se anuncia en el primer mensaje angelical de Apocalipsis 14:7 "¡Temed a Dios, y dadle gloria, porque la hora de Su juicio ha llegado!"

Los que proclamaron esta amonestación dieron el debido mensaje a su debido tiempo. Pero así como los primeros discípulos declararan: "Se ha cumplido el tiempo, y se ha acercado el reino de Dios," fundándose en la profecía de Daniel 9, sin darse cuenta de que la muerte del Mesías estaba anunciada en el mismo pasaje bíblico, así también Miller y sus colaboradores predicaron el mensaje fundado en Daniel 8:14 y Apocalipsis 14:7 sin notar que el capítulo 14 del Apocalipsis encerraba aún otros mensajes que debían ser también proclamados antes del advenimiento del Señor. Como los discípulos se equivocaron en cuanto al reino que debía establecerse al fin de las setenta semanas, así también los Adventistas se equivocaron en cuanto al acontecimiento que debía ocurrir al fin de los 2,300 días. En ambos casos la circunstancia de haber aceptado errores populares, o mejor dicho la adhesión a ellos, fue lo que cerró el espíritu a la verdad. Ambas escuelas cumplieron la voluntad de Dios, proclamando el mensaje que Él deseaba fuese proclamado, y ambas, debido a su mala comprensión del mensaje, sufrieron desengaños.

Sin embargo, Dios cumplió Su propósito misericordioso permitiendo que el juicio fuese proclamado precisamente como lo fué. El gran día estaba inminente, y en la providencia de Dios el pueblo fue probado en cuanto a un tiempo fijo a fin de que se les revelase lo que había en sus corazones. El mensaje tenía por objeto probar y purificar la iglesia. Los hombres debían ser inducidos a ver si sus afectos dependían de las cosas de este mundo o de Cristo y del cielo. Ellos profesaban amar al Salvador; debían entonces probar su amor. ¿Estarían dispuestos a renunciar a sus esperanzas y ambiciones mundanas, para recibir con gozo el advenimiento de su Señor? El mensaje tenía por objeto hacerles ver su verdadero estado espiritual; fue enviado misericordiosamente para despertarlos a fin de que buscasen al Señor con arrepentimiento y humillación.

Además, si bien el desengaño era resultado de una comprensión errónea del mensaje que proclamaban, Dios iba a predominar para bien sobre las ciucunstancias. Los corazones de los que habían profesado recibir la amonestación iban a ser probados. En presencia de su desengaño, ¿se apresurarían ellos a renunciar a su experiencia y a abandonar su confianza en la Palabra de Dios o con oración y humildad procurarían entender en qué puntos no habían comprendido el significado de la profecía? ¿Cuántos habían obrado por temor o por impulso y arrebato? ¿Cuántos eran de corazón indeciso e incrédulo? Muchos profesaban anhelar el advenimiento del Señor. Al ser llamados a sufrir las burlas y el oprobio del mundo, y la prueba de la demora y del desengaño, ¿renunciarían a su fe? Porque no pudieran comprender luego los caminos de Dios para con ellos, ¿rechazarían verdades confirmadas por el testimonio más claro de Su Palabra?

Esta prueba revelaría la fuerza de aquellos que con verdadera fe habían obedecido a lo que creían ser la enseñanza de la Palabra y del Espíritu de Dios. Ella les enseñaría, como sólo tal experiencia podía hacerlo, el peligro que hay en aceptar las teorías e interpretaciones de los hombres, en lugar de dejar la Biblia interpretarse a sí misma. La perplejidad y el dolor que iban a resultar de su error, producirían en los hijos de la fe el escarmiento necesario. Los inducirían a profundizar aún más el estudio de la palabra profética. Aprenderían a examinar más cuidadosamente el fundamento de su fe, y a rechazar todo lo que no estuviera cimentado en la verdad de las Sagradas Escrituras, por muy amplia que fuese su aceptación en el mundo Cristiano.

A estos creyentes les sucedió lo que a los primeros discípulos: lo que en la hora de la prueba pareciera obscuro a su inteligencia, les fue aclarado después. Cuando vieron el "fin que vino del Señor," supieron que a pesar de la prueba que resultó de sus errores, los propósitos del amor divino para con ellos no habían dejado de seguir cumpliéndose. Gracias a tan bendita experiencia llegaron a saber que el "Señor es muy misericordioso y compasivo;" que todos Sus caminos "son misericordia y verdad, para los que guardan Su pacto y Sus testimonios."

CAPÍTULO 20

El Despertar

EN LA PROFECÍA del primer mensaje angelical, en el capítulo 14 del Apocalipsis, se predice un gran despertamiento religioso bajo la influencia de la proclamación de la próxima venida de Cristo. Se ve "volar por en medio del cielo a otro ángel, que tenía un evangelio eterno para predicarlo a los que habitan sobre la tierra, a toda nación, tribu, lengua y pueblo." "A gran voz" proclama el mensaje: "¡Temed a Dios y dadle gloria, porque la hora de Su juicio ha llegado; y adorad a Aquél que hizo el cielo y la tierra, el mar y las fuentes de aguas." Apocalipsis 14:6, 7.

La circunstancia de que se señale que es un ángel el heraldo de esta advertencia, no deja de ser significativa. La divina sabiduría tuvo a bien representar el carácter augusto de la obra que el mensaje debía cumplir y el poder y gloria que debían acompañarlo, por la pureza, la gloria y el poder del mensajero celestial. Y el vuelo del ángel "en medio del cielo," la "gran voz" con la que se iba a dar la amonestación, y su promulgación a todos "los que habitan" "la tierra" – "a cada nación, tribu, lengua y pueblo," – es prueba de la rapidez y extensión universal del movimiento.

El mismo mensaje revela el tiempo en que este movimiento debe realizarse. Se dice que forma parte del "evangelio eterno;" y que anuncia el principio del juicio. El mensaje de salvación ha sido predicado en todos los siglos; pero este mensaje es parte del evangelio que sólo podía ser proclamado en los últimos días, pues unicamente entonces podía ser verdad que la hora del juicio *había llegado*. Las profecías presentan una sucesión de acontecimientos que nos ubican al comienzo del juicio. Esto es particularmente cierto del libro de Daniel. Pero la parte de su profecía que se refería a los últimos días, debía Daniel cerrarla y sellarla "hasta el tiempo del fin." Un mensaje relativo al juicio, basado en el cumplimiento de estas profecías, no podía ser proclamado antes de que llegásemos a aquel tiempo. Pero al tiempo del fin, dice el profeta, "muchos correrán de aquí para allá, y la ciencia se aumentará." Daniel 12:4.

El apóstol Pablo advirtió a la iglesia que no debía esperar la venida de Cristo en tiempo de él. "Ese día," dijo, "no vendrá sin que antes venga la apostasía, y sea revelado el hombre de pecado." 2 Tesalonicenses 2:3. Sólo después que se haya producido la gran apostasía y se haya cumplido el largo período del reino del "hombre de pecado," podemos esperar el advenimiento de nuestro Señor. El "hombre de pecado," que también es llamado "misterio de iniquidad," "hijo de perdición" y "el inicuo," representa al papado, el cual, como está predicho en las profecías, retendría su supremacía durante 1,260 años. Este período terminó en 1798. La venida del Señor no podía acontecer antes de dicha fecha. Pablo abarca con su aviso toda la dispensación Cristiana hasta el año 1798. Sólo después de esta fecha debía ser proclamado el mensaje de la segunda venida de Cristo.

Semejante mensaje no se predicó en los siglos pasados. Pablo, como lo hemos visto, no lo predicó; señaló a sus hermanos la venida de Cristo para un porvenir muy lejano. Los Reformadores no lo proclamaron tampoco. Martín Lutero fijó la fecha del juicio para cerca de trescientos años después de su época. Pero desde 1798 el libro de Daniel ha sido desellado, el conocimiento de las profecías ha aumentado y muchos han proclamado el solemne mensaje del juicio cercano.

Así como en el caso de la gran Reforma del siglo XVI, el movimiento adventista surgió simultáneamente en diferentes países de la Cristiandad. Tanto en Europa como en América, hubo hombres de fe y de oración que fueron inducidos a estudiar las profecías, y que al escudriñar la Palabra inspirada, hallaron pruebas irrefutables de que el fin de todas las cosas era inminente. En diferentes países había grupos aislados de Cristianos, que por el solo estudio de las Escrituras, llegaron a creer que el advenimiento del Señor estaba cerca.

En 1821, tres años después de haber llegado Miller a su modo de interpretar las profecías que fijan el tiempo del juicio, el Dr. José Wolff, "el misionero universal," empezó a proclamar la próxima venida del Señor. Wolff había nacido en Alemania, de origen Israelita, pues su padre era Rabino. Desde muy temprano se convenció de la verdad de la religión Cristiana. Dotado de inteligencia viva e inclinado a la investigación, solía prestar profunda atención a las conversaciones que se escuchaban en casa de su padre mientras que diariamente se reunían piadosos correligionarios para recordar las esperanzas de su pueblo, la gloria del Mesías venidero y la restauración de Israel. Un día cuando el niño oyó mencionar a Jesús de Nazaret, preguntó quién era. "Un Israelita del mayor talento," le contestaron; "pero como aseveraba ser el Mesías, el tribunal Judío le sentenció a muerte." "¿Por qué entonces," siguió preguntando el niño, "está Jerusalén destruída? ¿y por qué estamos cautivos?" "¡Ay, ay!," contesto su padre, "es porque los Judíos mataron a los profetas." Inmediatamente se le ocurrió al niño que "tal vez Jesús de Nazaret había sido también profeta, y los Judíos le mataron siendo inocente." –*Travels and Adventures of the Rev. Joseph Wolff*, tomo 1, pág. 6. Este sentimiento era tan fuerte, que a pesar de haberle sido prohibido entrar en iglesias Cristianas, a menudo se acercaba a ellas para escuchar la predicación.

Cuando tenía apenas siete años habló un día con jactancia a un anciano Cristiano vecino suyo del triunfo futuro de Israel y del advenimiento del Mesías. El anciano le dijo entonces con bondad: "Querido niño, te voy a decir quién fue el verdadero Mesías: fue Jesús de Nazaret, . . . a quien tus antepasados crucificaron, como también habían matado a los antiguos profetas. Anda a casa y lee el capítulo cincuenta y tres de Isaías, y te convencerás de que Jesucristo es el Hijo de Dios." –*Ibid.*, tomo 1, pág. 7. No tardó el niño en convencerse. Se fue a casa y leyó el pasaje correspondiente, maravillándose al notar cuán perfectamente se había cumplido en Jesús de Nazaret. ¿Serían verdad las palabras de aquel Cristiano? El muchacho pidió a su padre que le explicara la profecía; pero éste lo recibió con tan hostil silencio que nunca más se atrevió a mencionar el asunto. Pero el incidente agrandó su deseo de saber más de la religión Cristiana.

El conocimiento que buscaba le era negado premeditadamente en su hogar Judío; pero cuando tuvo once años abandonó la casa de su padre y salió a recorrer el mundo para educarse por sí mismo y para escoger su religión y su profesión. Se alojó por algún tiempo en casa de unos parientes, pero no tardó en ser expulsado como apóstata, y solo y sin un centavo tuvo que abrirse camino entre extraños. Fue de pueblo en pueblo, estudiando con diligencia, y ganándose la vida enseñando Hebreo. Debido a la influencia de un maestro Católico, fue inducido a aceptar la fe Romanista, y se propuso ser misionero para su propio pueblo. Con tal objeto fué, pocos años después, a continuar sus estudios en el Colegio de la Propaganda, en Roma. Allí su costumbre de pensar con toda libertad y de hablar con franqueza le hicieron tachar de herejía. Atacaba abiertamente los abusos de la iglesia, e insistía en la necesidad de una reforma. Aunque al principio fue tratado por los dignatarios papales con favor especial, fue luego alejado de Roma. Bajo la vigilancia de la iglesia fue de lugar en lugar, hasta que se hizo evidente que no se le podría obligar jamás a someterse al yugo del Romanismo. Fue declarado incorregible, y se le dejó en libertad para ir donde quisiera. Dirigióse entonces a Inglaterra, y, habiendo abrazado la fe Protestante, se unió a la Iglesia Anglicana. Después de dos años de estudio, dió principio a su misión en 1821.

Al aceptar la gran verdad del primer advenimiento de Cristo como "varón de dolores, experimentado en quebranto," Wolff comprendió que las profecías presentan con igual claridad Su segundo advenimiento en poder y gloria. Y mientras trataba de llevar a su pueblo a Jesús de Nazaret, como al Prometido, y a presentarle Su primera venida en humillación como un sacrificio por los pecados de los hombres, le hablaba también de Su segunda venida como rey y libertador.

"Jesús de Nazaret, el verdadero Mesías," decía, "cuyas manos y pies fueron traspasados, que fue conducido como cordero al matadero, que fue Varón de dolores y experimentado en quebranto, que vino por primera vez después que el cetro fue apartado de Judá y la vara de gobernador de entre Sus pies, vendrá por segunda vez en las nubes del cielo y con trompeta de arcángel." (Wolff, *Researches and Missionary Labors*, pág. 62.) "Sus pies se asentarán sobre el Monte de Olivos. Y el dominio sobre la creación, que fue dado primeramente a Adán y que le fue quitado después (Génesis 1:26; 3:17), será dado a Jesús. Él será Rey sobre toda la tierra. Cesarán los gemidos y lamentos de la creación y oiránse cantos de alabanza y acciones de gracias. . . . Cuando Jesús venga en la gloria de Su Padre con los santos ángeles . . . los creyentes que murieron resucitarán los primeros. (1 Tesalonicenses 4:16; 1 Corintios 15:32.) Esto es lo que nosotros los Cristianos llamamos la primera resurrección. Entonces el reino animal cambiará de naturaleza (Isaías 11:6-9), y será sometido a Jesús. Prevalecerá la paz universal." –*Journal of the Rev. Joseph Wolff*, págs. 378, 379. "El Señor volverá a mirar la tierra, y dirá que todo es muy bueno." –*Ibid.*, pág. 294.

Wolff creía inminente la venida del Señor. Según su interpretación de los períodos proféticos, la gran consumación debía verificarse en fecha no muy diferente de la señalada por Miller. A los que se fundaban en el pasaje: "Del día y hora nadie sabe," para afirmar que nadie podía saber nada respecto a la proximidad del advenimiento, Wolff les contestaba: "¿Dijo el Señor que el día y la hora no se sabrían *jamás?* ¿No nos dió señales de los tiempos, para que reconociéramos siquiera la *proximidad* de Su venida, como se reconoce la cercanía del estío por la higuera cuando brotan sus hojas? Mateo 24:32. ¿No conoceremos jamás ese tiempo, cuando Él mismo nos exhortó no sólo a leer la profecía de Daniel sino también a comprenderla? Y es precisamente en Daniel donde se dice que las palabras serían selladas hasta el tiempo del fin (lo que era el caso en su tiempo), y que 'muchos correrán de aquí para allá' (expresión Hebraica que significa observar y pensar en el tiempo), y '*la ciencia*' (respecto a ese tiempo) será aumentada. Daniel 12:4. Además, nuestro Señor no dice que la *proximidad* del tiempo no será conocida, sino que nadie sabe con exactitud el '*día*' ni la 'hora.' Dice que se sabrá bastante por las señales de los tiempos, para inducirnos a que nos preparemos para Su venida, así como Noé preparó el arca." –Wolff, *Researches and Missionary Labors*, págs. 404, 405.

Respecto al sistema popular de interpretar, o mejor dicho de torcer las Sagradas Escrituras, Wolff escribió: "La mayoría de las iglesias Cristianas se han apartado del claro sentido de las Escrituras, para adoptar el sistema fantasma de los Budistas; creen que la dicha futura de la humanidad consistirá en cernerse en el aire, y suponen que cuando se lee *Judíos*, debe entenderse *Gentiles;* y cuando se lee *Jerusalén*, deben entenderse la *iglesia;* y que si se habla de la *tierra*, es por decir *cielo;* que por la venida del *Señor* debe entenderse el progreso de las *sociedades de misiones;* y que subir a la montaña de la casa del Señor significa *una gran asamblea de los Metodistas.*" –*Journal of the Rev. Joseph Wolff*, pág. 96.

Durante los veinticuatro años que transcurrieron de 1821 a 1845, Wolff hizo muchísimos viajes: recorrió en Africa, visitando Egipto y Abisinia; en Asia, recorriendo la Palestina, Siria, Persia, Bokara y la India. Visitó también los Estados Unidos de Norteamérica y de paso para aquel país predicó en la isla de Santa Elena. Llegó a Nueva York en agosto de 1837, y después de haber predicado en aquella ciudad, habló en Filadelfia y Baltimore, y finalmente se dirigió a Washington. Allí, dice, "debido a una proposición hecha por el ex presidente Juan Quincy Adams, en una de las cámaras del Congreso, se me concedió por unanimidad el uso del salón del Congreso para una conferencia que di un Sábado, y que fue honrada con la presencia de todos los miembros del congreso, como también del obispo de Virginia, y del clero y de los vecinos de Washington. El mismo honor me fue conferido por los miembros del gobierno de Nueva Jersey y de Pensilvania, en cuya presencia di conferencias sobre mis investigaciones en el Asia, como también sobre el reinado personal de Jesucristo." –*Ibid.*, págs. 398, 399.

El Dr. Wolff visitó los países más bárbaros sin contar con la protección de ningún gobierno Europeo, sufriendo muchas privaciones y rodeado de peligros sin número. Fue golpeado y reducido al hambre, vendido como esclavo y condenado tres veces a muerte. Fue atacado por bandidos y a veces estuvo a punto de morir de sed. Una vez fue despojado de cuanto poseía, y tuvo que caminar centenares de millas a pie a través de las montañas, con la nieve azotándole la cara y con pies descalzos entumecidos por el contacto del suelo helado.

Cuando se le aconsejó que no fuera sin armas entre tribus salvajes y hostiles, declaró estar provisto de armas: "la oración, el celo por Cristo y la confianza en Su ayuda." "Además," decía, "llevo el amor de Dios y de mi prójimo en mi corazón, y la Biblia en la mano." –W. H. D. Adams, *In Perils Oft*, pág. 192. Doquiera fuese llevaba siempre consigo la Biblia en Hebreo e Inglés. Hablando de uno de sus últimos viajes, dice: "Solía tener la Biblia abierta en mis manos. Sentía que mi fuerza estaba en el Libro, y que su poder me sostendría." –*Ibid.*, pág. 201.

Perseveró así en sus labores hasta que el mensaje del juicio quedó proclamado en gran parte del mundo habitado. Distribuyó la Palabra de Dios entre Judíos, Turcos, Parsis e Hindúes y entre otros muchos pueblos y razas, proclamando por todas partes la llegada del reino del Mesías.

En sus viajes por Bokara encontró profesada la doctrina de la próxima venida del Señor entre un pueblo remoto y aislado. Los Árabes del Yemen, dice, "poseen un libro llamado *Seera*, que anuncia la segunda venida de Cristo y Su reino de gloria, y esperan que grandes acontecimientos han de desarrollarse en el año 1840." –*Journal of the Rev. Joseph Wolff*, pág. 377. "En el Yemen . . . pasé seis días con los hijos de Recab. No beben vino, no plantan viñas, ni siembran semillas, viven en tiendas y recuerdan las palabras de Jonadab, hijo de Recab; y encontré entre ellos hijos de Israel de la tribu de Dan, . . . quienes, en común con los hijos de Recab, esperan que antes de mucho vendrá el Mesías en las nubes del cielo." –*Ibid.*, pág. 389.

Otro misionero encontró una creencia parecida en Tartaria. Un sacerdote Tártaro preguntó al misionero cuándo vendría Cristo por segunda vez. Cuando el misionero le contestó que no sabía nada de eso, el sacerdote pareció asombrarse mucho de tanta ignorancia por parte de uno que profesaba enseñar la Biblia, y manifestó su propia creencia fundada en la profecía de que Cristo vendría hacia 1844.

Desde 1826 el mensaje del advenimiento empezó a ser predicado en Inglaterra. Pero en este país el movimiento no tomó forma tan definida como en los Estados Unidos de Norteamérica; no se enseñaba tan generalmente la fecha exacta del advenimiento, pero la tremenda verdad de la próxima venida de Cristo en poder y gloria fue extensamente proclamada. Y eso no sólo entre los disidentes y no conformistas. El escritor Inglés Mourant Brock dice que cerca de setecientos ministros de la Iglesia Anglicana predicaban este "evangelio del reino." El mensaje que señalaba el año 1844 como fecha de la venida del Señor fue también predicado en Gran Bretaña. Circularon profusamente las publicaciones adventistas procedentes de los Estados Unidos. Se reimprimieron libros y periódicos en Inglaterra. Y en 1842, Roberto Winter, súbdito Inglés que había aceptado la fe adventista en Norteamérica, regresó a su país para proclamar la venida del Señor. Muchos se unieron a él en la obra, y el mensaje del juicio fue proclamado en varias partes de Inglaterra.

En la América del Sur, en medio del barbarismo y del clericalismo, Lacunza, el Jesuita Chileno, se abrió paso hasta las Sagradas Escrituras y allí encontró la verdad del próximo regreso de Cristo. Impedido a dar el aviso, pero deseando no obstante librarse de la censura de Roma, publicó sus opiniones bajo el seudónimo de "Rabbi Ben-Ezra," dándose por Judío convertido. Lacunza vivió en el siglo XVIII, pero fue tan sólo hacia 1825 cuando su libro fue traducido al Inglés en Londres. Su publicación contribuyó a aumentar el interés que se estaba despertando ya en Inglaterra por la cuestión del segundo advenimiento.

En Alemania, esta doctrina había sido enseñada en el siglo XVIII por Bengel, ministro de la Iglesia Luterana y célebre teólogo y crítico. Al terminar su educación, Bengel se había "dedicado al estudio de la teología, hacia la cual se sentía naturalmente inclinado por el carácter grave y religioso de su espíritu, que ganó en profundidad y robustez merced a su temprana educación y a la disciplina. Como otros jóvenes de carácter reflexivo antes y después de él, tuvo que luchar con dudas y dificultades de índole religiosa, y él mismo alude, con mucho sentimiento, a los 'muchos dardos que atravesaron su pobre corazón, y que amargaron su juventud.' " Llegado a ser miembro del consistorio de Wurtemberg, abogó por la causa de la libertad religiosa. "Si bien defendía los derechos y privilegios de la iglesia, abogaba por que se concediera toda libertad razonable a los que se sentían constreñidos por motivos de conciencia a abandonar la iglesia oficial." –*Encyclopedia Britannica,* 9a. edición, art. "Bengel." Aún se dejan sentir hoy día en su país natal los buenos efectos de su política.

Mientras estaba preparando un sermón sobre Apocalipsis 21 para un "Domingo de adviento" la luz de la segunda venida de Cristo penetró la mente de Bengel. Las profecías del Apocalipsis se esclarecieron ante su inteligencia como nunca antes. Como anonadado por el sentimiento de la importancia maravillosa y de la gloria incomparable de las escenas descritas por el profeta, se vió obligado a retirarse por algún tiempo de la contemplación del asunto. Pero en el púlpito se le volvió a mostrar éste en toda su claridad y su poder. Desde entonces se dedicó al estudio de las profecías, especialmente las del Apocalipsis, y pronto llegó a creer que ellas señalan la proximidad de la venida de Cristo. La fecha que él fijó para el segundo advenimiento no difería más que en muy pocos años de la que fue determinada después por Miller.

Los escritos de Bengel se propagaron por toda la Cristiandad. Sus opiniones acerca de la profecía fueron adoptadas en forma bastante general en su propio estado de Wurtemberg, y hasta cierto punto en otros lugares de Alemania. El movimiento continuó después de su muerte, y el mensaje del advenimiento se escuchó en Alemania al mismo tiempo que estaba llamando la atención en otros países. Desde fecha temprana algunos de los creyentes fueron a Rusia, y formaron allí colonias, y la fe de la próxima venida de Cristo está aún viva entre las iglesias Alemanas de aquel país.

La luz brilló también en Francia y en Suiza. En Ginebra, donde Farel y Calvino propagaran las verdades de la Reforma, Gaussen predicó el mensaje del segundo advenimiento. Cuando era aún estudiante, Gaussen había conocido el espíritu racionalista que dominaba en toda Europa hacia fines del siglo XVIII y principios del XIX, y cuando comenzó en el ministerio no sólo ignoraba lo que era la fe verdadera, sino que se inclinaba al escepticismo. En su juventud se había interesado en el estudio de la profecía.

Después de haber leído la Historia Antigua de Rollin, su atención fue atraída al segundo capítulo de Daniel, y le sorprendió la maravillosa exactitud con que se había cumplido la profecía, según resalta de la relación del historiador. Había en ésta un testimonio en favor de la inspiración de las Escrituras, que fue para él como un ancla en medio de los peligros de los años posteriores. No podía conformarse con las enseñanzas del racionalismo, y al estudiar la Biblia en busca de luz más clara, fue guiado, después de algún tiempo, a una fe positiva.

Al continuar sus investigaciones sobre las profecías, llegó a aceptar que la venida del Señor era inminente. Impresionado por la solemnidad e importancia de esta gran verdad, deseó predicarla al pueblo, pero la creencia popular de que las profecías de Daniel son misterios y no pueden ser entendidas, le resultó obstáculo serio. Al fin resolvió – como Farel lo había hecho antes que él en la evangelización de Ginebra – empezar con los niños, esperando por medio de ellos alcanzar a los padres.

Al hablar de su propósito en esta tarea, decía él, tiempo después: "Deseo que se comprenda que no es a causa de su escasa importancia, sino a causa de su gran valor, por lo que yo deseaba presentar esas enseñanzas en esta forma familiar y por qué las dirigía a los niños. Deseaba que se me oyese, y temía que no se me escuchara si me dirigía primero a los adultos." "Resolví por consiguiente dirigirme a los más jóvenes. Reúno pues una asistencia de niños; si ésta aumenta, si se ve que los niños escuchan, que están contentos e interesados, que comprenden el tema y saben exponerlo, estoy seguro de tener pronto otro círculo de oyentes, y a su vez los adultos verán que vale la pena sentarse y estudiar. Y así se gana la causa." –Gaussen, *Daniel le Prophète*, tomo 2, prefacio.

El esfuerzo fue recompensado. Al dirigirse a los niños, tuvo el placer de ver acudir a la reunión a personas mayores. Las galerías de su iglesia se llenaban de oyentes atentos. Entre ellos había hombres de posición y saber, así como extranjeros y otras personas que estaban de paso en Ginebra; y así el mensaje era llevado a otras partes.

Animado por el éxito, Gaussen publicó sus lecciones,

con la esperanza de promover el estudio de los libros proféticos en las iglesias de los pueblos que hablan Francés. "Publicar las lecciones dadas a los niños," dice Gaussen, "equivale a decir a los adultos, que hartas veces descuidan la lectura de dichos libros so pretexto de que son obscuros: '¿Cómo pueden serlo, cuando vuestros niños los entienden?' " "Tenía un gran deseo," agrega, "de popularizar el conocimiento de las profecías entre nuestros rebaños, en cuanto fuera posible." "En la realidad no hay estudio que parezca responder mejor a las necesidades de la época." "Por medio de él debemos prepararnos para la tribulación cercana y velar, y esperar a Jesucristo."

Aunque Gaussen era uno de los predicadores más distinguidos y de mayor aceptación entre el público de idioma Francés, fue suspendido del ministerio por el delito de haber usado la Biblia al instruir a la juventud, en lugar del catecismo de la iglesia, manual insípido y racionalista, casi desprovisto de fe positiva. Posteriormente fue profesor en una escuela de teología, sin dejar de proseguir su obra de catequista todos los Domingos, hablándoles a los niños e instruyéndolos en las Sagradas Escrituras. Sus obras sobre las profecías despertaron también mucho interés. Desde la cátedra, desde las columnas de la prensa y por medio de su ocupación favorita como maestro de los niños, continuó aún muchos años ejerciendo extensa influencia y llamando la atención de muchos hacia el estudio de las profecías que enseñaban que la venida del Señor se acercaba.

El mensaje del advenimiento fue proclamado también en Escandinavia, y despertó interés por todo el país. Muchos fueron turbados en su falsa seguridad, confesaron y abandonaron sus pecados y buscaron perdón en Cristo. Pero el clero de la iglesia oficial se opuso al movimiento, y debido a su influencia algunos de los que predicaban el mensaje fueron encarcelados. En muchos lugares donde los predicadores de la próxima venida del Señor fueron así reducidos al silencio, pudo Dios enviar el mensaje, de modo milagroso, a través de niños pequeños. Como eran menores de edad, la ley del estado no podía impedírselo, y se les dejó hablar sin molestarlos.

El movimiento cundió principalmente entre la clase

baja, y era en las humildes viviendas de los trabajadores donde la gente se reunía para oír la amonestación. Los mismos predicadores infantiles eran en su mayoría pobres rústicos. Algunos de ellos no tenían más de seis a ocho años de edad, y aunque sus vidas testificaban que amaban al Salvador y que procuraban obedecer los santos preceptos de Dios, no podían dar prueba de mayor inteligencia y capacidad que las que se suelen ver en los niños de esa edad. Sin embargo, cuando se encontraban ante el pueblo, era de toda evidencia que los guiaba una influencia superior a sus propios dones naturales. Su tono y sus gestos cambiaban, y daban la amonestación del juicio con poder y solemnidad, utilizando las palabras mismas de las Sagradas Escrituras: "¡Temed a Dios, y dadle gloria, porque la hora de Su juicio ha llegado!" Reprobaban los pecados del pueblo, condenando no solamente la inmoralidad y el vicio, sino también la mundanalidad y la apostasía, y exhortaban a sus oyentes a huir de la ira venidera.

La gente oía temblando. El Espíritu convincente de Dios hablaba a sus corazones. Muchos eran inducidos a escudriñar las Santas Escrituras con sincero interés; los intemperantes y los viciosos se enmendaban, otros renunciaban a sus hábitos deshonestos y se efectuaba una obra tal, que hasta los ministros de la iglesia oficial se vieron obligados a reconocer que la mano de Dios estaba en el movimiento.

Dios quería que las nuevas de la venida del Salvador fuesen publicadas en los países Escandinavos, y cuando las voces de Sus siervos fueron acallados, puso Su Espíritu en los niños para que la obra pudiese hacerse. Cuando Jesús se acercó a Jerusalén, seguido de alegres muchedumbres que, con gritos de triunfo y ondeando palmas, le aclamaron Hijo de David, los Fariseos envidiosos le intimaron para que hiciese callar al pueblo; pero Jesús contestó que todo eso se realizaba en cumplimiento de la profecía, y que si la gente callaba las mismas piedras clamarían. El pueblo, atemorizado por las amenazas de los sacerdotes y de los gobernantes, dejó de lanzar aclamaciones de júbilo al entrar por las puertas de Jerusalén; pero en los atrios del templo los niños reanudaron el canto y, agitando sus palmas, exclamaban: "¡Hosanna al Hijo de David!" Mateo 21:8-16. Cuando los Fariseos, con amargo descontento, dijeron a Jesús: "¿Oyes lo que éstos dicen?" el Señor contestó: "Sí: ¿nunca leísteis: De la boca de los pequeños y de los niños de pecho, te preparaste perfecta alabanza?" Así como Dios actuó por conducto de los niños en tiempo del primer advenimiento de Cristo, así también intervino por medio de ellos para proclamar el mensaje de Su segundo advenimiento. Y es que tiene que cumplirse la Palabra de Dios que dice que la proclamación de la venida del Salvador debe ser llevada a todos los pueblos, lenguas y naciones.

A Guillermo Miller y a sus colaboradores les fue encomendada la misión de predicar la amonestación en los Estados Unidos de Norteamérica. Dicho país vino a ser el centro del gran movimiento adventista. Allí fue donde la profecía del mensaje del primer ángel tuvo su cumplimiento más directo. Los escritos de Miller y de sus compañeros se propagaron hasta en países lejanos. Adonde quiera que hubiesen penetrado misioneros allá también fueron llevadas las alegres nuevas de la inminente venida de Cristo. Por todas partes fue predicado el mensaje del evangelio eterno: "¡Temed a Dios y dadle gloria, porque la hora de Su juicio ha llegado!"

El testimonio de las profecías que parecían señalar la fecha de la venida de Cristo para la primavera de 1844 se arraigó profundamente en la mente del pueblo. Al pasar de un estado a otro, el mensaje despertaba vivo interés por todas partes. Muchos estaban convencidos de que los argumentos de los pasajes proféticos eran correctos, y, doblegando el orgullo de la opinión propia, aceptaban alegremente la verdad. Algunos ministros pusieron también a un lado sus opiniones y sentimientos sectarios y con ellos sus propios sueldos y sus iglesias, y se pusieron a proclamar la venida de Jesús. Fueron sin embargo comparativamente pocos los ministros que aceptaron este mensaje; por eso la proclamación de éste fue confiada en gran parte a humildes laicos. Los agricultores abandonaban sus campos, los artesanos sus herramientas, los comerciantes sus negocios, los profesionales sus puestos, y no obstante el número de los obreros era pequeño comparado con la obra que había que hacer. La condición de una iglesia impía y de un mundo sumergido en la maldad, oprimía el alma de los verdaderos centinelas, que sufrían voluntariamente trabajos y privaciones para invitar a los hombres a arrepentirse para salvarse. A pesar de la oposición de Satanás, la obra siguió adelante, y la verdad del advenimiento fue aceptada por muchos miles.

Por todas partes se oía el testimonio escrutador que amonestaba a los pecadores, tanto mundanos como miembros de iglesia, para que escapasen de la ira venidera. Como Juan el Bautista, el precursor de Cristo, los predicadores ponían el hacha a la raíz del árbol e instaban a todos a que hiciesen frutos dignos de arrepentimiento. Sus llamamientos conmovedores contrastaban notablemente con las seguridades de paz y salvación que se escuchaban desde los púlpitos populares; y dondequiera que se proclamaba el mensaje, conmovía al pueblo. El testimonio sencillo y directo de las Sagradas Escrituras, inculcado en el corazón de los hombres por el poder del Espíritu Santo, producía una fuerza de convicción a la que sólo pocos podían resistir. Personas que profesaban cierta religiosidad fueron despertadas de su falsa seguridad. Vieron sus apostasías, su mundanalidad y poca fe, su orgullo y egoísmo. Muchos buscaron al Señor con arrepentimiento y humillación. El afecto que por largo tiempo se había dejado sentir por las cosas terrenales se dejó entonces sentir por las cosas del cielo. El Espíritu de Dios descansaba sobre ellos, y con corazones ablandados y subyugados se unían para exclamar: "¡Temed a Dios, y dadle gloria, porque la hora de Su juicio ha llegado!"

Los pecadores preguntaban llorando: "¿Qué debo yo hacer para ser salvo?" Aquellos cuyas vidas se habían hecho notar por su mala fe, deseaban hacer restituciones. Todos los que encontraban paz en Cristo anhelaban ver a otros participar de la misma bendición. Los corazones de los padres se volvían hacia sus hijos, y los corazones de los hijos hacia sus padres. Los obstáculos levantados por el orgullo y la reserva desaparecían. Se hacían sinceras confesiones y los miembros de la familia trabajaban por la salvación de los más cercanos y más queridos. A menudo se oían voces de ardiente intercesión. Por todas partes había almas que con angustia luchaban con Dios. Muchos pasaban toda la noche en oración para tener la seguridad de que sus propios pecados eran perdonados, o para obtener la conversión de sus parientes o vecinos.

Todas las clases de la sociedad se agolpaban en las reuniones de los Adventistas. Ricos y pobres, grandes y pequeños ansiaban por varias razones oír ellos mismos la doctrina del segundo advenimiento. El Señor contenía el espíritu de oposición mientras que Sus siervos daban razón de su fe. A veces el instrumento era débil; pero el Espíritu de Dios daba poder a Su verdad. Se sentía en esas reuniones la presencia de los santos ángeles, y cada día numerosas personas eran añadidas al número de los creyentes. Siempre que se exponían los argumentos en favor de la próxima venida de Cristo, había grandes multitudes que escuchaban embelesadas. Parecía que el cielo y la tierra se juntaban. El poder de Dios era sentido por ancianos, jóvenes y adultos. Los hombres regresaban a sus casas cantando alabanzas, y sus alegres acentos rompían el silencio de la noche. Ninguno de los que asistieron a las reuniones podrá olvidar jamás escenas de tan vivo interés.

La proclamación de una fecha determinada para la venida de Cristo despertó gran oposición por parte de muchas personas de todas las clases, desde el pastor hasta el pecador más vicioso y atrevido. Cumpliéronse así las palabras de la profecía: "En los últimos días vendrán burladores sarcásticos, andando según sus propias concupiscencias, y diciendo: ¿Dónde está la promesa de Su venida? Porque desde el día en que los padres durmieron, todas las cosas permanecen como estaban desde el principio de la creación." 2 Pedro 3:3, 4. Muchos que profesaban amar al Salvador declaraban que no se oponían a la doctrina del segundo advenimiento, sino tan sólo a que se le fijara una fecha. Pero el ojo escrutador de Dios leía en sus corazones. En verdad lo que había era que no querían oír decir que Cristo estaba por venir para juzgar al mundo en justicia. Habían sido siervos infieles, sus obras no hubieran podido soportar la inspección del Dios que escudriña los corazones, y temían comparecer ante su Señor. Como los Judíos en tiempo del primer advenimiento de Cristo, no estaban preparados para dar la bienvenida a Jesús. No sólo se negaban a escuchar los claros argumentos de la Biblia, sino que ridiculizaban a los que esperaban al Señor. Satanás y sus ángeles se regocijaban de esto y arrojaban a la cara de Cristo y de Sus santos ángeles la afrenta de que los que profesaban ser Su pueblo le amaban tan poco que ni deseaban Su aparición.

"Nadie sabe el día ni la hora" era el argumento aducido con más frecuencia por los que rechazaban la fe del advenimiento. El pasaje bíblico dice: "Pero de aquel día y de aquella hora nadie sabe, ni aun los ángeles del cielo, sino sólo Mi Padre." Mateo 24:36. Los que estaban esperando al Señor dieron una explicación clara y armoniosa de esta cita bíblica, y resultó claramente refutada la falsa interpretación que de ella hacían sus adversarios. Esas palabras fueron pronunciadas por Cristo en la memorable conversación que tuvo con Sus discípulos en el Monte de los Olivos, después de haber salido del templo por última vez. Los discípulos habían preguntado: "¿Cuál será la señal de Tu venida, y del final de esta época?" Jesús les dió las señales, y les dijo: "Cuando veáis todas estas cosas, conoced que Él está cerca, a las puertas." No debe interpretarse una declaración del Salvador en forma que venga a anular otra. Aunque nadie sepa el *día* ni la *hora* de Su venida, se nos exhorta y se requiere de nosotros que sepamos cuando está cerca. Se nos enseña, además, que menospreciar Su aviso y negarse a averiguar cuándo Su advenimiento esté cercano, será tan fatal para nosotros como lo fue para los que viviendo en días de Noé no supieron cuando vendría el diluvio. Y la parábola del mismo capítulo que pone en contraste al siervo fiel y al malo y que indica la suerte de aquel que dice en su corazón: "Mi señor tarda en venir," enseña cómo considerará y recompensará Cristo a los que encuentre velando y proclamando Su venida, y a los que la nieguen. "Velad, pues," dice, y añade: "Dichoso aquel siervo, al cual, cuando su señor venga, le halle obrando así." Mateo 24:3, 33, 42-51. "Si no velas, vendré sobre ti como un ladrón, y no conoces de ningún modo a qué hora vendré sobre ti." Apocalipsis 3:3.

Pablo habla de una clase de personas para quienes la aparición del Señor vendrá sin que la hayan esperado. Como ladrón en la noche, así viene el día del Señor. Cuando los hombres estén diciendo: "Paz y seguridad, entonces vendrá sobre ellos destrucción repentina, . . . y no escaparán." Pero agrega también, refiriéndose a los que han tomado en cuenta la amonestación del Salvador: "Mas vosotros, hermanos, no estáis en tinieblas, para que aquel día os sorprenda como un ladrón. Porque todos vosotros sois hijos de la luz e hijos del día; no somos de la noche ni de las tinieblas." 1 Tesalonicenses 5:2-5.

Así quedó demostrado que las Sagradas Escrituras no autorizan a los hombres a permanecer ignorantes con respecto a la proximidad de la venida de Cristo. Pero los que no buscaban más que un pretexto para rechazar la verdad, cerraron sus oídos a esta explicación, y las palabras: "Pero de aquel día y de aquella hora nadie sabe" seguían siendo repetidas por los atrevidos escarnecedores y hasta por los que profesaban ser ministros de Cristo. Cuando la gente se despertaba y comenzaba a inquirir el camino de la salvación, los maestros en religión se interponían entre ellos y la verdad, tratando de tranquilizar sus temores con falsas interpretaciones de la Palabra de Dios. Los atalayas infieles colaboraban en la obra del gran engañador clamando: Paz, paz, cuando Dios no había hablado de paz. Como los Fariseos en tiempo de Cristo, muchos se negaban a entrar en el reino de los cielos, e impedían a los que querían entrar. La sangre de esas almas será reclamada de sus manos.

Los miembros más humildes y piadosos de las iglesias eran generalmente los primeros en aceptar el mensaje. Los que estudiaban la Biblia por sí mismos no podían menos que echar de ver que el carácter de las opiniones comunes respecto de la profecía era contrario a las Sagradas Escrituras; y dondequiera que el pueblo no estuviese sujeto a la influencia del clero y escudriñara la Palabra de Dios por sí mismo, la doctrina del advenimiento no necesitaba otra cosa que ser comparada con las Escrituras para que se reconociese su autoridad divina.

Muchos fueron perseguidos por sus hermanos incrédulos. Para conservar sus puestos en las iglesias, algunos consintieron en guardar silencio respecto a su esperanza; pero otros entendían que la fidelidad para con Dios les prohibía tener así ocultas las verdades que Él les había comunicado. No pocos fueron excluídos de la comunión de la iglesia por la única razón de haber dado expresión a su fe en la venida de Cristo. Muy valiosas eran estas palabras del profeta dirigidas a los que sufrían esa prueba de su fe: "Vuestros hermanos que os aborrecen, y os echan fuera por causa de Mi nombre, dijeron: Que Jehová sea glorificado. Pero Él se mostrará para alegría vuestra, y ellos serán confundidos." Isaías 66:5 (Reina Valera, Revisión de 1960).

Los ángeles de Dios observaban con el más profundo interés el resultado de la amonestación. Cuando las iglesias rechazaban el mensaje, los ángeles se alejaban con tristeza. Sin embargo, eran muchos los que no habían sido probados con respecto a la verdad del advenimiento. Muchos se dejaron desviar por maridos, esposas, padres o hijos, y se les hizo creer que era pecado prestar siquiera oídos a las herejías enseñadas por los Adventistas. Los ángeles recibieron orden de velar fielmente sobre esas almas, pues otra luz había de brillar aún sobre ellas desde el trono de Dios.

Los que habían aceptado el mensaje esperaban por la venida de su Salvador con indecible esperanza. El tiempo en que anhelaban ir a Su encuentro estaba próximo. Y a esa hora se acercaban con solemne calma. Descansaban en dulce comunión con Dios, y esto era para ellos muestra segura de la paz que tendrían en la gloria venidera. Ninguno de los que abrigaron esa esperanza y esa confianza pudo olvidar aquellas horas tan preciosas de expectación. Pocas semanas antes del tiempo determinado dejaron de lado la mayor parte de los negocios mundanos. Los creyentes sinceros examinaban cuidadosamente todos los pensamientos y emociones de sus corazones como si estuviesen en el lecho de muerte y como si tuviesen que cerrar pronto sus ojos a las cosas de este mundo. No se trataba de hacer "vestidos de ascensión"; pero todos sentían la necesidad de una prueba interna de que estaban preparados para recibir al Salvador; sus vestiduras blancas eran la pureza del alma, y un carácter purificado de pecado por la sangre expiatoria de Cristo. ¡Ojalá hubiese aún entre el pueblo que profesa pertenecer a Dios el mismo espíritu para estudiar el corazón, y la misma fe sincera y decidida! Si hubiesen seguido humillándose así ante el Señor y dirigiendo sus súplicas al trono de misericordia, tendrían una experiencia mucho más valiosa que la que poseen ahora. No se ora lo bastante, escasea la comprensión de la condición real del pecado, y la falta de una fe viva deja a muchos destituidos de la gracia tan abundantemente provista por nuestro Redentor.

Dios se propuso probar a Su pueblo. Su mano cubrió el error cometido en el cálculo de los períodos proféticos. Los Adventistas no descubrieron el error, ni fue descubierto tampoco por los más sabios de sus adversarios. Estos decían: "Vuestro cálculo de los períodos proféticos es correcto. Algún gran acontecimiento está a punto de realizarse; pero no es lo que predice Miller, es la conversión del mundo, y no el segundo advenimiento de Cristo."

Pasó el tiempo de expectativa, y no apareció Cristo para libertar a Su pueblo. Los que habían esperado a su Salvador con fe sincera, experimentaron un amargo desengaño. Sin embargo los planes de Dios se estaban cumpliendo: Dios estaba probando los corazones de los que decían estar esperando Su aparición. Había muchos entre ellos que no habían sido movidos por un motivo más elevado que el miedo. Su profesión de fe no había mejorado sus corazones ni sus vidas. Cuando el acontecimiento esperado no se realizó, esas personas declararon que no estaban desengañadas; no habían creído nunca que Cristo vendría. Fueron de los primeros en ridiculizar el chasco de los verdaderos creyentes.

Pero Jesús y todas las huestes celestiales contemplaron con amor y simpatía a los creyentes que fueron probados y fieles aunque chasqueados. Si se hubiese podido descorrer el velo que separa el mundo visible del invisible, se habrían visto ángeles que se acercaban a esas almas decididas y las protegían de los dardos de Satanás.

CAPÍTULO 21

UNA AMONESTACIÓN RECHAZADA

AL PREDICAR la doctrina del segundo advenimiento, Guillermo Miller y sus colaboradores no tuvieron otro propósito que el de estimular a los hombres para que se preparasen para el juicio. Habían procurado despertar a los creyentes religiosos que hacían profesión de Cristianismo y hacerles entender la verdadera esperanza de la iglesia y la necesidad que tenían de una experiencia Cristiana más profunda; trabajaron además para hacer sentir a los inconversos su deber de arrepentirse y de convertirse a Dios inmediatamente. "No trataron de convertir a los hombres a una secta ni a un partido religioso. De aquí que trabajasen entre todos los partidos y sectas, sin entremeterse en su organización ni disciplina."

Miller aseveró: "En todas mis labores nunca abrigué el deseo ni el pensamiento de fomentar interés distinto del de las denominaciones existentes, ni de favorecer a una a expensas de otra. Pensé en ser útil a todas. Suponiendo que todos los Cristianos se regocijarían en la perspectiva de la venida de Cristo, y que aquellos que no pudiesen ver las cosas como yo no dejarían por eso de amar a los que aceptasen esta doctrina, no me figuré que habría jamás necesidad de tener reuniones distintas. Mi único objeto era el deseo de convertir almas a Dios, de anunciar al mundo el juicio venidero e inducir a mis semejantes a que hiciesen la preparación de corazón que les permitirá ir en paz al encuentro de su Dios. La gran mayoría de los que fueron convertidos por medio de mi ministerio se unieron a las diversas iglesias existentes." –Bliss, pág. 328.

Como su obra tendía a la edificación de las iglesias, se la recibió durante algún tiempo con simpatía. Pero cuando los ministros y los directores de aquellas se declararon contra la doctrina del advenimiento y quisieron sofocar el nuevo movimiento, no sólo se opusieron a ella desde el púlpito, sino que además negaron a sus miembros el derecho de asistir a predicaciones sobre ella y hasta de hablar de sus esperanzas en las reuniones de edificación mutua en la iglesia. Así se vieron colocados los creyentes en una situación crítica que les causaba perplejidad. Querían a sus iglesias y les repugnaba separarse de ellas; pero al ver que se anulaba el testimonio de la Palabra de Dios, y que se les negaba el derecho que tenían para escudriñar las profecías, sintieron que la lealtad hacia Dios les impedía someterse. No podían considerar como constituyendo la iglesia de Cristo a los que trataban de rechazar el testimonio de la Palabra de Dios, "columna y apoyo de la verdad." De ahí que se sintiesen justificados para separarse de la que hasta entonces fuera su comunión religiosa. En el verano de 1844 cerca de cincuenta mil personas se separaron de las iglesias.

Por aquel tiempo se observó un cambio notable en la mayor parte de las iglesias de los Estados Unidos de Norteamérica. Desde hacía muchos años venía observándose una conformidad cada vez mayor con las prácticas y costumbres mundanas, y una decadencia correspondiente en la vida espiritual; pero en aquel año se notó repentinamente una decadencia aún más marcada en casi todas las iglesias del país. Aunque nadie parecía capaz de señalar la causa de ella, el hecho mismo fue muy notado y comentado, tanto por la prensa como desde el púlpito.

En una reunión del presbiterio de Filadelfia, el Sr. Barnes, autor de un comentario de uso muy general, y pastor de una de las principales iglesias de dicha ciudad, "declaró que ejercía el ministerio desde hacía veinte años, y que nunca antes de la última comunión había administrado la santa cena sin recibir más o menos en la iglesia. Pero ahora, añadía, *no hay despertamientos, ni conversiones,* ni mucho aparente crecimiento en la gracia en los que hacen profesión de religión, y nadie viene más a su despacho para conversar acerca de la salvación de sus almas. Con el aumento de los negocios y las perspectivas florecientes del comercio y de las manufacturas, ha aumentado también el espíritu mundano. *Y esto sucede en todas las denominaciones.*" –*Congregational Journal,* 23 de mayo de 1844.

En el mes de Febrero del mismo año, el profesor Finney, del colegio de Oberlin, dijo: "Hemos podido comprobar el hecho de que en general las iglesias Protestantes de nuestro país, han sido o apáticas u hostiles con respecto a casi todas las reformas morales de la época. Existen excepciones parciales, pero no las suficientes para impedir que el hecho sea general. Tenemos además otro hecho más que confirma lo dicho y es la falta casi universal de influencias reavivadoras en las iglesias. La apatía espiritual lo penetra casi todo y es por demás profunda; así lo atestigua la prensa religiosa de todo el país. . . . De modo muy general, los miembros de las iglesias se están volviendo esclavos de la moda, se asocian con los impíos en diversiones, bailes, festejos, etc. . . . Pero no necesitamos extendernos largamente sobre tan doloroso tema. Basta con que las pruebas aumenten y nos abrumen para demostrarnos que *las iglesias en general están degenerando de un modo que da pena.* Se han alejado muchísimo de Dios, y Él se ha alejado de ellas."

Y un escritor declaraba en el *Religious Telescope,* conocido periódico religioso: "Jamás habíamos presenciado hasta ahora un estado de decadencia semejante al de la actualidad. En verdad que la iglesia debería despertar y buscar la causa de este estado aflictivo; pues tal debe ser para todo aquel que ama a Sión. Cuando recordamos cuán pocos son los casos de verdadera conversión, y la impenitencia sin igual y la dureza de los pecadores, exclamamos casi involuntariamente: '¿Se ha olvidado Dios de tener misericordia? ¿o está cerrada la puerta de la gracia?' "

Tal condición no existe nunca sin que la iglesia misma tenga la culpa. Las tinieblas espirituales que descienden sobre las naciones, sobre las iglesias y sobre los individuos, no se deben a un retraimiento arbitrario de la gracia divina por parte de Dios, sino a la negligencia o al rechazamiento de la luz divina por parte de los hombres. Ejemplo sorprendente de esta verdad lo encontramos en la historia del pueblo Judío en tiempo de Cristo. Debido a su apego al mundo y al olvido de Dios y de Su Palabra, el entendimiento de este pueblo se había obscurecido y su corazón se había vuelto mundano y sensual. Así continuó en la ignorancia respecto al advenimiento del Mesías, y en su orgullo e incredulidad rechazó al Redentor. Pero ni aun entonces Dios privó a la nación Judía de conocer o participar en las bendiciones de la salvación. Pero los que rechazaron la verdad perdieron todo interés de obtener el don del cielo. Ellos habían hecho "de la luz tinieblas, y de las tinieblas luz" hasta que la luz que había en ellos se volvió tinieblas; y ¡cuán grandes fueron aquellas tinieblas!

Conviene a la política de Satanás que los hombres mantengan las formas de religión, con tal que carezcan de piedad vital. Después de haber rechazado el evangelio, los Judíos continuaron conservando ansiosamente sus antiguos ritos, y guardaron intacto su exclusivismo nacional, mientras que ellos mismos no podían menos que confesar que la presencia de Dios ya no se manifestaba más entre ellos. La profecía de Daniel indicaba de modo tan exacto el tiempo de la venida del Mesías y predecía tan a las claras Su muerte, que ellos trataban de desalentar el estudio de ella, y finalmente los Rabinos pronunciaron una maldición sobre todos los que intentaran computar el tiempo. En su obcecación e impenitencia, el pueblo de Israel ha permanecido durante mil ochocientos años indiferente a los ofrecimientos de salvación gratuita, así como a las bendiciones del evangelio, de modo que constituye una solemne y terrible advertencia del peligro que se corre al rechazar la luz del cielo.

Dondequiera que esta causa exista, seguirán los mismos resultados. Quien deliberadamente mutila su conciencia del deber porque ella está en pugna con sus inclinaciones, terminará por perder la facultad de distinguir entre la verdad y el error. La inteligencia se entorpece, la conciencia se insensibiliza, el corazón se endurece, y el alma se aleja de Dios. Donde se desdeña o se desprecia la verdad divina, la iglesia se verá envuelta en tinieblas; la fe y el amor se enfriarán, y entrarán el desvío y la disensión. Los miembros de las iglesias concentran entonces sus intereses y energías en asuntos mundanos, y los pecadores se endurecen en su impenitencia.

El mensaje del primer ángel en el capítulo 14 del Apocalipsis, que anuncia la hora del juicio de Dios y que exhorta a los hombres a que le teman y adoren, tenía por objeto apartar de las influencias corruptoras del mundo al pueblo que profesaba ser de Dios y despertarlo para que reconociera su verdadero estado de mundanalidad y apostasía. Con este mensaje Dios había enviado a la iglesia un aviso que, de ser aceptado, habría sanado los males que la tenían apartada de Él. Si los Cristianos hubiesen recibido el mensaje del cielo, humillándose ante el Señor y tratando sinceramente de prepararse para comparecer ante Su presencia, el Espíritu y el poder de Dios se habrían manifestado entre ellos. La iglesia habría vuelto a alcanzar aquel bendito estado de unidad, fe y amor que existía en tiempos apostólicos, cuando "la multitud de los que habían creído era de un corazón y un alma," y "hablaban con denuedo la Palabra de Dios," cuando "el Señor añadía cada día a la iglesia a los que iban siendo salvos." Hechos 4:32, 31; 2:47.

Si los que profesan pertenecer a Dios recibiesen la luz tal cual brilla sobre ellos al brotar de Su Palabra, alcanzarían esa unidad por la cual oró Cristo y que el apóstol describe como "la unidad del Espíritu en el vínculo de la paz." "Hay," dice, "un solo cuerpo, y un solo Espíritu, como también fuisteis llamados en una misma esperanza de vuestra vocación; un Señor, una fe, un bautismo." Efesios 4:3-5.

Tales fueron los benditos resultados experimentados por los que aceptaron el mensaje del advenimiento. Provenían de diferentes denominaciones, y sus barreras confesionales cayeron al suelo; los credos opuestos se hicieron pedazos; la esperanza errónea de un milenio temporal fue abandonada, las ideas equivocadas sobre el segundo advenimiento fueron enmendadas, el orgullo y la conformidad con el mundo fueron extirpados; los agravios fueron reparados; los corazones se enlazaron en la más dulce comunión, y el amor y el gozo reinaban por encima de todo; si esta doctrina hizo esto para los pocos que la recibieron, lo mismo lo habría hecho para todos, si todos la hubiesen aceptado.

Pero las iglesias en general no aceptaron la amonestación. Sus ministros que, como centinelas "a la casa de Israel," hubieran debido ser los primeros en discernir las señales de la venida de Jesús, no habían comprendido la verdad, fuese por el testimonio de los profetas o por las señales de los tiempos. Como las esperanzas y ambiciones mundanas llenaban su corazón, el amor a Dios y la fe en Su Palabra se habían enfriado, y cuando la doctrina del advenimiento fue presentada, sólo despertó sus prejuicios e incredulidad. La circunstancia de ser predicado el mensaje mayormente por laicos, se presentaba como argumento desfavorable. Como antiguamente, se oponían al testimonio claro de la Palabra de Dios con la pregunta: "¿Ha creído en Él alguno de los príncipes, o de los Fariseos?" Y al notar cuán difícil era refutar los argumentos sacados de los pasajes proféticos, muchos entorpecían el estudio de las profecías, enseñando que los libros proféticos estaban sellados y que no se podían entender. Multitudes que confiaban implícitamente en sus pastores, se negaron a escuchar el aviso, y otros, aunque convencidos de la verdad, no se atrevían a proclamarlo, "por no ser echados de la sinagoga." El mensaje que Dios había enviado para probar y purificar la iglesia reveló con exagerada evidencia cuán grande era el número de los que habían colocados sus afectos en este mundo más bien que en Cristo. Los lazos que los unían a la tierra eran más fuertes que los que les atraían hacia el cielo. Prefirieron escuchar la voz de la sabiduría humana y no hicieron caso del mensaje de verdad destinado a escudriñar los corazones.

Al rechazar la amonestación del primer ángel, rechazaron los medios que Dios había provisto para Su redención. Despreciaron al mensajero misericordioso que habría enmendado los males que los separaban de Dios, y con mayor ardor volvieron a buscar la amistad del mundo. Tal era la causa del horrible estado de mundanalidad, apostasía y muerte espiritual que imperaba en las iglesias en 1844.

En el capítulo 14 de Apocalipsis, el primer ángel es seguido de otro que dice: "¡Ha caído, ha caído Babilonia!, la gran ciudad, porque ha hecho beber a todas las naciones del vino del furor de su fornicación." Apocalipsis 14:8. La palabra "Babilonia" deriva de "Babel" y significa confusión. Se emplea en las Santas Escrituras para designar las diversas formas de religiones falsas y apóstatas. En el capítulo 17 del

Apocalipsis, Babilonia está simbolizada por una mujer, – figura que se utiliza en la Biblia para representar una iglesia, siendo una mujer virtuosa símbolo de una iglesia pura, y una mujer vil, de una iglesia apóstata.

En la Biblia, el carácter sagrado y permanente de la relación que existe entre Cristo y Su iglesia está representado por la unión del matrimonio. El Señor se ha unido con Su pueblo en unión solemne, prometiendo Él ser su Dios, y el pueblo a su vez comprometiéndose a ser Suyo y sólo Suyo. Dios dice: "Y te desposaré conmigo para siempre; te desposaré conmigo en rectitud, justicia, amabilidad y compasión." Oseas 2:19. Y también: "Yo soy vuestro señor." Jeremías 3:14. Y Pablo emplea la misma figura en el Nuevo Testamento cuando dice: "Os he desposado con un solo esposo, para presentaros como una virgen pura a Cristo." 2 Corintios 11:2.

La infidelidad a Cristo de que la iglesia se hizo culpable al permitir enfriarse la confianza y el amor que a Él le unieran, y al consentir que el apego a las cosas mundanas llenase su alma, es comparada a la violación del voto matrimonial. El pecado que Israel cometió al apartarse del Señor está representado bajo esta figura; y el amor maravilloso de Dios que ese pueblo despreció, está descrito de modo conmovedor: "Te di juramento y entré en pacto contigo, dice el Señor Jehová, y fuiste Mía." "Y llegaste a ser extraordinariamente hermosa, y prosperaste hasta llegar a reinar. Y adquiriste fama entre las naciones a causa de tu hermosura, porque era perfecta, a causa del esplendor que Yo había puesto en ti. . . . Pero te envaneciste de tu hermosura, y te prostituiste a causa de tu renombre." Ezequiel 16:8, 13-15. "Pero como la esposa infiel abandona a su compañero, así fuisteis desleales contra Mí, oh casa de Israel, dice Jehová." Jeremías 3:20. "Como mujer adúltera, que en lugar de su marido recibe a ajenos." Ezequiel 16:32.

En el Nuevo Testamento se utiliza un lenguaje muy parecido para con los Cristianos profesos que buscan la amistad del mundo más que el favor de Dios. El apóstol Santiago dice: "¡Oh almas adúlteras! ¿No sabéis que la amistad del mundo es enemistad contra Dios? Cualquiera, pues, que quiera ser amigo del mundo, se constituye enemigo de Dios." Santiago 4:4.

La mujer Babilonia de Apocalipsis 17 está descrita como "cubierta de púrpura y escarlata, y adornada de oro, de piedras preciosas y de perlas, y tenía en la mano un cáliz de oro lleno de abominaciones y de la inmundicia de su fornicación; y sobre su frente un nombre escrito, un misterio: BABILONIA LA GRANDE, LA MADRE DE LAS RAMERAS." El profeta dice: "Vi a la mujer ebria de la sangre de los santos, y de la sangre de los mártires de Jesús." Se declara además que Babilonia "es la gran ciudad que reina sobre los reyes de la tierra." Apocalipsis 17:4-6, 18. La potencia que por tantos siglos dominó con despotismo sobre los monarcas de la Cristiandad, es Roma. La púrpura y la escarlata, el oro y las piedras preciosas y las perlas describen como a lo vivo la magnificencia y la pompa más que reales de que hacía gala la arrogante sede Romana. Y de ninguna otra potencia se podría decir con más propiedad que estaba "ebria de la sangre de los santos" que de aquella iglesia que ha perseguido tan despiadadamente a los discípulos de Cristo. Se acusa además a Babilonia de haber tenido relaciones ilícitas con "los reyes de la tierra." Por su alejamiento del Señor y su alianza con los paganos la Iglesia Judía se transformó en ramera; Roma se corrompió de igual manera al buscar el apoyo de los poderes mundanos, y como resultado recibe la misma condenación.

Se dice que Babilonia es "*madre* de las rameras." Sus *hijas* deben simbolizar las iglesias que aceptan sus doctrinas y tradiciones, y siguen su ejemplo sacrificando la verdad y la aprobación de Dios, para formar alianza ilícita con el mundo. El mensaje de Apocalipsis 14, que anuncia la *caída* de Babilonia, debe aplicarse a comunidades religiosas que un tiempo fueron puras y luego se han corrompido. En vista de que este mensaje sigue al aviso del juicio, debe ser proclamado en los últimos días, y no puede por consiguiente referirse sólo a la Iglesia Romana, pues dicha iglesia está en condición caída desde hace muchos siglos. Además, en el capítulo 18 del Apocalipsis se exhorta al pueblo de Dios a que salga de Babilonia. Según este pasaje de la Escritura, muchos del pueblo de Dios deben permanecer aún en Babilonia. ¿Y en qué comunidades religiosas se encuentra actualmente la mayoría de los discípulos de Cristo? Sin duda alguna, en las diferentes iglesias que profesan la fe Protestante. Al nacer, esas iglesias se decidieron noblemente por Dios y la verdad, y la bendición divina las acompañó. Aun el mundo incrédulo se vió obligado a reconocer los magníficos resultados de la aceptación de los principios del evangelio. Se les aplican las palabras del profeta a Israel: "Adquiriste fama entre las naciones a causa de tu hermosura; porque era perfecta, a causa del esplendor que Yo había puesto en ti, dice el Señor Jehová." Pero esas iglesias cayeron víctimas del mismo deseo que causó la maldición y la ruina de Israel: el deseo de imitar las prácticas de los impíos y de buscar su amistad. "Pero te envaneciste de tu hermosura, y te prostituiste a causa de tu renombre." Ezequiel 16:14, 15.

Muchas de las iglesias Protestantes están siguiendo el ejemplo de Roma, y se unen inicuamente con "los reyes de la tierra." Así obran las iglesias del estado en sus relaciones con los gobiernos seculares, y otras denominaciones en su empeño de captarse el favor del mundo. Y la expresión "Babilonia" – puede aplicarse acertadamente a esas congregaciones que, aunque declaran todas que sus doctrinas provienen de la Biblia, están sin embargo divididas en un sinnúmero de sectas, con credos y teorías muy opuestos.

Además de la unión pecaminosa con el mundo, las iglesias que se separaron de Roma presentan otras características de ésta.

Una obra Católica Romana argüye que "si la Iglesia Romana fue alguna vez culpable de idolatría con respecto a los santos, su hija, la Iglesia Anglicana, es igualmente culpable, pues tiene diez iglesias dedicadas a María por una dedicada a Cristo." –Dr. Challoner, *The Catholic Christian Instructed,* prólogo, págs. 21, 22.

Y el Dr. Hopkins, en un "Tratado sobre el milenio," declara: "No hay razón para creer que el espíritu y las prácticas anticristianas se limiten a lo que se llama actualmente la Iglesia Romana. Las iglesias Protestantes tienen en sí mucho del Anticristo, y distan mucho de haberse reformado enteramente de . . . las corrupciones e impiedades." –Samuel Hopkins, *Works,* tomo 2, pág. 328.

Respecto a la separación entre la Iglesia Presbiteriana y la de Roma, el Doctor Guthrie escribe: "Hace trescientos años que nuestra iglesia, con una Biblia abierta en su bandera y el lema 'Escudriñad las Escrituras' en su rollo de pergamino, salió de las puertas de Roma." Luego hace la significante pregunta: "¿Salió *del todo* de Babilonia?" –Tomás Guthrie, *The Gospel in Ezequiel*, pág. 237.

"La Iglesia de Inglaterra," dice Spurgeon, "parece estar completamente roída por la doctrina de que la salvación se encuentra en los sacramentos; pero los disidentes parecen estar tan hondamente contaminados por la infidelidad filosófica. Aquellos de quienes esperábamos mejores cosas están apartándose unos tras otros de los fundamentos de la fe. Creo que el mismo corazón de Inglaterra está completamente carcomido por una incredulidad fatal que hasta se atreve a subir al púlpito y llamarse Cristiana."

¿Cuál fue el origen de la gran apostasía? ¿Cómo comenzó a apartarse la iglesia de la sencillez del evangelio? –Conformándose a las prácticas del paganismo para facilitar a los paganos la aceptación del Cristianismo. El apóstol Pablo dijo acerca de su propio tiempo: "Ya está en acción el misterio de la iniquidad." 2 Tesalonicenses 2:7. Mientras aún vivían los apóstoles, la iglesia permaneció relativamente pura. "Pero hacia fines del siglo segundo, la mayoría de las iglesias asumieron una forma nueva; la sencillez primitiva desapareció, e insensiblemente, a medida que los antiguos discípulos bajaban a la tumba, sus hijos, en unión con nuevos convertidos, . . . se adelantaron y dieron nueva forma a la causa." –Roberto Robinson, *Ecclesiastical Researches*, capítulo 6, pág. 51. Para aumentar el número de los convertidos, se rebajó el alto nivel de la fe Cristiana, y el resultado fue que "una ola de paganismo anegó la iglesia, trayendo consigo sus costumbres, sus prácticas y sus ídolos." –Gavazzi, *Lectures*, pág. 278. Una vez que la religión Cristiana hubo ganado el favor y el apoyo de los legisladores seculares, fue aceptada nominalmente por multitudes; pero mientras éstas eran Cristianas en apariencia, muchos "permanecieron en el fondo paganos que seguían adorando sus ídolos en secreto." –*Ibid.*

¿No ha sucedido lo mismo en casi todas las iglesias que

se llaman Protestantes? Cuando murieron sus fundadores, que poseían el verdadero espíritu de reforma, sus descendientes se adelantaron y "dieron nueva forma a la causa." Mientras se aferraban ciegamente al credo de sus padres y se negaban a aceptar cualquiera verdad que fuese más allá de lo que veían, los hijos de los reformadores se alejaron mucho de su ejemplo de humildad, de abnegación y de renunciación al mundo. Así "la simplicidad primitiva desaparece." Una ola de mundanalidad invade la iglesia "trayendo consigo sus costumbres, sus prácticas y sus ídolos."

¡Ay, hasta qué grado esa amistad del mundo, que es "enemistad contra Dios," es fomentada actualmente entre los que profesan ser discípulos de Cristo! ¡Cuánto no se han alejado las iglesias nacionales de toda la Cristiandad del modelo bíblico de humildad, abnegación, sencillez y piedad! Juan Wesley decía, al hablar del buen uso del dinero: "No malgastéis nada de tan precioso talento, tan sólo por agradar a los ojos con superfluos y costosos atavíos o con adornos innecesarios. No gastéis parte de él adornando prolijamente vuestras casas con muebles inútiles y costosos, con cuadros costosos, pinturas y dorados. . . . No gastéis nada para satisfacer la soberbia de la vida, ni para obtener la admiración de los hombres. . . . 'Siempre que te halagues a ti mismo, los hombres hablarán bien de ti.' Siempre que te vistas 'de púrpura y de lino fino blanco, y tengas banquetes espléndidos todos los días,' no faltará quien aplauda tu elegancia, tu buen gusto, tu generosidad y tu rumbosa hospitalidad. Pero no vayas a pagar tan caros sus aplausos. Conténtate más bien con el honor que viene de Dios." –Wesley, *Works*, sermón 50, sobre el uso de dinero. Pero muchas iglesias actuales desprecian estas enseñanzas.

Está de moda en el mundo hacer profesión de religión. Gobernantes, políticos, abogados, médicos, y comerciantes se unen a la iglesia para asegurarse el respeto y la confianza de la sociedad, y así promover sus intereses mundanos. Tratan de tapar todos sus procederes injustos con el manto de la religiosidad. Las diversas comunidades religiosas fortalecidas con las riquezas y con la influencia de esos mundanos bautizados pujan a cual más por mayor popularidad y patrocino. Iglesias magníficas, embellecidas con el más extravagante despilfarro, se levantan en las avenidas más ricas y más pobladas. Los fieles visten con lujo y a la moda. Se pagan grandes sueldos a ministros elocuentes para que entretengan y atraigan a la gente. Sus sermones no deben aludir a los pecados populares, sino que deben ser suaves y agradables como para los oídos de un auditorio elegante. Así los pecadores del mundo son recibidos en la iglesia, y los pecados de moda se cubren con un manto de piedad.

Hablando de la actitud actual de los profesos Cristianos para con el mundo, un notable periódico secular dice: "Insensiblemente la iglesia ha seguido el espíritu del siglo, y ha adaptado sus formas de culto a las necesidades de la actualidad." "En verdad, todo cuanto contribuye a hacer atractiva la religión, la iglesia lo emplea ahora y se vale de ello." Y un escritor apunta, en el *Independent* de Nueva York, lo siguiente acerca del Metodismo actual: "La línea de separación entre los piadosos y los irreligiosos desaparece en una especie de penumbra, y en ambos lados se está trabajando con empeño para hacer desaparecer toda diferencia entre su modo de ser y sus placeres." "La popularidad de la religión tiende en gran manera a aumentar el número de los que quisieran asegurarse sus beneficios sin cumplir honradamente con los deberes de ella."

Howard Crosby dice: "Motivo de hondo pesar es el hecho de que la iglesia de Cristo esté cumpliendo tan mal los designios del Señor. Así como los antiguos Judíos dejaron que el trato familiar con las naciones idólatras alejara sus corazones de Dios, . . . así también ahora la iglesia de Jesús, merced al falso consorcio con el mundo incrédulo, está abandonando los métodos divinos de Su verdadera vida y doblegándose a las costumbres perniciosas, si bien a menudo plausibles, de una sociedad anticristiana, valiéndose de argumentos y llegando a conclusiones ajenas a la revelación de Dios y directamente opuestas a todo crecimiento en la gracia." –*The Healthy Christian: An Appeal to the Church*, págs. 141, 142.

En esta marea de mundanalidad y de afán por los placeres, el espíritu de desprendimiento y de sacrificio personal por el amor de Cristo ha desaparecido casi completamente. "Algunos de los hombre y mujeres que actúan hoy en esas iglesias aprendieron, cuando niños, a hacer sacrificios para poder dar o hacer algo por Cristo." Pero "ahora si se necesitan fondos, . . . no hay que pedirle nada a nadie. ¡Oh no! Organicen un bazar, preparen una representación de figuras vivas, una escena jocosa, una comida al estilo antiguo o a la moderna, cualquier cosa para divertir a la gente."

El gobernador Washburn, de Wisconsin, declaró en su mensaje anual, el 9 de enero de 1873: "Parece necesario dictar una ley que obligue a cerrar las escuelas donde se forman jugadores. Estas se encuentran por todas partes. Hasta se ven iglesias que (sin saberlo, indudablemente) hacen a veces la obra del diablo. Los conciertos y las representaciones de beneficio, así como las rifas, que se hacen, a veces con fines religiosos o de caridad, pero a menudo con propósitos menos dignos, loterías, premios, etc., no son sino estratagemas para recaudar dinero sin dar un valor correspondiente. No hay nada tan desmoralizador y tan embriagador, especialmente para los jóvenes, como la adquisición de dinero o de propiedad sin trabajo. Si personas respetables toman parte en esas empresas de azar y acallan su conciencia con la reflexión de que el dinero está destinado a un buen fin, nada de raro tiene que la juventud del estado caiga tan a menudo en los hábitos que con casi toda seguridad engendra la afición a los juegos de azar."

El espíritu de conformidad con el mundo está invadiendo las iglesias por toda la Cristiandad. Roberto Atkins, en un sermón predicado en Londres, describe un cuadro sombrío del decaimiento espiritual que predomina en Inglaterra: "Los hombres verdaderamente justos están desapareciendo de la tierra, sin que a nadie se le importe algo. Los que hoy profesan religiosidad, en todas las iglesias, aman al mundo, se conforman con él, gustan de las comodidades terrenales y aspiran a los honores. Están llamados a sufrir con Cristo, pero retroceden ante el simple oprobio. . . . *¡Apostasía, apostasía, apostasía!* es lo que está grabando en el frontis mismo de cada iglesia; y si lo supiesen o sintiesen, habría esperanza; pero ¡ay! lo que se oye decir, es: Rico soy, y estoy lleno de bienes, y nada me falta." –Second Advent

Library, folleto No. 39.

El gran pecado de que se acusa a Babilonia es que ha hecho que "todas las naciones beban del vino de la ira de su fornicación." Esta copa embriagadora que ofrece al mundo representa las falsas doctrinas que ha aceptado como resultado de su unión ilícita con los poderosos de la tierra. La amistad con el mundo corrompe su fe, y a su vez Babilonia ejerce influencia corruptora sobre el mundo enseñando doctrinas que están en pugna con las declaraciones más claras de la Sagrada Escritura.

Roma le prohibió la Biblia al pueblo y exigió que en su lugar todos aceptasen sus propias enseñanzas. La obra de la Reforma consistió en devolver a los hombres la Palabra de Dios; pero ¿no se ve acaso que en las iglesias de hoy lo que se enseña a los hombres es a fundar su fe en el credo y en las doctrinas de su iglesia antes que en las Sagradas Escrituras? Hablando de las iglesias Protestantes, Carlos Beecher dice: "Retroceden ante cualquier palabra severa que se diga contra sus credos con la misma sensibilidad con que los santos padres se habrían estremecido ante una palabra dura pronunciada contra la veneración creciente que estaban fomentando por los santos y los mártires. . . . Las denominaciones evangélicas Protestantes se han atado mutuamente las manos, de tal modo que nadie puede hacerse predicador entre ellas sin haber aceptado primero la autoridad de algún libro aparte de la Biblia. . . . No hay nada de imaginario en la aseveración de que el poder del credo está ahora empezando a proscribir la Biblia tan ciertamente como lo hizo Roma, aunque de un modo más sutil." –Sermón sobre "La Biblia como Credo Suficiente," predicado en Fort Wayne, Indiana, el 22 de febrero de 1846.

Cuando se levantan maestros verdaderos para explicar la Palabra de Dios, levántanse también hombres de saber, ministros que profesan comprender las Santas Escrituras, para condenar la sana doctrina como si fuera herejía, alejando así a los que buscan la verdad. Si el mundo no estuviese fatalmente embriagado con el vino de Babilonia, multitudes se convencerían y se convertirían a través del conocimiento de las verdades claras y penetrantes de la Palabra de Dios. Pero la fe religiosa se presenta tan confusa y discordante que el pueblo no sabe qué creer ni qué aceptar como verdad. La iglesia es responsable del pecado de impenitencia del mundo.

El mensaje del segundo ángel de Apocalipsis 14 fue proclamado por primera vez en el verano de 1844, y se aplicaba entonces de forma particular a las iglesias de los Estados Unidos de Norteamérica, donde la amonestación del juicio había sido también más ampliamente proclamada y más generalmente rechazada, y donde la degradación de las iglesias había sido más rápida. Pero el mensaje del segundo ángel no alcanzó su cumplimiento total en 1844. Las iglesias decayeron entonces moralmente por haber rechazado las verdades especiales para nuestro tiempo, pero este decaimiento no fue completo. A medida que continuaron rechazando las verdades especiales para nuestro tiempo, fueron degradándose más y más. Sin embargo, aún no se puede decir: "¡Ha caído, ha caído Babilonia, la gran ciudad, porque ha hecho beber a *todas las naciones* del vino del furor de su fornicación!" Aún no ha dado de beber a todas las naciones. El espíritu de conformidad con el mundo y de indiferencia hacia las verdades que deben servir de prueba en nuestro tiempo, existe y ha estado ganando terreno en las iglesias Protestantes de todos los países de la Cristiandad; y estas iglesias están incluidas en la solemne y terrible amonestación del segundo ángel. Pero la apostasía aún no ha culminado.

La Biblia declara que antes de la venida del Señor, Satanás obrará "con *todo* poder, y con señales, y prodigios mentirosos, y con todo engaño de iniquidad," y que todos aquellos que "no recibieron el amor de la verdad para ser salvos," serán dejados para que reciban "un espíritu engañoso, para que crean la mentira." 2 Tesalonicenses 2:9-11. La caída de Babilonia no será completa hasta cuando la iglesia se encuentre en este estado, y la unión de la iglesia con el mundo se haya consumado en toda la Cristiandad. El cambio es progresivo, y el cumplimiento perfecto de Apocalipsis 14:8 está aún reservado para lo por venir.

A pesar de las tinieblas espirituales y del alejamiento de Dios que se observan en las iglesias que constituyen Babilonia, la mayoría de los verdaderos discípulos de Cristo se encuentran aún dentro de ellas. Muchos de ellos no han oído nunca proclamar las verdades especiales para nuestro tiempo. No pocos están descontentos con su condición actual y tienen sed de más luz. En vano buscan el espíritu de Cristo en las iglesias a las cuales pertenecen. Como estas congregaciones se apartan más y más de la verdad y se van uniendo más y más con el mundo, la diferencia entre ambas categorías de Cristianos se irá acentuando hasta quedar consumada la separación. Llegará el día en que los que aman a Dios sobre todas las cosas no podrán permanecer unidos con los que son "amadores de los placeres, más bien que amadores de Dios; teniendo la forma de la piedad, mas negando el poder de ella."

El capítulo 18 del Apocalipsis señala el tiempo en que, por haber rechazado la triple amonestación de Apocalipsis 14:6-12, la iglesia alcanzará el estado predicho por el segundo ángel, y el pueblo de Dios que se encontrare aún en Babilonia, será llamado a separarse de la comunión de ésta. Este mensaje será el último que se dé al mundo, y cumplirá su obra. Cuando los que "no creyeron a la verdad, sino que se complacieron en la injusticia" (2 Tesalonicenses 2:12), sean dejados para padecer tremendo desengaño y para que crean a la mentira, entonces la luz de la verdad brillará sobre todos aquellos cuyos corazones estén abiertos para recibirla, y todos los hijos del Señor que quedaren en Babilonia, oirán el llamamiento: "¡Salid de ella pueblo Mío!" (Apocalipsis 18:4).

CAPÍTULO 22

PROFECÍAS CUMPLIDAS

CUANDO HUBO PASADO el tiempo en que al principio se había esperado la venida del Señor – la primavera de 1844 – los que así habían esperado con fe Su advenimiento se vieron envueltos durante algún tiempo en la duda y la incertidumbre. Mientras que el mundo los consideraba como completamente derrotados, y como si se hubiese probado que habían estado acariciando un engaño, la fuente de su consuelo continuaba siendo la Palabra de Dios. Muchos siguieron escudriñando las Santas Escrituras, estudiando de nuevo las pruebas de su fe, y examinando detenidamente las profecías para obtener más luz. El testimonio de la Biblia en apoyo de su actitud parecía claro y convincente. Había señales que no podían ser mal interpretadas y que daban como cercana la venida de Cristo. La bendición especial del Señor, manifestada tanto en la conversión de los pecadores como en el reavivamiento de la vida espiritual entre los Cristianos, había probado que el mensaje procedía del cielo. Y aunque los creyentes no podían explicar el chasco que habían sufrido, abrigaban la seguridad de que Dios los había dirigido en lo que habían experimentado.

Las profecías que ellos habían aplicado al tiempo del segundo advenimiento iban acompañadas de instrucciones que correspondían especialmente con su estado de incertidumbre e indecisión, y que los animaban a esperar pacientemente, en la firme creencia de que lo que entonces parecía confuso a sus inteligencias sería aclarado a su debido tiempo.

Entre esas profecías se encontraba la de Habacuc 2:1-4: "Estaré en mi puesto de guardia, y sobre la fortaleza afirmaré el pie, y velaré para ver lo que me dirá, y qué responderé tocante a mi queja. Y Jehová me respondió, y dijo: Escribe la visión, y grábala bien clara en tablas, para que el que pase corriendo, pueda leerla. Aunque la visión está aún por cumplirse a su tiempo, se apresura hacia el fin y no defraudará; aunque tarde, espéralo, porque, sin duda, vendrá y no se retrasará. He aquí al orgulloso: su alma no es recta en él, mas el justo por su fe vivirá."

Ya por el año 1842, la orden dada en esta profecía: "Escribe la visión, y grábala bien clara en tablas, para que el que pase corriendo, pueda leerla," le había sugerido a Carlos Fitch la redacción de un cartel profético con que ilustrar las visiones de Daniel y del Apocalipsis. La publicación de este cartel fue considerada como cumplimiento de la orden dada por Habacuc. Nadie, sin embargo, notó entonces que la misma profecía menciona una tardanza evidente en el cumplimiento de la visión – un tiempo de demora. Después del contratiempo, este pasaje de las Escrituras resultaba muy significativo: "Aunque la visión está aún por cumplirse a su tiempo, se apresura hacia el fin y no defraudará; aunque tarde, espéralo, porque, sin duda, vendrá y no se retrasará. . . . Mas el justo por su fe vivirá."

Unos versículos de las Escrituras encontrados en el libro de Ezequiel fueron también fuente de fuerza y de consuelo para los creyentes: "Y vino a mí palabra de Jehová, diciendo: Hijo de hombre, ¿qué refrán es este que tenéis vosotros en la tierra de Israel, que dice: Se van prolongando los días, y desaparece toda visión profética? Diles, por tanto: . . . Se han acercado los días, y el cumplimiento de toda visión. . . . Hablaré, y se cumplirá toda palabra que Yo hable; no se diferirá más." "Los de la casa de Israel dicen: La visión que éste ve es para de aquí a muchos días, éste profetiza para días muy lejanos. Diles, por tanto: Así dice el Señor Jehová: No se diferirá más ninguna de Mis palabras, sino que la palabra que Yo hable se cumplirá, dice el Señor Jehová." Ezequiel 12:21-25, 27, 28. Los que esperaban se regocijaron en la creencia de que Aquél que conoce el fin desde el principio había mirado a través de los siglos, y previendo su contrariedad, les había dado palabras de estimación y esperanza. Si no hubiese sido por esos pasajes de las Santas Escrituras, que los exhortaban a esperar con paciencia y firme confianza en la Palabra de Dios, su fe habría cejado en la hora de prueba.

En Mateo 25, la parábola de las diez vírgenes ilustra también lo que experimentaron los Adventistas. Cristo había anunciado algunos de los acontecimientos más importantes de la historia del mundo y de la iglesia desde Su primer advenimiento hasta Su segundo, en contestación a la pregunta de Sus discípulos respecto a la señal de Su venida y del fin del mundo; es decir, la destrucción de Jerusalén, la gran tribulación de la iglesia bajo las persecuciones paganas y papales, el obscurecimiento del sol y de la luna, y la caída de las estrellas. Mateo 24. Después, habló de Su venida en Su reino, y refirió la parábola que describe las dos clases de siervos que esperarían Su aparecimiento. El capítulo 25 empieza con las palabras: "*Entonces* el reino de los cielos será semejante a diez vírgenes." Aquí se presenta a la iglesia que vive en los últimos días la misma enseñanza de que se habla al fin del capítulo 24. Lo que ella experimenta se ilustra con los detalles de un casamiento oriental.

"Entonces el reino de los cielos será semejante a diez vírgenes que, tomando sus lámparas, salieron a recibir al esposo. Cinco de ellas eran prudentes, y cinco insensatas. Las insensatas, tomando sus lámparas, no tomaron consigo aceite; mas las prudentes tomaron aceite en sus vasijas, juntamente con sus lámparas. Y tardándose el esposo, cabecearon todas y se durmieron. Y a la medianoche se oyó un grito: ¡Aquí viene el esposo; salid a recibirle!" Mateo 25:1-6.

Se comprendía que la venida de Cristo, anunciada por el mensaje del primer ángel, estaba representada por la venida del esposo. La extensa obra de reforma que produjo la proclamación de su próxima venida, correspondía a la salida de las vírgenes. Tanto en esta parábola como en la de Mateo 24, se representan dos clases de personas. Unas y otras habían tomado sus lámparas, la Biblia, y a su luz salieron a recibir al Esposo. Pero mientras que "las insensatas, tomando sus lámparas, no tomaron consigo aceite," "las prudentes tomaron aceite en sus vasijas, juntamente con sus lámparas." Estas últimas habían recibido la gracia de Dios, el poder regenerador e iluminador del Espíritu Santo, que convertía Su Palabra en una lámpara para los pies y una luz en la senda. Con el firme propósito de conocer la verdad, habían estudiado las Escrituras en el temor de Dios, y habían procurado con ardor que hubiese pureza en su corazón y su vida. Tenían experiencia personal, fe en Dios y en Su Palabra, y esto no podía borrarlo el desengaño y la dilación. En cuanto a las otras vírgenes, "tomando sus lámparas, no tomaron consigo aceite." Habían obrado por impulso. Sus temores habían sido despertados por el solemne mensaje, pero se habían apoyado en la fe de sus hermanas, satisfechas con la luz vacilante de las buenas emociones, sin comprender a fondo la verdad y sin que la gracia hubiese obrado verdaderamente en sus corazones. Habían salido a recibir al Señor, llenas de esperanza en la perspectiva de una recompensa inmediata; pero no estaban preparadas para la dilación ni para el contratiempo. Cuando vinieron las pruebas, su fe vaciló, y sus luces se debilitaron.

"Y tardándose el esposo, cabecearon todas y se durmieron." La demora del esposo representa la terminación del plazo en que se esperaba al Señor, el contratiempo y la demora aparente. En ese momento de incertidumbre, el interés de los superficiales y de los sinceros "*a medias*" empezó a vacilar y cejaron en sus esfuerzos; pero aquellos cuya fe descansaba en un conocimiento personal de la Biblia, tenían bajo los pies una roca que no podía ser barrida por las olas de la contrariedad. "Cabecearon todas y se durmieron," una clase de creyentes se sumió en la indiferencia y abandonó su fe, pero la otra siguió esperando pacientemente hasta que se le diese mayor luz. Sin embargo, en la noche de la prueba este segundo grupo de Cristianos pareció perder, hasta cierto punto, su ardor y devoción. Los tibios y superficiales no podían seguir apoyándose en la fe de sus hermanos. Cada cual debía sostenerse por sí mismo o caer.

En esos días, resaltó el fanatismo. Algunos que habían profesado creer férvidamente en el mensaje rechazaron la Palabra de Dios como guía infalible, y pretendiendo ser dirigidos por el Espíritu, se abandonaron a sus propios sentimientos, impresiones e imaginación. Había quienes manifestaban un ardor ciego y fanático, y censuraban a todos los que no querían aprobar su conducta. Sus ideas y sus actos inspirados por el fanatismo no encontraban simpatía entre la gran mayoría de los Adventistas; no obstante sirvieron para atraer deshonra sobre la causa de la verdad.

Por este medio trató Satanás de oponerse a la obra de Dios y destruirla. El movimiento adventista había conmovido grandemente a la gente, se habían convertido miles de personas, y hubo hombres sinceros que se dedicaron a proclamar la verdad, inclusive durante el tiempo de la tardanza. El príncipe del mal estaba perdiendo sus súbditos, y para echar oprobio sobre la causa de Dios, trató de engañar a algunos de los que profesaban la fe, y de convertirlos en extremistas. Sus agentes estaban listos para aprovechar cualquier error, cualquier falta, cualquier acto indecoroso, y presentarlo al pueblo en la forma más exagerada, a fin de hacer detestables a los Adventistas y la fe que profesaban. Cuanto mayor era el número de los que lograra incluir entre los que profesaban creer en el segundo advenimiento mientras su poder dirigía sus corazones, tanto más fácil le sería señalarlos a la atención del mundo como representantes de todo el cuerpo de creyentes.

Satanás es el "acusador de nuestros hermanos," y su espíritu es el que inspira a los hombres a vigilar los errores y defectos del pueblo de Dios, y a darles publicidad, mientras que no hace mención alguna de las buenas acciones de este mismo pueblo. Siempre está activo cuando Dios obra para salvar las almas. Cuando los hijos de Dios acuden a presentarse ante el Señor, Satanás viene también entre ellos. En cada despertar religioso él está preparado para introducir a aquellos cuyos corazones no están santificados y cuyos espíritus no están bien equilibrados. Cuando éstos han aceptado algunos puntos de la verdad, y han conseguido formar parte del número de los creyentes, Satanás influye por medio de ellos para introducir teorías que engañarán a los incautos. El hecho de que una persona se encuentre en compañía de los hijos de Dios, y hasta en el lugar de culto y en torno a la mesa del Señor, no prueba que dicha persona sea verdaderamente Cristiana. En las ocasiones más solemnes, se encuentra con frecuencia a Satanás, bajo la forma de aquellos a quienes puede emplear como agentes suyos.

El príncipe del mal discute por cada pulgada de terreno

por el cual avanza el pueblo de Dios en su peregrinación hacia la ciudad celestial. En toda la historia de la iglesia, ninguna reforma ha sido llevada a cabo sin encontrar serios obstáculos. Así sucedió en los días del apóstol Pablo. Dondequiera que el apóstol fundase una iglesia, había algunos que profesaban aceptar la fe, pero que introducían herejías que, de haber sido recibidas, habrían hecho desaparecer el amor a la verdad. También Lutero tuvo que sufrir grandes pruebas y angustias debido a la conducta de fanáticos que pretendían que Dios había hablado directamente por ellos, y que, por lo tanto, ponían sus propias ideas y opiniones por encima del testimonio de las Santas Escrituras. Muchos a quienes les faltaba fe y experiencia, pero a quienes les sobraba confianza en sí mismos y a quienes les gustaba oír y contar novedades, fueron engañados por los asertos de los nuevos maestros y se unieron a los agentes de Satanás en la tarea de destruir lo que, movido por Dios, Lutero había edificado. Los hermanos Wesley, y otros que por su influencia y su fe fueron causa de bendición para el mundo, tropezaban a cada paso con las artimañas de Satanás, que consistían en empujar a personas de celo exagerado, desequilibradas y no santificadas a excesos de fanatismo de toda clase.

Guillermo Miller no simpatizaba con aquellas influencias que conducían al fanatismo. Declaró, como Lutero, que todo espíritu debía ser probado de Dios. "El diablo," decía Miller, "tiene gran poder en los ánimos de algunas personas de nuestra época. ¿Y cómo sabremos de qué espíritu provienen? La Biblia contesta: 'Por sus frutos los conoceréis.' . . . Hay muchos espíritus en el mundo, y se nos manda que los probemos. El espíritu que no nos hace vivir sobria, justa y piadosamente en este mundo, no es de Cristo. Estoy más y más convencido de que Satanás tiene mucho que ver con estos movimientos desordenados. . . . Muchos de los que entre nosotros aseveran estar completamente santificados, no hacen más que seguir las tradiciones de los hombres, y parecen ignorar la verdad tanto como otros que no hacen tales asertos." –Bliss, págs. 236, 237. "El espíritu de error nos alejará de la verdad, mientras que el Espíritu de Dios nos conducirá a ella. Pero, decís vosotros, una persona puede estar en el error y pensar que posee la verdad. ¿Qué hacer en tal caso? A lo que contestamos: el Espíritu y la Palabra están de acuerdo. Si alguien se juzga a sí mismo por la Palabra de Dios y encuentra armonía perfecta en toda la Palabra, entonces debe creer que posee la verdad; pero si encuentra que el espíritu que le guía no armoniza con todo el contenido de la ley de Dios o Su Libro, ande entonces cuidadosamente para nos ser apresado en la trampa del diablo." –*The Advent Herald and Signs of the Times Reporter*, tomo 8, No. 23 (15 de Enero, 1845). "Muchas veces, al notar una mirada benigna, una mejilla humedecida y unas palabras entrecortadas, he visto mayor prueba de piedad interna que en todo el ruido de la Cristiandad." –Bliss, pág. 282.

Durante la Reforma, los adversarios de ésta achacaron todos los males del fanatismo a quienes lo estaban combatiendo con el mayor ardor. Algo semejante hicieron los adversarios del movimiento adventista. Y no contentos con desfigurar y exagerar los errores de los extremistas y fanáticos, hicieron circular noticias desfavorables que no tenían el menor viso de verdad. Estas personas eran dominadas por prejuicios y odios. La proclamación de la venida inminente de Cristo les perturbaba la paz. Temían que pudiese ser cierto, pero esperaban que no lo fuese, y éste era el motivo secreto de su lucha contra los Adventistas y su fe.

La circunstancia de que unos pocos fanáticos se abrieran paso entre las filas de los Adventistas no fue razón para declarar que el movimiento no era de Dios, mas que lo fue la presencia de fanáticos engañadores en la iglesia en los días de Pablo o de Lutero, para condenar la obra de ambos. Despierte el pueblo de Dios de su sueño y emprenda seriamente una obra de arrepentimiento y de reforma; escudriñe las Escrituras para aprender la verdad tal cual es en Jesús; conságrese por completo a Dios, y no faltarán pruebas de que Satanás está activo y vigilante. Él manifestará su poder por todos los engaños posibles, y llamará en su ayuda a todos los ángeles caídos de su reino.

No fue la proclamación del segundo advenimiento lo que dió origen al fanatismo y a la división. Estos aparecieron en el verano de 1844, cuando los Adventistas se encontraban en un estado de duda y perplejidad con respecto a su situación real. La predicación del mensaje del primer ángel y del "clamor de media noche," tendía directamente a reprimir el apasionamiento y la disensión. Los que participaban en estos solemnes movimientos estaban en armonía; sus corazones estaban llenos de amor mutuo y de amor hacia Jesús, a quien esperaban ver pronto. Una sola fe y una sola esperanza bendita los elevaban por encima de cualquier influencia humana, y les servían de escudo contra los ataques de Satanás.

"Y tardándose el esposo, cabecearon todas y se durmieron. Y a la medianoche se oyó un grito: ¡Aquí viene el esposo; salid a recibirle! Entonces todas aquellas vírgenes se levantaron, y arreglaron sus lámparas." Mateo 25:5-7. En el verano de 1844, a mediados de la época comprendida entre el tiempo en que se había supuesto primero que terminarían los 2,300 días y el otoño del mismo año, hasta donde descubrieron después que se extendían, el mensaje fue proclamado en los términos mismos de la Escritura: "¡Aquí viene el esposo!"

Lo que condujo a este movimiento fue el haberse dado cuenta de que el decreto de Artajerjes a favor de la restauración de Jerusalén, el cual formaba el punto de partida del período de los 2,300 días, empezó a regir en el otoño del año 457 antes de Cristo, y no a principios del año, como se había creído hasta entonces. Contando desde el otoño de 457, los 2,300 años concluían en el otoño de 1844.

Los argumentos basados en los tipos del Antiguo Testamento indicaban también el otoño como el tiempo en que el acontecimiento representado por la "purificación del santuario" debía verificarse. Esto se vió claramente cuando la atención se fijó en el modo en que los tipos relativos al primer advenimiento de Cristo se habían cumplido.

El sacrificio del cordero pascual prefiguraba la muerte de Cristo. Pablo dice: "Nuestra pascua, que es Cristo, ya fue sacrificada por nosotros." 1 Corintios 5:7. La gavilla de las primicias del trigo, que era costumbre mecer ante el Señor en tiempo de la Pascua, era figura típica de la resurrección de Cristo. Pablo nos dice, hablando de la resurrección del Señor y de todo Su pueblo: "Cristo las primicias; después, los que son de Cristo, en Su venida." 1 Corintios 15:23. Como la gavilla de la ofrenda mecida, que era las primicias o los primeros granos maduros recogidos antes de la cosecha, así también Cristo es primicias de aquella inmortal cosecha de rescatados que en la resurrección futura serán recogidos en el granero de Dios.

Estos tipos se cumplieron no sólo en cuanto al acontecimiento sino también en cuanto al tiempo. El día 14 del primer mes de los Judíos, el mismo día y el mismo mes en que quince largos siglos antes el cordero pascual había sido sacrificado, Cristo, después de haber comido la Pascua con Sus discípulos, estableció la institución que debía conmemorar Su propia muerte como "Cordero de Dios, que quita el pecado del mundo." En aquella misma noche fue aprehendido por manos impías, para ser crucificado e inmolado. Y como antitipo de la gavilla mecida, nuestro Señor fue resucitado de entre los muertos al tercer día, "primicias de los que durmieron," ejemplo de todos los justos que han de resucitar, cuyo "cuerpo de nuestro estado de humillación," "será cambiado" "conformándolo al cuerpo de la gloria suya." 1 Corintios 15:20; Filipenses 3:21.

Igualmente los tipos que se refieren al segundo advenimiento deben cumplirse en el tiempo indicado por el ritual simbólico. Bajo el régimen mosaico, la purificación del santuario, el gran Día de la Expiación, caía en el décimo día del séptimo mes Judío (Levítico 16:29-34), cuando el sumo sacerdote, habiendo hecho expiación por todo Israel y habiendo quitado así sus pecados del santuario, salía a bendecir al pueblo. Así creían que Cristo, nuestro Sumo Sacerdote, aparecería para purificar la tierra por medio de la destrucción del pecado y de los pecadores, y para conceder la inmortalidad a Su pueblo que le esperaba. El décimo día del séptimo mes, el gran Día de la Expiación, el tiempo de la purificación del santuario, el cual en el año 1844 caía en el 22 de octubre, fue considerado como el día de la venida del Señor. Esto estaba en consonancia con las pruebas ya presentadas, de que los 2,300 días terminarían en el otoño, y la conclusión parecía irrefutable.

En la parábola de Mateo 25, el tiempo de espera y el cabeceo son seguidos de la venida del esposo. Esto estaba de acuerdo con los argumentos que se acaban de presentar, y que se basaban tanto en las profecías como en los tipos. Para muchos entrañaban gran poder convincente de su verdad; y el "clamor de media noche" fue proclamado por miles de creyentes.

Como marea creciente, el movimiento se extendió por el país. Fue de ciudad en ciudad, de pueblo en pueblo y hasta a lugares remotos del campo, y consiguió despertar al pueblo de Dios que estaba esperando. El fanatismo desapareció ante esta proclamación como helada temprana ante el sol naciente. Los creyentes vieron desaparecer sus dudas y perplejidades; la esperanza y el valor reanimaron sus corazones. La obra quedaba libre de las exageraciones propias de todo arrebato que no es dominado por la influencia de la Palabra y del Espíritu de Dios. Este movimiento recordaba los períodos sucesivos de humillación y de conversión al Señor que entre los antiguos Israelitas solían resultar de las reconvenciones dadas por los siervos de Dios. Llevaba el sello distintivo de la obra de Dios en todas las edades. Había en él poco gozo extático, sino más bien un profundo escudriñamiento del corazón, confesión de los pecados y renunciación al mundo. El anhelo de los espíritus agobiados era prepararse para recibir al Señor. Había perseverancia en la oración y consagración a Dios sin reserva.

Dijo Miller al describir esta obra: "No hay gran manifestación de gozo; no parece sino que éste fuera reservado para más adelante, para cuando cielo y tierra gocen juntos de dicha indecible y gloriosa. No se oye tampoco en ella grito de alegría, pues esto también está reservado para la aclamación que ha de oírse del cielo. Los cantores callan; están esperando poderse unir a las huestes angelicales, al coro del cielo. . . . No hay conflicto de sentimientos; todos son de un corazón y de una mente." –Bliss, págs. 270, 271.

Otra persona que tomó parte en el movimiento testifica lo siguiente: "Produjo en todas partes el más profundo escudriñamiento del corazón y humillación del alma ante el Dios del alto cielo. . . . Ocasionó un gran desapego de las cosas de este mundo, hizo cesar las controversias y animosidades, e impulsó a confesar los malos procederes y a humillarse ante Dios y a dirigirle súplicas sinceras y ardientes para obtener perdón. Causó humillación personal y postración del alma cual nunca las habíamos presenciado hasta entonces. Como el Señor lo dispusiera por boca del profeta Joel, para cuando el día del Señor estuviese cerca, produjo un desgarramiento de los corazones y no de las vestiduras y la conversión al Señor con ayuno, lágrimas y lamentos. Como Dios lo dijera por conducto de Zacarías, un espíritu de gracia y oración fue derramado sobre Sus hijos; miraron a Aquél a quien habían traspasado, había gran pesar en la tierra, . . . y los que estaban esperando al Señor afligían sus almas ante Él." –Bliss, en *Advent Shield and Review,* tomo 1, pág. 271 (enero de 1845).

Entre todos los grandes movimientos religiosos habidos desde los días de los apóstoles, ninguno resultó más libre de imperfecciones humanas y engaños de Satanás que el del otoño de 1844. Ahora mismo, después del transcurso de muchos años, todos los que tomaron parte en aquel movimiento y han permanecido firmes en la verdad, sienten aún la santa influencia de tan bendita obra y dan testimonio de que ella era de Dios.

Al clamar: "¡Aquí viene el Esposo; salid a recibirle!" los que esperaban "se levantaron, y arreglaron sus lámparas;" estudiaron la Palabra de Dios con una intensidad e interés antes desconocidos. Ángeles fueron enviados del cielo para despertar a los que se habían desanimado, y para prepararlos a recibir el mensaje. La obra no descansaba en la sabiduría y los conocimientos humanos, sino en el poder de Dios. No fueron los de mayor talento, sino los más humildes y piadosos, los que oyeron y obedecieron primero al llamamiento. Los campesinos abandonaban sus cosechas en los campos, los artesanos dejaban sus herramientas y con lágrimas y gozo iban a pregonar el aviso. Los que anteriormente habían encabezado la causa fueron los últimos en unirse a este movimiento. Las iglesias por general cerraron sus puertas a este mensaje, y muchos de los que lo aceptaron se separaron de sus congregaciones. En la providencia de Dios, esta proclamación se unió con el segundo mensaje angelical y dió poder a la obra.

El mensaje: "¡Aquí viene el Esposo!" no era tanto un asunto de argumentación, si bien la prueba de las Escrituras era clara y terminante. Iba acompañado de un poder que movía e impulsaba al alma. No había dudas ni discusiones. Con motivo de la entrada triunfal de Cristo en Jerusalén, el pueblo que se había reunido de todas partes del país para celebrar la fiesta, fue en tropel al Monte de Olivos, y al unirse con la multitud que acompañaba a Jesús, se dejó llevar por la inspiración del momento y contribuyó a dar mayores proporciones a la aclamación: "¡Bendito el que viene en el nombre del Señor!" Mateo 21:9. Del mismo modo, los incrédulos que se agolpaban en las reuniones Adventistas – unos por curiosidad, otros tan sólo para ridiculizarlas – sentían el poder convincente que acompañaba el mensaje: "¡Aquí viene el Esposo!"

En aquel entonces había una fe que atraía respuestas del Cielo a las oraciones, una fe que se atenía a la recompensa. Como las lluvias que caen en tierra sedienta, el Espíritu de gracia descendió sobre los que le buscaban con sinceridad. Los que esperaban verse pronto cara a cara con su Redentor sintieron una solemnidad y un gozo indecibles. El poder suavizador y sojuzgador del Espíritu Santo cambiaba los corazones, y Sus bendiciones eran dispensadas abundantemente sobre los fieles creyentes.

Los que recibieron el mensaje llegaron cuidadosa y solemnemente al tiempo en que esperaban encontrarse con su Señor. Cada mañana sentían que su primer deber consistía en asegurar su aceptación para con Dios. Sus corazones estaban estrechamente unidos, y oraban mucho unos con otros y unos por otros. A menudo se reunían en sitios apartados para ponerse en comunión con Dios, y oíanse voces de intercesión que desde los campos y las arboledas ascendían al cielo. La seguridad de que el Señor les daba Su aprobación era para ellos más necesaria que su alimento diario, y si alguna nube obscurecía sus mentes, no descansaban hasta que se hubiera desvanecido. Como sentían el testimonio de la gracia que les perdonaba deseaban contemplar a Aquél a quien amaban sus almas.

Pero un desengaño más les estaba reservado. El tiempo de espera pasó, y su Salvador no apareció. Con confianza inalterable habían esperado su venida, y ahora sentían lo que María, cuando, al ir al sepulcro del Salvador y encontrándolo vacío, exclamó llorando: "Se han llevado a mi Señor, y no sé dónde le han puesto." Juan 20:13.

Un sentimiento de pavor, el temor de que el mensaje fuese verdad, había servido durante algún tiempo para contener al mundo incrédulo. Cumplido el plazo, ese sentimiento no desapareció del todo; al principio no se atrevieron a celebrar su triunfo sobre los que habían quedado desilusionados; pero como no se vieron señales de la ira de Dios, se olvidaron de sus temores y nuevamente profirieron insultos y burlas. Un número notable de los que habían profesado creer en la próxima venida del Señor, abandonaron su fe. Algunos que habían tenido mucha confianza, quedaron tan hondamente heridos en su orgullo, que hubiesen querido huir del mundo. Como Jonás, se quejaban de Dios, y habrían preferido la muerte a la vida. Los que habían fundado su fe en opiniones ajenas y no en la Palabra de Dios, estaban listos para cambiar otra vez de parecer. Los burladores atrajeron a sus filas a los débiles y cobardes, y todos éstos se unieron en declarar que ya no podía haber temor ni expectación. El tiempo había pasado, el Señor no había venido, y el mundo podría subsistir como antes, miles de años.

Los creyentes fervientes y sinceros lo habían abandonado todo por Cristo, y habían gozado de Su presencia como nunca antes. Creían haber dado su último aviso al mundo, y, esperando ser recibidos pronto en la sociedad de su divino Maestro y de los ángeles celestiales, se habían separado en su mayor parte de los que no habían recibido el mensaje. Habían orado con gran fervor: "Ven, Señor Jesús; y ven pronto." Pero no vino. Tomar de nuevo la pesada carga de los cuidados y perplejidades de la vida, y soportar las afrentas y escarnios del mundo, constituía una dura prueba para su fe y paciencia.

Sin embargo, este contratiempo no fue tan grande como el que experimentaron los discípulos cuando el primer advenimiento de Cristo. Cuando Jesús entró triunfalmente en Jerusalén, Sus discípulos creían que estaba a punto de subir al trono de David y de libertar a Israel de sus opresores. Llenos de esperanza y de gozo anticipado rivalizaban unos con otros en tributar honor a su Rey. Muchos tendían sus ropas como alfombra en Su camino, y esparcían ante Él palmas frondosas. En su gozo y entusiasmo unían sus voces a la alegre aclamación: "¡Hosanna al Hijo de David!" Cuando los Fariseos, molestos por esta explosión de regocijo, expresaron el deseo de que Jesús censurara a Sus discípulos, Él contestó: "Si éstos callan, las piedras clamarán." Lucas 19:40. Las profecías deben cumplirse. Los discípulos estaban cumpliendo el propósito de Dios; sin embargo un duro contratiempo les estaba reservado. Pocos días pasaron antes que fueran testigos de la horrible muerte del Salvador y de Su sepultura. Su expectación no se había realizado, y sus esperanzas murieron con Jesús. Fue tan sólo cuando su Salvador hubo salido triunfante del sepulcro cuando pudieron darse cuenta de que todo había sido predicho por la profecía, y de "que era necesario que el Cristo padeciese, y resucitase de los muertos." Hechos 17:3.

Quinientos años antes, el Señor había declarado por boca del profeta Zacarías: "¡Alégrate mucho, hija de Sión!; da voces de júbilo, hija de Jerusalén; he aquí que tu Rey viene a ti, justo y victorioso, humilde, y cabalgando sobre un asno, sobre un pollino, hijo de asna." Zacarías 9:9. Si los discípulos se hubiesen dado cuenta de que Cristo iba al encuentro del juicio y de la muerte, no habrían podido cumplir esta profecía.

De igual modo, Miller y sus compañeros cumplieron la profecía y proclamaron un mensaje que la Inspiración había predicho que iba a ser dado al mundo, pero que ellos no hubieran podido dar si hubiesen entendido por completo las profecías que indicaban su contratiempo y que presentaban otro mensaje que debía ser predicado a todas las naciones antes de la venida del Señor. Los mensajes del primer ángel y del segundo fueron proclamados en su debido tiempo, y cumplieron la obra que Dios se había propuesto cumplir por medio de ellos.

El mundo había estado observando, y creía que todo el sistema Adventista sería abandonado en caso de que pasase el tiempo sin que Cristo viniese. Pero aunque muchos, al ser muy tentados, abandonaron su fe, hubo algunos que permanecieron firmes. Los frutos del movimiento adventista, el espíritu de humildad, el examen del corazón, la renunciación al mundo y la reforma de la vida, que habían acompañado la obra, probaban que ésta era de Dios. No se atrevían a negar que el poder del Espíritu Santo hubiera acompañado la predicación del segundo advenimiento, y no podían descubrir error alguno en el estudio de los períodos proféticos. Los más hábiles de sus adversarios no habían logrado echar por tierra su sistema de interpretación profética. Sin pruebas bíblicas, no podían consentir en abandonar posiciones que habían sido alcanzadas gracias a la oración y a un estudio formal de las Escrituras, por inteligencias iluminadas por el Espíritu de Dios y por corazones en los cuales ardía el poder vivificante de éste. Eran posiciones que habían resistido a las críticas más agudas y a la oposición más violenta por parte de los maestros de religión del pueblo y de los sabios mundanos, y que habían permanecido firmes ante las fuerzas combinadas del saber y de la elocuencia y las afrentas y ultrajes tanto de los hombres de reputación como de los más viles.

Verdad es que no se había producido el acontecimiento esperado, pero ni aun esto pudo conmover su fe en la Palabra de Dios. Cuando Jonás proclamó en las calles de Nínive que en el plazo de cuarenta días la ciudad sería destruída, el Señor aceptó la humillación de los Ninivitas y prolongó su tiempo de gracia; no obstante el mensaje de Jonás fue enviado por Dios, y Nínive fue probada por la voluntad divina. Los Adventistas creyeron que Dios les había inspirado de igual modo para proclamar el aviso del juicio. "El aviso," decían, "probó los corazones de todos los que lo oyeron, y despertó interés por el advenimiento del Señor, o determinó un odio a Su venida que resultó visible o no, pero que es conocido por Dios. Trazó una línea divisoria, . . . de suerte que los que quieran examinar sus propios corazones pueden saber de que lado de ella se habrían encontrado en caso de haber venido el Señor entonces; si habrían exclamado: '¡He aquí éste es nuestro Dios; le hemos esperado, y Él nos salvará!' o si habrían clamado a los montes y a las peñas para que cayeran sobre ellos y los escondieran de la presencia del que está sentado en el trono, y de la ira del Cordero. Creemos que Dios probó así a Su pueblo y su fe, y vió si en la hora de aflicción retrocederían del sitio en que creyera conveniente colocarlos, y si abandonarían este mundo confiando absolutamente en la Palabra de Dios." –*The Advent Herald and Signs of the Times Reporter*, tomo 8, No. 14 (13 de nov. de 1844).

Los sentimientos de los que creían que Dios los había dirigido en su pasada experiencia, están expresados en estas palabras de Guillermo Miller: "Si tuviese que volver a empezar mi vida con las mismas pruebas que tuve entonces, para ser de buena fe para con Dios y los hombres, tendría que hacer lo que hice." "Espero haber limpiado mis vestiduras de la sangre de las almas; siento que, en cuanto me ha sido posible, me he librado de toda culpabilidad en su condenación." "Aunque me chasqueé dos veces," escribió este hombre de Dios, "no estoy aún abatido ni desanimado. . . . Mi esperanza en la venida de Cristo es tan firme como siempre. No he hecho más que lo que, después de años de solemne consideración, sentía que era mi solemne deber de hacer. Si me he equivocado, ha sido del lado de la caridad, del amor a mis semejantes y movido por el sentimiento de mi deber para con Dios." "Algo sé de cierto, y es que no he predicado nada en que no creyese; y Dios ha estado conmigo, Su poder se ha manifestado en la obra, y mucho bien se ha realizado." "A juzgar por las apariencias humanas, muchos miles fueron inducidos a estudiar las Escrituras por la predicación de la fecha del advenimiento; y por ese medio y la aspersión de la sangre de Cristo, fueron reconciliados con Dios." –Bliss, págs. 256, 255, 277, 280, 281. "Nunca he solicitado el favor de los orgullosos, ni temblado ante las amenazas del mundo. No seré yo quien compre ahora su favor, ni vaya más allá del deber para despertar su odio. Nunca imploraré de ellos mi vida ni vacilaré en perderla, si Dios en Su providencia así lo dispone." –J. White, *Life of Wm. Miller*, pág. 315.

Dios no olvidó a Su pueblo; Su Espíritu siguió acompañando a los que no negaron imprudentemente la luz que habían recibido ni denunciaron el movimiento adventista. En la Epístola a los Hebreos hay palabras de aliento y de admonición para los que vivían en la expectación y fueron probados en esa crisis: "No perdáis, pues, vuestra confianza, que tiene gran galardón; porque tenéis necesidad de paciencia, para que habiendo hecho la voluntad de Dios, obtengáis la promesa. Porque aún un poquito, y el que ha de venir vendrá y no tardará. Mas el justo vivirá por fe; y si retrocede, mi alma no se complace en él. Pero nosotros no somos de los que retroceden para destrucción, sino de los que tienen fe para preservación del alma." Hebreos 10:35-39.

Que esta amonestación va dirigida a la iglesia en los últimos días lo podemos comprobar por las palabras que indican la proximidad de la venida del Señor: "Porque aún un poquito, y el que ha de venir vendrá y no tardará." Y este pasaje implica claramente que habría una demora aparente, y que el Señor parecería tardar en venir. La enseñanza dada aquí se aplica especialmente a lo que les pasaba a los Adventistas en esos días. Los Cristianos a quienes van dirigidas esas palabras estaban en peligro de perder su fe. Habían hecho la voluntad de Dios al seguir la dirección de Su Espíritu y de Su Palabra; pero no podían comprender los designios que había tenido en lo que habían experimentado ni podían discernir el sendero que estaba ante ellos, y estaban tentados a dudar de si en realidad Dios los había dirigido. Entonces era cuando estas palabras tenían su aplicación: "El justo vivirá por fe." Mientras la luz brillante del "clamor de media noche" había alumbrado su sendero, y habían visto abrirse el sello de las profecías, y cumplirse con rapidez las señales que anunciaban la proximidad de la venida de Cristo, habían andado en cierto sentido por la vista. Pero ahora, abatidos por esperanzas defraudadas, sólo podían sostenerse por la fe en Dios y en Sú Palabra. El mundo escarnecedor decía: "Habéis sido engañados. Abandonad vuestra fe, y declarad que el movimiento adventista era de Satanás." Pero la Palabra de Dios declaraba: "Si retrocede, Mi alma no se complace en él." Renunciar entonces a su fe, y negar el poder del Espíritu Santo que había acompañado al mensaje, habría equivalido a retroceder camino de la perdición. Estas palabras de Pablo los animaban a permanecer firmes: "No perdáis, pues, vuestra confianza;" "tenéis necesidad de paciencia;" "porque aún un poquito, y el que ha de venir vendrá, y no tardará." El único proceder seguro para ellos consistía en apreciar la luz que ya habían recibido de Dios, atenerse firmemente a Sus promesas, y seguir escudriñando las Sagradas Escrituras esperando con paciencia y velando para recibir mayor luz.

CAPÍTULO 23

El Misterio del Templo

EL PASAJE BIBLICO que más que ningún otro había sido el fundamento y el pilar central de la fe adventista era la declaración: "Hasta dos mil trescientas tardes y mañanas; luego el santuario será purificado." Daniel 8:14. Estas palabras habían sido familiares para todos los que creían en la próxima venida del Señor. La profecía que encerraban era repetida como santo y seña de su fe por miles de bocas. Todos sentían que sus esperanzas más gloriosas y más queridas dependían de los acontecimientos en ella predichos. Había quedado demostrado que aquellos días proféticos terminaban en el otoño del año 1844. En común con el resto del mundo Cristiano, los Adventistas creían entonces que la tierra, o alguna parte de ella, era el santuario. Entendían que la purificación del santuario era la purificación de la tierra por medio del fuego del último y supremo día, y que ello se verificaría en el segundo advenimiento. Es por esto que concluyeron que Cristo volvería a la tierra en 1844.

Pero el tiempo señalado había pasado, y el Señor no había aparecido. Los creyentes sabían que la Palabra de Dios no podía fallar; su interpretación de la profecía debía estar equivocada; ¿pero dónde estaba el error? Muchos cortaron temerariamente el nudo de la dificultad negando que los 2,300 días terminasen en 1844. Este aserto no podía apoyarse con prueba alguna, a no ser con la de que Cristo no había venido en el momento en que se le esperaba. Alegábase que si los días proféticos hubiesen terminado en 1844, Cristo habría vuelto entonces para limpiar el santuario mediante la purificación de la tierra por fuego, y que como no había venido, los días no podían haber terminado.

Aceptar estas conclusiones equivalía a renunciar a los cómputos anteriores de los períodos proféticos. Se había comprobado que los 2,300 días empezaron cuando entró en vigor el decreto de Artajerjes ordenando la restauración y edificación de Jerusalén, en el otoño del año 457 antes de Cristo. Tomando esto como punto de partida, había perfecta armonía en la aplicación de todos los acontecimientos predichos en la explicación de ese período hallada en Daniel 9:25-27. Sesenta y nueve semanas, o los 483 primeros años de los 2,300 años debían alcanzar hasta el Mesías, el Ungido; y el bautismo de Cristo y Su unción por el Espíritu Santo, en el año 27 de nuestra era, cumplían exactamente la predicción. En medio de la septuagésima semana, el Mesías había de ser muerto. Tres años y medio después de Su bautismo, Cristo fue crucificado, en la primavera del año 31. Las setenta semanas, o 490 años, se referían especialmente a los Judíos. Al fin del período, la nación selló su rechazamiento de Cristo con la persecución de Sus discípulos, y los apóstoles se volvieron hacia los Gentiles en el año 34 de nuestra era. Habiendo terminado entonces los 490 primeros años de los 2,300, quedaban aún 1,810 años. Contando desde el año 34, 1,810 años llegan a 1844. "Luego," había dicho el ángel, "el santuario será purificado." Indudablemente todas las anteriores predicciones de la profecía se habían cumplido en el tiempo señalado.

Con este cálculo, todo era claro y armonioso, menos la circunstancia de que en 1844 no se veía acontecimiento alguno que correspondiese a la purificación del santuario. Negar que los días terminaban en esa fecha equivalía a confundir todo el asunto y a abandonar creencias fundadas en el cumplimiento irrefutable de las profecías.

Pero Dios había dirigido a Su pueblo en el gran movimiento adventista; Su poder y Su gloria habían acompañado la obra, y Él no permitiría que ésta terminase en la obscuridad y en un chasco, para que se la cubriese de deshonra como si fuese una mera excitación mórbida y producto del fanatismo. No iba a dejar Su Palabra envuelta en dudas e incertidumbres. Aunque muchos abandonaron sus primeros cálculos de los períodos proféticos, y negaron la exactitud del movimiento basado en ellos, otros no estaban dispuestos a negar puntos de fe y de experiencia que estaban sostenidos por las Sagradas Escrituras y por el testimonio del

Espíritu de Dios. Creían haber adoptado en sus estudios de las profecías sanos principios de interpretación, y que era su deber atenerse firmemente a las verdades ya adquiridas, y seguir en el mismo camino de la investigación bíblica. Orando con fervor, volvieron a considerar su situación, y estudiaron las Santas Escrituras para descubrir su error. Como no encontraran ninguno en sus cálculos de los períodos proféticos, fueron inducidos a examinar más de cerca la cuestión del santuario.

En sus investigaciones vieron que en las Santas Escrituras no hay prueba alguna sosteniendo la creencia general de que la tierra es el santuario; pero encontraron en la Biblia una explicación completa de la cuestión del santuario, su naturaleza, su situación y sus servicios. El testimonio de los escritores sagrados era tan claro y tan amplio que despejaba este asunto de toda duda. El apóstol Pablo dice en su Epístola a los Hebreos: "Ahora bien, aun el primer pacto tenía ordenanzas de culto y su santuario terrenal. Porque fue preparada la parte anterior del tabernáculo, en la que estaban el candelero, la mesa y los panes de la proposición; ésta se llama el Lugar Santo. Tras el segundo velo, estaba la parte del tabernáculo llamada el Lugar Santísimo, el cual tenía un incensario de oro y el arca del pacto cubierta de oro por todas partes, en la que estaba una urna de oro que contenía el maná, la vara de Aarón que retoñó, y las tablas del pacto; y sobre ella los querubines de gloria que cubrían el propiciatorio." Hebreos 9:1-5.

El santuario al cual se refiere aquí Pablo era el tabernáculo construido por Moisés según la orden de Dios como morada terrenal del Altísimo. "Y harán un santuario para Mí, y habitaré en medio de ellos," había sido la orden dada a Moisés mientras estaba en el monte con Dios. Éxodo 25:8. Los Israelitas estaban peregrinando por el desierto, y el tabernáculo se preparó de modo que pudiese ser llevado de un lugar a otro; no obstante era una construcción de gran magnificencia. Sus paredes consistían en tablones ricamente revestidos de oro y asegurados en basas de plata, mientras que el techo se componía de una serie de cortinas o cubiertas, las de fuera de pieles, y las interiores de lino fino magníficamente recamado con figuras de querubines. Además del atrio exterior, donde se encontraba el altar del holocausto, el tabernáculo propiamente dicho consistía en dos apartamentos llamados el lugar santo y el lugar santísimo, separados por rica y magnífica cortina, o velo; otro velo semejante cerraba la entrada que conducía al primer apartamento.

En el lugar santo se encontraba hacia el sur el candelero, con sus siete lámparas que alumbraban el santuario día y noche; hacia el norte estaba la mesa de los panes de la proposición; y ante el velo que separaba el lugar santo del santísimo estaba el altar de oro para el incienso, del cual ascendía diariamente a Dios una nube de incienso junto con las oraciones de Israel.

En el lugar santísimo se encontraba el arca, cofre de madera preciosa cubierta de oro, depósito de las dos tablas de piedra sobre las cuales Dios había grabado la ley de los diez mandamientos. Sobre el arca, y formando la cubierta del sagrado cofre, estaba el propiciatorio, verdadera maravilla artística, coronada por dos querubines, uno en cada extremo y todo de oro macizo. En este apartamento era donde se manifestaba la presencia divina en la nube de gloria entre los querubines.

Después que los Israelitas se hubieron establecido en Canaán el tabernáculo fue reemplazado por el templo de Salomón, un edificio permanente y de mayores dimensiones, aunque conservaba las mismas proporciones y el mismo amueblado. El santuario subsistió así – menos durante el plazo en que permaneció en ruinas en tiempo de Daniel – hasta su destrucción por los Romanos, en el año 70 de nuestra era.

Tal fue el único santuario que haya existido en la tierra y del cual la Biblia nos da alguna información. Pablo dijo de él que era el santuario del primer pacto. Pero ¿no tiene el nuevo pacto también un santuario?

Volviendo al libro de los Hebreos, los que buscaban la verdad encontraron que existía un segundo santuario, o sea el del nuevo pacto, al cual se alude en las palabras ya citadas del apóstol Pablo: "Tenía empero *también* el primer pacto reglamentos del culto, y santuario mundano." (Reina Valera, Revisión de 1979.) El uso de la palabra "también" implica que Pablo ha hecho antes mención de este santuario. Volviendo al principio del capítulo anterior, se lee: "Ahora bien, el resumen de lo que venimos diciendo es que tenemos tal sumo sacerdote, el cual se sentó a la diestra del trono de la Majestad en los cielos; ministro del santuario, y del verdadero tabernáculo que erigió el Señor, y no el hombre." Hebreos 8:1, 2.

Aquí vemos revelado el santuario del nuevo pacto. El santuario del primer pacto fue asentado por el hombre, construido por Moisés; éste segundo es asentado por el Señor, no por el hombre. En aquel santuario los sacerdotes terrenales desempeñaban el servicio; en éste es Cristo, nuestro gran Sumo Sacerdote, quien ministra a la diestra de Dios. Uno de los santuarios estaba en la tierra, el otro está en el cielo.

Además, el tabernáculo construído por Moisés fue hecho según un modelo. El Señor le ordenó: "Conforme a todo lo que Yo te muestre, el diseño del tabernáculo, y el diseño de todos sus utensilios, así lo haréis." Y también dijo: "Mira y hazlos conforme al modelo que te ha sido mostrado en el monte." Éxodo 25:9, 40. Pablo dice que el primer tabernáculo "es un símbolo para el tiempo presente, según el cual se presentan ofrendas y sacrificios;" que sus santos lugares eran "figuras de las cosas celestiales;" que los sacerdotes que presentaban las ofrendas según la ley, ministraban lo que era "figura y sombra de las cosas celestiales," y que "no entró Cristo en un santuario hecho de mano, figura del verdadero, sino en el cielo mismo para presentarse ahora por nosotros en la presencia de Dios." Hebreos 9:9, 23; 8:5; 9:24.

El santuario celestial, en el cual Jesús ministra hoy en día, es el gran modelo, del cual el santuario edificado por Moisés no era más que una copia. Dios puso Su Espíritu sobre los que construyeron el santuario terrenal. El conocimiento artístico desplegado en su construcción fue una manifestación de la sabiduría divina. Las paredes tenían aspecto de oro macizo, y reflejaban en todas direcciones la luz de las siete lámparas del candelero de oro. La mesa de los panes de la proposición y el altar del incienso relucían como oro bruñido. La magnífica cubierta que formaba el techo, recamada con figuras de ángeles, en azul, púrpura y escarlata, realzaba la belleza de la escena. Y más allá del segundo velo estaba la santa Shekina, la manifestación visible de la gloria de Dios, ante la cual sólo el sumo sacerdote podía entrar y sobrevivir.

El esplendor incomparable del tabernáculo terrenal reflejaba a la vista humana la gloria de aquel templo celestial donde Cristo nuestro precursor ministra por nosotros ante el trono de Dios. La morada del Rey de Reyes, donde miles y miles ministran delante de Él, y millones de millones están en Su presencia (Daniel 7:10); ese templo, lleno de la gloria del trono eterno, donde los serafines, sus flamantes guardianes, cubren sus rostros en adoración, no podía encontrar en la más grandiosa construcción que jamás edificaran manos humanas, más que un pequeño reflejo de su inmensidad y de su gloria. Sin embargo, el santuario terrenal y sus servicios revelaban importantes verdades relativas al santuario celestial y a la gran obra que se llevaba allí a cabo para la redención del hombre.

Los lugares santos del santuario celestial están representados por los dos apartamentos del santuario terrenal. Al apóstol Juan le fue dada una visión en la cual vió el templo de Dios en el cielo, y allí contempló "siete lámparas de fuego ardiendo delante del trono." Apocalipsis 4:5. Vió un ángel que tenía "un incensario de oro; y se le dió mucho incienso para añadirlo a las oraciones de todos los santos, sobre el altar de oro que estaba delante del trono." Apocalipsis 8:3. Se le permitió al profeta contemplar el primer apartamento del santuario en el cielo; y vió allí las "siete lámparas de fuego" y el "altar de oro" representados por el candelero de oro y el altar de incienso en el santuario terrenal. De nuevo, "el santuario de Dios fue abierto" (Apocalipsis 11:19), y miró hacia adentro del velo interior, el lugar santísimo. Allí vió "el arca de Su pacto," representada por el cofre sagrado construido por Moisés para guardar la ley de Dios.

Así fue como los que estaban estudiando estos temas encontraron pruebas irrefutables de la existencia de un santuario en el cielo. Moisés hizo el santuario terrenal según un modelo que le fue enseñado. Pablo declara que ese modelo era el verdadero santuario que está en el cielo. Y Juan afirma que lo vió en el cielo.

En el templo celestial, la morada de Dios, Su trono está asentado en juicio y en justicia. En el lugar santísimo está Su ley, la gran regla de justicia por la cual es probada toda la humanidad. El arca, que contiene las tablas de la ley, está cubierta con el propiciatorio, ante el cual Cristo ofrece Su sangre a favor del pecador. Así se representa la unión de la justicia y de la misericordia en el plan de la redención humana. Sólo la sabiduría infinita podía idear semejante unión, y sólo el poder infinito podía realizarla; es una unión que llena todo el cielo de admiración y adoración. Los querubines del santuario terrenal que miraban reverentemente hacia el propiciatorio, representaban el interés con el cual la multitud celestial contempla la obra de redención. Es el misterio de misericordia que los ángeles desean comprender, es decir: que Dios puede ser justo al mismo tiempo que justifica al pecador arrepentido y reanuda Sus relaciones con la raza caída; que Cristo pudo humillarse para sacar a innumerables multitudes del abismo de la perdición y revestirlas con las vestiduras inmaculadas de Su propia justicia, a fin de unirlas con ángeles que no cayeron jamás y permitirles vivir para siempre en la presencia de Dios.

La obra mediadora de Cristo en favor del hombre se presenta en esta hermosa profecía de Zacarías relativa a Aquél "cuyo nombre es El Retoño." El profeta dice: "Él edificará el templo de Jehová, y Él llevará las insignias reales, y se sentará y dominará en Su [el de Su Padre] trono, y habrá un sacerdote junto a Su solio; y *consejo de paz* habrá entre Ambos." Zacarías 6:12, 13.

"Y edificará el templo de Jehová." Por Su sacrificio y Su mediación, Cristo es el fundamento y el edificador de la iglesia de Dios. Pablo nos habla de Él como "la principal piedra del ángulo, Jesucristo mismo, en quien todo el edificio, bien ajustado, va creciendo para ser un santuario sagrado en el Señor, en quien también vosotros sois juntamente edificados para morada de Dios en el Espíritu." Efesios 2:20-22.

"Y Él llevará las insignias reales." Es a Cristo a quien pertenece la gloria de la redención de la raza caída. Por toda la eternidad, el canto de los redimidos será: "Al que nos amó, y

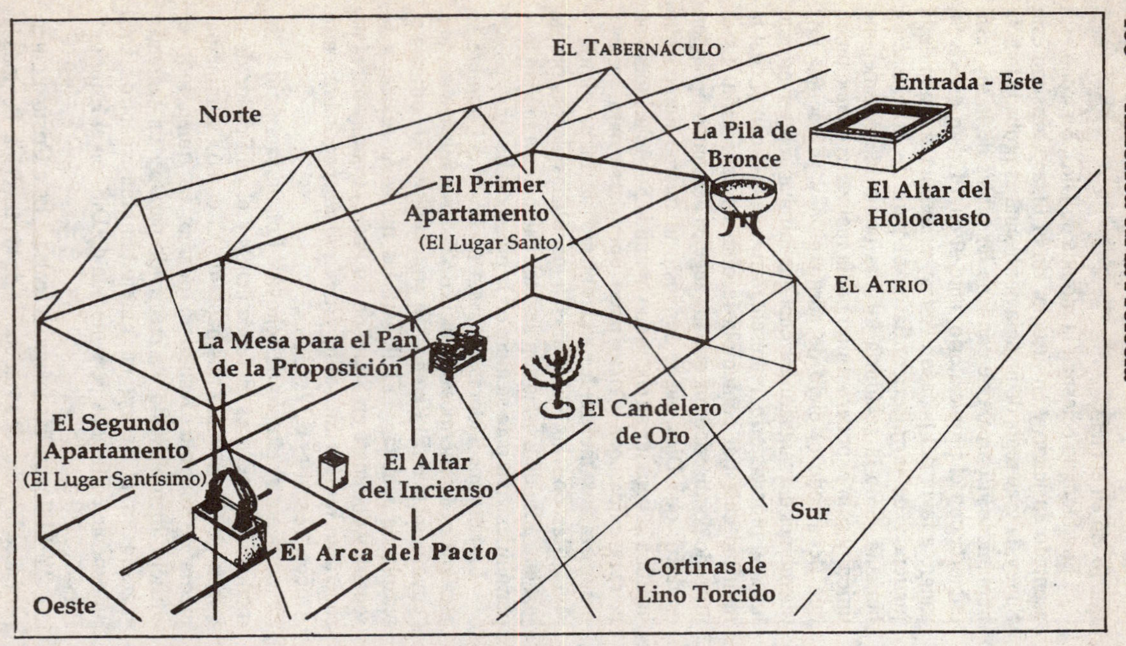
El Tabernáculo
Norte
Entrada - Este
La Pila de Bronce
El Altar del Holocausto
El Primer Apartamento
(El Lugar Santo)
El Atrio
La Mesa para el Pan de la Proposición
El Candelero de Oro
El Segundo Apartamento
(El Lugar Santísimo)
El Altar del Incienso
Sur
El Arca del Pacto
Cortinas de Lino Torcido
Oeste

EL ATRIO

El santuario en el desierto fue construido bajo la dirección de Moisés, de acuerdo con el diseño que le fue mostrado en el monte. *(Éxodo 25:7, 8, 40; Hebreos 8:5).*

Cercando este tabernáculo en el desierto se encontraba el Atrio, que estaba hecho de cortinas de lino torcido atadas a columnas *(Éxodo 27:9-18)*, y era aproximadamente 75 pies de ancho por 150 pies de longitud (basado en el codo de 18 pulgadas). Dentro del Atrio estaba el Altar del Holocausto, la Pila de Bronce y el Tabernáculo. Este Altar también era llamado el Altar de Bronce ya que había un segundo altar, el Altar de Oro, dentro del Tabernáculo. Este Altar exterior *(Éxodo 27:1-9)* era hueco por dentro y estaba cubierto de bronce, y tenía 4 1/2 pies de alto, 7 1/2 pies de anchura y 7 1/2 pies de longitud. Sobre este altar eran puesto los animales que iban a ser ofrecidos en holocaustos. Justo después estaba la Pila de Bronce *(Éxodo 30:18-21)*, donde los sacerdotes se lavaban antes de entrar en el Tabernáculo.

EL LUGAR SANTO

El Tabernáculo terrenal *(Éxodo 26:1-37)* era una tienda con paredes de madera, cuatro capas como cubierta de techo, oro, y bellísimas cortinas por dentro. Aproximadamente 18 por 55 pies en tamaño, este Tabernáculo era portátil y así se podía desmantelar y llevar de lugar a lugar en los viajes de Israel por el desierto. Dividido por un velo interior en dos cuartos o apartamentos, era el lugar más sagrado en la tierra. El sacerdote entraba en el Primer Apartamento o Lugar Santo, todos los días con sangre, y caminaba pasando el Candelero de Oro, con sus siete lamparillas de fuego *(Éxodo 25:31-40)*, la Mesa para el Pan de la Proposición que contenía el pan dedicado que estaba delante de la Presencia del Señor (Éxodo 25:23-30); hasta llegar al Altar del Incienso o Altar de Oro *(Éxodo 30:1-10)*, del cual subía el humo del incienso aromático y pasaba sobre lo alto del velo que separaba los dos apartamentos (este velo no llegaba al techo), hasta el otro lado del Lugar Santísimo. Sobre el Altar de Oro y el, velo que separaba, el sacerdote rociaba la sangre del sacrificio *(Levítico 4-5)*. Una descripción parcial de esto puede encontrarse en Hebreos 9:1-17. Todos los muebles adentro de El Lugar Santo y El Lugar Santísimo eran de oro puro, o cubiertos de oro.

EL LUGAR SANTÍSIMO

El Segundo Apartamento o Lugar Santísimo *(Éxodo 26:33)*, contenía El Arca del Pacto *(Éxodo 25:17-22)*. Entre dos querubines estaba la gloria de la Presencia del Señor *(Éxodo 25:22; 40:34)*. Debajo estaba el Propiciatorio de oro fino, que cubría la parte de arriba del Arca, donde reposaba el fundamento del Gobierno de Dios: la Ley Moral de los Diez Mandamientos *(Éxodo 20:3-17)*, escrita en tablas de piedra por el dedo de Dios *(Éxodo 31:18)*, y puestas en el Arca *(Deuteronomio 10:2)*. Toda la humanidad debe ser gobernada por estos santos preceptos, hasta el fin del mundo *(Apocalipsis 12:17; 14:12)*; y aún después *(Apocalipsis 22:14; Isaías 66:22, 23)*. Solamente una vez al año, en el Día de Expiación, entraba el Sumo Sacerdote en El Lugar Santísimo — para purificar el Santuario y al pueblo de pecado. *(Levítico 16, especialmente versículos 30-34; y Daniel 8:14).*

nos liberó de nuestros pecados con Su sangre, . . . a Él sea la gloria y el dominio por los siglos de los siglos." Apocalipsis 1:5, 6.

"Y se sentará y dominará en Su trono, y habrá un sacerdote junto a Su solio." No todavía "sobre el trono de Su gloria;" el reino de gloria no le ha sido dado aún. Sólo cuando Su obra mediadora haya terminado, "el Señor Dios le dará el trono de Su padre David," un reino del que "no tendrá fin." Lucas 1:32, 33. Como sacerdote, Cristo está sentado ahora con el Padre en Su trono. Apocalipsis 3:21. En el trono, en compañía del Dios eterno que existe por Sí mismo, está Aquél que "llevó nuestras enfermedades, y soportó nuestros dolores," quien fue "tentado en todo según nuestra semejanza, pero sin pecado," para que pudiese "venir en auxilio de los que son tentados." Isaías 53:4; Hebreos 4:15; 2:18. "Si alguno peca, abogado tenemos para con el Padre, a Jesucristo el justo." 1 Juan 2:1. Su intercesión es la de un cuerpo traspasado y quebrantado y de una vida inmaculada. Las manos heridas, el costado abierto, los pies desgarrados, interceden a favor del hombre caído, cuya redención fue comprada a tan infinito precio.

"Y consejo de paz habrá entre Ambos." El amor del Padre, no menos que el del Hijo, es la fuente de salvación para la raza perdida. Jesús había dicho a Sus discípulos antes de irse: "No os digo que Yo rogaré al Padre por vosotros, pues el Padre mismo os ama." Juan 16:26, 27. "Dios estaba en Cristo reconciliando consigo al mundo." 2 Corintios 5:19. Y en el ministerio del santuario celestial, "consejo de paz habrá entre Ambos." "Porque de tal manera amó Dios al mundo, que ha dado a Su Hijo unigénito, para que todo aquel que cree en Él, no perezca, sino que tenga vida eterna." Juan 3:16.

Las Escrituras contestan claramente la pregunta: '¿Qué es el santuario?' La palabra "santuario," tal cual la usa la Biblia, se refiere, en primer lugar, al tabernáculo que construyó Moisés, como figura o imagen de las cosas celestiales; y, en segundo lugar, al "verdadero tabernáculo" en el cielo, hacia el cual señalaba el santuario terrenal. Muerto Cristo, terminó el ritual típico. El "verdadero tabernáculo" en el cielo es el santuario del nuevo pacto. Y como la profecía de Daniel 8:14 se cumple en esta dispensación, el santuario al cual se refiere debe ser el santuario del nuevo pacto. Cuando terminaron los 2,300 días, en 1844, hacía muchos siglos que no había santuario en la tierra. De manera que la profecía: "Hasta dos mil y trescientas tardes y mañanas; entonces será purificado el santuario," se refiere indudablemente al santuario que está en el cielo.

Pero queda aún la pregunta más importante por contestar: '¿Qué es la purificación del santuario?' El Antiguo Testamento hace mención de un servicio tal con referencia al santuario terrenal. ¿Pero puede haber algo que purificar en el cielo? En el noveno capítulo de la Epístola a los Hebreos, se menciona claramente la purificación de ambos santuarios, el terrenal y el celestial. "Y casi todo es purificado, según la ley, con sangre; y sin derramamiento de sangre, no hay perdón de pecados. Fué, pues, necesario que las figuras de las cosas celestiales fuesen purificadas así; pero las cosas celestiales mismas, con mejores sacrificios que éstos," a saber, la preciosa sangre de Cristo. Hebreos 9:22, 23.

En ambos servicios, el típico y el real, la purificación debe efectuarse con sangre; en aquél con sangre de animales; en éste, con la sangre de Cristo. Pablo dice que la razón por la cual esta purificación debe hacerse con sangre, es porque sin derramamiento de sangre no hay *remisión*. La remisión, o sea el acto de quitar los pecados, es la obra que debe realizarse. ¿Pero cómo podía relacionarse el pecado con el santuario del cielo o con el de la tierra? Puede saberse esto estudiando el servicio simbólico, pues los sacerdotes que oficiaban en la tierra, ministraban "lo que es figura y sombra de las cosas celestiales." Hebreos 8:5.

El servicio del santuario terrenal consistía en dos partes; los sacerdotes ministraban diariamente en el lugar santo, mientras que una vez al año el sumo sacerdote efectuaba un servicio especial de expiación en el lugar santísimo, para purificar el santuario. Día tras día el pecador arrepentido llevaba su ofrenda a la puerta del tabernáculo, y poniendo la mano sobre la cabeza de la víctima, confesaba sus pecados, transfiriéndolos así figurativamente de sí mismo a la víctima inocente. Luego se mataba el animal. "Sin derramamiento de sangre," dice el apóstol, no hay remisión de pecados. "Porque la vida de la carne en la sangre está." Levítico 17:11. La ley de Dios quebrantada exigía la vida del transgresor. La sangre, que representaba la vida comprometida del pecador, cuya culpa cargaba la víctima, la llevaba el sacerdote al lugar santo y la salpicaba ante el velo, detrás del cual estaba el arca que contenía la ley que el pecador había transgredido. Por medio de esta ceremonia, el pecado era transferido figurativamente, por intermedio de la sangre, al santuario. En ciertos casos, la sangre no era llevada al lugar santo; pero el sacerdote debía entonces comer la carne, como Moisés lo había mandado a los hijos de Aarón, diciendo: "La dió Él a vosotros para llevar la iniquidad de la congregación." Levítico 10:17. Ambas ceremonias simbolizaban por igual la transferencia del pecado del penitente al santuario.

Tal era la obra que se llevaba a cabo día tras día durante todo el año. Los pecados de Israel eran transferidos así al santuario, y se hacía necesario un servicio especial para eliminarlos. Dios ordenó que se hiciera una expiación por cada uno de los apartamentos sagrados. "Así purificará el santuario, a causa de las impurezas de los hijos de Israel, de sus rebeliones y de todos sus pecados; de la misma manera hará también al tabernáculo de reunión, el cual reside entre ellos en medio de sus impurezas." Debía hacerse también una expiación por el altar: "Lo limpiará, y lo santificará de las inmundicias de los hijos de Israel." Levítico 16:16, 19.

Una vez al año, en el gran Día de la Expiación, el sacerdote entraba en el lugar santísimo para purificar el santuario. El servicio que se realizaba allí completaba la serie anual de los servicios. Entonces se llevaban dos machos cabríos a la entrada del tabernáculo y se echaban suertes sobre ellos: "una suerte por Jehová, y otra suerte por Azazel." Levítico 16:8. El macho cabrío sobre el cual caía la suerte para Jehová debía ser sacrificado como ofrenda por el pecado del pueblo. Y el sacerdote debía llevar su sangre detrás del velo adentro y rociarla sobre el propiciatorio y delante de él. También había que rociar con ella el altar del incienso, que se encontraba delante del velo.

"Y pondrá Aarón sus dos manos sobre la cabeza del macho cabrío vivo, y confesará sobre él todas las iniquidades de los hijos de Israel, todas sus rebeliones y todos sus pecados, poniéndolos así sobre la cabeza del macho cabrío, y lo enviará al desierto por mano de un hombre destinado para esto. Y aquel macho cabrío llevará sobre sí todas las iniquidades de ellos a tierra inhabitada; y dejará ir el macho cabrío por el desierto." Levítico 16:21, 22. El macho cabrío emisario no volvía al campo de Israel, y el hombre que lo había llevado afuera debía lavarse y lavar sus vestidos con agua antes de volver al campamento.

Esta ceremonia estaba destinada a inculcar a los Israelitas una idea de la santidad de Dios y de Su odio al pecado; y además hacerles ver que no podían ponerse en contacto con el pecado sin contaminarse. Se requería de todos que afligiesen sus almas mientras se celebraba el servicio de expiación. Toda la labor debía dejarse en solemne humillación ante Dios, con oración, ayuno y examen profundo del corazón.

El servicio típico enseña importantes verdades respecto a la expiación. Se aceptaba un substituto en lugar del pecador; pero la sangre de la víctima no borraba el pecado. Sólo proveía un medio para transferirlo al santuario. Con la ofrenda de sangre, el pecador reconocía la autoridad de la ley, confesaba su culpa, y expresaba su deseo de ser perdonado mediante la fe en un Redentor por venir; pero no estaba aún enteramente libre de la condenación de la ley. El Día de la Expiación, el sumo sacerdote, después de haber tomado una víctima ofrecida por la congregación, iba al lugar santísimo con la sangre de dicha víctima y rociaba con ella el propiciatorio, encima mismo de la ley, para dar satisfacción a sus exigencias. Luego, en calidad de mediador, tomaba los pecados sobre sí y los llevaba fuera del santuario. Poniendo sus manos sobre la cabeza del segundo macho cabrío, confesaba sobre él todos esos pecados, transfiriéndolos así figurativamente de él al macho cabrío emisario. Este los llevaba luego lejos y se los consideraba como si estuviesen para siempre quitados y echados lejos del pueblo.

Este era el servicio que se efectuaba como "mera representación y sombra de las cosas celestiales." Lo que se hacía típicamente en el santuario terrenal, se hace en realidad en el santuario celestial. Después de Su ascensión, nuestro Salvador comenzó Su obra como nuestro Sumo Sacerdote. Pablo dice: "Porque no entró Cristo en un santuario hecho de mano, figura del verdadero, sino en el cielo mismo para presentarse ahora por nosotros en la presencia de Dios." Hebreos 9:24.

El servicio del sacerdote durante el año en el primer apartamento del santuario, "detrás del velo" que formaba la entrada y separaba el lugar santo del atrio exterior, representa la obra y el servicio a que dió principio Cristo al ascender al cielo. La obra del sacerdote en el servicio diario consistía en presentar ante Dios la sangre del holocausto, como también el incienso que subía con las oraciones de Israel. De igual modo Cristo ofrece Su sangre ante el Padre en beneficio de los pecadores, y así es como presenta ante Él, además, junto con el precioso perfume de Su propia justicia, las oraciones de los creyentes arrepentidos. Tal era la obra desempeñada en el primer apartamento del santuario en el cielo.

Hasta allí siguieron los discípulos a Cristo por la fe cuando se elevó de la presencia de ellos. Allí se concentraban sus esperanzas, "la cual," dice Pablo, "tenemos como segura y firme ancla del alma, y que penetra hasta dentro del velo, donde Jesús entró por nosotros como precursor, hecho sumo sacerdote para siempre." "Y no por medio de la sangre de machos cabríos ni de becerros, sino por medio de Su propia sangre, entró una vez para siempre en el santuario, habiendo obtenido eterna redención." Hebreos 6:19, 20; 9:12.

Este ministerio siguió efectuándose durante dieciocho siglos en el primer apartamento del santuario. La sangre de Cristo, ofrecida en beneficio de los creyentes arrepentidos, les aseguraba perdón y aceptación con el Padre, pero no obstante sus pecados permanecían inscritos en los libros de registro. Como en el servicio típico había una obra de expiación al fin del año, igualmente, antes de que la obra de Cristo para la redención de los hombres se complete, queda por hacer una obra de expiación para quitar el pecado del santuario. Este es el servicio que empezó cuando terminaron los 2,300 días. Entonces, así como lo había anunciado Daniel el profeta, nuestro Sumo Sacerdote entró en el lugar santísimo, para cumplir la última parte de Su solemne obra: la purificación del santuario.

En el Antiguo Testamento los pecado del pueblo eran puestos por fe sobre la víctima ofrecida, y por la sangre de ésta se transferían figurativamente al santuario terrenal; así también, en el nuevo pacto, los pecados de los que se arrepienten son puestos por fe sobre Cristo, y transferidos, de hecho, al santuario celestial. Y así como la purificación típica de lo terrenal se efectuaba quitando los pecados con los cuales había sido contaminado, así también la purificación real de lo celestial debe efectuarse quitando o borrando los pecados registrados en el cielo. Pero antes de que esto pueda cumplirse deben examinarse los registros para determinar quiénes son los que, por su arrepentimiento del pecado y su fe en Cristo, tienen derecho a los beneficios de la expiación cumplida por Él. La purificación del santuario implica por lo tanto una obra de investigación – una obra de juicio. Esta obra debe realizarse antes de que venga Cristo para redimir a Su pueblo, pues cuando venga, Su galardón está con Él, para que pueda otorgar la recompensa a cada uno según haya sido su obra. Apocalipsis 22:12.

Así pues, los que andaban en la luz de la palabra profética vieron que en lugar de venir a la tierra al fin de los 2,300 días, en 1844, Cristo entró entonces en el lugar santísimo del santuario celestial para cumplir la obra final de la expiación preparatoria para Su venida.

Se vió además que, mientras que el holocausto señalaba a Cristo como sacrificio, y el sumo sacerdote representaba a Cristo como mediador, el macho cabrío simbolizaba a Satanás, autor del pecado, sobre quien serán colocados finalmente los pecados de los que sinceramente se han arrepentido. Cuando el sumo sacerdote, en virtud de la sangre del holocausto, quitaba los pecados del santuario, los ponía sobre la cabeza del macho cabrío. Cuando Cristo, en virtud de Su propia sangre, quite del santuario celestial los pecados de Su pueblo al fin de Su ministerio, los pondrá sobre Satanás, el cual en la consumación del juicio debe cargar con la pena final. El macho cabrío era enviado lejos a un lugar desierto, para no volver jamás a la congregación de Israel. Así también Satanás será desterrado para siempre de la presencia de Dios y de Su pueblo, y será aniquilado en la destrucción final del pecado y de los pecadores.

CAPÍTULO 24

UN INTERCESOR

EL TEMA DEL SANTUARIO fue la clave que aclaró el misterio del desengaño de 1844. Enseñó todo un sistema de verdades, que formaban un conjunto armonioso y demostraban que la mano de Dios había dirigido el gran movimiento adventista, y al poner de manifiesto la situación y la obra de Su pueblo le indicaba cuál era su deber de allí en adelante. Como los discípulos de Jesús, después de la noche terrible de su angustia y desengaño, "se gozaron viendo al Señor," así también se regocijaron ahora los que habían esperado con fe Su segunda venida. Habían esperado que vendría en gloria para recompensar a Sus siervos. Como sus esperanzas fueron frustradas, perdieron de vista a Jesús, y como María al lado del sepulcro, exclamaron: "Se han llevado a mi Señor, y no sé dónde le han puesto." Entonces, en el lugar santísimo, contemplaron otra vez a su compasivo Sumo Sacerdote que debía aparecer pronto como su rey y libertador. La luz del santuario iluminaba lo pasado, lo presente y lo porvenir. Supieron que Dios les había guiado por Su providencia infalible. Aunque, como los primeros discípulos, ellos mismos no habían comprendido el mensaje que daban, éste había sido correcto en todo sentido. Al proclamarlo habían cumplido los designios de Dios, y su labor no había sido vana en el Señor. Reengendrados "en esperanza viva," se regocijaron "con gozo inefable y glorificado."

Tanto la profecía de Daniel 8:14: "Hasta dos mil trescientas tardes y mañanas; luego el santuario será purificado," como el mensaje del primer ángel: "¡Temed a Dios y dadle gloria, porque la hora de Su juicio ha llegado!" indicaban al ministerio de Cristo en el lugar santísimo, al juicio investigador, y no a la venida de Cristo para la redención de Su pueblo y la destrucción de los impíos. El error no estaba en el cómputo de los períodos proféticos, sino en el acontecimiento que debía verificarse al fin de los

2,300 días. Por causa de este error los creyentes habían sufrido un desengaño; sin embargo se había realizado todo lo predicho por la profecía, y todo lo que alguna garantía bíblica permitía esperar. En el momento mismo en que estaban lamentando la defraudación de sus esperanzas, se había realizado el acontecimiento que estaba predicho por el mensaje, y que debía cumplirse antes de que el Señor pudiese aparecer para recompensar a Su pueblo.

Cristo había venido, no a la tierra, como ellos lo esperaban, sino, como estaba prefigurado en el tipo, al lugar santísimo del templo de Dios en el cielo. El profeta Daniel le representa como viniendo en ese tiempo al Anciano de días: "Seguía yo mirando en la visión de la noche, y he aquí, con las nubes del cielo venía uno como un hijo de hombre, que vino" – no a la tierra, sino – "hasta el Anciano de muchos días, y le hicieron acercarse delante de Él." Daniel 7:13.

Esta venida está predicha también por el profeta Malaquías: "Vendrá súbitamente a Su templo el Señor a quien buscáis; y el ángel del pacto, a quien deseáis vosotros, he aquí que viene, dice Jehová de los ejércitos." Malaquías 3:1. La venida del Señor a Su templo fue repentina, de modo inesperado, para Su pueblo. Este no le esperaba *allí.* Esperaba que vendría a la tierra, "en llama de fuego, para dar retribución a los que no conocieron a Dios, ni obedecen al evangelio." 2 Tesalonicenses 1:8.

Pero el pueblo no estaba aún preparado para ir al encuentro de su Señor. Todavía le quedaba una obra de preparación que cumplir. Debía serle comunicada una luz que dirigiría su espíritu hacia el templo de Dios en el cielo; y mientras siguiera allí por fe a su Sumo Sacerdote en el desempeño de Su ministerio se le revelarían nuevos deberes. Había de darse a la iglesia otro mensaje de aviso e instrucción.

El profeta dice: "¿Y quién podrá soportar el día de Su venida?, o ¿quién podrá estar en pie cuando Él se manifieste? Porque Él es como fuego purificador, y como lejía de lavandero. Y se sentará para refinar y purificar la plata; porque purificará a los hijos de Leví, los refinará como al oro y como a la plata, y traerán a Jehová ofrenda en justicia."

Malaquías 3:2, 3. Los que vivan en la tierra cuando cese la intercesión de Cristo en el santuario celestial deberán estar en pie en la presencia del Dios santo sin mediador. Sus vestiduras deberán estar sin mancha; sus caracteres, purificados de todo pecado por la sangre de la aspersión. Por la gracia de Dios y sus propios y diligentes esfuerzos deberán ser vencedores en la lucha con el mal. Mientras se prosigue el juicio investigador en el cielo, mientras que los pecados de los creyentes arrepentidos son quitados del santuario, debe llevarse a cabo una obra especial de purificación, de liberación del pecado, entre el pueblo de Dios en la tierra. Esta obra está presentada con mayor claridad en los mensajes del capítulo 14 del Apocalipsis.

Cuando esta obra haya quedado consumada, los discípulos de Cristo estarán listos para Su venida. "Entonces será grata a Jehová la ofrenda de Judá y de Jerusalén, como en los días pasados, y como en los años antiguos." Malaquías 3:4. La iglesia que nuestro Señor recibirá para Sí será una "iglesia gloriosa, que no tenga mancha ni arruga ni cosa semejante." Efesios 5:27. Entonces ella aparecerá "como el alba, hermosa como la luna, esclarecida como el sol, imponente como ejército en orden." Cantares 6:10.

Además de la venida del Señor a Su templo, Malaquías predice también Su segundo advenimiento, Su venida para la ejecución del juicio, en estas palabras: "Y me acercaré a vosotros para juicio; y testificaré rápidamente contra los hechiceros y adúlteros, contra los que juran en falso, y los que defraudan en su salario al jornalero, a la viuda y al huérfano, y los que hacen injusticia al extranjero, no teniendo temor de Mí, dice Jehová de los ejércitos." Malaquías 3:5. El apóstol Judas se refiere a la misma escena cuando dice: "He aquí, vino el Señor con Sus santas decenas de millares, para hacer juicio contra todos, y dejar convictos a todos los impíos de todas sus obras impías que han hecho impíamente." Judas 14, 15. Esta venida y la del Señor a Su templo son acontecimientos distintos que han de realizarse por separado.

La venida de Cristo como nuestro Sumo Sacerdote al lugar santísimo para la purificación del santuario, de la que se habla en Daniel 8:14; la venida del Hijo del hombre al lugar donde está el Anciano de días, tal como está presentada en Daniel 7:13; y la venida del Señor a Su templo, predicha por Malaquías, son descripciones del mismo evento representado también por la venida del Esposo a las bodas, descrita por Cristo en la parábola de las diez vírgenes, según Mateo 25.

En el verano y otoño de 1844 fue hecha esta proclamación: "¡He aquí que viene el Esposo!" Se conocieron entonces las dos clases de personas representadas por las vírgenes prudentes e insensatas; unas que esperaban con regocijo la aparición del Señor y se habían estado preparando diligentemente para ir a Su encuentro; la otra que, presa del temor y obrando por impulso, se había dado por satisfecha con una teoría de la verdad, pero estaba destituída de la gracia de Dios. En la parábola, cuando vino el Esposo, "las que estaban preparadas entraron con Él a las bodas." La venida del Esposo, figurada aquí, se verifica antes de la boda. La boda representa el acto de ser investido Cristo de la dignidad de Rey. La Ciudad Santa, la Nueva Jerusalén, que es la capital del reino y lo representa, se llama "la novia, la esposa del Cordero." El ángel dijo a Juan: "Ven acá; yo te mostraré la novia, la esposa del Cordero. Y me llevó en espíritu," agrega el profeta, "y me mostró la gran ciudad santa de Jerusalén, que descendía del cielo, de junto a Dios." Apocalipsis 21:9, 10. Salta pues a la vista que la Esposa representa la Ciudad Santa, y las vírgenes que van al encuentro del Esposo representan a la iglesia. En el Apocalipsis, el pueblo de Dios lo constituyen los invitados a la cena de las bodas. Apocalipsis 19:9. Si son los *invitados*, no pueden representar también a la *esposa*. Cristo, según leemos en Daniel, recibirá del Anciano de días en el cielo "el dominio, y la gloria, y el reino," recibirá la Nueva Jerusalén, la capital de Su reino, "dispuesta como una novia ataviada para Su esposo." Daniel 7:14; Apocalipsis 21:2. Después de recibir el reino, vendrá en Su gloria, como Rey de Reyes y Señor de señores, para redimir a los Suyos, que se "sentarán con Abraham e Isaac y Jacob," en Su mesa en Su reino (Mateo 8:11; Lucas 22:30), para participar de la cena de las bodas del Cordero.

La proclamación: "¡He aquí que viene el Esposo!" en el

verano de 1844, indujo a miles de personas a esperar el advenimiento inmediato del Señor. En el tiempo señalado, vino el Esposo, no a la tierra, como el pueblo lo esperaba, sino hasta donde estaba el Anciano de Días en el cielo, a las bodas; es decir, a recibir Su reino. "Las que estaban preparadas entraron con Él a las bodas; y fue cerrada la puerta." No iban a asistir en persona a las bodas, ya que éstas se verifican en el cielo mientras que ellas están en la tierra. Los discípulos de Cristo han de esperar "a su Señor cuando *regrese* de las bodas." Lucas 12:36. Pero deben comprender Su obra, y seguirle por fe mientras entra en la presencia de Dios. En este sentido es en el que se dice que ellos van con Él a las bodas.

Según la parábola, fueron las que tenían aceite en sus vasos con sus lámparas quienes entraron a las bodas. Aquellos que, junto con el conocimiento de la verdad de las Escrituras, tenían el Espíritu y la gracia de Dios, y que en la noche de su amarga prueba habían esperado con paciencia, escudriñando la Biblia en busca de más luz – fueron los que reconocieron la verdad referente al santuario en el cielo y al cambio de ministerio del Salvador, y por fe le siguieron en Su obra en el santuario celestial. Y todos los que por el testimonio de las Escrituras aceptan las mismas verdades, siguiendo por fe a Cristo mientras se presenta ante Dios para efectuar la última obra de mediación y para recibir Su reino a la conclusión de ésta – todos ésos están representados como si entraran en las bodas.

En la parábola del capítulo 22 de Mateo, se emplea la misma figura de las bodas y se ve a las claras que el juicio investigador se realiza antes de las bodas. Antes de verificarse éstas entra el Rey para ver a los huéspedes, y cerciorarse de que todos llevan las vestiduras de boda, el manto inmaculado del carácter, lavado y emblanquecido en la sangre del Cordero. Mateo 22:11; Apocalipsis 7:14. Al que se le encuentra sin traje conveniente, se le expulsa, pero todos los que al ser examinados resultan tener las vestiduras de bodas, son aceptados por Dios y juzgados dignos de participar en Su reino y de sentarse en Su trono. La labor de examinar los caracteres y de determinar los que están preparados para el reino de Dios es la del juicio investigador, la obra final que se lleva a cabo en el santuario celestial.

Cuando se haya terminado la obra de investigación, cuando se hayan examinado y decidido los casos de los que en todos los siglos han profesado ser discípulos de Cristo, entonces y no antes habrá terminado el tiempo de gracia, y será cerrada la puerta de misericordia. Así que las palabras: "Las que estaban preparadas entraron con Él a las bodas, y fue cerrada la puerta," nos conducen a través del ministerio final del Salvador, hasta el momento en que quedará terminada la gran obra de la salvación del hombre.

En el servicio del santuario terrenal que, como ya hemos visto, es una figura del servicio que se efectúa en el santuario celestial, cuando el sumo sacerdote entraba el Día de la Expiación en el lugar santísimo terminaba el servicio del primer apartamento. Dios mandó: "Ningún hombre estará en el tabernáculo de reunión cuando él entre a hacer la expiación en el santuario, hasta que él salga." Levítico 16:17. Así que cuando Cristo entró en el lugar santísimo para consumar la obra final de la expiación, cesó Su ministerio en el primer apartamento. Pero cuando terminó el servicio que se realizaba en el primer apartamento, se inició el ministerio en el segundo apartamento. Cuando en el servicio típico el sumo sacerdote salía del lugar santo el Día de la Expiación, se presentaba ante Dios para ofrecer la sangre de la víctima ofrecida por el pecado de todos los Israelitas que se arrepentían verdaderamente. Igualmente, Cristo sólo había terminado una parte de Su obra como intercesor nuestro para empezar otra, y sigue aún ofreciendo Su sangre ante el Padre en favor de los pecadores.

Este asunto no lo entendieron los Adventistas de 1844. Después que transcurriera la fecha en que se esperaba al Salvador, siguieron creyendo que Su venida estaba cercana; sostenían que habían llegado a una crisis importante y que había cesado la obra de Cristo como intercesor del hombre ante Dios. Les parecía que la Biblia enseñaba que el tiempo de gracia concedido al hombre terminaría poco antes de la venida misma del Señor en las nubes del cielo. Eso parecía desprenderse de los pasajes bíblicos que indican un tiempo en que los hombres buscarán, golpearán y llamarán a la puerta de la misericordia, sin que ésta se abra. Y se preguntaban si la fecha en que habían estado esperando la venida de Cristo no señalaba más bien el comienzo de ese período que debía preceder inmediatamente a Su venida. Habiendo proclamado la proximidad del juicio, consideraban que habían terminado su labor para el mundo, y no sentían más la obligación de trabajar por la salvación de los pecadores, en tanto que las burlas atrevidas y blasfemas de los impíos les parecían una evidencia adicional de que el Espíritu de Dios se había retirado de los que rechazaban Su misericordia. Todo esto les confirmaba la creencia de que el tiempo de gracia había terminado, o, como decían ellos, que "la puerta de la misericordia estaba cerrada."

Pero una luz más viva surgió del estudio de la cuestión del santuario. Vieron entonces que tenían razón al creer que el fin de los 2,300 días, en 1844, había marcado una crisis importante. Pero si bien era cierto que se había cerrado la puerta de esperanza y de gracia por la cual los hombres habían encontrado durante mil ochocientos años acceso a Dios, otra puerta se les abría, y el perdón de los pecados era ofrecido a los hombres por la intercesión de Cristo en el lugar santísimo. Una parte de Su obra había terminado tan sólo para dar lugar a otra. Había aún una "puerta abierta" para entrar en el santuario celestial donde Cristo oficiaba en favor del pecador.

Y así comprendieron la aplicación de las palabras que Cristo dirigió en el Apocalipsis a la iglesia correspondiente al tiempo en que ellos mismos vivían: "Esto dice el Santo, el Verdadero, el que tiene la llave de David, el que abre y ninguno cierra, y cierra y ninguno abre: Yo sé tus obras; he aquí, he puesto delante de ti una puerta abierta, la cual nadie puede cerrar." Apocalipsis 3:7, 8.

Son los que por fe siguen a Jesús en Su gran obra de expiación, quienes reciben los beneficios de Su mediación por ellos, mientras que a los que rechazan la luz que pone a la vista este ministerio, no les beneficia. Los Judíos que rechazaron la luz concedida en el tiempo del primer advenimiento de Cristo, y se negaron a creer en Él como Salvador del mundo, no podían ser perdonados por intermedio de Él. Cuando en la ascensión Jesús entró por Su propia sangre en el santuario celestial para derramar sobre Sus discípulos las bendiciones de Su mediación, los Judíos fueron dejados en obscuridad completa y siguieron con sus sacrificios y ofrendas inútiles. Había cesado el ministerio de tipos y sombras. La puerta por la cual los hombres habían encontrado antes acceso cerca de Dios, estaba cerrada. Los Judíos se habían negado a buscarle de la sola manera en que podía ser encontrado entonces, por el sacerdocio en el santuario del cielo. No encontraban por consiguiente comunión con Dios. La puerta estaba cerrada para ellos. No conocían a Cristo como verdadero sacrificio y único mediador ante Dios; de ahí que no pudiesen recibir los beneficios de Su mediación.

La condición de los Judíos incrédulos ilustra el estado de los indiferentes y desconfiados entre los profesos Cristianos, que desconocen voluntariamente la obra de nuestro misericordioso Sumo Sacerdote. En el servicio típico, cuando el sumo sacerdote entraba en el lugar santísimo, todos los hijos de Israel debían reunirse cerca del santuario y humillar sus almas del modo más solemne ante Dios, a fin de recibir el perdón de sus pecados y no ser separados de la congregación. ¡Cuánto más esencial es que en este antitípico Día de la Expiación comprendamos la obra de nuestro Sumo Sacerdote, y sepamos qué deberes nos incumben!

Los hombres no pueden rechazar impunemente los avisos que Dios les envía en Su misericordia. Un mensaje fue enviado del cielo al mundo en tiempo de Noé, y la salvación de los hombres dependía de la manera en que aceptaran ese mensaje. Por el hecho de que la raza pecadora había rechazado la amonestación, el Espíritu de Dios se retiró de ella y así pereció en las aguas del diluvio. En tiempo de Abraham la misericordia dejó de alegar con los culpables vecinos de Sodoma, y todos, excepto Lot con su mujer y dos hijas, fueron consumidos por el fuego que descendió del cielo. Otro tanto sucedió en días de Cristo. El Hijo de Dios declaró a los Judíos incrédulos de aquella generación: "He aquí que vuestra casa os es dejada desierta." Mateo 23:38. Considerando los últimos días, el mismo Poder Infinito declara respecto de los que "no recibieron el amor de la verdad para ser salvos": "Por esto Dios les envía un espíritu engañoso, para que crean la mentira, a fin de que sean condenados todos los que no creyeron a la verdad, sino que se complacieron en la injusticia." 2 Tesalonicenses 2:10-12. A medida que se rechazan las enseñanzas de Su Palabra, Dios retira Su Espíritu y deja a los hombres en manos del engaño que tanto les gusta.

Pero Cristo intercede aún por el hombre, y se otorgará luz a los que la buscan. Aunque esto no lo comprendieron al principio los Adventistas, les resultó claro después, a medida que los pasajes bíblicos que definen la verdadera posición de ellos empezaron a hacerse inteligibles.

Cuando pasó la fecha determinada para 1844, hubo un tiempo de gran prueba para los que conservaban aún la fe adventista. Su único consuelo en lo concerniente a determinar su verdadera situación, fue la luz que dirigió su espíritu hacia el santuario celestial. Algunos dejaron de creer en la manera en que habían calculado antes los períodos proféticos, y atribuyeron a factores humanos o satánicos la poderosa influencia del Espíritu Santo que había acompañado al movimiento adventista. Otros creyeron firmemente que el Señor los había conducido en su vida pasada; y mientras esperaban, velaban y oraban para conocer la voluntad de Dios, llegaron a comprender que su gran Sumo Sacerdote había empezado a desempeñar otro ministerio y, siguiéndole con fe, fueron inducidos a ver además la obra final de la iglesia. Obtuvieron un conocimiento más claro de los mensajes del primer ángel y del segundo ángel, y quedaron preparados para recibir y dar al mundo la solemne amonestación del tercer ángel de Apocalipsis 14.

CAPÍTULO 25

AMÉRICA EN LA PROFECÍA

"Y EL SANTUARIO de Dios fue abierto en el cielo, y el arca de Su pacto se dejó ver." Apocalipsis 11:19. El arca del pacto de Dios está en el lugar santísimo, en el segundo apartamento del santuario. En el servicio del tabernáculo terrenal, que servía de "mera representación y sombra de las cosas celestiales," este apartamento sólo se abría en el gran Día de la Expiación para la purificación del santuario. Por consiguiente la proclamación de que el templo de Dios fue abierto en el cielo y fue vista el arca de Su pacto, indica que el lugar santísimo del santuario celestial fue abierto en 1844, cuando Cristo entró en él para consumar la obra final de la expiación. Los que por fe siguieron a su gran Sumo Sacerdote cuando dió principio a Su ministerio en el lugar santísimo, contemplaron el arca de Su pacto. Habiendo estudiado el asunto del santuario, llegaron a entender el cambio que se había realizado en el ministerio del Salvador, y vieron que Éste estaba entonces oficiando como intercesor ante el arca de Dios, y ofrecía Su sangre en favor de los pecadores.

El arca que estaba en el tabernáculo terrenal contenía las dos tablas de piedra, en que estaban inscritos los preceptos de la ley de Dios. El arca era un mero receptáculo de las tablas de la ley, y era esta ley divina la que le daba su valor y su carácter sagrado a aquélla. Cuando fue abierto el templo de Dios en el cielo, se vió el arca de Su pacto. En el lugar santísimo, en el santuario celestial, es donde se encuentra inviolablemente encerrada la ley divina – la ley promulgada por el mismo Dios entre los truenos del Sinaí y escrita con Su propio dedo en las tablas de piedra.

La ley de Dios que se encuentra en el santuario celestial es el gran original del que los preceptos grabados en las tablas de piedra y consignados por Moisés en el Pentateuco eran copia exacta. Los que llegaron a comprender este punto importante fueron inducidos a reconocer el carácter sagrado e invariable de la ley divina. Comprendieron mejor que nunca la fuerza de las palabras del Salvador: "Hasta que pasen el cielo y la tierra, ni una jota ni una tilde pasarán de ningún modo de la ley." Mateo 5:18. Como la ley de Dios es una revelación de Su voluntad, un trasunto de Su carácter, debe permanecer para siempre "como testigo fiel en el cielo." Ni un mandamiento ha sido anulado; ni un punto ni un tilde han sido cambiados. Dice el salmista: "Para siempre, oh Jehová, permanece Tu palabra en los cielos." "Fieles son todos Sus mandamientos, afirmados eternamente y para siempre." Salmos 119:89; 111:7, 8.

En el corazón mismo del Decálogo se encuentra el cuarto mandamiento, tal cual fue proclamado originalmente: "Acuérdate del día del Sábado para santificarlo. Seis días trabajarás, y harás toda tu obra; mas el séptimo es Sábado para Jehová tu Dios; no hagas en él obra alguna, tú, ni tu hijo, ni tu hija, ni tu siervo, ni tu criada, ni tu bestia, ni tu extranjero que está dentro de tus puertas. Porque en seis días hizo Jehová los cielos y la tierra, el mar, y todas las cosas que en ellos hay, y reposó en el séptimo día; por tanto, Jehová bendijo el día del Sábado y lo santificó." Éxodo 20:8-11.

El Espíritu de Dios obró en los corazones de esos Cristianos que estudiaban Su Palabra, y quedaron convencidos de que, sin saberlo, habían transgredido este precepto al despreciar el día de reposo del Creador. Empezaron a examinar las razones por las cuales se guardaba el primer día de la semana en lugar del día que Dios había santificado. No pudieron encontrar en las Sagradas Escrituras prueba alguna de que el cuarto mandamiento hubiese sido abolido o de que el día de reposo hubiese cambiado; la bendición que desde un principio santificaba el séptimo día no había sido nunca revocada. Habían procurado honradamente conocer y hacer la voluntad de Dios; al reconocerse entonces transgresores de la ley divina, sus corazones se llenaron de pena, y manifestaron su lealtad hacia Dios guardando Su santo Sábado.

Se hizo cuanto se pudo por conmover su fe. Nadie podía dejar de ver que si el santuario terrenal era una figura o modelo del celestial, la ley depositada en el arca en la tierra era exacto trasunto de la ley encerrada en el arca del cielo; y que aceptar la verdad relativa al santuario celestial envolvía el reconocimiento de las exigencias de la ley de Dios y la obligación de guardar el sábado del cuarto mandamiento. En esto estribaba el secreto de la oposición violenta y resuelta que se le hizo a la exposición armoniosa de las Escrituras que revelaban el servicio desempeñado por Cristo en el santuario celestial. Los hombres trataron de cerrar la puerta que Dios había abierto y de abrir la que Él había cerrado. Pero "el que abre y ninguno cierra, y cierra y ninguno abre," había declarado: "He aquí, he puesto delante de ti una puerta abierta, la cual nadie puede cerrar." Apocalipsis 3:7, 8. Cristo había abierto la puerta, o ministerio, del lugar santísimo, la luz brillaba desde la puerta abierta del santuario celestial, y se vió que el cuarto mandamiento estaba incluído en la ley allí encerrada; lo que Dios había establecido, nadie podía derribarlo.

Los que habían aceptado la luz referente a la mediación de Cristo y a la perpetuidad de la ley de Dios, encontraron que éstas eran las verdades presentadas en el capítulo 14 del Apocalipsis. Los mensajes de este capítulo constituyen una triple amonestación, que debe servir para preparar a los habitantes de la tierra para la segunda venida del Señor. La declaración: "la hora de Su juicio ha llegado," indica la obra final de la actuación de Cristo para la salvación de los hombres. Proclama una verdad que debe seguir siendo proclamada hasta el fin de la intercesión del Salvador y Su regreso a la tierra para llevar a Su pueblo consigo. La obra del juicio que empezó en 1844 debe proseguirse hasta que sean decididos los casos de todos los hombres, tanto de los vivos como de los muertos; de aquí que deba extenderse hasta el fin del tiempo de gracia concedido a la humanidad. Y para que los hombres estén debidamente preparados para subsistir en el juicio, el mensaje les manda: "Temed a Dios, y dadle gloria," "y adorad a aquel que hizo el cielo y la tierra, el mar y las fuentes de las aguas." Apocalipsis 14:7. El resultado de la aceptación de estos mensajes está indicado en las palabras: "Aquí está la paciencia de los santos, los que guardan los mandamientos de Dios y la fe de Jesús." Apocalipsis 14:12. Para subsistir ante el juicio tiene el hombre que guardar la ley de Dios. Esta ley será la piedra de toque en el juicio. El apóstol Pablo declara: "Todos los que han pecado bajo la ley, por la ley serán juzgados; . . . en el día en que Dios juzgará por Jesucristo los secretos de los hombres." Y dice que "los cumplidores de la ley serán justificados." Romanos 2:12-16. La fe es esencial para guardar la ley de Dios; pues "sin fe es imposible agradar a Dios." Hebreos 11:6. Y "todo lo que no proviene de fe, es pecado." Romanos 14:23.

El primer ángel exhorta a los hombres a que teman al Señor y le den honra y a que le adoren como Creador del cielo y de la tierra. Para poder hacerlo, deben obedecer Su ley. El sabio dice: "Teme a Dios, y guarda Sus mandamientos; porque esto es el todo del hombre." Eclesiastés 12:13. Sin obediencia a Sus mandamientos, ninguna adoración puede agradar a Dios. "Este es el amor de Dios, que guardemos Sus mandamientos." 1 Juan 5:3. "El que aparta su oído para no oír la ley, su oración también es abominable." Proverbios 28:9.

El deber de adorar a Dios estriba en la circunstancia de que Él es el Creador, y que a Él es a quién todos los demás seres deben su existencia. Y cada vez que la Biblia presenta el derecho de Jehová a nuestra reverencia y adoración con preferencia a los dioses de los paganos, menciona las pruebas de Su poder creador. "Todos los dioses de los pueblos son meras figuras; pero Jehová hizo los cielos." Salmos 96:5. "¿A quién, pues, me haréis semejante o me compararéis?, dice el Santo. Levantad en alto vuestros ojos, y mirad: ¿quién creó estas cosas?" Isaías 40:25, 26. "Así dijo Jehová, que creó los cielos; Él es Dios, el que formó la tierra, el que la hizo y la compuso; . . . Yo soy Jehová, y no hay otro." Isaías 45:18. Dice el salmista: "Reconoced que Jehová es Dios; Él nos hizo, y no nosotros a nosotros mismos." "Venid, adoremos y postrémonos; arrodillémonos delante de Jehová nuestro Hacedor." Salmos 100:3; 95:6. Y los santos que adoran a Dios en el cielo dan como razón del homenaje que le deben: "Señor, eres digno de recibir la gloria y el honor y el poder; porque Tú creaste todas las cosas." Apocalipsis 4:11.

En el capítulo 14 del Apocalipsis se exhorta a los hombres a que adoren al Creador, y la profecía expone a la vista una clase de personas que, como resultado del triple mensaje, guardan los mandamientos de Dios. Uno de estos mandamientos señala directamente a Dios como Creador. El cuarto precepto declara: "Mas el séptimo es Sábado para Jehová tu Dios; . . . porque en seis días hizo Jehová los cielos y la tierra, el mar, y todas las cosas que en ellos hay, y reposó en el séptimo día; por tanto, Jehová bendijo el día del Sábado y lo santificó." Éxodo 20:10, 11. Respecto al Sábado, el Señor dice además, que será una señal ... "para que sepáis que Yo soy Jehová vuestro Dios." Ezeqiel 20:20. Y la razón aducida es: "Porque en seis días hizo Jehová los cielos y la tierra, y en el séptimo día cesó, y reposó." Éxodo 31:17

"La importancia del Sábado, como institución conmemorativa de la creación, consiste en que recuerda siempre la verdadera razón por la cual se debe adorar a Dios," – porque Él es Creador, y nosotros somos Sus criaturas. "Por consiguiente, el Sábado forma parte del fundamento mismo del culto divino, pues enseña esta gran verdad del modo más contundente, como no lo hace ninguna otra institución. El verdadero motivo del culto divino, no tan sólo del que se tributa en el séptimo día, sino de toda adoración, reside en la distinción existente entre el Creador y Sus criaturas. Este hecho capital no perderá nunca su importancia ni debe caer nunca en el olvido." –J. N. Andrews, *History of the Sabbath,* cap. 27. Por eso, es decir, para que esta verdad no se borrara nunca de la mente de los hombres, instituyó Dios el Sábado en el Edén y mientras el ser Él nuestro Creador siga siendo motivo para que le adoremos, el Sábado seguirá siendo señal conmemorativa de ello. Si el Sábado se hubiese observado universalmente, los pensamientos e inclinaciones de los hombres se habrían dirigido hacia el Creador como objeto de reverencia y adoración, y nunca habría habido un idólatra, un ateo, o un incrédulo. La observancia del Sábado es señal de lealtad al verdadero Dios, "que hizo el cielo y la tierra, y el mar y las fuentes de agua." Resulta pues que el mensaje que manda a los hombres adorar a Dios y guardar Sus mandamientos, los ha de invitar especialmente a observar el cuarto mandamiento.

En contraposición con los que guardan los mandamientos de Dios y tienen la fe de Jesús, el tercer ángel señala otra clase de seres humanos contra cuyos errores va dirigido solemne y terrible aviso: "Si alguno adora a la bestia y a su imagen, y recibe la marca en su frente o en su mano, él también beberá del vino del furor de Dios." Apocalipsis 14:9, 10. Para comprender este mensaje hay que interpretar correctamente sus símbolos. ¿Qué representan la bestia, la imagen, la marca?

La ilación profética en la que se encuentran estos símbolos empieza en el capítulo 12 del Apocalipsis, con el dragón que trató de destruir a Cristo cuando nació. En dicho capítulo vemos que el dragón es Satanás; fue él quien indujo a Herodes a procurar la muerte del Salvador. Apocalipsis 12:9. Pero el agente principal de Satanás al guerrear contra Cristo y Su pueblo durante los primeros siglos de la era Cristiana, fue el Imperio Romano, en el cual prevalecía la religión pagana. Así que si bien el dragón representa primero a Satanás, en sentido derivado es un símbolo de la Roma pagana.

En el capítulo 13 (versículos 1-10), se describe otra bestia, "parecida a un leopardo," a la cual el dragón dió "su poder y su trono, y grande autoridad." Este símbolo, como lo han creído la mayoría de los Protestantes, representa al papado, el cual heredó el poder y la autoridad del antiguo Imperio Romano. Se dice de la bestia parecida a un leopardo: "Le fue dada una boca que hablaba cosas grandes, y blasfemias. . . . Y abrió su boca para decir blasfemias contra Dios, para blasfemar Su nombre, y Su tabernáculo, y a los que habitan en el cielo. Y le fue permitido hacer guerra contra los santos, y vencerlos: y le fue dada autoridad sobre toda tribu, y pueblo, y lengua, y nación." Esta profecía, que es casi la misma que la descripción del cuerno pequeño en Daniel 7, se refiere sin duda al papado.

"Le fue dada autoridad para hacer sus obras cuarenta y dos meses." Y dice el profeta: "Vi una de sus cabezas como si hubiese sido herida de muerte." Y además: "Si alguno lleva en cautiverio, al cautiverio irá; si alguno mata con espada, es preciso que él sea muerto a espada." Los cuarenta y dos meses son lo mismo que "un tiempo, y dos tiempos, y la mitad de un tiempo," tres años y medio, o 1,260 días de Daniel 7, el tiempo durante el cual el poder papal debía oprimir al pueblo de Dios. Este período, como fue indicado en capítulos anteriores, empezó con la supremacía del papado, en el año 538 de J. C., y terminó en 1798. Entonces, el papa fue hecho prisionero por el ejército Francés, el poder papal recibió su golpe mortal y quedó cumplida la predicción: "Si alguno lleva en cautiverio, al cautiverio irá."

Aquí se presenta otro símbolo. El profeta dice: "Vi otra bestia que subía de la tierra; y tenía dos cuernos semejantes a los de un cordero." Apocalipsis 13:11. Tanto el aspecto de esta bestia como el modo en que sube indican que la nación que representa difiere de las representadas en los símbolos anteriores. Los grandes reinos que han gobernado al mundo le fueron presentados al profeta Daniel en forma de fieras, que surgían mientras "los cuatro vientos del cielo irrumpieron en el gran mar." Daniel 7:2. En Apocalipsis 17, un ángel explicó que las aguas representan "pueblos y naciones y lenguas." Apocalipsis 17:15. Los vientos simbolizan luchas. Los cuatro vientos del cielo que combatían en la gran mar representan los terribles dramas de conquista y revolución por los cuales los reinos alcanzaron el poder.

Pero la bestia con cuernos semejantes a los de un cordero "subía de la tierra." En lugar de derribar a otras potencias para establecerse, la nación así representada debe subir en territorio hasta entonces desocupado, y crecer gradual y pacíficamente. No podía, pues, subir entre las naciones populosas y belicosas del viejo mundo, ese mar turbulento de "pueblos y muchedumbres y naciones y lenguas." Hay que buscarla en el continente occidental.

¿Cuál era en 1798 la nación del nuevo mundo cuyo poder estuviera entonces desarrollándose, de modo que se anunciara como nación fuerte y grande, capaz de llamar la atención del mundo? La aplicación del símbolo no admite duda alguna. Una nación, y sólo una, responde a los datos y rasgos característicos de esta profecía; no hay duda de que se trata aquí de los Estados Unidos de Norteamérica. Una y otra vez el pensamiento y los términos del autor sagrado han sido empleados inconscientemente por los oradores e historiadores al describir el nacimiento y crecimiento de esta nación. El profeta vió que la bestia "subía de la tierra;" y, según los traductores, la palabra dada aquí por "subía" significa literalmente "crecía o brotaba como una planta." Y, como ya lo vimos, la nación debe nacer en territorio hasta entonces desocupado. Un escritor notable, al describir el desarrollo de los Estados Unidos, habla del "*misterio de su desarrollo de la nada,*" y dice: "Como *silenciosa semilla* crecimos hasta llegar a ser un imperio." –G. A. Townsend, *The New World Compared With the Old,* pág. 462. Un periódico Europeo habló en 1850 de los Estados Unidos como de un imperio maravilloso, que surgía y que "*en el silencio de la tierra* crecía constantemente en poder y gloria." –*The Dublin Nation.* Eduardo Everett, en un discurso acerca de los peregrinos, fundadores de esta nación, dijo: "¿Buscaron un lugar retirado que por su obscuridad resultara inofensivo y seguro en su aislamiento, donde la pequeña iglesia de Leyden pudiese tener libertad de conciencia? ¡He aquí *las inmensas regiones* sobre las cuales, en *pacífica conquista,* . . . han plantado los estandartes de la cruz!" –Discurso pronunciado en Plymouth, Massachusetts, el 22 de diciembre de 1824.

"Y tenía dos cuernos semejantes a los de un cordero." Los cuernos semejantes a los de un cordero representan juventud, inocencia y mansedumbre, rasgos del carácter de los Estados Unidos cuando el profeta vió que esa nación "subía" en 1798. Entre los primeros expatriados Cristianos que huyeron a América en busca de asilo contra la opresión real y la intolerancia sacerdotal, hubo muchos que resolvieron establecer un gobierno sobre el amplio fundamento de la libertad civil y religiosa. Sus convicciones hallaron cabida en la declaración de la independencia que hace resaltar la gran verdad de que "todos los hombres son creados iguales," y poseen derechos inalienables a la "vida, a la libertad y a la búsqueda de la felicidad." Y la Constitución garantiza al pueblo el derecho de gobernarse a sí mismo, y establece que los representantes elegidos por el voto popular promulguen las leyes y las hagan cumplir. Además, fue otorgada la libertad religiosa, y a cada cual se le permitió adorar a Dios según los dictados de su conciencia. El Republicanismo y el Protestantismo vinieron a ser los principios fundamentales de la nación. Estos principios son el secreto de su poder y de su prosperidad. Los oprimidos y pisoteados de toda la Cristiandad se han dirigido a este país con afán y esperanza. Millones han fondeado en sus playas, y los Estados Unidos han llegado a ocupar un puesto entre las naciones más poderosas de la tierra.

Pero la bestia que tenía cuernos como un cordero "hablaba como un dragón. Y ejerce toda la autoridad de la primera bestia en presencia de ella, y hace que la tierra y los moradores de ella adoren a la primera bestia, cuya herida mortal fue sanada. . . . diciendo a los moradores de la tierra que le hagan una imagen a la bestia que tenía la herida de espada, y ha vuelto a vivir." Apocalipsis 13:11-14.

Los cuernos como de cordero y la voz de dragón del símbolo indican una extraña contradicción entre lo que profesa ser y lo que practica la nación así representada. El "hablar" de la nación son los actos de sus autoridades legislativas y judiciales. Por esos actos la nación desmentirá los principios liberales y pacíficos que expresó como fundamento de su política. La predicción de que hablará "como dragón" y ejercerá "toda la autoridad de la primera bestia," anuncia claramente el desarrollo del espíritu de intolerancia y persecución que fue manifestado por las naciones representadas por el dragón y la bestia semejante al leopardo. Y la declaración de que la bestia con dos cuernos "hace que la tierra y los que en ella habitan, adoren a la bestia primera," indica que la autoridad de esta nación será empleada para imponer alguna observancia en homenaje al papado.

Semejante actitud sería abiertamente contraria a los principios de este gobierno, al genio de sus instituciones libres, a los claros y solemnes reconocimientos contenidos en la Declaración de la Independencia, y contrarios finalmente a la Constitución. Los fundadores de la nación procuraron con acierto que la iglesia no pudiera hacer uso del poder civil, con los consabidos e inevitables resultados – la intolerancia y la persecución. La Constitución garantiza que el "Congreso no legislará con respecto al establecimiento de una religión ni prohibirá el libre ejercicio de ella," y que "ninguna manifestación religiosa será jamás requerida como condición de aptitud para ninguna función o cargo público en los Estados Unidos." Sólo en flagrante violación de estas garantías de la libertad de la nación, es cómo se puede imponer por la autoridad civil la observancia de cualquier deber religioso. Pero la inconsecuencia de tal procedimiento no es mayor que lo representado por el símbolo. Es la bestia con cuernos semejantes a los de un cordero – que profesa ser pura, mansa, inofensiva – y que habla como un dragón.

"Diciendo a los moradores de la tierra, que le *hagan* una imagen a la bestia." Aquí tenemos presentada a las claras una forma de gobierno en el cual el poder legislativo descansa en el pueblo, y ello prueba que los Estados Unidos de Norteamérica constituyen la nación señalada por la profecía.

¿Pero qué es la "imagen de la bestia"? ¿Y cómo se la formará? La imagen es hecha por la bestia de dos cuernos y es una imagen de la primera bestia. Así que para saber a qué se asemeja la imagen y cómo será formada, debemos estudiar los rasgos característicos de la misma bestia: el papado.

Cuando la iglesia primitiva se corrompió al apartarse de la sencillez del evangelio y al aceptar costumbres y ritos paganos, perdió el Espíritu y el poder de Dios; y para dominar las conciencias buscó el apoyo del poder civil. El resultado fue el papado, es decir, una iglesia que dominaba el poder del estado y se servía de él para promover sus propios fines y especialmente para extirpar la "herejía." Para que los Estados Unidos formen una imagen de la bestia, el poder religioso debe dominar de tal manera al gobierno civil que la autoridad del estado sea empleada también por la iglesia para cumplir sus fines.

Siempre que la iglesia alcanzó el poder civil, lo empleó para castigar a los que no admitían todas sus doctrinas. Las iglesias Protestantes que siguieron las huellas de Roma al aliarse con los poderes mundanos, manifestaron el mismo deseo de restringir la libertad de conciencia. Ejemplo de esto lo tenemos en la larga persecución de los disidentes por la iglesia de Inglaterra. Durante los siglos XVI y XVII miles de ministros no conformistas fueron obligados a abandonar sus iglesias, y a muchos pastores y feligreses se les impusieron multas, encarcelamientos, torturas y el martirio.

Fue la apostasía lo que indujo a la iglesia primitiva a buscar la ayuda del gobierno civil y esto preparó el camino para el desarrollo del papado, simbolizado por la bestia. Pablo lo predijo al anunciar que vendría "la apostasía," y sería "revelado el hombre de pecado." 2 Tesalonicenses 2:3. De modo que la apostasía en la iglesia preparará el camino para la imagen de la bestia.

La Biblia declara que antes de la venida del Señor habrá un estado de decadencia religiosa análoga a la de los primeros siglos. "En los últimos días vendrán tiempos difíciles. Porque habrá hombres *amadores de sí mismos*, avaros, vanagloriosos, soberbios, blasfemos, desobedientes a los padres, ingratos, impíos, sin afecto natural, implacables, calumniadores, intemperantes, crueles, aborrecedores de lo bueno, traidores, impetuosos, infatuados, *amadores de los deleites más bien que de Dios, que tendrán apariencia de piedad, pero negarán la eficacia de ella.*" 2 Timoteo 3:1-5. "Pero el Espíritu dice claramente que en los últimos tiempos algunos apostatarán de la fe, escuchando a espíritus engañadores y a doctrinas de demonios." 1 Timoteo 4:1. Satanás obrará "con todo poder y señales y prodigios mentirosos, y con todo engaño de iniquidad." Y todos los que "no recibieron el amor de la verdad para ser salvos," serán dejados para que acepten "un espíritu engañoso, para que crean la mentira." 2 Tesalonicenses 2:9-11. Cuando se haya llegado a este estado de impiedad, se verán los mismos resultados que en los primeros siglos.

Muchos consideran la gran diversidad de creencias en las iglesias Protestantes como prueba terminante de que nunca se procurará asegurar una uniformidad forzada. Pero desde hace años se viene notando entre las iglesias Protestantes un poderoso y creciente sentimiento en favor de una unión basada en puntos comunes de doctrina. Para asegurar tal unión, debe necesariamente evitarse toda discusión de asuntos en los cuales no todos están de acuerdo, por importantes que sean desde el punto de vista bíblico.

Carlos Beecher, en un sermón predicado en 1846, declaró que el pastorado de "las denominaciones evangélicas Protestantes no está formado sólo bajo la terrible presión del mero temor humano, sino que vive, y se mueve y respira en una atmósfera radicalmente corrompida y que apela a cada instante al elemento más bajo de su naturaleza para tapar la verdad y doblar la rodilla ante el poder de la apostasía. ¿No pasó así con Roma? ¿No estamos reviviendo su vida? ¿Y qué es lo que vemos por delante? ¡Otro concilio general! ¡Una convención mundial! ¡Alianza evangélica y credo universal!" –Sermón, "The Bible a Sufficient Creed," pronunciado en Fort Wayne, Indiana, el 22 de febrero de 1846. Cuando se haya logrado esto, en el esfuerzo para asegurar completa uniformidad, sólo faltará un paso para apelar a la fuerza.

Cuando las iglesias principales de los Estados Unidos, uniéndose en puntos comunes de doctrina, influyan sobre el estado para que imponga los decretos y las instituciones de ellas, entonces la América Protestante habrá formado una imagen de la jerarquía Romana, y la inflicción de penas civiles contra los disidentes vendrá por sí sola.

La bestia de dos cuernos "hace (ordena) que todos, pequeños y grandes, así ricos como pobres, así libres como esclavos, tengan una marca sobre su mano derecha, o sobre su frente; y que nadie pueda comprar o vender, sino aquel que tenga la marca, es decir, el nombre de la bestia o el número de su nombre." Apocalipsis 13:16, 17. La amonestación del tercer ángel es: "¡Si alguno adora a la bestia y a su imagen, y recibe la marca en su frente o en su mano, él también beberá del vino del furor de Dios!" "La bestia" mencionada en este mensaje, cuya adoración es impuesta por la bestia de dos cuernos, es la primera bestia, o sea la bestia semejante a un leopardo, de Apocalipsis 13, el papado. La "imagen de la bestia" representa la forma de Protestantismo apóstata que se desarrollará cuando las iglesias Protestantes busquen la ayuda del poder civil para la imposición de sus dogmas. Queda aún por definir lo que es "la marca de la bestia.'"Después de amonestar contra la adoración de la bestia y de su imagen, la profecía dice: "Aquí está la paciencia de los santos, los que guardan los mandamientos de Dios y la fe de Jesús." En vista de que los que guardan los mandamientos de Dios están puestos así en contraste con los que adoran la bestia y su imagen y reciben su marca, se deduce que la observancia de la ley de Dios, por una parte, y su violación, por la otra, establecen la distinción entre los que adoran a Dios y los que adoran a la bestia.

El rasgo más característico de la bestia, y por consiguiente de su imagen, es la violación de los mandamientos de Dios. Daniel dice del cuerno pequeño, o sea del papado: "Pretenderá cambiar los tiempos y la ley." Daniel 7:25. Y Pablo llama al mismo poder el "hombre de pecado," que había de ensalzarse sobre Dios. Una profecía es complemento de la otra. Sólo adulterando la ley de Dios podía el papado elevarse sobre Dios; y quienquiera que guardase a sabiendas la ley así adulterada daría honor supremo al poder que introdujo el cambio. Tal acto de obediencia a las leyes papales sería señal de sumisión al papa en lugar de sumisión a Dios.

El papado intentó alterar la ley de Dios. El segundo mandamiento, que prohibe el culto de las imágenes, ha sido borrado de la ley, y el cuarto mandamiento ha sido adulterado de manera que autorice la observancia del primer día en lugar del séptimo como día de reposo. Pero los papistas aducen para justificar la supresión del segundo mandamiento, que éste es inútil puesto que está incluido en el primero, y que ellos dan la ley tal cual Dios tenía propuesto que fuese entendida. Este no puede ser el cambio predicho por el profeta. Se trata de un cambio intencional y deliberado: "Pretenderá cambiar los tiempos y la ley." El cambio introducido en el cuarto mandamiento cumple exactamente la profecía. La única autoridad que se invoca para dicho cambio es la de la iglesia. Aquí el poder papal se ensalza abiertamente sobre Dios.

Mientras los que adoran a Dios se distinguirán especialmente por su respeto al cuarto mandamiento – ya que éste es el signo de Su poder creador y el testimonio de Su derecho al respeto y homenaje de los hombres – los adoradores de la bestia se distinguirán por sus esfuerzos para derribar el monumento recordativo del Creador y ensalzar lo

LA LEY DE DIOS

Antiguo Testamento

I

"No tendrás dioses ajenos delante de Mí."

II

"No te harás imagen ni ninguna semejanza de lo que hay arriba en el cielo, ni abajo en la tierra, ni en las aguas debajo de la tierra. No te postrarás ante ellas, ni les darás culto; porque Yo soy Jehová tu Dios, fuerte, celoso, que visito la maldad de los padres sobre los hijos hasta la tercera y cuarta generación de los que me aborrecen, y hago misericordia a millares, a los que me aman y guardan Mis mandamientos."

III

"No tomarás el nombre de Jehová tu Dios en vano; porque no dará por inocente Jehová a quien toma Su nombre en vano."

IV

"Acuérdate del día del Sábado para santificarlo. Seis días trabajarás, y harás toda tu obra; mas el séptimo es Sábado para Jehová tu Dios; no hagas en él obra alguna, tú, ni tu hijo, ni tu hija, ni tu siervo, ni tu criada, ni tu bestia, ni tu extranjero que está dentro de tus puertas. Porque en seis días hizo Jehová los cielos y la tierra, el mar, y todas las cosas que en ellos hay, y reposó en el séptimo día; por tanto, Jehová bendijo el día del Sábado y lo santificó."

V

"Honra a tu padre y a tu madre, para que tus días se alarguen en la tierra que Jehová tu Dios te da."

VI

"No matarás."

VII

"No cometerás adulterio."

VIII

"No hurtarás."

IX

"No hablarás contra tu prójimo falso testimonio."

X

"No codiciarás la casa de tu prójimo, no codiciarás la mujer de tu prójimo, ni su siervo, ni su criada, ni su buey, ni su asno, ni cosa alguna de tu prójimo."

–Éxodo 20:3-17

LA LEY DE DIOS

Nuevo Testamento

I

"Al Señor tu Dios adorarás, y a Él solo servirás." *- Mateo 4:10*

II

"Hijitos, guardaos de los ídolos." "Siendo, pues, linaje de Dios, no debemos pensar que la Divinidad sea semejante a oro, o plata, o piedra, escultura de arte y de imaginación de hombres."

- 1 Juan 5:21; Hechos 17:29

III

"Para que no sea blasfemado el nombre de Dios y la doctrina."

- 1 Timoteo 6:1

IV

"Orad para que vuestra huida no sea en invierno ni en Sábado." "El Sábado fue instituido para el hombre, y no el hombre para el Sábado. Por tanto, el Hijo del Hombre es también Señor del Sábado." "Porque en cierto lugar ha dicho así del séptimo día: Y reposó Dios de todas Sus obras en el séptimo día. . . . Por tanto queda un reposo para el pueblo de Dios. Porque el que ha entrado en Su reposo, también él mismo ha reposado de sus obras, como Dios de las Suyas." "Porque por Él fueron creadas todas las cosas."

- Mateo 24:20; Marcos 2:27, 28; Hebreos 4:4, 9, 10; Colosenses 1:16

V

"Honra a tu padre y a tu madre." *- Mateo 19:19*

VI

"No matarás." *- Romanos 13:9*

VII

"No adulterarás." *- Mateo 19:18*

VIII

"No hurtarás." *- Romanos 13:9*

IX

"No dirás falso testimonio." *- Romanos 13:9*

X

"No codiciarás." *- Romanos 7:7*

LA LEY DE DIOS

Según Se Ha Cambiado Por El Hombre

I

Yo soy el Señor tu Dios. No tengas otros dioses aparte de Mí.

(¡El segundo mandamiento se ha eliminado!)

II *(actualmente III)*

No tomes el nombre del Señor, tu Dios, en vano.

III *(IV)*

Santificar las fiestas.

(¡El mandamiento del Sábado se ha alterado!)

IV *(V)*

Honrar padre y madre.

V *(VI)*

No matarás.

VI *(VII)*

No adulterarás.

VII *(VIII)*

No robarás.

VIII *(IX)*

No dirás falso testimonio contra tu prójimo.

IX *(¡actualmente X, primera parte!)*

No codiciarás la mujer de tu prójimo.

X*(¡actualmente X, segunda parte!)*

No codiciarás los bienes de tu prójimo.

- El Catecismo Católico General

"Pregunta — ¿Tiene Usted alguna otra manera de probar que la Iglesia (Católica) tiene el poder para instituir días festivos de precepto?"

"Respuesta — Si ella no tuviese semejante poder . . . no hubiese podido substituir la observancia del Domingo, el primer día de la semana, por la observancia del Sábado, el séptimo día, un cambio para el cual no existe autoridad en las Escrituras."

—Doctrinal Catechism," pág. 174 (Roman Catholic).

"Pruebe de la Biblia solamente que yo estoy obligado a guardar el Domingo sagrado. No hay semejante ley en la Biblia. Es una ley de la santa Iglesia Católica. La Biblia dice, "Acuérdate del día del Sábado para santificarlo." La Iglesia Católica dice, No. Por mi poder divino yo anulo el día del Sábado y te ordeno a guardar como sagrado el primer día de la semana. Y he aquí, el mundo civilizado entero se somete en obediencia llena de respeto a la autoridad de la santa Iglesia Católica."

—Thomas Enright, CSSR, President, Redemptorist College, Kansas City, Mo., Feb. 18, 1884. (Roman Catholic).

instituido por Roma. Las primeras pretensiones arrogantes del papado fueron hechas en favor del Domingo; y la primera vez que recurrió al poder del estado fue para imponer la observancia del Domingo como "día del Señor." Pero la Biblia señala el séptimo día, y no el primero, como día del Señor. Cristo dijo: "El Hijo del hombre es también Señor del Sábado." Marcos 2:28. El cuarto mandamiento declara que: "El séptimo es Sábado para Jehová tu Dios." Éxodo 20:10. Y por boca del profeta Isaías el Señor lo llama: "Mi día santo." Isaías 58:13.

El argumento, tantas veces repetido, de que Cristo cambió el día de reposo, está refutado por sus propias palabras. En Su sermón sobre el monte, dijo: "No penséis que he venido para abrogar la ley o los profetas; no he venido para abrogar, sino para cumplir. Porque de cierto os digo que hasta que pasen el cielo y la tierra, ni una jota ni una tilde pasarán de ningún modo de la ley hasta que todo se haya realizado. Por tanto, cualquiera que suprima uno de estos mandamientos aun de los más insignificantes, y enseñe así a los hombres, será llamado el menor en el reino de los cielos; mas cualquiera que los cumpla y los enseñe, éste será llamado grande en el reino de los cielos." Mateo 5:17-19. Es un hecho generalmente admitido por los Protestantes, que las Sagradas Escrituras no autorizan en ninguna parte el cambio del día de reposo. Esto se confirma en publicaciones de la Sociedad Americana de Tratados y la Unión Americana de Escuelas Dominicales. Una de estas obras reconoce "que el Nuevo Testamento no dice absolutamente nada en cuanto a un mandamiento explícito en favor del día de reposo, o a reglas definidas relativas a su observancia." –Jorge Elliott, *The Abiding Sabbath*, pág. 184.

Otra dice: "Hasta la época de la muerte de Cristo, ningún cambio se había hecho en cuanto al día;" y, "por lo que se desprende del relato Bíblico, los apóstoles no dieron . . . mandamiento explícito alguno que ordenara el abandono del séptimo día, Sábado, como día de reposo, ni que se lo observara en el primer día de la semana." –A. E. Waffle, *The Lord's Day*, págs. 186-188.

Los Católicos Romanos reconocen que el cambio del día de reposo fue hecho por su iglesia, y declaran que al observar el Domingo los Protestantes reconocen la autoridad de ella. En el *Catecismo Católico de la Religión Cristiana,* al contestar una pregunta relativa al día que se debe guardar en obediencia al cuarto mandamiento, se hace esta declaración: "Bajo la ley antigua, el Sábado era el día santificado; pero *la iglesia,* instruida por Jesucristo y dirigida por el Espíritu de Dios, ha substituido el Sábado por el Domingo; de manera que ahora santificamos el primer día y no el séptimo. Domingo significa día del Señor, y es lo que ha venido a ser."

Como signo de la autoridad de la Iglesia Católica, los escritores Católicos citan "el acto mismo de cambiar el Sábado al Domingo, cambio en que los Protestantes consienten . . . porque al guardar estrictamente el Domingo, ellos reconocen el poder de la iglesia para ordenar fiestas y para imponerlas so pena de incurrir en pecado." –H. Tuberville, *An Abridgement of the Christian Doctrine,* pág. 58. ¿Qué es, pues, el cambio del Sábado, sino el signo o marca de la autoridad de la Iglesia Romana – "la marca de la bestia"?

La Iglesia Romana no ha renunciado a sus pretensiones a la supremacía; y cuando el mundo y las iglesias Protestantes aceptan un día de reposo creado por ella, mientras rechazan el día de reposo de la Biblia, acatan en la práctica las tales pretensiones. Pueden apelar a la autoridad de la tradición y de los padres para apoyar el cambio; pero al hacerlo pasan por alto el principio mismo que los separa de Roma, es a saber, que "la Biblia, y la Biblia sola es la religión de los Protestantes." Los papistas pueden ver que los Protestantes se están engañando a sí mismos, al cerrar voluntariamente los ojos ante los hechos del caso. A medida que gana terreno el movimiento en pro de la observancia obligatoria del Domingo, ellos se alegran en la seguridad de que ha de concluir por poner a todo el mundo Protestante bajo el estandarte de Roma.

Los Romanistas declaran que "la observancia del Domingo por los Protestantes es un homenaje que rinden, mal de su grado, a la autoridad de la Iglesia (Católica)." –Mons. de Segur, *Plain Talk About the Protestantism of Today,* pág. 213. La imposición de la observancia del

Domingo por parte de las iglesias Protestantes es una imposición de que se adore al papado, o sea la bestia. Los que, comprendiendo las exigencias del cuarto mandamiento, prefieren observar el falso día de reposo en lugar del verdadero, rinden así homenaje a aquel poder, el único que ordenó su observancia. Pero por el mismo hecho de imponer un deber religioso con ayuda del poder secular, las mismas iglesias estarían formando una imagen a la bestia; de aquí que la imposición de la observancia del Domingo en los Estados Unidos equivaldría a imponer la adoración de la bestia y de su imagen.

Pero los Cristianos de las generaciones pasadas observaron el Domingo creyendo guardar así el Día de Reposo bíblico; y ahora hay verdaderos Cristianos en todas las iglesias, sin exceptuar la Católica Romana, que creen honradamente que el Domingo es el día de reposo divinamente instituido. Dios acepta su sinceridad de propósito y su integridad. Pero cuando la observancia del Domingo sea impuesta por la ley, y el mundo tenga conocimiento respecto a la obligación del verdadero día de reposo, entonces el que transgrediere el mandamiento de Dios para obedecer un precepto que no tiene mayor autoridad que la de Roma, honrará con ello al papado por encima de Dios: rendirá homenaje a Roma y al poder que impone la institución establecida por Roma: adorará la bestia y su imagen. Cuando los hombres rechacen entonces la institución que Dios declaró ser el signo de Su autoridad, y honren en su lugar lo que Roma escogió como signo de su supremacía, ellos aceptarán de hecho el signo de la sumisión a Roma, "la marca de la bestia." Y sólo cuando la cuestión haya sido expuesta así a las claras ante los hombres, y ellos hayan sido llamados a escoger entre los mandamientos de Dios y los mandamientos de los hombres, será cuando los que perseveren en la transgresión recibirán "la marca de la bestia."

La más terrible amenaza que haya sido jamás dirigida a los mortales se encuentra contenida en el mensaje del tercer ángel. Debe ser un pecado horrendo el que atrae la ira de Dios sin mezcla de misericordia. Los hombres no deben ser dejados en la ignorancia tocante a esta importante cuestión;

la amonestación contra este pecado debe ser dada al mundo antes que los juicios de Dios caigan sobre él, para que todos sepan por qué deben consumarse, y para que tengan oportunidad para librarse de ellos. La profecía declara que el primer ángel hará su proclamación "a cada nación, y tribu, y lengua, y pueblo." El aviso del tercer ángel, que forma parte de ese triple mensaje, no tendrá menos alcance. La profecía dice de él que será proclamado en alta voz por un ángel que vuela por medio del cielo; y llamará la atención del mundo.

Al final de la lucha, toda la Cristiandad quedará dividida en dos grandes categorías – la de los que guardan los mandamientos de Dios y la fe de Jesús, y la de los que adoran la bestia y su imagen y reciben su marca. Aunque la iglesia y el estado se unirán para obligar a "todos, pequeños y grandes, ricos y pobres, libres y esclavos" (Apocalipsis 13:16), a que reciban "la marca de la bestia," sin embargo el pueblo de Dios no la recibirá. El profeta de Patmos vió "a los que habían alcanzado la victoria sobre la bestia y su imagen, y su marca y el número de su nombre, en pie sobre el mar de vidrio, con arpas de Dios," y cantaban el cántico de Moisés y del Cordero. Apocalipsis 15:2, 3.

CAPÍTULO 26

UNA OBRA DE REFORMA

LA OBRA DE REFORMA en relación al Sábado como día santificado de descanso, que debía cumplirse en los últimos días está predicha en la profecía de Isaías: "Así dice Jehová: Guardad la equidad, y practicad la justicia; porque Mi salvación está a punto de llegar; y Mi justicia, de manifestarse. Dichoso el hombre que hace esto, y el hijo de hombre que se aferra a ello; que guarda el Sábado sin profanarlo, y que guarda su mano de hacer nada malo." "Y a los extranjeros que sigan a Jehová para servirle, y que amen el nombre de Jehová para ser Sus siervos; a todos los que guarden el Sábado sin profanarlo, y se mantengan firmes en Mi pacto, Yo los llevaré a Mi santo monte, y los alegraré en Mi casa de oración." Isaías 56:1, 2, 6, 7.

Estas palabras se aplican a la dispensación Cristiana, como se ve por el contexto: "Dice Jehová el Señor, el que reúne a los dispersos de Israel: Aún juntaré otros con Él, además de sus congregados." Isaías 56:8. Aquí está anunciada de antemano la reunión de los Gentiles a través del evangelio. Y una bendición se promete a aquellos que honren entonces el Sábado. Así que la obligación del cuarto mandamiento se extiende más acá de la crucifixión, de la resurrección y ascensión de Cristo, hasta cuando Sus discípulos debían predicar a todas las naciones el mensaje de las buenas nuevas.

El Señor manda por el mismo profeta: "Ata el testimonio, sella la instrucción entre Mis discípulos." Isaías 8:16. El sello de la ley de Dios se encuentra en el cuarto mandamiento. Este es el único de los diez mandamientos que contiene tanto el nombre como el título del Legislador. Declara que Él es el Creador del cielo y de la tierra, y manifiesta así el derecho que tiene para ser reverenciado y adorado sobre todos los demás. Aparte de este precepto, no hay nada en el Decálogo que muestre qué autoridad fue la que promulgó la ley. Cuando el Sábado fue cambiado por el poder del papa, se le quitó el sello a la ley. Los siervos de Jesús están llamados a restablecerlo elevando el Sábado del cuarto mandamiento a su lugar legítimo como institución conmemorativa del Creador y signo de Su autoridad.

"¡A la ley y al testimonio!" Aunque abundan las doctrinas y teorías contradictorias, la ley de Dios es la guía infalible por la cual debe probarse toda opinión, doctrina y teoría. El profeta dice: "Si no dijeren conforme a esto, es porque no les ha amanecido." Isaías 8:20.

También se da la orden: "¡Clama a voz en cuello, no te detengas; alza tu voz como trompeta, y anuncia a Mi pueblo su transgresión, y a la casa de Jacob sus pecados!" Los que deben ser reprobados a causa de sus transgresiones no son los que constituyen el mundo impío, sino aquellos a quienes el Señor designa como "Mi pueblo." Dios dice además: "Que me buscan cada día, y aparentan deleitarse en saber Mis caminos, como gente que hubiese hecho justicia, y que no hubiese dejado la ley de su Dios." Isaías 58:1, 2. Aquí se nos presenta a una clase de personas que se creen justas y aparentan manifestar gran interés en el servicio de Dios; pero la severa y solemne censura del Escudriñador de corazones prueba que están pisoteando los preceptos divinos.

El profeta indica como sigue la ordenanza que ha sido olvidada: "Los cimientos de muchas generaciones levantarás, y serás llamado reparador de portillos, restaurador de calzadas para poblados. Si retrajeres a causa del Sábado tu pie, de hacer tu voluntad en Mi día santo, y lo llamares delicia; y al día santo de Jehová, honorable; y lo honrares, no andando en tus propios caminos, ni buscando tu negocio, ni hablando de él, entonces te deleitarás en Jehová." Isaías 58:12-14. Esta profecía se aplica también a nuestro tiempo. La brecha fue hecha en la ley de Dios cuando el Sábado fue cambiado por el poder Romano. Pero ha llegado el momento en que esa institución divina debe ser restaurada. La brecha debe ser reparada, y levantados los cimientos de muchas generaciones.

Santificado por el reposo y la bendición del Creador, el Sábado fue guardado por Adán en su inocencia en el santo

Edén; por Adán, caído pero arrepentido, después que fuera echado de su feliz morada. Fue guardado por todos los patriarcas, desde Abel hasta el justo Noé, hasta Abraham y Jacob. Cuando el pueblo escogido estaba en la esclavitud de Egipto, muchos, en medio de la idolatría reinante, perdieron el conocimiento de la ley de Dios, pero cuando el Señor libertó a Israel, proclamó Su ley con terrible majestad a la multitud reunida para que todos conociesen Su voluntad y le temiesen y obedeciesen para siempre.

Desde aquel día hasta hoy, el conocimiento de la ley de Dios se ha conservado en la tierra, y se ha guardado el Sábado del cuarto mandamiento. A pesar de que el "hombre de pecado" logró pisotear el día santo de Dios, hubo aun en la época de su supremacía, almas fieles escondidas en lugares secretos, que supieron honrarlo. Desde la Reforma, hubo en cada generación algunas almas que conservaron viva su observancia. Aunque fue a menudo en medio de afrentas y persecuciones, nunca se dejó de rendir testimonio constante al carácter perpetuo de la ley de Dios y a la obligación sagrada del Sábado de la creación.

Estas verdades, tal cual están presentadas en Apocalipsis 14, en relación con el "evangelio eterno," serán lo que distinga a la iglesia de Cristo cuando Él aparezca. Pues, como resultado del triple mensaje, se dice: "Aquí están los que guardan los mandamientos de Dios, y la fe de Jesús." Y éste es el último mensaje que se ha de proclamar antes que regrese el Señor. Inmediatamente después de su proclamación, el profeta vió al Hijo del hombre venir en gloria para segar la mies de la tierra.

Los que recibieron la luz relativa al santuario y a la inmutabilidad de la ley de Dios, se llenaron de alegría y admiración al ver la belleza y armonía del conjunto de verdad que fue revelado a sus inteligencias. Deseaban que esa luz que tan maravillosa les resultaba fuese comunicada a todos los Cristianos, y no podían menos que creer que la recibirían con alborozo. Pero las verdades que no podían sino ponerlos en desacuerdo con el mundo no fueron bienvenidas para muchos que profesaban ser discípulos de Cristo. La obediencia al cuarto mandamiento exigía un sacrificio ante el cual la mayoría retrocedía.

Cuando se presentaban las exigencias del Sábado, muchos argüían desde el punto de vista mundano, diciendo: "Siempre hemos guardado el Domingo, nuestros padres lo guardaron, y muchos hombres buenos y piadosos han muerto felices observándolo. Si ellos tuvieron razón, nosotros también la tenemos. La observancia de este nuevo Sábado nos haría discrepar con el mundo, y no tendríamos influencia sobre él. ¿Qué puede esperar hacer un pequeño grupo de observadores del séptimo día contra todo el mundo que guarda el Domingo?" Con argumentos semejantes procurarían los Judíos justificar la manera en que rechazaron a Cristo. Sus padres habían complacido a Dios presentándole ofrendas y sacrificios, ¿por qué no alcanzarían los hijos salvación siguiendo el mismo camino? Así también, en días de Lutero, los papistas decían que Cristianos verdaderos habían muerto en la fe Católica y que por consiguiente esa religión era suficiente para salvarse. Este modo de argumentar iba a resultar en verdadero obstáculo para todo progreso en la fe y en la práctica de la religión.

Muchos insistían en que la observancia del Domingo había sido una doctrina establecida y una costumbre muy general de la iglesia durante largos siglos. Contra este argumento se adujo el de que el Sábado y su observancia eran más antiguos y se habían generalizado más; que eran tan antiguos como el mismo mundo, y que llevaban la aprobación de los ángeles y de Dios. Cuando fueron puestos los fundamentos de la tierra, cuando alababan todas las estrellas del alba, y se regocijaban todos los hijos de Dios, entonces fue colocado el fundamento del Sábado. Job 38:6, 7; Génesis 2:1-3. Bien puede esta institución exigir nuestra reverencia: no fue ordenada por ninguna autoridad humana, ni descansa sobre ninguna tradición humana; fue establecida por el Anciano de días y ordenada por Su Palabra eterna.

Cuando se llamó la atención de la gente a la reforma tocante al Sábado, sus ministros torcieron la Palabra de Dios, interpretándola del modo que mejor tranquilizara los espíritus inquisitivos. Y los que no escudriñaban las Escrituras por sí mismos se conformaron con aceptar las conclusiones que estaban en conformidad con Sus deseos. Mediante argumentos, sofismas, las tradiciones de los padres, y la autoridad de la iglesia, muchos trataron de echar abajo la verdad. Pero los defensores de ella recurrieron a la Biblia para demostrar la validez del cuarto mandamiento. Humildes Cristianos, armados con sólo la Palabra de verdad, resistieron los ataques de hombres de saber, que, con sorpresa e ira, tuvieron que convencerse de la ineficacia de sus elocuentes sofismas ante los argumentos sencillos y contundentes de hombres versados en las Sagradas Escrituras más bien que en las sutilezas de las escuelas.

A falta de testimonio bíblico favorable, muchos, olvidando que el mismo modo de argumentar había sido empleado contra Cristo y Sus apóstoles, decían con porfiado empeño: "¿Por qué nuestros grandes hombres no entienden esta cuestión del Sábado? Pocos creen como vosotros. Es imposible que tengáis razón, y que todos los sabios del mundo estén equivocados."

Para refutar semejantes argumentos bastaba con citar las enseñanzas de las Sagradas Escrituras y la historia de las dispensaciones del Señor para con Su pueblo en todas las edades. Dios obra a través de los que oyen Su voz y la obedecen, de aquellos que en caso necesario dirán verdades amargas, por medio de aquellos que no temen censurar los pecados de moda. La razón por la cual Él no escoge más a menudo a hombres de saber y encumbrados para dirigir los movimientos de reforma, es porque confían en sus credos, teorías y sistemas teológicos, y no sienten la necesidad de ser enseñados por Dios. Sólo aquellos que están en unión personal con la Fuente de la sabiduría son capaces de comprender o explicar las Escrituras. Los hombres poco versados en conocimientos escolásticos son llamados a veces a declarar la verdad, no porque son ignorantes, sino porque no son tan confiados de sí mismos para dejarse enseñar por Dios. Ellos aprenden en la escuela de Cristo, y su humildad y obediencia los hace grandes. Al ofrecerles el conocimiento de Su verdad, Dios les confiere un honor en comparación con el cual los honores terrenales y la grandeza humana son insignificantes.

La mayoría de los que habían esperado el advenimiento de Cristo rechazaron las verdades relativas al santuario y a la ley de Dios, y muchos renunciaron además a la fe en el movimiento adventista para adoptar posiciones erróneas y contradictorias acerca de las profecías que se aplicaban a ese movimiento. Muchos incurrieron en el error de fijar por repetidas veces una fecha exacta para la venida de Cristo. La luz que brillaba entonces respecto del asunto del santuario les habría enseñado que ningún período profético se extiende hasta el segundo advenimiento; que el tiempo exacto de este acontecimiento no está predicho. Pero, habiéndose apartado de la luz, se empeñaron en señalar fecha tras fecha para la venida del Señor, y cada vez fueron chasqueados.

Cuando la iglesia de Tesalónica, adoptó falsas creencias respecto a la venida de Cristo, el apóstol Pablo aconsejó a los Cristianos de dicha iglesia que examinaran cuidadosamente sus esperanzas y sus deseos por la Palabra de Dios. Les citó profecías que revelaban los sucesos que debían realizarse antes de que Cristo viniese, y les mostró que no tenían razón alguna para esperarle en su propio tiempo. "Nadie os engañe en ninguna manera," (2 Tesalonicenses 2;3), son sus palabras de amonestación. Si se entregaban a esperanzas no sancionadas por las Sagradas Escrituras, se verían inducidos a seguir una conducta errónea; el chasco los expondría a la burla de los incrédulos, correrían peligro de ceder al desaliento, y estarían tentados a poner en duda las verdades esenciales para su salvación. La amonestación del apóstol a los Tesalonicenses encierra una importante lección para los que viven en los últimos días. Muchos Adventistas han pensado que no pueden ser celosos y diligentes en la obra de preparación, a menos que puedan fijar su fe en una fecha precisa para la venida del Señor. Pero como sus esperanzas no son estimuladas una y otra vez sino para ser defraudadas, su fe recibe tal golpes que llega a ser casi imposible que las grandes verdades de la profecía hagan impresión en ellos.

La mención de una fecha precisa para el juicio, en la proclamación del primer mensaje fue ordenada por Dios. La computación de los períodos proféticos en que se basa ese mensaje, que colocan el término de los 2,300 días en el otoño de 1844, subsiste sin imputación. Los repetidos esfuerzos hechos con el objeto de hallar nuevas fechas para el principio y fin de los períodos proféticos, y los argumentos defectuosos para sostener este modo de ver, no sólo apartan de la verdad presente, sino que desacreditan todos los esfuerzos para explicar las profecías. Cuanto más a menudo se fije fecha para el segundo advenimiento, y cuanto mayor sea la difusión recibida por una enseñanza tal, tanto mejor responde a los propósitos de Satanás. Una vez pasada la fecha, él cubre de ridículo y desprecio a quienes la anunciaron y echa oprobio contra el gran movimiento adventista de 1843 y 1844. Los que persisten en este error llegarán al fin a fijar una fecha demasiado remota para la venida de Cristo. Ello los arrullará en una falsa seguridad, y muchos sólo se desengañarán cuando sea tarde.

La historia del antiguo Israel es un ejemplo patente de lo que experimentaron los Adventistas. Dios dirigió a Su pueblo en el movimiento adventista, así como sacó a los Israelitas de Egipto. En el gran desengaño, su fe fue probada como lo fue la de los Hebreos en el Mar Rojo. Si hubiesen continuado confiando en la mano que los había guiado y que había estado con ellos hasta entonces, habrían visto la salvación de Dios. Si todos los que habían trabajado unidos en la obra de 1844 hubiesen aceptado el mensaje del tercer ángel, y lo hubiesen proclamado en el poder del Espíritu Santo, el Señor habría actuado poderosamente por los esfuerzos de ellos. Caudales de luz habrían sido derramados sobre el mundo. Años haría que los habitantes de la tierra habrían sido avisados, la obra final se habría consumado, y Cristo habría venido para redimir a Su pueblo.

No era voluntad de Dios que Israel peregrinase durante cuarenta años en el desierto; lo que Él quería era llevarlo a la tierra de Canaán y establecerlo allí como pueblo santo y feliz. Pero "no pudieron entrar a causa de su incredulidad." Hebreos 3:19. Perecieron en el desierto a causa de su apostasía, y otros fueron levantados para entrar en la tierra prometida. Asimismo, no era la voluntad de Dios que la venida de Cristo se dilatara tanto, y que Su pueblo permaneciese por tantos años en este mundo de pecado e infortunio. Pero la incredulidad lo apartó de Dios. Como se negara a hacer la obra que le había señalado, otros fueron los llamados para proclamar el mensaje. Por misericordia para con el mundo, Jesús difiere Su venida para que los pecadores tengan oportunidad de oír el aviso y de encontrar amparo en

"EL CATOLICISMO HABLA"

"El Domingo es una institución Católica y sus demandas a observarlo pueden ser defendidas únicamente en principios Católicos . . . Desde el principio hasta el fin de las Escrituras no hay un solo pasaje que autoriza el cambio del día de la adoración pública semanal del último día de la semana al primero." *- Catholic Press, Sydney, Australia, Agosto de 1900*

"El Protestantismo, al descartar la autoridad de la Iglesia (Católica y Romana), no tiene buenas razones para su teoría referente al Domingo, y debe lógicamente de guardar el Sábado como día de descanso."

- John Gilmary Shea, en el "American Catholic Quarterly Review," Enero de 1883

"Hacemos bien en recordarle a los Presbiterianos, Bautistas, Metodistas, y a todos los demás Cristianos, que la Biblia no los apoya en ningún lugar en su observancia del Domingo. El Domingo es una institución de la Iglesia Católica Romana, y aquellos que observan ese día observan un mandamiento de la Iglesia Católica."

- Priest Brady, en un discurso, reportado en el "News", de Elizabeth, N. J., el 18 de Marzo, 1903

"Pregunta – ¿Tiene Usted alguna otra manera de probar que la Iglesia (Católica) tiene el poder para instituir días festivos de precepto?"

"Respuesta – Si ella no tuviese semejante poder, no hubiera podido hacer todo en lo cual los religiosos modernos están de acuerdo con ella: la Iglesia no hubiese podido substituir la observancia del Domingo, el primer día de la semana, por la observancia del Sábado, el séptimo día, un cambio para el cual no existe autoridad en las Escrituras."

- Stephan Keenan, en "A Doctrinal Catechism," pág. 176

"La razón y el sentido común demandan la aceptación de una u otra de estas alternativas: el Protestantismo y la observancia y santificación del Sábado, o el Catolicismo y la observancia y santificación del Domingo. Un compromiso o acuerdo es imposible."

- "The Catholic Mirror", 23 de Diciembre, 1893

"Dios dio sencillamente a Su Iglesia (Católica) el poder para disponer cualquier día o días que ella encontrara apropiados como días sagrados. La Iglesia escogió el Domingo, el primer día de la semana, y en el curso de los años añadió otros días como días sagrados."

- Vincent J. Kelly, "Forbidden Sunday and Feast-Day Occupations," pág. 2

"Nosotros observamos el Domingo en vez del Sábado por que la Iglesia Católica transfirió la solemnidad del Sábado para el Domingo."

- Peter Geiermann, CSSR, "A Doctrinal Catechism", edición 1957, pág. 50

"Nosotros tenemos en ésta tierra el lugar de Dios Todopoderoso."

- Papa Leo XIII, en una Carta Encíclica, fechada 20 de Junio, 1894.

"No el Creador del universo, en Génesis 2:1-3, – sino la Iglesia Católica "puede reclamar al honor de haberle otorgado al hombre una pausa en su trabajo cada siete días."

- S. D. Mosna, "Storia della Domenica", 1969, págs. 366, 367

"EL CATOLICISMO HABLA"

"El Papa no es solamente el representante de Jesucristo, sino que él es el propio Jesucristo, escondido bajo un velo de carne."

- *"The Catholic National", Julio de 1895*

"Si los Protestantes siguieran la Biblia, ellos renderían culto a Dios en el día del Sábado. Al guardar el Domingo ellos están siguiendo una ley de la Iglesia Católica."

- *Albert Smith, Canciller de la Archdiócesis de Baltimore, respondiendo por el Cardenal, en una carta fechada el 10 de Febrero, 1920*

"Nosotros definimos que la Santa Sede Apostólica (el Vaticano), y el Pontífice Romano tienen la primacía sobre todo el mundo."

- *Un decreto del Concilio de Trent, citado por Philippe Labbe y Gabriel Cossart, en "The Most Holy Councils", tomo 13, col. 1167*

"Fue la iglesia Católica la cual, por la autoridad de Jesucristo, ha transferido éste reposo (del Sábado Bíblico) a el Domingo... Así pues, la observancia del Domingo por los Protestantes es un homenaje que ellos rinden, a pesar de ellos mismos, a la autoridad de la Iglesia (Católica)."

- *Monseñor Louis Segur, "Plain Talk about the Protestantism of Today", pág. 213*

"Los Protestantes... aceptan el Domingo en vez del Sábado como el día para su adoración pública después que la Iglesia Católica hizo el cambio... Pero la mente Protestante no parece reconocer que... al observar el Domingo, ellos están aceptando la autoridad del interlocutor de la iglesia, el Papa."

- *"Our Sunday Visitor," 5 de Febrero, 1950*

"Nosotros, los Católicos, entonces, tenemos precisamente la misma autoridad para santificar el Domingo en vez del Sábado, como tenemos para cada otro artículo de nuestro credo, es decir, la autoridad de la Iglesia... mientras que ustedes los Protestantes realmente no tienen ninguna autoridad; pues no hay autoridad para ello en la Biblia (el santificar el Domingo), y ustedes no permiten que pueda haber autoridad para ello en otro lugar. Tanto Ustedes como nosotros, seguimos las tradiciones en este asunto; pero nosotros las seguimos creyendo que son parte de la Palabra de Dios y que la Iglesia (Católica) ha sido divinamente nombrada guardián e intérprete; ustedes siguen a la Iglesia (Católica), a la misma vez denunciándola como una guía falible y falsa, que á menudo 'ha invalidado el mandamiento de Dios por la tradición,' citando Mateo 15:6."

- *Los Hermanos de San Pablo, "The Clifton Tracts", tomo 4, pág. 15*

"La iglesia cambió la observancia del Sábado para el Domingo por el derecho divino y la autoridad infalible concedida a ella por su fundador, Jesucristo. El Protestante, proponiendo la Biblia como su único guía de fe, no tiene razón para observar el Domingo. En esta cuestión, los Adventistas del Séptimo Día son los únicos Protestantes consistentes."

- *"The Catholic Universe Bulletin", 14 de Agosto, 1942, pág. 4*

La Biblia es nuestra única salvaguardia

"EL PROTESTANTISMO HABLA"

Bautista: "Había y hay un mandamiento acerca de guardar el Sábado, pero ese día Sábado no era el Domingo. Sin embargo se puede decir, y con muestra de triunfo, que el Sábado fue transferido del séptimo día al primer día, con todos sus deberes, privilegios y sanciones. Con un ardiente deseo sobre este tópico, que he estudiado durante muchos años, yo pregunto, ¿donde puede encontrarse el archivo de esta transacción? No en el Nuevo Testamento - ahí no hay nada. No hay evidencia bíblica del cambio de la institución del séptimo día al primer día."

- *Dr. E. T. Hiscox, autor del "Baptist Manual"*

Congregacionalistas: "Está muy claro que por muy rígido o consagrado que pasemos el Domingo, no estamos guardando el Sábado . . . El Sábado fue fundado sobre un mandamiento específico y divino. No podemos encontrar un mandamiento específico del Domingo . . . No hay una sola línea en el Nuevo Testamento que sugiere que incurrimos alguna pena por violar la supuesta santidad del Domingo."

- *Dr. R. W. Dale, "The Ten Commandments," págs. 106,107*

Iglesia Libre Luterana: "Cómo no se pudo producir un solo lugar en las Sagradas Escrituras que testifican que el Señor mismo o los apóstoles ordenaron una transferencia del Sábado al Domingo, entonces no era fácil contestar la pregunta: ¿quién ha transferido el Sábado y quién tiene la autoridad para hacerlo?"

- *George Sverdrup, "A New Day"*

Episcopal Protestante: "El día ahora ha cambiado del séptimo al primer día . . . pero como no encontramos con alguna dirección Bíblica tal cambio, concluimos que fue hecho por la autoridad de la Iglesia."

- *"Explanation of Catechism"*

Bautista: "Las Escrituras no le llaman en ningún lugar a el primer día de la semana el Sábado . . . No hay autoridad Bíblica para hacerlo, ni por supuesto, alguna obligación Bíblica."

- *"The Watchman"*

Presbiteriana: "No hay ni una palabra, ni insinuación en el Nuevo Testamento sobre la abstinencia del trabajo el Domingo. La observancia del Miércoles de Ceniza tiene su fundación sobre la misma base que la observancia del Domingo. Dentro del descanso Dominical no entra la Ley Divina."

- *Canon Eyton, en "The Ten Commandments"*

Anglicana: "¿Y en donde se nos dice en las Escrituras que hemos de guardar el primer día? Se nos exige que guardemos el séptimo; pero en ningún lugar se nos exige la observancia del primer día."

- *Isaac Williams, "Plain Sermons on the Catechism," págs. 334, 336*

Discípulos de Cristo: "No hay autoridad Bíblica designando el primer día como el 'Día del Señor.'"

- *Dr., D. H. Lucas, "Christian Oracle," 23 de Enero, 1890*

"EL PROTESTANTISMO HABLA"

Metodista: "Es verdad que no hay un mandato positivo para el bautismo infantil; Ni tampoco hay alguno para guardar santo el primer día de la semana. Muchos creen que Cristo cambió el Sábado. Pero, de Sus propias palabras, vemos que no vino con ese propósito. Aquellos que creen que Jesús cambió el Sábado lo basan solamente en una suposición."

- *Amos Bimney, "Theological Compendium," págs. 180, 181*

Episcopal: "Hemos hecho el cambio del día séptimo al primer día, del Sábado al Domingo, sobre la autoridad de la única sagrada, católica, y apostólica iglesia de Cristo."

- *Obispo Seymour, "Why We Keep Sunday."*

Bautista del Sur: "El nombre sagrado del día Séptimo es 'Sábado.' Este hecho es demasiado obvio para refutar (Éxodo 20:10) . . . En este punto la enseñanza de la Palabra ha sido admitida en todas las generaciones . . . Ni una vez los discípulos aplicaron la ley Sabática al primer día de la semana — esta locura se realizó en un tiempo futuro — ni pretendieron que el primer día suplantara el séptimo."

- *Joseph Judson Taylor, "The Sabbath Question," págs. 14, 15-17, 41*

Congregacionalista Americana: "La noción actual, que Cristo y Sus apóstoles autoritariamente sustituyeron el primer día por el séptimo, es absolutamente sin autoridad en el Nuevo Testamento."

- *Dr. Layman Abbot, en "Christian Union," 26 de Junio, 1890*

Iglesia Cristiana: "No hay testimonio en todos los oráculos del cielo que el Sábado ha sido cambiado, o que el 'Día del Señor' vino en su lugar."

- *Alexander Campbell, en "The Reporter," 8 de Octubre, 1921*

Bautista: "Se me hace inexplicable que Jesús, durante tres años de discusiones con Sus discípulos, en muchas oportunidades conversando con ellos sobre el Sábado, cubriendo sus varios aspectos, librándolo de todo su brillo falso (tradiciones Judías), nunca aludió a la transferencia de ese día; ni tampoco, durante los cuarenta días después de Su resurrección, lo insinuó. Ni, hasta donde sabemos, el Espíritu, que les fue dado para recordar todas las cosas que Él les habia dicho, trató esta pregunta. Ni los apóstoles inspirados, en su trabajo de la predicación del evangelio y la fundación de iglesias, aconsejando e instruyendo, discutieron este tema.

"Claro, yo sé muy bien que el Domingo vino a entrar en la historia de los primeros Cristianos como un día religioso, como aprendimos de nuestros padres Cristianos y otras fuentes. Pero que lástima que haya venido con una marca del Paganismo y bautizado con el nombre de 'el dios sol', entonces adoptado y santificado por la apostasía Papal y legado como una legacía sagrada al Protestantismo."

- *Dr. E. T. Hiscox, reportaje sobre su sermón en la convención Ministerial Bautista en el "New York Examiner," 16 de Noviembre, 1893*

La santidad dominical no se exige ni se practica en la Biblia

Él antes que se desate la ira de Dios.

Ahora, como en épocas anteriores, la predicación de una verdad que reprueba los pecados y los errores del tiempo, despertará oposición. "Porque todo aquel que obra el mal, aborrece la luz y no viene a la luz, para que sus obras no sean redargüidas." Juan 3:20.

Cuando los hombres ven que no pueden mantener su posición por las Sagradas Escrituras, muchos resuelven sostenerla a todo trance, y con espíritu malévolo atacan el carácter y los motivos de los que defienden las verdades que no son populares. Es la misma política que se siguió en todas las edades. Elías fue acusado de turbar a Israel, Jeremías lo fue de traidor, y Pablo de profanador del templo. Desde entonces hasta ahora, los que desearon ser leales a la verdad fueron denunciados como sediciosos, herejes o cismáticos. Multitudes que son demasiado descreídas para aceptar la palabra segura de la profecía, aceptarán con ilimitada credulidad la acusación dirigida contra los que se atreven a reprobar los pecados de moda. Esta tendencia irá desarrollándose más y más. Y la Biblia enseña a las claras que se va acercando el tiempo en que las leyes del estado estarán en tal contradicción con la ley de Dios, que quien quiera obedecer a todos los preceptos divinos tendrá que sufrir censuras y castigos como un malhechor.

En vista de esto, ¿cuál es el deber del mensajero de la verdad? ¿Llegará tal vez a la conclusión de que no se debe predicar la verdad, puesto que a menudo no produce otro resultado que el de empujar a los hombres a burlar o resistir sus exigencias? No; el hecho de que el testimonio de la Palabra de Dios despierte oposición no es razón para callarlo, como no se lo dió a los Reformadores anteriores. La confesión de fe que hicieron los santos y los mártires fue registrada para beneficio de las generaciones venideras. Los ejemplo vivos de santidad y de perseverante integridad llegaron hasta nosotros para inspirar valor a los que son llamados ahora a actuar como testigos de Dios. Recibieron gracia y verdad, no para sí solos, sino para que, por intermedio de ellos, el conocimiento de Dios alumbrase la tierra. ¿Ha dado Dios luz a Sus siervos en esta generación? En tal caso deben dejarla brillar para el mundo.

Antiguamente el Señor declaró a uno que hablaba en Su nombre: "La casa de Israel no te querrá oír, porque no me quiere escuchar a Mí." Ezequiel 3:7. Sin embargo, dijo: "Les hablarás, pues, Mis palabras, escuchen o dejen de escuchar." Ezequiel 2:7. Al siervo de Dios en nuestros días se dirige la orden: "¡Eleva tu voz como trompeta! ¡declara a Mi pueblo su transgresión, a la casa de Jacob sus pecados!"

En la medida de sus oportunidades, pesa sobre todo aquel que recibió la verdad la misma solemne y terrible responsabilidad que pesara sobre el profeta a quien el Señor dijo: "A ti, pues, hijo de hombre, te he puesto por atalaya a la casa de Israel; cuando oigas la palabra de Mi boca, los amonestarás de Mi parte. Cuando Yo diga al malvado: Oh malvado, de cierto morirás, si tú no hablas para apercibir al malvado de su mal camino, el malvado morirá por su pecado, pero su sangre Yo la demandaré de tu mano. Pero si tú avisas al malvado de su camino para que se aparte de él, y él no se aparta de su camino, él morirá por su pecado, pero tú habrás librado tu vida." Ezequiel 33:7-9.

El gran obstáculo que se opone a la aceptación y a la proclamación de la verdad, es el hecho de que ella acarrea inconvenientes y oprobio. Este es el único argumento contra la verdad que sus defensores no han podido nunca refutar. Pero esto no intimida a los verdaderos siervos de Cristo. Ellos no esperan hasta que la verdad se haga popular. Convencidos como lo están de su deber, aceptan valientemente la cruz, confiados con el apóstol Pablo en que "esta leve tribulación momentánea nos produce, en una medida que sobrepasa toda medida, un eterno peso de gloria," "teniendo por mayores riquezas el vituperio de Cristo que los tesoros de los Egipcios." 2 Corintios 4:17; Hebreos 11:26.

Cualquiera que sea su profesión de fe, sólo los que son esclavos del mundo en sus corazones obran por política más bien que por principio en asuntos religiosos. Debemos escoger lo justo porque es justo, y dejar a Dios las consecuencias. El mundo debe sus grandes reformas a los hombres de principios, fe y valor. Esos son los hombres que deben de llevar adelante la obra de reforma para nuestra época.

Así dice el Señor: "Escuchadme, los que conocéis justicia, el pueblo en cuyo corazón está Mi ley. No temáis afrenta de hombre, ni desmayéis por sus ultrajes. Porque como a vestidura se los comerá la polilla, como a lana se los comerá el gusano; pero Mi justicia permanecerá perpetuamente, y Mi salvación por todas las generaciones." Isaías 51:7, 8.

CAPÍTULO 27

EL PODER DE LA PALABRA

DONDEQUIERA QUE LA PALABRA de Dios se predicara con fidelidad, los resultados testificaban su divino origen. El Espíritu de Dios acompañaba el mensaje de Sus siervos, y Su Palabra tenía poder. Los pecadores sentían despertarse sus conciencias. La luz "que alumbra a todo hombre que viene a este mundo," iluminaba los lugares más profundos de sus almas, y las ocultas obras de la tinieblas eran puestas de manifiesto. Una profunda convicción se apoderaba de sus espíritus y corazones. Eran redargüídos de pecado, de justicia y del juicio por venir. Tenían conciencia de la justicia de Dios, y temían tener que presentarse con sus culpas e impurezas ante Aquél que escudriña los corazones. En su angustia clamaban: "¿Quién me libertará de este cuerpo de muerte?" Al serles revelada la cruz del Calvario, manifestación del sacrificio infinito exigido por los pecados de los hombres, veían que sólo los méritos de Cristo bastaban para expiar sus transgresiones; eran lo único que podía reconciliar al hombre con Dios. Con fe y humildad aceptaban al Cordero de Dios, que quita los pecados del mundo. Por la sangre de Jesús alcanzaban "la remisión de los pecados cometidos anteriormente."

Estos creyentes hacían frutos dignos de su arrepentimiento. Creían y eran bautizados y se levantaban para andar en novedad de vida, como nuevas criaturas en Cristo Jesús; no para vivir conforme a sus antiguas concupiscencias, sino por la fe en el Hijo de Dios, para seguir Sus pisadas, para reflejar Su carácter y para purificarse a sí mismos, así como Él es puro. Amaban lo que antes aborrecieran, y aborrecían lo que antes amaran. Los orgullosos y tercos se volvían mansos y humildes de corazón. Los vanidosos y arrogantes se volvían serios y discretos. Los profanos se volvían piadosos; los borrachos, sobrios; y los corrompidos, puros. Las vanas costumbres del mundo eran puestas a un lado. Los Cristianos no buscaban el adorno "externo de peinados ostentosos, de adornos de oro o de vestidos lujosos, sino el ser interior de la persona, en el incorruptible ornato de un espíritu manso y apacible, que es de gran valor delante de Dios." 1 Pedro 3:3, 4.

Los reavivamientos producían en muchos profundo recogimiento y humildad. Eran caracterizados por llamamientos solemnes y fervientes hechos a los pecadores, por una ferviente compasión hacia aquellos a quienes Jesús compró por Su sangre. Hombres y mujeres obraban y luchaban con Dios para obtener la salvación de las almas. Los frutos de semejantes reavivamientos se echaban de ver en las personas que no vacilaban ante el desinterés y los sacrificios, sino que se regocijaban de ser tenidas por dignas de sufrir oprobios y pruebas por causa de Cristo. Se notaba una transformación en la vida de los que habían hecho profesión de seguir a Jesús; y la influencia de ellos beneficiaba a la sociedad. Recogían con Cristo y sembraban para el Espíritu, a fin de cosechar la vida eterna.

Se podía decir de ellos que fueron "contristados para arrepentimiento." "Porque la tristeza que es según Dios produce un arrepentimiento para salvación, del que no hay que tener pesar; pero la tristeza del mundo produce muerte. Porque he aquí, esto mismo de que hayáis sido contristados según Dios, ¡qué gran diligencia produjo en vosotros, y qué disculpas, qué indignación, qué temor, qué ardiente afecto, qué celo, y qué vindicación! En todo os habéis mostrado inocentes en el asunto." 2 Corintios 7:9-11.

Tal es el resultado de la acción del Espíritu de Dios. Una reforma en la vida es la única prueba segura de un verdadero arrepentimiento. Si restituye la prenda, si devuelve lo que robó, si confiesa sus pecados y ama a Dios y a sus semejantes, el pecador puede estar seguro de haber encontrado la paz con Dios. Tales eran los resultados que a través de los años acompañaban a los reavivamientos religiosos. Cuando se los juzgaba por sus frutos se veía que eran bendecidos de Dios para la salvación de los hombres y el mejoramiento de la humanidad.

Pero muchos de los reavivamientos de nuestros días han presentado un notable contraste con aquellas manifestaciones de la gracia divina, que en épocas anteriores acompañaban los trabajos de los siervos de Dios. Es verdad que despiertan gran interés; que muchos se dan por convertidos y aumenta en gran manera el número de los miembros de las iglesias; no obstante los resultados no son tales que nos autoricen para creer que haya habido un aumento correspondiente de verdadera vida espiritual. La llama que alumbra un momento se apaga pronto y deja la obscuridad más densa que antes.

Los avivamientos populares son provocados demasiado a menudo por llamamientos a la imaginación, que excitan las emociones y satisfacen la inclinación por lo nuevo y sensacional. Los conversos ganados de este modo manifiestan poco deseo de escuchar la verdad bíblica, y poco interés en el testimonio de los profetas y apóstoles. El servicio religioso que no revista un carácter un tanto sensacional no tiene atractivo para ellos. Un mensaje que apela a la fría razón no despierta eco alguno en ellos. No tienen en cuenta las claras amonestaciones de la Palabra de Dios que se refiere directamente a sus intereses eternos.

Para toda alma verdaderamente convertida la relación con Dios y con las cosas eternas será el gran tema de la vida. ¿Pero dónde se nota, en las iglesias populares de nuestros días, el espíritu consagrado a Dios? Los conversos no renuncian a su orgullo ni al amor del mundo. No están más dispuestos a negarse a sí mismos, a llevar la cruz y a seguir al manso y humilde Jesús, que antes de su conversión. La religión se ha vuelto objeto de burla de los infieles y escépticos, debido a que tantos de los que la profesan ignoran sus principios. El poder de la piedad ha desaparecido casi enteramente de muchas de las iglesias. Los paseos, las representaciones teatrales en las iglesias, los bazares, las casas elegantes y la ostentación personal han alejado de Dios los pensamientos de la gente. Tierras y bienes y ocupaciones mundanas llenan el espíritu, mientras que las cosas de interés eterno se consideran apenas dignas de atención.

A pesar del decaimiento general de la fe y de la piedad,

hay en esas iglesias verdaderos discípulos de Cristo. Antes que los juicios de Dios caigan finalmente sobre la tierra, habrá entre el pueblo del Señor un avivamiento de la piedad primitiva, cual no se ha visto nunca desde los tiempos apostólicos. El Espíritu y el poder de Dios serán derramados sobre Sus hijos. Entonces muchos saldrán de las iglesias en las cuales el amor de este mundo ha suplantado al amor de Dios y de Su Palabra. Muchos, tanto ministros como laicos, aceptarán gustosamente esas grandes verdades que Dios ha hecho proclamar en este tiempo a fin de preparar un pueblo para la segunda venida del Señor. El enemigo de las almas desea impedir esta obra, y antes que llegue el tiempo para que se produzca tal movimiento, tratará de evitarlo introduciendo una falsa imitación. Hará aparecer como que la bendición especial de Dios es derramada sobre las iglesias que pueda colocar bajo su poder seductor; allí se manifestará lo que se considerará como un gran interés por lo religioso. Multitudes se alegrarán de que Dios esté obrando maravillosamente en su favor, cuando, en realidad, la obra provendrá de otro espíritu. Bajo un disfraz religioso, Satanás tratará de extender su influencia sobre el mundo Cristiano.

En muchos de los reavivamientos religiosos que se han producido durante el último medio siglo, se han dejado sentir, en mayor o menor grado, las mismas influencias que se ejercerán en los movimientos venideros más extensos. Se encuentra una agitación emotiva, mezcla de lo verdadero con lo falso, muy apropiada para extraviar a uno. No obstante, nadie necesita ser seducido. A la luz de la Palabra de Dios no es difícil determinar el origen de estos movimientos. Dondequiera que los hombres descuiden el testimonio de la Biblia y se alejen de las verdades claras que sirven para probar el alma y que requieren abnegación y desprendimiento del mundo, podemos estar seguros de que Dios no dispensa allí Sus bendiciones. Y al aplicar la regla que Cristo mismo dio: "Por sus frutos los conoceréis," resulta evidente que estos movimientos no son obra del Espíritu de Dios. Mateo 7:16.

En las verdades de Su Palabra, Dios ha dado a los hombres una revelación de Sí mismo, y a todos los que las aceptan les sirven de escudo contra los engaños de Satanás. El descuido en que se tuvieron estas verdades fue lo que abrió la puerta a los males que se están propagando ahora tanto en el mundo religioso. Se ha perdido de vista en gran manera la naturaleza e importancia de la ley de Dios. Un concepto erróneo del carácter perpetuo y obligatorio de la ley divina ha hecho incurrir en errores respecto a la conversión y santificación, y como resultado se ha rebajado el nivel de la piedad en la iglesia. En esto reside el secreto de la ausencia del Espíritu y poder de Dios en los reavivamientos religiosos de nuestros tiempos.

En las diversas denominaciones se encuentran hombres eminentes por su piedad, que reconocen y lamentan este hecho. El profesor Eduardo A. Park, al exponer los peligros religiosos corrientes, dice acertadamente: "Una de las fuentes de peligros es el hecho de que los predicadores insisten muy poco en la ley divina. En otro tiempo el púlpito era eco de la voz de la conciencia . . . . Nuestros más ilustres predicadores daban a sus discursos una amplitud majestuosa siguiendo el ejemplo del Maestro y recalcando la ley, sus preceptos y sus amenazas. Repetían las dos grandes máximas de que la ley es fiel trasunto de las perfecciones divinas, y de que un hombre que no tiene amor a la ley no lo tiene tampoco al evangelio, pues la ley, tanto como el evangelio, es un espejo que refleja el verdadero carácter de Dios. Este peligro arrastra a otro: el de desestimar la gravedad del pecado, su extensión y su horror. El grado de culpabilidad que acarrea la desobediencia a un mandamiento es proporcional al grado de justicia de ese mandamiento. . . .

"A los peligros ya enumerados se une el que se corre al no reconocer plenamente la justicia de Dios. La tendencia del púlpito moderno consiste en hacer separación entre la justicia divina y la misericordia divina, en rebajar la misericordia al nivel de un sentimiento en lugar de elevarla a la altura de un principio. El nuevo prisma teológico separa lo que Dios unió. ¿Es la ley divina un bien o un mal? Es un bien. Entonces la justicia es buena; pues es una disposición para cumplir la ley. De la costumbre de menospreciar la ley y justicia divinas, el alcance y demérito de la desobediencia humana, los hombres contraen fácilmente la costumbre de no apreciar la gracia que proveyó expiación por el pecado." De este modo pierde el evangelio su valor e importancia en el concepto de los hombres, que no tardan en dejar a un lado la misma Biblia.

Muchos maestros en religión aseguran que Cristo anuló la ley por Su muerte, y que desde entonces los hombres se ven libres de sus exigencias. Algunos la representan como yugo enojoso, y en contraposición con la esclavitud de la ley, presentan la libertad de que se debe gozar bajo el evangelio.

Pero no es así como los profetas y los apóstoles consideraron la santa ley de Dios. David dice: "Y andaré en libertad, porque busqué Tus mandamientos." Salmos 119:45. El apóstol Santiago, que escribió después de la muerte de Cristo, habla del Decálogo como de la "ley real" y de la "perfecta ley, la de la libertad." Santiago 2:8; 1:25, Reina Valera, Revisión de 1960. Y el apóstol Juan, medio siglo después de la crucifixión, pronuncia una bendición sobre los "que guardan sus mandamientos para que su potencia sea en el árbol de la vida, y que entren por las puertas en la ciudad." Apocalipsis 22:14, Reina Valera, Revisión de 1979.

El aserto de que Cristo abolió con Su muerte la ley de Su Padre no tiene fundamento. Si hubiese sido posible cambiar la ley o anularla, entonces Cristo no habría tenido por qué morir para salvar al hombre de la penalidad del pecado. La muerte de Cristo, lejos de abolir la ley, prueba que es inmutable. El Hijo de Dios vino para engrandecer la ley, y hacerla honorable. Isaías 42:21. Él dijo: "No penséis que he venido para abrogar la ley o los profetas;" "hasta que pasen el cielo y la tierra, ni una jota ni una tilde pasará de ningún modo de la ley." Mateo 5:17, 18. Y con respecto a Sí mismo declara: "El hacer Tu voluntad, Dios mío, me ha agradado, y Tu ley está en medio de Mi corazón." Salmos 40:8.

La ley de Dios, por su naturaleza misma, es inmutable. Es una revelación de la voluntad y del carácter de Su Autor. Dios es amor, y Su ley es amor. Sus dos grandes principios son el amor a Dios y al hombre. "El amor no hace mal al prójimo; así que la plenitud de la ley es el amor." Romanos 13:10. El carácter de Dios es justicia y verdad; tal es la naturaleza de Su ley. Dice el salmista: "Tu ley es verdad;"

"todos Tus mandamientos son justicia." Salmos 119:142, 172. Y el apóstol Pablo declara: "La ley a la verdad es santa, y el mandamiento santo, justo y bueno." Romanos 7:12. Semejante ley, expresión del pensamiento y de la voluntad de Dios, debe ser tan duradera como su Autor.

Es obra de la conversión y de la santificación reconciliar a los hombres con Dios, poniéndolos de acuerdo con los principios de Su ley. Al principio el hombre fue creado a la imagen de Dios. Estaba en perfecto acuerdo con la naturaleza y la ley de Dios; los principios de justicia estaban grabados en su corazón. Pero el pecado le separó de su Hacedor. Ya no reflejaba más la imagen de Dios. "La mentalidad de la carne es enemistad contra Dios, porque no se somete a la ley de Dios, ya que ni siquiera puede." Romanos 8:7. Mas "de tal manera amó Dios al mundo, que ha dado a Su Hijo unigénito," para que el hombre fuese reconciliado con Dios. Por los méritos de Cristo puede restablecerse la armonía entre el hombre y su Creador. Su corazón debe ser renovado por la gracia divina; debe recibir nueva vida de lo alto. Este cambio es el nuevo nacimiento, sin el cual, según expuso Jesús, nadie "puede ver el reino de Dios."

La convicción del pecado es el primer paso hacia la reconciliación con Dios. "El pecado es infracción de la ley." 1 Juan 3:4. "Por medio de la ley es el conocimiento del pecado." Romanos 3:20. Para reconocer su culpabilidad, el pecador debe medir su carácter por la gran norma de justicia que Dios dió al hombre. Es un espejo que le muestra la imagen de un carácter perfecto y justo, y le permite percibir los defectos de su propio carácter.

La ley muestra al hombre sus pecados, pero no dispone ningún remedio. Mientras promete vida al que obedece, declara que la muerte es lo que le toca al transgresor. Sólo el evangelio de Cristo puede librarle de la condenación o de la mancha del pecado. Debe arrepentirse ante Dios cuya ley transgredió, y tener fe en Cristo y en Su sacrificio expiatorio. Así obtiene "remisión de los pecados cometidos anteriormente," y se hace partícipe de la naturaleza divina. Es un hijo de Dios, pues ha recibido el espíritu de adopción, por el cual exclama: "¡Abba, Padre!"

¿Estamos entonces libre para violar la ley de Dios? El

apóstol Pablo dice: "¿Luego invalidamos la ley por medio de la fe? ¡En ninguna manera!, sino que afianzamos la ley." Romanos 3:31. Y después: "Los que hemos muerto al pecado, ¿cómo viviremos aún en él?" Romanos 6:2. Y Juan dice también: "Este es el amor de Dios, que guardemos Sus mandamientos; y Sus mandamientos no son gravosos." 1 Juan 5:3. En el nuevo nacimiento el corazón viene a quedar en armonía con Dios, al estarlo con Su ley. Cuando se realiza este gran cambio en el pecador, entonces ha pasado de la muerte a la vida, del pecado a la santidad, de la transgresión y rebelión a la obediencia y a la lealtad. Ha terminado su antigua vida de separación con Dios; y ha comenzado la nueva vida de reconciliación, fe y amor. Entonces "la justicia de la ley" se cumplirá "en nosotros, los que no andamos conforme a la carne, sino conforme al Espíritu." Romanos 8:4. Y el lenguaje del alma será "¡Oh, cuánto amo yo Tu ley! Todo el día es ella mi meditación." Salmos 119:97.

"La ley de Jehová es perfecta, que convierte el alma." Salmos 19:7. Sin la ley, los hombres no pueden formarse un justo concepto de la pureza y santidad de Dios ni de su propia culpabilidad e impureza. No tienen verdadera convicción del pecado, y no sienten necesidad de arrepentirse. Como no ven su condición perdida como violadores de la ley de Dios, no se dan cuenta tampoco de la necesidad que tienen de la sangre expiatoria de Cristo. Aceptan la esperanza de salvación sin que se realice un cambio radical en su corazón ni reforma en su vida. Son numerosas las conversiones superficiales, y multitudes se unen a la iglesia sin haberse unido jamás con Cristo.

Falsas teorías sobre la santificación, debidas a que no se hizo caso de la ley divina, o se la rechazó, desempeñan importante papel en los movimientos religiosos de nuestros días. Esas teorías son erróneas en cuanto a la doctrina y peligrosas en sus resultados prácticos, y el hecho de que hallen tan general aceptación hace doblemente necesario que todos tengan un claro entendimiento de lo que las Sagradas Escrituras enseñan sobre este punto.

La doctrina de la santificación verdadera es bíblica. El apóstol Pablo, en su carta a la iglesia de Tesalónica, declara:

"Esta es la voluntad de Dios: vuestra santificación." Y ruega así: "Y el mismo Dios de paz os santifique por completo." 1 Tesalonicenses 4:3; 5:23. La Biblia enseña claramente lo que es la santificación, y cómo se puede alcanzarla. El Salvador oró por Sus discípulos: "Santifícalos en Tu verdad; Tu palabra es verdad." Juan 17:17. Y Pablo enseña que los creyentes deben ser santificados por el Espíritu Santo. Romanos 15:16. ¿Cuál es la obra del Espíritu Santo? Jesús dijo a Sus discípulos: "Cuando venga el Espíritu de verdad, Él os guiará a toda la verdad." Juan 16:13. Y el salmista dice: "Tu ley es la verdad." Por la Palabra y el Espíritu de Dios quedan de manifiesto ante los hombres los grandes principios de justicia contenidos en la ley divina. Y ya que la ley de Dios es santa, justa y buena, una copia de la perfección divina, resulta que el carácter formado por la obediencia a esa ley será santo. Cristo es ejemplo perfecto de semejante carácter. Él dice: "He guardado los mandamientos de Mi Padre." "Yo hago siempre lo que le agrada." Juan 15:10; 8:29. Los discípulos de Cristo han de volverse semejantes a Él, es decir, adquirir por la gracia de Dios un carácter conforme a los principios de Su santa ley. Esto es lo que la Biblia llama santificación.

Esta obra no se puede realizar sino por la fe en Cristo, por el poder del Espíritu de Dios que habite en el corazón. El apóstol Pablo amonesta a los creyentes: "Procurad vuestra salvación con temor y temblor, porque Dios es el que en vosotros opera tanto el querer como el hacer, por Su buena voluntad." Filipenses 2:12, 13. El Cristiano sentirá las tentaciones del pecado, pero luchará continuamente contra él. Aquí es donde se necesita la ayuda de Cristo. La debilidad humana se une con la fuerza divina, y la fe exclama: "Gracias sean dadas a Dios, que nos da la victoria por medio de nuestro Señor Jesucristo." 1 Corintios 15:57.

Las Santas Escrituras enseñan claramente que la obra de santificación es progresiva. Cuando el pecador encuentra en la conversión la paz con Dios por la sangre expiatoria, la vida Cristiana no ha hecho más que empezar. Ahora debe llegar "al estado de hombre perfecto;" crecer a la medida de la estatura de la plenitud de Cristo. El apóstol Pablo dice:

"Una cosa hago: olvidando lo que queda atrás y extendiéndome a lo que está delante, prosigo hacia la meta, para conseguir el premio del supremo llamamiento de Dios en Cristo Jesús." Filipenses 3:13, 14. Y Pedro nos enseña los pasos por los cuales se llega a la santificación de que habla la Biblia: "Poniendo toda diligencia por esto mismo, añadid a vuestra fe virtud; a la virtud, conocimiento; al conocimiento, dominio propio; al dominio propio, paciencia; a la paciencia, piedad; a la piedad, afecto fraternal; y al afecto fraternal, amor... Porque haciendo estas cosas, no caeréis jamás." 2 Pedro 1:5-10.

Los que experimenten la santificación de que habla la Biblia, manifestarán un espíritu de humildad. Como Moisés, contemplaron la terrible majestad de la santidad y se dan cuenta de su propia vileza en contraste con la pureza y alta perfección del Dios infinito.

El profeta Daniel fue ejemplo de verdadera santificación. Llenó su larga vida del noble servicio que rindió a su Maestro. Era un hombre "muy amado" en el cielo. Daniel 10:11. Sin embargo, en lugar de prevalerse de su pureza y santidad, este profeta tan honrado de Dios se identificó con los mayores pecadores de Israel cuando oró a Dios en favor de su pueblo: "¡No elevamos nuestros ruegos ante ti confiados en nuestras justicias, sino en Tus grandes misericordias!" "Hemos pecado, hemos obrado impíamente." Daniel 9:18, 15. Y también declaró: "Aún estaba yo hablando y orando, y confesando mi pecado y el pecado de mi pueblo." Daniel 9:20. Y cuando más tarde el Hijo de Dios apareció para instruirle, Daniel dijo: "Se demudó el color de mi rostro hasta quedar desfigurado, y perdí todo mi vigor." Daniel 10:8.

Cuando Job oyó la voz del Señor de entre el torbellino, exclamó: "Retracto mis palabras, y me arrepiento en polvo y ceniza." Job 42:6. Cuando Isaías contempló la gloria del Señor, y oyó a los querubines que clamaban: "¡Santo, santo, santo es Jehová de los ejércitos!" dijo abrumado: "¡Ay de mí!, que estoy muerto!" Isaías 6:3, 5. Después de haber sido arrebatado hasta el tercer cielo y haber oído cosas que no le es dado al hombre expresar, Pablo habló de sí mismo como del "más pequeño de todos los santos." 2 Corintios

12:2-4; Efesios 3:8. Y el amado Juan, el que había descansado sobre el pecho de Jesús y contemplado Su gloria, fue el que cayó como muerto a los pies del ángel. Apocalipsis 1:17.

No puede haber glorificación de sí mismo, ni arrogantes pretensiones de estar libre de pecado, por parte de aquellos que andan a la sombra de la cruz del Calvario. Se dan cuenta perfectamente de que fueron sus pecados los que causaron la agonía del Hijo de Dios y destrozaron Su corazón; y este pensamiento les inspira profunda humildad. Los que viven más cerca de Jesús son también los que mejor ven la fragilidad y culpabilidad de la humanidad, y su única esperanza se cifra en los méritos de un Salvador crucificado y resucitado.

La santificación, tal cual la entiende ahora el mundo religioso en general, lleva en sí misma un espíritu de orgullo propio y de menosprecio de la ley de Dios que nos la presenta como del todo ajena a la religión de la Biblia. Sus defensores enseñan que la santificación es una obra instantánea, por la cual, mediante la fe solamente, alcanzan perfecta santidad. "Tan sólo creed," dicen, "y la bendición es vuestra." Según dicen, no se necesita mayor esfuerzo de parte del que recibe la bendición. Al mismo tiempo niegan la autoridad de la ley de Dios y afirman que están dispensados de la obligación de guardar los mandamientos. ¿Pero será acaso posible que los hombres sean santos y concuerden con la voluntad y el modo de ser de Dios, sin ponerse en armonía con los principios que expresan Su naturaleza y voluntad, y enseñan lo que le agrada?

El deseo de pertenecer a una religión fácil, que no exija luchas, ni desprendimiento, ni ruptura con las locuras del mundo, ha hecho popular la doctrina de la fe, y de la fe sola; ¿pero qué dice la Palabra de Dios? El apóstol Santiago dice: "Hermanos míos, ¿de qué sirve que alguien diga que tiene fe, si no tiene obras? ¿Acaso podrá esa fe salvarle? . . . ¿Más quieres saber, hombre vano, que la fe sin obras es muerta? ¿No fue justificado por las obras Abraham nuestro padre, cuando ofreció a su hijo Isaac sobre el altar? Ya ves que la fe actuó juntamente con sus obras, y que la fe se perfeccionó en virtud de las obras. . . . Veis, pues, que el hombre es justificado por las obras, y no solamente por la fe." Santiago 2:12-24.

El testimonio de la Palabra de Dios se opone a esta doctrina seductora de la fe sin obras. No es fe pretender el favor del Cielo sin cumplir las condiciones necesarias para que la gracia sea concedida. Es presunción, pues la fe verdadera se basa en las promesas y disposiciones de las Sagradas Escrituras.

Que nadie se engañe a sí mismo creyendo que puede volverse santo mientras viole premeditadamente uno de los preceptos divinos. Un pecado cometido deliberadamente acalla la voz atestiguadora del Espíritu y separa al alma de Dios. "El pecado es transgresión de la ley." Y "todo aquel que continúa pecando, no le ha visto, ni le ha conocido." 1 Juan 3:6. Aunque Juan habla mucho del amor en sus epístolas, no vacila en poner de manifiesto el verdadero carácter de esa clase de personas que pretenden ser santificadas y seguir transgrediendo la ley de Dios. "El que dice: Yo he llegado a conocerle, y no guarda Sus mandamientos, es un mentiroso, y la verdad no está en él; pero el que guarda Su palabra, en éste verdaderamente el amor de Dios se ha perfeccionado." 1 Juan 2:4, 5. Esta es la piedra de toque de toda profesión de fe. No podemos reconocer como santo a ningún hombre sin haberle comparado primero con la sola regla de santidad que Dios haya dado en el cielo y en la tierra. Si los hombres no sienten el peso de la ley moral, si empequeñecen y tienen en poco los preceptos de Dios, si violan el menor de estos mandamientos, y así enseñan a los hombres, no serán estimados ante el cielo, y podemos estar seguros de que sus pretensiones no tienen fundamento alguno.

Y la presunción de estar sin pecado constituye de por sí una prueba de que el que asegura tal cosa dista mucho de ser santo. Es porque no tiene un verdadero concepto de lo que es la pureza y santidad infinita de Dios, ni de lo que deben ser los que han de estar de acuerdo con Su carácter; es porque no tiene verdadero concepto de la pureza y perfección suprema de Jesús ni de la maldad y horror del pecado, por lo que el hombre puede creerse santo. Cuanto más lejos esté de Cristo y más se equivoque acerca del carácter y los pedidos de Dios, más justo se cree.

La santificación expuesta en las Santas Escrituras abarca todo el ser: espíritu, cuerpo y alma. Pablo rogaba por los Tesalonicenses, que su "ser, espíritu, alma y cuerpo," fuese "guardado irreprensible para la venida de nuestro Señor Jesucristo." 1 Tesalonicenses 5:23. Y vuelve a escribir a los creyentes: "Hermanos, os exhorto por las misericordias de Dios, a que presentéis vuestros cuerpos como sacrificio vivo, santo, agradable a Dios." Romanos 12:1. En tiempos del antiguo Israel, toda ofrenda que se traía a Dios era cuidadosamente examinada. Si se descubría un defecto cualquiera en el animal presentado, se lo rechazaba, pues Dios había mandado que las ofrendas fuesen "sin mancha." Así también se pde a los cristianos que presenten sus cuerpos en "sacrificio vivo, santo, agradable a Dios." Para ello, todas las facultades deben conservarse en la mejor condición posible. Toda costumbre que tienda a debilitar la fuerza física o mental incapacita al hombre para el servicio de su Creador. ¿Y se complacerá Dios con menos de lo mejor que podamos ofrecerle? Cristo dijo: "Amarás al Señor tu Dios de todo tu corazón." Los que aman a Dios de todo corazón desearán darle el mejor servicio de su vida y tratarán siempre de poner todas las facultades de su ser en armonía con las leyes que aumentarán su aptitud para hacer Su voluntad. No debilitarán ni mancharán la ofrenda que presentan a su Padre celestial abandonándose a sus apetitos o pasiones.

Pedro nos dice: "Os ruego . . . que os abstengáis de los deseos carnales que batallan contra el alma." 1 Pedro 2:11. Toda concesión hecha al pecado tiende a oscurecer las facultades y a destruir el poder de percepción mental y espiritual, de modo que la Palabra o el Espíritu de Dios ya no pueden impresionar sino débilmente el corazón. Pablo le dijo a los Corintios: "Limpiémonos de toda contaminación de carne y de espíritu, perfeccionando la santidad en el temor de Dios." 2 Corintios 7:1. Y entre los frutos del Espíritu – "amor, gozo, paz, paciencia, benignidad, bondad, fidelidad, mansedumbre" – él clasifica el "dominio propio." Gálatas 5:22, 23.

A pesar de estas inspiradas declaraciones, ¡cuántos Cristianos de profesión están debilitando sus facultades en la búsqueda de ganancias o en el culto que rinden a la moda; cuántos están envileciendo en su ser la imagen de Dios, con la glotonería, las bebidas espirituosas, los placeres ilícitos! Y la iglesia, en lugar de reprimir el mal, muy a menudo lo fomenta, recurriendo a los apetitos, al amor del lucro y de los placeres para llenar su tesoro, que el amor a Cristo es demasiado débil para colmar. Si Jesús entrase en las iglesias de nuestros días, y viese los festejos y el tráfico impío que se practica en nombre de la religión, ¿no arrojaría acaso a esos profanadores, como arrojó del templo a los cambiadores de moneda?

El apóstol Santiago declara que la sabiduría que desciende de arriba es "primeramente pura." Si se hubiese encontrado con aquellos que pronuncian el precioso nombre de Jesús con labios manchados por el tabaco, con aquellos cuyo aliento y persona están corrompidas por sus fétidos olores, y que infestan el aire del cielo y obligan a todos los que les rodean a aspirar el veneno – si el apóstol hubiese conocido un hábito tan opuesto a la pureza del evangelio, ¿no lo habría acaso estigmatizado como, "terrenal, natural, diabólico?" Los esclavos del tabaco, pretendiendo gozar de las bendiciones de la santificación completa, hablan de su esperanza de ir a la gloria; pero la Palabra de Dios declara positivamente que "no entrará en ella ninguna cosa inmunda." Apocalipsis 21:27.

"¿O no sabéis que vuestro cuerpo es santuario del Espíritu Santo, el cual está en vosotros, el cual tenéis de Dios, y que no sois vuestros? Porque habéis sido comprados por precio; glorificad, pues, a Dios en vuestro cuerpo." 1 Corintios 6:19, 20. Aquél cuyo cuerpo es el templo del Espíritu Santo no se dejará esclavizar por ningún hábito dañino. Sus facultades pertenecen a Cristo, que le compró con precio de sangre. Sus bienes son del Señor. ¿Cómo podrá quedar sin culpa si destruye el capital que se le confió? Hay Cristianos de profesión que gastan al año grandes cantidades en goces inútiles y perniciosos, mientras muchas almas perecen por falta de la palabra de vida. Roban a Dios en los diezmos y ofrendas, mientras consumen en altares de la pasión destructora más de lo que dan para socorrer a los pobres o para el sostenimiento del evangelio.

Si todos los que hacen profesión de seguir a Cristo estuviesen verdaderamente santificados, sus recursos, en lugar de ser gastados en placeres inútiles y hasta perjudiciales, los invertirían en el tesoro del Señor, y los Cristianos darían un ejemplo de temperancia, abnegación y sacrificio de sí mismos. Serían entonces la luz del mundo.

El mundo está entregado a la sensualidad. "La concupiscencia de la carne, y la concupiscencia de los ojos, y la soberbia de la vida" gobiernan las masas del pueblo. Pero los discípulos de Cristo son llamados a una vida santa. "Salid de en medio de ellos, y apartaos, dice el Señor, y no toquéis lo inmundo." A la luz de la Palabra de Dios, se justifica la afirmación de que la santificación que no produce este completo desprendimiento de los deseos y placeres pecaminosos del mundo, no puede ser verdadera.

A aquellos que cumplen con las condiciones: "Salid de en medio de ellos, y apartaos, . . . y no toquéis lo inmundo," se refiere la promesa de Dios: "Yo os acogeré, y Seré para vosotros por Padre, y vosotros Me seréis por hijos e hijas, dice el Señor Todopoderoso." 2 Corintios 6:17, 18. Es privilegio y deber de todo Cristiano tener una grande y bendita experiencia de las cosas de Dios. "Yo soy la luz del mundo; el que Me sigue, de ningún modo andará en tinieblas, sino que tendrá la luz de la vida." Juan 8:12. "La senda de los justos es como la luz de la aurora, que va en aumento hasta llegar a pleno día." Proverbios 4:18. Cada paso que se da en fe y obediencia pone al alma en relación más íntima con la luz del mundo, en quien "no hay ningunas tinieblas." Los rayos brillantes del Sol de Justicia caen sobre los siervos de Dios, y éstos deben reflejarlos. Así como las estrellas nos hablan de una gran luz en el cielo, con cuya gloria resplandecen, así también los Cristianos deben mostrar que hay en el trono del universo un Dios cuyo carácter es digno de alabanza e imitación. Las gracias de Su Espíritu, Su pureza y santidad, se manifestarán en Sus testigos.

En su carta a los Colosenses, Pablo enumera las abundantes bendiciones concedidas a los hijos de Dios. Él dice: "No cesamos de orar por vosotros, y de pedir que seáis llenos del cabal conocimiento de Su voluntad en toda sabiduría e inteligencia espiritual, para que andéis como es digno del Señor, agradándole en todo, llevando fruto en toda buena obra, y creciendo en el pleno conocimiento de Dios; fortalecidos con todo poder, conforme a la potencia de Su gloria, para toda paciencia y longanimidad." Colosenses 1:9-11.

También escribe respecto a su deseo de que los hermanos de Efeso logren comprender la grandeza de los privilegios del Cristiano. Les expone en el lenguaje más claro el maravilloso conocimiento y poder que pueden poseer como hijos e hijas del Altísimo. De ellos estaba el que fueran "vigorizados con poder en el hombre interior por medio de Su Espíritu," y "arraigados y cimentados en amor," para poder "comprender con todos los santos cuál sea la anchura, la longitud, la profundidad y la altura , y de conocer el amor de Cristo, que sobrepasa a todo conocimiento." Pero la oración del apóstol alcanza la magnificencia del privilegio cuando ruega que sean "llenados hasta toda la plenitud de Dios." Efesios 3:16-19.

Así se ponen de manifiesto las alturas de la perfección que podemos alcanzar por la fe en las promesas de nuestro Padre celestial, cuando cumplimos con lo que Él requiere de nosotros. Por los méritos de Cristo tenemos acceso al trono del poder infinito. "El que no eximió ni a Su propio Hijo, sino que lo entregó por todos nosotros, ¿cómo no nos dará también con Él todas las cosas?" Romanos 8:32. El Padre dió a Su Hijo Su Espíritu sin medida, y nosotros podemos participar también de Su plenitud. Jesús dice: "Pues si vosotros, siendo malos, sabéis dar buenas dádivas a vuestros hijos, ¿cuánto más vuestro Padre celestial dará el Espíritu Santo a los que se lo pidan?" Lucas 11:13. "Si pedís algo en Mi nombre, Yo lo haré." "Pedid, y recibiréis, para que vuestro gozo esté completo." Juan 14:14; 16:24.

Si bien la vida del Cristiano ha de ser caracterizada por la humildad, no debe destacarse por la tristeza y la denigración de sí mismo. Todos tienen el privilegio de vivir de manera que Dios los apruebe y los bendiga. No es el deseo de nuestro Padre celestial que estemos siempre en condenación y tinieblas. Andar con la cabeza baja y el corazón lleno de preocupaciones relativas a uno mismo no es señal de verdadera humildad. Podemos acudir a Jesús y ser purificados, y permanecer ante la ley sin avergonzarnos ni sentir remordimientos. "Ahora, pues, ninguna condenación hay para los que están en Cristo Jesús, los que no están andando conforme a la carne, sino conforme al Espíritu." Romanos 8:1.

Por medio de Jesús, los hijos caídos de Adán son hechos "hijos de Dios." "Porque el que santifica y los que son santificados, de uno son todos; por lo cual no se avergüenza de llamarlos hermanos." Hebreos 2:11. La vida del Cristiano debe ser una vida de fe, de victoria y de gozo en Dios. "Todo lo que es nacido de Dios vence al mundo; y ésta es la victoria que ha vencido al mundo, nuestra fe." 1 Juan 5:4. Con razón declaró Nehemías, el siervo de Dios: " El gozo de Jehová es vuestra fuerza." Nehemías 8:10. Y Pablo dijo: "Regocijaos en el Señor siempre. Otra vez digo: ¡Regocijaos!" "Estad siempre gozosos. Orad sin cesar. Dad gracias en todo, porque ésta es la voluntad de Dios para con vosotros en Cristo Jesús." Filipenses 4:4; 1 Tesalonicenses 5:16-18.

Estos son los frutos de la conversión y de la santificación según la Biblia; y es porque el mundo Cristiano mira con tanta indiferencia los grandes principios de justicia expuestos en la Palabra de Dios, por lo que se ven tan raramente estos frutos. Esta es la razón por la que se ve tan poco de esa obra profunda y perdurable del Espíritu de Dios que caracterizaba los reavivamientos en tiempos pasados.

Por medio de la contemplación nos transformamos. Pero como esos sagrados preceptos en los cuales Dios reveló a los hombres Su perfección y santidad son tenidos en poco y el espíritu del pueblo se deja atraer por las enseñanzas y teorías humanas, no es sorprendente que en consecuencia se vea un enfriamiento de la piedad viva en la iglesia. El Señor dice: "Me dejaron a Mí, fuente de agua viva, y cavaron para sí cisternas, cisternas rotas que no retienen agua." Jeremías 2:13.

"Bienaventurado el varón que no anduvo en consejo de malos. . . . Sino que en la ley de Jehová está su delicia, y en Su ley medita de día y de noche. Será como árbol plantado junto a corrientes de aguas, que da su fruto en su tiempo, y su hoja no cae; y todo lo que hace, prosperará." Salmos 1:1-3. Sólo en la medida en que la ley de Dios sea repuesta en el lugar que le corresponde habrá un avivamiento de la piedad y fe primitiva entre los que profesan ser Su pueblo. "Así dice Jehová: Paraos en los caminos, y mirad, y preguntad por las sendas antiguas, cuál sea el buen camino, y andad por él, y hallaréis descanso para vuestras almas." Jeremías 6:16.

CAPÍTULO 28

El Juicio

"ESTUVE MIRANDO," dice el profeta Daniel, "hasta que fueron puestos tronos, y se sentó un Anciano de muchos días, cuyo vestido era blanco como la nieve, y el pelo de Su cabeza como lana limpia; Su trono, llama de fuego, y las ruedas del mismo, fuego ardiente. Un río de fuego procedía y salía de delante de Él; millares de millares le servían, miríadas de miríadas asistían delante de Él; el Juez se sentó, y los libros fueron abiertos." Daniel 7:9, 10.

Así se le presentó al profeta en visión el día grande y solemne en que los caracteres y vidas de los hombres habrán de ser revistados ante el Juez de toda la tierra, y en que a todos los hombres se les dará "conforme a sus obras." El Anciano de días es Dios, el Padre. El salmista dice: "Antes que naciesen los montes y formases la tierra y el mundo, desde el siglo y hasta el siglo, Tú eres Dios." Salmos 90:2. Es Él, Autor de todo ser y de toda ley, quien debe presidir en el juicio. Y "millares de millares . . . y millones de millones" de santos ángeles, como ministros y testigos, están presentes en este gran tribunal.

"Y he aquí, con las nubes del cielo venía uno como un Hijo de hombre, que vino hasta el Anciano de muchos días, y le hicieron acercarse delante de Él. Y le fue dado dominio, gloria y reino, para que todos los pueblos, naciones y lenguas le sirvieran; Su dominio es dominio eterno, que nunca pasará, y Su reino, un reino que no será destruido jamás." Daniel 7:13, 14. La venida de Cristo descrita aquí no es Su segunda venida a la tierra. Él viene hacia el Anciano de días en el cielo para recibir el dominio y la gloria, y un reino, que le será dado a la conclusión de Su obra de mediador. Es esta venida, y no Su segundo advenimiento a la tierra, la que la profecía predijo que había de realizarse al fin de los 2,300 días, en 1844. Acompañado por ángeles celestiales, nuestro gran Sumo Sacerdote entra en el lugar santísimo, y allí, en la presencia de Dios, da comienzo a los últimos actos de Su ministerio en beneficio del hombre, a saber, cumplir la obra del juicio y hacer expiación por todos aquellos que resulten tener derecho a ella.

En el rito típico, sólo aquellos que se habían presentado ante Dios arrepintiéndose y confesando sus pecados, y cuyas iniquidades eran llevadas al santuario por medio de la sangre del holocausto, tenían participación en el servicio del Día de la Expiación. Así también en el gran día de la expiación final y del juicio investigador, los únicos casos que se consideran son los de quienes hayan profesado ser hijos de Dios. El juicio de los impíos es obra distinta y separada, y tomará lugar en fecha posterior. "Es tiempo de que el juicio comience por la casa de Dios; y si primero comienza por nosotros, ¿cuál será el fin de aquellos que desobedecen al evangelio de Dios?" 1 Pedro 4:17.

Los libros de registro en el cielo, donde se encuentran inscritos los nombres y los actos de los hombres, determinarán las decisiones del juicio. El profeta Daniel dice: "El Juez se sentó, y los libros fueron abiertos." El apóstol Juan, describiendo la misma escena en el Apocalipsis, agrega: "Y otro libro fue abierto, el cual es el libro de la vida; y fueron juzgados los muertos por las cosas que estaban escritas en los libros, según sus obras." Apocalipsis 20:12.

El libro de la vida contiene los nombres de todos los que entraron alguna vez en el servicio de Dios. Jesús dijo a Sus discípulos: "Regocijaos de que vuestros nombres están escritos en los cielos." Lucas 10:20. Pablo habla de sus fieles compañeros de trabajo, "cuyos nombres están en el libro de la vida." Filipenses 4:3. Daniel, vislumbrando un "tiempo de angustia, cual nunca lo hubo hasta entonces," declara que el pueblo de Dios será librado, "todos los que se hallen escritos en el libro." Daniel 12:1 (Reina Valera, Revisión de 1960.) Y Juan dice en el Apocalipsis que solamente entrarán en la ciudad de Dios aquellos cuyos nombres "están inscritos en el libro de la vida del Cordero." Apocalipsis 21:27.

Delante de Dios está escrito "un libro de recuerdo," en el cual quedan anotadas las buenas obras de "los que temen a Jehová, y para los que piensan en Su nombre." Malaquías

3:16. Sus palabras de fe, sus actos de amor, están registrados en el cielo. A esto se refiere Nehemías cuando dice: "¡Acuérdate de mí, oh Dios, . . . y no borres mis misericordias que hice en la casa de mi Dios." Nehemías 13:14. En el "libro de recuerdo" de Dios, todo acto de justicia está inmortalizado. Toda tentación resistida, todo pecado vencido, toda palabra de tierna compasión, están fielmente registrados. Y todo acto de sacrificio, todo padecimiento y todo pesar sufrido por causa de Cristo, es apuntado. El salmista dice: "Mis huidas Tú has anotado; pon mis lágrimas en Tu redoma; ¿no están ellas contadas en Tu libro?" Salmos 56:8.

Hay además un registro en el cual figuran los pecados de los hombres. "Porque Dios traerá toda obra a juicio, juntamente con toda cosa secreta, sea buena o sea mala." Eclesiastés 12:14. "De toda palabra ociosa que hablen los hombres, darán cuenta en el día del juicio." Dice nuestro Señor: "Por tus palabras serás justificado, y por tus palabras serás condenado." Mateo 12:36, 37. Los propósitos y motivos secretos aparecen en el registro infalible, pues Dios "sacará a la luz también lo oculto de las tinieblas, y manifestará las intenciones de los corazones." 1 Corintios 4:5. "He aquí que escrito está delante de Mí; . . . vuestras iniquidades, dice Jehová, y por las iniquidades de vuestros padres juntamente." Isaías 65:6, 7.

La obra de cada persona pasa bajo la mirada de Dios, y es registrada e imputada ya como señal de fidelidad ya de infidelidad. Frente a cada nombre, en los libros del cielo, aparecen, con terrible exactitud, cada mala palabra, cada acto egoísta, cada deber descuidado, y cada pecado secreto, con todas sus trampas y falsedad. Las admoniciones o reconvenciones divinas despreciadas, los momentos perdidos, las oportunidades desperdiciadas, la influencia ejercida para bien o para mal, con sus abarcantes resultados, todo es registrado por el ángel anotador.

La ley de Dios es la regla por la cual los caracteres y las vidas de los hombres serán probados en el juicio. Salomón dice: "Teme a Dios, y guarda Sus mandamientos; porque esto es el todo del hombre." Eclesiastés 12:13. El apóstol Santiago amonesta a sus hermanos diciéndoles: "Así hablad, y así haced, como los que habéis de ser juzgados por la ley de la libertad." Santiago 2:12.

Los que en el juicio "sean tenidos por dignos," tendrán parte en la resurrección de los justos. Jesús dijo: "Los que sean tenidos por dignos de alcanzar aquel siglo y la resurrección de entre los muertos, . . . son como ángeles, y son hijos de Dios, al ser hijos de la resurrección." Lucas 20:35, 36. Y también declara que "los que hicieron lo bueno, saldrán a resurrección de vida." Juan 5:29. Los justos ya muertos no serán resucitados hasta después del juicio en el cual habrán sido juzgados dignos de la "resurrección de vida." No estarán pues presentes en persona ante el tribunal cuando sus registros sean examinados y sus causas decididas.

Jesús aparecerá como el abogado de ellos, para interceder en su favor ante Dios. "Si alguno peca, abogado tenemos para con el Padre, a Jesucristo el justo." 1 Juan 2:1. "Porque no entró Cristo en un santuario hecho de mano, figura del verdadero, sino en el cielo mismo para presentarse ahora por nosotros en la presencia de Dios." "Por lo cual puede también salvar completamente a los que por medio de Él se acercan a Dios, viviendo siempre para interceder por ellos." Hebreos 9:24; 7:25.

A medida que los libros de memoria se van abriendo en el juicio, las vidas de todos los que hayan creído en Jesús pasan ante Dios para ser examinadas por Él. Empezando con los que primero vivieron en la tierra, nuestro Abogado presenta los casos de cada generación sucesiva, y termina con los vivos. Cada nombre es mencionado, cada caso cuidadosamente investigado. Habrá nombres que serán aceptados, y otros rechazados. En caso de que alguien tenga en los libros de memoria pecados de los cuales no se haya arrepentido y que no hayan sido perdonados, su nombre será borrado del libro de la vida, y la mención de sus buenas obras será borrada de los registros de Dios. El Señor declaró a Moisés: "Al que peque contra Mí, a éste raeré Yo de Mi libro." Éxodo 32:33. Y el profeta Ezequiel dice: "Si el justo se aparta de su justicia, y comete maldad, . . . ninguna de las justicias que hizo le serán tenidas en cuenta." Ezequiel 18:24.

A todos los que se hayan arrepentido verdaderamente de su pecado, y que hayan aceptado con fe la sangre de Cristo como Su sacrificio expiatorio, se les ha inscrito el perdón frente a sus nombres en los libros del cielo. Como llegaron a ser partícipes de la justicia de Cristo y su carácter está en armonía con la ley de Dios, sus pecados serán borrados, y ellos mismos serán juzgados dignos de la vida eterna. El Señor declara por medio de Isaías: "Yo, Yo soy el que borro tus rebeliones por amor de Mí mismo, y no me acordaré de tus pecados." Isaías 43:25. Jesús dijo: "El que venza será vestido de vestiduras blancas; y no borraré su nombre del libro de la vida, y confesaré su nombre delante de Mi Padre, y delante de Sus ángeles." "A cualquiera, pues, que Me confiese delante de los hombres, Yo también le confesaré delante de Mi Padre que está en los cielos. Y a cualquiera que Me niegue delante de los hombres, Yo también le negaré delante de Mi Padre que está en los cielos." Apocalipsis 3:5; Mateo 10:32, 33.

Todo el más profundo interés manifestado entre los hombres por las decisiones de los tribunales terrenales no representa sino débilmente el interés manifestado en los tribunales celestiales cuando los nombres inscritos en el libro de la vida desfilen ante el Juez de toda la tierra. El divino Intercesor aboga porque a todos los que han vencido por la fe en Su sangre se les perdonen sus transgresiones, a fin de que sean restablecidos en su morada Edénica y coronados con Él coherederos "de la antigua soberanía." Miqueas 4:8. Con sus esfuerzos para engañar y tentar a nuestra raza, Satanás había pensado frustrar el plan que Dios tenía al crear al hombre, pero Cristo pide ahora que este plan sea llevado a cabo como si el hombre no hubiese caído jamás. Pide para Su pueblo, no sólo el perdón y la justificación, plenos y completos, sino además participación en Su gloria y un asiento en Su trono.

Mientras Jesús intercede por los súbditos de Su gracia, Satanás los acusa ante Dios como pecadores. El gran seductor procuró arrastrarlos al escepticismo, hacerles perder la confianza en Dios, separarse de Su amor y transgredir Su ley. Ahora él señala la historia de sus vidas, los defectos de carácter, la falta de semejanza con Cristo, lo que deshonró a su Redentor, todos los pecados que les indujo a cometer, y a causa de éstos los reclama como sus súbditos.

Jesús no disculpa sus pecados, pero muestra su arrepentimiento y su fe, y, pidiendo el perdón para ellos, levanta Sus manos heridas ante el Padre y los santos ángeles, diciendo: Los conozco por sus nombres. Los he grabado en las palmas de Mis manos. "Sacrificio es para Dios un espíritu quebrantado; al corazón contrito y humillado no lo desprecias Tú, oh Dios." Salmos 51:17. Y al acusador de Su pueblo le dice: "Jehová te reprenda, oh Satanás; Jehová que ha escogido a Jerusalén te reprenda. ¿No es éste un tizón arrebatado del incendio?" Zacarías 3:2. Cristo revestirá a Sus fieles con Su propia justicia, para presentarlos a Su Padre como una "iglesia gloriosa, que no tenga mancha ni arruga ni cosa semejante." Efesios 5:27. Sus nombres están inscritos en el libro de la vida, y de estas almas está escrito: "Andarán conmigo en vestiduras blancas, porque son dignas." Apocalipsis 3:4.

De este modo se cumplirá por completo la promesa del nuevo pacto: "Perdonaré la maldad de ellos, y no Me acordaré más de su pecado." Jeremías 31:34. "En aquellos días y en aquel tiempo, dice Jehová, la maldad de Israel será buscada, y no aparecerá; y los pecados de Judá, y no se hallarán." Jeremías 50:20. "En aquel día, el renuevo de Jehová será para hermosura y gloria, y el fruto de la tierra para grandeza y honra, a los sobrevivientes de Israel. Y acontecerá que el que quedare en Sión, y el que fuere dejado en Jerusalén, será llamado santo; todos los que en Jerusalén estén registrados entre los vivientes." Isaías 4:2, 3.

La obra del juicio investigador y el acto de borrar los pecados deben realizarse antes del segundo advenimiento del Señor. En vista de que los muertos han de ser juzgados según las cosas escritas en los libros, es imposible que los pecados de los hombres sean borrados antes del fin del juicio en que sus vidas han de ser examinadas. Pero el apóstol Pedro dice terminantemente que los pecados de los creyentes serán borrados cuando "vengan de la presencia del Señor tiempos de refrigerio, y Él envíe a Jesucristo." Hechos 3:19, 20. Cuando el juicio investigador haya terminado, Cristo vendrá con Su recompensa para dar a cada cual según sus obras.

En el servicio ritual típico el sumo sacerdote, acabando la propiciación por Israel, salía y bendecía a la congregación.

Así también Cristo, una vez terminada Su obra de mediador, aparecerá "sin pecado . . . para la salvación" (Hebreos 9:28), para bendecir con el don de la vida eterna a Su pueblo que le espera. Así como, al quitar los pecados del santuario, el sacerdote los confesaba sobre la cabeza del macho cabrío emisario, así también Cristo colocará todos estos pecados sobre Satanás, autor e instigador del pecado. El macho cabrío emisario, que cargaba con los pecados de Israel, era enviado "a tierra inhabitada" (Levítico 16:22); así también Satanás, cargado con la responsabilidad de todos los pecados que ha hecho cometer al pueblo de Dios, será confinado durante mil años en la tierra entonces desolada y sin habitantes, y sufrirá finalmente la entera penalidad del pecado en el fuego que destruirá a todos los impíos. Y así es como el gran plan de la redención alcanzará su cumplimiento en la extirpación final del pecado y la liberación de todos los que estuvieron dispuestos a renunciar al mal.

En el tiempo señalado para el juicio – al fin de los 2,300 días, en 1844 – empezó la obra de investigación y el acto de borrar los pecados. Todos los que hayan profesado el nombre de Cristo deben pasar por ese riguroso examen. Tanto los vivos como los muertos deben ser juzgados "de acuerdo con las cosas escritas en los libros, según sus obras."

Los pecados que no hayan inspirado arrepentimiento y que no hayan sido abandonados, no serán perdonados ni borrados de los libros de memoria, sino que permanecerán como testimonio contra el pecador en el día de Dios. Puede el pecador haber cometido sus malas acciones a la luz del día o en la obscuridad de la noche; erán conocidas y manifiestas para Aquél a quien tenemos que dar cuenta. Hubo siempre ángeles de Dios que fueron testigos de cada pecado, y lo registraron en los libros infalibles. El pecado puede ser ocultado, negado, encubierto para un padre, una madre, una esposa, o para los hijos y los amigos; nadie, fuera de los mismos culpables tendrá tal vez la más mínima sospecha del mal; pero no deja por eso de quedar al descubierto ante los seres celestiales. La obscuridad de la noche más sombría, el misterio de todas las artes engañosas, no alcanzan a velar un solo pensamiento para el conocimiento del Eterno. Dios lleva un registro exacto de todo acto injusto e ilícito. No se deja engañar por una apariencia de piedad. No se equivoca en Su apreciación del carácter. Los hombres pueden ser engañados por otros de corazón corrompido, pero Dios penetra todos los disfraces y lee la vida interior.

¡Qué pensamiento tan solemne! Cada día que transcurre lleva consigo su caudal de apuntes para los libros del cielo. Una palabra pronunciada, un acto cometido, no pueden ser jamás retirados. Los ángeles tomarán nota tanto de lo bueno como de lo malo. El más poderoso conquistador de este mundo no puede revocar el registro de un solo día siquiera. Nuestros actos, nuestras palabras, hasta nuestros más secretos motivos, todo tiene su peso en la decisión de nuestro destino para dicha o desdicha. Podremos olvidarlos, pero no por eso dejarán de testificar en nuestro favor o contra nosotros.

Así como los rasgos de la fisonomía son reproducidos con minuciosa exactitud sobre la pulida placa del artista, así también está el carácter fielmente delineado en los libros del cielo. Sin embargo, ¡cuán poca preocupación se siente respecto a ese registro que debe ser examinado por los seres celestiales! Si se pudiese descorrer el velo que separa el mundo visible del invisible, y los hijos de los hombres pudiesen ver a un ángel apuntar cada palabra y cada acto que volverán a encontrar en el día del juicio, ¡cuántas palabras de las que se pronuncian cada día no se dejarían de pronunciar; cuántos actos no se dejarían sin realizar!

En el juicio se examinará el uso que se haya hecho de cada talento. ¿Cómo hemos empleado el capital que el cielo nos concediera? A Su venida ¿recibirá el Señor lo que es Suyo con interés? ¿Hemos perfeccionado las facultades que fueran confiadas a nuestras manos, a nuestros corazones y a nuestros cerebros para la gloria de Dios y provecho del mundo? ¿Cómo hemos empleado nuestro tiempo, nuestra pluma, nuestra voz, nuestro dinero, nuestra influencia? ¿Qué hemos hecho por Cristo en la persona de los pobres, de los afligidos, de los huérfanos o de las viudas? Dios nos hizo depositarios de Su santa Palabra; ¿qué hemos hecho con la luz y la verdad que se nos confió para hacer a los hombres sabios para la salvación? No se da ningún valor a una simple profesión de fe en Cristo; sólo se tiene por genuino el amor que se muestra en las obras. Con todo, el amor es lo único que ante los ojos del Cielo da valor a un acto cualquiera. Todo lo que se hace por amor, por insignificante que aparezca en la opinión de los hombres, es aceptado y recompensado por Dios.

El egoísmo escondido de los hombres aparece en los libros del cielo. Allí está el registro de los deberes que no cumplieron para con el prójimo, el de su olvido de las exigencias del Señor. Allí se verá cuán a menudo fueron dados a Satanás tiempo, pensamientos y energías que pertenecían a Cristo. Muy tristes son los apuntes que los ángeles llevan al cielo. Seres inteligentes que profesan ser discípulos de Cristo están absorbidos por obtener los bienes mundanos, o por el goce de los placeres terrenales. El dinero, el tiempo y las energías son sacrificados a la ostentación y al egoísmo; pero pocos son los momentos dedicados a orar, a estudiar las Sagradas Escrituras, a humillar el alma y a confesar los pecados.

Satanás inventa innumerables medios de distraer nuestras mentes de la obra en que precisamente deberíamos estar más ocupados. El archiseductor aborrece las grandes verdades que hacen resaltar la importancia de un sacrificio expiatorio y de un Mediador todopoderoso. Sabe que su éxito estriba en distraer las mentes de Jesús y de Su obra.

Los que desean participar de los beneficios de la mediación del Salvador no deben permitir que cosa alguna les impida cumplir su deber de perfeccionarse en la santificación en el temor de Dios. En vez de dedicar horas preciosas a los placeres, a la ostentación o a la búsqueda de ganancias, las deben consagrar a un estudio serio y con oración de la Palabra de Dios. El pueblo de Dios debería comprender claramente el asunto del santuario y del juicio investigador. Todos necesitan conocer por sí mismos el ministerio y la obra de su gran Sumo Sacerdote. De otro modo les será imposible ejercitar la fe tan esencial en nuestros tiempos, o desempeñar el puesto al que Dios los llama. Cada cual tiene un alma que salvar o que perder. Todos tienen una causa pendiente ante el tribunal de Dios. Cada cual deberá encontrarse cara a cara con el gran Juez. ¡Cuán importante es, pues, que cada uno contemple a menudo de antemano la solemne escena del juicio en sesión, cuando serán abiertos los libros, cuando con Daniel, cada cual tendrá que estar en pie al fin de los días!

Todos aquellos que han recibido la luz sobre estos asuntos deben dar testimonio de las grandes verdades que Dios les ha confiado. El santuario en el cielo es el centro mismo de la obra de Cristo en favor de los hombres. Concierne a toda alma que vive en la tierra. Nos revela el plan de la redención, nos conduce hasta el fin mismo del tiempo y anuncia el triunfo final de la lucha entre la justicia y el pecado. Es de la mayor importancia que todos investiguen a fondo estos asuntos, y que estén listos a dar respuesta a todo aquel que les pidiere razón de la esperanza que hay en ellos.

La intercesión de Cristo por el hombre en el santuario celestial es tan esencial para el plan de la salvación como lo fue Su muerte en la cruz. Con Su muerte dió principio a aquella obra para cuya conclusión ascendió al cielo después de Su resurrección. Por la fe debemos entrar dentro del velo, "donde Jesús entró por nosotros como precursor." Hebreos 6:20. Allí se refleja la luz de la cruz del Calvario; y allí podemos alcanzar una comprensión más clara de los misterios de la redención. La salvación del hombres se cumple a un precio infinito para el cielo; el sacrificio hecho corresponde a las más amplias exigencias de la ley de Dios quebrantada. Jesús abrió el camino que lleva al trono del Padre, y por Su mediación pueden ser presentados ante Dios los deseos sinceros de todos los que a Él se allegan con fe.

"El que encubre sus pecados no prosperará; mas el que los confiesa y se enmienda alcanzará misericordia." Proverbios 28:13. Si los que esconden y disculpan sus faltas pudiesen ver cómo Satanás se alegra de ello, y los usa para desafiar a Cristo y Sus santos ángeles, se apresurarían a confesar sus pecados y a renunciar a ellos. Satanás se vale de los defectos de carácter para intentar dominar toda la mente, y sabe muy bien que si se conservan estos defectos, lo logrará. De ahí que trata constantemente de engañar a los discípulos de Cristo con su fatal sofisma de que les es imposible vencer. Pero Jesús intercede por nosotros con Sus manos heridas, Su cuerpo quebrantado, y declara a todos los que quieran seguirle: "Bástate Mi gracia." 2 Corintios 12:9. "Llevad Mi yugo sobre vosotros, y aprended de Mí, que soy manso y humilde de corazón; y hallaréis descanso para vuestras almas; porque Mi yugo es cómodo, y Mi carga ligera." Mateo 11:29, 30. Nadie considere, pues, sus defectos como incurables. Dios concederá fe y gracia para vencerlos.

Estamos viviendo ahora en el gran día de la expiación. Cuando en el servicio simbólico el sumo sacerdote hacía la propiciación por Israel, todos debían afligir sus almas arrepintiéndose de sus pecados y humillándose ante el Señor, si no querían verse separados del pueblo. De la misma manera, todos los que desean que sus nombres sean conservados en el libro de la vida, deben ahora, en los pocos días que les quedan de este tiempo de gracia, afligir sus almas ante Dios con verdadero arrepentimiento y dolor por sus pecados. Hay que escudriñar honda y sinceramente el corazón. Hay que apartarse del espíritu liviano y frívolo al que se entregan tantos Cristianos de profesión. Una obstinada lucha espera a todos aquellos que quieran subyugar las malas inclinaciones que tratan de dominarlos. La obra de preparación es obra individual. No somos salvados en grupos. La pureza y la devoción de uno no suplirá la falta de estas cualidades en otro. Todas las naciones deben pasar en juicio ante Dios, sin embargo Él examinará el caso de cada individuo de un modo tan rígido y minucioso como si no hubiese otro ser en la tierra. Cada cual tiene que ser probado y encontrado sin mancha, ni arruga, ni cosa semejante.

Solemnes son las escenas relacionadas con la obra final de la expiación. Incalculables son los intereses que ésta envuelve. El juicio se lleva ahora adelante en el santuario celestial. Esta obra se viene realizando desde hace muchos años. Pronto – nadie sabe cuándo – les tocará ser juzgados a los vivos. En la majestuosa presencia de Dios nuestras vidas deben ser pasadas en revista. En éste más que en cualquier otro tiempo conviene que toda alma preste atención a la amonestación del Señor: "Velad y orad; porque no sabéis cuándo es el tiempo." Marcos 13:33. "Pues si no velas, vendré sobre ti como un ladrón, y no conoces de ningún modo a qué hora vendré sobre ti." Apocalipsis 3:3.

Cuando se termine la obra del juicio investigador, quedará también decidida la suerte de todos para vida o para muerte. El tiempo de gracia terminará poco antes de que el Señor aparezca en las nubes del cielo. Al mirar hacia ese tiempo, Cristo declara en el Apocalipsis: “El que es injusto, sea injusto todavía; y el que es inmundo, sea inmundo todavía; y el que es justo, practique la justicia todavía; y el que es santo, santifíquese todavía. Mira que Yo vengo pronto, y Mi galardón conmigo, para recompensar a cada uno según sea su obra.” Apocalipsis 22:11, 12.

Los justos y los pecadores continuarán viviendo en la tierra en su estado mortal – los hombres seguirán plantando y edificando, comiendo, inconscientes todos ellos de que la decisión final e irrevocable ha sido pronunciada en el santuario celestial. Antes del diluvio, después que Noé hubo entrado en el arca, Dios le encerró en ella, dejando fuera a los impíos; pero por espacio de siete días el pueblo, no sabiendo que su suerte estaba decidida, continuó en su indiferente búsqueda de placeres y se mofó de las advertencias del juicio que le amenazaba. “Así será también la venida del Hijo del Hombre.” Mateo 24:39. Silenciosamente, e inadvertida como ladrón a medianoche, llegará la hora decisiva que fija el destino de cada uno, cuando será retirado definitivamente el ofrecimiento de la gracia que se dirigiera a los culpables.

“Por tanto, velad; . . . no sea que venga de repente y os encuentre durmiendo.” Marcos 13:35, 36. Peligroso es el estado de aquellos que cansados de velar, se vuelven a los atractivos del mundo. Mientras que el hombre de negocios está absorto en el afán de lucro, mientras el amigo de los placeres corre tras ellos, mientras la esclava de la moda está ataviándose, – puede llegar el momento en que el Juez de toda la tierra pronuncie la sentencia: “Has sido pesado en balanza, y fuiste hallado falto de peso.” Daniel 5:27.

CAPÍTULO 29

EL ORIGEN DEL MAL

PARA MUCHOS el origen del pecado y el por qué de su existencia es causa de gran perplejidad. Ven la obra del mal con sus terribles resultados de dolor y desolación, y se preguntan cómo puede existir todo eso bajo la soberanía de Aquél cuya sabiduría, poder y amor son infinitos. Esto es un misterio que ellos no pueden explicarse. Y su incertidumbre y sus dudas los dejan ciegos ante las verdades claramente reveladas en la Palabra de Dios y esenciales para la salvación. Hay quienes, en sus investigaciones acerca de la existencia del pecado, tratan de averiguar lo que Dios nunca reveló; por consiguiente no encuentran solución a sus dificultades; y los que son dominados por una disposición a la duda y a la cavilación lo aducen como disculpa para rechazar las palabras de la Santa Escritura. Otros, sin embargo, no se pueden dar cuenta del gran problema del mal, debido a que la tradición y las falsas interpretaciones han obscurecido las enseñanzas de la Biblia referentes al carácter de Dios, la naturaleza de Su gobierno y los principios de Su actitud hacia el pecado.

Es imposible explicar el origen del pecado y dar razón de su existencia. Sin embargo, se puede comprender suficientemente lo que atañe al origen y a la disposición final del pecado, para hacer enteramente manifiesta la justicia y benevolencia de Dios en Su modo de proceder contra todo mal. Nada se enseña con mayor claridad en las Sagradas Escrituras que el hecho de que Dios no fue en nada responsable de la introducción del pecado en el mundo, y de que no hubo retención arbitraria de la gracia de Dios, ni error alguno en el gobierno divino que dieran lugar a la rebelión. El pecado es un intruso, y no hay razón que pueda explicar su presencia. Es algo misterioso e inexplicable; excusarlo sería defenderlo. Si se pudiera encontrar alguna excusa en su favor o señalar la causa de su existencia, dejaría de ser pecado. La única definición del pecado es la que da la Palabra de Dios: "El pecado es transgresión de la ley;" es la manifestación exterior de un principio en lucha contra la gran ley de amor que es el fundamento del gobierno divino.

Todo era paz y gozo en el universo antes de la aparición del pecado. Todo guardaba perfecta armonía con la voluntad del Creador. El amor a Dios estaba por encima de todo, y el amor de unos a otros era imparcial. Cristo el Verbo, el Unigénito de Dios, era uno con el Padre Eterno: uno en naturaleza, en carácter y en designios; era el único ser en todo el universo que podía entrar en todos los consejos y designios de Dios. Fue por intermedio de Cristo por quien el Padre efectuó la creación de todos los seres celestiales. "Por Él fueron creadas todas las cosas, las que hay en los cielos, . . . sean tronos, sean dominios, sean principados, sean potestades;" y todo el cielo rendía homenaje tanto a Cristo como al Padre. Colosenses 1:16.

Como la ley de amor era el fundamento del gobierno de Dios, la dicha de todos los seres creados dependía de su perfecta conformidad con los grandes principios de justicia. Dios quiere que todas Sus criaturas le rindan un servicio de amor y un homenaje que proceda de la apreciación inteligente de Su carácter. No le agrada la sumisión forzosa, y da a todos libertad para que le sirvan voluntariamente.

Pero hubo un ser que prefirió pervertir esta libertad. El pecado nació en aquél que había sido el más honrado por Dios, después de Cristo, y el más exaltado en honor y en gloria entre los habitantes del cielo. Antes de su caída, Lucifer era el primero de los querubines que cubrían el propiciatorio santo y sin mancha. "Así dice el Señor Jehová: Tú eras el sello de la perfección, lleno de sabiduría, y acabado en hermosura. En Edén, en el huerto de Dios estuviste; de toda piedra preciosa era tu vestidura. ... Tú eras el querubín protector, de alas desplegadas; Yo te puse en el santo monte de Dios, allí estuviste; en medio de las piedras de fuego te paseabas. Perfecto eras en todos tus caminos desde el día que fuiste creado, hasta que se halló en ti maldad." Ezequiel 28:12-15.

Lucifer hubiese podido seguir gozando del favor de Dios, amado y honrado por toda la hueste angélica, empleando sus nobles facultades para beneficiar a los demás y para glorificar a su Hacedor. Pero el profeta dice: "Se enalteció tu corazón a causa de tu hermosura, corrompiste tu sabiduría a causa de tu esplendor." Ezequiel 28:17. Poco a poco, Lucifer se abandonó al deseo de la propia exaltación. "Pusiste tu corazón como corazón de Dios." Ezequiel 28:6. "Tú que decías . . . Subiré al cielo; por encima de las estrellas de Dios, levantaré mi trono y en el monte de la Reunión me sentaré, . . . sobre las alturas de las nubes subiré, y seré semejante al Altísimo." Isaías 14:13, 14. En lugar de tratar de que Dios fuese objeto principal de los afectos y de la obediencia de Sus criaturas, Lucifer se esforzó por ganarse el servicio y el homenaje de ellas. Y, codiciando los honores que el Padre Infinito había concedido a Su Hijo, este príncipe de los ángeles aspiraba a un poder que sólo Cristo tenía derecho a ejercer.

El cielo entero se había regocijado en reflejar la gloria del Creador y entonar Sus alabanzas. Y mientras que Dios era así honrado, todo era paz y dicha. Pero una nota discordante vino a romper las armonías celestiales. El amor y la exaltación de sí mismo, contrarios al plan del Creador, despertaron presentimientos del mal en las mentes de aquellos entre quienes la gloria de Dios lo superaba todo. Los consejos celestiales alegaron con Lucifer. El Hijo de Dios le hizo presentes la grandeza, la bondad y la justicia del Creador, y la naturaleza sagrada e inmutable de Su ley. Dios mismo había establecido el orden del cielo, y Lucifer al apartarse de el, iba a deshonrar a Su Creador y a ocasionar la ruina sobre sí mismo. Pero la amonestación dada con un espíritu de amor y misericordia infinitos, sólo despertó espíritu de resistencia. Sus celos y su rivalidad con Cristo dominó a Satanás, y se volvió aún más obstinado.

El orgullo de su propia gloria le hizo desear la supremacía. Lucifer no apreció como don de su Creador los altos honores que Dios le había conferido, y no sintió gratitud alguna. Se glorificaba de su belleza y elevación, y aspiraba a ser igual a Dios. Era amado y reverenciado por la hueste celestial. Los ángeles se regocijaban en ejecutar sus órdenes, y estaba revestido de sabiduría y gloria sobre todos ellos. No obstante, el Hijo de Dios era el Soberano reconocido del cielo, y gozaba de la misma autoridad y poder que el Padre. Cristo tomaba parte en todos los consejos de Dios, mientras que a Lucifer no le era permitido entrar así en los designios divinos. Y este ángel poderoso se preguntaba por qué había de tener Cristo la supremacía y recibir más honra que él mismo.

Abandonando el lugar que ocupaba en la presencia inmediata del Padre, Lucifer salió a propagar el espíritu de descontento entre los ángeles. Se esforzó en despertar el descontento respecto a las leyes que gobernaban a los seres divinos, obrando con misterioso sigilo y encubriendo durante algún tiempo sus verdaderos fines bajo una apariencia de respeto hacia Dios, y también insinuando que ellas imponían restricciones innecesarias. Insistía en que siendo dotados de una naturaleza santa, los ángeles debían obedecer los dictados de su propia voluntad. Procuró ganarse la simpatía de ellos haciéndoles creer que Dios había obrado injustamente con él, concediendo a Cristo un honor supremo. Dió a entender que al aspirar a mayor poder y honor, no trataba de exaltarse a sí mismo sino de asegurar libertad para todos los habitantes del cielo, a fin de que pudiesen así alcanzar a un nivel superior de existencia.

En Su gran misericordia, Dios soportó por largo tiempo a Lucifer. No fue expulsado inmediatamente de su elevado puesto, cuando se dejó arrastrar por primera vez por el espíritu de descontento, ni tampoco cuando empezó a presentar sus falsos asertos a los ángeles leales. Fue retenido aún por mucho tiempo en el cielo. Varias y repetidas veces se le ofreció el perdón con tal de que se arrepintiese y se sometiese. Para convencerle de su error se hicieron esfuerzos de que sólo el amor y la sabiduría infinitos eran capaces. Hasta entonces no se había conocido el espíritu de descontento en el cielo. El mismo Lucifer no veía en un principio hasta dónde le llevaría este espíritu; no comprendía la verdadera naturaleza de sus sentimientos. Pero cuando se demostró que su descontento no tenía motivo, Lucifer se convenció de que no tenía razón, que lo que Dios pedía era justo, y que debía reconocerlo ante todo el cielo. De haberlo hecho así, se habría salvado a sí mismo y a muchos ángeles. En ese entonces no había negado aún toda obediencia a

Dios. Aunque había abandonado su puesto de querubín cubridor, hubiese sido restablecido en su oficio si, reconociendo la sabiduría del Creador, hubiese estado dispuesto a volver a Dios y si se hubiese contentado con ocupar el lugar que le correspondía en el plan de Dios. Pero el orgullo le impidió someterse. Se empeñó en defender sus acciones insistiendo en que no necesitaba arrepentirse, y se entregó de lleno al gran conflicto con su Hacedor.

Desde entonces dedicó todo el poder de su gran inteligencia a la tarea de engañar, para asegurarse la simpatía de los ángeles que habían estado bajo sus órdenes. Hasta el hecho de que Cristo le había prevenido y aconsejado fue desnaturalizado para servir a sus falsos designios. A los que estaban más estrechamente ligados a él por el amor y la confianza, Satanás les hizo creer que había sido mal juzgado, que no se había respetado su posición y que se le quería restringir la libertad. Después de haber ignorado las palabras de Cristo, pasó a prevaricar y a mentir descaradamente, acusando al Hijo de Dios de querer humillarlo ante los habitantes del cielo. Además trató de crear una situación falsa entre sí mismo y los ángeles aún leales. Todos aquellos a quienes no pudo sobornar y atraer completamente a su lado, los acusó de indiferencia respecto a los intereses de los seres celestiales. Acusó a los que permanecían fieles a Dios, de aquello mismo que estaba haciendo. Y para sostener contra Dios la acusación de injusticia para con él, recurrió a una falsa presentación de las palabras y de los actos del Creador. Su política se basaba en confundir a los ángeles con argumentos ingeniosos acerca de los designios de Dios. Todo lo sencillo lo envolvía en misterio, y valiéndose de astuta perversión, hacía nacer dudas respecto a las declaraciones más terminantes de Jehová. Su posición elevada y su estrecha relación con la administración divina, daban mayor fuerza a sus representaciones, y muchos ángeles fueron inducidos a unirse con él en su rebelión contra la autoridad celestial.

Dios permitió en Su sabiduría que Satanás continuara su obra hasta que el espíritu de desafecto se convirtiese en activa rebeldía. Era necesario que sus planes se desarrollaran por completo para que su naturaleza y sus tendencias quedaran a la vista de todos. Lucifer, como querubín ungido, había sido grandemente exaltado; era muy amado por los seres celestiales y ejercía poderosa influencia sobre ellos. El gobierno de Dios no incluía sólo a los habitantes del cielo sino también a los de todos los mundos que Él había creado; y Satanás pensó que si podía arrastrar a los ángeles del cielo en su rebeldía, podría también arrastrar a los habitantes de los demás mundos. Había presentado astutamente su manera de ver la cuestión, valiéndose de sofismas y fraude para conseguir su objetivo. Tenía gran poder para engañar, y al usar su disfraz de mentira había obtenido una ventaja. Ni aun los ángeles leales podían discernir plenamente su carácter ni ver adónde conducía su obra.

Satanás había sido tan altamente honrado, y todos sus actos estaban tan revestidos de misterio, que era difícil revelar a los ángeles la verdadera naturaleza de su obra. Antes de su completo desarrollo, el pecado no podía aparecer como el mal que era en realidad. Hasta esa ocasión no había existido el pecado en el universo de Dios, y los seres santos no tenían idea de su naturaleza y malignidad. No podían ni vislumbrar las terribles consecuencias que resultarían al poner a un lado la ley de Dios. Al principio, Satanás había ocultado su obra bajo una falsa profesión de lealtad para con Dios. Afirmaba que se desvelaba por honrar a Dios, afianzar Su gobierno y asegurar el bien de todos los habitantes del cielo. Mientras difundía el descontento entre los ángeles que estaban bajo sus órdenes, aparentaba hacer cuanto le era posible porque desapareciera ese mismo descontento. Sostenía que los cambios que reclamaba en el orden y en las leyes del gobierno de Dios eran necesarios para conservar la armonía en el cielo.

En su actitud para con el pecado, Dios no podía sino obrar con justicia y verdad. Satanás podía hacer uso de armas de las cuales Dios no podía valerse: la lisonja y el engaño. Satanás había tratado de falsificar la Palabra de Dios y había representado de un modo falso Su plan de gobierno ante los ángeles, sosteniendo que Dios no era justo al imponer leyes y reglas a los habitantes del cielo; que al exigir de Sus criaturas sumisión y obediencia, sólo estaba buscando Su propia gloria. Por eso debía ser puesto de manifiesto ante los habitantes del cielo y ante los de todos los mundos, que el gobierno de Dios era justo y Su ley perfecta. Satanás había insinuado que él mismo trataba de promover el bien del universo. Todos tenían que llegar a comprender el verdadero carácter del usurpador y el propósito que le animaba. Había que dejarle tiempo para que se diera a conocer por sus actos de maldad.

Satanás atribuía a la ley y al gobierno de Dios la discordia que su propia conducta había introducido en el cielo. Declaraba que todo el mal provenía de la administración divina. Aseguraba que lo que él mismo quería era perfeccionar los estatutos de Jehová. Así pues, era necesario que diera a conocer la naturaleza de sus pretensiones y los resultados de los cambios que él proponía introducir en la ley divina. Su propia obra debía condenarle. Satanás había declarado desde un principio que no estaba en rebelión. El universo entero debía ver al seductor como era en realidad.

La Sabiduría Infinita no le destruyó, aún cuando quedó resuelto que Satanás no podría permanecer por más tiempo en el cielo. En vista de que sólo un servicio de amor puede ser aceptable a Dios, la sumisión de Sus criaturas debe proceder de una convicción de Su justicia y benevolencia. Los habitantes del cielo y de los demás mundos, no estando preparados para comprender la naturaleza ni las consecuencias del pecado, no podrían haber reconocido la justicia y misericordia de Dios en la destrucción de Satanás. De haber sido éste aniquilado inmediatamente, aquellos seres habrían servido a Dios por miedo más bien que por amor. La influencia del seductor no habría quedado destruída del todo, ni el espíritu de rebelión habría sido extirpado por completo. Para bien del universo entero a través de los siglos, era preciso dejar que el mal llegase a su madurez, y que Satanás desarrollase más completamente sus principios, a fin de que todos los seres creados reconociesen el verdadero carácter de los cargos que arrojara él contra el gobierno divino y a fin de que quedaran para siempre incontrovertibles la justicia y la misericordia de Dios, así como el carácter inmutable de Su ley.

La rebeldía de Satanás, cual testimonio perpetuo de la naturaleza y de los resultados terribles del pecado, debía servir de lección al universo en todo el curso de las edades futuras. La obra del gobierno de Satanás, sus efectos sobre los hombres y los ángeles, harían patentes los resultados del desprecio de la autoridad divina. Demostrarían que de la existencia del gobierno de Dios y de Su ley depende el bienestar de todas las criaturas que Él ha formado. De este modo la historia del terrible experimento de la rebeldía, sería para todos los seres santos una garantía eterna destinada a prevenirlos contra todo engaño respecto a la índole de la transgresión, y a guardarlos de cometer pecado y de sufrir el castigo consiguiente.

El gran usurpador siguió justificándose hasta el fin mismo de la controversia en el cielo. Cuando se supo que, con todos sus secuaces, iba a ser expulsado de las moradas de la dicha, el jefe rebelde declaró audazmente su desprecio de la ley del Creador. Repitió su aserto de que los ángeles no necesitaban sujeción, sino que debía dejárseles seguir su propia voluntad, que los dirigiría siempre bien. Denunció los estatutos divinos como restricción de su libertad y declaró que el objeto que él perseguía era asegurar la abolición de la ley para que, libres de esta traba, las huestes del cielo pudiesen alcanzar un grado de existencia más elevado y glorioso.

De común acuerdo Satanás y sus seguidores culparon a Cristo de su rebelión, declarando que si no hubiesen sido censurados, no se habrían rebelado. Así obstinados y arrogantes en su deslealtad, inútilmente empeñados en trastornar el gobierno de Dios, al mismo tiempo que a modo de blasfemia decían ser ellos mismos víctimas inocentes de un poder opresivo, el gran rebelde y todos sus secuaces fueron al fin echados del cielo.

El mismo espíritu que fomentara la rebelión en el cielo, continúa inspirándola en la tierra. Satanás ha seguido con los hombres la misma táctica que siguiera con los ángeles. Su espíritu gobierna a los hijos de desobediencia. Como él, tratan éstos de romper el freno de la ley de Dios, y prometen a los hombres la libertad mediante la transgresión de los preceptos de aquélla. La censura del pecado despierta aún el espíritu de odio y resistencia. Cuando los mensajeros que Dios envía para amonestar tocan a la conciencia, Satanás induce a los hombres a que se justifiquen y a que busquen la simpatía de otros en su camino de pecado. En lugar de enmendar sus errores, despiertan la indignación contra el que los reprende, como si éste fuera la única causa de la dificultad. Desde los días del justo Abel hasta el presente, éste ha sido el espíritu que se ha manifestado contra quienes osaron condenar el pecado.

Mediante la misma falsa representación del carácter de Dios que empleó en el cielo, para hacerle parecer severo y tiránico, Satanás llevó al hombre a pecar. Habiendo logrado esto, declaró que las restricciones injustas de Dios habían sido causa de la caída del hombre, como lo habían sido de su propia rebeldía.

Pero el mismo Dios eterno da a conocer así Su carácter: "¡Jehová! ¡Jehová! fuerte, misericordioso y piadoso; tardo para la ira, y grande en misericordia y verdad; que guarda misericordia a millares, que perdona la iniquidad, la rebelión y el pecado, y que de ningún modo tendrá por inocente al malvado." Éxodo 34:6, 7.

Dios hizo patente Su justicia y mantuvo el honor de Su trono al echar a Satanás del cielo. Pero cuando el hombre pecó cediendo a las seducciones del espíritu apóstata, Dios dió prueba de Su amor, consintiéndo en que Su Hijo unigénito muriese por la raza caída. El carácter de Dios se pone de manifiesto en el sacrificio expiatorio de Cristo. El poderoso argumento de la cruz demuestra a todo el universo que el gobierno de Dios no era de ninguna manera responsable del camino de pecado que Lucifer había escogido.

Durante el ministerio terrenal del Salvador, el carácter del gran engañador se mostró tal cual era en la lucha entre Cristo y Satanás. Nada habría podido extirpar tan completamente las simpatías que los ángeles celestiales y todo el universo leal pudieran sentir hacia Satanás, como su guerra cruel contra el Redentor del mundo. Su petición atrevida y blasfema de que Cristo le rindiese homenaje, su orgullosa presunción que le hizo transportarlo a la cúspide del monte y a los muros del templo, la intención malévola que mostró al instarle a que se arrojara de aquella vertiginosa altura, la inquina implacable con la cual persiguió al Salvador por todas partes, e inspiró a los corazones de los sacerdotes y del pueblo a que rechazaran Su amor y a que gritaran al fin: "¡Crucifícale! ¡crucifícale!" – todo esto despertó el asombro y la indignación del universo.

Fue Satanás el que impulsó al mundo a rechazar a Cristo. El príncipe del mal hizo cuanto pudo y empleó toda su astucia para matar a Jesús, pues vió que la misericordia y el amor del Salvador, Su compasión y Su tierna piedad estaban representando ante el mundo el carácter de Dios. Satanás disputó todos los asertos del Hijo de Dios, y empleó a los hombres como agentes suyos para llenar la vida del Salvador de sufrimientos y penas. Los sofismas y las mentiras por medio de los cuales trató de impedir la obra de Jesús, el odio manifestado por los hijos de rebelión, sus acusaciones crueles contra Aquél cuya vida se rigió por una bondad sin precedente, todo ello provenía de un sentimiento de venganza profundamente arraigado. Los fuegos concentrados de la envidia y de la malicia, del odio y de la venganza, estallaron en el Calvario contra el Hijo de Dios, mientras el cielo miraba con silencioso horror.

Terminado el gran sacrificio, Cristo subió al cielo, rehusando la adoración de los ángeles, mientras no hubiese presentado la petición: "Padre, aquellos que me has dado, quiero que donde Yo estoy, también ellos estén conmigo." Juan 17:24. Entonces, con amor y poder indecibles, el Padre respondió desde Su trono: "Adórenle todos los ángeles de Dios." Hebreos 1:6. No había ni una mancha en Jesús. Finalizada Su humillación, cumplido Su sacrificio, le fue dado un nombre que está por encima de todo otro nombre.

Entonces fue cuando la culpabilidad de Satanás se destacó en toda su desnudez. Había dado a conocer su verdadero carácter de mentiroso y asesino. Todos vieron que el mismo espíritu con el cual él gobernaba a los hijos de los hombres que estaban bajo su poder, lo habría manifestado en el cielo si hubiese podido gobernar a los habitantes de éste. Había asegurado que la transgresión de la ley de Dios traería consigo libertad y ensalzamiento; pero lo que trajo en realidad fue servidumbre y degradación.

Las calumnias de Satanás contra el carácter del gobierno divino aparecieron en su verdadera luz. El había acusado a Dios de buscar tan sólo Su propia exaltación con las exigencias de sumisión y obediencia por parte de Sus criaturas, y había declarado que mientras el Creador exigía que todos se negasen a sí mismos Él mismo no practicaba la abnegación ni hacía sacrificio alguno. Entonces se vió que para salvar una raza caída y pecadora, el Legislador del universo había hecho el mayor sacrificio que el amor pudiera inspirar, pues "Dios estaba en Cristo reconciliando consigo al mundo." 2 Corintios 5:19. Vióse además que mientras Lucifer había abierto la puerta al pecado debido a su sed de honores y supremacía, Cristo, para destruir el pecado, se había humillado y hecho obediente hasta la muerte.

Dios había demostrado cuánto aborrece los principios de rebelión. Todo el cielo vió Su justicia revelada, tanto en la condenación de Satanás como en la redención del hombre. Lucifer había declarado que si la ley de Dios era inmutable y su penalidad irremisible, todo transgresor debía ser excluído para siempre de la gracia del Creador. Él había sostenido que la raza humana se encontraba fuera del alcance de la redención, y era por consiguiente presa legítima suya. Pero la muerte de Cristo fue un argumento irrefutable en favor del hombre. La penalidad de la ley caía sobre Él que era igual a Dios, y el hombre quedaba libre para aceptar la justicia de Dios y de triunfar sobre el poder de Satanás mediante una vida de arrepentimiento y humillación, como el Hijo de Dios había triunfado. Así Dios es justo, al mismo tiempo que justifica a todos los que creen en Jesús.

Pero no fue tan sólo para realizar la redención del hombre para lo que Cristo vino a la tierra a sufrir y morir. Vino para engrandecer la ley y hacerla honorable. Ni fue tan sólo para que los habitantes de este mundo respetasen la ley como debía ser respetada, vino también para demostrar a todos los mundos del universo que la ley de Dios es inmutable. Si las exigencias de la ley hubiesen podido descartarse, el Hijo de Dios no habría necesitado morir para expiar la transgresión de ella. La muerte de Cristo prueba que la ley es inmutable. Y el sacrificio de la cruz al cual el amor infinito motivó al Padre y al Hijo para que los pecadores pudiesen ser redimidos, demuestra a todo el universo – y nada que fuese inferior a este plan habría bastado para demostrarlo – que la justicia y la misericordia son el fundamento de la ley y del gobierno de Dios.

En la ejecución final del juicio se verá que no existe causa para el pecado. Cuando el Juez de toda la tierra pregunte a Satanás: "¿Por qué te rebelaste contra Mí y arrebataste súbditos de Mi reino?" el autor del mal no podrá ofrecer excusa alguna. Toda boca permanecerá cerrada, todas las huestes rebeldes quedarán mudas.

Mientras la cruz del Calvario proclama el carácter inmutable de la ley, también declara al universo que la paga del pecado es muerte. El grito agonizante del Salvador: "Consumado es," fue el toque de agonía para Satanás. Fue entonces cuando quedó resuelto el gran conflicto que había durado tanto tiempo y asegurada la extirpación final del mal. El Hijo de Dios atravesó los umbrales de la tumba, "para, por medio de la muerte, destruir el poder al que tenía el imperio de la muerte, esto es, al diablo." Hebreos 2:14. El deseo que Lucifer tenía de exaltarse a sí mismo le había hecho decir: "¡Por encima de las estrellas de Dios, levantaré mi trono, . . . seré semejante al Altísimo!" Pero Dios declara: "Te he convertido en ceniza sobre la tierra, . . . y para siempre dejarás de ser." Isaías 14:13, 14; Ezequiel 28:18, 19. Eso será cuando venga "aquel día, ardiente como un horno; y todos los soberbios y todos los que hacen maldad serán como el rastrojo; aquel día que está para llegar los abrasará, dice Jehová de los ejércitos, y no les dejará ni raíz ni rama." Malaquías 4:1.

Todo el universo había visto la naturaleza y los resultados del pecado. Su destrucción completa que en un principio hubiese atemorizado a los ángeles y deshonrado a Dios, justificará entonces el amor de Dios y establecerá Su gloria ante un universo de seres que se deleitarán en hacer Su voluntad y en cuyos corazones se encontrará Su ley. Nunca más se manifestará el mal. La Palabra de Dios dice: "No tomará venganza dos veces de Sus enemigos." Nahum 1:9. La ley de Dios que Satanás criticó como yugo de servidumbre, será honrada como ley de libertad. Después de haber pasado por tal prueba y experiencia, la creación no se desviará jamás de la sumisión a Aquél que se dió a conocer en Sus obras como Dios de amor insondable y sabiduría infinita.

CAPÍTULO 30

El Peor Enemigo del Hombre

"Y PONDRÉ ENEMISTAD entre ti y la mujer, y entre tu simiente y la simiente suya; ésta te herirá en la cabeza, y tú le herirás en el talón." Génesis 3:15. La divina sentencia pronunciada contra Satanás después de la caída del hombre fue igualmente una profecía que, incluyendo las edades hasta los últimos tiempos, predecía el gran conflicto en que se verían empeñadas todas las razas humanas que hubiesen de vivir en la tierra.

Dios nos dice: "Pondré enemistad." Esta enemistad no es fomentada de un modo natural. Cuando el hombre quebrantó la ley divina, su naturaleza se hizo mala y llegó a estar en armonía y no en divergencia con Satanás. No se puede decir que haya enemistad natural entre el hombre pecador y el autor del pecado. Ambos se volvieron malos a consecuencia de la apostasía. Satanás no descansa sino cuando obtiene simpatías y apoyo al llevar a otros a seguir su ejemplo. Por esta razón los ángeles caídos y los hombres malos se unan en desesperado compañerismo. Si Dios no se hubiese interpuesto especialmente, Satanás y el hombre se habrían unido contra el Cielo; y en lugar de albergar enemistad contra Satanás, toda la familia humana se habría unido en oposición a Dios.

Satanás tentó al hombre a que pecase, como había inducido a los ángeles a rebelarse. Su fin era el de asegurarse su cooperación en la lucha contra el Cielo. No había disensión alguna entre él y los ángeles caídos en cuanto al odio que sentían contra Cristo; mientras que estaban en desacuerdo tocante a todos los demás puntos, era unánime su oposición a la autoridad del Legislador del universo. Pero al oír Satanás que habría enemistad entre él y la mujer, y entre sus linajes, comprendió que serían contrarrestados sus esfuerzos por corromper la naturaleza humana y que se capacitaría al hombre para resistirle.

La enemistad de Satanás se enciende contra la raza humana porque ella, por intermedio de Cristo, es objeto del amor y de la misericordia de Dios. Lo que él quiere entonces es oponerse al plan divino de la redención del hombre, deshonrar a Dios mutilando y profanando Sus obras, causar dolor en el cielo y llenar la tierra de miseria y desolación. Luego señala todos estos males como resultado de la creación del hombre por Dios.

La gracia que Cristo derrama en el alma es la que crea en el hombre enemistad contra Satanás. El hombre seguiría siendo esclavo del mal y estaría siempre listo para ejecutar sus órdenes sin esta gracia transformadora y este poder renovador. Pero el nuevo principio introducido en el alma crea un conflicto allí donde hasta entonces reinó la paz. El poder que Cristo comunica habilita al hombre para resistir al tirano y usurpador. Cualquiera que deteste el pecado en vez de amarlo, que venza y resista las pasiones que hayan reinado en su corazón, da pruebas que en él obra un principio que viene enteramente de lo alto.

El conflicto que existe entre el espíritu de Cristo y el espíritu de Satanás se hizo particularmente patente en la forma en que el mundo recibió a Jesús. Los Judíos le rechazaron no tanto porque apareció desprovisto de riquezas de este mundo, de pompa y de grandeza; ellos vieron que poseía un poder más que capaz de compensar la falta de aquellas ventajas exteriores. Pero la pureza y santidad de Cristo atrajeron sobre Él el odio de los impíos. Su vida de abnegación y de devoción, sin pecado, era un continua reprensión para aquel pueblo orgulloso y sensual. Eso fue lo que despertó enemistad contra el Hijo de Dios. Satanás y sus ángeles malvados se unieron con los hombres impíos. Todos los poderes de la apostasía conspiraron contra el Defensor de la verdad.

El mismo rencor que se manifestó contra el Maestro, se manifiesta hoy en día contra los discípulos de Cristo. Cualquiera que se dé cuenta del carácter repulsivo del pecado y que con el poder de lo alto resista la tentación, despertará seguramente la ira de Satanás y de sus ángeles. El odio a los principios puros de la verdad, las acusaciones y persecuciones contra sus defensores, existirán mientras existan el pecado y los pecadores. Los discípulos de Cristo y los siervos de Satanás no pueden congeniar. La ignominia de la cruz no ha desaparecido. "Todos los que quieren vivir piadosamente en Cristo Jesús, padecerán persecución." 2 Timoteo 3:12.

Bajo la dirección de Satanás, sus agentes obran continuamente para establecer su autoridad y para fortalecer su reino en oposición al gobierno de Dios. Con tal fin tratan de seducir a los discípulos de Cristo y apartarlos de la obediencia. Como su jefe, tuercen y pervierten las Escrituras para conseguir su objetivo. Así como Satanás trató de acusar a Dios, sus agentes tratan de criticar al pueblo de Dios. El espíritu que mató a Cristo mueve a los malos a destruir a Sus discípulos. Pero ya lo había predicho la primera profecía: "Pondré enemistad entre ti y la mujer, y entre tu simiente y la simiente suya." Y así continuará hasta el fin de los tiempos.

Satanás reune todas sus fuerzas y lanza todo su poder al combate. ¿Cómo es que no encuentra mayor resistencia? ¿Por qué están tan adormecidos los soldados de Cristo? ¿por qué muestran tanta indiferencia? Sencillamente porque tienen poca comunión verdadera con Cristo, porque están destituidos de Su Espíritu. No sienten por el pecado la repulsión y el odio que sentía su Maestro. No lo rechazan como lo rechazó Cristo con decisión y energía. No se dan cuenta del inmenso mal y de la malignidad del pecado, y están ciegos en lo que respecta al carácter y al poder del príncipe de las tinieblas. Es poca la enemistad que se siente contra Satanás y sus obras, porque hay mucha ignorancia acerca de su poder y de su malicia, y no se puede ver con claridad el inmenso alcance de su lucha contra Cristo y Su iglesia. Multitudes están en el error a este respecto. No saben que su enemigo es un poderoso general que dirige las inteligencias de los ángeles malos y que, con planes bien combinados y una sabia estrategia, guerrea contra Cristo para impedir la salvación de las almas. Entre los que profesan el Cristianismo y hasta entre los ministros del evangelio, apenas si se oye hablar de Satanás, a no ser tal vez de un modo incidental desde lo alto del púlpito. Nadie se fija en las manifestaciones de su actividad y éxito continuos. No se tiene en cuenta los muchos avisos que nos ponen en guardia contra su astucia; hasta parece que ignoramos su existencia.

Mientras los hombres desconocen los artificios de tan vigilante enemigo, éste les sigue a cada momento las pisadas. Con sutilezas se introduce en todos los hogares, en todas las calles de nuestras ciudades, en las iglesias, en los consejos de la nación, en los tribunales, confundiendo, engañando, seduciendo, arruinando por todas partes las almas y los cuerpos de hombres, mujeres y niños, destruyendo la unión de las familias, sembrando odios, rivalidades, sediciones y muertes. Y el mundo Cristiano parece mirar estas cosas como si Dios mismo las hubiese dispuesto y como si debiesen existir.

Satanás está tratando continuamente de vencer al pueblo de Dios, rompiendo las barreras que lo separan del mundo. Los antiguos Israelitas fueron arrastrados al pecado cuando se atrevieron a formar asociaciones ilícitas con los paganos. Del mismo modo se desvía el Israel moderno. "El Dios de este mundo cegó los pensamientos de los incrédulos, para que no les resplandezca la iluminación del evangelio de la gloria de Cristo, el cual es la imagen de Dios." 2 Corintios 4:4. Todos los que no son fervientes discípulos de Cristo, son siervos de Satanás. El corazón aún no regenerado ama el pecado y tiende a conservarlo y disimularlo. El corazón renovado aborrece el pecado y está resuelto a resistirle. Cuando los Cristianos escogen la sociedad de los impíos e incrédulos, se exponen a la tentación. Satanás se oculta a la vista y furtivamente les pone su venda engañosa sobre los ojos. No se dan cuenta que esta clase de compañía es la más adecuada para perjudicarles; y mientras más se van asemejando al mundo en carácter, palabras y obras, más se van cegando.

Al conformarse la iglesia con las costumbres del mundo, se vuelve mundana, pero esa conformidad no convierte jamás al mundo a Cristo. A medida que uno se habitúa a pecar, éste aparece inevitablemente menos repulsivo. El que prefiere asociarse con los siervos de Satanás dejará pronto de temer al señor de ellos. Cuando somos probados en el camino del deber, cual lo fue Daniel en la corte del rey, podemos estar seguros de la protección de Dios; pero si nos colocamos a merced de la tentación, caeremos tarde o temprano.

El tentador obra a menudo con el mayor éxito por intermedio de los que menos sospechan de estar bajo su influencia. Se admira y honra a las personas de talento y de educación, como si estas cualidades pudiesen suplir la falta del temor de Dios o hacernos dignos de Su favor. Considerados en sí mismos, el talento y la cultura son dones de Dios; pero cuando se emplean para substituir la piedad, cuando en lugar de atraer al alma a Dios la alejan de Él, entonces se convierten en una maldición y un lazo. Muchos piensan que todo lo que aparece amable y refinado debe ser, en cierto sentido, Cristiano. No hubo nunca error más grande. Cierto es que la amabilidad y el refinamiento deberían adornar el carácter de todo Cristiano, pues ambos ejercerían poderosa influencia en favor de la verdadera religión; pero deben ser consagrados a Dios, o de lo contrario son también una fuerza para el mal. Muchas personas cultas y de modales afables que no cederían a lo que suele llamarse actos inmorales, son brillantes instrumentos de Satanás. Lo insidioso de su influencia y ejemplo los convierte en enemigos peligrosos de la causa de Dios.

Por medio de férvida oración y de entera confianza en Dios, Salomón alcanzó un grado de sabiduría que despertó la admiración del mundo. Pero cuando se apartó de la Fuente de su fuerza y se apoyó en sí mismo, cayó preso de la tentación. Entonces las maravillosas facultades que habían sido concedidas al más sabio de los reyes, sólo le convirtieron en agente tanto más eficaz del adversario de las almas.

Satanás trata continuamente de cegar las mentes para que no le conozcan. Los Cristianos no deben olvidar nunca que no tienen que luchar "contra sangre y carne, sino contra principados, contra potestades, contra los dominadores de este mundo de tinieblas, contra huestes espirituales de maldad en las regiones celestes." Efesios 6:12. Esta inspirada advertencia resuena a través de los siglos hasta nuestros tiempos: "Sed sobrios, y velad; porque vuestro adversario el diablo, como león rugiente, anda alrededor buscando a quien devorar." 1 Pedro 5:8. Y también dice: "Vestíos de toda la armadura de Dios, para que podáis estar firmes contra las artimañas del diablo." Efesios 6:11.

Desde los días de Adán hasta los nuestros, el gran enemigo ha ejercitado su poder para oprimir y destruir. Se está preparando actualmente para su última campaña contra la iglesia. Todos los que se esfuerzan en seguir a Jesús tendrán que entrar en lucha con este enemigo implacable. Cuanto más fielmente imite el Cristiano al divino Modelo, tanto más será blanco de los ataques de Satanás. Todos los que están activamente empeñados en la obra de Dios, tratando de desenmascarar los engaños del enemigo y de presentar a Cristo ante el mundo, podrán unir su testimonio al que da Pablo cuando habla de servir al Señor con toda humildad y con lágrimas y tentaciones.

Satanás asaltó a Cristo con sus tentaciones más violentas y sutiles; pero siempre fue rechazado. Esas batallas fueron libradas en nuestro favor; esas victorias nos dan la posibilidad de vencer. Cristo dará fuerza a todos los que se la pidan. Nadie, sin su propio consentimiento, puede ser vencido por Satanás. El tentador no tiene el poder de gobernar la voluntad o de obligar al alma a pecar. Puede angustiar, pero no contaminar. Puede causar agonía pero no corrupción. El hecho de que Cristo venció debería inspirar valor a Sus discípulos para sostener valientemente la lucha contra el pecado y Satanás.

CAPÍTULO 31

¿Quiénes Son los Ángeles?

LA RELACIÓN entre el mundo visible y el invisible, el ministerio de los ángeles de Dios y la influencia o intervención de los espíritus malos, son temas claramente revelados en las Sagradas Escrituras y como estrechamente entretejidos con la historia humana. Nótase en nuestros días una tendencia creciente a no creer en la existencia de los malos espíritus, mientras que los santos ángeles, los cuales son "enviados para servicio a favor de los que van a heredar la salvación" (Hebreos 1:14), son considerados por muchos como espíritus de seres humanos difuntos. Las Escrituras no sólo enseñan la existencia de los ángeles, tanto buenos como malos, sino que contienen pruebas terminantes de que éstos no son espíritus desencarnados de hombres que hayan dejado de existir.

Antes de la creación del hombre, ya habían ángeles; pues cuando los cimientos de la tierra fueron echados, unidos "alaban todas las estrellas del alba, y se regocijaban todos los hijos de Dios." Job 38:7. Después de la caída del hombre, fueron enviados ángeles para guardar el árbol de la vida, y esto antes que ningún ser humano hubiese fallecido. Los ángeles son por naturaleza superiores al hombre, pues el salmista refiriéndose a éste, dice: "Le has hecho un poco inferior a los ángeles." Salmos 8:5.

Las Santas Escrituras tienen información acerca del número, del poder y de la gloria de los seres celestiales, de su relación con el gobierno de Dios y también con la obra de redención. "Jehová estableció en los cielos Su trono, y Su soberanía domina sobre todo." Y el profeta dice: "Oí la voz de muchos ángeles alrededor del trono." Ellos sirven en la sala del trono del Rey de los reyes – "ángeles, poderosos en fortaleza," "ministros suyos," que hacen "Su voluntad," "obedeciendo a la voz de Su precepto." Salmo 103:19-21; Apocalipsis 5:11. Millones de millones era el número de los mensajeros celestiales vistos por el profeta Daniel. El apóstol Pablo habla de las "miríadas de ángeles." Daniel 7:10; Hebreos 12:22. Como mensajeros celestiales, iban y volvían "a semejanza de relámpagos," tan deslumbradora es su gloria y tan veloz su vuelo. Ezequiel 1:14. El ángel que apareció en la tumba del Señor, y cuyo "aspecto era como un relámpago, y su vestido blanco como la nieve" hizo que los guardias temblaran de miedo y cayeran "como muertos." Mateo 28:3, 4. Cuando Senaquerib, el insolente monarca Asirio, blasfemó e insultó a Dios y amenazó destruir a Israel, "aconteció que aquella misma noche salió el Ángel de Jehová, y mató en el campamento de los Asirios a ciento ochenta y cinco mil." El ángel "destruyó a todo valiente y esforzado, y a los jefes y capitanes" del ejército de Senaquerib, quién "volvió, por tanto, avergonzado a su tierra." 2 Reyes 19:35; 2 Crónicas 32:21.

Los ángeles son enviados a los hijos de Dios con misiones de misericordia. Visitaron a Abrahám con promesas de bendición; al justo Lot, para rescatarlo del fuego de Sodoma; a Elías, cuando estaba por morir de cansancio y hambre en el desierto; a Eliseo, con carros y caballos de fuego que rodeaban la pequeña ciudad donde estaba encerrado por sus enemigos; a Daniel, cuando imploraba la sabiduría divina en la corte de Babilonia, o en momentos en que iba a ser presa de los leones; a Pedro, condenado a muerte en la cárcel de Herodes; a los presos de Filipo; a Pablo y sus compañeros, en la noche tempestuosa en el mar; a Cornelio, para hacerle comprender el evangelio; a Pedro, para mandarlo con el mensaje de salvación al extranjero Gentil. Así fue como, en todas las edades, los santos ángeles ejercieron su ministerio en beneficio del pueblo de Dios.

Cada discípulo de Cristo tiene su propio ángel guardián. Estos centinelas celestiales protegen a los justos del poder del maligno. Así lo reconoció el mismo Satanás cuando dijo: "¿Acaso teme Job a Dios de balde? ¿No le has rodeado con una valla de protección y a su casa y a todo lo que tiene?" Job 1:9, 10. El medio de que Dios se vale para proteger a Su pueblo está indicado en las palabras del salmista: "El ángel de Jehová acampa alrededor de los que le temen, y los defiende." Salmos 34:7. El Salvador dijo: "Mirad que no menospreciéis a uno de estos pequeños; porque os digo que sus ángeles en los cielos están viendo siempre el rostro de Mi Padre que está en los cielos." Mateo 18:10. Los ángeles encargados de atender a los hijos de Dios tienen a toda hora acceso cerca de Él.

Así pues, aunque expuesto al poder engañoso y a la continua malicia del príncipe de las tinieblas y en conflicto con todas las fuerzas del mal, el pueblo de Dios tiene siempre asegurada la protección de los ángeles del cielo. Esta protección no es superflua. Si Dios concedió a Sus hijos Su gracia y Su amparo, es porque deben hacer frente a las temibles potestades del mal, potestades numerosas, audaces e incansables, cuya malignidad y poder nadie puede ignorar o menospreciar.

Los espíritus malos, creados en un principio sin pecado, eran iguales, por naturaleza, poder y gloria, a los seres santos que son ahora mensajeros de Dios. Pero una vez que pecaron, se unieron para deshonrar a Dios y acabar con los hombres. Unidos con Satanás en su rebeldía y arrojados del cielo con él, han sido desde entonces, a través de los siglos, sus cómplices en la guerra empeñada contra la autoridad divina. Las Sagradas Escrituras nos hablan de su unión y de su gobierno, de sus diversas órdenes, de su inteligencia y astucia, como también de sus propósitos malévolos contra la paz y la felicidad de los hombres.

La historia del Antiguo Testamento menciona a veces su existencia y su actuación; pero fue durante el tiempo que Cristo estuvo en la tierra cuando los espíritus malos dieron las más sorprendentes pruebas de su poder. Cristo vino para cumplir el plan ideado para la redención del hombre, y Satanás resolvió afirmar su derecho para gobernar al mundo. Había logrado implantar la idolatría en toda la tierra, menos en Palestina. Cristo vino a derramar la luz del cielo sobre el único país que no se había sometido a las tentaciones de Satanás. Dos poderes rivales pretendían la supremacía. Jesús extendía Sus brazos de amor, invitando a todos los que querían encontrar en Él perdón y paz. Las huestes de las tinieblas vieron que no poseían un poder ilimitado, y comprendieron que si la misión de Cristo tenía éxito, pronto terminaría su reinado. Satanás se enfureció como león encadenado y desplegó atrevidamente sus poderes tanto sobre los cuerpos como sobre las almas de los hombres.

Está claramente expresado en el Nuevo Testamento que ciertos hombres hayan sido poseídos por demonios. Las personas afligidas de tal modo no sufrían únicamente de enfermedades cuyas causas eran naturales. Cristo tenía conocimiento perfecto de aquello con que tenía que habérselas, y reconocía la presencia y acción directas de los espíritus malos.

Un ejemplo sorprendente de su número, poder y malignidad, como también del poder misericordioso de Cristo, lo encontramos en el relato de la curación de los endemoniados de Gádara. Aquellos pobres desaforados, que burlaban toda restricción y se retorcían, echando espumarajos por la boca, atormentados, llenaban el aire con sus gritos, se maltrataban y ponían en peligro a cuantos se acercaban a ellos. Sus cuerpos cubiertos de sangre y desfigurados, sus mentes extraviadas, presentaban un espectáculo agradable para el príncipe de las tinieblas. Uno de los demonios que dominaba a los enfermos, declaró: "Mi nombre es legión, porque somos muchos." Marcos 5:9. En el ejército Romano una legión se componía de tres a cinco mil hombres. Las huestes de Satanás están también organizadas en compañías, y la compañía a la cual pertenecían estos demonios correspondía ella sola en número por lo menos a una legión.

Al Jesús dar la orden, los espíritus malignos abandonaron sus víctimas, dejándolas sentadas en calma a los pies del Señor, sumisas, inteligentes y afables. Pero a los demonios se les permitió despeñar una manada de cerdos en el mar; y los habitantes de Gádara, juzgando de más valor sus puercos que las bendiciones que Dios había concedido, rogaron al divino Médico que se alejara. Tal era el resultado que Satanás deseaba conseguir. Echando la culpa de la pérdida sobre Jesús, despertó los temores egoístas del pueblo, y les impidió escuchar Sus palabras. Satanás acusa continuamente a los Cristianos de ser causa de pérdidas, desgracias y padecimientos, en lugar de dejar recaer el oprobio sobre quienes lo merecen, es decir, sobre sí mismo y sus agentes.

Pero los propósitos de Cristo no quedaron frustrados. Permitió a los espíritus malignos que destruyesen la manada de cerdos, como censura contra aquellos Judíos que, por amor al lucro, criaban esos animales sucios. Si Cristo no hubiese contenido a los demonios, habrían precipitado al mar no sólo los cerdos sino también a los dueños y sirvientes. La inmunidad de éstos fue tan sólo debida a la intervención misericordiosa de Jesús. Por otra parte, el suceso fue permitido para que los discípulos viesen el poder malévolo de Satanás sobre hombres y animales. Jesús quería que Sus discípulos conociesen al enemigo al que iban a afrontar, para que no fuesen engañados y vencidos por sus artificios. Quería, también, que el pueblo de aquella región viese que Él, Jesús, tenía el poder de romper las ligaduras de Satanás y libertar a sus cautivos. Y aunque Jesús se alejó, los hombres tan milagrosamente libertados quedaron para proclamar la misericordia de su Bienhechor.

Las Escrituras relatan otros ejemplos semejantes. La hija de la mujer Sirofenicia estaba atormentada de un demonio al que Jesús echó fuera por Su palabra. Marcos 7:26-30. "Un endemoniado, ciego y mudo" (Mateo 12:22); un joven que tenía un espíritu mudo, que a menudo le arrojaba "tanto al fuego como a las aguas, para destruirlo" (Marcos 9:17-27); el maniáco que, atormentado por el "espíritu de un demonio inmundo" (Lucas 4:33-36), perturbaba la tranquilidad del Sábado en la sinagoga de Capernaum – todos ellos fueron curados por nuestro compasivo Salvador. En casi todos los casos Cristo se dirigía al demonio como a un ser inteligente, ordenándole salir de su víctima y no atormentarla más. Al ver Su gran poder, los devotos reunidos en Capernaum se asombraron, "y se decían unos a otros: Qué manera de hablar es ésta, que manda con autoridad y poder a los espíritus inmundos, y salen." Lucas 4:36.

Se representa a aquellos endemoniados como sometidos a grandes padecimientos; sin embargo había excepciones a esta regla. Con el fin de obtener poder sobrenatural, algunas personas se sometían voluntariamente a la influencia satánica. Estas, por supuesto, no entraban en conflicto con los demonios. A esta categoría pertenecen los que poseían el espíritu de adivinación – como los magos Simón y Elimas y la joven adivina que siguió a Pablo y a Silas en Filipo.

Nadie está en mayor peligro de caer bajo la influencia de los espíritus malos que los que, a pesar del testimonio directo y positivo de las Sagradas Escrituras, niegan la existencia e intervención del diablo y de sus ángeles. Mientras ignoremos sus sutilezas, ellos nos llevan notable ventaja; y muchos obedecen a sus sugestiones creyendo seguir los dictados de su propia sabiduría. Esta es la razón por la cual a medida que nos acercamos al fin del tiempo, cuando Satanás obrará con la mayor energía para engañar y destruir, él mismo propaga por todas partes la creencia de que no existe. Su política consiste en esconderse y obrar disimuladamente.

Nada hay que el gran seductor tema tanto como el que nos demos cuenta de sus artimañas. Para mejor disfrazar su carácter y esconder sus verdaderos propósitos, se ha hecho representar de modo que no despierte emociones más poderosas que las del ridículo y del desprecio. Le gusta que lo pinten deforme o repugnante, mitad animal mitad hombre. Le agrada oírse nombrar como objeto de diversión y de burla por personas que se creen inteligentes.

Por haberse enmascarado con habilidad consumada es precisamente por lo que tan a menudo se oye preguntar: "¿Existe en realidad un ser semejante?" La prueba evidente de su éxito es la aceptación general de que gozan entre el público religioso ciertas teorías que niegan los testimonios más positivos de las Sagradas Escrituras. Y es porque Satanás puede dominar tan fácilmente los pensamientos de las personas inconscientes de su influencia, por lo que la Palabra de Dios nos da tantos ejemplos de su obra maléfica, nos revela sus fuerzas ocultas y nos pone así en guardia contra sus ataques.

El poder y la maldad de Satanás y de su hueste podrían alarmarnos con razón, si no fuera por el apoyo y salvación que encontramos en el poder superior de nuestro Redentor. Nuestras casas las proveemos cuidadosamente con cerrojos y candados para proteger nuestros bienes y nuestras vidas contra los malvados; pero rara vez pensamos en los ángeles malos que tratan continuamente de llegar hasta nosotros, y contra cuyos ataques no contamos en nuestras propias fuerzas con ningún medio eficaz de defensa. Si se les dejara, nos trastornarían la razón, nos desquiciarían y torturarían el cuerpo, destruirían nuestras propiedades y nuestras vidas. Sólo se deleitan en el mal y en la destrucción. Terrible es la condición de los que resisten a las exigencias de Dios y ceden a las tentaciones de Satanás, hasta que Dios los abandona al poder de los espíritus malignos. Pero aquellos que siguen a Cristo están siempre seguros bajo Su protección. Angeles poderosos son enviados del cielo para ampararlos. El maligno no puede forzar la guardia con que Dios tiene rodeado a Su pueblo.

CAPÍTULO 32

LAS TRAMPAS DEL ENEMIGO

EL GRAN CONFLICTO entre Cristo y Satanás, sostenido desde hace cerca de seis mil años, está por terminar; y Satanás redobla sus esfuerzos para hacer fracasar la obra de Cristo en beneficio del hombre y para sujetar las almas en sus lazos. Su fin consiste en tener sumido al pueblo en las tinieblas y en la impenitencia hasta que termine la obra mediadora del Salvador y no haya más sacrificio por el pecado.

Satanás está a su gusto cuando no se hace ningún esfuerzo especial para resistir a su poder, cuando la indiferencia predomina en la iglesia y en el mundo, pues no corre peligro de perder a los que tiene cautivos y a merced suya. Pero cuando la atención de los hombres se fija en las cosas eternas y las almas se preguntan: "¿Qué debo yo hacer para ser salvo?" él está listo para oponer su poder al de Cristo y para contrarrestar la influencia del Espíritu Santo.

Las Sagradas Escrituras declaran que en cierta ocasión, cuando los ángeles de Dios vinieron para presentarse ante el Señor, Satanás vino también con ellos (Job 1:6), no para postrarse ante el Rey eterno, sino para mirar por sus propios y malévolos planes contra los justos. Con el mismo objeto está presente allí donde los hombres se reunen para adorar a Dios. Trabaja con gran diligencia, aunque invisible, queriendo gobernar las mentes de los fieles. Como hábil general que es, fragua sus planes de antemano. Cuando ve al ministro de Dios escudriñar las Escrituras, toma nota del tema que va a ser presentado a la congregación, y hace uso de toda su astucia y pericia para arreglar las cosas de tal modo que el mensaje de vida no llegue a aquellos a quienes está engañando precisamente respecto al punto que se ha de presentar. Hará que la persona que más necesite la admonición se vea apurada por algún negocio que requiera su presencia, o impedida de algún otro modo de oír las palabras que hubiesen podido tener para ella sabor de vida para vida.

Otras veces, Satanás ve a los siervos del Señor agobiados por causa de las tinieblas espirituales que envuelven a los hombres. Oye sus ardientes oraciones, en que piden a Dios gracia y poder para sacudir la indiferencia y la indolencia de sus almas. Entonces despliega sus artes con nuevo ardor. Tienta a los hombres para que cedan a la glotonería o a cualquier otra forma de sensualidad, y adormece de tal modo su sensibilidad que dejan de oír precisamente las cosas que más necesitan saber.

Bien sabe Satanás que todos aquellos a quienes pueda inducir a descuidar la oración y el estudio de las Sagradas Escrituras serán vencidos por sus ataques. De aquí que inventa todo lo posible para tener las mentes distraídas. Siempre ha habido una categoría de personas que profesan santidad, y que en lugar de procurar crecer en el conocimiento de la verdad, hacen consistir su religión en buscar alguna falta en el carácter de aquellos con quienes no están de acuerdo, o algún error en su credo. Estos son los mejores agentes de Satanás. Los acusadores de los hermanos no son pocos; siempre son diligentes cuando Dios está obrando y cuando Sus hijos le rinden verdadero homenaje. Son ellos los que dan una falsa interpretación a las palabras y acciones de los que aman la verdad y la obedecen. Hacen ver que los más serios, celosos y desinteresados siervos de Cristo son engañados o engañadores. Su obra consiste en desnaturalizar los motivos de toda acción buena y noble, en hacer circular insinuaciones malévolas y despertar sospechas en las mentes poco experimentadas. Harán cuanto sea imaginable porque aparezca lo que es puro y recto como corrupto y de mala fe.

Pero nadie necesita dejarse engañar por ellos. Es fácil ver la filiación que tienen, el ejemplo que siguen y la obra que realizan. "Por sus frutos los conoceréis." Mateo 7:16. Su conducta se parece a la de Satanás, el odioso calumniador "el acusador de nuestros hermanos." Apocalipsis 12:10.

El gran seductor dispone de muchos agentes listos para presentar cualquier error para engañar a las almas, herejías preparadas para adaptarse a todos los gustos y capacidades de aquellos a quienes quiere arruinar. Parte de su plan consiste en introducir en la iglesia personas irregeneradas y faltas de sinceridad, personas que fomentan la duda y la incredulidad y sean un obstáculo para todos los que desean ver avanzar la obra de Dios y adelantar con ella. Muchas personas que no tienen verdadera fe en Dios ni en Su Palabra, aceptan algún principio de verdad y pasan por Cristianos; y así se hallan en condición de introducir sus errores como si fueran doctrinas de las Escrituras.

La teoría en la cual no importa lo que los hombres creen, es uno de los engaños que más éxito da a Satanás. Bien sabe él que la verdad recibida con amor santifica el alma del que la recibe; y por eso trata siempre de substituirla con falsas teorías, con fábulas y con otro evangelio. Desde un principio el pueblo de Dios ha luchado contra los falsos maestros, no sólo porque eran hombres viciosos, sino porque inculcaban errores fatales para el alma. Elías, Jeremías, y Pablo se opusieron firme y valientemente a los que estaban apartando a los hombres de la Palabra de Dios. Esa clase de liberalidad que mira como poca cosa una fe religiosa y correcta, no encontró aceptación entre aquellos santos defensores de la verdad.

Las interpretaciones vagas e imaginativas de las Santas Escrituras, así como las muchas teorías contradictorias respecto a la fe religiosa, que se advierten en el mundo Cristiano son obra de nuestro gran adversario, que trata así de confundir las mentes para que no puedan descubrir la verdad. Y la discordia y división que existen entre las iglesias de la Cristiandad se deben en gran parte a la costumbre tan general de cambiar el sentido de las Sagradas Escrituras con el fin de apoyar alguna doctrina favorita. En lugar de estudiar con esmero y con humildad de corazón la Palabra de Dios con el objeto de llegar al conocimiento de Su voluntad, muchos pretenden descubrir algo curioso y original.

Con el fin de sostener doctrinas erróneas o prácticas anticristianas, hay quienes toman pasajes de la Sagrada Escritura aislados del contexto, no citan tal vez más que la mitad de un versículo para probar su idea, y dejan la segunda mitad que quizá hubiese probado todo lo contrario. Con la astucia de la serpiente se encastillan tras declaraciones sin ilación, entretejidas de manera que favorezcan sus deseos carnales. Es así como gran número de personas pervierten con propósito deliberado la Palabra de Dios. Otros, dotados de viva imaginación, toman figuras y símbolos de las Sagradas Escrituras y los interpretan según su capricho, sin pararse a pensar en que la Escritura declara ser su propio intérprete; y luego presentan sus extravagancias como enseñanzas de la Biblia.

Siempre que uno se entrega al estudio de las Escrituras sin estar animado de un espíritu de oración y humildad, susceptible de recibir enseñanza, los pasajes más claros y sencillos, como los más difíciles, serán desviados de su verdadero sentido. Los dirigentes papales escogen en las Sagradas Escrituras los pasajes que mejor convienen a sus propósitos, los interpretan a su modo y los presentan luego al pueblo a quién rehusan al mismo tiempo el privilegio de estudiar la Biblia y de entender por sí mismos sus santas verdades. Toda la Biblia debería serle dada al pueblo tal cual es. Mucho mejor sería que las personas no tuviesen ninguna instrucción religiosa antes que recibir las enseñanzas de las Santas Escrituras groseramente alteradas.

La Biblia estaba destinada a ser una guía para todos aquellos que deseasen conocer la voluntad de Dios. Nuestro Creador dió a los hombres la firme palabra profética; ángeles, y hasta el mismo Cristo, vinieron para dar a conocer a Daniel y a Juan las cosas que deben acontecer en breve. Las cosas importantes que atañen a nuestra salvación no quedaron envueltas en el misterio. No fueron reveladas de manera que confundan y pierdan al que busca sinceramente la verdad. El Señor dijo al profeta Habacuc: "Escribe la visión, . . . para que corra el que leyere en ella." Habacuc 2:2, Reina Valera, Revisión de 1960. La Palabra de Dios es clara para todos aquellos que la estudian con espíritu de oración. Toda alma verdaderamente sincera alcanzará la luz de la verdad. "La luz está implantada dentro del justo." Salmos 97:11. Ninguna iglesia puede progresar en santidad si sus miembros no buscan ardientemente la verdad como si fuera un tesoro escondido.

Los alardes de "Liberalidad" ciegan a los hombres para que no vean los engaños de su adversario, mientras que éste sigue trabajando sin cesar y sin cansarse hasta cumplir sus designios. Poco a poco va consiguiendo suplantar la Biblia por las especulaciones humanas; la ley de Dios va quedando a un lado, y las iglesias caen en la esclavitud del pecado, mientras pretenden ser libres.

Para muchos, las investigaciones científicas se han vuelto maldición. Al permitir todo género de descubrimientos en las ciencias y en las artes, Dios ha derramado sobre el mundo rayos de luz; pero aun las mentes más poderosas, si no son guiadas en sus investigaciones por la Palabra de Dios, se equivocan en sus esfuerzos por encontrar las relaciones existentes entre la ciencia y la revelación.

Los conocimientos humanos, tanto en lo que se refiere a las cosas materiales como a las espirituales, son limitados e imperfectos; de aquí que muchos son incapaces de hacer armonizar sus nociones científicas con las declaraciones de las Sagradas Escrituras. Son muchos los que dan por hechos científicos meras teorías y especulaciones, y piensan que la Palabra de Dios debe ser probada por las enseñanzas de la "falsamente llamada ciencia." 1 Timoteo 6:20. El Creador y Sus obras les resultan incomprensibles; y como no pueden explicarlos por las leyes naturales, consideran la historia bíblica como si no fuese digna de fe. Los que dudan de la verdad de las narraciones del Antiguo Testamento y del Nuevo, dan a menudo un paso más y dudan de la existencia de Dios y atribuyen poder infinito a la naturaleza. Habiendo perdido su ancla son arrastrados hacia las rocas de la incredulidad.

Así es como muchos se alejan de la fe y son seducidos por el diablo. Los hombres procuraron hacerse más sabios que su Creador; la filosofía ha intentado investigar y explicar misterios que no serán jamás revelados en el curso infinito de las edades. Si los hombres se limitasen a escudriñar y comprender tan sólo lo que Dios les ha revelado respecto de Sí mismo y de Sus propósitos, llegarían a tal concepto de la gloria, majestad y poder de Jehová, que se darían cuenta de su propia pequeñez y se contentarían con lo que fue revelado para ellos y sus hijos.

Una de las decepciones magistrales de Satanás se

encuentra el mantener a las mentes de los hombres investigando y haciendo conjeturas sobre las cosas que Dios no ha dado a conocer y que no quiere que entendamos. Así fue como Lucifer perdió su puesto en el cielo. Se enojó porque no le fueron revelados todos los secretos de los designios de Dios, y no se fijó en lo que le había sido revelado respecto a su propia obra y al elevado puesto que le había sido asignado. Al provocar el mismo descontento entre los ángeles que estaban bajo sus órdenes, causó la caída de ellos. Hoy en día trata de llenar las mentes de los hombres con el mismo espíritu y de inducirlos además a despreciar los mandamientos directos de Dios.

Los que no quieren aceptar las verdades claras y contundentes de la Biblia están siempre buscando invenciones agradables que tranquilicen la conciencia. Mientras menos recurran a la espiritualidad, a la abnegación, y a la humildad las doctrinas presentadas, mayor es la aceptación de que gozan. Estas personas degradan sus facultades intelectuales para servir sus deseos carnales. No tienen escudo contra el error, pues se creen demasiado sabias en su propia opinión para escudriñar las Santas Escrituras con contrición y pidiendo ardientemente a Dios que las guíe. Satanás está listo para satisfacer los deseos de sus corazones y poner las seducciones en lugar de la verdad. Fue así como el papado estableció su poder sobre los hombres; y al rechazar la verdad porque atrae el oprobio de la cruz, los Protestantes siguen el mismo camino. Todos aquellos que descuiden la Palabra de Dios para estudiar asuntos de comodidad y conveniencia, a fin de no estar en desacuerdo con el mundo, serán abandonados a su propia suerte y aceptarán herejías condenables que considerarán como verdad religiosa. Los que rechacen voluntariamente la verdad concluirán por aceptar todos los errores imaginables; y alguno que mire con horror cierto engaño aceptará gustosamente otro. El apóstol Pablo, hablando de una clase de hombres que "no recibieron el amor de la verdad para ser salvos," declara: "Por esto Dios les envía un espíritu engañoso, para que crean la mentira, a fin de que sean condenados todos los que no creyeron a la verdad, sino que se complacieron en la injusticia." 2 Tesalonicenses 2:10-12.

En vista de semejante advertencia es nuestro deber ponernos en guardia con respecto a las doctrinas que recibimos.

Entre las trampas más temibles del gran seductor figuran las enseñanzas engañosas y los falsos milagros del espiritismo. Disfrazado como ángel de luz, el enemigo tiende sus redes donde menos se espera. Si los hombres quisieran estudiar el Libro de Dios orando fervientemente por comprenderlo, no serían dejados en las tinieblas para recibir doctrinas falsas. Pero como rechazaron la verdad, resultan presa fácil para la seducción.

Otro error peligroso es el de la doctrina que niega la divinidad de Cristo, y asegura que Él no existió antes de Su venida a este mundo. Esta teoría encuentra aceptación entre muchos que profesan creer en la Biblia; y sin embargo contradice las declaraciones más positivas de nuestro Salvador respecto a Su relación con el Padre, a Su divino carácter y a Su preexistencia. Esta teoría no puede ser sostenida sino torciendo el sentido de las Sagradas Escrituras del modo más incalificable. No sólo rebaja nuestro concepto de la obra de redención, sino que también destruye la fe en la Biblia como revelación de Dios. Al par que esto hace tanto más peligrosa dicha teoría la hace también más difícil de combatir. Si los hombres rechazan el testimonio que dan las Escrituras inspiradas acerca de la divinidad de Cristo, inútil es querer argumentar con ellos al respecto, pues ningún argumento, por convincente que fuese, podría hacer mella en ellos. "Pero el hombre natural no capta las cosas que son del Espíritu de Dios, porque para él son locura, y no las puede conocer, porque se han de discernir espiritualmente." 1 Corintios 2:14. Ninguna persona que haya aceptado este error, puede tener justo concepto del carácter o de la misión de Cristo, ni del gran plan de Dios para la redención del hombre.

Otro error sutil y perjudicial que se está difundiendo rápidamente, consiste en creer que Satanás no es un ser personal; que su nombre se emplea en las Sagradas Escrituras únicamente para representar los malos pensamientos y deseos de los hombres.

La enseñanza tan generalmente proclamada desde los púlpitos, de que el segundo advenimiento de Cristo se realiza a la muerte de cada individuo, es una mentira que tiene por objeto distraer la atención de los hombres de la venida personal del Señor en las nubes del cielo. Hace años que Satanás ha estado diciendo: "Mirad . . . está . . . en las habitaciones interiores," y muchas almas se han perdido por haber aceptado este engaño. Mateo 24:23-26.

Por otra parte la sabiduría mundana enseña que la oración no es de todo punto necesaria. Los hombres de ciencia declaran que no puede haber respuesta real a las oraciones; que esto equivaldría a una violación de la leyes naturales, a todo un milagro, y que los milagros no existen. Dicen que el universo está gobernado por leyes inmutables y que Dios mismo no hace nada contrario a esas leyes. De suerte que representan a Dios ligado por Sus propias leyes; como si la operación de las leyes divinas excluyese la libertad divina. Tal enseñanza se opone al testimonio de las Sagradas Escrituras. ¿No hicieron Cristo y Sus apóstoles muchos milagros? El mismo Salvador compasivo vive en nuestros días, y está tan dispuesto a escuchar la oración de fe como cuando andaba en forma visible entre los hombres. Lo natural coopera con lo sobrenatural. Forma parte del plan de Dios concedernos, en respuesta a la oración hecha con fe, lo que no nos daría si no se lo pidiésemos así.

Innumerables son las doctrinas falsas y las ideas imaginativas que reinan en el seno de las iglesias de la Cristiandad. Es imposible calcular los resultados deplorables que causa la eliminación de un sola verdad de la Palabra de Dios. Pocos son los que, habiéndose lanzado a hacer cosa semejante, se contentan con rechazar una sencilla verdad. La mayoría continúan rechazando uno tras otro los principios de la verdad, hasta que se convierten en verdaderos incrédulos.

Los errores de la teología que hoy están de moda han lanzado al escepticismo muchas almas que de otro modo habrían creído en las Escrituras. Es imposible para ellas aceptar doctrinas que hieren sus sentimientos de justicia, misericordia y benevolencia; y como tales doctrinas les son presentadas como enseñadas por la Biblia, rehusan recibirla como Palabra de Dios.

Éste es el objeto que Satanás trata de conseguir. Nada desea él tanto como destruir la confianza en Dios y en Su

Palabra. Satanás se encuentra al frente de los grandes ejércitos de los que dudan, y trabaja con inconcebible energía para seducir a las almas y atraerlas a sus filas. La duda está de moda hoy. Una gran cantidad de personas miran la Palabra de Dios con la misma desconfianza con que fue mirado su Autor: porque ella reprueba y condena el pecado. Los que no desean obedecer a las exigencias de ella tratan de echar por tierra su autoridad. Si leen la Biblia o escuchan sus enseñanzas proclamadas desde el púlpito es tan sólo para encontrar errores en las Santas Escrituras o en el sermón. No son pocos los que se vuelven incrédulos para justificarse o para disculpar su descuido del deber. Otros adoptan principios escépticos por orgullo e indolencia. Por demás amigos de su comodidad para distinguirse ejecutando cosa alguna digna de honor y que exija esfuerzos y abnegación, aspiran a hacerse una reputación de sabiduría superior criticando la Biblia. Hay muchas cosas que el espíritu limitado del hombre que no ha sido alumbrado por la sabiduría divina, es incapaz de comprender; y así encuentran motivo para criticar. Son muchos los que parecen creer que es una virtud colocarse del lado de la duda, del escepticismo y de la incredulidad. Pero no dejará de advertirse que bajo una apariencia de candor y humildad, los móviles de estas personas son la confianza en sí mismas y el orgullo. Muchos se deleitan en buscar en las Sagradas Escrituras algo que confunda las mentes de los demás. Hay muchos quienes empiezan a criticar y a argumentar contra la verdad sólo por el gusto de discutir. No se dan cuenta de que al obrar así se están enredando a sí mismos en el lazo del cazador. Efectivamente, habiendo expresado abiertamente sentimientos de incredulidad, consideran que deben conservar sus posiciones. Y así es como se unen con los impíos y se cierran las puertas del paraíso.

Dios ha dado suficientes pruebas del divino origen de Su Palabra. Las grandes verdades que se relacionan con nuestra redención están presentadas en ella con claridad. Con la ayuda del Espíritu Santo que se promete a todos los que lo pidan con sinceridad, cada cual puede comprender estas verdades por sí mismo. Dios ha dado a los hombres un fundamento firme en que cimentar su fe.

Así todo, la inteligencia limitada de los hombres resulta inadecuada para comprender los planes del Dios infinito. Nuestras investigaciones no nos harán descubrir jamás las profundidades de Dios. No debemos intentar con mano presuntuosa levantar el velo que encubre Su majestad. El apóstol Pablo exclama: "¡Cuán inescrutables son Sus juicios, e insondables Sus caminos!" Romanos 11:33. No obstante podemos comprender suficiente de Su modo de tratar con nosotros y los motivos que le hacen obrar como obra, para reconocer un amor y una misericordia infinitos unidos a un poder sin límites. Nuestro Padre celestial dirige todas las cosas con sabiduría y justicia, y no debemos vivir descontentos ni desconfiados, sino inclinarnos en reverente sumisión. Él nos manifestará Sus designios en la medida en que su conocimiento sea para nuestro bien, y en cuanto a lo demás debemos confiar en Aquél cuya mano es omnipotente y cuyo corazón rebosa de amor.

Si bien es verdad que Dios ha dado pruebas evidentes para la fe, Él no quitará jamás todas la excusas que pueda haber para la incredulidad. Todos los que buscan motivos de duda los encontrarán. Y todos los que rehusan aceptar la Palabra de Dios y obedecerla antes que toda objeción haya sido apartada y que no se encuentre más motivo de duda, no llegarán jamás a la luz.

La desconfianza hacia Dios es producto natural del corazón irregenerado, que está en enemistad con Él. Pero la fe es inspirada por el Espíritu Santo y no se desarrollará más que a medida que se la fomente. Nadie puede fortalecer su fe sin un esfuerzo determinado. La incredulidad también se robustece a medida que se la estimula; y si los hombres, en lugar de meditar en las evidencias que Dios les ha dado para sostener su fe, permiten ponerlo todo en tela de juicio y entregarse a las preocupaciones, verán confirmarse más y más sus dudas.

Pero los que dudan de las promesas de Dios y desconfían de las seguridades de Su gracia, le deshonran; en lugar de atraer a otros hacia Cristo, su influencia tiende a apartarlos de Él; son como los árboles estériles que extienden a lo lejos sus tupidas ramas, las cuales privan de la luz del sol a otras plantas y hacen que éstas pierdan fuerzas y mueran bajo la fría sombra. El trabajo durante la vida de estas personas aparecerá como un continuo testigo contra ellos. Las semillas de duda y escepticismo que están propagando producirán infaliblemente su cosecha.

No hay más que una línea de conducta que puedan seguir los que desean sinceramente librarse de las dudas. En lugar de ponerlo todo en tela de juicio y de preocuparse acerca de cosas que no entienden, presten atención a la luz que ya está brillando en ellos y recibirán aún más luz. Cumplan todo lo que su inteligencia ha entendido y así se pondrán en condición de comprender y realizar también los deberes respecto a los cuales les quedan dudas.

Satanás puede presentar una mentira tan parecida a la verdad, que logra engañar a todos los que están dispuestos a ser engañados y que retroceden ante la abnegación y los sacrificios reclamados por la verdad; pero no puede de ningún modo retener en su poder una sola alma que desee sinceramente y a todo trance conocer la verdad. Cristo es la verdad y la "luz verdadera, que alumbra a todo hombre que viene a este mundo." Juan 1:9. El Espíritu de verdad ha sido enviado para guiar a los hombres en toda verdad. La siguiente declaración ha sido hecha bajo la autoridad del Hijo de Dios: "Buscad, y hallaréis." "El que quiera hacer la voluntad de Dios, conocerá si la doctrina es de Dios." Mateo 7:7; Juan 7:17.

Los discípulos de Cristo saben muy poco de las tramas que Satanás y su ejército lanzan contra ellos. Pero el que está sentado en los cielos hará servir todas esas maquinaciones para el cumplimiento de Sus altos designios. Si el Señor permite que Su pueblo pase por el fuego de la tentación, no es porque Él se goce en sus penas y aflicciones, sino porque esas pruebas son necesarias para su victoria final. Él no podría, en conformidad con Su propia gloria, preservarlo de la tentación; pues el objeto de la prueba es precisamente prepararlo para resistir a todas las seducciones del mal.

Ni los impíos ni los demonios pueden oponerse a la obra de Dios o privar de Su presencia a Su pueblo, siempre que éste quiera con corazón sumiso y contrito confesar y abandonar sus pecados y aferrarse con fe a las promesas divinas. Toda tentación, toda influencia contraria, ya manifiesta o secreta, puede ser resistida victoriosamente: "No con la fuerza, ni con el poder, sino sólo con Mi Espíritu, dice Jehová de los ejércitos." Zacarías 4:6.

"Los ojos del Señor están sobre los justos, y Sus oídos atentos a sus oraciones; . . . ¿Y quién es el que os podrá hacer daño, si vosotros tenéis celo por el bien?" 1 Pedro 3:12, 13. Cuando Balaam, tentado por la promesa de ricos regalos, recurrió a encantamientos contra Israel, y quiso por medio de sacrificios ofrecidos al Señor, invocar una maldición sobre Su pueblo, el Espíritu de Dios se opuso a la maldición que el profeta apóstata trataba de pronunciar y éste se vió obligado a exclamar: "¿Por qué maldeciré yo al que Dios no maldijo? ¿Y por qué he de execrar al que Jehová no ha execrado?" "Muera yo la muerte de los rectos, y mi postrimería sea como la suya." Números 23:8, 10. A continuación de haber ofrecido otro sacrificio, el profeta impío dijo: "He aquí, he recibido orden de bendecir; Él dió bendición, y no podré revocarla. No ha notado iniquidad en Jacob, ni ha visto perversidad en Israel. Jehová su Dios está con él, y es aclamado como rey." "Porque contra Jacob no hay agüero, ni adivinación contra Israel. Como ahora, será dicho de Jacob y de Israel: ¡Lo que ha hecho Dios!" Números 23:20, 21, 23. A pesar de todo se levantaron altares por tercera vez, y Balaam volvió a hacer un nuevo esfuerzo para maldecir a Israel. Pero, por los labios rebeldes del profeta, el Espíritu de Dios anunció la prosperidad de Su pueblo escogido y censuró la locura y maldad de sus enemigos: "¡Benditos los que te bendigan, y malditos los que te maldigan!" Números 24:9.

En aquel tiempo el pueblo de Israel era fiel a Dios; y mientras siguiera obedeciendo a Su ley, ningún poder de la tierra o del infierno había de prevalecer contra él. Pero la maldición que no se le permitió a Balaam pronunciar contra el pueblo de Dios, él al fin consiguió atraerla sobre dicho pueblo arrastrándolo al pecado. Al quebrantar Israel los mandamientos de Dios, se separó de Él y fue abandonado al poder del destructor.

Satanás sabe muy bien que el alma más débil, mientras que permanezca en Jesús, puede más que todas las huestes de las tinieblas, y que si él se presentase abiertamente se le haría frente y se le resistiría. Por esto trata de atraer a los soldados de la cruz fuera de protección, mientras que él mismo permanece con sus fuerzas en emboscada, listo para destruir a todos aquellos que se aventuren a entrar en su territorio. Sólo podemos estar seguros cuando confiamos humildemente en Dios y obedecemos todos Sus mandamientos.

Nadie que no ore puede estar seguro un solo día o una sola hora. Debemos sobre todo pedir al Señor que nos dé sabiduría para comprender Su Palabra. En ella es donde están puestas de manifiesto las mentiras del tentador y las armas con las cuales se le puede oponer con éxito. Satanás es muy hábil para citar las Santas Escrituras e interpretar pasajes a su modo, y así espera hacernos tropezar. Debemos estudiar la Biblia con humildad de corazón, sin perder jamás de vista nuestra dependencia de Dios. Y mientras estemos en guardia contra los engaños de Satanás debemos orar con fe diciendo: "No nos dejes caer en tentación."

CAPÍTULO 33

EL MISTERIO DE LA INMORTALIDAD

DESDE LOS TIEMPOS más lejanos de la historia del hombre, Satanás se esforzó por engañar a nuestra raza. El que había iniciado la rebelión en el cielo deseaba inducir a los habitantes de la tierra a que se uniesen con él en su lucha contra el gobierno de Dios. Adán y Eva habían sido perfectamente felices mientras obedecieron a la ley de Dios, y esto constituía un testimonio permanente contra el aserto que Satanás había hecho en el cielo, de que la ley de Dios era un instrumento de opresión y contraria al bien de Sus criaturas. Además, la envidia de Satanás se despertó al ver la hermosísima morada preparada para la inocente pareja. Decidió hacer caer a ésta para que, una vez separada de Dios y arrastrada bajo su propio poder, pudiese él apoderarse de la tierra y establecer allí su reino en oposición al Altísimo.

Si Satanás se hubiese presentado en su verdadero carácter, habría sido rechazado inmediatamente, pues Adán y Eva habían sido prevenidos contra este enemigo peligroso; pero Satanás trabajó en la obscuridad, ocultando su propósito a fin de poder realizar mejor sus fines. Valiéndose de la serpiente, que era entonces un ser de fascinadora apariencia, se dirigió a Eva, diciéndole: "¿Conque Dios os ha dicho: No comáis de todo árbol del huerto?" Génesis 3:1. Si Eva hubiese rehusado entrar en discusión con el tentador, se habría salvado; pero ella se aventuró a hablar con él y entonces fue víctima de sus artificios. Así es como muchas personas son aún vencidas. Dudan y discuten respecto a la voluntad de Dios, y en lugar de obedecer Sus mandamientos, aceptan teorías humanas que no sirven más que para disfrazar los engaños de Satanás.

"Y la mujer respondió a la serpiente: Del fruto de los árboles del huerto podemos comer; pero del fruto del árbol que está en medio del huerto dijo Dios: No comeréis de él, ni le tocaréis, para que no muráis. Entonces la serpiente dijo a la mujer: No moriréis; sino que sabe Dios que el día que comáis de él, serán abiertos vuestros ojos, y seréis como Dios, sabiendo el bien y el mal." Génesis 3:2-5. La serpiente declaró que se volverían como Dios, que tendrían más sabiduría que antes y que serían capaces de entrar en un estado superior de existencia. Eva cedió a la tentación, y por influjo suyo Adán fue inducido a pecar. Tanto él como ella aceptaron la declaración de la serpiente de que Dios no había querido decir lo que había dicho. Desconfiaron de su Creador y se imaginaron que les estaba limitando la libertad y que podían ganar mayor sabiduría y mayor elevación quebrantando Su ley.

Pero ¿cómo comprendió Adán, después de su pecado, el sentido de las palabras, "En el día que comieres de él de seguro morirás"? ¿Comprendió que significaba lo que Satanás le había inducido a creer, que iba a ascender a un grado más alto de existencia? De haber sido así, habría salido ganando con la transgresión, y Satanás habría resultado en el protector de la raza. Pero Adán comprobó que no era tal el sentido de la declaración divina. En castigo por su pecado, Dios sentenció al hombre a volver a la tierra de donde había sido tomado: "Polvo eres, y al polvo volverás." Génesis 3:19. Las palabras de Satanás: "vuestros ojos serán abiertos" resultaron ser verdad pero sólo del modo siguiente: después de que Adán y Eva hubieron desobedecido a Dios, sus ojos fueron abiertos y pudieron discernir su locura; conocieron entonces lo que era el mal y probaron el amargo fruto de la transgresión.

En medio del Edén crecía el árbol de la vida, cuyo fruto tenía el poder de perpetuar la vida. Si Adán hubiese permanecido obediente a Dios, habría seguido gozando de libre acceso a aquel árbol y habría vivido eternamente. Pero tan pronto pecó, quedó privado de comer del árbol de la vida y sujeto a la muerte. La sentencia divina: "Polvo eres, y al polvo volverás," entraña la extinción completa de la vida.

La inmortalidad prometida al hombre a condición de que obedeciera, se había perdido por la transgresión. Adán no podía transmitir a su posteridad lo que ya no poseía; y no habría quedado esperanza para la raza caída, si Dios, por medio de Su Hijo, no hubiese puesto la inmortalidad a su alcance. Al mismo tiempo que "la muerte alcanzó a todos los hombres, por cuanto todos pecaron", Cristo "sacó a luz la vida y la inmortalidad por medio del evangelio." Romanos 5:12; 2 Timoteo 1:10. Y sólo por mediación de Cristo puede obtenerse la inmortalidad. Jesús dijo: "El que cree en el Hijo, tiene vida eterna; mas el que rehusa creer en el Hijo, no verá la vida." Juan 3:36. Todo hombre puede adquirir un bien tan inestimable si consiente en someterse a las condiciones necesarias. Todos "los que, perseverando en hacer bien, buscan gloria y honra e inmortalidad," recibirán "la vida eterna." Romanos 2:7.

El único que prometió a Adán la vida en la desobediencia fue el gran seductor. Y la declaración de la serpiente a Eva en Edén – "No moriréis" – fue el primer sermón que haya sido jamás predicado sobre la inmortalidad del alma. Sin embargo, esta misma declaración, repercute desde los púlpitos de la Cristiandad, fundada únicamente en la autoridad de Satanás, y es recibida por la mayoría de los hombres con tanta prontitud como lo fue por nuestros primeros padres. A la divina sentencia: "El alma que peque, ésa morirá" (Ezequiel 18:20), se le da el sentido siguiente: El alma que peca, no morirá, sino que vivirá eternamente. No puede uno menos que maravillarse de la rara infatuación con que los hombres creen sin más ni más las palabras de Satanás y se muestran tan incrédulos a las palabras de Dios.

Si le hubiesen permitido al hombre, después de su caída, tener libre acceso al árbol de la vida, habría vivido para siempre, y el pecado se habría inmortalizado. Pero un querubín y una espada que arrojaba llamas guardaban "el camino del árbol de la vida" (Génesis 3:24), y a ningún miembro de la familia de Adán le ha sido permitido cruzar esta raya y participar de esa fruta de la vida. Por consiguiente no hay ni un solo pecador inmortal.

Después de la caída, Satanás ordenó a sus ángeles que hicieran un esfuerzo especial para inculcar la creencia de la inmortalidad natural del hombre; y después de haber inducido a la gente a aceptar este error, debían llevarla a la conclusión de que el pecador viviría en penas eternas. Por consiguiente el príncipe de las tinieblas, obrando por conducto de sus agentes, representa a Dios como un tirano vengativo, y declara que arroja al infierno a todos aquellos que no le agradan, que les hace sentir eternamente los efectos de Su ira, y que mientras ellos sufren tormentos indecibles en las llamas eternas, su Creador los mira satisfecho.

Así es como el gran enemigo reviste con sus propios atributos al Creador y Bienhechor de la humanidad. La crueldad es satánica. Dios es amor, y todo lo que Él creó era puro, santo y amable, hasta que el pecado fue introducido por el primer gran rebelde. Satanás es el enemigo del hombre que tienta y lo destruye si puede; y cuando se ha apoderado de su víctima se alegra de la ruina que ha causado. Si ello le fuese permitido prendería a toda la raza humana en sus redes. Si no fuese por la intervención del poder divino, ni hijo ni hija de Adán escaparían.

Hoy día Satanás está tratando de vencer a los hombres, como venció a nuestros primeros padres, debilitando su confianza en el Creador y llevándoles a dudar de la sabiduría de Su gobierno y de la justicia de Sus leyes. Satanás y sus emisarios representan a Dios como peor que ellos, para justificar su propia perversidad y su rebeldía. El gran seductor se esfuerza en atribuir su propia crueldad a nuestro Padre celestial, a fin de darse por muy perjudicado con su expulsión del cielo por no haber querido someterse a un soberano tan injusto. Presenta al mundo la libertad de que gozaría bajo su suave reino, en contraposición con la esclavitud impuesta por los severos decretos de Jehová. Es así como logra separar a las almas de la sumisión a Dios.

¡Qué repugnante a todo sentimiento de amor y de misericordia y hasta a nuestro sentido de justicia es la doctrina según la cual después de muertos los impíos son atormentados con fuego y azufre en un infierno que arde eternamente, y por los pecados de una corta vida terrenal deben sufrir tormentos por tanto tiempo como Dios viva! Sin embargo, esta doctrina ha sido enseñada universalmente y se encuentra aún incorporada en muchos de los credos de la Cristiandad. Un sabio teólogo sostuvo: "El espectáculo de los tormentos del infierno aumentará para siempre la dicha de los santos. Cuando vean a otros seres de la misma naturaleza que ellos y que nacieron en las mismas circunstancias, cuando los vean sumidos en semejante desdicha, mientras que ellos estén en tan diferente situación, sentirán en mayor grado el goce de su felicidad." Otro dijo lo siguiente: "Mientras que la sentencia de reprobación se esté llevando a efecto por toda la eternidad sobre los desgraciados que sean objeto de la ira, el humo de sus tormentos subirá eternamente también a la vista de los que sean objeto de misericordia, y que, en lugar de compadecerse de aquellos, exclamarán: ¡Amén! ¡Aleluya! ¡Alabad al Señor!"

¿En qué página de la Palabra de Dios se puede encontrar semejante enseñanza? ¿Los rescatados no sentirán acaso en el cielo ninguna compasión y ni siquiera un pequeño asomo de humanidad? ¿Serán esos sentimientos por ventura substituídos por la indiferencia del estoico o la crueldad del salvaje? No, no; Ésa no es la enseñanza del Libro de Dios. Los que presentan opiniones como las expresadas en las citas anteriores pueden ser sabios y aun hombres honrados; pero han sido engañados por los sofismas de Satanás. Él es quien los induce a desconfiar de las Sagradas Escrituras, dando al lenguaje Bíblico un tinte de amargura y malignidad que es propio de Satanás, pero no de nuestro Creador. "Vivo Yo, dice el Señor Jehová, que no Me complazco en la muerte del malvado, sino en que se vuelva el malvado de su camino, y viva. Volveos, volveos de vuestros malos caminos; ¿por qué queréis morir, oh casa de Israel?" Ezequiel 33:11.

¿Qué ganaría Dios con que creyéramos que Él se goza en contemplar los tormentos eternos, que se deleita en oír los gemidos, los gritos de dolor y las imprecaciones de las criaturas a quienes mantiene sufriendo en las llamas del infierno? ¿Pueden acaso esas horrendas disonancias ser música para los oídos de Aquél que es amor infinito? Dicen que esas penas sin fin que sufren los malos demuestran el odio de Dios hacia el pecado, ese mal tan funesto a la paz y al orden del universo. ¡Oh, qué horrible blasfemia! ¡Como si el odio que Dios tiene al pecado fuese motivo para eternizar el pecado! Pero según las enseñanzas de esos mismos teólogos, los tormentos continuos y sin esperanza de misericordia enfurecen sus miserables víctimas, que al manifestar su ira con juramentos y blasfemias, aumentan continuamente el peso de su culpabilidad. La gloria de Dios no obtiene realce con que se perpetúe el pecado a través de la eternidad.

No entendemos el enorme daño que ha producido la herejía de los tormentos eternos para los seres humanos. La religión de la Biblia, llena de amor y de bondad, y que abunda en compasión, resulta empañada por la superstición y revestida de terror. Cuando consideramos con cuán falsos colores Satanás pintó el carácter de Dios, ¿podemos maravillarnos de que se tema, y hasta se aborrezca a nuestro Creador misericordioso? Las ideas horribles que respecto a Dios han sido propagadas por el mundo desde el púlpito, han hecho miles y hasta millones de escépticos e incrédulos.

La teoría de las penas eternas es una de las falsas doctrinas que constituyen el vino de las abominaciones de Babilonia, del cual ella da de beber a todas las naciones. Apocalipsis 14:8; 17:2. Es verdaderamente inexplicable que los ministros de Cristo hayan aceptado esta herejía y la hayan proclamado desde el púlpito. La recibieron de Roma, como de Roma también recibieron el falso día de reposo. Es verdad que dicha herejía ha sido promulgada por hombres piadosos y eminentes, pero la luz sobre este asunto no les había sido dada como a nosotros. Eran responsables tan sólo por la luz que brillaba en su tiempo; nosotros tenemos que responder por la que brilla en nuestros días. Si nos alejamos del testimonio de la Palabra de Dios y aceptamos falsas doctrinas porque nuestros padres las enseñaron, caemos bajo la condenación pronunciada contra Babilonia; estamos bebiendo del vino de sus abominaciones.

Muchos quienes se irritan con la doctrina de los tormentos eternos se lanzan al error opuesto. Ven que las Santas Escrituras representan a Dios como un ser lleno de amor y compasión, y no pueden creer que haya de entregar Sus criaturas a las llamas de un infierno eterno. Pero, como creen que el alma es de por sí inmortal, no ven otra alternativa que sacar la conclusión de que toda la humanidad será finalmente salvada. Muchos son los que consideran las amenazas de la Biblia como destinadas tan sólo a intimidar a los hombres para que obedezcan y no como debiendo cumplirse literalmente. Así el pecador puede vivir en placeres egoístas, sin prestar atención alguna a lo que Dios exige de él, y esperar sin embargo que será recibido finalmente en Su gracia. Una doctrina como esta que especula con la misericordia divina, pero ignora Su justicia, agrada el corazón carnal y alienta a los malos en su iniquidad.

Basta citar sus propias declaraciones para mostrar cómo los que creen en la salvación universal tuercen el sentido de las Escrituras para sostener sus dogmas deletéreos para las almas. En los funerales de un joven irreligioso, muerto instantáneamente en una desgracia, un ministro Universalista escogió por texto de su discurso las siguientes palabras que se refieren a David: "Ya estaba consolado acerca de Amnón, que había muerto." 2 Samuel 13:39.

"A menudo me preguntan," dijo el orador, "cuál será la suerte de los que mueren en el pecado, tal vez en estado de embriaguez, o que mueren sin haber lavado sus vestiduras de las manchas ensangrentadas del crimen, o como este joven, sin haber hecho profesión religiosa ni tenido experiencia alguna en asuntos de religión. Nos contentamos con las Sagradas Escrituras; la contestación que nos dan al respecto ha de resolver tan tremendo problema. Amnón era pecador en extremo; era impenitente, se embriagó y fue muerto en ese estado. David era profeta de Dios; debía saber si Amnón se encontraba bien o mal en el otro mundo. ¿Cuales fueron las expresiones de su corazón? 'El rey David deseaba ver a Absalón; pues ya estaba consolado acerca de Amnón, que había muerto.' Versículo 39.

"¿Y qué debemos deducir de estas palabras? ¿No es acaso que los sufrimientos sin fin no formaban parte de su creencia religiosa? Así lo entendemos nosotros; y aquí encontramos un argumento triunfante en apoyo de la hipótesis más agradable, más luminosa y más benévola de la pureza y de la paz finales y universales. Se había consolado de la muerte de su hijo. ¿Y por qué? Porque podía con el ojo de la profecía echar una mirada hacia el glorioso estado, ver a su hijo muy alejado de todas las tentaciones, libertado y purificado de la esclavitud y corrupciones del pecado, y, después de haber sido suficientemente santificado e iluminado, admitido a la asamblea de espíritus superiores y dichosos. Su solo consuelo consistía en que su hijo amado al ser recogido del presente estado de pecado y padecimiento, había ido adonde el soplo sublime del Espíritu Santo sería derramado sobre su alma obscurecida; adonde su mente se desarrollaría con la sabiduría del cielo y con los dulces transportes del amor eterno, a fin de ser así preparado para gozar con una naturaleza santificada del descanso y de las glorias de la herencia eterna.

"Con esto queremos dar a entender que creemos que la salvación del cielo no depende en nada de lo que podamos hacer en esta vida, ni de un cambio actual de corazón, ni de una creencia actual ni de una profesión de fe religiosa."

Así es como este profeso ministro de Cristo reitera la mentira ya dicha por la serpiente en Edén: "No moriréis." "El día que comáis de él, serán abiertos vuestros ojos, y seréis como Dios." Génesis 3:4, 5. Afirma que los más vil pecadores – el homicida, el ladrón y el adúltero – serán preparados después de la muerte para gozar de la gloria eterna.

¿Y de dónde saca sus conclusiones este falseador de las Sagradas Escrituras? De una simple frase que expresa la sumisión de David a la dispensación de la Providencia. Su alma "deseó ver a Absalón: porque estaba consolado acerca de Amnón que era muerto." Al suavizarse con el andar del tiempo la aspereza de su aflicción, sus pensamientos se volvieron del hijo muerto al hijo vivo que se había desterrado voluntariamente por temor al justo castigo de su crimen. ¡Y esto es una evidencia de que el incestuoso y ebrio Amnón fue al morir llevado inmediatamente a la morada de los bienaventurados, para ser purificado y preparado allí para la sociedad de los ángeles inmaculados! ¡Una invención, por cierto, muy apropiada para satisfacer el corazón carnal! Es la doctrina del mismo Satanás y produce el efecto que él desea. ¿Es entonces de extrañar que con tales enseñanzas la iniquidad abunde?

La conducta de este falso maestro ilustra la de otros muchos. Desprenden de sus contextos unas cuantas palabras de las Sagradas Escrituras, por más que en muchos casos aquéllos encierren un significado contrario al que se les presta; y esos pasajes así aislados se tuercen y se emplean para probar doctrinas que no tienen ningún fundamento en la Palabra de Dios. El pasaje citado para probar que el borracho

Amnón está en el cielo, no pasa de ser sólo una conjetura, a la que contradice terminantemente la declaración llana y positiva de las Santas Escrituras de que los borrachos no poseerán el reino de Dios. 1 Corintios 6:10. Y así es como los que dudan, los incrédulos y los escépticos convierten la verdad en mentira. Y con tales sofismas se engaña a muchos y se los arrulla en la cuna de una seguridad carnal.

Si fuese cierto que las almas de todos los hombres van directamente al cielo en la hora de la disolución, entonces bien podríamos desear la muerte antes que la vida. Esta creencia ha inducido a muchas personas a poner fin a su existencia. Cuando está uno abatido por las perplejidades y los desengaños, por los cuidados, parece cosa fácil romper el delgado hilo de la vida y lanzarse hacia la bienaventuranza del mundo eterno.

Dios declara positivamente en Su Palabra que castigará a los transgresores de Su ley. Los que se halagan con la idea de que Dios es demasiado misericordioso para ejecutar Su justicia contra los pecadores, no tienen más que mirar a la cruz del Calvario. La muerte del inmaculado Hijo de Dios testifica que "la paga del pecado es muerte," que toda violación de la ley de Dios debe recibir su justa retribución. Cristo que era sin pecado se hizo pecado a causa del hombre. Cargó con la culpabilidad de la transgresión y sufrió tanto, cuando Su Padre apartó Su faz de Él, que Su corazón fue destrozado y Su vida aniquilada. Hizo todos esos sacrificios a fin de redimirnos. De ningún otro modo habría podido el hombre libertarse de la penalidad del pecado. Y toda alma que se niege a participar de la expiación conseguida a tal precio, debe cargar en su propia persona con la culpabilidad y con el castigo por la transgresión.

Consideremos lo que la Biblia enseña respecto a los impíos y a los que no se han arrepentido, y a quienes los Universalistas colocan en el cielo como santos y bienaventurados ángeles.

"Al que tenga sed, Yo le daré gratuitamente de la fuente del agua de la vida." Apocalipsis 21:6. Esta promesa es sólo para aquellos que tengan sed. Sólo aquellos que sienten la necesidad del agua de la vida y que la buscan a cualquier precio, la recibirán. "El que venza heredará todas las cosas, y

Yo seré su Dios, y él será Mi hijo." Apocalipsis 21:7. Aquí vemos como las condiciones están especificadas. Para heredar todas las cosas, debemos resistir al pecado y vencerlo.

El Señor declara por el profeta Isaías: "Decid al justo que le irá bien, . . . ¡Ay del impío! Mal le irá, porque según las obras de sus manos le será pagado." Isaías 3:10, 11. "Aunque el pecador haga mal cien veces, y prolongue sus días, con todo yo también sé que les irá bien a los que temen a Dios, los que temen ante Su presencia; y que no le irá bien al impío." Eclesiastés 8:12, 13. Y Pablo declara que el pecador se guarda "ira para el día de la ira y de la revelación, el cual pagará a cada uno conforme a sus obras:" "Tribulación y angustia sobre todo ser humano que obra el mal." Romanos 2:5, 6, 9.

"Ningún fornicario, o inmundo, o avaro, que es idólatra, tiene herencia en el reino de Cristo y de Dios." Efesios 5:5. "Seguid la paz con todos, y la santidad, sin la cual nadie verá al Señor." Hebreos 12:14. "Bienaventurados los que guardan Sus mandamientos, para que su potencia sea en el árbol de la vida, y que entren por las puertas en la ciudad. Mas los perros estarán fuera, y los hechiceros, y los disolutos, y los homicidas, y los idólatras, y cualquiera que ama y hace mentira." Apocalipsis 22:14, 15 (Reina Valera, Revisión de 1979).

Dios nos ha dado una declaración respecto de Su carácter y de Su modo de proceder con el pecador: "¡Jehová! ¡Jehová! fuerte, misericordioso y piadoso; tardo para la ira, y grande en misericordia y verdad; que guarda misericordia a millares, que perdona la iniquidad, la rebelión y el pecado, y que de ningún modo tendrá por inocente al malvado." Éxodo 34:6, 7. "Exterminará a todos los impíos." Salmos 145:20. "Mas los transgresores serán todos a una destruídos; la posteridad de los impíos será extinguida." Salmos 37:38. El poder y la autoridad del gobierno de Dios serán empleados para vencer la rebelión; sin embargo, todas las manifestaciones de Su justicia retributiva estarán perfectamente en armonía con el carácter de Dios, de un Dios misericordioso, paciente y benévolo.

Dios no fuerza la voluntad ni el juicio de nadie. No se complace en la obediencia servil. Quiere que las criaturas salidas de sus manos le amen porque Él es digno de amor. Quiere que le obedezcan porque aprecian debidamente Su sabiduría, Su justicia y Su bondad. Y todos los que tienen justo concepto de estos atributos le amarán porque serán atraídos a Él por la admiración de Sus cualidades.

Los principios de bondad, misericordia y amor enseñados y puestos en práctica por nuestro Salvador son una fiel imitación de la voluntad y del carácter de Dios. Cristo declaró que no enseñaba nada que no hubiese recibido de Su Padre. Los principios del gobierno divino se armonizan perfectamente con el precepto del Salvador: "Amad a vuestros enemigos." Dios ejecuta Su justicia sobre los malos para el bien del universo, y hasta para el bien de aquellos sobre quienes recaen Sus juicios. Él quisiera hacerlos felices, si pudiera hacerlo de acuerdo con las leyes de Su gobierno y la justicia de Su carácter. Extiende hasta ellos las manifestaciones de Su amor, les concede el conocimiento de Su ley y los persigue con las ofertas de Su misericordia; pero ellos desprecian Su amor, invalidan Su ley y rechazan Su misericordia. Por más que reciben continuamente Sus dones, deshonran al Creador; aborrecen a Dios porque saben que Él aborrece sus pecados. El Señor aguanta por mucho tiempo sus perversidades; pero la hora decisiva llegará al fin y entonces su suerte quedará resuelta. ¿Encadenará Él entonces estos rebeldes a Su lado? ¿Los obligará a hacer Su voluntad?

Los que han escogido a Satanás por jefe, y que se han puesto bajo su poder, no están preparados para entrar en la presencia de Dios. El engaño, la impureza, el orgullo, la crueldad se han arraigado en sus caracteres. ¿Pueden entonces entrar en el cielo para morar eternamente con aquellos a quienes despreciaron y odiaron en la tierra? La verdad no agradará nunca al mentiroso; la mansedumbre no satisfará jamás a la vanidad y al orgullo; la pureza no será aceptada por el disoluto; el amor desinteresado no tiene atractivo para el egoísta. ¿Qué goces podría ofrecer el cielo a los que están completamente absorbidos en los intereses egoístas de la tierra?

¿Acaso podrían aquellos que han pasado su vida en rebelión contra Dios ser transportados de pronto al cielo y contemplar el alto y santo estado de perfección que allí se ve, donde toda alma rebosa de amor, todo semblante irradia alegría, la música arrobadora se eleva en acordes melodiosos en honor a Dios y al Cordero, y brotan raudales de luz del rostro de Aquél que está sentado en el trono e inundan a los redimidos? ¿Podrían acaso aquellos cuyos corazones están llenos de odio hacia Dios y a la verdad y a la santidad alternar con las huestes celestiales y unirse a sus cantos de alabanza? ¿Podrían tolerar la gloria de Dios y del Cordero? No, no; años de prueba les fueron concedidos para que pudiesen formar caracteres para el cielo; pero nunca se acostumbraron a amar lo que es puro; nunca aprendieron el lenguaje del cielo, y ya es demasiado tarde. Una vida de rebelión contra Dios los ha imposibilitados para el cielo. La pureza, la santidad y la paz que reinan allí serían para ellos un tormento; la gloria de Dios, un fuego consumidor. Desearían huir de aquel santo lugar. Ansiarían que la destrucción los cubriese de la faz de Aquél que murió para redimirlos. La suerte de los malos queda determinada por la propia elección de ellos. Su exclusión del cielo es un acto de su propia voluntad y un acto de justicia y misericordia por parte de Dios.

Lo mismo que las aguas del Diluvio, las llamas del gran día proclaman el veredicto de Dios de que los malos son incurables. Ellos no tienen ninguna disposición para someterse a la autoridad divina. Han ejercitado su voluntad en la rebeldía; y cuando termine la vida será demasiado tarde para torcer la corriente de sus pensamientos en sentido opuesto, demasiado tarde para volverse de la transgresión hacia la obediencia, del odio hacia el amor.

Al perdonarle la vida a Caín el homicida, Dios dió al mundo un ejemplo de lo que sucedería si le fuese permitido al pecador seguir llevando una vida de iniquidad sin freno. La influencia de las enseñanzas y de la conducta de Caín arrastraron al pecado a multitudes de sus descendientes, hasta "que la maldad de los hombres era mucha en la tierra, y que todo designio de los pensamientos del corazón de ellos era de continuo solamente el mal." "Y se corrompió la tierra delante de Dios, y estaba llena de violencia." Génesis 6:5, 11.

Fue por misericordia para con el mundo por lo que Dios barrió los habitantes de él en tiempo de Noé. Fue también por misericordia por lo que destruyó a los habitantes corrompidos de Sodoma. Debido al poder engañador de Satanás, los obreros de iniquidad consiguen simpatía y admiración y arrastran a otros a la rebelión. Así sucedió en días de Caín y de Noé, como también en tiempo de Abraham y de Lot; y así sucede en nuestros días. Por misericordia para con el universo destruirá Dios finalmente a los que desprecien Su gracia.

"La paga del pecado es muerte, mas la dádiva de Dios es vida eterna en Cristo Jesús Señor nuestro." Romanos 6:23. Mientras la vida es la heredad de los justos, la muerte es la porción de los impíos. Moisés declaró a Israel: "Mira, yo he puesto delante de ti hoy la vida y el bien, la muerte y el mal." Deuteronomio 30:15. La muerte de la cual se habla en este pasaje no es aquella a la que fue condenado Adán, pues toda la humanidad sufre la penalidad de su transgresión. Es la "muerte segunda," puesta en contraste con la vida eterna.

Por consecuencia del pecado de Adán, la muerte pasó a toda la raza humana. Todos por igual descendemos a la tumba. Y debido a las disposiciones del plan de salvación, todos saldrán de los sepulcros. "Ha de haber resurrección de los muertos, tanto de justos, como de injustos." Hechos 24:15. "Porque así como en Adán todos mueren, también en Cristo todos serán vivificados." 1 Corintios 15:22. Pero queda sentada una distinción entre las dos clases que serán resucitadas. "Todos los que están en los sepulcros oirán Su voz; y los que hicieron lo bueno, saldrán a resurrección de vida; mas los que hicieron lo malo, a resurrección de condenación." Juan 5:28, 29. Los que hayan sido "tenidos por dignos" de resucitar para la vida son llamados "dichosos y santos." "La segunda muerte no tiene potestad sobre éstos." Apocalipsis 20:6. Pero aquellos que no hayan asegurado para sí el perdón, por medio del arrepentimiento y de la fe, recibirán el castigo señalado a la transgresión: "la paga del pecado." Sufrirán un castigo de duración e intensidad diversas "según sus obras," pero que terminará finalmente en la segunda muerte. Como Dios no puede salvar al pecador en sus pecados, en conformidad con Su justicia y con Su misericordia, le priva de la existencia misma que sus transgresiones tenían ya comprometida y de la que se ha mostrado indigno. Un escritor inspirado dice: "Pues de aquí a poco no existirá el malvado; observarás su lugar, y ya no estará allí." Salmos 37:10. Y otro dice: "Serán como si no hubieran sido." Abdías 16. Cubiertos de infamia, caerán en irreparable y eterno olvido.

Así se pondrá fin al pecado y a toda la desolación y las ruinas que de él procedieron. El salmista dice: "Reprendiste a las naciones, destruiste al malo, borraste el nombre de ellos eternamente y para siempre. Los enemigos han perecido; han quedado desolados para siempre." Salmos 9:5, 6. Juan, el apóstol, al echar una mirada hacía la eternidad, oyó un himno universal de alabanzas que no era interrumpido por ninguna disonancia. Oyó a todas las criaturas del cielo y de la tierra que le daban gloria a Dios. Apocalipsis 5:13. No habrá entonces almas perdidas que blasfemen a Dios retorciéndose en tormentos sin fin, ni seres infortunados que desde el infierno unan sus gritos de espanto a los himnos de los elegidos.

En el error fundamental de la inmortalidad natural, se encuentra la doctrina del estado consciente de los muertos, doctrina que, como la de los tormentos eternos, está opuesta a las enseñanzas de las Sagradas Escrituras, a los dictados de la razón y a nuestros sentimientos de humanidad. Según la creencia popular, los redimidos en el cielo están al tanto de todo lo que pasa en la tierra, y especialmente de lo que les pasa a los amigos que dejaron atrás. ¿Pero cómo podría ser fuente de dicha para los muertos el tener conocimiento de las aflicciones y congojas de los vivos, ver los pecados cometidos por aquellos a quienes aman e inclusive verlos sufrir todas las penas, desilusiones y angustias de la vida? ¿Cuánto podrían gozar de la bienaventuranza del cielo los que revolotean alrededor de sus amigos en la tierra? ¡Y cuán repulsiva es la creencia de que, apenas exhalado el último suspiro, el alma del pecador es arrojada a las llamas del infierno! ¡En qué abismos de dolor no deben sumirse los que ven a sus amigos bajar a la tumba sin preparación para entrar en una eternidad de pecado y de dolor! Muchos han sido arrastrados a la locura por este horrible pensamiento que los atormentara. ¿Qué dicen las Sagradas Escrituras sobre este tema? David declara que el hombre no es consciente en la muerte: "Expira, y vuelve a la tierra; en ese mismo día perecen sus proyectos." Salmos 146:4. Salomón da el mismo testimonio: "Porque los que viven saben que han de morir; pero los muertos nada saben, . . . También su amor y su odio y su envidia fenecieron ya; y nunca más tendrán parte en todo lo que se hace debajo del sol." "En el Seol, adonde vas, no hay obra, ni trabajo, ni ciencia, ni sabiduría." Ecclesiastés 9:5, 6, 10.

Cuando, en respuesta a sus oraciones, la vida de Ezequías fue prolongada por quince años, el rey agradecido, tributó a Dios alabanzas por Su gran misericordia. En su canto, dice por qué se alegraba: "Porque el Seol no te exaltará, ni te alabará la muerte; ni pueden los que descienden al sepulcro esperar en tu verdad. El que vive, el que vive, éste te dará alabanza, como yo hoy." Isaías 38:18, 19. La teología moderna presenta a los justos que fallecen como si estuvieran en el cielo gozando de la bienaventuranza y alabando a Dios con lenguas inmortales, pero Ezequías no veía tan gloriosa perspectiva en la muerte. Sus palabras concuerdan con el testimonio del salmista: "Porque en la muerte no queda recuerdo de ti; en el Seol, ¿quién te alabará?" Salmos 6:5. "No alabarán los muertos a JAH, ni cuantos descienden al silencio." Salmos 115:17.

En el día de Pentecostés, Pedro declaró que el patriarca David "murió y fue sepultado, y su sepulcro está entre nosotros hasta el día de hoy." "Porque David no subió a los cielos." Hechos 2:29, 34. El hecho de que David este tendido en el sepulcro hasta el día de la resurrección, prueba que los justos no van al cielo cuando mueren. Es sólo mediante la resurrección, y en virtud y como consecuencia de la resurrección de Cristo por lo cual David podrá finalmente sentarse a la diestra de Dios.

Y Pablo dice: "Porque si los muertos no resucitan, tampoco Cristo resucitó; y si Cristo no resucitó, vuestra fe es vana; aún estáis en vuestros pecados. Entonces también los que durmieron en Cristo, han perecido." 1 Corintios 15:16-18. Si desde hace cuatro mil años los justos al morir hubiesen ido directamente al cielo, ¿cómo habría podido decir Pablo que si no hay resurrección, "también los que durmieron en Cristo, han perecido?" No hubiese necesidad de resurrección.

El mártir Tyndale, refiriéndose al estado de los muertos, declaró: "Confieso francamente que no estoy convencido de que ellos gocen ya de la plenitud de gloria en que se encuentran Dios y los ángeles elegidos. Ni es tampoco artículo de mi fe; pues si así fuera, entonces no puedo menos que ver que sería vana la predicación de la resurrección de la carne." –Guillermo Tyndale, en el prólogo de su traducción del Nuevo Testamento, reimpreso en *British Reformers – Tindal, Firth, Barnes,* pág. 349.

Es una realidad incontestable que la esperanza de pasar al morir a la felicidad eterna ha llevado a un descuido general de la doctrina bíblica de la resurrección. Esta tendencia ha sido notada por el Dr. Adán Clarke, quien escribió: "¡La doctrina de la resurrección parece haber sido mirada por los Cristianos como si tuviera una importancia mucho mayor que la que se le concede *hoy!* ¿Cómo es eso? Los apóstoles insistían siempre en ella y por medio de ella incitaban a los discípulos de Cristo a que fuesen diligentes, obedientes y de buen ánimo. Pero sus sucesores actuales casi nunca la mencionan. Tal la predicación de los apóstoles, y tal la fe de los primitivos Cristianos; tal nuestra predicación y tal la fe de los que nos escuchan. No hay doctrina en la que el evangelio insista más; y no hay doctrina que la predicación de nuestros días trate con mayor descuido." –*Commentary on the New Testament,* tomo II, comentario general de 1 Corintios 15, pág. 3.

Y así continuaron las cosas hasta resultar en que la gloriosa verdad de la resurrección quedó casi completamente obscurecida y perdida de vista por el mundo Cristiano. Un escritor religioso autorizado, comentando sobre las palabras de Pablo en 1 Tesalonicenses 4:13-18, dice: "Para todos los fines prácticos de consuelo, la doctrina de la inmortalidad bienaventurada de los justos reemplaza para nosotros cualquier doctrina dudosa de la segunda venida del Señor. Cuando morimos es cuando el Señor viene a buscarnos. Eso es lo que tenemos que esperar y para lo que debemos estar precavidos. Los muertos ya han entrado en la gloria. Ellos no esperan el sonido de la trompeta para comparecer en juicio y entrar en la bienaventuranza."

Pero cuando Jesús estaba a punto de dejar a Sus discípulos, no les dijo que irían pronto a reunirse con Él: "Voy, pues, a preparar lugar para vosotros. Y si Me voy y os preparo lugar, vendré otra vez, y os tomaré conmigo." Juan 14:2, 3. Y Pablo nos dice además que "el Señor mismo con voz de mando, con voz de arcángel, y con trompeta de Dios, descenderá del cielo; y los muertos en Cristo resucitarán primero. Luego nosotros los que vivamos, los que hayamos quedado, seremos arrebatados juntamente con ellos en las nubes para salir al encuentro del Señor en el aire, y así estaremos siempre con el Señor. Por tanto, alentaos los unos a los otros con estas palabras." 1 Tesalonicenses 4:16-18. ¡Qué contraste tan grande existe entre estas palabras de consuelo y las del ministro Universalista citadas anteriormente! El escritor religioso consolaba a los amigos en duelo con la seguridad de que por pecaminoso que hubiese sido el fallecido, apenas hubo exhalado su último suspiro, fue recibido entre los ángeles. Pablo recuerda a sus hermanos la futura venida del Señor, cuando las losas de las tumbas serán rotas y "los muertos en Cristo" resucitarán para la vida eterna.

Antes de entrar en la mansión de los bienaventurados, todos deben ser examinados respecto a su vida; su carácter y sus actos deben ser revisados por Dios. Todos deben ser juzgados de acuerdo a lo escrito en los libros y recompensados según hayan sido sus obras. Este juicio no se verifica en el momento de la muerte. Fíjense en las palabras de Pablo: "Por cuanto ha establecido un día en el cual va a juzgar al mundo con justicia por aquel varón a quien designó dando fe a todos con haberle levantado de los muertos." Hechos 17:31. El apóstol enseña aquí lisa y llanamente que cierto momento, entonces por venir, había sido fijado para el juicio del mundo.

El apóstol Judas nos habla de ese mismo momento cuando dice: "A los ángeles que no guardaron su dignidad, sino que abandoñaron su propia morada, los ha guardado bajo oscuridad, en prisiones eternas, para el juicio del gran día."

Judas 6. Y luego cita las palabras de Enoc: "He aquí, vino el Señor con sus santas decenas de millares, para hacer juicio contra todos." Judas 14, 15. También Juan declara que vió a "los muertos, grandes y pequeños, de pie delante de Dios; y los libros fueron abiertos, . . . y fueron juzgados los muertos por las cosas que estaban escritas en los libros." Apocalipsis 20:12.

Pero si los muertos están ya gozando de la gloria del cielo o están sufriendo en las llamas del infierno, ¿qué necesidad hay de un juicio venidero? Las enseñanzas de la Palabra de Dios respecto a estos importantes puntos no son obscuras ni contradictorias; una inteligencia mediana puede entenderlas. ¿Pero qué mente imparcial puede encontrar sabiduría o justicia en la teoría corriente? ¿Recibirán acaso los justos después del examen de sus vidas en el día del juicio, esta alabanza: "Bien, siervo bueno y fiel; . . . *entra* en el gozo de tu Señor," cuando ya habrán estado habitando con Él tal vez durante siglos? Mateo 25:21. ¿Se sacará a los malos del lugar de tormento para hacerles oír la siguiente sentencia del juez de toda la tierra? "Apartaos de Mí, malditos, al fuego eterno." Mateo 25:41. ¡Qué burla tan solemne! ¡Vergonzosa ofensa inferida a la sabiduría y justicia de Dios!

La teoría de la inmortalidad del alma fue una de las falsas doctrinas que Roma recibió del paganismo para incorporarla en el Cristianismo. Martín Lutero la clasificó entre "las fábulas monstruosas que forman parte del estercolero Romano" de las decretales. E. Petavel, *Le Probléme de l'Immortalité,* tomo 2, pág. 77. Comentando sobre las palabras de Salomón, en el Eclesiastés, de que los muertos no saben nada, el Reformador dice: "Otra prueba de que los muertos son . . . insensibles. Salomón piensa que los muertos están dormidos y no sienten absolutamente nada. Pues los muertos descansan, sin contar ni los días ni los años; pero cuando se despierten les parecerá como si apenas hubiesen dormido un momento." –Lutero, *Exposition of Solomon's Booke Called Ecclesiastes,* pág. 152.

En ningún pasaje de las Santas Escrituras se encuentra una declaración de que los justos reciban su recompensa y los malos su castigo en el momento de la muerte. Los patriarcas y los profetas no dieron tal seguridad. Cristo y Sus apóstoles no la mencionaron nunca. La Biblia enseña claramente que los muertos no van inmediatamente al cielo. Se les representan como si estuvieran durmiendo hasta el día de la resurrección. 1 Tesalonicenses 4:14; Job 14:10-12. El día mismo en que se corta el cordón de plata y se quiebra el tazón de oro, perecen los pensamiento de los hombres. Eclesiastés 12:6. Los que bajan a la tumba permanecen en el silencio. Nada saben de lo que pasa en el mundo. Job 14:21. ¡Descanso bendito para los exhaustos justos! Largo o corto, el tiempo no les parecerá más que un momento. Duermen hasta que la trompeta de Dios los despierte para entrar en una gloriosa inmortalidad. "Porque se tocará la trompeta, y los muertos serán resucitados incorruptibles, . . . Porque es menester que esto corruptible sea vestido de incorrupción, y esto mortal sea vestido de inmortalidad. Y cuando esto corruptible se haya vestido de incorrupción, y esto mortal se haya vestido de inmortalidad, entonces se cumplirá la palabra que está escrita: ¡Sorbida es la muerte con victoria!" 1 Corintios 15:52-54. En el momento en que despierten de su profundo sueño, reanudarán el curso de sus pensamientos interrumpidos por la muerte. La última sensación fue la angustia de la muerte. El último pensamiento era el de que caían bajo el poder del sepulcro. Al levantarse de la tumba, su primer alegre pensamiento se expresará en el hermoso grito de triunfo: "¿Dónde está, oh muerte, tu victoria? ¿Dónde está, oh sepulcro, tu aguijón?" 1 Corintios 15:55.

CAPÍTULO 34

¿Qué Ocurre Después de la Muerte?

LA OBRA MINISTRADORA de los ángeles celestiales, como ha sido presentada en las Santas Escrituras, es una verdad de las más alentadoras y de las más preciosas para todo discípulo de Cristo. Pero la enseñanza de la Biblia sobre este punto ha sido obscurecida y pervertida por los errores de la teología popular. La doctrina de la inmortalidad natural, tomada en un principio de la filosofía pagana e incorporada a la fe Cristiana en los tiempos tenebrosos de la gran apostasía, ha suplantado la verdad claramente enseñada por la Santa Escritura, de que "los muertos nada saben." Miles de personas han llegado a creer que los espíritus de los muertos son los "espíritus ministradores, enviados para hacer servicio a favor de los que han de heredar la salvación." Y esto a pesar del testimonio de las Santas Escrituras respecto a la existencia de los ángeles celestiales y a la relación que ellos tienen con la historia humana desde antes que hubiese muerto hombre alguno.

La doctrina de que el hombre se queda consciente en la muerte, y la creencia de que los espíritus de los muertos vuelven para servir a los vivos, preparó el camino para el espiritismo actual. Si los muertos son admitidos a la presencia de Dios y de los santos ángeles y si son favorecidos con conocimientos que superan en mucho a los que poseían anteriormente, ¿por qué no vuelven a la tierra para iluminar y enseñar a los vivos? Si los espíritus de los muertos se ciernen en torno de sus amigos en la tierra, como lo enseñan los teólogos populares, ¿por qué no se les permite comunicarse con ellos para prevenirlos del mal o para consolarlos en sus penas? ¿Cómo podrán los que creen en el estado consciente de los muertos rechazar lo que les viene cual luz divina comunicada por espíritus glorificados? Aquí tenemos un medio de comunicación considerado sagrado, del que Satanás se vale para cumplir sus propósitos. Los ángeles malvados que ejecutan sus órdenes se presentan como mensajeros del mundo de los espíritus. Al mismo tiempo que el príncipe del mal asegura poner a los vivos en comunicación con los muertos, practica también su influencia fascinadora sobre las mentes de aquellos.

Satanás puede evocar ante los hombres la apariencia de sus amigos fallecidos. La imitación es perfecta; los rasgos familiares, las palabras y el tono son reproducidos con una exactitud impresionante. Muchas personas se consuelan con la seguridad de que sus seres queridos están gozando de las delicias del cielo; y dan oídos a "espíritus seductores, y a enseñanzas de demonios," sin sospechar ningún peligro.

Después que Satanás ha hecho creer a esas personas que los muertos vuelven en realidad a comunicarse con ellos, hace aparecer a seres humanos que murieron sin preparación espiritual. Estos aseguran que son felices en el cielo y hasta que ocupan allí elevados puestos, y así propaga el error de que no se hace diferencia entre los justos y los injustos. Esos supuestos visitantes del mundo de los espíritus dan a veces avisos y advertencias que resultan exactos. Luego que se han ganado la confianza, presentan doctrinas que de hecho destruyen la fe en las Santas Escrituras. Aparentando profundo interés por el bienestar de sus amigos en la tierra, insinúan los errores más peligrosos. El hecho de que pueden a veces anunciar acontecimientos y que dicen algunas verdades, da a sus testimonios una apariencia de credibilidad; y sus falsas enseñanzas son aceptadas por las multitudes con tanta diligencia y creídas tan a ciegas, como si se tratara de las verdades más sagradas de la Biblia. Rechazan la ley de Dios, desprecian al Espíritu de gracia y se considera la sangre de la alianza como cosa profana. Los espíritus niegan la divinidad de Cristo y hasta ponen al Creador en igual nivel que ellos mismos. Bajo este nuevo disfraz el gran rebelde continúa llevando adelante la guerra que empezó en el cielo y que se prosigue en la tierra desde hace unos seis mil años.

Muchos tratan de explicar las manifestaciones

espiritistas atribuyéndolas por completo al fraude y a juego de manos de los médiums. Pero, si bien es cierto que muchas veces se han hecho pasar tramperías por verdaderas manifestaciones, no deja de haber habido también manifestaciones de poder sobrenatural. Los llamamientos misteriosos con que empezó el espiritismo moderno no fueron resultado de los engaños o de la astucia humana, sino obra directa de ángeles malos, que introdujeron así una de las mentiras más eficaces para la destrucción de las almas. Muchos hombres serán entrampados por la creencia de que el espiritismo es solamente una impostura humana; pero cuando sean puestos en presencia de manifestaciones cuyo carácter sobrenatural no pueda negarse, serán seducidos y obligados a aceptarlas como revelación del poder divino.

Estas personas no toman en cuenta el testimonio de las Santas Escrituras respecto a los milagros de Satanás y de sus agentes. No fue sino mediante la ayuda de Satanás que los sabios y hechiceros de Faraón pudieron imitar la acción de Dios. Pablo declara que antes de la segunda venida de Cristo habrá manifestaciones semejantes del poder satánico. La venida del Señor debe ser precedida de la "actuación de Satanás, con todo poder, y con señales, y prodigios mentirosos, y con todo engaño de iniquidad." 2 Tesalonicenses 2:9, 10. Y el apóstol Juan, relatando el poder milagroso que se ha de dar a conocer en los últimos días, declara: "Hace grandes señales, de tal manera que aun hace descender fuego del cielo a la tierra en presencia de los hombres Y engaña a los moradores de la tierra a causa de las señales que se le ha permitido hacer." Apocalipsis 13:13, 14. Lo que se predice aquí no es una simple impostura. Los hombres serán engañados por los milagros que los agentes de Satanás no sólo pretenderán hacer, sino que de hecho tendrán poder para realizar.

El príncipe de las tinieblas, que por tanto tiempo ha estado empleando los poderes de su inteligencia superior en la obra de engaño, adapta hábilmente sus tentaciones a los hombres de todas las clases y condiciones. A las personas cultas y refinadas les presenta el espiritismo bajo sus aspectos más delicados e intelectuales, y así consigue atraer a muchos a sus redes. La sabiduría que comunica el espiritismo es la que describe el apóstol Santiago, la cual "no es la que desciende de lo alto, sino terrenal, natural, diabólica." Santiago 3:15. Y es esto, precisamente, lo que encubre el gran seductor cuando el silencio es lo que más conviene a sus fines. El que pudo aparecer ante Cristo para tentarle en el desierto, vestido con el brillo de celestiales serafines, suele presentarse también a los hombres del modo más atractivo, como si fuera un ángel de luz. Recurre a la razón por la presentación de temas elevados; deleita los sentidos con escenas que cautivan y conquistan los afectos por medio de imágenes elocuentes de amor y caridad. Excita la imaginación en sublimes arrebatos e induce a los hombres a enorgullecerse tanto de su propia sabiduría, que en el fondo de su corazón desprecian al Dios eterno. Ese ser poderoso que pudo transportar al Redentor del mundo a un altísimo monte y poner ante Su vista todos los reinos y la gloria de la tierra, presentará sus tentaciones a los hombres y pervertirá los sentidos de todos los que no estén protegidos por el poder divino.

Satanás seduce hoy día a los hombres como sedujo a Eva en el Edén, halagándolos, animando en ellos el deseo de conocimientos prohibidos y despertando en ellos la ambición de exaltarse a sí mismos. Fue alimentando esos males cómo cayó él mismo, y por ellos trata de acarrear la ruina de los hombres. "Y seréis como Dios, sabiendo el bien y el mal." Génesis 3:5. El espiritismo enseña "que el hombre es un ser susceptible de adelanto; que su destino consiste en progresar desde su nacimiento, aun hasta la eternidad, hacia la divinidad." Y también que "cada inteligencia se juzgará a sí misma y no será juzgada por otra." "El juicio será justo, porque será el juicio que uno haga de sí mismo . . . El tribunal está interiormente en vosotros." Un maestro espiritista dijo, cuando "la conciencia espiritual" se despertó en él: "Todos mis semejantes erán semidioses no caídos." Y otro dice: "Todo ser justo y perfecto es Cristo."

De esta manera, en lugar de la justicia y perfección del Dios infinito que es el verdadero objeto de la adoración; en lugar de la justicia perfecta de la ley, que es el verdadero modelo de la perfección humana, Satanás ha colocado la naturaleza pecadora del hombre sujeto al error, como único objeto de adoración, única regla del juicio o modelo del carácter. Eso no es progreso, sino retroceso.

Hay una ley de la naturaleza intelectual y espiritual según la cual cambiamos nuestro ser mediante la contemplación. La inteligencia se acomoda gradualmente a los asuntos en que se ocupa. Se asimila lo que se acostumbra a amar y a reverenciar. Jamás se elevará el hombre a mayor altura que al de su ideal de pureza, de bondad o de verdad. Si se considera a sí mismo como el ideal más sublime, jamás llegará a cosa más exaltada. Caerá más bien en bajezas siempre mayores. Sólo la gracia de Dios puede elevar al hombre. Su conducta empeorará inevitablemente, si depende de sus propios recursos.

A los amigos del placer, a los indulgentes consigo mismos, a los sensuales, el espiritismo se presenta bajo un disfraz menos sutil que cuando se presenta a gente más refinada e intelectual. En sus formas groseras, aquellos encuentran lo que está en armonía con sus inclinaciones. Satanás estudia todos los síntomas de la fragilidad humana, se fija en los pecados que cada hombre está inclinado a cometer, y cuida luego de que no falten ocasiones para que las tendencias hacia el mal sean satisfechas. Tienta a los hombres para que se excedan en cosas que son legítimas en sí mismas, a fin de que la intemperancia debilite sus fuerzas físicas y sus energías mentales y morales. Ha hecho morir y está haciendo morir a miles de personas por la satisfacción de las pasiones, embruteciendo así la naturaleza humana. Y para completar su obra, declara por intermedio de los espíritus, que "el verdadero conocimiento coloca a los hombres por encima de toda ley;" que "cualquier cosa que sea, es buena;" que "Dios no condena;" y que "todos los pecados que se cometen se cometen sin envolver culpabilidad alguna." Cuando la gente es persuadida a creer que el deseo es ley suprema, que el hombre no es responsable más que ante sí mismo, y que la libertad es licencia, ¿quién puede admirarse de que la corrupción y la depravación abunden por todas partes? Las multitudes aceptan ansiosamente las enseñanzas que les dan libertad para obedecer los impulsos carnales. Se da rienda suelta a la lujuria y el hombre pierde el control sobre sí mismo; las facultades del espíritu y del alma son sometidas a los más bestiales apetitos, y Satanás prende alegremente en sus redes a millares de personas que profesan ser discípulos de Cristo.

Pero nadie tiene por qué dejarse confundir por los asertos engañosos del espiritismo. Dios nos ha dado luz suficiente para que podamos descubrir la trampa. Como ya lo hemos visto, la teoría que constituye el fundamento mismo del espiritismo está en plena contradicción con las declaraciones más terminantes de las Santas Escrituras. La Biblia declara que los muertos no saben nada, que sus pensamientos han terminado; no tienen parte en nada de lo que se hace bajo el sol; no saben nada de las dichas ni de las penas de los que les eran más amados en la tierra.

Dios ha prohibido expresamente toda supuesta comunicación con los espíritus de los muertos. En tiempo de los Hebreos había una clase de personas que pretendía, como los espiritistas de hoy en día, sostener comunicaciones con los muertos. Pero la Biblia declara que los "espíritus," como se solía llamar a los visitantes de otros mundos, son "espíritus de demonios." (Compárese Números 25:1-3; Salmo 106:28; 1 Corintios 10:20; Apocalipsis 16:14.) La costumbre de tratar con espíritus o adivinos fue declarada abominación por el Señor y era solemnemente prohibida con pena de muerte. Levítico 19:31; 20:27. Aun el nombre de la hechicería es objeto de desprecio en la actualidad. El aserto de que los hombres pueden tener comunicación con malos espíritus es considerado como una fábula de la Edad Media. Pero el espiritismo, que cuenta con miles y hasta con millones de adherentes, que ha invadido iglesias, que se ha abierto camino entre las sociedades científicas, y que ha sido acogido con favor entre los cuerpos legislativos y hasta en las cortes de los reyes – este engaño colosal no es más que la reaparición, bajo un nuevo disfraz, de la hechicería condenada y prohibida en la antigüedad.

Si no existiera otra evidencia con respecto a la naturaleza real del espiritismo, debería bastar a todo Cristiano el hecho de que los espíritus no hacen ninguna diferencia entre lo que es pecado y lo que es justo, entre el más noble y puro de los apóstoles de Cristo y los más degradados servidores de Satanás. Al representar al hombre mas vil como si estuviera altamente exaltado en el cielo, es como si Satanás declarara al mundo: "No importa cuán malos seáis; no importa que creáis o no en Dios y en la Biblia. Vivid como gustéis, que el cielo es vuestro hogar." Los maestros espiritistas declaran virtualmente: "Cualquiera que hace mal agrada a Jehová, y en los tales se complace; o si no, ¿dónde está el Dios del juicio?" Malaquías 2:17. La Palabra de Dios dice: "¡Ay de los que al mal llaman bien, y al bien, mal; que hacen de la luz tinieblas, y de las tinieblas luz; que ponen lo amargo por dulce, y lo dulce por amargo!" Isaías 5:20.

Esos espíritus mentirosos representan a los apóstoles como contradiciendo lo que escribieron bajo la inspiración del Espíritu Santo durante su permanencia en la tierra. Niegan el origen divino de la Biblia, anulan así el fundamento de la esperanza Cristiana y apagan la luz que revela el camino hacia el cielo. Satanás hace creer al mundo que la Biblia no es más que una obra de ficción, o cuando más un libro apropiado para la infancia de la raza, al que debemos hacer poco caso, o ponerlo a un lado por anticuado. Y para reemplazar la Palabra de Dios ese mismo Satanás ofrece sus manifestaciones espiritistas. Estas están enteramente bajo su dirección y mediante ellas puede hacer creer al mundo lo que quiere. Pone en la obscuridad, precisamente donde le conviene que esté, el Libro que le debe juzgar a él y a sus siervos y hace aparecer al Salvador del mundo como un simple hombre. Así como la guardia Romana que vigilaba la tumba de Jesús propagó la mentira que los sacerdotes y los ancianos insinuaron para negar Su resurrección, también así los que creen en las manifestaciones espiritistas tratan de hacer creer que no hay nada milagroso en las circunstancias que rodearon la vida de Jesús. Después de procurar a través de estos métodos que la gente no vea a Jesús, le llaman la atención hacia sus propios milagros y los declaran muy superiores a las obras de Cristo.

Es cierto que el espiritismo está mudando actualmente sus formas, y echando un velo sobre algunos de sus rasgos más repulsivos, reviste un disfraz Cristiano. Pero sus declaraciones hechas desde la tribuna y en la prensa han sido conocidas por el público desde hace muchos años, y muestran su carácter verdadero. Esas enseñanzas no pueden ser negadas ni encubiertas.

Hasta en su forma actual, lejos de ser más tolerable, el espiritismo es en realidad más peligroso que anteriormente, debido a la mayor sutileza de su engaño. Años atrás atacaba a Cristo y la Biblia, pero ahora declara que acepta a ambos. Pero su interpretación de la Biblia está calculada para agradar al corazón humano, anulando el efecto de sus verdades solemnes y vitales. Los espiritistas hacen hincapié en el amor como si fuese atributo principal de Dios, pero lo rebajan hasta hacer de él un sentimentalismo enfermizo y hacen poca distinción entre el bien y el mal. La justicia de Dios, las exigencias de Su santa ley, Su reprobación del pecado, todo eso lo pierden de vista. Enseñan al pueblo a que mire el Decálogo como si fuera letra muerta. Fábulas agradables y encantadoras cautivan los sentidos e inducen a los hombres a que rechacen la Biblia como fundamento de su fe. Se niega a Cristo tan descaradamente como antes; pero Satanás ha cegado tanto al pueblo que no discierne el engaño.

Pocas son las personas que tienen justo concepto del poder engañoso del espiritismo y del peligro que hay en caer bajo su influencia. Muchas personas juegan con él sin otro objeto que el de satisfacer su curiosidad. No tienen fe verdadera en él y se llenarían de horror al pensar en abandonarse al dominio de los espíritus. Pero se aventuran en terreno prohibido y el malvado destructor ejerce su autoridad sobre ellos contra su voluntad. Pero una vez que los induce a abandonar sus inteligencias a su dirección, los mantiene presos. Es imposible que con su propia fuerza rompan el encanto hechicero y seductor. Sólo el poder de Dios otorgado en contestación a la fervorosa oración de fe, puede libertar a esas almas prisioneras.

Todos aquellos que conservan y cultivan rasgos pecaminosos de carácter, o que fomentan un pecado conocido, atraen las tentaciones de Satanás. Se separan de Dios y de la protección de Sus ángeles, y cuando el poderoso destructor les tiende sus redes quedan indefensos y se convierten en presa fácil. Los que de tal suerte se abandonan al poder satánico no comprenden adónde los llevará su conducta. Después de haberlos subyugado por completo, el tentador los empleará como agentes para empujar a otros a la ruina.

El profeta Isaías dice: "Y cuando os digan: Preguntad a los encantadores y a los adivinos, que susurran y bisbisean, responded: ¿No consultará el pueblo a su Dios? ¿Consultará a los muertos por los vivos? ¡A la ley y al testimonio! Si no dijeren conforme a esto, es porque no les ha amanecido." Isaías 8:19, 20. Si los hombres hubiesen querido recibir la verdad tan claramente expresada en las Santas Escrituras, referente a la naturaleza del hombre y al estado de los muertos, reconocerían en las declaraciones y manifestaciones del espiritismo la operación de Satanás con poder y con prodigios mentirosos. Pero en vez de ceder la libertad tan agradable al corazón carnal, y renunciar sus pecados favoritos, la mayoría de los hombres cierran los ojos a la luz y siguen adelante sin cuidarse de las advertencias, mientras Satanás tiende sus lazos en torno de ellos y los hace presa suya. "Por cuanto no recibieron el amor de la verdad para ser salvos. . . . Dios les envía un espíritu engañoso, para que crean la mentira." 2 Tesalonicenses 2:10, 11.

Los que se oponen a las enseñanzas del espiritismo atacan no sólo a los hombres, sino también a Satanás y a sus ángeles. Han comenzado la lucha contra principados, potestades y malicias espirituales en los aires. Satanás no cederá ni una pulgada de terreno mientras no sea rechazado por el poder de mensajeros celestiales. El pueblo de Dios debe hacerle frente como lo hizo nuestro Salvador, con las palabras: "Escrito está." Satanás puede hoy citar las Santas Escrituras como en tiempo de Cristo, y volverá a pervertir las enseñanzas de ellas para mantener sus engaños. Los que quieran permanecer firmes en estos tiempos de peligro deben comprender por sí mismos el testimonio de las Escrituras.

Muchos tendrán experiencias con espíritus de demonios que personificarán a amigos queridos o parientes y que proclamarán las herejías más peligrosas. Estos espíritus apelarán a nuestros más tiernos sentimientos de simpatía y harán milagros con el fin de sostener sus asertos. Debemos estar listos para resistirles con la verdad bíblica de que los muertos no saben nada y de que los que aparecen como tales son espíritus de demonios.

Es inminente "la hora de la prueba que está para venir sobre el mundo entero, para probar a los que moran sobre la tierra." Apocalipsis 3:10. Todos aquellos cuya fe no esté firmemente cimentada en la Palabra de Dios serán engañados y vencidos. La obra de Satanás es "con todo el artificio de la injusticia" a fin de alcanzar dominio sobre los hijos de los hombres; y sus engaños seguirán aumentando. Pero sólo puede lograr sus fines cuando los hombres ceden voluntariamente a sus tentaciones. Los que busquen honestamente el conocimiento de la verdad, y se esfuercen en purificar sus almas mediante la obediencia, haciendo lo que pueden en preparación para el conflicto, encontrarán seguro refugio en el Dios de verdad. "Por cuanto has guardado la palabra de Mi paciencia, Yo también te guardaré," es la promesa del Salvador. Apocalipsis 3:10. Él enviaría a todos los ángeles del cielo para proteger a Su pueblo antes de permitir que una sola alma que confíe en Él sea vencida por Satanás.

El profeta Isaías describe el terrible engaño que seducirá a los impíos y les hará creerse al amparo de los juicios de Dios: "Tenemos hecho un pacto con la muerte, e hicimos un convenio con el Seol; cuando pase el turbión del azote, no llegará a nosotros, porque hemos puesto nuestro refugio en la mentira, y en la falsedad nos esconderemos." Isaías 28:15. En la categoría de personas así descritas se encuentran los que en su impenitencia y terquedad se consuelan con la seguridad de que no habrá castigo para el pecador, de que todos los miembros de la humanidad, por grande que sea su corrupción, serán elevados hasta el cielo para volverse como ángeles de Dios. Mas hay otros quienes de modo mucho más aparentes están haciendo un pacto con la muerte y un convenio con el infierno. Son los que renuncian a las verdades que Dios dió como defensa para los justos en el día de angustia, y aceptan el falso refugio ofrecido en su lugar por Satanás, o sea los asertos mentirosos del espiritismo.

El ofuscamiento de los hombres de esta generación es sorprendente. Miles de personas rechazan la Palabra de Dios como si no mereciese fe, mientras aceptan con absoluta confianza los engaños de Satanás. Los incrédulos y escarnecedores denuncian el fanatismo, como lo llaman, de los que luchan por la fe de los profetas y de los apóstoles, y se divierten burlándose de las solemnes declaraciones de las Santas Escrituras referentes a Cristo, al plan de salvación y a la retribución que espera a los que rechazan la verdad. Fingen tener gran lástima por las mentes tan estrechas, débiles y supersticiosas, que reconocen los mandatos de Dios y satisfacen las exigencias de Su ley. Hacen alarde de tanto descaro como si en realidad hubiesen hecho un pacto con la muerte y un convenio con el infierno – como si hubiesen elevado una barrera insalvable e indestructible entre ellos y la venganza de Dios. Nada puede despertar sus temores. El tentador los tiene tan subyugados, están tan ligados a él y tan dominados por su espíritu, que no tienen ni fuerza ni deseos para escapar de su lazo.

Satanás ha estado preparándose desde hace tiempo para su último esfuerzo para engañar al mundo. El cimiento de su obra lo puso en la afirmación que hiciera a Eva en el Edén: "No moriréis; sino que sabe Dios que el día que comáis de él, serán abiertos vuestros ojos, y seréis como Dios, sabiendo el bien y el mal." Génesis 3:4, 5. Poco a poco Satanás ha preparado el camino para su obra maestra de seducción: el desarrollo del espiritismo. Hasta ahora no ha logrado realizar completamente sus designios; pero lo conseguirá en el poco tiempo que nos separa del fin. El profeta dice: "Y vi . . . tres espíritus inmundos a manera de ranas; . . . son espíritus de demonios que hacen señales, y van a los reyes de la tierra en todo el mundo, para reunirlos a la batalla de aquel gran día del Dios Todopoderoso." Apocalipsis 16:13, 14. Todos excepto aquellos que estén protegidos por el poder de Dios y la fe en Su Palabra, se verán envueltos en ese engaño. Los hombres se están durmiendo bajo una seguridad fatal y sólo despertarán cuando la ira de Dios se derrame sobre la tierra.

Dios, nuestro Señor, dice: "Pondré la justicia como cordel, y la rectitud como plomada; el granizo barrerá el refugio de la mentira, y las aguas inundarán el escondrijo. Y será anulado vuestro pacto con la muerte, y vuestro convenio con el Seol no será firme; cuando pase el turbión del azote, seréis pisoteados por él." Isaías 28:17, 18.

CAPÍTULO 35

La Libertad de Conciencia Amenazada

HOY EN DÍA los Protestantes consideran al Romanismo con más favor que años atrás. En los países donde no predomina y donde los partidarios del papa siguen una política de conciliación para ganar influjo, se nota una gran indiferencia respecto a las doctrinas que separan a las iglesias reformadas de la jerarquía papal. Entre los Protestantes está ganando terreno la opinión de que, al fin y al cabo, en los punto importantes las divergencias no son tan grandes como se suponía, y que unas pequeñas concesiones de su parte los pondrían en mejor armonía con Roma. Anteriormente los Protestantes estimaban altamente la libertad de conciencia adquirida a costa de tantos sacrificios. Enseñaban a sus hijos a tener en aborrecimiento al papado y sostenían que tratar de congeniar con Roma sería igual que traicionar la causa de Dios. Pero ¡cuán diferentes son los sentimientos expresados hoy!

Los defensores del papado declaran que la iglesia ha sido calumniada, y el mundo Protestante se inclina a creerlo. Muchos mantienen que es injusto juzgar a la iglesia de nuestros días por las abominaciones y los pecados que la caracterizaron cuando dominaba en los siglos de ignorancia y de tinieblas. Tratan de excusar sus horribles crueldades como si fueran resultado del salvajismo de la época, y razonan que las influencias de la civilización moderna han modificado los sentimientos de ella.

¿Se han olvidado estas personas de las pretensiones de infalibilidad sostenidas durante ochocientos años por tan altanero poder? Lejos de abandonar este argumento lo ha afirmado en el sigo XIX de un modo más positivo que nunca antes. Como Roma asegura que la iglesia *"nunca erró; ni errará jamás*, según las Escrituras" (Juan L. von Mosheim, *Institutes of Ecclesiastical History*, libro 3, siglo XI, parte 2, cap. 2, nota 17) ¿cómo podrá renunciar a los principios que amoldaron su conducta en las edades pasadas?

La iglesia papal no abandonará nunca su pretensión a la infalibilidad. Todo lo que ha hecho al perseguir a los que rechazaban sus dogmas lo da por santo y bueno; ¿y quién asegura que no volverá a las andadas siempre que se le presentase la oportunidad? Anulen las medidas restrictivas impuestas actualmente por los gobiernos civiles y dejen a Roma que recupere su antiguo poder y verán resucitar en el acto su tiranía y sus persecuciones.

Un conocido autor dice, con respecto a la actitud de la jerarquía papal hacia la libertad de conciencia y acerca de los peligros especiales que corren los Estados Unidos si tiene éxito la política de dicha jerarquía:

"Son muchos los que atribuyen al fanatismo o a la puerilidad todo temor expresado acerca del Catolicismo Romano en los Estados Unidos. Los tales no ven en el carácter y actitud del Romanismo nada que sea hostil a nuestras libres instituciones, y no ven tampoco nada inquietante en el incremento de aquél. Comparemos, pues, primero, algunos de los principios fundamentales de nuestro gobierno con los de la Iglesia Católica.

"La Constitución de los Estados Unidos garantiza la *libertad de conciencia*. Nada hay más precioso ni de importancia tan fundamental. El papa Pío IX, en su encíclica del 15 de agosto de 1854, dice: 'Las doctrinas o extravagancias absurdas y erróneas en favor de la libertad de conciencia, son unos de los errores más pestilentes: una de las pestes que más se debe temer en un estado.' El mismo papa, en su encíclica del 8 de diciembre de 1864, anatematizó 'a los que sostienen la libertad de conciencia y de cultos' como también 'a cuantos aseveran que la iglesia no puede emplear la fuerza.'

"El tono pacífico que Roma emplea en los Estados Unidos no implica un cambio de sentimientos. Es tolerante cuando es impotente. El obispo O'Connor dice: 'La libertad religiosa se soporta tan sólo hasta que se pueda practicar lo opuesto sin peligro para el mundo Católico.' . . . El arzobispo de Saint Louis dijo un día: 'La herejía y la incredulidad son crímenes; y en los países Cristianos como Italia y España, por ejemplo, donde todo el pueblo es Católico y donde la religión Católica es parte esencial de la ley del país, se les castiga como a los demás crímenes.' . . .

"Todo cardenal, arzobispo y obispo de la Iglesia Católica, presta un juramento de obediencia al papa, en el cual se encuentran las siguientes palabras: 'Me opondré a los herejes, cismáticos y rebeldes contra nuestro señor (el papa), o sus sucesores y los perseguiré con todo mi poder.'" –Josías Strong, *Our Country,* cap. 5, pár. 2-4.

Es verdad que hay verdaderos Cristianos en la Iglesia Católica Romana. En ella, millares de personas sirven a Dios según el entendimiento que tienen. Les es prohibido leer Su Palabra, debido a lo cual no pueden discernir la verdad.* Nunca han visto el contraste que existe entre el culto o servicio vivo rendido con el corazón y una serie de meras formas y ceremonias. Dios mira con tierna misericordia a esas almas educadas en una fe engañosa y defectuosa. Rayos de luz penetrarán a través de las tinieblas que las rodean. La verdad será revelada tal cual es en Jesús y muchos se unirán a Su pueblo.

Pero el Romanismo, como sistema, no está actualmente más en armonía con el evangelio de Cristo que en cualquier otro período de su historia. Las iglesias Protestantes se hallan sumidas en grandes tinieblas, pues de lo contrario

---

* El texto de este volumen fue escrito en 1888, antes del Concilio del Vaticano II, el cual introdujo un cambio en cuanto a la lectura de la Biblia. Durante siglos la Iglesia Católica se opuso tenazmente a que sus fieles tuvieran acceso directo a la Biblia, prohibiendo su traducción a lenguas populares, impidiendo su lectura, y condenando a quienes la traducían, distribuían o leían. Pero en años recientes se ha operado un cambio dramático y positivo en este sentido. Por un lado, la iglesia ha aprobado la publicación de numerosas versiones hechas a partir de los idiomas originales; por otro, ha promovido el estudio de las Sagradas Escrituras mediante la distribución libre y la celebración de cursillos bíblicos. La iglesia sigue, sin embargo, reservándose el derecho exclusivo a interpretar la Biblia a la luz de su propia tradición, con lo que justifica doctrinas que no armonizan con las enseñanzas bíblicas.

discernirían las señales de los tiempos. La Iglesia Romana abarca mucho en sus planes y modos de operación. Emplea toda clase de engaños para extender su influencia y aumentar su poder, mientras se prepara para una lucha violenta y resuelta a fin de recuperar el gobierno del mundo, restablecer las persecuciones y deshacer todo lo que el Protestantismo ha hecho. El Catolicismo está ganando terreno en todas direcciones. Véase el número creciente de sus iglesias y capillas en los países Protestantes. Fíjense en Norteamérica la popularidad de sus colegios y seminarios, tan patrocinados por los Protestantes. Piense en la extensión del ritualismo en Inglaterra y en las frecuentes deserciones a las filas Católicas. Estos hechos deberían inspirar ansiedad a todos los que aprecian los puros principios del evangelio.

Los Protestantes se han entremetido con el papado y lo han patrocinado; han hecho transigencias y concesiones que sorprenden a los mismos papistas y les resultan incomprensibles. Los hombres cierran los ojos ante el verdadero carácter del Romanismo, ante los peligros que hay que temer de su supremacía. Hay necesidad de despertar al pueblo para hacerle rechazar los avances de este enemigo peligrosísimo de la libertad civil y religiosa.

Muchos Protestantes suponen que la religión Católica no es atractiva y que su culto es una serie de ceremonias aburridas e insignificantes. Pero están equivocados. Aunque el Romanismo se basa en el engaño, no es una impostura grosera ni desprovista de arte. El culto de la Iglesia Romana es un ceremonial que impresiona profundamente. Lo brillante de sus exhibiciones y la solemnidad de sus ritos fascinan los sentidos del pueblo y acallan la voz de la razón y de la conciencia. Todo encanta a la vista. Sus soberbias iglesias, sus procesiones imponentes, sus altares de oro, sus relicarios de joyas, sus pinturas escogidas y sus exquisitas esculturas, todo apela al amor de la belleza. Al oído también se le cautiva. Su música no tiene igual. Los graves acordes del órgano poderoso, unidos a la melodía de numerosas voces que resuenan y repercuten por entre las elevadas naves y columnas de sus grandes catedrales, no pueden dejar de producir en la mente impresiones de respeto y reverencia.

Este esplendor, esta suntuosidad y estas ceremonias

exteriores, que no sirven más que para dejar burlados los anhelos de las almas enfermas de pecado, son clara evidencia de la corrupción interior. La religión de Cristo no necesita de tales atractivos para hacerse recomendable. Bajo los rayos de luz que emite la cruz, el verdadero Cristianismo se muestra tan puro y tan hermoso que ninguna decoración exterior puede realzar su verdadero valor. Es la hermosura de la santidad, o sea un espíritu manso y apacible, lo que tiene valor delante de Dios.

La brillantez del estilo no es evidencia de pensamientos puros y elevados. Se encuentran a menudo conceptos del arte y refinamientos del gusto en mentes carnales y sensuales. A menudo Satanás se vale de ellos para hacer olvidar a los hombres las necesidades del alma, para hacerles perder de vista la vida futura e inmortal, para alejarlos de su Salvador infinito e inducirlos a vivir para este mundo solamente.

Una religión de ceremonias exteriores es favorable para atraer al corazón que no ha sido regenerado. La pompa y el ceremonial del culto Católico ejercen un poder seductor, fascinador, que engaña a muchas personas, las cuales llegan a considerar a la Iglesia Romana como la verdadera puerta del cielo. Sólamente pueden resistir su influencia aquellos que pisan con pie firme en el fundamento de la verdad y cuyos corazones han sido regenerados por el Espíritu de Dios. Millares de personas que no conocen por experiencia a Cristo, serán llevadas a aceptar las formas de una piedad sin poder. Semejante religión es, precisamente, lo que las multitudes desean.

La iglesia asegura tener el derecho de perdonar pecados y esto induce a los Romanistas a sentirse libres para pecar. El mandamiento de la confesión sin la cual ella no otorga su perdón, tiende además a dar licencia al mal. El que se arrodilla ante un hombre caído y le expone en la confesión los pensamientos y deseos secretos de su corazón, rebaja su dignidad y degrada todos los nobles instintos de su alma. Al descubrir los pecados de su alma a un sacerdote – mortal desviado y pecador, y demasiado a menudo corrompido por el vino y la impureza – el hombre rebaja el nivel de su carácter y consecuentemente se corrompe. La idea que tenía de Dios resulta envilecida a semejanza de la humanidad caída, pues el sacerdote hace el papel de representante de Dios. Esta confesión degradante de hombre a hombre es la fuente secreta de la cual ha brotado gran parte del mal que está corrompiendo al mundo y lo está preparando para la destrucción final. Sin embargo, para todo aquel a quien le agrada satisfacer sus malas tendencias, es más fácil confesarse con un pobre mortal que abrir su alma a Dios. Es más fácil mortificar la carne usando cilicios, ortigas y cadenas desgarradoras que renunciar a los deseos carnales; es más grato a la naturaleza humana hacer penitencia que renunciar al pecado. Harto pesado es el yugo que el corazón carnal está dispuesto a cargar antes de doblegarse al yugo de Cristo.

Hay una semejanza sorprendente entre la Iglesia de Roma y la Iglesia Judaica del tiempo del primer advenimiento de Cristo. Mientras los Judíos pisoteaban secretamente todos los principios de la ley de Dios, en lo exterior eran estrictamente rigurosos en la observancia de los preceptos de ella, recargándola con exigencias y tradiciones que hacían difícil y pesado el cumplir con ella. Así como los Judíos profesaban reverenciar la ley, también los Romanistas dicen reverenciar la cruz. Exaltan el símbolo de los sufrimientos de Cristo, al par que niegan con sus vidas a Aquél a quien ese símbolo representa.

Los papistas colocan la cruz sobre sus iglesias, sobre sus altares y sobre sus vestiduras. Por todas partes se ve la insignia de la cruz. Por todas partes se la honra y exalta exteriormente. Pero las enseñanzas de Cristo están enterradas bajo un montón de tradiciones absurdas, interpretaciones falsas y exigencias rigurosas. Las palabras del Salvador respecto a los Judíos hipócritas se aplican con mayor razón aún a los jefes de la Iglesia Católica Romana: "Atan cargas pesadas y difíciles de llevar, y las ponen sobre los hombros de los hombres; pero ellos ni con un dedo quieren moverlas." Mateo 23:4. Almas concienzudas quedan presa constante del terror, temiendo la ira de un Dios ofendido, mientras muchos de los dignatarios de la iglesia viven en el lujo y los placeres sensuales.

La adoración de las imágenes y reliquias, la invocación de los santos y la exaltación del papa son artificios de Satanás para alejar de Dios y de Su Hijo el espíritu del pueblo. Para asegurar su ruina, se esfuerza en distraer su atención del Unico que puede asegurarles la salvación. Dirigirá las almas hacia cualquier objeto que pueda substituir a Aquél que dijo: "Venid a Mí todos los que estáis fatigados y cargados, y Yo os haré descansar." Mateo 11:28.

Satanás se esfuerza constantemente en presentar de un modo falso el carácter de Dios, la naturaleza del pecado y las verdaderas consecuencias que tendrá la gran controversia. Sus mentiras debilitan el sentimiento de obligación para con la ley divina y dan a los hombres libertad para pecar. Al mismo tiempo les hace aceptar falsas ideas acerca de Dios, y el resultado es que le miran con temor y odio más bien que con amor. La crueldad inherente a su propio carácter se la atribuye al Creador, la incorpora en sistemas religiosos y le da expresión en diversas formas de culto. Sucede así que las inteligencias de los hombres son cegadas y Satanás los usa como sus agentes para hacer la guerra a Dios. Debido a conceptos erróneos de los atributos de Dios, las naciones paganas fueron inducidas a creer que los sacrificios humanos eran necesarios para asegurarse el favor divino; e hicieron horrendas crueldades bajo las diversas formas de la idolatría.

La Iglesia Católica Romana, al unir las formas del paganismo con las del Cristianismo, y al presentar el carácter de Dios bajo falsos colores, como lo presentaba el paganismo, recurrió a prácticas no menos crueles, horrorosas y repugnantes. En tiempo de la supremacía Romana, había instrumentos de tortura para obligar a los hombres a aceptar sus doctrinas. Existía la hoguera para los que no querían hacer concesiones a sus exigencias. Hubo horribles matanzas de tal magnitud que nunca serán conocidas hasta que sean manifestadas en el día del juicio. Dignatarios de la iglesia, dirigidos por su maestro Satanás, se afanaban por idear nuevos refinamientos de tortura que hicieran padecer lo indecible sin poner término a la vida de la víctima. En muchos casos el proceso infernal se repetía hasta los límites extremos de la resistencia humana, de manera que la naturaleza quedaba rendida y la víctima suspiraba por la muerte como por dulce alivio.

Tal era la suerte de los enemigos de Roma. Para sus adherentes disponía de la disciplina del azote, del tormento del hambre y de la sed, y de las mortificaciones corporales más lastimeras que se pueden imaginar. Para asegurarse el favor del cielo, los penitentes violaban las leyes de Dios al violar las leyes de la naturaleza. Se les enseñaba a disolver los lazos que Dios instituyó para bendecir y amenizar la estada del hombre en la tierra. Los cementerios encierran millones de víctimas que se pasaron la vida luchando en vano para dominar los afectos naturales, para reprimir, como ofensivos a Dios, todo pensamiento y sentimiento de simpatía hacia sus semejantes.

Si deseamos comprender la resuelta crueldad de Satanás, manifestada en el curso de los siglos, no entre aquellos que nunca oyeron hablar de Dios, sino en el corazón mismo de la Cristiandad y por toda su extensión, no tenemos más que echar una mirada en la historia del Romanismo. Por medio de ese gigantesco sistema de engaño, el príncipe del mal consigue su objeto de deshonrar a Dios y de hacer al hombre miserable. Y si consideramos lo bien que logra enmascararse y hacer su obra por medio de los jefes de la iglesia, nos daremos mejor cuenta del motivo de su antipatía por la Biblia. Siempre que sea leído este libro, la misericordia y el amor de Dios saltarán a la vista, y se dejará de ver que Dios no impone a los hombres ninguna de aquellas pesadas cargas. Todo lo que Él pide es un corazón contrito y un espíritu humilde y obediente.

Cristo no dió en Su vida ningún ejemplo que autorice a los hombres y mujeres a encerrarse en monasterios con el pretexto de prepararse para el cielo. Jamás enseñó que debían mutilarse los sentimientos de amor y simpatía. El corazón del Salvador rebosaba de amor. Cuanto más se acerca el hombre a la perfección moral, tanto más delicada es su sensibilidad, tanto más vivo su sentimiento del pecado y tanto más profunda su simpatía por los afligidos. El papa dice ser el vicario de Cristo; ¿pero puede compararse su carácter con el de nuestro Salvador? ¿Se vió alguna vez a Cristo condenar hombres a la cárcel o al tormento porque se negaran a rendirle homenaje como Rey del cielo? ¿Se le oyó condenar a muerte a los que no le aceptaban? Cuando fue despreciado por los habitantes de un pueblo Samaritano, el apóstol Juan se llenó de indignación y dijo: "Señor, ¿quieres que mandemos que descienda fuego del cielo, como hizo también Elías, y los consuma?" Jesús miró a Su discípulo con compasión y le amonestó por su aspereza, diciendo: "El Hijo del Hombre no ha venido para destruir las almas de los hombres, sino para salvarlas." Lucas 9:54, 56. ¡Qué diferente es el espíritu manifestado por Cristo del de Su pretendido vicario!

La Iglesia Católica le pone actualmente al mundo una cara apacible, y presenta disculpas por sus horribles crueldades. Se ha puesto vestiduras como las de Cristo; pero en realidad no ha cambiado. Todos los principios formulados por el papismo en edades pasadas subsisten en nuestros días. Las doctrinas inventadas en los siglos más obscuros siguen profesándose aún. Que nadie se engañe. El papado que los Protestantes están ahora tan dispuestos a honrar, es el mismo que gobernaba al mundo en tiempos de la Reforma, cuando se levantaron hombres de Dios con peligro de sus vidas para denunciar la iniquidad de él. El Romanismo sostiene las mismas orgullosas pretensiones con que supo dominar a reyes y príncipes y apropiarse las prerrogativas de Dios. Su espíritu no es hoy menos cruel ni despótico que cuando destruía la libertad humana y mataba a los santos del Altísimo.

El papado es precisamente lo que la profecía declaró que sería: la apostasía de los postreros días. 2 Tesalonicenses 2:3, 4. Forma parte de su política asumir el carácter que le permita realizar mejor sus fines; pero bajo la apariencia variable del camaleón oculta el mismo veneno de la serpiente. Declara: "No hay que guardar la palabra empeñada con herejes, ni con personas sospechosas de herejía." –Lenfant, *Historie du Concile de Constance,* tomo 1, pág. 493. ¿Será posible que este poder cuya historia se escribió durante mil años con la sangre de los santos, sea ahora reconocido como parte de la iglesia de Cristo?

No sin razón se ha asegurado que en los países Protestantes el Catolicismo no difiere mucho del Protestantismo como antes. Se ha verificado un cambio; pero no es el papado el que ha cambiado. El Catolicismo se parece mucho en verdad al Protestantismo de hoy día debido a lo mucho que el Protestantismo ha degenerado desde los días de los Reformadores.

Mientras las iglesias Protestantes han estado buscando el favor del mundo, una falsa caridad las ha cegado. Se figuran que es justo pensar bien de todo mal; y el resultado inevitable será que al fin pensarán mal de todo bien. En lugar de salir en defensa de la fe que fue dada antiguamente a los santos, no parecen sino disculparse ante Roma por haberla juzgado con tan poca caridad y pedirle perdón por la estrechez de opiniones que manifestaron.

Aun entre los que no favorecen al Romanismo, se dan poca cuenta del peligro con que les amenaza el poder y la influencia de Roma. Insisten en que las tinieblas intelectuales y morales que prevalecían en la Edad Media favorecían la propagación de sus dogmas y supersticiones junto con la opresión, y que la gran abundancia de inteligencia de los tiempos modernos, la difusión general de conocimientos y la libertad siempre mayor en materia de religión, impiden el reavivamiento de la intolerancia y de la tiranía. Ridiculizan la misma idea de que pudiera volver un estado de cosas semejante en nuestros tiempos de luces. Es verdad que sobre esta generación brilla mucha luz intelectual, moral y religiosa. De las páginas abiertas de la santa Palabra de Dios, ha brotado luz del cielo sobre la tierra. Pero no podemos olvidar que cuanto mayor sea la luz concedida, tanto más densas también son las tinieblas de aquellos que la pervierten o la rechazan.

Un estudio de la Biblia hecho con oración enseñaría a los Protestantes el verdadero carácter del papado y se lo haría aborrecer y rehuir; pero muchos son tan sabios en su propia opinión que no sienten ninguna necesidad de buscar humildemente a Dios para ser conducidos a la verdad. Aunque se enorgullecen de su sabiduría, desconocen tanto las Sagradas Escrituras como el poder de Dios. Necesitan algo para calmar sus conciencias, y buscan lo que es menos espiritual y humillante. Lo que desean es un modo de olvidar a Dios, pero que parezca recordarlo. El papado responde perfectamente a las necesidades de todas esas personas. Es adecuado a dos clases de seres humanos que abarcan casi a todo el mundo: los que quisieran salvarse por sus méritos, y los que quisieran salvarse en sus pecados.

Este es el secreto de su poder.

Ha quedado probado cuánto favorecieron el éxito del papado los períodos de tinieblas intelectuales. También quedará demostrado que una época de grandes luces intelectuales es igualmente favorable a su triunfo. En tiempos pasados, cuando los hombres no poseían la Palabra de Dios ni conocían la verdad, sus ojos estaban vendados y miles cayeron en la red que no veían tendida ante sus pies. En esta generación, son muchos aquellos cuyos ojos están cegados por el brillo de las especulaciones humanas, o sea por la "falsamente llamada ciencia." No alcanzan a ver la red y caen en ella tan fácilmente como si tuviesen los ojos vendados. Dios dispuso que las facultades intelectuales del hombre fuesen consideradas como don de su Creador y que fuesen empleadas para beneficio de la verdad y de la justicia; pero cuando se fomenta el orgullo y la ambición y los hombres exaltan sus propias teorías por encima de la Palabra de Dios, entonces la inteligencia puede causar mayor perjuicio que la ignorancia. Por esto, la falsa ciencia de nuestros días, que mina la fe en la Biblia, preparará tan seguramente el camino para el triunfo del papado con su formalismo agradable, como las tinieblas lo preparó para su engrandecimiento en la Edad Media.

En los movimientos que se realizan actualmente en los Estados Unidos de Norteamérica para asegurar el apoyo del estado a las instituciones y prácticas de la iglesia, los Protestantes están siguiendo las huellas de los papistas. Más aún, están abriendo la puerta para que el papado recupere en la América Protestante la supremacía que perdió en el Viejo Mundo. Y lo que da más significado a esta tendencia es la circunstancia de que el objeto principal que se tiene en vista es imponer la observancia del Domingo, institución que vió la luz en Roma y que el papado proclama como signo de su autoridad. Es el espíritu del papado – el espíritu de conformidad con las costumbres mundanas, la mayor veneración por las tradiciones humanas que por los mandamientos de Dios – el que está penetrando en las iglesias Protestantes e induciéndolas a hacer la misma obra de exaltación del Domingo que el papado hizo antes que ellas.

Si el lector quiere saber cuales son los medios que se emplearán en la lucha por venir, no tiene más que leer la descripción de los medios que Roma empleó con el mismo fin en siglos pasados. Si desea saber cómo los papistas unidos a los Protestantes procederán con los que rechacen sus dogmas, considere el espíritu que Roma manifestó contra el Sábado y sus defensores.

Edictos reales, concilios generales y ordenanzas de la iglesia sostenidos por el poder civil fueron los pasos por medio de los cuales el día de fiesta pagano alcanzó su puesto de honor en el mundo Cristiano. La primera medida pública que impuso la observancia del Domingo fue la ley promulgada por Constantino. (Año 321 de J. C.) Este edicto requería que los habitantes de las ciudades descansaran en "el venerable día del sol," pero permitía a los del campo que prosiguiesen sus faenas agrícolas. A pesar de ser en realidad ley pagana, fue impuesta por el emperador después que hubo aceptado nominalmente el Cristianismo.

Como el mandato real no parecía substituir de un modo suficiente la autoridad divina, Eusebio, obispo que buscó el favor de los príncipes y amigo íntimo y adulador especial de Constantino, aseguró que Cristo había transferido el día de reposo del Sábado al Domingo. No se pudo aducir una sola prueba de las Santas Escrituras en favor de la nueva doctrina. Eusebio mismo reconoce involuntariamente la falsedad de ella y alude a los verdaderos autores del cambio. "*Nosotros* hemos transferido al Domingo, día del Señor," dice, "todas las cosas que debían hacerse el Sábado." –Roberto Cox, *Sabbath Laws and Sabbath Duties*, pág. 538. Pero por infundado que fuese el argumento en favor del Domingo, sirvió para dar fuerza y vigor a los hombres y animarlos a pisotear el Sábado del Señor. Todos los que deseaban ser honrados por el mundo aceptaron el día festivo popular.

Con el afianzamiento del papado fue enalteciéndose más y más la institución del Domingo. Por algún tiempo el pueblo siguió ocupándose en los trabajos agrícolas fuera de las horas de culto, y el séptimo día, o Sábado, siguió siendo considerado como el día de reposo. Pero lenta y seguramente fue efectuándose el cambio. Se prohibió a los magistrados que fallaran en lo civil los Domingos. Poco después se dispuso que todos sin distinción de clase social se abstuviesen del trabajo ordinario, con pena de multa para los señores y de azotes para los siervos. Más tarde se decretó que los ricos serían castigados con la pérdida de la mitad de sus bienes y que finalmente, si se obstinaban en desobedecer, se les hiciese esclavos. Los de las clases inferiores debían sufrir destierro perpetuo.

También se recurrió a los milagros. Entre otros casos maravillosos, se refería que un campesino que iba a labrar su campo en día Domingo limpió su arado con un hierro que le penetró en la mano, y por dos años enteros no lo pudo sacar, "sufriendo con ello mucho dolor y vergüenza." –Francisco West, *Historical and Practical Discourse on the Lord's Day*, pág. 174.

Más tarde, el papa ordenó que los sacerdotes del campo amonestasen a los que violasen el Domingo y los instigaran a venir a la iglesia para rezar, no fuese que atrajesen alguna gran calamidad sobre sí mismos y sobre sus vecinos. Un concilio eclesiástico adujo el argumento tan frecuentemente empleado desde entonces, y hasta por los Protestantes, de que en vista de que algunas personas habían sido muertas por el rayo mientras trabajaban en día Domingo, ése debía ser el día de reposo. "Es evidente," decían los prelados, "cuán grande era el desagrado de Dios al verlos despreciar ese día." Poco tiempo después se hizo un llamamiento para que los sacerdotes y ministros, reyes y príncipes y todos los fieles "hicieran cuanto les fuera posible para que ese día fuese repuesto en su honor y para que fuese más devotamente observado en lo por venir, para honra de la Cristiandad." –Tomás Morer, *Discourse in Six Dialogues on the Name, Notion, and Observation of the Lord's Day*, pág. 271.

Como los decretos de los concilios resultaran insuficientes, se animó a las autoridades civiles a promulgar un edicto que inspirase terror al pueblo y le obligase a abstenerse de trabajar el Domingo. En un sínodo reunido en Roma, todos los decretos anteriores fueron confirmados con mayor fuerza y solemnidad, incorporados en la ley eclesiástica y puestos en vigencia por las autoridades civiles en casi toda la Cristiandad. (Véase Heylyn, *History of the Sabbath*, parte 2, cap. 5, sec. 7.)

A pesar de esto la falta de autoridad bíblica en favor de la observancia del Domingo causaba muchas dificultades. El pueblo ponía en dudas el derecho de sus maestros para echar a un lado la declaración positiva de Jehová, "El séptimo día Sábado es del Señor tu Dios," a fin de honrar el día del sol. Se necesitaban otros recursos para suplir la falta de testimonios bíblicos. Un celoso defensor del Domingo que visitó a fines del siglo XII las iglesias de Inglaterra, encontró resistencia por parte de testigos fieles de la verdad; sus esfuerzos resultaron tan inútiles que abandonó el país por algún tiempo en busca de medios que le permitiesen apoyar sus enseñanzas. Cuando regresó, la falta había sido suplida y entonces tuvo mayor éxito. Había traído consigo un rollo que presentaba como del mismo Dios, y que contenía el mandamiento que se necesitaba para la observancia del Domingo, con terribles amenazas para aterrar a los desobedientes. Se afirmaba que ese precioso documento, fraude tan vil como la institución misma que pretendía afianzar, había caído del cielo y había sido encontrado en Jerusalén sobre el altar de San Simeón, en el Gólgota. Pero en realidad, de donde procedía era del palacio pontifical de Roma. La jerarquía papal consideró siempre como legítimos los fraudes y las adulteraciones que favoreciesen el poder y la prosperidad de la iglesia.

El rollo prohibía trabajar desde la hora novena, tres de la tarde del Sábado, hasta la salida del sol el Lunes; y su autoridad se declaraba confirmada por muchos milagros. Decían que personas que habían trabajado más allá de la hora señalada habían sufrido ataques de parálisis. Un molinero que intentó moler su trigo vió salir en vez de harina un chorro de sangre y la rueda del molino se paró a pesar del buen caudal de agua. Una mujer que había puesto masa en el horno la encontró cruda al sacarla, no obstante haber estado el horno muy caliente. Otra que había preparado su masa para cocer el pan a la hora novena, pero decidió ponerla a un lado hasta el lunes, la encontró convertida en panes y cocida por el poder divino. Un hombre que coció pan después de la novena hora del Sábado, encontró, al partirlo por la mañana siguiente, que salía sangre de él. Por medio de tales invenciones absurdas y supersticiosas fue cómo los abogados del Domingo trataron de hacerlo sagrado. (Véase Rogelio de Hoveden, *Annals*, tomo 2, págs. 528-530.)

Tanto en Inglaterra como en Escocia se logró hacer respetar mejor el Domingo mezclándolo en parte con el Sábado antiguo. Pero variaba el tiempo que se debía guardar como sagrado. Un decreto del rey de Escocia declaraba que "se debía considerar como santo el Sábado a partir del medio día" y que desde ese momento hasta el Lunes nadie debía ocuparse en trabajos mundanos. –Morer, págs. 290, 291.

Pero a pesar de todos los esfuerzos hechos para establecer la santidad del Domingo, los mismos papistas confesaban públicamente la autoridad divina del Sábado y el origen humano de la institución que lo había suplantado. Durante el siglo XVI un concilio papal ordenó explícitamente: "Recuerden todos los Cristianos que el séptimo día fue consagrado por Dios y aceptado y observado no sólo por los Judíos, sino también por todos los que querían adorar a Dios; no obstante nosotros los Cristianos hemos cambiado el Sábado de ellos en el día del Señor, Domingo." –*Ibid.*, págs. 281, 282. Los que estaban pisoteando la ley divina no ignoraban el carácter de la obra que estaban realizando. Se estaban colocando deliberadamente por encima de Dios.

Un ejemplo sorprendente de la política de Roma contra los que no concuerdan con ella se encuentra en la larga y sangrienta persecución de los Valdenses, algunos de los cuales observaban el Sábado. Otros sufrieron de modo parecido por su fidelidad al cuarto mandamiento. Especialmente significativa es la historia de las iglesias de Etiopía, o Abisinia. En medio de las tinieblas de la Edad Media, se perdió de vista a los Cristianos del Africa Central, quienes, olvidados del mundo, gozaron de plena libertad en el ejercicio de su fe. Cuando Roma descubrió su existencia, el emperador de Abisinia fue rápidamente inducido a reconocer al papa como vicario de Cristo. Esto fue principio de otras concesiones. Se proclamó un edicto que prohibía la observancia del Sábado, bajo las penas más severas. (Véase Miguel Geddes, *Church History of Ethiopia*, págs. 311, 312.) Pero la tiranía papal se convirtió luego en yugo tan amargo que los Abisinios resolvieron sacudirlo. Después de una lucha terrible, los Romanistas fueron expulsados de Abisinia y la antigua fe fue restablecida. Las iglesias se regocijaron en su libertad y no olvidaron jamás la lección que habían aprendido respecto al engaño, al fanatismo y al poder despótico de Roma. En medio de su reino aislado se sintieron felices de permanecer desconocidos para el resto de la Cristiandad.

Las iglesias de Africa observaban el Sábado como lo había observado la iglesia papal antes de su completa apostasía. Mientras que guardaban el séptimo día en obediencia al mandamiento de Dios, se abstenían de trabajar el Domingo conforme a la costumbre de la iglesia. Al lograr el poder supremo, Roma había pisoteado el día de reposo de Dios para enaltecer el suyo propio; pero las iglesias de Africa, desconocidas por cerca de mil años, no participaron de esta apostasía. Cuando cayeron bajo el cetro de Roma, fueron forzadas a dejar a un lado el verdadero día de reposo y a exaltar el falso; pero tan pronto recobraron su independencia volvieron a obedecer el cuarto mandamiento.

Estos recuerdos del pasado ponen claramente de manifiesto la enemistad de Roma contra el verdadero día de reposo y sus defensores, y los medios que emplea para honrar la institución creada por ella. La Palabra de Dios nos enseña que estas escenas han de repetirse cuando los Católicos Romanos y los Protestantes se unan para exaltar el Domingo.

La profecía del capítulo 13 del Apocalipsis declara que el poder representado por la bestia de cuernos semejantes a los de un cordero haría "que la tierra y los moradores de ella" adorasen al papado – que está simbolizado en ese capítulo por una bestia "semejante a un leopardo." La bestia de dos cuernos dirá también "a los moradores de la tierra, que le hagan una imagen a la bestia" y además mandará que "todos, pequeños y grandes, ricos y pobres, libres y esclavos, "tengan la marca de la bestia. Apocalipsis 13:11-16. Se ha demostrado que los Estados Unidos de Norteamérica es el poder representado por la bestia de dos cuernos semejante a los de un cordero, y que esta profecía se cumplirá cuando los Estados Unidos haga obligatoria la observancia del Domingo, que Roma declara ser el signo característico de su supremacía. Pero los Estados Unidos no serán los únicos que rindan homenaje al papado. La influencia de Roma en los países que en otro tiempo reconocían su dominio, dista mucho de haber sido destruida. La profecía predice la restauración de su poder. "Vi una de sus cabezas como herida de muerte, pero su herida mortal fue sanada y se maravilló toda la tierra en pos de la bestia." Apocalipsis 13:3. La herida mortal que le fue ocasionada se refiere a la caída del papado en 1798. Después de eso, dice el profeta Juan, "su herida mortal fue sanada; y se maravilló toda la tierra en pos de la bestia." Pablo dice claramente que el hombre de pecado permanecerá hasta el segundo advenimiento. 2 Tesalonicenses 2:3-8. Continuará su obra de engaño hasta el mismo fin del tiempo, y el revelador declara refiriéndose también al papado: "Y la adorarán todos los moradores de la tierra cuyos nombres no están escritos desde la fundación del mundo en el libro de la vida." Apocalipsis 13:8. Tanto en el Viejo como en el Nuevo Mundo se le tributará homenaje al papado por medio del honor que se conferirá a la institución del Domingo, la cual descansa únicamente sobre la autoridad de la Iglesia Romana.

Desde mediados del siglo XIX, los que estudian la profecía en los Estados Unidos han presentado este testimonio ante el mundo. En los acontecimientos que están desarrollándose actualmente, especialmente en dicho país, se ve un rápido avance hacia el cumplimiento de estas predicciones. Los maestros Protestantes presentan los mismos asertos de autoridad divina en favor de la observancia del Domingo y adolecen de la misma falta de evidencias bíblicas que los dirigentes papales cuando fabricaban milagros para suplir la falta de un mandamiento de Dios. Repetirán la afirmación de que los juicios de Dios caerán sobre los hombres en castigo por no haber observado el Domingo como día de reposo. Actualmente se oyen voces en este sentido. Y un movimiento en favor de la observancia obligatoria del Domingo está ganando cada vez más terreno.

La perspicacia y astucia de la Iglesia Romana asombran. Puede leer el porvenir. Se da tiempo viendo que las iglesias Protestantes le están rindiendo homenaje con la aceptación del falso día de reposo y que se preparan a imponerlo con los

"SU NOMBRE"

"Y que nadie pueda comprar ni vender, sino el que tenga la marca o el **NOMBRE** de la bestiá, o el **NÚMERO** de **SU NOMBRE** ."

Apocalipsis 13:17

"El número indicado por las letras de **SU NOMBRE** ."

20th Century New Testament

"Versículo 18, seiscientos sesenta y seis. Las letras númericas de **SU NOMBRE** deben formar este número."

Biblia Católica, Versión Douay, nota en Apocalipsis 13:18

"El método de leer que es generalmente adoptado es ese conocido como GHEMATRIA de los rabínos, que asigna a cada letra de un nombre su valor númerico, y da la suma de los números como el equivalente al **NOMBRE** ."

Marvin R. Vincent, D.D., "Word Studies in the N. T."
Notas en Apocalipsis 13:18

"El Papa es tan exaltado y tiene tanta dignidad que no es sólamente un hombre, pero como si fuese Dios, y el **VICARIO DE DIOS.**"

"El Papa es de una dignidad tan suprema y elevada que, hablando apropriadamente, él no ha sido establecido en ningún orden de dignidad, sino que ha sido puesto sobre la misma cumbre de todas las dignidades . . ."

"Él es de la misma forma el monarca divino y emperador supremo y rey de los reyes."

"POR LO TANTO EL PAPA ESTÁ CORONADO CON UNA CORONA TRIPLE, COMO REY DEL CIELO Y DE LA TIERRA Y DE LAS REGIONES MÁS BAJAS."

Diccionario Eclesiástico Ferraris (Católico), Artículo, Papa

"¿Qué se supone que sean las letras en la corona del Papa, y que significan?"

"Las letras inscritas en la mitra del Papa son estas: **VICARIUS FILII DEI, que en Latín significan 'VICARIO DEL HIJO DE DIOS.'** LOS CATÓLICOS ENSEÑAN QUE LA IGLESIA, SIENDO UNA SOCIEDAD VISIBLE, TIENE QUE TENER UNA CABEZA VISIBLE. CRISTO, ANTES DE SU ASCENSIÓN AL CIELO, NOMBRÓ A SAN PEDRO PARA ACTUAR COMO SU REPRESENTANTE . . . POR LO TANTO, AL OBISPO DE ROMA, COMO CABEZA DE LA IGLESIA, SE LE DIO EL TÍTULO, 'VICARIO DE CRISTO'."

Our Sunday Visitor, (Catholic Weekly)
"Bureau of Information," Huntington, Ind., Abril 18, de 1915

"SU DESAFÍO"

"Razón y sentido común demandan una de estas alternativas: O Protestantismo y guardar sagrado el Sábado; O Catolicismo y guardar sagrado el Domingo. El compromiso es imposible."

- *"The Catholic Mirror," Diciembre 23, de 1893*

"SU NÚMERO"

"Aquí se requiere sabiduría. El que tiene entendimiento, **CALCULE EL NÚMERO** de la bestia, pues es **NÚMERO DE HOMBRE. Y SU NÚMERO ES SEISCIENTOS SESENTA Y SEIS."** *Apocalipsis 13:18*

LATÍN

V	5	F	0	D	500
I	1	I	1	E	0
C	100	L	50	I	1
A	0	I	1		—
R	0	I	1		501
I	1		—		112
U	5		53		53
S	0				—
	—				
	112				666

GRIEGO — Lateinos (Hombre Latino o Iglesia)

Λ	30
Α	1
Τ	300
Ε	5
Ι	10
Ν	50
Ο	70
Σ	200
	—
	666

HEBREO — Romiith (Imperio Romano)

ר	200
ו	6
מ	40
י	10
י	10
ת	400
	—
	666

"Ahora desafiamos al mundo a encontrar otro nombre en estos lenguajes: **GRIEGO, HEBREO,** y **LATÍN** *(Véase Juan 19:20)*, que designe el mismo número."

Joseph F. Berg, "The Great Apostasy," págs. 156-158

TRES ÁNGELES DEL CIELO

Dan Amonestación Solemne A Toda La Gente

"Vi volar por en medio del cielo a otro ángel, que tenía un EVANGELIO ETERNO para predicarlo a los que habitan sobre la tierra, a TODA NACIÓN, TRIBU, LENGUA y PUEBLO,

"diciendo a gran voz: Temed a Dios, y DADLE GLORIA, porque la hora de Su juicio HA LLEGADO; Y ADORAD A AQUEL QUE HIZO EL CIELO Y LA TIERRA, EL MAR y las fuentes de las aguas.

"Otro ángel le siguió, diciendo: Ha caído, ha caído Babilonia, la gran ciudad, porque ha hecho beber a todas las naciones del vino del furor de su fornicación.

"Y un tercer ángel los siguió, diciendo a gran voz: SI ALGUNO ADORA a la bestia y a su imagen, y recibe la MARCA en su frente o en su mano,

"él también beberá del vino del furor de Dios, que ha sido vertido puro en el cáliz de Su ira; y será atormentado con fuego y azufre delante de los santos ángeles y en presencia del Cordero;

"y el humo de su tormento sube por los siglos de los siglos. Y no tienen reposo de día ni de noche los que ADORAN A LA BESTIA Y A SU IMAGEN, ni nadie que reciba LA MARCA DE SU NOMBRE."

Apocalipsis 14:6-11

"SU MARCA"

"La OBSERVANCIA del DOMINGO por los Protestantes es un HOMENAJE QUE ELLOS RINDEN, a pesar de ellos mismos, a la AUTORIDAD DE LA IGLESIA CATÓLICA." *Monseñor Louis Segur,*

"Plain Talk about the Protestantism of Today", pág. 213

"PREGUNTA — ¿Cómo prueba usted que la iglesia tiene poder para instituir fiestas y días sagrados?"

"RESPUESTA — Por el mismo echo de cambiar el Sábado al Domingo, un cambio el cual los Protestantes permiten, y por el cual se contradicen a si mismos apasionadamente al guardar el Domingo rígidamente, quebrando a la misma vez la mayoría de las otras fiestas dictadas por la misma iglesia."

"PREGUNTA — ¿Cómo prueba usted esto?"

"RESPUESTA — Porque al guardar el DOMINGO ellos RECONOCEN EL PODER DE LA IGLESIA para instituir fiestas, y para imponerlas so pena de incurrir en pecado."

Douay Catechism, página 59

"Si la Biblia es la única guía para el Cristiano entonces el Adventista del Séptimo-día está CORRECTO, al obervar el SÁBADO con el Judío . . . . ¿No es extraño, que aquellos que hacen de la Biblia su ÚNICO MAESTRO, sigan inconsistentemente en esta cuestión la TRADICIÓN de la Iglesia Católica?" *"The Question Box", Ed., 1915, página 179*

"La Iglesia Católica por más de mil años antes de la existencia de un Protestante, por virtud de su misión divina, cambió el día de Sábado a Domingo." *"The Catholic Mirror", Septiembre, 1893*

"Por supuesto que la Iglesia Católica presume que el cambio fue su acto . . . . Y que el acto es la MARCA de su autoridad eclesiástica en cosas religiosas." *H. F. Thomas, Chancellor of Cardinal Gibbons*

"SU IMAGEN"

"Resuelto, que el Día de Reposo (Domingo) es un signo entre Dios y el hombre, y su reverente observancia una MARCA de la nación cuyo Dios es Jehová." *National Reform Convention, Septiembre de 1887*

"POR LAS PRESENTES NOSOTROS ESTAMOS DE ACUERDO . . . . que las leyes de observancia del Día de Reposo (Domingo) para el Distrito de Columbia, SE PUEDEN VER no solo como LEYES MODELO DE OBSERVANCIA DEL DÍA DE REPOSO PARA AMÉRICA, pero como leyes modelo de observancia del Día de Reposo para el RESTO DEL MUNDO." *Christian Statesman, Septiembre de 1927*

"Nosotros insistimos en el desafío, 'Todos tienen que descansar, para que todos puedan.' Nosotros permanecemos firmes sobre el grito de batalla, 'NO A LOS PRIVILEGIOS ESPECIALES Y NO AL SUBSIDIO DEL SÉPTIMO DÍA.' Si las leyes del Día de Reposo (Domingo) necesitan ser ajustadas para 'trabajos de necesidad' del siglo veinte, NOSOTROS LAS AJUSTAREMOS Y ALTERAREMOS NOSOTROS MISMOS." *Christian Statesman, Marzo de 1927* mismos medios que ella empleó en tiempos pasados. Los que rechazan la luz de la verdad buscarán aún la ayuda de este poder que se titula infalible, con el propósito de exaltar una institución que debe su origen a Roma. No es difícil prever lo rápido que ella acudirá en ayuda de los Protestantes en este movimiento. ¿Quién mejor que los jefes papistas para saber cómo entendérselas con los que desobedecen a la iglesia?

La Iglesia Católica Romana, con todas sus ramificaciones en el mundo entero, forma una extensa organización dirigida por la sede papal, y destinada a servir los intereses de ésta. Instruye a sus millones de adeptos en todos los países del globo, para que se consideren obligados a obedecer al papa. Cualquiera que fuere la nacionalidad o el gobierno de éstos, deben considerar la autoridad de la iglesia como por encima de todas las demás. Aunque juren fidelidad al estado, siempre quedará en el fondo el voto de obediencia a Roma que los absuelve de toda promesa contraria a los intereses de ella.

La historia prueba lo astuta y perseverante que es en sus esfuerzos por inmiscuirse en los asuntos de las naciones, y para favorecer sus propios fines, aun a costa de la ruina de príncipes y pueblos, una vez que logró entrar. En el año 1204, el papa Inocencio III arrancó de Pedro II, rey de Aragón, este juramento extraordinario: "Yo, Pedro, rey de los Aragoneses, declaro y prometo ser siempre fiel y obediente a mi Señor, el papa Inocencio, a sus sucesores Católicos y a la Iglesia Romana, y conservar mi reino en su obediencia, defendiendo la religión Católica y persiguiendo la perversidad herética." –Juan Dowling, *The History of Romanism,* lib. 5, cap. 6, sec. 55. Esto está en armonía con las pretensiones del pontífice Romano con referencia al poder, de que "Él tiene derecho de deponer emperadores" y de que "puede desligar a los súbditos de la lealtad debida a gobernantes perversos." –Mosheim, lib. 3, siglo XI, parte 2, cap. 2, sec. 2, nota 17.

Y téngase presente que Roma se jacta de no variar jamás. Los principios de Gregorio VII y de Inocencio III son aún los principios de la Iglesia Católica Romana; y si sólo tuviese el poder, los pondría en vigor con tanta fuerza hoy como en siglos pasados. Los Protestantes saben poco de lo que están haciendo al proponerse aceptar la ayuda de Roma en la tarea de exaltar el Domingo. Mientras ellos tratan de realizar su propósito, Roma tiene su mira puesta en el restablecimiento de su poder, y tiende a recuperar su supremacía perdida. Establézcase en los Estados Unidos el principio de que la iglesia puede emplear o dirigir el poder del estado; que las leyes civiles pueden hacer obligatorias las observancias religiosas; es decir, que la autoridad de la iglesia con la del estado debe dominar las conciencias, y el triunfo de Roma quedará asegurado en este país.

La Palabra de Dios ha dado advertencias respecto a tan inminente peligro; descuide estos avisos y el mundo Protestante sabrá cuales son los verdaderos propósitos de Roma, pero ya será tarde para salir de la trampa. Roma está aumentando silenciosamente su poder. Sus doctrinas están ejerciendo su influencia en las cámaras legislativas, en las iglesias y en los corazones de los hombres. Ya está levantando sus grandiosos e imponentes edificios en cuyos secretos recintos reanudará sus antiguas persecuciones. Está acumulando ocultamente sus fuerzas y sin despertar sospechas para alcanzar sus propios fines y para dar el golpe en su debido tiempo. Todo lo que Roma desea es asegurarse alguna ventaja, y ésta ya le ha sido concedida. Pronto veremos y palparemos los propósitos del Romanismo. Cualquiera que crea u obedezca a la Palabra de Dios caerá en oprobio y persecución.

CAPÍTULO 36

EL CONFLICTO INMINENTE

DESDE EL ORIGEN de la gran controversia en el cielo, el propósito de Satanás ha consistido en destruir la Ley de Dios. Para realizarlo se rebeló contra el Creador y, aunque expulsado del cielo, continuó la misma lucha en la tierra. El objeto que persiguió sin cesar fue engañar a los hombres para inducirlos luego a transgredir la ley de Dios. Sea esto conseguido haciendo a un lado toda la ley o descuidando uno de sus preceptos, el resultado será finalmente el mismo. El que "ofende en un punto" manifiesta menosprecio por toda la ley; su influencia y su ejemplo están del lado de la transgresión; y viene a ser "culpable de todos" los puntos de la ley. Santiago 2:10.

En su afán por desacreditar los preceptos divinos, Satanás pervirtió las doctrinas de la Biblia, y así se incorporaron errores en la fe de millares de personas que profesan creer en las Santas Escrituras. El último gran conflicto entre la verdad y el error no es más que la batalla final en la controversia que se viene desarrollando desde hace tanto tiempo con respecto a la ley de Dios. En esta batalla estamos entrando ahora, una batalla entre las leyes de los hombres y los preceptos de Jehová, entre la religión de la Biblia y la religión de las fábulas y de la tradición.

Los elementos que se unirán en esta lucha contra la verdad y la justicia, están ya obrando activamente. La Palabra santa de Dios que nos ha sido transmitida a costa de tanto padecimiento, de tanta sangre de los mártires, no es apreciada debidamente. La Biblia está al alcance de todos, pero pocos son los que la aceptan verdaderamente por guía de la vida. La incredulidad predomina de modo alarmante, no sólo en el mundo sino también en la iglesia. Muchos han llegado al punto de negar doctrinas que son el fundamento mismo de la fe Cristiana. Los grandes hechos de la creación como los presentan los escritores inspirados, la expiación, la caída del hombre, y el carácter perpetuo de la ley de Dios, son en realidad rechazados, totalmente o en parte, por gran número de los que profesan ser Cristianos. Miles de personas que se envanecen de su sabiduría y de su espíritu independiente, consideran como una debilidad el tener fe implícita en la Biblia; piensan que es prueba de talento superior y científico argumentar con las Sagradas Escrituras y espiritualizar y eliminar sus más importantes verdades. Muchos ministros enseñan a sus congregaciones y muchos profesores y doctores dicen a sus estudiantes que la ley de Dios ha sido cambiada o abrogada, y a los que tienen los requerimientos de ella por válidos y dignos de ser obedecidos literalmente, se los considera como merecedores tan sólo de burla o desprecio.

Cuando rechazamos la verdad, nosotros rechazamos al Autor de ella. Al pisotear la ley de Dios, se niega la autoridad del Legislador. Es tan fácil hacer un ídolo de las falsas doctrinas y teorías como tallar un ídolo de madera o piedra. Al representar erróneamente los atributos de Dios, Satanás induce a los hombres a que se formen un falso concepto con respecto a Él. Muchos le rinden culto a un ídolo filosófico en lugar de Jehová, mientras que el Dios viviente, tal cual está revelado en Su palabra, en Cristo y en las obras de la creación, no es adorado más que por un número relativamente pequeño. Miles y miles deifican la naturaleza y a la vez niegan al Dios de ella. Aunque en forma diferente, la idolatría existe en el mundo Cristiano de hoy tan ciertamente como existió entre el antiguo Israel en tiempos de Elías. El Dios de muchos así llamados sabios, o filósofos, poetas, políticos, periodistas – el Dios de los círculos selectos y la moda, de muchos colegios y universidades y hasta de muchos centros de teología – no es mucho mejor que Baal, el dios-sol de los Fenicios.

Ninguno de los errores aceptados por el mundo Cristiano ataca más atrevidamente la autoridad de Dios, ninguno está en tan abierta oposición con las enseñanzas de la razón, ninguno es de tan dañinos resultados como la doctrina moderna que tanto se está propagando, de que la ley de Dios ya no es más de carácter obligatorio para los hombres. Toda nación tiene sus leyes que exigen respeto y obediencia; ningún gobierno podría subsistir sin ellas; ¿y es posible imaginarse que el Creador del cielo y de la tierra no tenga ley alguna para gobernar los seres a los cuales creó? Supongamos que los ministros más eminentes se pusiesen a predicar que las leyes que gobiernan a su país y amparan los derechos de los ciudadanos no están más en vigencia, que por restringir las libertades del pueblo ya no se les debe obediencia. ¿Por cuánto tiempo se tolerarían semejantes teorías? ¿Pero es acaso mayor ofensa desdeñar las leyes de los estados y de las naciones que pisotear los preceptos divinos, que son el fundamento de todo gobierno?

Más acertado sería que las naciones aboliesen sus estatutos y dejaran al pueblo hacer lo que quisiese, antes de que el Legislador del universo anulase Su ley y dejase al mundo sin norma para condenar al culpable o justificar al obediente. ¿Queremos saber cuál sería el resultado de la abolición de la ley de Dios? El experimento se ha hecho ya. Fueron terribles las escenas que se desarrollaron en Francia cuando el ateísmo ejerció el poder. Entonces el mundo vió que rechazar las restricciones que Dios impuso equivale a aceptar el gobierno de los más crueles y despóticos. Cuando se echa a un lado la norma de justicia, queda abierto el camino para que el príncipe del mal establezca su poder en la tierra.

Siempre que se rechazan los preceptos divinos, el pecado deja de parecer malo y la justicia deja de ser deseable. Los que se niegan a someterse al gobierno de Dios son completamente incapaces de gobernarse a sí mismos. Debido a sus enseñanzas perniciosas, se implanta el espíritu de desobediencia en el corazón de los niños y jóvenes, quienes son impacientes por naturaleza; y se obtiene como resultado un estado social donde la anarquía reina soberana. Mientras que se burlan de la credulidad de los que obedecen las exigencias de Dios, las multitudes aceptan con avidez los engaños de Satanás. Se entregan a sus deseos desordenados y practican los pecados que acarrearon los juicios de Dios sobre los paganos.

Los que le enseñan al pueblo a considerar superficialmente los mandamientos de Dios, siembran desobediencia para recoger desobediencia. Si rechazan enteramente los límites impuestos por la ley divina pronto se despreciarán las leyes humanas. Los hombres están dispuestos a pisotear la ley de Dios por considerarla como un obstáculo para su prosperidad material, porque ella prohibe las prácticas deshonestas, la mentira, la codicia y el fraude; pero ellos no se imaginan lo que resultaría de la abolición de los preceptos divinos. Si la ley no tuviera fuerza alguna ¿por qué habría de temerse el violarla? La propiedad ya no estaría segura. Cada cual se apoderaría por la fuerza de los bienes de su vecino, y el más fuerte se haría el más rico. Ni siquiera se respetaría la vida. La institución del matrimonio dejaría de ser baluarte sagrado para la protección de la familia. El que pudiera, si así lo desease, tomaría la mujer de su vecino. El quinto mandamiento sería puesto a un lado junto con el cuarto. Los hijos no vacilarían en atentar contra la vida de sus padres, si al hacerlo pudiesen satisfacer los deseos de sus corazones perversos. El mundo civilizado se convertiría en una raza de ladrones y asesinos, y la paz, la tranquilidad y la dicha desaparecerían de la tierra.

La doctrina de que los hombres no están obligados a obedecer los mandamientos de Dios ha debilitado ya el sentimiento de la responsabilidad moral y ha abierto anchas las compuertas para que la iniquidad corra por el mundo. La corrupción, la licencia, y la disipación nos invaden como ola abrumadora. Satanás está trabajando en el seno de las familias. Su bandera flota hasta en los hogares de los que profesan ser Cristianos. En ellos se ven la envidia, la hipocresía, las sospechas, la frialdad, la rivalidad, las disputas, las traiciones y el desenfreno de los apetitos. Todo el sistema de doctrinas y principios religiosos que deberían formar el fundamento y marco de la vida social parece una mole tambaleante a punto de desmoronarse en ruinas. Los más viles criminales, echados en la cárcel por sus delitos, son a menudo objeto de atenciones y obsequios como si hubiesen llegado a un envidiable grado de distinción. Se da gran publicidad a las particularidades de su carácter y a sus crímenes. La prensa publica los detalles escandalosos del vicio, iniciando así a otros en la práctica del fraude, del robo y del asesinato, y Satanás se regocija del éxito de sus diabólicos designios. La infatuación del vicio, la criminalidad, el terrible desarrollo de la intemperancia y de la iniquidad, en toda forma y grado, deberían llamar la atención de todos los que temen a Dios para que vieran lo que podría hacerse para contener el desborde del mal.

Los tribunales están corrompidos. Los magistrados se dejan llevar por el deseo de las ganancias y el afán de los placeres sensuales. La intemperancia ha obcecado las facultades de muchos, y por lo tanto, Satanás los dirige casi a su gusto. Los juristas se dejan pervertir, sobornar y engañar. La embriaguez y las orgías, la pasión, la envidia, la mala fe bajo todas sus formas se encuentran entre los que administran las leyes. "La justicia se puso lejos; porque la verdad tropezó en la plaza, y la rectitud no pudo entrar." Isaías 59:14.

La iniquidad y las tinieblas espirituales que prevalecieron bajo la supremacía papal fueron resultado inevitable de la supresión de las Sagradas Escrituras. ¿Pero dónde está la causa de la incredulidad general, del rechazamiento de la ley de Dios y de la corrupción consiguiente bajo el pleno resplandor de la luz del evangelio en esta época de libertad religiosa? Ahora que Satanás no puede gobernar al mundo negándole las Escrituras, recurre a otros medios para alcanzar el mismo objeto. Destruir la fe en la Biblia responde tan bien a sus designios como destruir la Biblia misma. Insinuando la creencia de que la ley de Dios no es obligatoria, empuja a los hombres a transgredirla tan seguramente como si ignorasen los preceptos de ella. Y ahora, como en tiempos pasados, obra por intermedio de la iglesia para promover sus fines. Las organizaciones religiosas de nuestros días se han negado a prestar atención a las verdades impopulares claramente enseñadas en las Santas Escrituras, y al combatirlas, han adoptado interpretaciones y asumido actitudes que han sembrado al vuelo las semillas del escepticismo. Aferrándose al error papal de la inmortalidad natural del alma y al del estado consciente de los muertos, han rechazado la única defensa posible contra los engaños del espiritismo. La doctrina de los tormentos eternos ha inducido a muchos a dudar de la Biblia. Y cuando se le presenta al pueblo la obligación de observar el cuarto mandamiento, se ve que ordena reposar en el séptimo día; y como único medio de librarse de un deber que no desean cumplir, muchos de los maestros populares declaran que la ley de Dios no está ya en vigencia. De este modo rechazan al mismo tiempo la ley y el Sábado. A medida que avance la reforma respecto del Sábado, esta manera de rechazar la ley divina para evitar la obediencia al cuarto mandamiento se volverá casi universal. Las doctrinas de los líderes religiosos han abierto la puerta a la incredulidad, al espiritismo y al desprecio de la santa ley de Dios, y sobre ellos descansa una terrible responsabilidad por la iniquidad que existe en el mundo Cristiano.

Sin embargo, esa misma clase de gente asegura que la corrupción que se va generalizando más y más, se debe en gran parte a la violación del así llamado "día de reposo Cristiano," y que si se hiciese obligatoria la observancia del Domingo, mejoraría en gran manera la moralidad social. Esto se sostiene especialmente en los Estados Unidos de Norteamérica, donde la doctrina del verdadero día de reposo, o sea el Sábado, se ha predicado con más amplitud que en ninguna otra parte. En dicho país la obra de la temperancia que es una de las reformas morales más importantes, va a menudo combinada con el movimiento en favor del Domingo, y los defensores de éste actúan como si estuviesen trabajando para promover los más altos intereses de la sociedad; y aquellos que se niegan a unirse con ellos son denunciados como enemigos de la temperancia y de las reformas. Pero la circunstancia de que un movimiento encaminado a establecer un error esté ligado con una obra buena en sí misma, no es un argumento en favor del error. Podemos encubrir un veneno mezclándolo con un alimento sano pero no por eso cambiamos su naturaleza. Al contrario, lo hacemos más peligroso, pues se lo tomará con más facilidad. Una de las trampas de Satanás consiste en mezclar con el error una porción suficiente de verdad para hacerla plausible. Los jefes del movimiento en favor del Domingo pueden propagar reformas que el pueblo necesita, principios que estén en armonía con la Biblia; pero mientras mezclen con ellas algún requisito en pugna con la ley de Dios, los siervos de Dios no pueden unirse a ellos. Nada puede autorizarnos a rechazar los mandamientos de Dios para adoptar los preceptos de los hombres.

A través de los dos gran errores, la inmortalidad del alma y la santidad del Domingo, Satanás traerá a la gente bajo sus decepciones. Mientras aquél forma la base del espiritismo, éste crea un lazo de simpatía con Roma. Los Protestantes de los Estados Unidos serán los primeros en tender las manos a través del golfo para agarrar la mano del espiritismo; ellos se extenderán sobre el abismo para sujetar manos con el poder Romano; y bajo la influencia de esta triple alianza este país marchará en las huellas de Roma, pisoteando los derechos de la conciencia.

A medida que el espiritismo imita más de cerca al Cristianismo nominal de nuestros días, tiene también mayor poder para engañar y seducir. De acuerdo con el pensar moderno, Satanás mismo se ha convertido. Se manifestará bajo la forma de un ángel de luz. Por medio del espiritismo han de cumplirse milagros, los enfermos sanarán, y se realizarán muchos prodigios innegables. Y como los espíritus profesarán creer en la Biblia y manifestarán respeto por las instituciones de la iglesia, su obra será aceptada como manifestación del poder divino.

La línea de separación entre los que profesan ser Cristianos y los impíos es actualmente apenas perceptible. Los miembros de las iglesias aman lo que el mundo ama y están listos para unirse con ellos; Satanás ha decidido unirlos en un solo cuerpo y de este modo fortalecer su causa atrayéndolos a todos a las filas del espiritismo. Los papistas, que se jactan de sus milagros como signo cierto de que su iglesia es la verdadera, serán fácilmente engañados por este poder maravilloso, y los Protestantes, que han arrojado de sí el escudo de la verdad, serán igualmente engañados. Los papistas, los Protestantes y los mundanos aceptarán igualmente la forma de la piedad sin el poder de ella, y verán en esta unión un gran movimiento para la conversión del mundo y el comienzo del milenio tan largamente esperado.

El espiritismo hace aparecer a Satanás como benefactor de la raza humana, que sana las enfermedades del pueblo y profesa presentar un sistema religioso nuevo y más elevado; pero al mismo tiempo obra como destructor. Sus tentaciones arrastran a multitudes a la ruina. La intemperancia destruye la razón; los placeres sensuales, las disputas y los crímenes la siguen. Satanás se deleita en la guerra, que despierta las más viles pasiones del alma, y arroja luego a sus víctimas, sumidas en el vicio y en la sangre, a la eternidad. Su objeto consiste en incitar a las naciones a hacerse mutuamente la guerra; pues de este modo puede distraer los pensamientos de los hombres de la obra de preparación necesaria para subsistir en el día del Señor.

Satanás obra asimismo por medio de los elementos para cosechar muchedumbres de almas aún no preparadas. Tiene estudiados los secretos de los laboratorios de la naturaleza y emplea todo su poder para dirigir los elementos en cuanto Dios se los permita. Cuando se le dejó que afligiera a Job, ¡cuán prestamente fueron destruídos rebaños, ganado, sirvientes, casas e hijos, en una serie de desgracias, obra de un momento! Es Dios quien protege a Sus criaturas y las guarda del poder del destructor. Pero el mundo Cristiano ha manifestado su desprecio por la ley de Jehová, y el Señor hará exactamente lo que declaró que haría: alejará Sus bendiciones de la tierra y retirará Su cuidado protector de sobre los que se rebelan contra Su ley y que enseñan y obligan a los demás a hacer lo mismo. Satanás ejerce dominio sobre todos aquellos a quienes Dios no guarda en forma especial. Favorecerá y hará prosperar a algunos para obtener sus fines, y atraerá desgracias sobre otros, al mismo tiempo que hará creer a los hombres que es Dios quien los aflige.

Mientras aparenta pasar ante los hijos de los hombres como un gran médico que puede curar todas sus enfermedades, Satanás producirá enfermedades y desastres al punto que ciudades populosas serán reducidas a ruinas y desolación. Ahora mismo está obrando. Ejerce su poder en todos los lugares y bajo mil formas: en las grandes conflagraciones, en las desgracias y calamidades de mar y tierra, en los tremendos huracanes, en los ciclones, en las terribles tempestades de granizo, en las inundaciones, en las mareas extraordinarias y en los terremotos. Destruye las mieses casi maduras y a ello le sigue el hambre y la angustia; propaga por el aire emanaciones mefíticas y miles de seres perecen en la pestilencia. Estos hechos irán menudeando más y más y se harán más y más desastrosas. La destrucción caerá sobre hombres y animales. "La tierra estuvo de luto y se marchitó," "se marchitaron los nobles del pueblo de la tierra. Y la tierra se contaminó bajo sus moradores; porque transgredieron las leyes, violaron el estatuto, quebrantaron el pacto sempiterno." Isaías 24:4, 5.

Y luego el gran engañador persuadirá a los hombres de que son aquellos que sirven a Dios los que causan esos males. La clase que ha provocado el desagrado del Cielo lo cargará a la cuenta de aquellos cuya obediencia a los mandamientos de Dios es una reprobación perpetua a los transgresores. Se declarará que los hombres ofenden a Dios al violar el reposo del Domingo; que este pecado ha atraído calamidades que no concluirán hasta que la observancia del Domingo no sea estrictamente obligatoria; y que los que proclaman la vigencia del cuarto mandamiento, haciendo con ello que se pierda el respeto debido al Domingo y rechazando el favor divino, turban al pueblo y alejan la prosperidad temporal. Así se repetirá la acusación hecha antiguamente al siervo de Dios y por motivos de la misma índole: "Cuando Acab vió a Elías, le dijo: ¿Eres tú, el que perturbas a Israel? Y él respondió: Yo no he perturbado a Israel, sino tú y la casa de tu padre, dejando los mandamientos de Jehová, y siguiendo a los Baales" 1 Reyes 18:17, 18. Cuando con falsos cargos se haya despertado la ira del pueblo, éste seguirá con los embajadores de Dios una conducta muy parecida a la que siguió el apóstata Israel con Elías.

El poder milagroso que se manifiesta en el espiritismo ejercerá su influencia en perjuicio de los que prefieren obedecer a Dios antes que a los hombres. Habrá comunicaciones de espíritus que declararán que Dios los envió para convencer de su error a los que rechazan el Domingo y afirmarán que se debe obedecer a las leyes del país como a la ley de Dios. Lamentarán la gran maldad existente en el mundo y apoyarán el testimonio de los ministros de la religión en el sentido de que la degradación moral se debe a la profanación del Domingo. Grande será la indignación despertada contra todos los que se nieguen a aceptar sus afirmaciones.

La política de Satanás en este conflicto final con el pueblo de Dios es la misma que la seguida por él al principio de la gran controversia en el cielo. Hacía como si procurase la estabilidad del gobierno divino, mientras que por lo bajo hacía cuanto podía por derribarlo y acusaba a los ángeles fieles de esa misma obra que estaba así tratando de realizar. La misma política de engaño caracteriza la historia de la Iglesia Romana. Ha profesado actuar como representante del cielo, mientras trataba de elevarse por encima de Dios y de cambiar Su ley. Bajo el poder de Roma, los que sufrieron la muerte por causa de su fidelidad al evangelio fueron denunciados como malhechores; se los declaró en liga con Satanás, y se emplearon cuantos medios se pudo para cubrirlos de oprobio y hacerlos pasar ante los ojos del pueblo y ante ellos mismos por los más viles criminales. Lo mismo sucederá ahora. Mientras Satanás trata de destruir a los que honran la ley de Dios, los hará acusar como transgresores de la ley, como hombres que están deshonrando a Dios y atrayendo Sus castigos sobre el mundo.

Dios no fuerza nunca la conciencia; pero Satanás recurre constantemente a la violencia para dominar a aquellos a quienes no puede seducir de otro modo. Por medio del temor o de la fuerza procura regir la conciencia y hacerse tributar homenaje. Para conseguir esto, obra por medio de las autoridades religiosas y civiles y las induce a que impongan leyes humanas contrarias a la ley de Dios.

Los que honran el Sábado de la Biblia serán denunciados como enemigos de la ley y del orden, como quebrantadores de las restricciones morales de la sociedad, y por lo tanto causantes de confusión y corrupción que atraen sobre la tierra los altos juicios de Dios. Sus escrúpulos de conciencia serán presentados como obstinación, terquedad y rebeldía contra la autoridad. Serán acusados de deslealtad hacia el gobierno. Los ministros que niegan la obligación de observar la ley divina predicarán desde el púlpito que hay que obedecer a las autoridades civiles porque fueron instituidas por Dios. En las asambleas legislativas y en los tribunales se calumniará y condenará a los que guardan los mandamientos. Se cambiarán sus palabras, y se atribuirán a sus motivos las peores intenciones.

A medida que las iglesias Protestantes rechacen los argumentos claros de la Biblia en defensa de la ley de Dios, desearán imponer silencio a aquellos cuya fe no pueden rebatir con la Biblia. Aunque se nieguen a verlo, el hecho es que están asumiendo actualmente una actitud que dará por resultado la persecución de los que se niegan en conciencia a hacer lo que el resto del mundo Cristiano está haciendo y a reconocer los asertos hechos en favor del día de reposo papal.

Los dignatarios de la iglesia y del estado se unirán para hacer que todos honren el Domingo, y para ello apelarán al soborno, a la persuasión o a la fuerza. La falta de autoridad divina se suplirá con ordenanzas opresivas. La corrupción política está destruyendo el amor a la justicia y el respeto a la verdad; y hasta en los Estados Unidos de la libre América, se verá a los representantes del pueblo y a los legisladores tratar de asegurarse el favor público doblegándose a las exigencias populares por una ley que imponga la observancia del Domingo. La libertad de conciencia que tantos sacrificios ha costado no será ya respetada. En el conflicto que está por explotar veremos realizarse las palabras del profeta: "Entonces el dragón se encolerizó contra la mujer; y se fue a hacer guerra contra el resto de la descendencia de ella, los que guardan los mandamientos de Dios y tienen el testimonio de Jesucristo." Apocalipsis 12:17.

CAPÍTULO 37

NUESTRA ÚNICA SALVAGUARDIA

"¡A LA LEY Y AL TESTIMONIO! Si no dijeren conforme a esto, es porque no les ha amanecido." Isaías 8:20. Al pueblo de Dios se le indica que busque en las Sagradas Escrituras su salvaguardia contra las influencias de los falsos maestros y el poder cautivador de los espíritus tenebrosos. Satanás emplea cualquier medio posible para impedir que los hombres conozcan la Biblia, cuyo claro lenguaje descubre sus engaños. En ocasión de cada avivamiento de la obra de Dios, el príncipe del mal actúa con mayor energía; en la actualidad está haciendo esfuerzos desesperados preparándose para la lucha final contra Cristo y Sus discípulos. El último gran engaño se desenrollará pronto ante nosotros. El Anticristo va a efectuar ante nuestra vista obras maravillosas. La falsificación se asemejará tanto a la realidad, que será imposible distinguirlos sin el auxilio de las Santas Escrituras. Ellas son las que deben atestiguar en favor o en contra de toda declaración, de todo milagro.

Se hará oposición y se ridiculizará a los que traten de obedecer a todos los mandamientos de Dios. Ellos no podrán subsistir sino en Dios. Para poder soportar la prueba que les espera deben comprender la voluntad de Dios tal como está revelada en Su Palabra, pues no pueden honrarle sino en la medida del conocimiento que tengan de Su carácter, gobierno y propósitos divinos y en la medida en que obren conforme a las luces que les hayan sido concedidas. Sólo los que hayan fortalecido la mente con las verdades de la Biblia podrán resistir en el último gran conflicto. Todos hemos ha de pasar por la prueba decisiva: ¿Obedeceré a Dios antes que a los hombres? La hora crítica se acerca. ¿Hemos asentado los pies en la roca de la inalterable Palabra de Dios?

¿Estamos preparados para defender firmemente los mandamientos de Dios y la fe de Jesús?

Antes de la crucifixión, el Salvador había predicho a Sus discípulos que iba a ser muerto y que resucitaría del sepulcro, y hubo ángeles presentes para grabar esas palabras en las mentes y en los corazones. Pero los discípulos esperaban la liberación política de la opresión Romana y no podían tolerar la idea de que Aquél en quien todas sus esperanzas estaban concentradas, fuese a sufrir una muerte ignominiosa. Desterraron de su mente las palabras que necesitaban recordar, y cuando llegó el momento de prueba, los encontró sin la debida preparación. La muerte de Jesús destruyó sus esperanzas igual que si no se la hubiese predicho. Así es como también las profecías nos anuncian el porvenir con la misma claridad con que Cristo predijo Su propia muerte a los discípulos. Los acontecimientos relacionados con el fin del tiempo de gracia y la preparación para el tiempo de angustia han sido presentados con claridad. Miles de personas no comprenden estas importantes verdades, y el resultado es como si nunca le hubiesen sido reveladas. Satanás procura arrebatar toda impresión que podría llevar a los hombres por el camino de la salvación, y el tiempo de angustia no los encontrará listos.

Cuando Dios manda a los hombres amonestaciones tan importantes que en las profecías son representadas como proclamadas por santos ángeles que vuelan por el cielo, es porque Él exige que toda persona dotada de inteligencia les preste atención. Los terribles juicios que Dios pronunció contra los que adoran la bestia y su imagen (Apocalipsis 14:9-11), deberían inducir a todos a estudiar diligentemente las profecías para saber lo que es la marca de la bestia y cómo pueden evitarla. Pero las muchedumbres cierran los oídos a la verdad y prefieren fábulas. El apóstol Pablo, refiriéndose a los últimos días, dijo: "Porque vendrá tiempo cuando no sufrirán la sana doctrina." 2 Timoteo 4:3. Ya hemos entrado de lleno en ese tiempo. Las multitudes se niegan a recibir las verdades bíblicas porque éstas se oponen a los deseos de los corazones pecaminosos y mundanos; y Satanás les proporciona los engaños en que se complacen.

Pero Dios tendrá en la tierra un pueblo que sostendrá la

Biblia y la Biblia sola, como regla de todas las doctrinas y base de todas las reformas. Ni las opiniones de los sabios, ni las deducciones de la ciencia, ni la voz de las mayorías, ni los credos o decisiones de concilios tan numerosos y discordantes como lo son las iglesias que representan, nada de esto, ni en conjunto ni en parte, debe ser considerado como evidencia en favor o en contra de cualquier punto de fe religiosa. Antes de aceptar cualquier doctrina o precepto debemos cerciorarnos de si los autoriza un categórico "Así dice Jehová."

Satanás trata continuamente de atraer la atención hacia los hombres en lugar de atraerla hacia Dios. Hace que el pueblo considere como sus guías a los obispos, pastores y profesores de teología, en vez de estudiar las Escrituras por sí mismo y así saber cuales son sus deberes. Dirigiendo luego la inteligencia de esos mismos guías, puede entonces también encaminar las multitudes a su voluntad.

Cuando Cristo vino a predicar palabras de vida, el pueblo le oía con gozo y muchos, hasta de entre los sacerdotes y gobernantes, creyeron en Él. Pero los líderes de los sacerdotes y los jefes de la nación estaban resueltos a condenar y rechazar Sus enseñanzas. A pesar de salir frustrados todos sus esfuerzos para encontrar en Él motivos de acusación, a pesar de que no podían dejar de sentir la influencia del poder y sabiduría divinos que acompañaban Sus palabras, empeñados en sus prejuicios, repudiaron la evidencia más clara del carácter mesiánico de Jesús, para no verse obligados a hacerse Sus discípulos. Estos enemigos de Jesús eran hombres a quienes el pueblo había aprendido desde la infancia a reverenciar y ante cuya autoridad estaba acostumbrado a someterse implícitamente. "¿Cómo es posible," se preguntaban, "que nuestros gobernantes y nuestros sabios escribas no crean en Jesús? ¿Sería posible que hombres tan piadosos no le aceptaran si fuese el Cristo?" Fue la influencia de estos maestros la que indujo a la nación Judía rechazar a su Redentor.

El espíritu que animaba a aquellos sacerdotes y gobernantes anima aún a muchos que pretenden ser muy piadosos. Se niegan a examinar el testimonio que las Sagradas Escrituras contienen respecto a las verdades especiales para la época actual. Llaman la atención del pueblo al número de sus seguidores, su riqueza y su popularidad, y desdeñan a los defensores de la verdad que por cierto son pocos, pobres e impopulares y cuya fe los separa del mundo.

Cristo previó que las pretensiones de autoridad desmedida de los escribas y Fariseos no habían de desaparecer con la dispersión de los Judíos. Con mirada profética vió que la autoridad humana se engrandecería para dominar las conciencias en la forma que ha dado tan desgraciados resultados para la iglesia en todos los siglos. Y Sus terribles acusaciones contra los escribas y Fariseos y Sus amonestaciones al pueblo a que no siguiera a esos ciegos conductores fueron consignadas como advertencia para las generaciones futuras.

La Iglesia Romana le entrega al clero el derecho de interpretar las Santas Escrituras, y con el pretexto de que sólo los eclesiásticos son competentes para explicar la Palabra de Dios, priva de ella al pueblo. Aun cuando la Reforma hizo las Escrituras accesibles a todos, este mismo principio amparado por Roma es el que hoy impide a miles y miles en las iglesias Protestantes que las estudien por sí mismos. Se les enseña a aceptar sus doctrinas *tal cual las interpreta la iglesia;* y hay millares de personas que no admiten nada, por evidente que sea su revelación en las Sagradas Escrituras, si resulta en oposición con su credo o con las enseñanzas adoptadas por sus respectivas iglesias.

A pesar de estar la Biblia llena de amonestaciones contra los falsos maestros, muchos encomiendan al clero el cuidado de sus almas. Hay actualmente millones de personas que profesan ser religiosas y que no pueden dar acerca de los puntos de su fe, otra razón que el hecho de que así les enseñaron sus directores espirituales. No se fijan casi en las enseñanzas del Salvador y creen en cambio ciegamente a lo que los ministros dicen. ¿Pero son infalibles estos ministros? ¿Cómo podemos confiar nuestras almas a su dirección, mientras no sepamos por la Palabra de Dios que ellos poseen la verdad? Muchos son los que, por falta de valor moral para apartarse del sendero trillado del mundo, siguen los pasos de los instruidos; y debido a su aversión para investigar por sí mismos, se están enredando más y más en las cadenas del error. Ven que la verdad para el tiempo presente está claramente expuesta en la Biblia y sienten que el poder del Espíritu Santo confirma su proclamación, y sin embargo permiten que la oposición del clero los aleje de la luz. Por muy convencidas que estén la razón y la conciencia, estos pobres ilusos no se atreven a pensar de otro modo que como los ministros, y sacrifican su juicio individual y sus intereses eternos a la falta de fe, orgullo y prejuicios de otra persona.

Satanás se vale de muchos artificios para encadenar a sus cautivos por medio de las influencias humanas. Él se asegura la voluntad de multitudes atándolas con los lazos de seda de sus afectos a los enemigos de la cruz de Cristo. Sea cual fuere esta unión: conyugal, paternal, filial o social, el efecto es el mismo: los enemigos de la verdad ejercen un poder que tiende a dominar la conciencia, y las almas sometidas a sus autoridad no tienen valor ni independencia suficientes para seguir sus propias convicciones acerca del deber.

La verdad y la gloria de Dios son inseparables; es imposible honrar a Dios con opiniones erróneas cuando tenemos la Biblia a nuestro alcance. Muchas personas sostienen que no importa lo que uno cree, siempre que su conducta sea buena. Pero la vida es modelada por la fe. Si teniendo la luz y la verdad a nuestro alcance, no tratamos de conocerla, de hecho la rechazamos y preferimos las tinieblas a la luz.

"Hay camino que parece derecho al hombre, pero su final es camino de muerte." Proverbios 16:25. La ignorancia no disculpa el error ni el pecado, cuando se tiene toda oportunidad de conocer la voluntad de Dios. Tomemos el caso de un hombre que estando de viaje llega a un punto de donde arrancan varios caminos en direcciones indicadas en un poste. Si no se fija en éste y escoge el camino que mejor le parezca, por sincero que sea, es más que probable que se equivocará de ruta.

Dios nos ha dado Su Palabra para que conozcamos Sus enseñanzas y sepamos por nosotros mismos lo que Él exige de nosotros. Cuando el doctor de la ley preguntó a Jesús:

"¿Haciendo qué cosas, poseeré la vida eterna?" el Señor lo refirió a las Sagradas Escrituras, diciendo: "¿Qué está escrito en la ley? ¿cómo lees?" La ignorancia no excusará ni a jóvenes ni a viejos, ni los librará tampoco del castigo que corresponde a la transgresión de la ley de Dios, pues tienen a la mano una exposición fiel de dicha ley, de sus principios y de lo que ella exige del hombre. No basta tener buenas intenciones; no basta tampoco hacer lo que se cree justo o lo que los ministros dicen serlo. Debemos escudriñar por nuestra cuenta las Sagradas Escrituras pues la salvación de nuestra alma está en juego. Por arraigadas que sean las convicciones de un hombre, por muy seguro que esté de que el pastor sabe lo que es verdad, nada de esto debe servirle de fundamento. El tiene un mapa en el cual se encuentran todas las indicaciones del camino para el cielo y no tiene por qué hacer conjeturas.

El primero y más alto deber de toda criatura racional es el de escudriñar la verdad en las Sagradas Escrituras y luego andar en la luz e invitar a otros a que sigan su ejemplo. Día tras día debemos de estudiar diligentemente la Biblia, pesando cada pensamiento y comparando texto con texto. Con la ayuda de Dios debemos formarnos nuestras propias opiniones ya que tenemos que responder a Dios por nosotros mismos.

Las verdades que se encuentran explicadas con la mayor claridad en la Biblia han sido envueltas en dudas y obscuridad por hombres sabios, que presumiendo de gran sabiduría enseñan que las Escrituras tienen un sentido místico, secreto y espiritual que no se deja ver en el lenguaje empleado en ellas. Estos hombres son falsos maestros. Fue a personas semejantes a quienes Jesús declaró: "Estáis equivocados: por no entender las Escrituras ni el poder de Dios." Marcos 12:24. El lenguaje de la Biblia debe explicarse de acuerdo con su significado manifiesto, a no ser que se trate de un símbolo o figura. Cristo prometió: "El que quiera hacer la voluntad de Dios, conocerá si la doctrina es de Dios, o si Yo hablo por Mi propia cuenta." Juan 7:17. Si los hombres quisieran tan sólo aceptar lo que la Biblia dice, y si no hubiera falsos maestros para confundir las inteligencias, se realizaría una obra que alegraría a los ángeles y que traería al rebaño de Cristo a miles y miles de almas actualmente sumidas en el error.

Deberíamos ejercitar en el estudio de las Santas Escrituras todas las fuerzas del entendimiento y procurar comprender, hasta donde es posible a los mortales, las profundas enseñanzas de Dios; pero no debemos olvidar que la disposición del estudiante debe ser dócil y sumisa como la de un niño. Las dificultades bíblicas no pueden ser resueltas por los mismos métodos que se emplean cuando se trata de incertidumbres filosóficas. No debemos de ponernos a estudiar la Biblia con esa confianza en nosotros mismos con la cual tantos abordan los dominios de la ciencia, sino en el espíritu de oración y dependencia hacia Dios y con un deseo sincero de conocer Su voluntad. Debemos acercarnos con espíritu humilde y dócil para obtener conocimiento del gran YO SOY. De lo contrario vendrán ángeles malos a obscurecer nuestras mentes y a endurecer nuestros corazones al punto que la verdad ya no nos impresionará.

Más de una porción de las Sagradas Escrituras que los sabios declaran ser un misterio o que estiman de poca importancia, está llena de consuelo e instrucción para el que ha sido enseñado en la escuela de Cristo. Si muchos teólogos no comprenden mejor la Palabra de Dios, es por la sencilla razón de que cierran los ojos con respecto a unas verdades que no desean poner en práctica. La comprensión de las verdades bíblicas no depende tanto de la potencia intelectual aplicada a la investigación como de la sinceridad de propósitos y del ardiente anhelo de justicia que animan al estudiante.

Nunca se debe estudiar la Biblia sin oración. Sólo el Espíritu Santo puede hacernos sentir la importancia de lo que es fácil comprender, o impedir que le demos una aplicación falsa a las verdades que son difíciles de comprender. Hay santos ángeles que tienen la misión de influir en los corazones para que comprendan la Palabra de Dios, para que la belleza de ésta nos embelese, sus advertencias nos amonesten y sus promesas nos animen y vigoricen. Deberíamos hacer nuestra la petición del salmista: "¡Abre mis ojos, y miraré las maravillas de Tu ley!" Salmos 119:18. Muchas veces las tentaciones parecen irresistibles, y es porque se ha descuidado la oración, y el estudio de la Biblia, y por tanto no se pueden recordar luego las promesas de Dios ni oponerse a Satanás con las armas de las Santas Escrituras. Pero los ángeles rodean a los que tienen deseos de aprender cosas divinas, y en situaciones graves traerán a su memoria las verdades que necesitan. "Porque vendrá como torrente impetuoso, empujado por el soplo de Jehová." Isaías 59:19.

Jesús prometió a Sus discípulos "el Consolador, el Espíritu Santo, a quien el Padre enviará en Mi nombre," y agregó: "Él os enseñará todas las cosas, y os recordará todo lo que Yo os he dicho." Juan 14:26. Pero primero es preciso que las enseñanzas de Cristo hayan sido atesoradas en el entendimiento, si queremos que el Espíritu de Dios nos las recuerde en el momento de peligro. "En mi corazón he guardado Tus dichos, para no pecar contra Ti." Salmos 119:11.

Todos los que estiman en lo que valen sus intereses eternos deben mantenerse en guardia contra las incursiones del escepticismo. Hasta los fundamentos de la verdad serán atacados. Es imposible ponerse a cubierto de los sarcasmos y sofismas y de las enseñanzas insidiosas y repugnantes de la incredulidad moderna. Satanás adapta sus tentaciones a todas las clases. Asalta a los ignorantes con burla o con desprecio, mientras que se acerca a la gente instruida con objeciones científicas y razonamientos filosóficos propios para despertar desconfianza o desprecio hacia las Sagradas Escrituras. Hasta los jóvenes de poca experiencia se atreven a insinuar dudas respecto a los principios fundamentales del Cristianismo. Y esta incredulidad juvenil, por superficial que sea, no deja de ejercer su influencia. Muchos se dejan arrastrar así al punto de mofarse de la piedad de sus padres y desafían al Espíritu de gracia. Hebreos 10:29. Muchos cuya vida daba promesa de honrar a Dios y de beneficiar al mundo, se han marchitado bajo el soplo contaminado de la incredulidad. Todos los que fían en las opiniones jactanciosas de la razón humana y se imaginan poder explicar los misterios divinos y llegar al conocimiento de la verdad sin el auxilio de la sabiduría de Dios, están presos en las redes de Satanás.

Vivimos en el período más solemne de la historia de este mundo. El destino de las innumerables multitudes que pueblan la tierra está por decidirse. Tanto nuestra dicha futura como la salvación de otras almas dependen de nuestra conducta actual. Necesitamos ser guiados por el Espíritu de Verdad. Todo discípulo de Cristo debe preguntar seriamente: "¿Señor, qué quieres que haga?" Necesitamos humillarnos ante el Señor, orar, ayunar y meditar mucho en Su Palabra, especialmente acerca de las escenas del juicio. Debemos tratar de adquirir actualmente una experiencia profunda y viva en las cosas de Dios, sin perder un solo instante. En torno nuestro se están cumpliendo acontecimientos de vital importancia; nos encontramos en el terreno encantado de Satanás. No durmáis, centinelas de Dios, que el enemigo está emboscado, listo para lanzarse sobre vosotros y haceros su presa en cualquier momento en que caigáis en descuido y somnolencia.

Muchos se engañan con respecto a su verdadera condición ante Dios. Se felicitan por los actos reprensibles que no cometen, y se olvidan de enumerar las obras buenas y nobles que Dios requiere, pero que ellos descuidan de hacer. No basta que sean árboles en el huerto del Señor. Deben corresponder a lo que Dios espera de ellos, llevando frutos. Dios los hace responsables de todo el bien que podrían haber realizado, sostenidos por Su gracia. En los libros del cielo sus nombres figuran entre los que ocupan inútilmente el suelo. A pesar de todo, aun el caso de tales personas no es del todo desesperado. El Dios de paciencia y amor se empeña en atraer aún a los que han despreciado Su gracia y Su misericordia. "Por lo cual dice: Despiértate, tú que duermes, y levántate de los muertos, y te alumbrará Cristo. Mirad, pues, con diligencia cómo andéis, . . . aprovechando bien el tiempo, por que los días son malos." Efesios 5:14-16.

Cuando llegue el tiempo de la prueba, los que hayan seguido la Palabra de Dios como regla de conducta, serán dados a conocer. En verano no hay diferencia notable entre los árboles de hojas perennes y los que las pierden; pero cuando vienen los vientos de invierno los primeros permanecen verdes en tanto que los otros pierden su follaje. Así puede también que no sea fácil distinguir actualmente a los falsos creyentes de los verdaderos Cristianos, pero pronto llegará el tiempo en que la diferencia saltará a la vista. Dejen que la oposición se levante, que el fanatismo y la intolerancia vuelvan a reinar, que el espíritu de persecución se encienda, y entones los tibios e hipócritas tendrán dudas y abandonarán la fe; pero el verdadero Cristiano permanecerá firme como una roca, con más fe y esperanza que en días de prosperidad.

El salmista dice: "Tus testimonios son mi meditación." "Por Tus mandamientos he adquirido inteligencia; por eso, odio todo camino de mentira." Salmos 119:99, 104.

"Dichoso el hombre que halla la sabiduría, y que obtiene la inteligencia." Proverbios 3:13. "Porque será como el árbol plantado junto a las aguas, y que junto a la corriente echa sus raíces, y no teme la venida del calor, sino que su follaje estará frondoso; y en el año de sequía no se inquietará, ni dejará de dar fruto." Jeremías 17:8.

CAPÍTULO 38

El Mensaje Final de Dios

"DESPUÉS DE ESTO vi a otro ángel descender del cielo con gran potestad; y la tierra fue alumbrada con su resplandor. Y clamó con voz potente, diciendo: Cayó, cayó la gran Babilonia, y se ha hecho habitación de demonios y guarida de todo espíritu inmundo, y albergue de toda ave inmunda y aborrecible." "Y oí otra voz del cielo, que decía: Salid de ella, pueblo Mío, para que no seáis partícipes de sus pecados, ni recibáis nada procedente de sus plagas." Apocalipsis 18:1, 2, 4.

Estos versículos señalan un tiempo en el porvenir cuando el aviso de la caída de Babilonia, tal cual fue hecho por el segundo ángel de Apocalipsis 14:8, se repetirá con la mención adicional de las corrupciones que han estado introduciéndose en las diversas organizaciones religiosas que constituyen a Babilonia, desde que ese mensaje fue proclamado por primera vez, durante el verano de 1844. Se describe aquí la terrible condición en que se encuentra el mundo religioso. Cada vez que la gente rechace la verdad, habrá mayor confusión en su mente y más terquedad en su corazón, hasta que se hunda en arriesgada incredulidad. En su desafío de las amonestaciones de Dios, seguirá pisoteando uno de los preceptos del Decálogo hasta que sea inducida a perseguir a los que lo consideran sagrado. Se desprecia a Cristo cuando se manifiesta desdén hacia Su Palabra y hacia Su pueblo. A medida que vayan siendo aceptadas las enseñanzas del espiritismo en las iglesias, irán desapareciendo las vallas impuestas al corazón carnal, y la religión se convertirá en un manto para cubrir las más bajas iniquidades. La creencia en las manifestaciones espiritistas abre el campo a los espíritus seductores y a las doctrinas de demonios, y de este modo se dejarán sentir en las iglesias las influencias de los ángeles malos.

Se dice de Babilonia, con referencia al tiempo en que está presentada en esta profecía: "Sus pecados se han amontonado hasta el cielo, y Dios se ha acordado de sus maldades." Apocalipsis 18:5. Ha llenado la medida de sus culpas y la ruina vendrá sobre ella. Pero Dios tiene aún un pueblo en Babilonia; y antes de que los juicios del cielo la visiten, estos fieles deben ser llamados para que salgan, y que no tengan parte en sus pecados ni en sus plagas. De ahí que este movimiento esté simbolizado por el ángel que baja del cielo, alumbrando la tierra y denunciando con voz potente los pecados de Babilonia. Simultáneamente, que se da este mensaje, se oye el llamamiento: "Salid de ella, pueblo Mío." Estas declaraciones, unidas al mensaje del tercer ángel, constituyen la amonestación final que debe ser dada a los habitantes de la tierra.

Será terrible la crisis que llegará a el mundo. Los poderes de la tierra, unidos para hacer guerra contra los mandamientos de Dios, decretarán que todos los hombres, "pequeños y grandes, ricos y pobres, libres y esclavos," se conformen a las costumbres de la iglesia y observen el falso día de reposo. Apocalipsis 13:16. Todos los que se nieguen a someterse serán castigados por la autoridad civil, y finalmente se decretará que son dignos de muerte. Por otra parte, la ley de Dios que impone el día de reposo del Creador exige obediencia y amenaza con la ira de Dios a los que violen sus preceptos.

Aclarado así el asunto, cualquiera que pisotee la ley de Dios para obedecer una ordenanza humana, recibe la marca de la bestia; acepta el signo de sumisión al poder al cual prefiere obedecer en lugar de obedecer a Dios. La amonestación del cielo nos dice: "¡Si alguno adora a la bestia y a su imagen, y recibe la marca en su frente o en su mano, él también beberá del vino del furor de Dios, que ha sido vertido puro en el cáliz de Su ira." Apocalipsis 14:9, 10.

Pero nadie sufrirá la ira de Dios antes que la verdad haya sido presentada a su mente y a su conciencia, y que la haya rechazado. Hay muchas personas que no han tenido jamás oportunidad de oír las verdades especiales para nuestros tiempos. La obligación de observar el cuarto mandamiento no les ha sido jamás presentada bajo su verdadera luz. Aquél que lee todos los corazones y prueba todos los motivos no dejará que nadie que desee conocer la verdad sea engañado en cuanto al resultado final de la controversia. El decreto no será impuesto estando el pueblo a ciegas. Cada cual tendrá la luz necesaria para tomar una decisión consciente.

El Sábado será la gran prueba de la lealtad; pues es el punto especialmente controvertido. Cuando esta prueba final les sea aplicada finalmente a los hombres, entonces se trazará la línea de demarcación entre los que sirven a Dios y los que no le sirven. Mientras la observancia del falso día de reposo (Domingo), en obedecimiento a la ley del estado, y en oposición al cuarto mandamiento, será una declaración de obediencia a un poder que está en oposición a Dios, la observancia del verdadero día de reposo (Sábado), en obediencia a la ley de Dios, será señal evidente de la lealtad al Creador. Mientras que una clase de personas, al aceptar el signo de la sumisión a los poderes del mundo, recibe la marca de la bestia, la otra, por haber escogido el signo de obediencia a la autoridad divina, recibirá el sello de Dios.

Hasta ahora se ha solido considerar a los predicadores de las verdades del mensaje del tercer ángel como puros alarmistas. Sus predicciones de que la intolerancia religiosa adquiriría dominio en los Estados Unidos de Norteamérica, de que la iglesia y el estado se unirían en ese país para perseguir a los observadores de los mandamientos de Dios, han sido declaradas absurdas y sin fundamento. Se ha declarado atrevidamente que ese país no podría jamás dejar de ser lo que ha sido: el defensor de la libertad religiosa. Pero, a medida que se va agitando más ampliamente la cuestión de la observancia obligatoria del Domingo, se ve acercarse la realización del acontecimiento hasta ahora tenido por increíble, y el tercer mensaje producirá un efecto que no habría podido producir antes.

En cada generación Dios envió siervos Suyos para condenar el pecado tanto en el mundo como en la iglesia. Pero los hombres desean que se les digan cosas agradables, y no les gusta la verdad clara y pura. Muchos reformadores, al comenzar su obra, resolvieron proceder con gran prudencia al atacar los pecados de la iglesia y de la nación. Esperaban que mediante el ejemplo de una vida Cristiana y pura, llevarían de nuevo al pueblo a las doctrinas de la Biblia. Pero el Espíritu de Dios vino sobre ellos como había venido sobre Elías, impulsándolos a censurar los pecados de un rey malvado y de un pueblo apóstata; no pudieron dejar de proclamar las declaraciones terminantes de la Biblia que habían titubeado en presentar. Se vieron forzados a declarar diligentemente la verdad y señalar los peligros que amenazaban a las almas. Sin temer las consecuencias, pronunciaban las palabras que el Señor les ponía en la boca, y el pueblo se veía obligado a oír la amonestación.

Así también será proclamado el mensaje del tercer ángel. Cuando llegue el tiempo de dar este mensaje con el mayor poder, el Señor obrará a través de humildes instrumentos, dirigiendo las mentes de los que se consagren a Su servicio. Los obreros serán calificados más bien por la unción de Su Espíritu que por la educación en institutos de enseñanza. Habrá hombres de fe y de oración que se sentirán impelidos a declarar con santo entusiasmo las palabras que Dios les inspire. Los pecados de Babilonia serán denunciados. Los resultados dolorosos y espantosos de la imposición de las observancias de la iglesia por la autoridad civil, las invasiones del espiritismo, los progresos secretos pero rápidos del poder papal – todo será desenmascarado. Estas solemnes amonestaciones conmoverán al pueblo. Miles y miles de personas que nunca habrán oído palabras semejantes, las escucharán. Con asombro oirán el testimonio de que Babilonia es la iglesia, caída por sus errores y sus pecados, porque rechazó la verdad que le fue enviada del cielo. Cuando el pueblo acuda a sus antiguos conductores espirituales a preguntarles con ansia: ¿Son estas cosas así? los mismos aducirán fábulas, profetizarán cosas agradables para calmar los temores y tranquilizar las conciencias despertadas. Pero como muchas personas no se contentan con las simples razones de los hombres y exigen un positivo "Así dice Jehová," los ministros populares, como los Fariseos de antaño, se enojarán al ver que se pone en duda su autoridad, denunciarán el mensaje como si viniese de Satanás y provocarán a las multitudes dadas al pecado a que injurien y persigan a los que lo proclaman.

Satanás se pondrá alerta al ver que la controversia se extiende a nuevos campos y que la atención del pueblo es dirigida a la pisoteada ley de Dios. El poder que acompaña a la proclamación del mensaje sólo desesperará a los que se le oponen. El clero hará esfuerzos casi sobrehumanos para sofocar la luz por temor de que alumbre a sus rebaños. Por todos los medios a su alcance los ministros tratarán de evitar toda discusión sobre estas cuestiones vitales. La iglesia apelará al brazo poderoso de la autoridad civil y en esta obra los papistas y los Protestantes irán unidos. A medida que el movimiento en favor de la imposición del Domingo se vuelva más audaz y decidido, la ley será invocada contra los que observan los mandamientos. Se los amenazará con multas y encarcelamientos; a algunos se les ofrecerán puestos de influencia y otras ventajas para inducirlos a que renuncien a su fe. Pero su respuesta constante será la misma que la de Lutero en semejante trance: "Pruébesenos nuestro error por la Palabra de Dios." Los que serán emplazados ante los tribunales defenderán con vigor la verdad, y algunos de los que los oigan serán inducidos a guardar todos los mandamientos de Dios. Así la luz llegará ante millares de personas que de otro modo no sabrían nada de estas verdades.

A los que obedezcan con toda conciencia a la Palabra de Dios se les tratará como rebeldes. Cegados por Satanás, habrán padres y madres que serán duros y severos con sus hijos creyentes; los patrones o patronas oprimirán a los criados que observen los mandamientos. Los lazos del cariño se aflojarán; se desheredará y se expulsará de la casa a los hijos. Se cumplirán a la letra las palabras de Pablo: "Todos los que quieren vivir piadosamente en Cristo Jesús, padecerán persecución." 2 Timoteo 3:12. Cuando los defensores de la verdad se nieguen a honrar el Domingo, unos serán echados en la cárcel, otros serán desterrados y otros aún tratados como esclavos. Ante la razón humana todo esto parece ahora imposible; pero a medida que el Espíritu refrenador de Dios se retire de los hombres y éstos sean dominados por Satanás, que aborrece los principios divinos, se verán cosas muy extrañas. El corazón humano puede ser muy cruel cuando no está animado del temor y del amor de Dios.

Conforme vaya acercándose la tempestad, muchos que profesaron creer en el mensaje del tercer ángel, pero que no fueron santificados por la obediencia a la verdad, abandonarán su fe, e irán a aumentar las filas de la oposición. Uniéndose con el mundo y participando de su espíritu, llegarán a ver las cosas casi bajo el mismo aspecto; así que cuando llegue la hora de prueba estarán preparados para situarse del lado más fácil y de mayor popularidad. Hombres de talento y de elocuencia, que se gozaron un día en la verdad, emplearán sus facultades para seducir y descarriar almas. Se convertirán en los enemigos más crueles de sus hermanos de antaño. Cuando los observadores del Sábado sean llevados ante los tribunales para responder de su fe, estos apóstatas serán los agentes más activos de Satanás para calumniarlos, acusarlos y para incitar a los magistrados contra ellos por medio de falsos informes e insinuaciones.

En este tiempo de persecución la fe de los siervos de Dios será probada duramente. Proclamaron fielmente la amonestación mirando tan sólo a Dios y a Su Palabra. El Espíritu de Dios, que obraba en sus corazones, les obligó a hablar. Estimulados por santo celo e impulso divino, cumplieron su deber y declararon al pueblo las palabras que de Dios recibieran sin detenerse en calcular las consecuencias. No consultaron sus intereses temporales ni miraron por su reputación o sus vidas. Sin embargo, cuando la tempestad de la oposición y la censura estalle sobre ellos, algunos, consternados, estarán listos para exclamar: "Si hubiésemos previsto las consecuencias de nuestras palabras, habríamos callado." Estarán rodeados de dificultades. Satanás los asaltará con terribles tentaciones. La obra que habrán emprendido parecerá exceder en mucho sus capacidades. Los amenazará la destrucción. El entusiasmo que les animara se desvanecerá; sin embargo no podrán retroceder. Y entonces, sintiendo su completa incapacidad, se dirigen al Todopoderoso en busca de fortaleza. Recuerdan que las palabras que hablaron no eran las suyas propias, sino las de Aquél que les ordenó dar la amonestación al mundo. Dios había puesto la verdad en sus corazones, y ellos, por su parte, no pudieron hacer otra cosa que proclamarla.

En todas las edades los hombres de Dios pasaron por las mismas pruebas. Wiclef, Hus, Lutero, Tyndale, Baxter, Wesley, pidieron que todas las doctrinas fuesen examinadas a la luz de las Escrituras, y declararon que renunciarían a todo lo que éstas condenasen. La persecución se ensañó entonces contra ellos con furor; pero no dejaron de proclamar la verdad. Diferentes períodos de la historia de la iglesia fueron señalados por el desarrollo de alguna verdad especial adaptada a las necesidades del pueblo de Dios en aquel tiempo. Los que fueron favorecidos con su luz se vieron tentados y probados; cada nueva verdad se abrió paso entre el odio y la oposición. El Señor envía al pueblo una verdad especial para la situación en que se encuentra. ¿Quién se atreverá a publicarla? Él manda a Sus siervos a que dirijan al mundo el último llamamiento de la misericordia divina. No pueden callar sin peligro de sus almas. Los embajadores de Cristo no tienen por qué preocuparse de las consecuencias. Deben cumplir con su deber y dejar a Dios los resultados.

Conforme va tomando la oposición un carácter más violento, los siervos de Dios se ponen de nuevo perplejos, pues les parece que son ellos mismos los que han precipitado la crisis; pero su conciencia y la Palabra de Dios les dan la seguridad de estar en lo justo; y aunque sigan las pruebas se sienten fortalecidos para sufrirlas. La lucha empeora más y más, pero la fe y el valor de ellos aumentan con el peligro. Este es el testimonio que dan: "No nos atrevemos a alterar la Palabra de Dios dividiendo Su santa ley, llamando parte de ella esencial y parte de ella no esencial, para obtener el favor del mundo. El Señor a quien servimos puede librarnos. Cristo venció los poderes del mundo; ¿y nos atemorizaría un mundo ya vencido?"

En sus diferentes formas, la persecución es el desarrollo de un principio que ha de subsistir mientras Satanás exista y el Cristianismo conserve su poder. El hombre no puede servir a Dios sin despertar contra sí la oposición de los ejércitos de las tinieblas. Le asaltarán malos ángeles alarmados al ver que su influencia les arranca la presa. Hombres malvados reconvenidos por el ejemplo de los Cristianos, se unirán con aquellos para procurar separarlo de

Dios por medio de tentaciones sutiles. Cuando este plan fracasa, emplean la fuerza para obligar la conciencia.

Pero mientras Jesús siga intercediendo por el hombre en el santuario celestial, los gobernantes y el pueblo seguirán sintiendo la influencia refrenadora del Espíritu Santo, la cual seguirá también dominando hasta cierto punto las leyes del país. Si no fuera por estas leyes, el estado del mundo sería mucho peor de lo que es. Mientras que muchos de nuestros legisladores son agentes activos de Satanás, Dios tiene también a los Suyos entre los gobernantes de la nación. El enemigo empuja a sus servidores a que propongan medidas encaminadas a poner grandes obstáculos a la obra de Dios; pero los gobernantes que temen a Dios están bajo la influencia de santos ángeles para oponerse a tales proyectos con argumentos irrefutables. Es así como unos cuantos hombres contienen una poderosa corriente del mal. La oposición de los enemigos de la verdad será coartada para que el mensaje del tercer ángel pueda hacer su obra. Cuando la amonestación final sea dada, cautivará la atención de aquellos líderes por medio de los cuales el Señor está obrando en la actualidad, y algunos de ellos la aceptarán y estarán con el pueblo de Dios durante el tiempo de angustia.

El ángel que une su voz a la proclamación del tercer mensaje, alumbrará toda la tierra con su gloria. Así se predice una obra de extensión universal y de poder extraordinario. El movimiento del advenimiento de 1840 a 1844 fue una manifestación gloriosa del poder divino; el mensaje del primer ángel fue llevado a todas las estaciones misioneras de la tierra, y en algunos países se caracterizó por el mayor interés religioso que se haya visto en cualquier país desde el tiempo de la Reforma del siglo XVI. Pero todo esto será superado por el poderoso movimiento que ha de desarrollarse bajo la proclamación de la última amonestación del tercer ángel.

Esta obra será semejante a la que se realizó en el día de Pentecostés. Como la "lluvia temprana" fue dada en tiempo de la efusión del Espíritu Santo al principio del ministerio evangélico, para hacer crecer la preciosa semilla, así la "lluvia tardía" será dada al final de dicho ministerio para hacer madurar la cosecha. "Y conoceremos, y proseguiremos en conocer a Jehová; como el alba está fijada su salida, y vendrá a nosotros como la lluvia, como la lluvia de primavera que riega la tierra." Oseas 6:3. "Vosotros, pues, hijos de Sión, alegraos y gozaos en Jehová vuestro Dios; porque os ha dado la primera lluvia con justa medida, y hace descender sobre vosotros lluvia temprana y tardía, como al principio." Joel 2:23. "Y sucederá en los últimos días, dice Dios, que derramaré de Mi Espíritu sobre toda carne." "Y sucederá que todo aquel que invoque el nombre del Señor, será salvo." Hechos 2:17, 21.

La gran obra de evangelización no terminará con menor manfestación del poder divino que la que señaló el principio de ella. Las profecías que se cumplieron en tiempo del derramamiento de la lluvia temprana, al principio del ministerio evangélico, deben volverse a cumplir en tiempo de la lluvia tardía, al fin de dicho ministerio. Esos son los "tiempos de refrigerio" en que pensaba el apóstol Pedro cuando dijo: "Así que, arrepentíos y convertíos, para que sean borrados vuestros pecados; para que vengan de la presencia del Señor tiempos de refrigerio, y Él envíe a Jesucristo." Hechos 3:19, 20.

Vendrán siervos de Dios con sus rostros iluminados y resplandecientes de santa consagración, y se apresurarán de lugar en lugar para proclamar el mensaje celestial. Miles de voces predicarán el mensaje por toda la tierra. Se realizarán milagros, los enfermos sanarán y signos y prodigios seguirán a los creyentes. Satanás también efectuará sus falsos milagros, inclusive hará caer fuego del cielo a la vista de los hombres. Apocalipsis 13:13. Es así como los habitantes de la tierra tendrán que decidirse a favor o en contra de la verdad.

El mensaje no será llevado adelante tanto con argumentos como por medio de la convicción profunda inspirada por el Espíritu de Dios. Los argumentos ya fueron presentados. La semilla está sembrada, y brotará y dará frutos. Las publicaciones distribuídas por los misioneros han ejercido su influencia; sin embargo, muchos cuyo espíritu fue impresionado han sido impedidos de entender la verdad por completo o de obedecerla. Pero entonces los rayos de luz penetrarán por todas partes, la verdad aparecerá en toda su claridad, y los sinceros hijos de Dios romperán las ligaduras que los tenían sujetos. Los lazos de familia y las relaciones de la iglesia serán impotentes para detenerlos. La verdad les será más preciosa que cualquier otra cosa. A pesar de los poderes aliados contra la verdad, un gran número de personas se alistará en las filas del Señor.

CAPÍTULO 39

El Tiempo de Angustia

"EN AQUEL TIEMPO se levantará Miguel, el gran príncipe que está de parte de los hijos de tu pueblo; y será tiempo de angustia, cual nunca lo hubo hasta entonces, desde que existen las naciones, pero en aquel tiempo serán salvados todos los que de tu pueblo se hallen escritos en el libro." Daniel 12:1.

Al terminar el mensaje del tercer ángel la misericordia divina no intercederá más por los habitantes culpables de la tierra. El pueblo de Dios habrá cumplido su obra; habrá recibido "la lluvia tardía," el "refrigerio de la presencia del Señor," y estará preparado para la hora de prueba que le espera. Los ángeles se apuran, van y vienen de acá para allá en el cielo. Un ángel que regresa de la tierra anuncia que su obra está terminada; el mundo ha sido sometido a la prueba final, y todos los que han resultado fieles a los preceptos divinos han recibido "el sello del Dios vivo." Entonces Jesús dejará de interceder en el santuario celestial. Levantará Sus manos y con gran voz dirá "Hecho es," y todas las huestes de los ángeles depositarán sus coronas mientras Él anuncia en tono solemne: "¡El que es injusto, sea injusto todavía; y el que es inmundo, sea inmundo todavía; y el que es justo, practique la justicia todavía; y el que es santo, santifíquese todavía!" Apocalipsis 22:11. Cada caso ha sido decidido para vida o para muerte. Cristo ha hecho propiciación por Su pueblo y borrado sus pecados. El número de Sus súbditos está completo; "el reino, y el señorío, y la majestad de los reinos debajo de todo el cielo" van a ser dados a los herederos de la salvación y Jesús va a reinar como Rey de reyes y Señor de señores.

Cuando Él abandone el santuario, las tinieblas envolverán a los habitantes de la tierra. Durante ese tiempo terrible, los justos han de vivir sin intercesor, a la vista del santo Dios. Nada refrena ya a los malos y Satanás domina por completo a los impenitentes empedernidos. La paciencia de Dios ha terminado. El mundo ha rechazado Su misericordia, despreciado Su amor y pisoteado Su ley. Los inicuos han dejado concluir su tiempo de gracia; el Espíritu de Dios, al que se opusieran porfiadamente, acabó por apartarse de ellos. Desamparados ya de la gracia divina, están a merced de Satanás, el cual sumirá entonces a los habitantes de la tierra en un gran conflicto final. Cuando los ángeles de Dios dejen ya de contener los vientos violentos de las pasiones humanas, todos los elementos de contención se desencadenarán. El mundo entero será envuelto en una ruina más espantosa que la que cayó antiguamente sobre Jerusalén.

Un solo ángel dió muerte a todos los primogénitos de los Egipcios y llenó al país de duelo. Cuando David ofendió a Dios al tomar censo del pueblo, un ángel causó la terrible matanza con la cual fue castigado su pecado. El mismo poder destructor ejercido por santos ángeles cuando Dios se los ordena, lo ejercerán los ángeles malvados cuando Él lo permita. Hay fuerzas actualmente listas que no esperan más que el permiso divino para sembrar la desolación por todas partes.

Los que honran la ley de Dios han sido acusados de ocasionar los castigos de Dios sobre la tierra, y se los mirará como si fueran causa de las terribles convulsiones de la naturaleza y de las luchas sangrientas entre los hombres, que llenarán la tierra de aflicción. El poder que acompañe la última amonestación enfurecerá a los malvados; su furia se ensañará contra todos los que hayan recibido el mensaje, y Satanás despertará el espíritu de odio y persecución en un grado de intensidad aún mayor.

Cuando la presencia de Dios se retiró de la nación Judía, tanto los sacerdotes como el pueblo lo ignoraron. Bajo el dominio de Satanás y arrastrados por las pasiones más bajas y malignas, creían ser todavía el pueblo escogido de Dios. Los servicios del templo seguían su curso; se ofrecían sacrificios en los altares profanados, y cada día se invocaba la bendición divina sobre un pueblo culpable de la sangre del Hijo amado de Dios y que trataba de matar a Sus ministros y apóstoles. Del mismo modo, cuando la decisión irrevocable del santuario haya sido pronunciada y el destino del mundo haya sido determinado para siempre, los habitantes de la tierra no lo sabrán. Las formas de la religión seguirán en vigor entre las muchedumbres de en medio de las cuales el Espíritu de Dios se habrá retirado finalmente; y el celo satánico con el cual el príncipe del mal ha de inspirarlas para que cumplan sus crueles intenciones, se asemejará al celo por Dios.

Una vez que el Sábado llegue a ser el punto especial de controversia en toda la Cristiandad y las autoridades religiosas y civiles se unan para imponer la observancia del Domingo, la negativa persistente, por parte de una pequeña minoría, de ceder a la exigencia popular, la convertirá en objeto de condenación universal. Se demandará con insistencia que no se tolere a los pocos que se oponen a una institución de la iglesia y a una ley del estado; pues vale más que esos pocos sufran y no que naciones enteras sean precipitadas en la confusión y anarquía. Este mismo argumento fue presentado contra Cristo hace mil ochocientos años por "príncipes del pueblo." "Nos conviene que un solo hombre muera por el pueblo, y no que toda la nación perezca." Juan 11:50. Este argumento parecerá decisivo y finalmente se expedirá contra todos los que santifiquen el Sábado un decreto que los declare merecedores de las penas más severas y autorice al pueblo para que, pasado cierto tiempo, los mate. El Romanismo en el Viejo Mundo y el Protestantismo apóstata en la América del Norte actuarán de la misma manera contra los que honren todos los preceptos divinos.

El pueblo de Dios se encontrará entonces sumido en las escenas de aflicción y angustia descritas por el profeta y llamadas el tiempo de angustia para Jacob: "Porque así dice Jehová: Hemos oído voz de temblor; de espanto, y no de paz, . . . Se han vuelto pálidos todos los rostros. ¡Ah, cuán grande es aquel día! tanto, que no hay otro semejante a él; tiempo de angustia para Jacob; pero de ella será salvado." Jeremías 30:5-7.

La noche de la aflicción de Jacob, cuando luchó en oración para ser librado de manos de Esaú, representa la prueba por la que pasará el pueblo de Dios en el tiempo de angustia. Génesis 32:24-30. Debido al engaño practicado para asegurarse la bendición que su padre intentaba dar a Esaú, Jacob había huído para salvar su vida, atemorizado por las amenazas de muerte que profería su hermano. Después de haber permanecido muchos años en el destierro, se puso en camino por mandato de Dios para regresar a su país, con sus mujeres, sus hijos, sus rebaños y sus ganados. Al acercarse a las fronteras del país se llenó de terror al tener noticia de que Esaú se acercaba al frente de una compañia de guerreros, sin duda para vengarse de él. Los que acompañaban a Jacob, sin armas e indefensos, parecían destinados a caer víctimas de la violencia y la matanza. A esta angustia y a este temor que lo tenían abatido se agregaba el peso abrumador de los reproches que se hacía a sí mismo; pues era su propio pecado el que le había puesto a él y a los suyos en semejante peligro. Su única esperanza se cifraba en la misericordia de Dios; su único refugio debía ser la oración. Sin embargo, hizo cuanto estuvo de su parte para dar reparación a su hermano por el daño que le había inferido y para evitar el peligro que le amenazaba. Así deberán hacer los discípulos de Cristo al acercarse el tiempo de angustia; procurar que el mundo los conozca bien, a fin de desarmar los prejuicios y evitar los peligros que amenazan la libertad de conciencia.

Después de haber despedido a su familia para que no presenciara su angustia, Jacob permaneció solo para interceder con Dios. Confiesa su pecado y reconoce agradecido la bondad de Dios para con él, a la vez que humillándose profundamente invoca en su favor el pacto hecho con sus padres y las promesas que le fueran hechas a él mismo en su visión en Bethel y en tierra extraña. Llegó la hora crítica de su vida; todo está en peligro. En las tinieblas y en la soledad sigue orando y humillándose ante Dios. De pronto una mano se apoya en su hombro. Se imagina que un enemigo va a matarle, y con toda la energía de la desesperación lucha con él. Cuando empieza a amanecer, el desconocido hace uso de su poder sobrenatural; al sentir su toque, el hombre fuerte parece quedar paralizado y cae, impotente, tembloroso y suplicante, sobre el cuello de su misterioso antagonista. Jacob sabe entonces que es con el Ángel de la alianza con quien ha luchado. Aunque se siente incapacitado y presa de los más agudos dolores, no ceja en su propósito. Durante mucho tiempo ha sufrido perplejidades, remordimientos y angustia a causa de su pecado; ahora debe obtener la seguridad de que ha sido perdonado. El visitante celestial parece estar por marcharse; pero Jacob se aferra a Él y le pide Su bendición. El Ángel le dice: "Déjame, porque raya el alba." pero el patriarca exclama: "No te dejaré, si no me bendices." Génesis 32:26. ¡Qué confianza, qué firmeza y qué perseverancia las de Jacob! Si estas palabras le hubiesen sido dictadas por el orgullo y la presunción, Jacob hubiera caído muerto; pero lo que se las inspiraba era más bien la seguridad del que confiesa su flaqueza e indignidad, y sin embargo confía en la misericordia de un Dios que cumple Su pacto.

"Luchó con el Ángel, y prevaleció." Oseas 12:4. Mediante la humillación, el arrepentimiento y la sumisión, aquel mortal pecador, sujeto al error, prevaleció sobre la Majestad del cielo. Se aferró tembloroso a las promesas de Dios, y el Amor infinito no pudo rechazar la súplica del pecador. Como señal de su triunfo y como estímulo para que otros imitasen su ejemplo, se le cambió el nombre; en lugar del que recordaba su pecado, recibió otro que conmemoraba su victoria. Y al prevalecer Jacob con Dios, obtuvo la garantía de que prevalecería al luchar con los hombres. Ya no temía enfrentarse con la ira de su hermano; pues el Señor era su defensa.

Satanás había acusado a Jacob ante los ángeles de Dios y pretendía tener derecho a destruirle por causa de su pecado; había instigado a Esaú a que marchase contra él, y durante la larga noche de lucha del patriarca, Satanás procuró embargarle con el sentimiento de su culpabilidad para descorazonarlo y apartarlo de Dios. Jacob fue casi empujado a la desesperación; pero sabía que sin la ayuda de Dios perecería. Se había arrepentido sinceramente de su gran pecado, y apelaba a la misericordia de Dios. No se dejó desviar de su propósito, sino que se agarró firmemente al Ángel e hizo su petición con fervientes clamores de agonía, hasta que prevaleció.

Así como Satanás influyó en Esaú para que marchase contra Jacob, así también instigará a los malos para que destruyan al pueblo de Dios en el tiempo de angustia. Como acusó a Jacob, acusará también al pueblo de Dios. Considera a las multitudes del mundo entre sus súbditos, pero la pequeña compañia de los que guardan los mandamientos de Dios resiste a su pretensión a la supremacía. Su triunfo sería completo si pudiese hacerlos desaparecer de la tierra. Ve que los ángeles protegen a los que guardan los mandamientos y deduce que sus pecados les han sido perdonados; pero no sabe que la suerte de cada uno de ellos ha sido resuelta en el santuario celestial. Tiene conocimiento exacto de los pecados que les ha hecho cometer y los presenta ante Dios con la mayor exageración, asegurando que esa gente es tan merecedora como él mismo de ser excluída del favor de Dios. Declara que en justicia el Señor no puede perdonar los pecados de ellos y destruirle al mismo tiempo a él y a sus ángeles. Los reclama como presa suya y pide que le sean entregados para destruirlos.

Mientras Satanás acusa al pueblo de Dios haciendo hincapié en sus pecados, el Señor le permite probarlos hasta el extremo. La confianza de ellos en Dios, su fe y su firmeza serán rigurosamente probadas. El recuerdo de su pasado debilitará sus esperanzas; pues es poco el bien que pueden ver en toda su vida. Reconocen plenamente su debilidad e indignidad. Satanás trata de aterrorizarlos con la idea de que su caso es desesperado, de que las manchas de su impureza no serán lavadas jamás. Espera así destruir su fe, hacerles ceder a sus tentaciones y alejarlos de Dios.

Aun cuando los hijos de Dios se ven rodeados de enemigos que tratan de destruirlos, la angustia que sufren no procede del temor de ser perseguidos por razón de la verdad; lo que temen es no haberse arrepentido de cada pecado y que debido a alguna falta cometida por ellos no puedan ver realizada en ellos la promesa del Salvador: "Yo también Te guardaré de la hora de la prueba que está para venir sobre el mundo entero." Apocalipsis 3:10. Si pudiesen tener la seguridad del perdón, no retrocederían ante las torturas ni la muerte; pero si fuesen reconocidos indignos de perdón y hubiesen de perder la vida a causa de sus propios defectos de carácter, entonces el santo nombre de Dios sería reprochado.

Por todos lados oyen hablar de conspiraciones y

traiciones y observan la actividad amenazante de la rebelión. Eso hace nacer en ellos un deseo intensísimo de ver acabarse la apostasía y de que la maldad de los impíos llegue a su fin. Pero mientras piden a Dios que detenga el progreso de la rebelión, se reprochan a sí mismos con gran sentimiento el no tener mayor poder para resistir y contrarrestar la potente invasión del mal. Les parece que si hubiesen dedicado siempre toda su habilidad al servicio de Cristo, avanzando de virtud en virtud, las fuerzas de Satanás no tendrían tanto poder sobre ellos.

Con sus almas angustiadas ante Dios, le recuerdan cada uno de sus actos de arrepentimiento de sus numerosos pecados y la promesa del Salvador: "Que se acojan a Mi amparo. Haga conmigo paz; sí, haga paz conmigo." Isaías 27:5. Su fe no decae si sus oraciones no reciben inmediata contestación. Aunque sufren la ansiedad, el terror y la angustia más desesperantes, no dejan de orar. Echan mano del poder de Dios como Jacob se aferró al Ángel; y de sus almas se exhala el grito: "No te dejaré, si no me bendices."

Si Jacob no se hubiese arrepentido previamente del pecado que cometió al adueñarse por medio del engaño del derecho de primogenitura, Dios no habría escuchado su oración ni le hubiese salvado la vida misericordiosamente. Así, en el tiempo de angustia, si el pueblo de Dios conservase pecados aún inconfesos cuando lo atormenten el temor y la angustia, sería aniquilado; la desesperación acabaría con su fe y no podría tener confianza para rogar a Dios que le librase. Pero por muy profundo que sea el sentimiento que tiene de su indignidad, no tiene culpas escondidas que revelar. Sus pecados han sido examinados y borrados en el juicio; y no puede recordarlos.

Satanás lleva a muchos a creer que Dios no se fija en la infedilidad de ellos respecto a los asuntos pequeños de la vida; pero, en su actitud con Jacob, el Señor demuestra que de ninguna manera sancionará ni tolerará el mal. Todos los que tratan de excusar u ocultar sus pecados, dejándolos sin confesar y sin haber sido perdonados en los registros del cielo, serán vencidos por Satanás. Cuanto más exaltada sea su profesión y decoroso el puesto que desempeñen, tanto más graves aparecen sus faltas a la vista de Dios, y tanto más seguro es el triunfo de su gran adversario. Los que tardan en prepararse para el día del Señor, no podrán hacerlo en el tiempo de la angustia ni en ningún momento subsiguiente. El caso de los tales es desesperado.

Los Cristianos profesos que llegarán sin preparación al último y terrible conflicto, confesarán sus pecados con palabras de angustia consumidora, mientras los impíos se reirán de esa angustia. Esas confesiones son del mismo carácter que las de Esaú o de Judas. Los que las hacen lamentarán los resultados de la transgresión, pero no su propia culpa. No sienten verdadera contrición ni horror al mal. Reconocen sus pecados por temor al castigo; pero, lo mismo que Faraón, volverían a maldecir al cielo si se suspendiesen los juicios de Dios.

La historia de Jacob nos da además la seguridad de que Dios no rechazará a los que han sido engañados, tentados y arrastrados al pecado, pero que hayan vuelto a Él con verdadero arrepentimiento. Mientras Satanás trata de acabar con esta clase de personas, Dios enviará Sus ángeles para consolarlas y protegerlas en el tiempo de peligro. Los asaltos de Satanás son crueles y resueltos, sus engaños terribles, pero el ojo de Dios descansa sobre Su pueblo y Su oído escucha su súplica. Su aflicción es grande, las llamas del horno parecen estar a punto de consumirlos; pero el Refinador los sacará como oro purificado por el fuego. El amor de Dios para con Sus hijos durante el período de su prueba más dura es tan grande y tan tierno como en los días de su mayor prosperidad; pero necesitan pasar por el horno de fuego; debe consumirse su mundanalidad, para que la imagen de Cristo se refleje perfectamente.

Los tiempos de apuro y angustia que nos esperan requieren una fe capaz de soportar el cansancio, la demora y el hambre, una fe que no desmaye a pesar de las pruebas más duras. El tiempo de gracia les es concedido a todos a fin de que se preparen para aquel momento. Jacob prevaleció porque fue perseverante y decidido. Su victoria es prueba evidente del poder de la oración importuna. Todos los que se aferren a las promesas de Dios como lo hizo él, y que sean tan sinceros como él lo fué, tendrán tan buen éxito como él. Los que no están dispuestos a negarse a sí mismos, a luchar desesperadamente ante Dios, y a orar mucho y con empeño para obtener Su bendición, no lo conseguirán. ¡Cuán pocos Cristianos saben lo que es luchar con Dios! ¡Cuán pocos son los que jamás suspiraron por Dios con ardor hasta tener como en tensión todas las facultades del alma! Cuando olas de indecible desesperación envuelven al suplicante, ¡cuán raro es verle atenerse con fe inquebrantable a las promesas de Dios!

Los que sólo ejercitan poca fe, están en mayor peligro de caer bajo el dominio de los engaños satánicos y del decreto que violentará las conciencias. Y aun en caso de soportar la prueba, en el tiempo de angustia se verán sumidos en mayor aflicción porque no se habrán acostumbrado a confiar en Dios. Las lecciones de fe que hayan descuidado, tendrán que aprenderlas bajo el terrible peso del desaliento.

Deberíamos aprender ahora a conocer a Dios, poniendo a prueba Sus promesas. Los ángeles toman nota de cada oración ferviente y sincera. Sería mejor sacrificar nuestros propios gustos antes que omitir la comunión con Dios. La mayor pobreza y la más absoluta abnegación, con la aprobación divina, valen más que las riquezas, los honores, las comodidades y amistades sin ella. Debemos darnos tiempo para orar. Si nos dejamos absorber por los intereses mundanos, el Señor puede darnos ese tiempo que necesitamos, quitándonos nuestros ídolos, ya sean éstos oro, casas o tierras fértiles.

La juventud no se dejaría seducir por el pecado si se negase a entrar en otro camino que aquel sobre el cual pudiera pedir la bendición de Dios. Si los que proclaman la última solemne amonestación al mundo rogasen por la bendición de Dios, no con frialdad y negligencia, sino con fervor y fe como lo hizo Jacob, encontrarían muchas ocasiones en que podrían decir: "Vi a Dios cara a cara, y fue librada mi alma." Génesis 32:30. Serían considerados como príncipes en el cielo, con poder para prevalecer con Dios y los hombres.

El "tiempo de angustia, cual nunca lo hubo hasta entonces" comenzará pronto; y para entonces necesitaremos tener una experiencia que hoy por hoy no poseemos y que muchos no pueden lograr debido a su indolencia. Ocurre muchas veces que los peligros que se esperan no resultan tan grandes como uno se los había imaginado; pero éste no es el caso respecto de la crisis que nos espera. La imaginación más viva no alcanza a darse cuenta de la magnitud de tan dolorosa prueba. En aquel tiempo de tribulación, cada alma tendrá que sostenerse por sí sola ante Dios. Aunque estuviesen "Noé, Daniel y Job," en la tierra, "vivo Yo, dice el Señor Jehová, no librarían a hijo ni a hija; ellos por su justicia librarían solamente sus propias vidas." Ezequiel 14:20.

Ahora, mientras que nuestro gran Sumo Sacerdote está haciendo propiciación por nosotros, debemos tratar de llegar a la perfección en Cristo. Nuestro Salvador no pudo ser inducido a ceder a la tentación ni siquiera en pensamiento. Satanás encuentra en los corazones humanos algún pretexto en que hacerse firme; es tal vez algún deseo pecaminoso que se acaricia, por medio del cual la tentación se fortalece. Pero Cristo declaró al hablar de Sí mismo: "Viene el príncipe de este mundo, y él nada tiene en Mí." Juan 14:30. Satanás no pudo encontrar nada en el Hijo de Dios que le permitiese ganar la victoria. Cristo guardó los mandamientos de Su Padre y no hubo en Él ningún pecado de que Satanás pudiese sacar ventaja. Esta es la condición en que deben encontrarse los que han de poder permanecer en el tiempo de angustia.

En esta vida es donde debemos separarnos del pecado por la fe en la sangre expiatoria de Cristo. Nuestro amado Salvador nos invita a que nos unamos a Él, a que unamos nuestra flaqueza con Su fortaleza, nuestra ignorancia con Su sabiduría, nuestra indignidad con Sus méritos. La providencia de Dios es la escuela en la cual debemos aprender a tener la mansedumbre y humildad de Jesús. El Señor nos está presentando siempre, no el camino que escogeríamos y que nos parecería más fácil y agradable, sino el verdadero, el que lleva a los fines verdaderos de la vida. De nosotros está, pues, que cooperemos con los factores que Dios emplea, en la tarea de conformar nuestros caracteres con el modelo divino. Nadie puede descuidar o aplazar esta obra sin grave peligro para su alma.

El apóstol Juan, estando en visión, oyó una gran voz que exclamaba en el cielo: "¡Ay de los moradores de la tierra y del mar! porque el diablo ha descendido a vosotros con gran furor, sabiendo que tiene poco tiempo." Apocalipsis 12:12. Espantosas son las escenas que provocaron esta exclamación de la voz celestial. La ira de Satanás crece a medida que se va acercando el fin, y su obra de engaño y destrucción culminará durante el tiempo de angustia.

Pronto aparecerán en el cielo signos espantosos de carácter sobrenatural, en prueba del poder milagroso de los demonios. Los espíritus de los demonios irán a los reyes de la tierra y a todo el mundo, para aprisionar a los hombres con engaños e inducirlos a que se unan a Satanás en su última lucha contra el gobierno de Dios. Mediante estos agentes, tanto los príncipes como los súbditos serán engañados. Surgirán personas que se darán por el mismo Cristo y reclamarán los títulos y el culto que pertenecen al Redentor del mundo. Harán curaciones milagrosas y asegurarán haber recibido del cielo revelaciones contrarias al testimonio de las Sagradas Escrituras.

El acto principal que coronará el gran drama del engaño será que el mismo Satanás representará a Cristo. Hace mucho que la iglesia profesa esperar el advenimiento del Salvador como consumación de sus esperanzas. Pues bien, el gran engañador simulará que Cristo habrá venido. En varias partes de la tierra, Satanás se manifestará a los hombres como ser majestuoso, de un brillo deslumbrador, muy parecido a la descripción que del Hijo de Dios da el apóstol Juan en el Apocalipsis. Apocalipsis 1:13-15. La gloria que le rodee superará cuanto hayan visto los ojos de los mortales. El grito de triunfo repercutirá por los aires: "¡Cristo ha venido! ¡Cristo ha venido!" El pueblo se postrará en adoración ante él, mientras levanta sus manos y pronuncia una bendición sobre ellos como Cristo bendecía a Sus discípulos cuando estaba en la tierra. Su voz es suave y pausada aunque llena de melodía. En tono amable y compasivo, anuncia algunas de las verdades celestiales y llenas de gracia que pronunciaba el Salvador; cura las dolencias del pueblo, y luego, en su falso carácter de Cristo, asegura haber mudado el Día de Reposo del Sábado al Domingo y manda a todos que santifiquen el día bendecido por él. Declara que aquellos que persisten en santificar el séptimo día blasfeman su nombre porque se niegan a oír a sus ángeles, que les fueron enviados con la luz de la verdad. Es el engaño más poderoso y resulta casi irresistible. Como los Samaritanos fueron engañados por Simón el Mago, así también las multitudes, desde los más pequeños hasta los mayores, creen en ese sortilegio y dicen: "Este es el Gran Poder de Dios." Hechos 8:10.

Pero el pueblo de Dios no se equivocará. Las enseñanzas del falso Cristo no están de acuerdo con las Sagradas Escrituras. Su bendición va dirigida a los que adoran la bestia y su imagen, precisamente aquellos sobre quienes dice la Biblia que la ira de Dios será derramada sin mezcla.

Además, no se le permitirá a Satanás imitar la manera en que vendrá Jesús. El Salvador previno a Su pueblo contra este engaño y predijo claramente cómo será Su segundo advenimiento. "Porque se levantarán falsos Cristos, y falsos profetas, y harán grandes señales y prodigios, hasta el punto de engañar, si fuera posible, aun a los escogidos. ... Así que si os dicen: Mirad, está en el desierto, no salgáis; o mirad, está en las habitaciones interiores, no lo creáis. Porque así como el relámpago sale del oriente y brilla hasta el occidente, así será también la venida del Hijo del Hombre." Mateo 24:24-27, 31; 25:31; Apocalipsis 1:7; 1 Tesalonicenses 4:16,17.. No se puede imitar semejante aparición. Todos la conocerán y el mundo entero la presenciará.

Sólo los que hayan estudiado diligentemente las Escrituras y hayan recibido el amor de la verdad en sus corazones, serán protegidos de los poderosos engaños que cautivarán al mundo. Gracias al testimonio bíblico descubrirán al engañador bajo su disfraz. El tiempo de prueba llegará para todos. Por medio del zarandeo de la tentación se reconocerá al verdadero Cristiano. ¿Se sienten los hijos de Dios actualmente bastante firmes en la Palabra divina para no ceder al testimonio de sus sentidos? ¿Se atendrán ellos en semejante crisis a la Biblia y a la Biblia sola? Si es posible, Satanás les impedirá que logren la preparación necesaria para estar firmes en aquel día. Dispondrá las cosas de modo que el camino les esté obstruído; los aturdirá con bienes terrenales, les hará llevar una carga pesada y abrumadora para que sus corazones se sientan recargados con los cuidados de esta vida y que el día de la prueba los sorprenda como ladrón.

Cuando el decreto promulgado por los diversos príncipes y dignatarios de la Cristiandad contra los que observan los mandamientos, suspenda la protección y las garantías del gobierno y los abandone a los que tratan de aniquilarlos, el pueblo de Dios huirá de las ciudades y de los pueblos y se unirá en grupos para vivir en los lugares más desiertos y solitarios. Muchos encontrarán refugio en puntos de difícil acceso en las montañas. Como los Cristianos de los valles del Piamonte, convertirán los lugares elevados de la tierra en santuarios suyos y darán gracias a Dios por los "baluartes de rocas." Isaías 33:16. Pero muchos seres humanos de todas las naciones y de todas clases, grandes y pequeños, ricos y pobres, negros y blancos, serán arrojados en la más injusta y cruel servidumbre. Los amados de Dios pasarán días penosos, encadenados, encerrados en cárceles, sentenciados a muerte, algunos abandonados adrede para morir de hambre y sed en sombríos y repugnantes calabozos. Ningún oído humano escuchará sus lamentos; ninguna mano humana estará dispuesta a socorrerlos.

¿Olvidará el Señor a Su pueblo en esa hora de prueba? ¿Olvidó acaso al fiel Noé cuando Sus juicios cayeron sobre el mundo antediluviano? ¿Olvidó acaso a Lot cuando cayó fuego del cielo para consumir las ciudades de la llanura? ¿Se olvidó de José cuando estaba rodeado de idólatras en Egipto? ¿O de Elías cuando el juramento de Jezabel le amenazaba con el destino de los profetas de Baal? ¿Se olvidó de Jeremías en el obscuro y húmedo pozo en donde había sido echado? ¿Se olvidó acaso de los tres jóvenes en el horno ardiente o de Daniel en el foso de los leones?

"Pero Sión dijo: Me ha abandonado Jehová, y el Señor se ha olvidado de mí. ¿Se olvidará la mujer de su niño de pecho, para dejar de compadecerse del hijo de su vientre? Pues aunque éstas lleguen a olvidar, Yo nunca me olvidaré de ti. He aquí que en las palmas de las manos te tengo tatuada." Isaías 49:14-16. "Porque así ha dicho Jehová de los ejércitos . . . Porque el que os toca, toca a la niña de Su ojo." Zacarías 2:8.

Aún cuando los enemigos los arrojen a la cárcel, las

paredes de los calabozos no pueden interceptar la comunicación entre sus almas y Cristo. Aquél que conoce todas sus debilidades, que ve todas sus pruebas, está por encima de todos los poderes de la tierra; y acudirán ángeles a sus celdas solitarias, trayéndoles luz y paz del cielo. La prisión se volverá palacio, pues allí moran los que tienen mucha fe, y los muros obscuros serán alumbrados con luz celestial como cuando Pablo y Silas oraron y alabaron a Dios a medianoche en el calabozo de Filipos.

Los juicios de Dios caerán sobre los que traten de oprimir y aniquilar a Su pueblo. Su paciencia para con los impíos da a éstos alas en sus transgresiones, pero su castigo no será menos seguro ni terrible por mucho que haya tardado en venir. "Porque Jehová se levantará como en el monte Perazim, como en el valle de Gibeón se enojará; para hacer Su obra, Su extraña obra, y para realizar Su tarea, Su extraña tarea." Isaías 28:21. Para nuestro Padre misericordioso la tarea de castigar resulta extraña. "Vivo Yo, dice el Señor Jehová, que no me complazco en la muerte del malvado." Ezequiel 33:11. Nuestro Dios es "fuerte, misericordioso y piadoso; tardo para la ira, y grande en misericordia y verdad; . . . que perdona la iniquidad, la rebelión y el pecado." Éxodo 34:6, 7. Sin embargo, "visita la iniquidad de los padres sobre los hijos y sobre los hijos de los hijos, hasta la tercera y cuarta generación." Éxodo 34:7. "Jehová es tardo para la ira y grande en poder, y no tendrá por inocente al culpable." Nahum 1:3. Él vindicará con terribles manifestaciones la dignidad de Su ley pisoteada. Se puede juzgar lo grave que ha de ser la retribución que espera a los culpables, por la repugnancia que tiene el Señor para hacer justicia. La nación a la que soporta desde hace tanto tiempo y a la que no destruirá hasta que no haya llenado la medida de sus iniquidades, según el cálculo de Dios, beberá finalmente de la copa de Su ira sin mezcla de misericordia.

Cuando Cristo deje de interceder en el santuario, se derramará sin mezcla la ira de Dios de la que son amenazados los que adoran a la bestia y a su imagen y reciben su marca. Apocalipsis 14:9, 10. Las plagas que cayeron sobre Egipto cuando Dios estaba por libertar a Israel fueron de índole semejante a los juicios más terribles y extensos que caerán sobre el mundo immediatamente antes de la liberación final del pueblo de Dios. En el Apocalipsis se lee lo siguiente con referencia a esas mismas plagas tan terribles: "Sobrevino una úlcera maligna y dolorosa a los hombres que tenían la marca de la bestia, y que adoraban su imagen." El mar "se convirtió en sangre como de muerto; y murió todo ser vivo que había en el mar." También "los ríos, y . . . las fuentes de las aguas, . . . se convirtieron en sangre." Apocalipsis 16:2-4. Por terribles que sean estos castigos, la justicia de Dios está plenamente vindicada. El ángel de Dios declara: "Justo eres, oh Señor, . . . porque has juzgado estas cosas. Por cuanto derramaron la sangre de los santos y de los profetas, también Tú les has dado a beber sangre; lo merecen." Apocalipsis 16:5, 6. Al condenar a muerte al pueblo de Dios, los que lo hicieron son tan culpables de su sangre como si la hubiesen derramado con sus propias manos. Igualmente Cristo declaró que los Judíos de Su tiempo eran culpables de toda la sangre de los santos varones que había sido derramada desde los días de Abel, pues estaban animados del mismo espíritu y estaban tratando de hacer lo mismo que los asesinos de los profetas.

En la plaga que sigue, se le da poder al sol para "quemar a los hombres con fuego. Y los hombres se quemaron con el gran calor." Apocalipsis 16:8, 9. Los profetas describen como sigue el estado de la tierra en tan terrible tiempo: "El campo está asolado, se enlutó la tierra; . . . porque se perdió la cosecha del campo." "Todos los árboles del campo se secaron, por lo cual se extinguió el gozo de los hijos de los hombres." "El grano se pudrió debajo de los terrones, los graneros fueron asolados." "¡Cómo mugen las bestias!, ¡cuán consternados vagan los hatos de los bueyes, porque no tienen pastos! . . . Se secaron los arroyos de las aguas, y el fuego consumió las praderas del desierto." Joel 1:10, 11, 12, 17, 18, 20. "Y los cantos del templo se convertirán en aullidos en aquel día, dice el Señor Jehová; muchos serán los cadáveres; los echarán fuera en silencio, en cualquier lugar." Amos 8:3.

Estas plagas no serán universales, pues de lo contrario los habitantes de la tierra serían enteramente destruídos. Sin embargo serán los castigos más terribles que hayan sufrido jamás los hombres. Todos los juicios que cayeron sobre los hombres antes del fin del tiempo de gracia fueron mitigados con misericordia. La sangre propiciatoria de Cristo impidió que el pecador recibiese el castigo completo de su culpa; pero en el juicio final la ira de Dios se derramará sin mezcla de misericordia.

En ese día, multitudes enteras invocarán la protección de la misericordia divina que por tanto tiempo despreciaran. "He aquí que vienen días, dice el Señor Jehová, en los cuales enviaré hambre a la tierra, no hambre de pan, ni sed de agua, sino de oír la palabra de Jehová. E irán errantes de mar a mar; desde el norte hasta el oriente irán buscando palabra de Jehová, y no la hallarán." Amos 8:11, 12.

El pueblo de Dios no quedará libre de padecimientos; pero aunque perseguido y afligido y aunque sufra privaciones y hambre, no será abandonado para perecer. El Dios que cuidó de Elías no abandonará a ninguno de Sus abnegados hijos. El que cuenta los cabellos de sus cabezas, cuidará de ellos y los atenderá en tiempos de hambruna. Mientras los malvados estén muriéndose de hambre y pestilencia, los ángeles protegerán a los justos y suplirán sus necesidades. Escrito está de aquel que "camina en justicia" que "se le dará su pan, y sus aguas serán seguras." Isaías 33:15, 16. "Los pobres y menesterosos buscan las aguas, y no las hay; seca está de sed su lengua; Yo Jehová los oiré, Yo el Dios de Israel no los desampararé." Isaías 41:17.

"Pues aunque la higuera no florezca, ni en las vides haya frutos, aunque falte el producto del olivo, y los labrados no den mantenimiento, y las ovejas falten en el aprisco, y no haya vacas en los establos; con todo, yo me alegraré en Jehová, y me regocijaré en el Dios de mi salvación." Habacuc 3:17, 18.

"Jehová es tu guardián; Jehová es tu sombra a tu mano derecha. El sol no te hará daño de día, ni la luna, de noche. Jehová te guardará de todo mal; Él guardará tu alma." Salmos 121:5-7. "Él te librará del lazo del cazador, de la peste destructora. Con Sus plumas te cubrirá, y debajo de Sus alas estarás seguro; escudo y adarga es Su verdad. No temerás el terror nocturno, ni saeta que vuele de día, ni pestilencia que ande en oscuridad, ni mortandad que en medio del día destruya. Caerán a tu lado mil, y diez mil a tu diestra; mas a ti no llegará. Ciertamente con tus ojos mirarás y verás la retribución de los impíos. Porque has puesto a Jehová, que es mi esperanza, al Altísimo, por tu habitación, no te sobrevendrá ningún mal, y ninguna plaga tocará tu morada." Salmos 91:3-10.

Sin embargo, por lo que ven los hombres, parecería que los hijos de Dios tuviesen que sellar pronto su destino con su sangre, como lo hicieron los mártires que los precedieron. Ellos mismos empiezan a temer que el Señor los deje perecer en las manos homicidas de sus enemigos. Es un tiempo de terrible agonía. De día y de noche claman a Dios para que los libre. Los malos triunfan y se oye este grito de burla: "¿Dónde está ahora vuestra fe? ¿Por qué no os libra Dios de nuestras manos si sois verdaderamente Su pueblo?" Pero mientras esos fieles Cristianos aguardan, recuerdan que cuando Jesús estaba muriendo en la cruz del Calvario los sacerdotes y príncipes gritaban en tono de mofa: "A otros salvó, a Sí mismo no se puede salvar; si es el Rey de Israel, descienda ahora de la cruz, y creeremos en Él." Mateo 27:42. Igual que Jacob, todos luchan con Dios. Sus semblantes expresan la agonía de sus almas. Están pálidos, pero no dejan de orar con fervor.

Si los hombres tuviesen la visión del cielo, verían compañías de ángeles poderosos en fuerza estacionados en torno de los que han guardado la palabra de la paciencia de Cristo. Con ternura y simpatía, los ángeles han presenciado la angustia de ellos y han escuchado sus oraciones. Aguardan la orden de Su jefe para sacarlos del peligro. Pero tienen que esperar un poco más. El pueblo de Dios tiene que beber de la copa y ser bautizado con el bautismo. La misma tardanza que es tan penosa para ellos, es la mejor respuesta a sus oracioens. Mientras procuran esperar con confianza que el Señor obre, son inducidos a ejercitar su fe, esperanza y paciencia como no lo hicieron durante su experiencia religiosa anterior. Sin embargo, el tiempo de angustia será acortado por amor a los elegidos. "¿Y acaso Dios no hará justicia a Sus escogidos, que claman a Él día y noche? . . . Os digo que pronto les hará justicia." Lucas 18:7, 8. El fin vendrá más pronto de los que los hombres esperan. El trigo será recogido y atado en gavillas para el granero de Dios; la cizaña será amarrada en haces para los fuegos destructores.

Los centinelas celestiales, fieles a su cometido, siguen vigilando. A pesar de que un decreto general haya fijado el tiempo en que los observadores de los mandamientos puedan ser muertos, sus enemigos, en algunos casos, se anticiparán al decreto y tratarán de quitarles la vida antes del tiempo fijado. Pero nadie puede atravesar el cordón de los poderosos guardianes colocados en torno de cada fiel. Algunos son atacados al huir de las ciudades y villas. Pero las espadas levantadas contra ellos se quiebran y caen como si fueran de paja. Otros son defendidos por ángeles en forma de guerreros.

En todos los tiempos Dios se valió de santos ángeles para ayudar y librar a Su pueblo. Los seres celestiales tomaron parte activa en los asuntos de los hombres. Aparecieron con vestiduras que relucían como el rayo; vinieron como hombres en traje de caminantes. Hubo casos en que aparecieron ángeles en forma humana a los siervos de Dios. Descansaron bajo los robles al mediodía como si hubiesen estado cansados. Aceptaron la hospitalidad en hogares humanos. Sirvieron de guías a viajeros extraviados. Con sus propias manos encendieron los fuegos del altar. Abrieron las puertas de las cárceles y libertaron a los siervos del Señor. Vestidos de la armadura celestial, vinieron para quitar la piedra del sepulcro del Salvador.

Con frecuencia suele haber ángeles en forma humana en las asambleas de los justos, y visitan también las de los impíos, como lo hicieron en Sodoma para tomar nota de sus actos y para determinar si excedieron los límites de la paciencia de Dios. El Señor se complace en la misericordia; así que por causa de los pocos que le sirven verdaderamente, suaviza las calamidades y prolonga el estado de tranquilidad de las multitudes. Los que pecan contra Dios no se dan cuenta de que deben la vida a los pocos fieles a quienes les gusta ridiculizar y oprimir.

Aunque los gobernantes de este mundo no lo sepan, ha sido frecuente que en sus asambleas hablaran ángeles. Ojos humanos los han mirado; oídos humanos han escuchado sus llamamientos; labios humanos se han opuesto a sus indicaciones y han puesto en ridículo sus consejos; y hasta manos humanas los han maltratado. En las salas de consejo y en los tribunales, estos mensajeros celestiales han revelado sus grandes conocimientos de la historia de la humanidad y se han demostrado más capaces de defender la causa de los oprimidos que los abogados más hábiles y más elocuentes. Han frustrado propósitos y contenido males que habrían atrasado en gran manera la obra de Dios y habrían causado grandes padecimientos a Su pueblo. En la hora de peligro y angustia "el ángel de Jehová acampa alrededor de los que le temen, y los defiende." Salmos 34:7.

El pueblo de Dios espera ansiosamente las señales de la venida de su Rey. Y cuando se les pregunta a los centinelas: "¿Qué hay de la noche?" se oye la respuesta terminante: "La mañana viene, y después la noche." Isaías 21:11, 12. La luz dora las nubes que coronan las cumbres. Pronto Su gloria se revelará. El Sol de Justicia está por salir. Tanto la mañana como la noche van a principiar: la mañana del día eterno para los justos y la noche perpetua para los impíos.

Entre tanto el pueblo militante de Dios dirige con empeño sus oraciones a Dios, el velo que lo separa del mundo invisible parece estar casi descorrido. Los cielos se encienden con la aurora del día eterno, y cual melodía de cánticos angélicos llegan a sus oídos las palabras: "Manteneos firmes en vuestra fidelidad. Ya os llega ayuda." Cristo, el vencedor todopoderoso, ofrece a Sus cansados soldados una corona de gloria inmortal; y Su voz se deja oír por las puertas entornadas: "He aquí que estoy con vosotros. No temáis. Conozco todas vuestras penas; He cargado con vuestros dolores. No estáis lidiando contra enemigos desconocidos. He peleado en favor vuestro, y en Mi nombre sois más que vencedores."

Nuestro amado Salvador nos enviará ayuda en el momento mismo en que la necesitemos. El camino del cielo quedó consagrado por Sus pisadas. Cada espina que hiere nuestros pies hirió también los Suyos. Él cargó antes que nosotros la cruz que cada uno de nosotros ha de cargar. El Señor permite los conflictos a fin de preparar al alma para la paz. El tiempo de angustia es una prueba terrible para el pueblo de Dios; pero es el momento en que todo sincero creyente debe mirar hacia arriba a fin de que por la fe pueda ver el arco de la promesa que le envuelve.

"Ciertamente volverán los redimidos de Jehová; volverán a Sión cantando, y habrá gozo perpetuo sobre sus cabezas; rebosarán de gozo y alegría, y el dolor y el gemido huirán. Yo, Yo soy vuestro consolador. ¿Quién eres tú para que tengas temor del hombre, que ha de morir, y del hijo del hombre, destinado a fenecer como heno? Y ya te has olvidado de Jehová tu Hacedor, que extendió los cielos y echó los cimientos de la tierra; y todo el día temes continuamente del furor del opresor, cuando se dispone para destruir. Pero ¿en dónde está el furor del opresor? El preso agobiado será libertado pronto; no morirá en la mazmorra, ni le faltará su pan. Porque Yo soy Jehová tu Dios, que agito el mar y hago bramar sus olas; Su nombre es Jehová de los ejércitos. Y en tu boca he puesto Mis palabras, y con la sombra de Mi mano te he cubierto." Isaías 51:11-16.

"Oye, pues, ahora esto, afligida, ebria, mas no de vino: Así dice Jehová tu Señor, y tu Dios, el cual aboga por Su pueblo: He aquí, He quitado de tu mano el cáliz del aturdimiento, las heces del cáliz de Mi ira; nunca más lo beberás. Yo lo pondré en mano de tus angustiadores, que dijeron a tu alma: Inclínate, y pasaremos por encima de ti. Y tú pusiste tu espalda como suelo, y como camino, para que pasaran." Isaías 51:21-23.

El ojo de Dios, al mirar al través de las edades, se fijó en la crisis a la cual tendrá que hacer frente Su pueblo, cuando los poderes de la tierra se unan contra él. Como los cautivos deportados, temerán morir de hambre o por la violencia. Pero el Dios santo que dividió las aguas del Mar Rojo delante de los Israelitas manifestará Su gran poder libertándolos de su cautiverio. "Y ellos serán Míos, dice Jehová de los ejércitos, Mi propiedad personal en el día en que Yo actúe; y los perdonaré, como el hombre que perdona a su hijo que le sirve." Malaquías 3:17. Si la sangre de los fieles siervos de Cristo fuese derramada en esos días, no sería ya, como la sangre de los mártires, semilla destinada a dar una cosecha para Dios. Su fidelidad no sería ya un testimonio para convencer a otros de la verdad, pues los corazones endurecidos han rechazado el llamado de la misericordia hasta que éste ya no se deja oír. Si los justos cayesen entonces presa de sus enemigos, sería un triunfo para el príncipe de las tinieblas. El salmista dice: "Porque Él me esconderá en Su tabernáculo en el día del mal; me ocultará en lo reservado de Su morada." Salmo 27:5. Cristo ha dicho: "Anda, pueblo Mío, entra en tus aposentos, cierra tras ti tus puertas; escóndete por un breve momento, en tanto que pasa la indignación. Porque he aquí que Jehová sale de Su lugar para castigar al morador de la tierra por su maldad." Isaías 26:20, 21. Gloriosa será la liberación de los que lo han esperado pacientemente y cuyos nombres están escritos en el libro de la vida.

CAPÍTULO 40

La Liberación del Pueblo de Dios

CUANDO LOS QUE HONRAN la ley de Dios hayan sido privados de la protección de las leyes humanas, empezará en varios países un movimiento simultáneo para destruirlos. Conforme vaya acercándose el tiempo señalado en el decreto, el pueblo conspirará para destruir la secta aborrecida. Se convendrá en dar una noche el golpe decisivo, que reducirá completamente al silencio la voz disidente y recriminante.

El pueblo de Dios – algunos en las celdas de las cárceles, otros escondidos en desconocidos escondrijos de bosques y montañas – invoca aún la protección divina, mientras que por todas partes compañías de hombres armados, instigados por legiones de ángeles perversos, se disponen a emprender la obra de muerte. Entonces, en la hora de culminante apuro, es cuando el Dios de Israel intervendrá para librar a Sus escogidos. El Señor dice: "Vosotros tendréis un cántico como en la noche en que se celebra pascua; y alegría de corazón, como el que … llega al monte de Jehová, a la Roca de Israel. Y Jehová hará oir Su majestuosa voz, y hará ver cómo desciende Su brazo, con ira encendida y llama de fuego consumidor, con torbellino, tempestad y piedra de granizo." Isaías 30:29, 30.

Multitudes de hombres malos, profiriendo gritos de triunfo, burlas y maldiciones, están a punto de arrojarse sobre su presa, cuando de pronto densas tinieblas, más sombrías que la obscuridad de la noche caen sobre la tierra. Luego un arco iris, que refleja la gloria del trono de Dios, se extiende de un lado a otro del cielo, y parece envolver a todos los grupos en oración. Las multitudes enfurecidas se sienten contenidas en el acto. Sus gritos de burla mueren en sus labios. Olvidan el objeto de su ira sanguinaria. Con terribles presentimientos contemplan el símbolo de la alianza divina, y ansían ser amparadas de su deslumbradora claridad.

Los hijos de Dios oyen una voz clara y melodiosa que dice: "Mira hacia arriba," y al levantar la vista al cielo, contemplan el arco de la promesa. Las nubes negras y amenazadoras que cubrían el firmamento se han desvanecido, y como Esteban, fijan la mirada en el cielo, y ven la gloria de Dios y al Hijo del hombre sentado en Su trono. En Su divina forma distinguen los rastros de Su humillación, y oyen brotar de Sus labios la oración dirigida a Su Padre y a los santos ángeles: "Aquellos que Me has dado, quiero que donde Yo estoy, también ellos estén conmigo." Juan 17:24. De nuevo se oye una voz armoniosa y triunfante, que dice: "¡Ellos vienen! ¡ellos vienen! santos, inocentes e inmaculados. Guardaron la palabra de Mi paciencia y andarán entre los ángeles;" y de los labios pálidos y temblorosos de los que guardaron firmemente la fe, sube una aclamación de victoria.

Es a medianoche cuando Dios manifiesta Su poder para librar a Su pueblo. Sale el sol en todo su esplendor. Sucédense señales y prodigios con rapidez. Los malos miran la escena con terror y sorpresa, mientras los justos contemplan con gozo las señales de su liberación. La naturaleza entera parece trastornada. Los ríos dejan de correr. Nubes negras y densas se levantan y chocan unas con otras. En medio de los cielos conmovidos hay un claro de gloria indescriptible, de donde baja la voz de Dios semejante al ruido de muchas aguas, diciendo: "Hecho está." Apocalipsis 16:17.

Esa misma voz sacude los cielos y la tierra. Síguese un gran terremoto, "cual no lo hubo jamás desde que los hombres han estado sobre la tierra." Apocalipsis 16:18. El firmamento parece abrirse y cerrarse. La gloria del trono de Dios parece cruzar la atmósfera. Los montes son movidos como una caña al sopio del viento, y las rocas quebrantadas se esparcen por todos lados. Se oye un estruendo como de cercana tempestad. El mar es azotado con furor. Se oye el silbido del huracán, como voz de demonios en misión de destrucción. Toda la tierra se alborota e hincha como las olas del mar. Su superficie se raja. Sus mismos fundamentos parecen ceder. Se hunden cordilleras. Desaparecen islas habitadas. Los puertos marítimos que se volvieron como Sodoma por su corrupción, son tragados por las violentas olas. "La gran Babilonia fue recordada delante de Dios, para darle el cáliz del vino del ardor de su ira." Apocalipsis 16:19. Piedras enormes de granizo, cada piedra, "como del peso de un talento," hace su obra de destrucción. Apocalipsis 16:21. Las más grandiosas ciudades de la tierra son arrasadas. Los palacios esplendorosos en que los magnates han malgastado sus riquezas en provecho de su gloria personal, caen en ruinas ante su vista. Los muros de las cárceles se parten de arriba abajo, y son libertados los hijos de Dios que habían sido apresados por su fe.

Las tumbas se abren, y "muchos de los que duermen en el polvo de la tierra serán despertados, unos para vida eterna, y otros para vergüenza y confusión perpetua." Daniel 12:2. Todos los que murieron en la fe del mensaje del tercer ángel, salen glorificados de la tumba, para oír el pacto de paz que Dios hace con los que guardaron Su ley. "Los que le traspasaron," los que se mofaron y se rieron de la agonía de Cristo y los enemigos más firmes de Su verdad y de Su pueblo, son resucitados para mirarle en Su gloria y para ver el honor con que serán recompensados los fieles y obedientes. Apocalipsis 1:7.

Densas nubes cubren aún el firmamento; sin embargo el sol se abre paso de vez en cuando, como si fuese el ojo vengador de Jehová. Feroces relámpagos rasgan el cielo con fragor, envolviendo a la tierra en claridad de llamaradas. Por encima del ruido aterrador de los truenos, se oyen voces misteriosas y terribles que anuncian la condenación de los impíos. No todos entienden las palabras pronunciadas; pero los falsos maestros las comprenden perfectamente. Los que poco antes eran tan imprudentes, arrogantes y provocativos, y que tanto se regocijaban al ensañarse en el pueblo de Dios observador de Sus mandamientos, se sienten presa de consternación y tiemblan de terror. Sus llantos dominan el ruido de los elementos. Los demonios confiesan la divinidad de Cristo y tiemblan ante Su poder, mientras que los hombres claman por misericordia y se revuelcan en terror abyecto.

Al considerar el día de Dios en santa visión, los antiguos profetas exclamaron: "Aullad, porque cerca está el día de Jehová; vendrá como terrible azote del Todopoderoso." Isaías 13:6. "Métete en la peña, escóndete en el polvo, de la presencia temible de Jehová, y del resplandor de Su majestad. La altivez de los ojos del hombre será abatida, y la soberbia de los hombres será humillada; y será exaltado Jehová solo en aquel día. Porque Jehová de los ejércitos tiene reservado un día que vendrá sobre todo soberbio y altivo, sobre todo enaltecido, y será abatido." Isaías 2:10-12. "Aquel día arrojará el hombre a los topos y murciélagos sus ídolos de plata y sus ídolos de oro, que él se hizo para adorarlos, y se meterá en las hendiduras de las rocas y en las cavernas de las peñas, por la presencia temible de Jehová, y por el resplandor de Su majestad, cuando se levante para sacudir con fuerza la tierra." Isaías 2:20, 21.

Por un desgarrón de las nubes una estrella arroja rayos de luz cuyo brillo queda cuadruplicado por el contraste con la obscuridad. Significa esperanza y júbilo para los fieles, pero severidad para los transgresores de la ley de Dios. Los que todo lo sacrificaron por Cristo están entonces seguros, como escondidos en los pliegues del pabellón de Dios. Fueron probados, y ante el mundo y los despreciadores de la verdad demostraron su fidelidad a Aquél que murió por ellos. Un cambio maravilloso se ha realizado en aquellos que conservaron su integridad ante la misma muerte. Han sido librados como por encanto de la sombría y terrible tiranía de los hombres vueltos demonios. Sus rostros, poco antes tan pálidos, tan llenos de ansiedad y tan macilentos, brillan ahora de admiración, fe y amor. Sus voces se elevan en canto triunfal: "Dios es nuestro amparo y fortaleza, nuestro pronto auxilio en las tribulaciones. Por tanto, no temeremos, aunque la tierra sea removida, y se traspasen los montes al corazón del mar; aunque bramen y borboteen sus aguas, y tiemblen los montes a causa de su ímpetu." Salmos 46:1-3.

Mientras estas palabras de santa confianza se elevan hacia Dios, las nubes se retiran, y el cielo estrellado brilla con un resplandor indescriptible en contraste con el firmamento negro y severo en ambos lados. La magnificencia de la ciudad celestial rebosa por las puertas entreabiertas. Entonces aparece en el cielo una mano que sostiene dos tablas de piedra plegadas juntas. El profeta dice: "Y los cielos declararán Su justicia, porque Dios Mismo es el juez." Salmos 50:6. Esta ley santa, justicia de Dios, que entre truenos y llamas fue proclamada desde el Sinaí como guía de la vida, se revela ahora a los hombres como norma del juicio. La mano abre las tablas en las cuales se ven los preceptos del Decálogo inscritos como con letras de fuego. Las palabras son tan claras que todos pueden leerlas. La memoria se despierta, las tinieblas de la superstición y de la herejía desaparecen de toda mente, y las diez palabras de Dios, breves, comprensibles y llenas de autoridad, se presentan a la vista de todos los habitantes de la tierra.

Es imposible describir el horror y la desesperación de aquellos que pisotearon los santos preceptos de Dios. El Señor le había dado Su ley con la cual hubieran podido comparar su carácter y ver sus defectos mientras que había aún oportunidad para arrepentirse y reformarse; pero con el afán de asegurarse el favor del mundo, pusieron a un lado los preceptos de la ley y enseñaron a otros a quebrantarlos. Se empeñaron en obligar al pueblo de Dios a que profanase Su Sábado. Ahora los condena aquella misma ley que despreciaran. Ya pueden ver que no tienen disculpa. Eligieron a quién querían servir y adorar. "Entonces volveréis a discernir entre el justo y el malo, entre el que sirve a Dios y el que no le sirve." Malaquías 3:18.

Los enemigos de la ley de Dios, desde los ministros hasta el más insignificante entre ellos, adquieren un nuevo concepto de lo que es la verdad y el deber. Reconocen demasiado tarde que el día de reposo del cuarto mandamiento es el sello del Dios vivo. Reconocen demasiado tarde la verdadera naturaleza de su falso día de reposo y el fundamento arenoso sobre el cual construyeron. Se dan cuenta de que han estado luchando contra Dios. Los maestros de la religión condujeron las almas a la perdición mientras profesaban guiarlas hacia las puertas del paraíso. No se sabrá antes del día del juicio final lo grande que es la responsabilidad de los que desempeñan un cargo sagrado, y lo terrible que serán los resultados de su infidelidad. Sólo en la eternidad podrá apreciarse debidamente la pérdida de una sola alma. Terrible será la suerte de aquel a quien Dios diga: Apártate, mal servidor.

Desde el cielo se oye la voz de Dios que proclama el día y la hora de la venida de Jesús, y promulga a Su pueblo el pacto eterno. Sus palabras resuenan por la tierra como el estruendo de los más estrepitosos truenos. El Israel de Dios escucha con los ojos elevados al cielo. Sus semblantes se iluminan con la gloria divina y brillan cual brillara el rostro de Moisés cuando bajó del Sinaí. Los injustos no los pueden mirar. Y cuando la bendición es pronunciada sobre los que honraron a Dios santificando Su Sábado, se oye un enorme grito de victoria.

Pronto aparece en el este una pequeña nube negra, de un tamaño como la mitad de la palma de la mano. Es la nube que envuelve al Salvador y que a la distancia parece rodeada de obscuridad. El pueblo de Dios sabe que es la señal del Hijo del hombre. En silencio imponente la contemplan mientras va acercándose a la tierra, volviéndose más luminosa y más gloriosa hasta convertirse en una gran nube blanca, cuya base es como fuego consumidor, y sobre ella el arco iris del pacto. Jesús marcha al frente como un gran conquistador. Ya no es "varón de dolores," que haya de beber el amargo cáliz de la deshonra y de la maldición; victorioso en el cielo y en la tierra, viene a juzgar a vivos y muertos. "Fiel y Verdadero," "el cual con justicia juzga y pelea." "Y los ejércitos celestiales, vestidos de lino finísimo, blanco y limpio, le seguían." Apocalipsis 19:11, 14. Con cantos celestiales los santos ángeles, en inmensa e innumerable multitud, le acompañan en el descenso. El firmamento parece lleno de formas radiantes – "millones de millones, y millares de millares." Ninguna pluma humana puede describir la escena, ni mente mortal alguna es capaz de concebir su esplendor. "Su gloria cubre los cielos. Y la tierra está llena de Su alabanza. Y el resplandor es como la luz del sol." Habacuc 3:3, 4. A medida que va acercándose la nube viviente, todos los ojos ven al Príncipe de la vida. Ninguna corona de espinas hiere ya Sus sagradas sienes, ceñidas ahora por gloriosa diadema. Su rostro brilla más que la luz deslumbradora del sol de mediodía. "Y en Su vestidura y en Su muslo tiene escrito este nombre: *Rey de Reyes y*

Señor de Señores." Apocalipsis 19:16.

Ante Su presencia, "se han vuelto pálidos todos los rostros," el terror de la desesperación eterna se adueña de los que han rechazado la misericordia de Dios. "Corazones que desfallecen; temblor de rodillas, . . . rostros demudados." Jeremías 30:6; Nahum 2:10. Los justos gritan temblando: "¿Quién podrá estar firme?" Termina el canto de los ángeles y sigue un momento de silencio aterrador. Entonces se oye la voz de Jesús, que dice: "Mi gracia es suficiente para tí." Los rostros de los justos se iluminan y el corazón de todos se llena de gozo. Y los ángeles entonan una melodía más elevada, y vuelven a cantar al acercarse aún más a la tierra.

El Rey de reyes desciende en la nube, envuelto en llamas de fuego. El cielo se recoge como un libro que se enrolla, la tierra tiembla ante Su presencia, y todo monte y toda isla se mueven de sus lugares. "Vendrá nuestro Dios, y no callará; fuego consumidor hay delante de Él, y tempestad poderosa le rodea. Convoca a los cielos desde arriba, y a la tierra, para juzgar a Su pueblo." Salmos 50:3, 4.

"Y los reyes de la tierra, los magnates, los ricos, los tribunos, los poderosos, y todo siervo y todo libre, se escondieron en las cuevas y entre las peñas de los montes; y decían a los montes y a las peñas: caed sobre nosotros, y escondednos del rostro del que está sentado sobre el trono, y de la ira del Cordero; porque el gran día de Su ira ha llegado; ¿y quién podrá sostenerse en pie?" Apocalipsis 6:15-17.

Terminaron las burlas. Enmudecen los labios mentirosos. El choque de las armas y el tumulto de la batalla, "y todo manto revolcado en sangre" (Isaías 9:5), han concluido. Sólo se oyen ahora voces de oración, llanto y lamentación. De las bocas que se mofaban poco antes, estalla el grito: "El gran día de Su ira ha llegado; ¿y quién podrá sostenerse en pie?" Los impíos piden ser sepultados bajo las rocas de las montañas, antes que ver la cara de Aquél a quien han despreciado y rechazado.

Conocen esa voz que penetra hasta el oído de los muertos. ¡Cuántas veces sus tiernas y quejumbrosas modulaciones no los han llamado al arrepentimiento! ¡Cuántas veces no ha sido oída en las conmovedoras exhortaciones de un amigo, de un hermano, de un Redentor!

Para los que rechazaron Su gracia, ninguna otra podría estar tan llena de condenación ni tan cargada de acusaciones, como esta voz que tan a menudo exhortó con estas palabras: "Volveos, volveos de vuestros malos caminos; ¿por qué queréis morir?" Ezequiel 33:11. ¡Oh, si sólo fuera para ellos la voz de un extraño! Jesús dice: "Por cuanto llamé, y no quisisteis oír, extendí Mi mano, y no hubo quien atendiese, sino que desechasteis todo consejo Mío y no aceptasteis Mi reprensión." Proverbios 1:24, 25. Esa voz despierta recuerdos que ellos quisieran borrar, de invitaciones rechazadas, avisos despreciados, privilegios desdeñados.

Allí están los que se burlaron de Cristo en Su humillación. Con fuerza penetrante acuden a su mente las palabras del Varón de dolores, cuando, conjurado por el sumo sacerdote, declaró solemnemente: "A partir de ahora veréis al Hijo del Hombre sentado a la diestra del Poder y viniendo sobre las nubes del cielo." Mateo 26:64. Ahora le ven en Su gloria, y deben verlo aún sentado a la diestra del poder divino.

Los que pusieron en ridículo Su afirmación de ser el Hijo de Dios callan ahora. Allí está el orgulloso Herodes que se burló de Su título real y mandó a los soldados escarnecedores que le coronaran. Allí están los hombres mismos que con manos impías pusieron sobre Su cuerpo el manto de grana, sobre Sus sagradas sienes la corona de espinas y en Su dócil mano un cetro mímico, y se inclinaron ante Él con burlas de blasfemia. Los hombres que golpearon y escupieron al Príncipe de la vida, tratan de evitar ahora Su mirada penetrante y de huir de la gloria abrumadora de Su presencia. Los que atravesaron con clavos Sus manos y Sus pies, los soldados que le abrieron el costado, consideran esas señales con terror y remordimiento.

Los sacerdotes y los escribas recuerdan los acontecimientos del Calvario con claridad aterradora. Llenos de espanto recuerdan cómo, moviendo sus cabezas con arrebato satánico, exclamaron: "A otros salvó, a Sí mismo no se puede salvar; si es el Rey de Israel, descienda ahora de la cruz, y creeremos en Él. Ha puesto Su confianza en Dios; líbrele ahora si le quiere." Mateo 27:42, 43.

Recuerdan claramente la parábola de los labradores que se

negaron a entregar a su señor los frutos de la viña, que maltrataron a Sus siervos y mataron a Su Hijo. También recuerdan la sentencia que ellos mismos pronunciaron: "A los malos destruirá miserablemente" el señor de la viña. Los sacerdotes y escribas ven en el pecado y en el castigo de aquellos perversos labradores su propia conducta y su propia y merecida suerte. Y entonces se levanta un grito de agonía mortal. Más fuerte que los gritos de "¡Sea crucificado! ¡Sea crucificado!" que resonaron por las calles de Jerusalén, estalla el clamor terrible y desesperado: "¡Es el Hijo de Dios! ¡Es el verdadero Mesías!" Tratan de huir de la presencia del Rey de reyes. En vano tratan de esconderse en las profundas cuevas de la tierra desgarrada por la conmoción de los elementos.

En la vida de todos los que rechazan la verdad, hay momentos en que la conciencia se despierta, en que la memoria evoca el recuerdo aterrador de un vida de hipocresía, y el alma se siente atormentada de vanos pesares. Pero ¿qué es eso comparado con el remordimiento que se experimentará aquel día "Y vuestra desgracia llegue como un torbellino; cuando sobre vosotros vengan la tribulación y la angustia?" Proverbios 1:27. Los que habrían querido matar a Cristo y a Su pueblo fiel son ahora testigos de la gloria que descansa sobre ellos. En medio de su terror oyen las voces de los santos que exclaman en unánime júbilo: "He aquí, éste es nuestro Dios, le hemos esperado para que nos salvase." Isaías 25:9.

Entre las vibraciones de la tierra, las llamaradas de los relámpagos y el ruido de los truenos, el Hijo de Dios llama a la vida a los santos dormidos. Dirige una mirada a las tumbas de los justos, y levantando luego las manos al cielo, exclama: "¡Despertaos, despertaos, despertaos, los que dormís en el polvo, y levantaos!" Por toda la superficie de la tierra, los muertos oirán esa voz; y los que la oigan vivirán. Y toda la tierra repercutirá bajo las pisadas de la multitud extraordinaria de todas la naciones, tribus, lenguas y pueblos. De la prisión de la muerte salen revestidos de gloria inmortal gritando: "¿Dónde está, oh muerte, tu victoria? ¿Dónde está, oh sepulcro, tu aguijón? " 1 Corintios 15:55. Y los justos vivos unen sus voces a las de los santos resucitados en prolongada y alegre aclamación de victoria.

Todos salen de sus tumbas de igual estatura que cuando en ellas fueran depositados. Adán, que se encuentra entre la multitud resucitada, es de soberbia altura y formas majestuosas, en estatura solamente un poco inferior a la del Hijo de Dios. Presenta un contraste notable con los hombres de las generaciones posteriores; en este respecto se nota la gran degeneración de la raza humana. Pero todos se levantan con la robustez y el vigor de eterna juventud. Al principio, el hombre fue creado a la semejanza de Dios, no sólo en carácter, sino también en lo que se refiere a la forma y a la facción. El pecado borró e hizo desaparecer casi por completo la imagen divina; pero Cristo vino a restaurar lo que se había perdido. Él transformará nuestros cuerpos viles y los hará semejantes a la imagen de Su cuerpo glorioso. La forma mortal y corruptible, desprovista de gracia, manchada en otro tiempo por el pecado, se vuelve inmortal, perfecta y hermosa. Todas las imperfecciones y deformidades quedan en la tumba. Reintegrados en su derecho al árbol de la vida, en el Edén, perdido por tanto tiempo, los redimidos crecerán hasta alcanzar la estatura perfecta de la raza humana en su gloria primitiva. Las últimas señales de la maldición del pecado serán quitadas, y los fieles discípulos de Cristo aparecerán en "la hermosura de Jehová nuestro Dios," reflejando en espíritu, cuerpo y alma la imagen perfecta de su Señor. ¡Oh maravillosa redención, tan descrita y tan esperada, contemplada con anticipación febril, pero jamás enteramente comprendida!

Los justos vivos son mudados "en un momento, en un abrir de ojo." A la voz de Dios fueron glorificados; ahora son hechos inmortales, y juntamente con los santos resucitados son arrebatados para encontrarse con Cristo su Señor en el aire. Los ángeles "juntarán Sus escogidos de los cuatro vientos, de un cabo del cielo hasta el otro." Ángeles celestiales llevan niñitos a los brazos de sus madres. Amigos, a quienes la muerte tenía separados desde largo tiempo, se reúnen para no separarse más, y con cantos de alegría suben juntos a la ciudad de Dios.

En cada lado del carro nebuloso hay alas, y debajo de ellas, ruedas vivientes; y mientras el carro asciende las ruedas gritan: "¡Santo!" y las alas, al moverse, gritan: "¡Santo, santo, santo, es el Señor Dios, el Todopoderoso!" Y los redimidos exclaman: "¡Aleluya!" mientras el carro se adelanta hacia la nueva Jerusalén.

Antes de entrar en la Ciudad de Dios, el Salvador confiere a Sus discípulos los emblemas de la victoria, y los cubre con las insignias de Su dignidad real. Las huestes resplandecientes son dispuestas en forma de un cuadrado hueco en derredor de su Rey, cuya majestuosa estatura sobrepasa en mucho a la de los santos y de los ángeles, y cuyo rostro irradia amor bondadoso sobre ellos. De un cabo a otro de la innumerable multitud de los redimidos, toda mirada está fija en Él, todo ojo contempla la gloria de Aquél cuyo aspecto fue desfigurado "más que el de cualquier hombre, y su forma más que la de los hijos de Adán."

Sobre la cabeza de los vencedores, Jesús coloca con Su propia diestra la corona de gloria. Cada cual recibe una corona que lleva su propio "nombre nuevo," y la inscripción: "Santidad a Jehová." Apocalipsis 2:17. A todos se les pone en la mano la palma de la victoria y el arpa brillante. Después que los ángeles que mandan dan la nota, todas las manos tocan con maestría las cuerdas de las arpas, produciendo dulce música en ricos y melodiosos acordes. Una alegría indecible estremece todos los corazones, y cada voz se eleva en alabanzas de agradecimiento. "Al que nos amó, y nos liberó de nuestros pecados con Su sangre, e hizo de nosotros un reino, sacerdotes para Su Dios y Padre; a Él sea la gloria y el dominio por los siglos de los siglos. Amén." Apocalipsis 1:5, 6.

Delante de la multitud de los redimidos se encuentra la Ciudad Santa. Jesús abre ampliamente las puertas de perla, y entran por ellas las naciones que guardaron la verdad. Allí contemplan el paraíso de Dios, el hogar de Adán en su inocencia. Luego se oye aquella voz, más armoniosa que cualquier música que haya acariciado jamás el oído de los hombres, y que dice: "Vuestro conflicto ha terminado." "Venid, benditos de Mi Padre, heredad el reino preparado para vosotros desde la fundación del mundo."

Entonces se cumple la oración del Salvador por Sus discípulos: "Padre, aquellos que me has dado, quiero que donde Yo estoy, también ellos estén conmigo." A aquellos a quienes rescató con Su sangre, Cristo los presenta al Padre "delante de Su gloria con gran alegría" (Judas 24), diciendo: "¡Heme aquí a Mí, y a los hijos que Me diste!" "A los que Me diste, Yo los guardé." ¡Oh maravillas del amor redentor! ¡qué dicha aquella cuando el Padre eterno, al ver a los redimidos verá Su imagen, ya expulsada la discordia del pecado y sus manchas quitadas, y a lo humano una vez más en armonía con lo divino!

Con amor inexpresable, Jesús admite a Sus fieles "en el gozo de su Señor." El Salvador se regocija al ver en el reino de gloria las almas que fueron salvadas por Su agonía y humillación. Y los redimidos tomarán parte en este gozo, al contemplar entre los bienvenidos a aquellos a quienes ganaron para Cristo por sus oraciones, sus trabajos y sacrificios de amor. Al reunirse en torno del gran trono blanco, indecible alegría llenará sus corazones cuando vean a aquellos a quienes han conquistado para Cristo, y vean que uno ganó a otros, y éstos a otros más, para ser todos llevados al puerto de descanso donde depositarán sus coronas a los pies de Jesús y le alabarán durante los siglos sin fin de la eternidad.

Cuando se da la bienvenida a los redimidos en la ciudad de Dios, un grito triunfante de admiración llena los aires. Los dos Adanes están a punto de encontrarse. El Hijo de Dios está en pie con los brazos extendidos para recibir al padre de nuestra raza – al ser que Él creó, que pecó contra su Hacedor, y por cuyo pecado el Salvador lleva las señales de la crucifixión. Al distinguir Adán las crueles señales de los clavos, no se echa en los brazos de su Señor, sino que se postra humildemente a Sus pies, exclamando: "¡Digno, digno es el Cordero que fue inmolado!" El Salvador lo levanta con ternura, y le invita a contemplar nuevamente la morada Edénica de la cual ha estado desterrado por tanto tiempo.

Después de su expulsión del Edén, la vida de Adán en la tierra estuvo llena de pesar. Cada hoja marchita, cada víctima ofrecida en sacrificio, cada ajamiento en el hermoso aspecto de la naturaleza, cada mancha en la pureza del hombre, le volvían a recordar su pecado. Terrible fue la agonía del remordimiento cuando notó que aumentaba la iniquidad, y que en respuesta a sus advertencias, se le tachaba de ser él mismo la causa del pecado. Con paciencia y humildad soportó, por cerca de mil años, el castigo de su transgresión. Se arrepintió sinceramente de su pecado y confió en los méritos del Salvador prometido, y murió en la esperanza de la resurrección. El Hijo de Dios reparó la culpa y caída del hombre, y ahora, gracias a la obra de propiciación, Adán es restablecido a su primitiva soberanía.

Transportado con regocijo, contempla los árboles que hicieron una vez su delicia – los mismos árboles cuyos frutos recogiera en los días de su inocencia y alegría. Ve las vides que sus propias manos cultivaron, las mismas flores que se gozaba en cuidar en otros tiempos. Su espíritu abarca toda la escena; comprende que éste es en verdad el Edén restaurado y que es mucho más hermoso ahora que cuando él fue expulsado. El Salvador le lleva al árbol de la vida, toma su fruto glorioso y se lo ofrece para comer. Adán mira en torno suyo y nota a una multitud de los redimidos de su familia que se encuentra en el paraíso de Dios. Entonces arroja su brillante corona a los pies de Jesús, y, cayendo sobre Su pecho, abraza al Redentor. Toca luego el arpa de oro, y por las bóvedas del cielo repercute el canto triunfal: "¡Digno, digno, digno es el Cordero, que fue inmolado y volvió a vivir!" La familia de Adán repite las alabanzas y arroja sus coronas a los pies del Salvador, inclinándose ante Él en adoración.

Presencian esta reunión los ángeles que lloraron por la caída de Adán y se regocijaron cuando Jesús, una vez resucitado, ascendió al cielo después de haber abierto el sepulcro para todos aquellos que creyeron en Su nombre. Ahora contemplan el cumplimiento de la obra de redención y unen sus voces al cántico de alabanza.

Delante del trono, sobre el mar de cristal, – ese mar de vidrio que parece revuelto con fuego por lo mucho que resplandece con la gloria de Dios – hállase reunida la compañía de los que salieron victoriosos "de la bestia, y su imagen, y su marca, y el número de su nombre." Con el Cordero en el monte de Sión, "con arpas de Dios," están en pie los ciento cuarenta y cuatro mil que fueron redimidos de entre los hombres; se oye una voz, como el estruendo de muchas aguas y como el estruendo de un gran trueno, "la voz que oí era como de arpistas que tocaban sus arpas." Apocalipsis 15:2, 3; 14:2. Cantan "un cántico nuevo" delante del trono, un cántico que nadie podía aprender sino aquellos ciento cuarenta y cuatro mil. Es el cántico de Moisés y del Cordero – un canto de liberación. Ninguno sino los ciento cuarenta y cuatro mil pueden aprender aquel cántico; pues es el cántico de su experiencia – una experiencia que ninguna otra compañía ha conocido jamás. "Éstos son los que siguen al Cordero por donde quiera que va." Habiendo sido trasladados de la tierra, de entre los vivos, son contados por "primicias para Dios y para el Cordero." Apocalipsis 15:2, 3; 14:1-5. "Éstos son los que han venido procedentes de la gran tribulación;" han pasado por el tiempo de angustia cual nunca ha sido desde que ha habido nación; han sentido la angustia del tiempo de la aflicción de Jacob; han estado sin intercesor durante el derramamiento final de los juicios de Dios. Pero han sido librados, pues "han lavado sus ropas, y las han emblanquecido en la sangre del Cordero." "Y en sus bocas no fue hallada mentira, pues son sin mancha delante del trono de Dios." "Por eso están delante del trono de Dios, y le sirven día y noche en Su santuario; y el que está sentado sobre el trono extenderá Su tabernáculo sobre ellos." Han visto la tierra malgastada por hambre y pestilencia, al sol que tenía el poder de quemar a los hombres con un intenso calor, y ellos mismos han soportado padecimientos, hambre y sed. Pero "ya no tendrán hambre ni sed, y el sol no caerá más sobre ellos, ni ardor alguno; porque el Cordero que está en medio del trono los pastoreará, y los guiará a fuentes de aguas de vida; y Dios enjugará toda lágrima de los ojos de ellos." Apocalipsis 7:14-17.

A través de los tiempos, los elegidos del Señor fueron educados y disciplinados en la escuela de la prueba. Anduvieron en los senderos angostos de la tierra; fueron purificados en el horno de la aflicción. Por causa de Jesús sufrieron oposición, odio y calumnias. Le siguieron a través de luchas dolorosas; se negaron a sí mismos y experimentaron amargos desengaños. Por su propia dolorosa experiencia conocieron los males del pecado, su poder, su culpabilidad, y su maldición; y lo miran con horror. Al darse cuenta de la magnitud del sacrificio hecho para curarlo, se sienten humillados ante sí mismos, y sus corazones se llenan de una gratitud y alabanza que no pueden apreciar los que nunca cayeron. Aman mucho porque se les ha perdonado mucho. Habiendo participado de los sufrimientos de Cristo, están en condición de participar de Su gloria.

Los herederos de Dios han venido de buhardillas, chozas, cárceles, cadalsos, montañas, desiertos, cuevas de la tierra, y de las cavernas del mar. En la tierra fueron "pobres, angustiados, maltratados." Millones bajaron a la tumba llenos de difamaciones de parte de Satanás. Los tribunales humanos los sentenciaron como a los criminales más despreciables. Pero ahora "Dios Mismo es el juez." Salmo 50:6. Ahora los fallos de la tierra son invertidos. "Quitará la afrenta de Su pueblo." Isaías 25:8. "Y les llamarán Pueblo Santo, Redimidos de Jehová." Isaías 62:12. Él ha dispuesto que "se les de diadema en lugar de ceniza, óleo de gozo en lugar de luto, manto de alabanza en lugar de espíritu abatido." Isaías 61:3. Ya no seguirán siendo débiles, afligidos, dispersos y oprimidos. De aquí en adelante estarán siempre con el Señor. Están ante el trono, más ricamente vestidos que jamás lo fueron los personajes más honrados de la tierra. Están coronados con diademas más gloriosas que las que jamás ciñeron los monarcas de la tierra. Pasaron para siempre los días de sufrimiento y llanto. El Rey de gloria ha secado las lágrimas de todos los semblantes; toda causa de pesar ha sido alejada. Mientras sacuden las palmas, dejan oír un canto de alabanza, claro, dulce y armonioso; cada voz se une a la melodía, hasta que entre las bóvedas del cielo repercute el clamor: "La salvación pertenece a nuestro Dios que está sentado en el trono, y al Cordero." "Amén. La bendición, la gloria, la sabiduría, la acción de gracias, el honor, el poder y la fortaleza, sean a nuestro Dios por los siglos de los siglos." Apocalipsis 7:10, 12.

En esta vida, apenas podemos empezar a comprender el tema maravilloso de la redención. Con nuestra inteligencia limitada podemos considerar con todo fervor la ignominia y la gloria, la vida y la muerte, la justicia y la misericordia que se tocan en la cruz; pero ni con la mayor tensión de nuestras facultades mentales llegamos a comprender todo su significado. La largura y anchura, la profundidad y altura del amor de Dios se comprenden tan sólo confusamente. El plan de la redención no se entenderá por completo ni siquiera cuando los rescatados vean como serán vistos ellos mismos y conozcan como serán conocidos; pero a través de las edades sin fin, nuevas verdades se desplegarán continuamente ante la mente admirada y deleitada. Aunque las aflicciones, las penas y las tentaciones terrenales hayan concluido, y aunque la causa de ellas haya sido suprimida, el pueblo de Dios tendrá siempre un conocimiento claro e inteligente de lo que costó su salvación.

La cruz de Cristo será la ciencia y el canto de los redimidos durante toda la eternidad. En el Cristo glorificado, contemplarán al Cristo crucificado. Nunca olvidarán que Aquél cuyo poder creó los mundos innumerables y los sostiene a través de la inmensidad del espacio, el Amado de Dios, la Majestad del cielo, Aquél a quien los querubines y los serafines resplandecientes se deleitan en adorar – se humilló para levantar al hombre caído; que llevó la culpa y la deshonra del pecado, y sintió el ocultamiento del rostro de Su Padre, hasta que la maldición de un mundo perdido quebrantó Su corazón y le arrancó la vida en la cruz del Calvario. El hecho de que el Creador de todos los mundos, el Arbitro de todos los destinos, dejase Su gloria y Se humillase por amor al hombre, despertará eternamente la admiración y adoración del universo. Cuando las naciones de los salvos miren a su Redentor y vean la gloria eterna del Padre brillar en Su rostro; cuando contemplen Su trono, que es desde la eternidad hasta la eternidad, y sepan que Su reino no tendrá fin, entonces prorrumpirán en un cántico de júbilo: "¡Digno, digno es el Cordero que fue inmolado, y nos ha redimido para Dios con Su propia preciosísima sangre!"

El misterio de la cruz explica todos los demás misterios. A la luz que irradia del Calvario, los atributos de Dios que nos llenaban de temor y pavor nos resultan hermosos y atractivos. Se ve que la misericordia, la compasión y el amor paternal se unen a la santidad, la justicia y el poder. Al mismo tiempo que contemplamos la majestad de Su trono, tan grande y elevado, vemos Su carácter en Sus manifestaciones misericordiosas y comprendemos, como nunca antes, el significado del apelativo conmovedor; "Padre Nuestro."

Se dejará ver que Aquél cuya sabiduría es infinita no hubiera podido idear otro plan para salvarnos que el del sacrificio de Su Hijo. La recompensa de este sacrificio es la dicha de poblar la tierra con seres rescatados, santos, felices e inmortales. El resultado de la lucha del Salvador contra los poderes de las tinieblas es la dicha de los redimidos, la cual contribuirá a la gloria de Dios por toda la eternidad. Y tal es el valor del alma, que el Padre está satisfecho con el precio pagado; y Cristo mismo, al considerar los frutos de Su gran sacrificio, está satisfecho.

CAPÍTULO 41

LA TIERRA EN RUINAS

"PORQUE SUS PECADOS se han amontonado hasta el cielo, y Dios se ha acordado de sus maldades. . . . En la copa en que ella preparó bebida, preparadle a ella el doble. En proporción a lo que ella se ha glorificado y ha vivido en deleites, dadle así también de tormento y duelo; porque dice en su corazón: Yo estoy sentada como reina, y no soy viuda, y nunca jamás veré duelo; por eso, en un solo día vendrán sus plagas; muerte, duelo y hambre, y será quemada con fuego; porque poderoso es Dios el Señor, que la ha sentenciado. Y los reyes de la tierra que han fornicado con ella, y con ella han vivido en deleites, llorarán y harán lamentación sobre ella, . . . diciendo: ¡Ay, ay de la gran ciudad de Babilonia, la ciudad fuerte; porque en una hora vino tu juicio!" Apocalipsis 18:5-10.

"Los mercaderes de la tierra" que "se han enriquecido de la potencia de sus deleites," "se pararán lejos por el temor de su tormento, llorando y lamentándose, y diciendo: ¡Ay, ay de la gran ciudad, que estaba cubierta de lino fino, de púrpura y de escarlata, y estaba adornada de oro, de piedras preciosas y de perlas! Porque en una hora han sido consumidas tantas riquezas." Apocalipsis 18:3, 15-17.

Tales son los juicios que caen sobre Babilonia en el día del furor de Dios. La gran ciudad ha llenado la medida de su iniquidad; ha llegado su hora; está madura para la destrucción.

Cuando la voz de Dios ponga fin a la opresión de Su pueblo, será terrible el despertar para los que lo hayan perdido todo en la gran lucha de la vida. Los engaños de Satanás los cegó mientras disfrutaban del tiempo de gracia y así disculpan sus vidas de pecado. Los ricos se enorgullecían de su superioridad con respecto a los menos favorecidos; pero habían logrado sus riquezas violando la ley de Dios. Habían dejado de dar de comer a los hambrientos, de vestir a los desnudos, de obrar con justicia, y de amar la misericordia. Habían tratado de enaltecerse y de obtener el homenaje de sus semejantes. Ahora se encuentran sin aquellas cosas que los hacía grandes, y quedan desprovistos de todo y sin defensa. Ven con terror la destrucción de los ídolos que prefirieron a su Creador. Vendieron sus almas por las riquezas y los placeres terrenales, y no procuraron hacerse ricos en Dios. El resultado es que sus vidas terminan en fracaso; sus placeres se cambian ahora en amargura y sus tesoros en corrupción. Pierden en un instante la riqueza acumulada a través de toda una vida. Los ricos lamentan la destrucción de sus soberbias casas, la dispersión de su oro y de su plata. Pero sus lamentos son sofocados por el temor de que ellos mismos van a perecer con sus ídolos.

Los impíos están llenos de dolor; no por su indiferencia pecaminosa para con Dios y sus semejantes, sino porque Dios haya vencido. Lamentan el resultado obtenido; pero no se arrepienten de su maldad. Si estuviese en sus manos probarían cualquier medio para vencer.

El mundo ve a aquellos mismos de quienes se burló y a quienes deseó exterminar, pasar sanos y salvos por entre pestilencias, tempestades y terremotos. El que es un fuego consumidor para los transgresores de Su ley, es un seguro refugio para Su pueblo.

El ministro que sacrificó la verdad para ganar el favor de los hombres, comprende ahora el carácter e influencia de sus enseñanzas. Es aparente que un ojo omnisciente le seguía cuando estaba en el púlpito, cuando caminaba por las calles, cuando se mezclaba con los hombres en las diferentes escenas de la vida. Cada emoción del alma, cada línea escrita, cada palabra pronunciada, cada acción encaminada a hacer reposar a los hombres en una falsa seguridad, fue una siembre; y ahora, en las almas miserables y perdidas que le rodean, él contempla la cosecha.

El Señor dice: "Curaron la herida de la hija de Mi pueblo a la ligera, diciendo: Paz, paz; cuando no hay paz." "Por cuanto acobardasteis con mentiras el corazón del justo, al cual Yo no entristecí, y fortalecisteis las manos del impío, para que no se apartase de su mal, pretendiendo hacerle vivir." Jeremías 8:11; Ezequiel 13:22.

"¡Ay de los pastores que destruyen y dispersan las ovejas de Mis pastos!, . . . He aquí que Yo visito la maldad de vuestras obras." "Aullad, pastores, y clamad; revolcaos en el polvo, mayorales del rebaño; porque cumplidos son vuestros días para que seáis degollados y esparcidos, . . . Y los pastores no tendrán camino para huir, ni los mayorales del rebaño para escapar." Jeremías 23:1, 2; 25:34, 35.

Los ministros y el pueblo ven que no sostuvieron la debida relación con Dios. Ven que se rebelaron contra el Autor de toda ley justa y recta. El rechazo de los preceptos divinos dió origen a miles de fuentes de mal, enemistad, odio e iniquidad, hasta que la tierra se convirtió en un vasto campo de luchas, en un profundo pozo de corrupción. Tal es el cuadro que se presenta ahora ante la vista de los que rechazaron la verdad y prefirieron el error. Ningún lenguaje puede expresar la vehemencia con que los desobedientes y desleales anhelan lo que perdieron para siempre: la vida eterna. Los hombres a quienes el mundo idolatró por sus talentos y elocuencia, ven ahora las cosas en su luz verdadera. Se dan cuenta de lo que perdieron por la transgresión, y caen a los pies de aquellos a quienes despreciaron y ridiculizaron a causa de su fidelidad, y confiesan que Dios los ha amado.

Los hombres ven que fueron engañados. Se acusan unos a otros de haberse arrastrado mutuamente a la destrucción; pero todos se unen para abrumar a los ministros con la más amarga condenación. Los pastores infieles profetizaron cosas halagüeñas; indujeron a sus oyentes a menospreciar la ley de Dios y a perseguir a los que querían santificarla. Ahora, en su desesperación, estos falsos maestros confiesan ante el mundo su obra de engaño. Las multitudes se llenan de ira. "¡Estamos perdidos!" exclaman, "y ustedes son la causa de nuestra perdición;" y se vuelven contra los falsos pastores. Precisamente aquellos que más los admiraban en otros tiempos pronunciarán contra ellos las más terribles maldiciones. Las manos mismas que los coronaron con laureles se levantarán para destruirlos. Las espadas que debían servir para acabar con el pueblo de Dios se emplean ahora para matar a sus enemigos. Por todas partes hay luchas y derramamiento de sangre.

"Llega el estruendo hasta el fin de la tierra, porque Jehová tiene pleito contra las naciones; Él es el Juez de toda carne; entrega los impíos a espada, dice Jehová." Jeremías 25:31. Durante seis mil años el gran conflicto siguió su curso; el Hijo de Dios y Sus mensajeros celestiales lucharon contra el poder del maligno, para iluminar y salvar a los hijos de los hombres. Ahora todos han tomado una decisión; los impíos se han unido enteramente a Satanás en su guerra contra Dios. Ha llegado el momento en que Dios ha de vindicar la autoridad de Su ley pisoteada. Ahora el conflicto no se desarrolla tan sólo contra Satanás, sino también contra los hombres. "Jehová tiene pleito contra las naciones," "y entrega los impíos a espada."

La marca de la redención ha sido colocada sobre los "que gimen y que claman a causa de todas las abominaciones que se hacen." Ahora sale el ángel de la muerte representado en la visión de Ezequiel por los hombres armados con instrumentos de destrucción, y a quienes se les manda: "¡Matad a viejos, jóvenes y doncellas, niños y mujeres, hasta que no quede ninguno; pero a todo aquel sobre el cual hubiere señal, no os acercaréis; y comenzaréis por Mi santuario!" Dice el profeta: "Comenzaron, pues, desde los varones ancianos que estaban delante del templo." Ezequiel 9:1-6. La obra de destrucción comienza entre los que profesaron ser guardianes espirituales del pueblo. Los falsos atalayas son los primeros en caer. No se tendrá piedad de nadie y ninguno escapará. Hombres, mujeres, doncellas, y niños perecerán juntos.

"Jehová sale de Su lugar para castigar al morador de la tierra por su maldad; y la tierra descubrirá la sangre derramada sobre ella, y no encubrirá ya más a sus muertos." Isaías 26:21. "Y esta será la plaga con que herirá Jehová a todos los pueblos que hayan hecho la guerra a Jerusalén: la carne de ellos se consumirá estando ellos sobre sus pies, y se consumirán en las cuencas sus ojos, y la lengua se les deshará en la boca. Y acontecerá en aquel día que habrá entre ellos gran pánico enviado por Jehová; y trabará cada uno de la mano de su compañero, y levantará su mano contra la mano de su compañero." Zacarías 14:12, 13. En la loca lucha de sus propias descontroladas pasiones y debido al terrible derramamiento de la ira de Dios sin mezcla de piedad, caen los impíos habitantes de la tierra: sacerdotes, gobernantes y el pueblo en general, ricos y pobres, grandes y pequeños. "Y habrá víctimas de Jehová en aquel día desde un extremo de la tierra hasta el otro; no se endecharán ni se recogerán ni serán enterrados." Jeremías 25:33.

A la venida de Cristo los impíos serán borrados de la superficie de la tierra, consumidos por el espíritu de Su boca y destruídos por el resplandor de Su gloria. Cristo lleva a Su pueblo a la ciudad de Dios, y la tierra queda sin sus habitantes. "He aquí que Jehová vacía la tierra y la despuebla, y trastorna su haz, y hace esparcir a sus moradores." "La tierra será enteramente vaciada, y completamente saqueada; porque Jehová ha pronunciado esta palabra." "Porque transgredieron las leyes, violaron el estatuto, quebrantaron el pacto sempiterno. Por esta causa, la maldición consumió la tierra, ya que sus moradores fueron hallados culpables; por esta causa fueron consumidos los habitantes de la tierra, y disminuyeron los hombres." Isaías 24:1, 3, 5, 6.

Toda la tierra parece un gran desierto. Las ruinas de las ciudades y aldeas destruídas por el terremoto, los árboles desarraigados, las rocas escabrosas arrojadas por el mar o arrancadas de la misma tierra, están esparcidas por la superficie de ésta, se pueden ver grandes cuevas que señalan el sitio donde las montañas fueron rasgadas desde sus cimientos.

Ahora se realiza el acontecimiento anunciado por el último solemne servicio del Día de la Expiación. Una vez finalizado el servicio que se cumplía en el lugar santísimo, y cuando los pecados de Israel habían sido quitados del santuario por virtud de la sangre del sacrificio por el pecado, entonces el macho cabrío era presentado vivo ante el Señor; y en presencia de la congregación el sumo sacerdote confesaba sobre él "todas las iniquidades de los hijos de Israel, todas sus rebeliones y todos sus pecados, poniéndolos así sobre la cabeza del macho cabrío." Levítico 16:21. De igual manera, cuando el servicio de propiciación haya terminado en el santuario celestial, entonces, en presencia de Dios y de los santos ángeles y de la hueste de los salvados, los pecados del pueblo de Dios serán puestos sobre Satanás; se le declarará culpable de todo el mal que les ha hecho cometer. Y así como el macho cabrío era llevado a un lugar desierto, así también Satanás será desterrado en la tierra desolada, sin habitantes y convertida en un desierto horroroso.

El autor del Apocalipsis predice el destierro de Satanás y el estado caótico y de desolación a que será reducida la tierra; y declara que este estado de cosas se extenderá por mil años. Después de descritas las escenas de la segunda venida del Señor y la destrucción de los impíos, la profecía prosigue: "Vi a un ángel que descendía del cielo, teniendo la llave del abismo, y una gran cadena en la mano. Y prendió al dragón, la serpiente antigua, que es el diablo y Satanás, y lo ató por mil años; y lo arrojó al abismo, y lo encerró, y puso su sello sobre él, para que no engañase más a las naciones, hasta que fuesen cumplidos los mil años; y después de esto debe ser desatado por un poco de tiempo." Apocalipsis 20:1-3.

Según se desprende de otros pasajes bíblicos, es de toda evidencia que la expresión "abismo" se refiere a la tierra en estado de confusión y tinieblas. Respecto a la condición de la tierra "en el principio," la narración bíblica dice que "estaba desordenada y vacía, y las tinieblas estaban sobre la superficie del abismo." Génesis 1:2. Las profecías enseñan que será reducida, en parte por lo menos, a ese estado. Contemplando a través de los siglos el gran día de Dios, el profeta Jeremías dice: "Miré a la tierra, y he aquí que estaba asolada y vacía; y a los cielos, y no había en ellos luz. Miré a los montes, y he aquí que temblaban, y todos los collados se cimbreaban. Miré, y no había hombre, y todas las aves del cielo se habían ido. Miré, y he aquí el campo fértil era un desierto, y todas sus ciudades eran asoladas." Jeremías 4:23-26.

Aquí es donde, con sus ángeles malos, Satanás hará su morada durante mil años. Limitado a la tierra, no podrá viajar a otros mundos para tentar y molestar a los que nunca cayeron. En este sentido es cómo está atado: no queda nadie en quien pueda ejercer su poder. Le es del todo imposible seguir en la obra de engaño y ruina que por tantos siglos fue su único deleite.

El profeta Isaías, mirando hacia lo por venir, ve en el

futuro el tiempo en que Satanás será derrocado, y exclama: "¡Cómo caíste del cielo, oh Lucero, hijo del Alba! Cortado fuiste por tierra, tú que abatías a las naciones. Tú que decías en tu corazón: Subiré al cielo; por encima de las estrellas de Dios, levantaré mi trono. . . . Seré semejante al Altísimo! Más tú has sido derribado hasta el Seol, a lo profundo del abismo. Se inclinan hacia ti los que te ven, te contemplan, diciendo: ¿Es éste aquel varón que hacía temblar la tierra, que sacudía los reinos; que puso el mundo como un desierto, que asoló sus ciudades, *que a sus presos nunca abrió la cárcel?*" Isaías 14:12-17.

Durante seis mil años, la obra de rebelión de Satanás "hizo temblar la tierra." Él "convirtió el mundo en un desierto, y destruyó sus ciudades; y nunca abrió la cárcel a sus presos." Durante seis mil años, su prisión ha recibido al pueblo de Dios, y lo habría tenido prisionero para siempre, si Cristo no hubiese roto sus cadenas y libertado a los que tenía presos.

Hasta los malos se encuentran ahora fuera del poder de Satanás; y queda solo con sus perversos ángeles para reconocer los efectos de la maldición originada por el pecado. "Todos los reyes de las naciones yacen con honor cada uno en su morada; pero tú eres echado de tu sepulcro como un brote abominable. . . . No serás contado con ellos en el sepelio; porque tú destruiste tu tierra, mataste a tu pueblo." Isaías 14:18-20.

Durante mil años, Satanás andará errante de un lado para otro en la tierra desolada, considerando los resultados de su rebelión contra la ley de Dios. Todo este tiempo, sufre intensamente. Desde su caída, su vida de continua actividad ahogó en él la reflexión; pero ahora, despojado de su poder, no puede menos que contemplar el papel que desempeñó desde que se rebeló por primera vez contra el gobierno del cielo, mientras que, tembloroso y aterrorizado, espera el terrible porvenir en que pagará por todo el mal que ha hecho y será castigado por los pecados que ha llevado a cometer.

Para el pueblo de Dios, el cautiverio en que se verá Satanás será motivo de gozo y alegría. El profeta dice: "En el día en que Jehová te dé reposo de tus trabajos, de tu desazón, y de la dura servidumbre en que te hicieron servir,

EN EL CIELO
Los Redimidos Asisten en el Juicio de los Impíos.
El Milenio
1,000 Años Entre Resurrecciones
Primera Resurrección
1. Fin de las Últimas Siete Plagas.
2. La Segunda Venida de Cristo.
3. Justos Muertos Son Resucitados.
4. Impíos Perecen / Satanás Atado.
5. Justos Suben al Cielo.
Segunda Resurrección
1. Cristo y Santos Bajan a la Tierra.
2. La Ciudad Santa Baja a la Tierra.
3. Impíos Muertos Resucitan.
4. Satanás Soltado.
5. Impíos Destruídos.
Fin del mundo
Sobre la Tierra
Satanás tiene tiempo para pensar lo que ha hecho. Los impíos están muertos. El tiempo de su prueba ha pasado.
Tierra Nueva
Y Eternidad

El Milenio Bíblico

Nosotros vivimos en los últimos días de la historia. El fin de la vida, como el hombre la conoce, ya casi ha terminado. Pronto Jesús regresará. Sólo tenemos un período de prueba — y este tiene lugar durante nuestra vida actual. *¡El Milenio no será mil años de paz y gloria aquí en la tierra!* Y no será una edad de adelantos tecnológicos ni de "segundas oportunidades" para los impíos. *¡Toda la humanidad no se convertirá antes, ni durante, ni después del milenio!* Y tampoco Cristo y Sus redimidos estarán en la tierra durante esos mil años.

Aquí está la verdad sobre el Milenio y los eventos que señalan su comienzo y su fin:

1. **Jesucristo va a regresar por Su pueblo:** Él nos ha prometido que lo hará (Juan 14:1-3), así que sabemos que Él cumplirá Su palabra.

2. **Hay cuatro señales que identifican Su Segunda Venida** que no pueden ser falsificadas por falsos Cristos: **(1)** Él vendrá de un modo en que todos aquellos que estén vivos en ese tiempo lo podrán ver (Apocalipsis 1:7; Hechos 1:9; Mateo 24:30, 23-27). **(2)** Él vendrá de un modo en que todos lo podrán oir (Mateo 24:31; 1 Tesalonicenses 4:16). **(3)** Él vendrá en una gloria majestuosa — Su propia gloria, la gloria de Su Padre, y la gloria de millones de ángeles que vendrán con Él (Lucas 9:26; Mateo 28:2-4; Mateo 25:31; Apocalipsis 6:14-17). **(4)** Él vendrá inesperadamente (Mateo 24:44; 24:36).

3. **Su segunda venida indicará el comienzo del Milenio. Seis eventos tomarán lugar:** **(1)** Él resucitará a los justos (1 Tesalonicenses 4:16). **(2)** Él cogerá a los justos que aún viven, junto con los justos que han resucitado — para que ambos se encuentren con Él en las nubes (1 Tesalonicenses 4:17). **(3)** Él cambiará sus cuerpos humanos por un cuerpo glorioso como el Suyo (Filipenses 3:20, 21) y los transformará (1 Corintios 15:51-55; Isaías 25:9). **(4)** Habiendo recogido a todos los justos (1 Tesalonicenses 4:17, 18; Mateo 25:34-40; 24:30, 31), Él llevará a Sus redimidos al cielo (Juan 14:1-3; 17:24; 1 Tesalonicenses 4:16-18). **(5)** Él destruirá al los impíos vivientes con el resplandor de Su venida (Lucas 17:26-30; 2 Tesalonicenses 2:8). **(6)** Él atará a Satanás a este mundo por mil años (Apocalipsis 20:2, 3).

4. **Durante el Milenio, la tierra estará desolada** (Apocalipsis 20:3; Jeremías 4:23-26; Isaías 24:1, 3). Los impíos están muertos (2 Tesalonicenses 2:8). No quedará hombre alguno (Isaías 24:20-22; Jeremías 4:25, 26; 25:31-33). Satanás es atado a una tierra desolada (Apocalipsis 20:1-3). Los justos están en el cielo (Apocalipsis 20:4, 6; Daniel 7:22) ocupados en la obra del juicio (Apocalipsis 20:4; 1 Corintios 6:1-3; Hechos 24:25; Judas 6).

5. **Al fin del Milenio, la Ciudad Santa desciende del cielo** (Apocalipsis 20:9; 21:1-5; Zacarías 14:4, 9); los impíos son resucitados en la "segunda resurrección (Apocalipsis 20:5, primera parte). Satanás es puesto en libertad para engañarlos de nuevo (Apocalipsis 20:7, 8). Satanás y los impíos rodean la Ciudad Santa para tomarla (Apocalipsis 20:8, 9). Todos los impíos son destruidos (Apocalipsis 20:9), y ésta tierra será hecha de nuevo (Apocalipsis 21:1-5; 2 Pedro 3:10-14).

pronunciarás esta sátira contra el rey de Babilonia (que aquí representa a Satanás), y dirás: ¡Cómo terminó el opresor! . . . Quebrantó Jehová el bastón de los impíos, el cetro de los déspotas; el que hería a los pueblos con furor, con llagas permanentes, el que se enseñoreaba de las naciones con ira, con acoso sin tregua." Isaías 14:3-6.

Durante los mil años que transcurrirán entre la primera resurrección y la segunda, se verificará el juicio de los impíos. El apóstol Pablo señala este juicio como un acontecimiento que sigue al segundo advenimiento. "No juzguéis nada antes de tiempo, hasta que venga el Señor, el cual sacará a la luz también lo oculto de las tinieblas, y manifestará las intenciones de los corazones." 1 Corintios 4:5. Daniel declara que cuando vino el Anciano de días, "se dió el juicio a los santos del Altísimo." Daniel 7:22. En ese entonces reinarán los justos como reyes y sacerdotes de Dios. Dice Juan en el Apocalipsis: "Vi tronos, y se sentaron sobre ellos los que recibieron facultad de juzgar." Apocalipsis 20:4. "Serán sacerdotes de Dios y de Cristo, y reinarán con Él por mil años." Apocalipsis 20:6. Entonces será cuando, como está predicho por Pablo "los santos han de juzgar al mundo." 1 Corintios 6:2. Juzgan a los impíos junto con Cristo, comparando sus actos con el libro de los estatutos, la Biblia, y fallando cada caso en conformidad con los actos que realizaron a través de su cuerpo. Entonces lo que los malos tienen que sufrir es medido según sus obras, y queda anotado frente a sus nombres en el libro de la muerte.

También Satanás y los ángeles malos son juzgados por Cristo y Su pueblo. Pablo dice: "¿No sabéis que hemos de juzgar a los ángeles?" 1 Corintios 6:3. Y el apóstol Judas declara que "a los ángeles que no guardaron su dignidad, sino que abandonaron su propia morada, los ha guardado bajo oscuridad, en prisiones eternas, para el juicio del gran día." Judas 6.

Al fin de los mil años vendrá la segunda resurrección. Entonces los impíos serán resucitados, y comparecerán ante Dios para la ejecución del "juicio decretado." Así el autor del Apocalipsis, después de haber descrito la resurrección de los justos, dice: "Los otros muertos no volvieron a vivir hasta que se cumplieron los mil años." Apocalipsis 20:5. E

Isaías declara, con respecto a los impíos: "Serán amontonados como se amontona a los encarcelados en mazmorras, y en prisión quedarán encerrados, y serán castigados después de muchos días." Isaías 24:22.

CAPÍTULO 42

El Fin del Conflicto

AL FIN DE LOS MIL AÑOS, Cristo regresa otra vez a la tierra. Le acompaña la hueste de los salvados, y le sigue una comitiva de ángeles. Al descender en majestad aterradora, ordena a los muertos impíos que resuciten para recibir su condenación. Se levanta un gran ejército, innumerable como la arena del mar. ¡Qué contraste entre ellos y los que resucitaron en la primera resurrección! Los justos estaban revestidos de juventud y belleza inmortales. Los impíos muestran las huellas de la enfermedad y de la muerte.

Todas las miradas de esa inmensa multitud se vuelven para contemplar la gloria del Hijo de Dios. Uniendo sus voces las huestes de los impíos exclaman: "¡Bendito el que viene en el nombre del Señor!" No es el amor a Jesús lo que les inspira esta exclamación, sino que el poder de la verdad arranca esas palabras de sus labios. Los impíos se levantan de sus tumbas tales como a ellas bajaron, con la misma enemistad hacia Cristo y el mismo espíritu de rebelión. No disponen de un nuevo tiempo de gracia para remediar los defectos de su vida pasada, pues de nada les serviría. Toda una vida de pecado no ablandó sus corazones. Si se les concediera un segundo tiempo de gracia, lo emplearían como el primero, eludiendo las exigencias de Dios y viviendo en franca rebelión contra Él.

Cristo baja sobre el Monte de los Olivos, de donde ascendió después de Su resurrección, y donde los ángeles repitieron la promesa de Su regreso. El profeta dice: "Vendrá Jehová mi Dios, y con Él todos los santos." Zacarías 14:5. "Y se posarán Sus pies en aquel día sobre el Monte de los Olivos, que está enfrente de Jerusalén al oriente; y el Monte de los Olivos se partirá por en medio . . . haciendo un valle muy grande." Zacarías 14:4. "Y Jehová será rey sobre toda la tierra. En aquel día Jehová será uno, y uno Su nombre." Zacarías 14:9. La nueva Jerusalén, descendiendo del cielo en su deslumbrante esplendor, se asienta en el lugar purificado y preparado para recibirla, y Cristo, Su pueblo y los ángeles, entran en la Santa Ciudad.

Entonces Satanás se prepara para la última tremenda lucha por la supremacía. Mientras estaba despojado de su poder e imposibilitado para hacer su obra de engaño, el príncipe del mal se sentía triste y desgraciado; pero al ver las grandes multitudes de impíos resucitados que tiene al lado suyo, sus esperanzas reviven y resuelve no rendirse en el gran conflicto. Alistará bajo su bandera a todos los ejércitos de los perdidos y por medio de ellos tratará de ejecutar sus planes. Los impíos son sus cautivos. Al rechazar a Cristo aceptaron la autoridad del jefe de los rebeldes. Están listos para aceptar sus sugerencias y ejecutar sus órdenes. No obstante, fiel a su antigua astucia, no se da por Satanás. Pretende ser el heredero que tiene derecho a la posesión de la tierra y cuya herencia le ha sido arrebatada injustamente. Se presenta ante sus seguidores engañados como redentor, asegurándoles que su poder los ha resucitados y que está a punto de librarlos de la más cruel tiranía. Al no estar Cristo presente, Satanás obra milagros para sostener sus pretensiones. Fortalece a los débiles y a todos les infunde su propio espíritu y energía. Propone dirigirlos contra el campamento de los santos y apoderarse de la Ciudad de Dios. En un arrebato belicoso señala los innumerables millones que han sido resucitados de entre los muertos, y declara que si ellos le siguen él es muy capaz de destruir la ciudad y recuperar su trono y su reino.

Entre aquella inmensa muchedumbre se encuentran numerosos representantes de la raza longeva que existía antes del Diluvio; hombres de estatura elevada y de capacidad intelectual gigantesca, que habiendo cedido al dominio de los ángeles caídos, consagraron toda su habilidad y todos sus conocimientos a la exaltación de sí mismos; hombres cuyas obras artísticas maravillosas hicieron que el mundo adorase su genio, pero cuya crueldad y malos actos mancillaron la tierra y borraron la imagen de Dios, de suerte que el Creador los hubo de borrar de la superficie de la tierra. Allí hay reyes y generales que conquistaron naciones, hombres valientes que jamás perdieron una batalla, soberbios y ambiciosos guerreros cuya venida hacía temblar reinos. La muerte no los cambió. Al salir de la tumba, reanudan el curso de sus pensamientos en el punto mismo en que lo dejaran. Se levantan posesionados del mismo deseo de conquista que los dominaba cuando cayeron.

Satanás consulta con sus ángeles, y luego con esos reyes, conquistadores y hombres poderosos. Consideran la fuerza y el número de los suyos, y declaran que el ejército que está dentro de la ciudad es pequeño, comparado con el de ellos, y que se lo puede vencer. Preparan sus planes para adueñarse de las riquezas y gloria de la Nueva Jerusalén. En el acto todos quedan listos para la batalla. Hábiles artífices fabrican armas de guerra. Renombrados caudillos organizan en compañías y divisiones las muchedumbres de guerreros.

Al fin se da la orden de marcha, se ponen en movimiento las huestes innumerables – un ejército cual no fue jamás reunido por conquistadores terrenales ni podría ser igualado por las fuerzas combinadas de todas las edades desde que comenzaron las guerras en la tierra. Al frente marcha Satanás el guerrero más poderoso, y sus ángeles unen sus fuerzas para esta batalla final. Hay reyes y guerreros en su comitiva, y las multitudes siguen en grandes compañías, cada cual bajo su correspondiente jefe. Con precisión militar las columnas cerradas avanzan sobre la superficie desgarrada y escabrosa de la tierra hacia la Ciudad de Dios. Por orden de Jesús, se cierran las puertas de la Nueva Jerusalén, y los ejércitos de Satanás rodean la ciudad y se preparan para el asalto.

Entonces Cristo reaparece a la vista de Sus enemigos. Muy por encima de la ciudad, sobre una plataforma de oro bruñido, hay un trono alto y encumbrado. En el trono está sentado el Hijo de Dios, y alrededor Suyo están los súbditos de Su reino. Ningún lenguaje, ninguna pluma pueden expresar ni describir el poder y la majestad de Cristo. La gloria del Padre Eterno envuelve a Su Hijo. El esplendor de Su presencia llena la Ciudad de Dios, desbordándose más allá de las puertas e inundando toda la tierra con Su brillo.

Inmediatos al trono se encuentran los que fueron alguna vez celosos en la causa de Satanás, pero que, cual tizones arrebatados del fuego, siguieron luego a su Salvador con profunda e intensa devoción. Vienen después los que perfeccionaron su carácter Cristiano en medio de la mentira y de la incredulidad, los que dieron honra a la ley de Dios cuando el mundo Cristiano la declaró abolida, y los millones de todas las edades que fueron martirizados por su fe. Y más allá está la "gran multitud, la cual nadie podía contar, de todas naciones, tribus, pueblos y lenguas . . . de pie delante del trono y en la presencia del Cordero, cubiertos de ropas blancas, y con palmas en las manos." Apocalipsis 7:9. Su lucha ha terminado; ganaron la victoria. Disputaron el premio de la carrera y lo alcanzaron. Llevan palmas en sus manos como símbolo de triunfo y la vestidura blanca, emblema de la justicia perfecta de Cristo que es ahora de ellos.

Los redimidos elevan un canto de alabanza que se extiende y repercute por las bóvedas del cielo: "¡La salvación pertenece a nuestro Dios que está sentado en el trono, y al Cordero!" Apocalipsis 7:10. Ángeles y serafines unen sus voces en adoración. Los redimidos ven el poder y la malignidad de Satanás, y comprenden, como nunca antes, que ningún poder fuera del de Cristo habría podido hacerlos vencedores. Entre toda esa muchedumbre ni uno se atribuye a sí mismo la salvación, como si hubiese prevalecido con su propio poder y su bondad. Nada recuerdan de lo que han hecho o sufrido, sino que el tema de cada canto, la nota dominante de cada antífona es: Salvación a nuestro Dios y al Cordero.

En presencia de los habitantes de la tierra y del cielo reunidos, se efectúa la coronación final del Hijo de Dios. Y entonces, revestido de suprema majestad y poder, el Rey de reyes falla el juicio de aquellos que se rebelaron contra Su gobierno, y ejecuta justicia contra los que transgredieron Su ley y oprimieron a Su pueblo. El profeta de Dios dice: "Y vi un gran trono blanco y al que estaba sentado en él, de delante del cual huyeron la tierra y el cielo, y no se encontró ningún lugar para ellos. Y vi a los muertos, grandes y pequeños, de pie delante de Dios; y los libros fueron abiertos, y otro libro fue abierto, el cual es el libro de la vida; y fueron juzgados los muertos por las cosas que estaban escritas en los libros, según sus obras." Apocalipsis 20:11,12.

Apenas se abren los registros, y la mirada de Jesús se dirige hacia los impíos, éstos se vuelven conscientes de todos los pecados que cometieron. Reconocen exactamente el lugar donde sus pies se apartaron del sendero de la pureza y de la santidad, y cuán lejos el orgullo y la rebelión los han llevado en el camino de la transgresión de la ley de Dios. Las tentaciones seductoras que ellos fomentaron cediendo al pecado, las bendiciones que pervirtieron, su desprecio de los hombres enviados por Dios, los avisos rechazados, la oposición de corazones obstinados y sin arrepentimiento – todo eso sale a relucir como si estuviese escrito con letras de fuego.

Por encima del trono se destaca la cruz; y como en vista panorámica aparecen las escenas de la tentación, la caída de Adán y las fases sucesivas del gran plan de redención. El humilde nacimiento del Salvador; Su juventud pasada en la sencillez y en la obediencia; Su bautismo en el Jordán; el ayuno y la tentación en el desierto; Su ministerio público, que reveló a los hombres las bendiciones más preciosas del cielo; los días repletos de obras de amor y misericordia; las largas noches de oración y vigilia en la soledad de los montes; las conspiraciones de la envidia, del odio y de la malicia con que se recompensaron sus beneficios; la horrenda y misteriosa agonía en Getsemaní, bajo el peso destructor de los pecados de todo el mundo; la traición que le entregó en manos de la turba asesina; los terribles acontecimientos de esa noche de horror – el preso resignado, olvidado de Sus discípulos más amados, arrastrado brutalmente por las calles de Jerusalén; el Hijo de Dios presentado con visos de triunfo ante Anás, obligado a comparecer en el palacio del sumo sacerdote, en el pretorio de Pilato, ante el cobarde y cruel Herodes; ridiculizado, insultado, atormentado y condenado a muerte – todo eso está representado a lo vivo.

Y ahora, ante las multitudes agitadas se reproducen las escenas finales – el paciente Varón de dolores pisando el sendero del Calvario; el Príncipe del cielo colgado de la cruz;

los altaneros sacerdotes y el populacho escarnecedor ridiculizando la agonía de Su muerte; la obscuridad sobrenatural; el temblor de la tierra, las rocas destrozadas y los sepulcros abiertos que señalaron el momento en que expiró el Redentor del mundo.

La escena terrible se muestra con toda exactitud, Satanás, sus ángeles y sus súbditos no pueden apartar los ojos del cuadro que representa su propia obra. Cada actor recuerda el papel que desempeñó. Herodes, el que asesinó a los niños inocentes de Belén para hacer morir al Rey de Israel; la malvada Herodías, sobre cuya conciencia pesa la sangre de Juan el Bautista; el débil Pilato, esclavo de las circunstancias; los soldados escarnecedores; los sacerdotes y gobernantes, y la muchedumbre enloquecida que gritaba: "¡Recaiga Su sangre sobre nosotros, y sobre nuestros hijos!" – todos contemplan la enormidad de su culpa. Inútilmente procuran esconderse ante la divina majestad de Su presencia que sobrepuja el resplandor del sol, mientras que los redimidos echan sus coronas a los pies del Salvador, exclamando: "¡Él murió por mí!"

Entre la multitud de los rescatados están los apóstoles de Cristo, el heroico Pablo, el ardiente Pedro, el amado y amoroso Juan y sus hermanos de corazón leal, y con ellos la inmensa hueste de los mártires; mientras que fuera de los muros, con todo lo que es vil y despreciable, se encuentran aquellos que los persiguieron, encarcelaron y mataron. Allí está Nerón, monstruo de crueldad y de vicios, y puede ver la alegría y el triunfo de aquellos a quienes torturó, y cuya dolorosa angustia le proporcionara deleite satánico. Allí está su madre, para ser testigo de los resultados de su propia obra; para ver cómo los malos rasgos de carácter transmitidos a su hijo y las pasiones fomentadas y desarrolladas por la influencia y el ejemplo de ella, produjeron crímenes que horrorizaron al mundo.

Allí hay sacerdotes y prelados papistas, que dijeron ser los representantes de Cristo y que no obstante emplearon instrumentos de suplicio, calabozos y hogueras para dominar las conciencias de su pueblo. Allí están los orgullosos pontífices que se ensalzaron por encima de Dios y que pretendieron cambiar la ley del Altísimo. Aquellos así llamados padres de la iglesia tienen que rendir a Dios una cuenta de la que bien quisieran librarse. Demasiado tarde ven que el Omnisciente es celoso de Su ley y que no dará por inocente al culpable de violarla. Comprenden entonces que Cristo identifica Sus intereses con los de Su pueblo perseguido, y sienten la fuerza de Sus propias palabras: "En cuanto lo hicisteis a uno de estos Mis hermanos más pequeños, a Mí me lo hicisteis." Mateo 25:40.

Ante el tribunal de Dios se encuentran todos los impios del mundo, acusados de alta traición contra el gobierno del cielo. No hay quien sostenga ni defienda la causa de ellos; no tienen disculpa; y se pronuncia contra ellos la sentencia de la muerte eterna.

Es entonces evidente para todos que la paga del pecado no es la noble independencia y la vida eterna, sino la esclavitud, la ruina y la muerte. Los impíos ven lo que perdieron con su vida de rebeldía. Despreciaron el maravilloso regalo de eterna gloria cuando les fue ofrecido; pero ¡cuán deseable no les parece ahora! "Todo eso," exclama el alma perdida, "yo habría podido poseerlo; pero preferí rechazarlo. ¡Oh que horrendo orgullo! He cambiado la paz, la dicha y el honor por la miseria, la infamia y la desesperación." Todos ven que su exclusión del cielo es justa. Por sus vidas, declararon: "No queremos que este Jesús reine sobre nosotros."

Como fuera de sí, los impíos han contemplado la coronación del Hijo de Dios. Contemplan en las manos de Jesús las tablas de la ley divina, los estatutos que ellos despreciaron y transgredieron. Son testigos de la explosión de admiración, arrobamiento y adoración de los redimidos; y cuando las olas de melodía inundan a las multitudes fuera de la ciudad, todos exclaman a una voz: "¡Grandes y maravillosas son Tus obras, Señor Dios Todopoderoso; justos y verdaderos son Tus caminos, Rey de los santos! " Apocalipsis 15:3. Y cayendo postrados, adoran al Príncipe de la vida.

Satanás parece paralizado al contemplar la gloria y majestad de Cristo. El que en otro tiempo fuera uno de los querubines cubridores recuerda de dónde cayó. Él, que fuera serafín resplandeciente, "hijo de la aurora," ¡cuán cambiado se ve, y cuán degradado! Está excluído para siempre del consejo en que antes se le honraba. Ve ahora a otro ángel que, junto al Padre, vela Su gloria. Ha visto la corona colocada sobre la frente de Cristo por un ángel de elevada estatura y majestuosa presencia, y sabe que la elevada posición que ocupa este ángel habría podido ser la suya.

Recuerda el lugar de su inocencia y pureza, la paz y el contentamiento de que gozaba hasta que se entregó a murmurar contra Dios y a envidiar a Cristo. Sus acusaciones, su rebelión, sus engaños para captarse la simpatía y la ayuda de los ángeles, su porfía en no hacer esfuerzo alguno para reponerse cuando Dios le hubiere perdonado – todo eso se le presenta a lo vivo. Echa una mirada retrospectiva sobre la obra que realizó entre los hombres y sobre sus resultados: la enemistad del hombre para con sus semejantes, la terrible destrucción de vidas, el ascenso y la caída de los reinos, el derrocamiento de tronos, la larga serie de tumultos, conflictos y revoluciones. Recuerda los esfuerzos constantes que hizo para oponerse a la obra de Cristo y para hundir a los hombres en degradación cada vez mayor. Ve que sus conspiraciones infernales no pudieron destruir a los que pusieron su confianza en Jesús. Al considerar Satanás su reino y los frutos de sus esfuerzos, sólo ve fracaso y ruina. Ha inducido a las multitudes a creer que la Ciudad de Dios sería fácilmente tomada; pero ahora ve que eso es falso. Una y otra vez, en el curso de la gran controversia, ha sido derrotado y obligado a rendirse. De sobra conoce el poder y la majestad del Eterno.

El propósito del gran rebelde consistió siempre en justificarse, y en hacer aparecer al gobierno de Dios como responsable de su rebelión. A ese fin dedicó todo el poder y esfuerzo de su gigantesca inteligencia. Actuó deliberada y sistemáticamente, y con éxito maravilloso, para inducir a inmensas multitudes a que aceptaran su versión del gran conflicto que ha estado desarrollándose por tanto tiempo. Durante miles de años este jefe de conspiraciones hizo pasar la mentira por verdad. Pero llegó el momento en que la rebelión debe ser derrotada finalmente y puestos en evidencia la historia y el carácter de Satanás. El archiengañador ha sido desenmascarado por completo en su último gran esfuerzo por tomar el trono de Cristo, destruir a Su pueblo y apoderarse de la Ciudad de Dios. Los que se han unido a él, reconocen el fracaso total de su causa. Los discípulos de Cristo y los ángeles leales contemplan en toda su extensión las maquinaciones de Satanás contra el gobierno de Dios. Ahora se vuelve objeto de desprecio universal.

Satanás ve que su rebelión voluntaria le incapacitó para el cielo. Ejercitó su poder luchando contra Dios; la pureza, la paz y la armonía del cielo serían para él suprema tortura. Sus acusaciones contra la misericordia y justicia de Dios están ya acalladas. El reproche que procuró lanzar contra Jehová recaen enteramente sobre él. Y ahora Satanás se inclina y reconoce que su sentencia es justa.

"¿Quién no Te temerá, oh Señor, y glorificará Tu nombre? pues sólo Tú eres santo; por lo cual todas las naciones vendrán y Te adorarán, porque Tus juicios se han manifestado." Apocalipsis 15:4. Toda cuestión de verdad y error en la controversia que tanto ha durado, ha quedado aclarada. A la vista de todos los seres inteligentes creados han sido puestos los resultados de la rebelión y del apartamiento de los estatuos divinos. El desarrollo del gobierno de Satanás en contraste con el de Dios, ha sido presentado a todo el universo. Satanás ha sido condenado por sus propios actos. La sabiduría de Dios, Su justicia y Su bondad quedan por completo reivindicadas. Queda también comprobado que todos Sus actos en el gran conflicto fueron ejecutados de acuerdo con el bien eterno de Su pueblo y el bien de todos los mundos que creó. "Te alaben, oh Jehová, todas Tus obras, y Tus santos Te bendigan." Salmo 145:10. La historia del pecado atestiguará durante toda la eternidad que con la existencia de la ley de Dios se asegura la dicha de todos los seres creados por Él. En vista de todos los hechos del gran conflicto, todo el universo, tanto los justos como los rebeldes, declaran al unísono: "¡Justos y verdaderos son Tus caminos, oh Rey de los siglos!"

El universo entero contempló el gran sacrificio hecho por el Padre y el Hijo en beneficio del hombre. Ha llegado la hora de que Cristo ocupe el puesto a que tiene derecho, y es exaltado sobre los principados y potestades, y sobre todo nombre que se nombra. A fin de alcanzar el gozo que le fuera propuesto – el de llevar muchos hijos a la gloria – sufrió la cruz y no le importó soportar la vergüenza. Y por inconcebiblemente grandes que fuesen el dolor y el oprobio, mayores aún son la dicha y la gloria. Jesús mira a los redimidos, transformados a Su propia imagen, y cuyos corazones llevan el sello perfecto de lo divino y cuyas caras reflejan la semejanza de su Rey. Contempla en ellos el resultado de las aflicciones de Su alma, y está satisfecho. Luego, con voz que llega hasta las multitudes reunidas de los justos y de los impíos, exclama: "¡Contemplad el rescate de Mi sangre! Por éstos Sufrí, por éstos Morí, para que pudiesen permanecer en Mi presencia a través de las edades eternas." Y de entre los revestidos con túnicas blancas en torno del trono, asciende el canto de alabanza: "El Cordero que ha sido inmolado es digno de tomar el poder, las riquezas, la sabiduría, la fortaleza, el honor, la gloria y la alabanza." Apocalipsis 5:12.

A pesar de que Satanás se ha visto obligado a reconocer la justicia de Dios, y a inclinarse ante la supremacía de Cristo, su carácter sigue siendo el mismo. El espíritu de rebelión, cual poderoso torrente, vuelve a estallar. Lleno de frenesí, determina no ceder en el gran conflicto. Ha llegado la hora de intentar un último y desesperado esfuerzo contra el Rey del cielo. Se lanza en medio de sus súbditos, y trata de inspirarlos con su propio furor y de moverlos a dar inmediata batalla. Pero entre todos los innumerables millones a quienes indujo engañosamente a la rebelión, no hay ahora ninguno que reconozca su supremacía. Su poder ha terminado. Los impíos están llenos del mismo odio contra Dios que el que inspira a Satanás; pero ven que su caso es desesperado, que no pueden prevalecer contra Jehová. Se enfurecen contra Satanás y contra los que fueron sus agentes para engañar, y con furia demoníaca se vuelven contra ellos.

Dice el Señor: "Por cuanto pusiste tu corazón como corazón de Dios, por tanto, he aquí que Yo traigo sobre ti extranjeros, los más feroces de las naciones, que desenvainarán sus espadas contra la hermosura de Tu sabiduría, y mancharán tu esplendor. Al sepulcro te harán descender." "Yo te eché del monte de Dios como cosa impura, y te arrojé de entre las piedras del fuego, oh querubín protector. . . .Yo te he arrojado por tierra; delante de los reyes te he puesto por espectáculo. . . .Te he convertido en ceniza sobre la tierra a los ojos de todos los que te miran. . . . Serás objeto de terror, y para siempre dejarás de ser." Ezequiel 28:6-8, 16-19.

"Porque toda bota que calza el guerrero en la batalla, y todo manto revolcado en sangre, serán quemados, pasto del fuego." Isaías 9:5. "Porque Jehová está airado contra todas las naciones, e indignado contra todo el ejército de ellas; las destruirá y las entregará al matadero." "Sobre los malos hará llover calamidades; fuego, azufre y viento abrasador será la porción del cáliz de ellos." Isaías 34:2; Salmos 11:6. Dios hace descender fuego del cielo. La tierra está quebrantada. Salen a relucir las armas escondidas en sus profundidades. Llamas devoradoras se escapan por todas partes de grietas amenazantes. Hasta las rocas están ardiendo. Ha llegado el día que arderá como horno. Los elementos se derriten con calor abrasador, la tierra también se derrite y las obras que hay en ella están abrasadas. Malaquías 4:1; 2 Pedro 3;10. La superficie de la tierra parece una masa fundida – un inmenso lago de fuego hirviente. Es la hora del juicio y perdición de los hombres impíos – "Porque Jehová tiene día de venganza, un año de retribuciones en el pleito de Sión." Isaías 34:8.

Los impíos reciben su recompensa en la tierra. Proverbios 11:31. "Serán como el rastrojo; aquel día que está para llegar los abrasará, dice Jehová de los ejércitos." Malaquías 4:1. Algunos son destruidos en un momento, mientras otros sufren muchos días. Todos son castigados "conforme a sus hechos." Sobre Satanás han sido colocados los pecados de los justos y ahora tiene él que sufrir no sólo por su propia rebelión, sino también por todos los pecados que hizo cometer al pueblo de Dios. Su castigo debe ser mucho mayor que el de aquellos a quienes engañó. Después de haber perecido todos los que cayeron por sus engaños, el diablo tiene que seguir viviendo y sufriendo. En las llamas purificadoras, quedan por fin destruidos los impíos, raíz y rama – Satanás la raíz, sus secuaces las ramas. La penalidad completa de la ley ha sido ejecutada; las exigencias de la justicia han sido satisfechas; y el cielo y la tierra al contemplarlo, proclaman la justicia de Jehová.

La obra de destrucción de Satanás ha terminado para siempre. Durante seis mil años actuó a su gusto, llenando la tierra de dolor y causando penas por todo el universo. Toda la creación gimió y sufrió en angustia. Ahora los hijos de Dios han sido librados para siempre de su presencia y de sus tentaciones. "Toda la tierra está en reposo y en paz; prorrumpe en aclamaciones." Isaías 14:7. Y un grito de adoración y triunfo asciende de entre todo el universo leal. Se oye "como la voz de una gran multitud, como el estruendo de muchas aguas, y como el sonido de fuertes truenos, que decía: ¡Aleluya, porque el Señor nuestro Dios Todopoderoso ha establecido Su reinado!" Apocalipsis 19:6.

Mientras la tierra estaba envuelta en el fuego de la destrucción, los justos vivían seguros en la Ciudad Santa. La segunda muerte no tiene poder sobre los que tuvieron parte en la primera resurrección. Mientras Dios es para los impíos un fuego devorador, es para Su pueblo un sol y un escudo. Apocalipsis 20:6; Salmos 84:11.

"Vi un cielo nuevo y una tierra nueva; porque el primer cielo y la primera tierra desaparecieron." Apocalipsis 21:1. El fuego que destruye a los impíos purifica la tierra. Desaparece todo rastro de la maldición. Ningún infierno que arda eternamente recordará a los redimidos las terribles consecuencias del pecado.

Sólo queda un recuerdo: nuestro Redentor llevará siempre las marcas de Su crucifixión. En Su cabeza herida, en Su costado, en Sus manos y en Sus pies se ven las únicas huellas de la cruel obra efectuada por el pecado. El profeta, al contemplar a Cristo en Su gloria, dice: "Y el resplandor es como la luz del sol; rayos brillantes salen de su mano. Y allí está escondido Su poder." Habacuc 3:4. Ese costado herido, de donde brotó la corriente purpurina que reconcilió al hombre con Dios, allí está la gloria del Salvador, "allí está escondido Su poder." "Poderoso para salvar" por el sacrificio de la redención, fue por consiguiente fuerte para ejecutar la justicia para con aquellos que despreciaron la misericordia de Dios. Y las marcas de Su humillación son Su mayor honor; a través de los siglos sin fin, las llagas del Calvario proclamarán Su alabanza y declararán Su poder.

"¡Oh, torre del rebaño, fortaleza de la hija de Sión, hasta ti vendrá la antigua soberanía!" Miqueas 4:8. Llegó el momento por el cual suspiraron los santos desde que la espada de fuego expulsó a la primera pareja del Edén, el tiempo de la "redención de la posesión adquirida." Efesios 1:14. La tierra dada al principio al hombre para que fuera su reino, y la cual él entregó alevosamente en manos de Satanás, y conservada durante tanto tiempo por el poderoso enemigo, ha sido recuperada mediante el gran plan de la redención. Todo lo que se había perdido por el pecado, ha sido restaurado. "Así dijo Jehová, que creó los cielos; Él es Dios, el que formó la tierra, el que la hizo y la compuso; no la creó en vano; la creó para que fuese habitada." Isaías 45:18. El propósito primordial que tenía Dios al crear la tierra se cumple al convertirse ésta en la morada eterna de los redimidos. "Los justos heredarán la tierra, y vivirán para siempre sobre ella." Salmos 37:29.

El temor de materializar demasiado la futura herencia de los redimidos ha inducido a muchos a espiritualizar aquellas verdades que nos presentan la tierra como nuestra morada. Cristo aseguró a Sus discípulos que iba a preparar mansiones para ellos en la casa de Su Padre. Los que aceptan las enseñanzas de la Palabra de Dios no desconocerán por completo lo que se refiere a la patria celestial. Y sin embargo son "cosas que el ojo no vio, ni el oído oyó, ni han subido al corazón del hombre, son las que Dios ha preparado para los que le aman." 1 Corintios 2:9. El lenguaje humano no alcanza a describir la recompensa de los justos. Sólo la conocerán quienes la contemplen. Ninguna inteligencia limitada puede entender la gloria del paraíso de Dios.

En la Biblia se llama a la herencia de los bienaventurados una patria. Hebreos 11:14-16. Allí conduce el Pastor celestial a Su rebaño a los manatiales de aguas vivas. El árbol de vida da su fruto cada mes, y las hojas del árbol son para el servicio de las naciones. Allí hay corrientes que manan eternamente, claras como el cristal, al lado de las cuales se mecen árboles que derraman su sombra sobre los senderos preparados para los redimidos del Señor. Allí las vastas llanuras alternan con bellísimas colinas y las montañas de Dios elevan sus majestuosas cumbres. En aquellas pacíficas llanuras, al borde de aquellas corrientes vivas, es donde el pueblo de Dios que por largo tiempo anduvo peregrino y errante, encontrará un hogar.

"Y Mi pueblo habitará en morada de paz, en habitaciones seguras, y en lugares de reposo." "Nunca más se oirá en tu tierra violencia, desolación ni destrucción en tu territorio, sino que a tus muros llamarás Salvación, y a tus puertas Alabanza." "Edificarán casas, y morarán en ellas; plantarán viñas, y comerán el fruto de ellas. No edificarán para que otro habite, ni plantarán para que otro coma; . . . Mis escogidos disfrutarán de la obra de sus manos." Isaías 32:18; 60:18; 65:21, 22.

Allí "se alegrarán el desierto y el sequedal; el yermo se gozará y florecerá como la rosa." Isaías 35:1. "En lugar de la zarza crecerá el ciprés y en lugar de la ortiga crecerá el mirto." Isaías 55:13. "Morará el lobo con el cordero, y el leopardo con el cabrito se acostará; . . . y un niño los pastoreará." Isaías 11:6. "No harán mal ni dañarán en todo Mi santo monte," dice el Señor. Isaías 11:9.

En el ambiente del cielo no puede existir el dolor. Allí no habrá más lágrimas, ni cortejos fúnebres, ni manifestaciones de duelo. "Ya no habrá muerte, ni habrá más llanto, ni clamor, ni dolor; porque las primeras cosas pasaron." Apocalipsis 21:4. "No dirá el morador: Estoy enfermo; al pueblo que more en ella le será perdonada su iniquidad." Isaías 33:24.

Allí está la Nueva Jerusalén, la capital de la nueva tierra glorificada, "corona de adorno en la mano de Jehová, y diadema real en la mano de tu Dios." "Su fulgor era semejante al de una piedra preciosísima, como piedra de jaspe, diáfana como el cristal." "Y las naciones que hubieren sido salvas andarán a la luz de ella; y los reyes de la tierra traerán su gloria y honor a ella." El Señor dijo: "Y Me alegraré sobre Jerusalén, y Me gozaré en Mi pueblo." "He aquí el tabernáculo de Dios con los hombres, y Él morará con ellos; y ellos serán Su pueblo, y Dios mismo estará con ellos como su Dios." Isaías 62:3; Apocalipsis 21:11, 24; Isaías 65:19; Apocalipsis 21:3.

En la ciudad de Dios "no habrá ya más noche." Nadie necesitará ni deseará descanso. No habrá quien se canse cumpliendo la voluntad de Dios ni ofreciendo alabanzas a Su nombre. Sentiremos siempre la frescura de la mañana, que nunca se acabará. "No tienen necesidad de luz de lámpara, ni de luz del sol, porque el Señor Dios los iluminará." Apocalipsis 22:5. La luz del sol será sobrepasada por un brillo que sin deslumbrar la vista excederá sin medida la claridad de nuestro mediodía. La gloria de Dios y del Cordero inunda la Santa Ciudad con una luz que nunca se desvanece. Los redimidos caminan en la luz gloriosa de un día eterno que no necesita sol.

"Y no vi en ella santuario; porque el Señor Dios Todopoderoso es el santuario de ella, y el Cordero." Apocalipsis 21:22. El pueblo de Dios tiene el privilegio de tener comunión directa con el Padre y el Hijo. "Pues ahora vemos mediante espejo, borrosamente." 1 Corintios 13:12. Vemos la imagen de Dios reflejada como en un espejo en las obras de la naturaleza y en Su forma de obrar para con los hombres; pero entonces le veremos cara a cara sin velo que nos lo oculte. Estaremos en Su presencia y contemplaremos la gloria de Su rostro.

Allí los redimidos conocerán como son conocidos. Los sentimientos de amor y simpatía que el mismo Dios sembró en el alma, se desarrollarán del modo más completo y más dulce. El trato puro con seres santos, la vida social y armoniosa con los ángeles celestiales y con los fieles de todas las edades que lavaron sus vestiduras y las emblanquecieron en la sangre del Cordero, los lazos sagrados que unen a "toda parentela en los cielos y en la tierra" (Efesios 3:15) – todo eso constituye la felicidad de los redimidos.

Allí intelectos inmortales contemplarán con eterno deleite las maravillas del poder creador, los misterios del amor redentor. Allí no habrá enemigo cruel y engañador para tentar a que se olvide a Dios. Toda facultad será desarrollada, toda capacidad aumentada. La adquisición de conocimientos no cansará la inteligencia ni agotará las energías. Las mayores empresas podrán llevarse a cabo, satisfacerse las aspiraciones más sublimes, realizarse las más encumbradas ambiciones; y sin embargo surgirán nuevas alturas que superar, nuevas maravillas que admirar, nuevas verdades que comprender, nuevos objetos que agucen las facultades de la mente, del alma y del cuerpo.

Todos los tesoros del universo se ofrecerán al estudio de los redimidos de Dios. Libres de las cadenas de la mortalidad, se lanzan en incansable vuelo hacia los lejanos mundos – mundos a los cuales el espectáculo de las miserias humanas causaba estremecimientos de dolor, y que entonaban cantos de alegría al tener noticia de un alma redimida. Con indescriptible dicha los hijos de la tierra participan del gozo y de la sabiduría de los seres que no cayeron. Comparten los tesoros de conocimientos e inteligencia que han acumulado durante siglos y siglos en la contemplación de las obras de Dios. Con visión clara consideran la magnificencia de la creación – soles y estrellas y sistemas planetarios que en el orden a ellos asignado circuyen el trono de la Divinidad. El nombre del Creador se encuentra grabado en todas las cosas, desde las más pequeñas hasta las más grandes, y en todas ellas se ostenta la riqueza de Su poder.

Y a medida que los años de la eternidad transcurran, traerán consigo revelaciones más ricas y aún más gloriosas respecto de Dios y de Cristo. Así como el conocimiento es progresivo, así también el amor, la reverencia y la felicidad irán en aumento. Cuanto más conozcan los hombres acerca de Dios, tanto más admirarán Su carácter. A medida que Jesús les descubra la riqueza de la redención y los hechos asombrosos del gran conflicto con Satanás, los corazones de los redimidos se estremecerán con gratitud siempre más ferviente, y con desbordante alegría tocarán sus arpas de oro; y miríadas de míriadas y millares de millares de voces se unirán para engrosar el potente coro de alabanza.

"Y a todo lo creado que está en el cielo, y sobre la tierra, y debajo de la tierra, y en el mar, y a todas las cosas que hay en ellos, oí decir: Al que está sentado en el trono, y al Cordero, sea la alabanza, el honor, la gloria y el dominio, por los siglos de los siglos." Apocalipsis 5:13.

El gran conflicto ha terminado. Ya no hay más pecado ni pecadores. Todo el universo está purificado. La misma pulsación de armonía y de gozo late en toda la creación. De

Aquél que todo lo creó manan vida, luz y contentamiento por toda la extensión del espacio infinito. Desde el átomo más imperceptible hasta el mundo más vasto, todas las cosas animadas e inanimadas, declaran en su belleza sin mácula y en júbilo perfecto, que Dios es amor.

– Índice de Referencias Bíblicas –

Jeremías

Lamentaciones

Ezequiel

Sofonías

Hageo

Zacarías

Malaquías

Mateo

Marcos

Lucas

Juan

Hechos

Romanos

1 Corintios

Tito

Hebreos

Santiago

1 Pedro

2 Pedro

1 Juan

Judas

Apocalipsis